U0720206

【传世经典 文白对照】

资治通鉴

七

晋纪

〔宋〕司马光 编撰
沈志华 张宏儒 主编

中華書局

目录

卷第一百三　晋纪二十五

起辛未(371)尽乙亥(375)凡五年

太宗简文皇帝

咸安元年(辛未,371)

1　春,正月,袁瑾、朱辅求救于秦,秦王坚以瑾为扬州刺史,辅为交州刺史,遣武卫将军武都王鉴、前将军张蚝帅步骑二万救之。大司马温遣淮南太守桓伊、南顿太守桓石虔等击鉴、蚝于石桥,大破之,秦兵退屯慎城。伊,宣之子也。丁亥,温拔寿春,擒瑾及辅,并其宗族送建康,斩之。

2　秦王坚徙关东豪杰及杂夷十五万户于关中,处乌桓于冯翊、北地,丁零翟斌于新安、渑池。诸因乱流移,欲还旧业者,悉听之。

3　二月,秦以魏郡太守韦钟为青州刺史,中垒将军梁成为兖州刺史,射声校尉徐成为并州刺史,武卫将军王鉴为豫州刺史,左将军彭越为徐州刺史,太尉司马皇甫覆为荆州刺史,屯骑校尉天水姜宇为凉州刺史,扶风内史王统为益州刺史,秦州刺史、西县侯雅为使持节、都督秦晋凉雍州诸军事、秦州牧,吏部尚书杨安为使持节、都督益梁州诸军事、梁州刺史。复置雍州,治蒲阪,以长乐公丕为使持节、征东大将军、雍州刺史。成,平老之子;统,擢之子也。坚以关东初平,守令宜得人,令王猛以便宜简召英俊,补六州守令,授讫,言台除正。

太宗简文皇帝

晋简文帝咸安元年(辛未,公元 371 年)

1　春季,正月,袁瑾、朱辅向前秦求救,前秦王苻坚任命袁瑾为扬州刺史,朱辅为交州刺史,派武卫将军武都人王鉴、前将军张蚝率领步、骑兵两万人前去救援。大司马桓温派淮南太守桓伊、南顿太守桓石虔等在石桥迎击王鉴、张蚝,把他们打得大败,前秦的军队后退驻扎在慎城。桓伊是桓宣的儿子。丁亥(十七日),桓温攻下了寿春,擒获了袁瑾及朱辅,连同他们的宗族亲属一起送往建康,杀掉了他们。

2　前秦王苻坚迁徙关东豪杰及杂夷部族十五万户到关中地区,把乌桓人安置在冯翊、北地,把丁零人翟斌的部族安置在新安、渑池。众多因战乱而流离失所,如今想重归故里的人,全部听任他们自己的安排。

3　二月,前秦任命魏郡太守韦钟为青州刺史,中垒将军梁成为兖州刺史,射声校尉徐成为并州刺史,武卫将军王鉴为豫州刺史,左将军彭越为徐州刺史,太尉司马皇甫覆为荆州刺史,屯骑校尉天水人姜宇为凉州刺史,扶风内史王统为益州刺史,秦州刺史、西县侯苻雅为使持节、都督秦、晋、凉、雍各州诸军事、秦州牧,吏部尚书杨安为使持节、都督益、梁州诸军事、梁州刺史。重新设置雍州,治所为蒲阪,任命长乐公苻丕为使持节、征东大将军、雍州刺史。梁成是梁平老的儿子。王统是王擢的儿子。苻坚认为关东刚刚平定,郡守县令应该有合适的人选,于是就命令王猛根据具体情况选拔征召英俊杰出之士,充实六州的郡守县令,授官以后,上报朝廷正式任命。

4　三月壬辰，益州刺史建成定公周楚卒。

5　秦后将军金城俱难攻兰陵太守张闵子于桃山，大司马温遣兵击却之。

6　秦西县侯雅、杨安、王统、徐成及羽林左监朱彤、扬武将军姚苌帅步骑七万伐仇池公杨纂。

7　代将长孙斤谋弑代王什翼犍，世子寔格之，伤胁，遂执斤，杀之。

8　夏，四月戊午，大赦。

9　秦兵至鹫峡，杨纂帅众五万拒之。梁州刺史弘农杨亮遣督护郭宝、卜靖帅千馀骑助纂，与秦兵战于峡中。纂兵大败，死者什三四，宝等亦没，纂收散兵遁还。西县侯雅进攻仇池，杨统帅武都之众降秦。纂惧，面缚出降，雅送纂于长安。以统为南秦州刺史，加杨安都督南秦州诸军事，镇仇池。

王猛之破张天锡于枹罕也，获其将敦煌阴据及甲士五千人。秦王坚既克杨纂，遣据帅其甲士还凉州，使著作郎梁殊、阎负送之，因命王猛为书谕天锡曰：“昔贵先公称藩刘、石者，惟审于强弱也。今论凉土之力，则损于往时；语大秦之德，则非二赵之匹，而将军翻然自绝，无乃非宗庙之福也欤！以秦之威，旁振无外，可以回弱水使东流，返江、河使西注，关东既平，将移兵河右，恐非六郡士民所能抗也。刘表谓汉南可保，将军谓西河可全，吉凶在身，元龟不远，宜深算妙虑，自求多福，无使六世之业一旦而坠地也！”天锡大惧，遣使谢罪称藩。坚拜天锡使持节、都督河右诸军事、骠骑大将军、开府仪同三司、凉州刺史、西平公。

4　三月壬辰(二十三日)，益州刺史建成定公周楚去世。

5　前秦后将军金城人俱难在桃山攻打兰陵太守张闵的儿子，大司马桓温派兵击退了他。

6　前秦西县侯苻雅、杨安、王统、徐成以及羽林左监朱肜、扬武将军姚苌率领步、骑兵七万人讨伐仇池公杨纂。

7　代国将领长孙斤图谋杀掉代王拓跋什翼犍，世子拓跋寔攻打他，伤了两肋，但终于擒获了长孙斤，把他杀掉了。

8　夏季，四月戊午(二十日)，东晋实行大赦。

9　前秦的军队抵达鹫峡，杨纂率领五万兵众抵御他们。梁州刺史弘农人杨亮派督护郭宝、卜靖率领一千多骑兵帮助杨纂，与前秦的军队在峡谷中交战。杨纂的军队大败，十之三四的人死亡，郭宝等人也战死，杨纂收罗了逃散的兵众逃了回去。西县侯苻雅进军攻打仇池，杨统率领武都的民众投降了前秦。杨纂十分害怕，两手反绑于身后出来投降，苻雅把他送到了长安。任命杨统为南秦州刺史，让杨安担任都督南秦州诸军事，镇守仇池。

王猛在枹罕攻破张天锡的时候，俘获了他的将领敦煌人阴据及披甲士兵五千人。前秦王苻坚平定了杨纂以后，派阴据率领他的披甲士兵返回凉州，让著作郎梁殊、阎负去送他们，顺便命令王猛写信告诉张天锡说："过去你的先公向刘曜、石勒称藩的原因，只是考虑了力量的强弱。如今要论凉国的力量，则不如过去；要说大秦的德威，也不是二赵所能匹敌，而将军却反而与秦国绝交，这恐怕不是祖先的福分吧！以秦国的威力，只要一动作就没有谁能够阻挡，可以让弱水掉头东流，让长江、黄河回流西向，关东既已平定，就将移师黄河以西，恐怕不是你六郡的士人百姓所能抵抗的。刘表说汉水以南可以自保，将军说黄河以西可以全身，凶吉祸福全都系于你身上，可以借鉴的往事并不遥远，你应该深思熟虑，自己多谋求一点福分，不要让六代人经营的大业毁于一旦!"张天锡十分害怕，派使者向前秦谢罪称藩。苻坚授予张天锡使持节、都督河右诸军事、骠骑大将军、开府仪同三司、凉州刺史、西平公。

吐谷浑王辟奚闻杨纂败，五月，遣使献马千匹、金银五百斤于秦。秦以辟奚为安远将军、漒川侯。辟奚，叶延之子也，好学，仁厚无威断，三弟专恣，国人患之。长史锺恶地，西漒羌豪也，谓司马乞宿云曰："三弟纵横，势出王右，几亡国矣。吾二人位为元辅，岂得坐而视之！诘朝月望，文武并会，吾将讨焉。王之左右皆吾羌子，转目一顾，立可擒也。"宿云请先白王，恶地曰："王仁而无断，白之必不从，万一事泄，吾属无类矣。事已出口，何可中变！"遂于坐收三弟，杀之。辟奚惊怖，自投床下，恶地、宿云趋而扶之曰："臣昨梦先王敕臣云：'三弟将为逆，不可不讨。'故诛之耳。"辟奚由是发病恍惚，命世子视连曰："吾祸及同生，何以见之于地下！国事大小，任汝治之，吾馀年残命，寄食而已。"遂以忧卒。

视连立，不饮酒游畋者七年，军国之事，委之将佐。锺恶地谏，以为人主当自娱乐，建威布德。视连泣曰："孤自先世以来，以仁孝忠恕相承。先王念友爱之不终，悲愤而亡。孤虽纂业，尸存而已，声色游娱，岂所安也！威德之建，当付之将来耳。"

10　代世子寔病伤而卒。

11　秋，七月，秦王坚如洛阳。

12　代世子寔娶东部大人贺野干之女，有遗腹子，甲戌，生男，代王什翼犍为之赦境内，名曰涉圭。

13　大司马温以梁、益多寇，周氏世有威名，八月，以宁州刺史周仲孙监益、梁二州诸军事，领益州刺史。仲孙，光之子也。

吐谷浑王辟奚听说杨纂失败，五月，派使者向前秦进献一千匹马、五百斤金银。前秦任命辟奚为安远将军、漒川侯。辟奚是叶延的儿子，好学，待人仁慈宽厚，但缺乏威严决断，他的三个弟弟专权放纵，国人对他们都很怨恨。长史钟恶地，是西漒羌族中有势力的人，他对司马乞宿云说："辟奚的三个弟弟横行无忌，权势高出了君王，快要亡国了。我们两人位居辅臣之首，岂能坐而视之！明天早晨日月相望之时，文官武将都要会面，我将要在那里讨伐他。国王周围全都是我们羌族子弟，只要我一使眼色，马上就可以擒获他。"乞宿云请求先告诉国王，钟恶地说："国王仁慈而优柔寡断，告诉他一定不会同意，万一事情败露，我们就要被斩尽杀绝。事情已经说出来了，怎么能中途改变！"于是钟恶地按计划在座位上拘捕了辟奚的三个弟弟，把他们杀掉了。辟奚惊慌恐怖，躲到了坐椅下，钟恶地、乞宿云上前扶起他说："臣昨晚梦见先王敕令臣说：'你的三个弟弟将要干叛逆之事，不能不讨伐他们。'所以我才把他们杀掉了。"辟奚因此得了病，神志不清，他告诉世子视连说："我祸及亲生弟弟，怎么能在地下与他们相见？国家的大小事情，听凭你去治理，我的馀年残命，依附于你而已。"于是辟奚因忧郁而死亡。

视连继立，七年拒绝饮酒游猎，军队国家的事务，全都委托给将领、辅臣们处理。钟恶地劝他，认为人主应当自己欢娱行乐，建立威势，传布道德。视连哭泣着说："我自从先父在世以来，以仁孝忠恕相承续。先父念及友善仁爱没有贯彻到底，悲愤而死。我虽然继承王位，不过是空占着位置而已，岂敢安于声色娱乐！威势和道德的建立，只好交给后人吧！"

10　代国的太子拓跋寔因伤势恶化而死亡。

11　秋季，七月，前秦王苻坚到洛阳。

12　代国太子拓跋寔娶东部大人贺野干的女儿为妻，他死时妻子怀有身孕，甲戌（初七），生下一个儿子，代王拓跋什翼犍为此在境内实行大赦，给他起名叫涉圭。

13　大司马桓温考虑到梁州、益州多有寇贼，周氏则世代都有显赫的名声，八月，任命宁州刺史周仲孙监益、梁二州诸军事，兼任益州刺史。周仲孙是周光的儿子。

14　秦以光禄勋李俨为河州刺史，镇武始。

15　王猛以潞川之功，请以邓羌为司隶。秦王坚下诏曰："司隶校尉，董牧皇畿，吏责甚重，非所以优礼名将。光武不以吏事处功臣，实贵之也。羌有廉、李之才，朕方委以征伐之事，北平匈奴，南荡扬、越，羌之任也，司隶何足以婴之！其进号镇军将军，位特进。"

16　九月，秦王坚还长安。归安元侯李俨卒于上邽，坚复以俨子辩为河州刺史。

17　冬，十月，秦王坚如邺，猎于西山，旬馀忘返。伶人王洛叩马谏曰："陛下群生所系，今久猎不归，一旦患生不虞，奈太后、天下何！"坚为之罢猎还宫。王猛因进言曰："畋猎诚非急务，王洛之言，不可忘也。"坚赐洛帛百匹，拜官箴左右，自是不复猎。

18　大司马温，恃其材略位望，阴蓄不臣之志，尝抚枕叹曰："男子不能流芳百世，亦当遗臭万年！"术士杜炅能知人贵贱，温问炅以禄位所至。炅曰："明公勋格宇宙，位极人臣。"温不悦。温欲先立功河朔以收时望，还受九锡。及枋头之败，威名顿挫。既克寿春，谓参军郗超曰："足以雪枋头之耻乎？"超曰："未也。"久之，超就温宿，中夜，谓温曰："明公都无所虑乎？"温曰："卿欲有言邪？"超曰："明公当天下重任，今以六十之年，败于大举，不建不世之勋，不足以镇惬民望！"温曰："然则奈何？"超曰："明公不为伊、霍之举者，无以立大威权，镇压四海。"温素有心，深以为然，遂与之定议。

14　前秦任命光禄勋李俨为河州刺史，镇守武始。

15　王猛依据潞川的战功，请求任命邓羌为司隶校尉。前秦王苻坚下达诏令说："司隶校尉，负责督察京城周围的地区，职责重大，不能用来优待名将。汉光武帝不以政务官职赏赐功臣，实际上是更看重他们。邓羌有廉颇、李牧那样的才能，朕准备将征伐的事情交给他，在北方平定匈奴，在南方扫除扬、越，这才是邓羌的重任，司隶校尉怎么值得交给他呢！进升他的封号为镇军将军，赐位特进。"

16　九月，前秦王苻坚返回长安。归安元侯李俨在上邽去世，苻坚又任命李俨的儿子李辩为河州刺史。

17　冬季，十月，前秦王苻坚到邺城，在西山打猎，竟然十多天还流连忘返。乐官王洛勒住马劝谏说："陛下为百姓所依托，如今久猎不归，一旦出现不测，让太后、天下人怎么办呢！"苻坚因此停止打猎回到了王宫。王猛接着进言说："打猎确实不是当务之急，王洛的话，不可忘记。"苻坚赏赐王洛一百匹帛，授官箴左右，从此就不再打猎了。

18　大司马桓温，倚仗他的才能与地位、声望，暗中怀有背叛皇帝的志向，曾经抚枕慨叹道："男子汉不能流芳百世，也应当遗臭万年！"方术之士杜炅，能预测人的贵贱，桓温问他自己的官位能到什么地步。杜炅说："明公的功勋举世无双，官位能到大臣的顶峰。"桓温听后不高兴。桓温想先在河朔建立战功，以此为自己赢得更高的声望，回来后接受加九锡的礼遇。等到在枋头失败，他的威名陷于困顿，受到挫折。攻克寿春以后，桓温对参军郗超说："这足以雪枋头的耻辱了吧？"郗超说："没有。"过了许久，郗超到桓温的住所留宿，半夜时分对桓温说："明公没有考虑什么吗？"桓温说："你有话想对我说吗？"郗超说："明公承担着天下的重任，如今以六十高龄，却在一次大规模的行动中失败，如果不建立非常的功勋，就不足以镇服、满足百姓的愿望！"桓温说："那么该怎么办呢？"郗超说："明公不干伊尹放逐太甲、霍光废黜昌邑王那样的事情，就无法建立大的威势与权力，镇压四海。"桓温历来怀有此心，对郗超所说的深以为然，于是就和他商定计议。

以帝素谨无过，而床笫易诬，乃言："帝早有痿疾，嬖人相龙、计好、朱灵宝等，参侍内寝，二美人田氏、孟氏生三男，将建储立王，倾移皇基。"密播此言于民间，时人莫能审其虚实。

十一月癸卯，温自广陵将还姑孰，屯于白石。丁未，诣建康，讽褚太后，请废帝立丞相会稽王昱，并作令草呈之。太后方在佛屋烧香，内侍启云："外有急奏。"太后出，倚户视奏数行，乃曰："我本自疑此！"至半，便止，索笔益之曰："未亡人不幸罹此百忧，感念存没，心焉如割！"

己酉，温集百官于朝堂。废立既旷代所无，莫有识其故典者，百官震栗。温亦色动，不知所为。尚书左仆射王彪之知事不可止，乃谓温曰："公阿衡皇家，当倚傍先代。"乃命取《汉书·霍光传》，礼度仪制，定于须臾。彪之朝服当阶，神彩毅然，曾无惧容，文武仪准，莫不取定，朝廷以此服之。于是宣太后令，废帝为东海王，以丞相、录尚书事、会稽王昱统承皇极。百官入太极前殿，温使督护竺瑶、散骑侍郎刘亨收帝玺绶。帝著白帢单衣，步下西堂，乘犊车出神虎门，群臣拜辞，莫不歔欷。侍御史、殿中监将兵百人卫送东海第。温帅百官具乘舆法驾，迎会稽王于会稽邸。王于朝堂变服，著平巾帻、单衣，东向流涕，拜受玺绶，是日，即皇帝位，改元。温出次中堂，分兵屯卫。温有足疾，诏乘舆入殿。温撰辞，欲陈述废立本意，帝引见，便泣下数十行，温兢惧，竟不能一言而出。

考虑到皇帝平素谨慎小心，没有什么过错，而利用床笫之事则容易对他进行诬陷，于是就说："皇上早就患有阳痿，宠臣相龙、计好、朱灵宝等，参与服侍起居床笫之事，与田氏、孟氏两位美人生下了三个儿子，将要设立太子赐封王位，转移皇上的基业。"并将这话秘密地传播到民间，当时的人们都无法辨别真假。

十一月癸卯（初九），桓温准备从广陵返回姑孰，驻扎在白石。丁未（十三日），抵达建康，含蓄地劝说褚太后，请求废黜皇帝司马奕，立丞相会稽王司马昱，同时还草拟了诏令进呈给褚太后。太后正在佛室烧香，内侍报告说："外边有紧急奏章。"褚太后出来，倚着门看奏章，刚看了几行字就说："我自己本来就怀疑是这样！"看了一半，就停下来，向内侍要来笔加上了这样的话："我不幸遭受了种种忧患，想到死去的和活着的，心如刀绞！"

己酉（十五日），桓温把百官召集到朝堂。废立皇帝既然是历代所没有过的事情，所以没有人知道过去的典则，百官都震惊恐惧。桓温也神色紧张，不知该怎么办。尚书左仆射王彪之知道事情不能半途而废，就对桓温说："您废立皇帝，应当效法前代的成规。"于是就命令取法于《汉书·霍光传》，礼节仪制很快就决定了。王彪之身穿朝服站在台阶上，神情沉着，毫无惧色，文武仪规典则，全都取法决定，朝廷百官因此而佩服他。于是就宣布太后的诏令，废黜废帝司马奕为东海王，以丞相、录尚书事、会稽王司马昱继承皇位。百官进入太极前殿，桓温让督护竺瑶、散骑侍郎刘亨收取了废帝的印玺绶带。司马奕戴着白色便帽，身穿仅次于朝服的大臣盛装，走下西堂，乘着牛车出了神虎门，群臣叩拜辞别，没有不哽咽的。侍御史、殿中监带领一百多名卫兵把他护送到东海的宅第。桓温率领百官准备好皇帝的车乘，到会稽王的官邸去迎接会稽王司马昱。会稽王在朝堂更换了服装，戴着上面平如屋顶的头巾，穿着拜见尊者的服饰，面朝东方流涕，叩拜接受了印玺绶带。这天，会稽王司马昱即皇帝位，改年号为咸安。桓温临时住在中堂，分派兵力屯驻守卫。桓温的脚有毛病，简文帝诏令可以让他乘车进入殿堂。桓温事先准备好辞章，想陈述他废立皇帝的本意，简文帝引见，一见他便流下了眼泪，但桓温战战兢兢，始终没能说出一句话。

太宰武陵王晞，好习武事，为温所忌，欲废之，以事示王彪之。彪之曰："武陵亲尊，未有显罪，不可以猜嫌之间便相废徙。公建立圣明，当崇奖王室，与伊、周同美。此大事，宜更深详！"温曰："此已成事，卿勿复言！"乙卯，温表："晞聚纳轻剽，息综矜忍。袁真叛逆，事相连染。顷日猜惧，将成乱阶。请免晞官，以王归藩。"从之，并免其世子综、梁王𤩽等官。温使魏郡太守毛安之帅所领宿卫殿中。安之，虎生之弟也。

庚戌，尊褚太后曰崇德太后。

初，殷浩卒，大司马温使人赍书吊之。浩子涓不答，亦不诣温，而与武陵王晞游。广州刺史庾蕴，希之弟也，素与温有隙。温恶殷、庾宗强，欲去之。辛亥，使其弟秘逼新蔡王晃诣西堂叩头自列，称与晞及子综、著作郎殷涓、太宰长史庾倩、掾曹秀、舍人刘彊、散骑常侍庾柔等谋反。帝对之流涕，温皆收付廷尉。倩、柔，皆蕴之弟也。癸丑，温杀东海王三子及其母。甲寅，御史中丞谯王恬承温旨，请依律诛武陵王晞。诏曰："悲惋惶怛，非所忍闻，况言之哉！其更详议！"恬，承之孙也。乙卯，温重表固请诛晞，词甚酷切。帝乃赐温手诏曰："若晋祚灵长，公便宜奉行前诏；如其大运去矣，请避贤路。"温览之，流汗变色，乃奏废晞及其三子，家属皆徙新安郡。丙辰，免新蔡王晃为庶人，徙衡阳，殷涓、庾倩、曹秀、刘彊、庾柔皆族诛，庾蕴饮鸩死。蕴兄东阳太守友子妇，桓豁之女也，故温特赦之。庾希闻难，与弟会稽参军邈及子攸之逃于海陵陂泽中。

太宰武陵王司马晞，喜好习武练兵，被桓温所忌恨，想废黜他，就把此事告诉了王彪之。王彪之说："武陵王是皇室的亲族尊者，没有明显的罪过，不能因为猜忌随便废黜他。您要拥立贤明的君主，应当尊崇辅佐王室，与伊尹、周公具有同样的美德。这件大事，应该再仔细考虑！"桓温说："这已经是我决定了的事情，你不要再说了！"乙卯（二十一日），桓温进上表章："司马晞收罗招纳轻浮之士，儿子司马综自负残忍。袁真叛逆，事情与他有牵连。近来他猜疑恐惧，将会成为祸乱的缘由。请求免除司马晞的官职，让他以王的身份返回藩地。"简文帝同意了。同时还免除了司马晞的长子司马综、梁王司马珪等人的官职。桓温让魏郡太守毛安之率所统领的军队宿卫皇宫。毛安之是毛虎生的弟弟。

庚戌（十六日），尊奉褚太后为崇德太后。

当初，殷浩去世的时候，大司马桓温派人送信吊唁他。殷浩的儿子殷涓没有答复，也没有到桓温那里去拜访，而是与武陵王司马晞游玩。广州刺史庾蕴，是庾希的弟弟，一直和桓温有隔阂。桓温憎恨殷涓、庾蕴宗族的强大，想要灭掉他们。辛亥（十七日），桓温派他的弟弟桓秘逼迫新蔡王司马晃到西堂去叩头自述，称与司马晞及他的儿子司马综、著作郎殷涓、太宰长史庾倩、掾曹秀、舍人刘彊、散骑常侍庾柔等阴谋反叛。皇帝面对他流下了眼泪，桓温把他们全都抓起来送交廷尉。庾倩、庾柔，都是庾蕴的弟弟。癸丑（十九日），桓温杀掉了东海王司马奕的三个儿子和他们的母亲。甲寅（二十日），御史中丞谯王司马恬禀承桓温的旨意，请求依据法律诛杀武陵王司马晞。简文帝下达诏令说："悲痛惋惜，惊恐不安，不忍心耳闻，何况是诉说呢！再仔细商议吧！"司马恬是司马承的孙子。乙卯（二十一日），桓温再次进上表章，坚持请求杀掉司马晞，言词非常激烈恳切。简文帝于是就亲手写下诏令赐予桓温说："如果晋王朝的神灵悠长，你就不必请示，尊奉执行以前的诏令；如果晋王朝的大运已去，我就请求避让贤人晋升之路。"桓温看了以后，惊慌失色，汗流满面，于是就奏请黜废司马晞及他的三个儿子，将其家人全都迁徙到新安郡。丙辰（二十二日），黜免新蔡王司马晃为庶人，将他迁徙到衡阳，殷涓、庾倩、曹秀、刘彊、庾柔全都被满门诛杀，庾蕴服毒而死。庾蕴的哥哥东阳太守庾友的儿媳，是桓豁的女儿，所以桓温特别地赦免了她。庾希听说了这桩灾难，与弟弟会稽参军庾邈及儿子庾攸之逃到了海陵的水泽中。

温既诛殷、庾，威势翕赫，侍中谢安见温遥拜。温惊曰："安石，卿何乃尔？"安曰："未有君拜于前，臣揖于后。"

戊午，大赦，增文武位二等。

己未，温如白石，上书求归姑孰。庚申，诏进温丞相，大司马如故，留京师辅政。温固辞，乃请还镇。辛酉，温自白石还姑孰。

秦王坚闻温废立，谓群臣曰："温前败灞上，后败枋头，不能思愆自贬以谢百姓，方更废君以自说，六十之叟，举动如此，将何以自容于四海乎！谚曰'怒其室而作色于父'，其桓温之谓矣。"

19　秦车骑大将军王猛，以六州任重，言于秦王坚，请改授亲贤。及府选便宜，辄已停寝，别乞一州自效。坚报曰："朕之于卿，义则君臣，亲逾骨肉，虽复桓、昭之有管、乐，玄德之有孔明，自谓逾之。夫人主劳于求才，逸于得士。既以六州相委，则朕无东顾之忧，非所以为优崇，乃朕自求安逸也。夫取之不易，守之亦难，苟任非其人，患生虑表，岂独朕之忧，亦卿之责也，故虚位台鼎而以分陕为先。卿未照朕心，殊乖素望。新政俟才，宜速铨补。俟东方化洽，当衮衣西归。"仍遣侍中梁谠诣邺谕旨，猛乃视事如故。

20　十二月，大司马温奏："废放之人，屏之以远，不可以临黎元。东海王宜依昌邑故事，筑第吴郡。"太后诏曰："使为庶人，情有不忍，可特封王。"温又奏："可封海西县侯。"庚寅，封海西县公。

桓温诛杀了殷、庾等人以后，威势显赫至极，侍中谢安看见桓温，在很远的地方就开始叩拜。桓温吃惊地说："谢安，你为什么要这样呢？"谢安说："没有君主叩拜于前，臣下拱手还礼于后的。"

戊午（二十四日），东晋实行大赦，为文武官员增加品位二等。

己未（二十五日），桓温到白石，上书请求返归姑孰。庚申（二十六日），简文帝下达诏令，晋升桓温为丞相，大司马职位则仍旧，留在京师辅佐朝政。桓温坚决推辞，还请求回到镇所。辛酉（二十七日），桓温从白石返回姑孰。

前秦王苻坚听说了桓温废立皇帝的事情，对群臣说："桓温先在灞上失败，后又在枋头失败，不能反思过错自我贬责以向百姓谢罪，反而废黜君主以自我解脱，六十岁的老叟，举动如此，将怎样自容于天下呢！民谚曰'怒其室而作色于父'，大概说的就是桓温吧。"

19　前秦车骑大将军王猛，考虑到都督六州的责任重大，向前秦王苻坚进言，请求将此重任改授给亲近而又贤明的人。受命相机选拔六州郡县官吏的工作，也已经停止了，王猛请求自己去镇守一州以效力。苻坚回复王猛说："朕和你的关系，从道义上讲是君臣，从亲情上讲则胜过骨肉，虽然这又像齐桓公、燕昭王拥有管仲、乐毅，刘备拥有孔明，但我认为要超过他们。人主寻求有才能的人时辛劳费力，得到人才就省力放心了。既然把六州委托给你，那么朕就解除了东顾之忧，不是以此来对你表示优待尊崇，而是朕自己寻求消闲安逸。打江山不易，坐江山也难，假如所托非人，祸患在我们预料之外，岂止是朕的忧患，也是你的责任，所以宁肯让三公的职位空虚也要首先委任地方长官。你不了解朕的心愿，有违朕平素对你的期望。刚刚建立的政权急需人才，应该尽快选拔充实官吏，等到东方教化融洽以后，理当让你身着上公礼服西返。"苻坚仍派侍中梁谠到邺城去传达诏令，王猛也就像从前一样地处理政事。

20　十二月，大司马桓温上奏章说："废黜放逐之人，应该把他屏弃到遥远的地方，不能让他接近黎民百姓。对东海王司马奕，应该按照过去废黜昌邑王的办法，让他到吴郡居住。"太后下达诏令说："让东海王成为庶人，于心不忍，可以特别地封他为王。"桓温又上奏章说："可以封他为海西县侯。"庚寅（二十六日），封司马奕为海西县公。

温威振内外，帝虽处尊位，拱默而已，常惧废黜。先是，荧惑守太微端门，逾月而海西废。辛卯，荧惑逆行入太微，帝甚恶之。中书侍郎郗超在直，帝谓超曰："命之修短，本所不计，故当无复近日事邪?"超曰："大司马臣温，方内固社稷，外恢经略，非常之事，臣以百口保之。"及超请急省其父，帝曰："致意尊公，家国之事，遂至于此，由吾不能以道匡卫，愧叹之深，言何能谕!"因咏庾阐诗云："志士痛朝危，忠臣哀主辱。"遂泣下沾襟。帝美风仪，善容止，留心典籍，凝尘满席，湛如也。虽神识恬畅，然无济世大略，谢安以为惠帝之流，但清谈差胜耳。

郗超以温故，朝中皆畏事之。谢安尝与左卫将军王坦之共诣超，日旰未得前，坦之欲去，安曰："独不能为性命忍须臾邪?"

21　秦以河州刺史李辩领兴晋太守，还镇枹罕。徙凉州治金城。张天锡闻秦有兼并之志，大惧，立坛于姑臧西，刑三牲，帅其官属，遥与晋三公盟。遣从事中郎韩博奉表送盟文，并献书于大司马温，期以明年夏会于上邽。

22　是岁，秦益州刺史王统攻陇西鲜卑乞伏司繁于度坚山，司繁帅骑三万拒统于苑川。统潜袭度坚山，司繁部落五万馀皆降于统。其众闻妻子已降秦，不战而溃。司繁无所归，亦诣统降。秦王坚以司繁为南单于，留之长安。以司繁从叔吐雷为勇士护军，抚其部众。

桓温威震朝廷内外，简文帝虽然身处至尊地位，实际上也仅仅是拱手沉默而已，常常害怕被废黜。此前，火星居于太微、南蕃之间，过了一个月，司马奕就被废黜。辛卯(二十七日)，火星逆行进入太微星垣，简文帝对此很厌恶。中书侍郎郗超在宫中当班，简文帝对郗超说："命运长短，我本来并不计较，所以应该不再出现前不久废黜皇帝那样的事情了吧？"郗超说："大司马臣桓温，正在对内稳定国家，对外开拓江山，我愿用上百家口来保他，不会发生那种不正常的事变。"等到郗超要请假回去看望他父亲时，简文帝说："告诉尊父，宗族国家之事，最终到了这种地步，是因为我不能用道德去匡正守卫的缘故，惭愧慨叹之深，怎么能用语言来表达！"接着便吟诵了庾阐的诗，道："志士痛朝危，忠臣哀主辱。"吟罢潸然泪下，打湿了衣襟。简文帝仪表堂堂，言谈举止得体，用心于典籍，翻阅典籍常常弄得满席尘土，一派湛然自得的样子。他虽然神情恬淡，见识通达，但没有济世大略，谢安认为他是晋惠帝一类的人物，只是清谈方面比晋惠帝略胜一筹。

郗超因为桓温的缘故，朝廷里的人都害怕事奉他。谢安曾经与左卫将军王坦之一起到郗超那里拜访，太阳快落山了还没被召见，王坦之想离去，谢安说："你难道不能为保全性命忍耐一会儿吗？"

21　前秦任命河州刺史李辩兼任兴晋太守，回去镇守枹罕。将凉州的治所迁移到金城。张天锡听说前秦有兼并他的想法，十分害怕，便在姑臧城西设立祭坛，杀了牛、羊、猪三牲，率领他的官员遥望东晋，与东晋的三公致意起誓结盟。派从事中郎韩博去奉献表章，送达盟约，同时还带信给大司马桓温，约定第二年夏天在上邽会盟。

22　这一年，前秦益州刺史王统在度坚山攻打陇西的鲜卑人乞伏司繁，乞伏司繁率领三万骑兵在苑川抵抗王统。王统偷袭了度坚山，乞伏司繁部落的五万多民众全都投降了王统。乞伏司繁的士兵听说妻子儿女已经投降了前秦，不战而溃。乞伏司繁无处可走，也到王统那里投降了。前秦王苻坚任命乞伏司繁为南单于，把他留在长安。任命乞伏司繁的堂叔乞伏吐雷为勇士护军，去安抚其部众。

二年(壬申,372)

1　春,二月,秦以清河房旷为尚书左丞,征旷兄默及清河崔逞、燕国韩胤为尚书郎,北平阳陟、田勰、阳瑶为著作佐郎,郝略为清河相:皆关东士望,王猛所荐也。瑶,骛之子也。

冠军将军慕容垂言于秦王坚曰:“臣叔父评,燕之恶来辈也,不宜复污圣朝,愿陛下为燕戮之。”坚乃出评为范阳太守,燕之诸王悉补边郡。

臣光曰:古之人,灭人之国而人悦,何哉?为人除害故也。彼慕容评者,蔽君专政,忌贤疾功,愚暗贪虐以丧其国,国亡不死,逃遁见禽。秦王坚不以为诛首,又从而宠秩之,是爱一人而不爱一国之人也,其失人心多矣。是以施恩于人而人莫之恩,尽诚于人而人莫之诚,卒于功名不遂,容身无所,由不得其道故也。

2　三月戊午,遣侍中王坦之征大司马温入辅。温复辞。

3　秦王坚诏:“关东之民学通一经、才成一艺者,在所以礼送之。在官百石以上,学不通一经、才不成一艺者,罢遣还民。”

4　夏,四月,徙海西公于吴县西柴里,敕吴国内史刁彝防卫,又遣御史顾允监察之。彝,协之子也。

5　六月癸酉,秦以王猛为丞相、中书监、尚书令、太子太傅、司隶校尉,特进、常侍、持节、将军、侯如故。阳平公融为使持节、都督六州诸军事、镇东大将军、冀州牧。

晋简文帝咸安二年(壬申,公元372年)

1 春季,二月,前秦任命清河人房旷为尚书左丞,征召房旷的哥哥房默以及清河人崔逞、燕国人韩胤为尚书郎,北平人阳陟、田勰、阳瑶为著作佐郎,郝略为清河相。这些人全都是关东享有声望的士家,由王猛所荐举的。阳瑶是阳骛的儿子。

冠军将军慕容垂对前秦王苻坚进言说:“臣的叔父慕容评,是燕国像商代的恶来一样的人,不应该让他再玷污圣朝,愿陛下为燕国杀掉他。”苻坚于是调慕容评任范阳太守,前燕的诸王全都被补充到边境州郡。

臣司马光说:上古时候的人,有时他们的国家被灭了他们反而高兴,为什么呢?因为替他们除掉了祸害。那个慕容评,蒙蔽君主,专擅朝政,猜忌贤能,嫉恨功臣,愚顽昏暗,贪婪暴虐,最终丧失了他的国家。国家灭亡了,他本人还不死,逃亡躲避,终被擒获。秦王苻坚不把他杀掉,又对他放纵并给以宠爱,授以官秩,这是爱一个人而不爱一国人,肯定要丧失很多人心。所以对人施以恩惠而人们并不以恩相报,对人待以诚意而人们并不以诚相报,最终导致功名不成,无处容身,这是由于不得要领的缘故。

2 三月戊午(二十五日),东晋派侍中王坦之征召大司马桓温入朝辅政,桓温又一次推辞了。

3 前秦王苻坚下达诏令说:“关东的百姓中,能够精通一经、具有一技之长的人,居家者应按礼仪输送到官府。享受百石以上俸禄的官吏,不能精通一经、没有一技之长的,罢官遣送,恢复普通百姓的身份。”

4 夏季,四月,将海西公司马奕迁徙到吴县的西柴里,敕令吴国内史刁彝负责防卫,又派御史顾允前去监察。刁彝是刁协的儿子。

5 六月癸酉(十二日),前秦任命王猛为丞相、中书监、尚书令、太子太傅、司隶校尉,其特进、常侍、持节、将军、侯爵则仍旧保留。任命阳平公苻融为使持节、都督六州诸军事、镇东大将军、冀州牧。

6 庾希、庾邈与故青州刺史武沈之子遵聚众夜入京口城，晋陵太守卞眈逾城奔曲阿。希诈称受海西公密旨诛大司马温。建康震扰，内外戒严，卞眈发诸县兵二千人击希，希败，闭城自守。温遣东海内史周少孙讨之。秋，七月壬辰，拔其城，擒希、邈及其亲党，皆斩之。眈，壶之子也。

7 甲寅，帝不豫，急召大司马温入辅，一日一夜发四诏，温辞不至。初，帝为会稽王，娶王述从妹为妃，生世子道生及弟俞生。道生疏躁无行，母子皆以幽废死。馀三子，郁、朱生、天流，皆早夭。诸姬绝孕将十年，王使善相者视之，皆曰："非其人。"又使视诸婢媵，有李陵容者，在织坊中，黑而长，宫人谓之"昆仑"，相者惊曰："此其人也！"王召之侍寝，生子昌明及道子。己未，立昌明为皇太子，生十年矣。以道子为琅邪王，领会稽国，以奉帝母郑太妃之祀。遗诏："大司马温依周公居摄故事。"又曰："少子可辅者辅之，如不可，君自取之。"侍中王坦之自持诏入，于帝前毁之。帝曰："天下，傥来之运，卿何所嫌！"坦之曰："天下，宣、元之天下，陛下何得专之！"帝乃使坦之改诏曰："家国事一禀大司马，如诸葛武侯、王丞相故事。"是日，帝崩。

群臣疑惑，未敢立嗣，或曰："当须大司马处分。"尚书仆射王彪之正色曰："天子崩，太子代立，大司马何容得异！若先面谘，必反为所责。"朝议乃定。太子即皇帝位，大赦。崇德太后令，以帝冲幼，加在谅暗，令温依周公居摄故事。事已施行，王彪之曰："此异常大事，大司马必当固让，使万机停滞，稽废山陵，未敢奉令，谨具封还。"事遂不行。

6　庾希、庾邈与过去的青州刺史武沈的儿子武遵聚集兵众，趁夜进入京口城，晋陵太守卞眈翻墙出城逃奔到曲阿。庾希诈称接受了海西公的秘密旨令，诛杀大司马桓温。建康城里震惊混乱，内外都严加戒备。卞眈派出各县的兵众两千人攻击庾希，庾希失败，紧闭城门固守。桓温派东海内史周少孙讨伐庾希。秋季，七月壬辰（初一），攻下了京口城，擒获了庾希、庾邈以及他们的亲信同党，把他们全都杀掉了。卞眈是卞壸的儿子。

7　甲寅（二十三日），简文帝身体不适，紧急征召大司马桓温入朝辅政，一天一夜接连发出四道诏令，桓温推辞不来。当初，简文帝任会稽王时，娶了王述的表妹为妃，生下了长子司马道生及弟弟司马俞生。司马道生粗鲁急躁，品行不端，母子全都因此被囚禁废黜而死。其他三个儿子，司马郁、司马朱生、司马天流，全都早年夭折。众妻妾绝孕将近十年，会稽王让会相面的人来观察她们，会相面的人都说："能生儿子的不是这些人。"会稽王又让他去观察众女仆女佣。有一个叫李陵容的，在纺织作坊里，长得又高又黑，宫女们都叫她"昆仑"。相面的人见到她后吃惊地说："这就是会生儿子的人！"会稽王召她服侍起居，生下了司马昌明及司马道子。己未（二十八日），立司马昌明为皇太子，这时，他已经十岁了。任命司马道子为琅邪王，兼领会稽国，以尊奉帝母郑太妃的祀位。简文帝下达遗诏："大司马桓温依据周公的遗规，代理皇帝摄政。"又说："对年轻的儿子，可以辅佐就辅佐，如果不能辅佐，君则自己取而代之。"侍中王坦之自己手持诏书进入宫中，在简文帝面前把诏书撕掉了。简文帝说："天下，来自意外的命运，你有什么不满意的！"王坦之说："天下，是宣帝、元帝的天下，陛下怎么能独断专行！"于是简文帝就让王坦之修改了诏书，说："宗族国家之事，一概听命于大司马桓温，就像诸葛亮、王导辅政时的做法一样。"这一天，简文帝驾崩。

群臣疑惑不解，没敢确立嗣子。有人说："应当让大司马桓温来处理。"尚书仆射王彪之脸色严厉地说："天子驾崩，太子代立，大司马怎能有资格提出异议！如果事先当面向他询问，一定反而会被他责备。"于是经过朝臣讨论就决定了。太子即皇帝位，实行大赦。崇德太后发布命令，因为孝武帝年幼，加上他得居丧，命令桓温依据周公摄政的遗规行事。命令已经公布，王彪之说："这是非常大事，大司马桓温一定会坚决推辞，从而导致政务停顿，荒废先帝的事业，我不敢遵奉命令，谨将诏书密封归还。"于是事情也就没能实行。

温望简文临终禅位于己，不尔便当居摄。既不副所望，甚愤怨，与弟冲书曰："遗诏使吾依武侯、王公故事耳。"温疑王坦之、谢安所为，心衔之。诏谢安征温入辅，温又辞。

8　八月，秦丞相猛至长安，复加都督中外诸军事。猛辞曰："元相之重，储傅之尊，端右事繁，京牧任大，总督戎机，出纳帝命，文武两寄，巨细并关，以伊、吕、萧、邓之贤，尚不能兼，况臣猛之无似！"章三四上，秦王坚不许，曰："朕方混一四海，非卿无可委者。卿之不得辞宰相，犹朕不得辞天下也。"

猛为相，坚端拱于上，百官总己于下，军国内外之事，无不由之。猛刚明清肃，善恶著白，放黜尸素，显拔幽滞，劝课农桑，练习军旅，官必当才，刑必当罪。由是国富兵强，战无不克，秦国大治。坚敕太子宏及长乐公丕等曰："汝事王公，如事我也。"

阳平公融在冀州，高选纲纪，以尚书郎房默、河间相申绍为治中别驾，清河崔宏为州从事，管记室。融年少，为政好新奇，贵苛察。申绍数规正，导以宽和，融虽敬之，未能尽从。后绍出为济北太守，融屡以过失闻，数致谴让，乃自恨不用绍言。

融尝坐擅起学舍为有司所纠，遣主簿李纂诣长安自理。纂忧惧，道卒。融问申绍："谁可使者？"绍曰："燕尚书郎高泰，清辩有胆智，可使也。"先是丞相猛及融屡辟泰，泰不起，至是，融谓泰曰："君子救人之急，卿不得复辞！"泰乃从命。至长安，猛见之，

桓温希望简文帝临终前将皇位禅让给自己，不这样的话，也应当让他摄政。此后这个愿望没能实现，非常怨恨愤怒，给弟弟桓冲写信说："简文帝下诏让我按诸葛亮、王导的遗规辅政。"桓温怀疑这事是王坦之、谢安干的，对他们怀恨在心。朝廷诏令谢安前去征召桓温入朝辅政，桓温又推辞了。

8 八月，前秦丞相王猛抵达长安，又担任都督中外诸军事。王猛推辞说："丞相的重任，太傅的尊位，尚书令政务纷繁，司隶校尉责任重大，总领督察军务，上传下达皇帝的命令，文武职务集于一身，大小事务都要亲躬，以伊尹、吕望、萧何、邓禹那样的贤明，尚且不能兼备，何况臣王猛这样无能呢！"表示辞让的表章上了三四次，前秦王苻坚不同意，说："朕正在统一四海，除了你再没有人可以委以重任。你不能推辞宰相之职，就像朕不能推辞天下一样。"

王猛为宰相，苻坚独居其上，百官统属其下，军队及国家内政外交，没有不经他手的。王猛刚正贤明，清廉严肃，褒贬鲜明，放逐罢免尸位素餐者，提拔重用有才而不得志者，劝勉农耕桑蚕，训练军队，任职的官都符合他们的才能，刑罚一定与罪过相当。因此国富兵强，战无不胜，秦国大治。苻坚敕令太子苻宏及长乐公苻丕等人说："你们侍奉王猛，要像侍奉我一样。"

阳平公苻融在冀州，以严格的标准选择州府官吏，任命尚书郎房默、河间相申绍为治中别驾，清河人崔宏为州从事，掌管记室。苻融年轻，为政喜好新奇，推崇苛刻烦琐的方式。申绍多次劝他改正，转向实行宽容和缓的政策，苻融虽然尊敬申绍，却未能完全听从他的意见。后来申绍调任济北太守，苻融屡屡因为犯有过错而失去声望，导致被多次谴责，这才后悔没有听从申绍的话。

苻融曾经因为擅自建立学校而被官府纠劾，他派主簿李纂到长安去陈述理由。李纂担心害怕，半路上就死了。苻融问申绍道："还有谁可以派他去？"申绍说："燕国尚书郎高泰，清晰明辩，有胆有谋，可以派去。"此前丞相王猛及苻融多次征召高泰，高泰都不就任，到这时，苻融对高泰说："君子救助别人的危急，你不能再推辞了！"高泰于是就听从了命令。到达长安后，王猛见到他，

笑曰："高子伯于今乃来，何其迟也！"泰曰："罪人来就刑，何问迟速！"猛曰："何谓也？"泰曰："昔鲁僖公以泮宫发颂，齐宣王以稷下垂声，今阳平公开建学宫，追踪齐、鲁，未闻明诏褒美，乃更烦有司举劾。明公阿衡圣朝，惩劝如此，下吏何所逃其罪乎！"猛曰："是吾过也。"事遂得释。猛因叹曰："高子伯岂阳平所宜吏乎！"言于秦王坚。坚召见，悦之，问以为治之本。对曰："治本在得人，得人在审举，审举在核真，未有官得其人而国家不治者也。"坚曰："可谓辞简而理博矣。"以为尚书郎。泰固请还州，坚许之。

9　九月，追尊故会稽王妃王氏曰顺皇后，尊帝母李氏为淑妃。

10　冬，十月丁卯，葬简文帝于高平陵。

11　彭城妖人卢悚自称大道祭酒，事之者八百馀家。十一月，遣弟子许龙如吴，晨，到海西公门，称太后密诏，奉迎兴复。公初欲从之，纳保母谏而止。龙曰："大事垂捷，焉用儿女子言乎！"公曰："我得罪于此，幸蒙宽宥，岂敢妄动！且太后有诏，便应官属来，何独使汝也？汝必为乱！"因叱左右缚之，龙惧而走。甲午，悚帅众三百人，晨攻广莫门，诈称海西公还，由云龙门突入殿庭，略取武库甲仗，门下吏士骇愕不知所为。游击将军毛安之闻难，帅众直入云龙门，手自奋击。左卫将军殷康，中领军桓秘入止车门，与安之并力讨诛之，并党与死者数百人。海西公深虑横祸，专饮酒，恣声色，有子不育，时人怜之。朝廷知其安于屈辱，故不复为虞。

笑着说："高泰到今天才来，为什么这样迟呢！"高泰说："犯了罪的人前来接受刑罚，还问什么迟早！"王猛说："你说的是什么意思？"高泰说："过去鲁僖公因为在泮水建立学宫而被歌颂，齐宣王因为在稷下建立学宫而声名远扬，如今阳平公开辟建设学宫，追从齐、鲁，没有听说下达诏令加以褒奖，反而还烦请官府罗织罪名加以弹劾。明公主持辅佐圣朝，如此惩罚劝勉，下面的官吏如何逃避罪责呢！"王猛说："这是我的过错。"事情于是就圆满解决。王猛因而感叹道："高泰怎么能是适宜于阳平公的官吏呢！"他把这话告诉了前秦王苻坚。苻坚召见高泰，很喜欢他，向他询问治国的根本。高泰回答说："治国之本在于获得人才，获得人才在于审慎选拔，审慎选拔在于调查真情，没有得到合适的人才而国家不能实现大治的。"苻坚说："这话真可谓言辞简略而道理博深呀！"任命高泰为尚书郎。高泰执意请求返回冀州，苻坚同意了。

9　九月，东晋追尊过去的会稽王妃王氏为顺皇后，尊孝武帝的母亲李氏为淑妃。

10　冬季，十月丁卯（初八），东晋在高平陵安葬了简文帝。

11　彭城妖人卢悚，自称是大道祭酒，效忠他的有八百多家。十一月，卢悚派弟子许龙到吴县，早晨，到了海西公司马奕门口，称太后下达密诏，奉迎海西公复兴大业。海西公开始想听从他的话，后来采纳了抚养子女的女妾的劝告而没这样干。许龙说："大事快要成功了，怎么能听女人的话呢！"海西公说："我获罪在此，有幸蒙受宽赦，岂敢轻举妄动！而且太后如有诏令，就应该让官属前来，为什么只派你来呢？你一定是要作乱！"接着就喝令左右的人把他捆起来，许龙害怕了，转身逃走。甲午（初五），卢悚率领兵众三百人，在早晨攻打广莫门，诈称海西公回来了，从云龙门突入宫殿的庭院，夺取武器库中的盔甲兵杖，守卫云龙门的卫士十分惊骇，不知所措。游击将军毛安之听说了祸难，率领兵众直接开进云龙门，亲身奋力搏击；左卫将军殷康、中领军桓秘进入止车门，与毛安之一起讨伐斩杀他们，打死贼党数百名。海西公深深地担心横祸发生，专事饮酒，恣意音乐美色，有儿子也不养育，当时的人都很怜悯他。朝廷知道他安于屈辱，所以对他也就不再防备了。

12　秦都督北蕃诸军事、镇北大将军、开府仪同三司、朔方桓侯梁平老卒。平老在镇十馀年，鲜卑、匈奴惮而爱之。

13　三吴大旱，人多饿死。

烈宗孝武皇帝上之上

宁康元年（癸酉，373）

1　春，正月己卯朔，大赦改元。

2　二月，大司马温来朝。辛巳，诏吏部尚书谢安、侍中王坦之迎于新亭。是时，都下人情恟恟，或云欲诛王、谢，因移晋室。坦之甚惧，安神色不变，曰："晋祚存亡，决于此行。"温既至，百官拜于道侧。温大陈兵卫，延见朝士，有位望者皆战慑失色。坦之流汗沾衣，倒执手版。安从容就席，坐定，谓温曰："安闻诸侯有道，守在四邻，明公何须壁后置人邪！"温笑曰："正自不能不尔。"遂命左右撤之，与安笑语移日。郗超常为温谋主，安与坦之见温，温使超卧帐中听其言。风动帐开，安笑曰："郗生可谓入幕之宾矣。"时天子幼弱，外有强臣，安与坦之尽忠辅卫，卒安晋室。

温治卢悚入宫事，收尚书陆始付廷尉，免桓秘官，连坐者甚众。迁毛安之为左卫将军。桓秘由是怨温。

三月，温有疾，停建康十四日，甲午，还姑孰。

3　夏，代王什翼犍使燕凤入贡于秦。

4　秋，七月己亥，南郡宣武公桓温薨。

12　前秦都督北蕃诸军事、镇北大将军、开府仪同三司、朔方桓侯梁平老去世。梁平老镇守朔方十多年，鲜卑、匈奴人对他既怕又爱。

13　三吴地区发生大旱，许多人都饿死了。

烈宗孝武皇帝上之上

晋孝武帝宁康元年（癸酉，公元373年）

1　春季，正月己丑朔（初一），东晋实行大赦，改换年号为宁康。

2　二月，大司马桓温来觐见孝武帝。辛巳（二十四日），孝武帝诏令吏部尚书谢安、侍中王坦之到新亭迎接。这时，都城里人心浮动，有人说桓温要杀王坦之、谢安，晋王室的天下就要转落他人之手。王坦之非常害怕，谢安则神色不变，说："晋朝国统的存亡，取决于此行。"桓温抵达朝廷以后，百官夹道叩拜。桓温部署重兵守卫，接待会见朝廷百官，有地位名望的人全都惊慌失色。王坦之汗流浃背，连手板都拿倒了。谢安从容就座，坐定以后，对桓温说："谢安听说诸侯有道，守卫的人在四方邻国，明公哪里用得着在墙壁后面安置人呀！"桓温笑着说："正是由于不能不这样做。"于是就命令左右的人让他们撤走，与谢安笑谈良久。郗超经常是桓温的主谋，谢安和王坦之去见桓温，桓温让郗超藏在帐子中听他们谈话。风吹开了帐子，谢安笑着说："郗超可谓入帐之宾。"当时天子年幼力弱，外边又有强臣，谢安与王坦之竭尽忠诚辅佐护卫，最终使晋王室得以安稳。

桓温处理卢悚攻入宫廷的事件，拘捕了尚书陆始，并送交廷尉处置，罢免了桓秘的官职，株连的人很多。提升毛安之为左卫将军。桓秘从此开始怨恨桓温。

三月，桓温生病，在建康停留了十四天，甲午（初七），返回姑孰。

3　夏季，代王拓跋什翼犍让燕凤去向前秦进献贡物。

4　秋季，七月己亥（十四日），南郡宣武公桓温去世。

初，温疾笃，讽朝廷求九锡，屡使人趣之。谢安、王坦之故缓其事，使袁宏具草。宏以示王彪之，彪之叹其文辞之美，因曰："卿固大才，安可以此示人！"谢安见其草，辄改之，由是历旬不就。宏密谋于彪之，彪之曰："闻彼病日增，亦当不复支久，自可更小迟回。"

温弟江州刺史冲，问温以谢安、王坦之所任，温曰："渠等不为汝所处分。"其意以为，己存，彼必不敢立异，死则非冲所制，若害之，无益于冲，更失时望故也。

温以世子熙才弱，使冲领其众。于是桓秘与熙弟济谋共杀冲，冲密知之，不敢入。俄顷，温薨，冲先遣力士拘录熙、济而后临丧。秘遂被废弃，熙、济俱徙长沙。诏葬温依汉霍光及安平献王故事。冲称温遗命，以少子玄为嗣，时方五岁，袭封南郡公。

庚戌，加右将军荆州刺史桓豁征西将军、督荆杨雍交广五州诸军事。桓冲为中军将军、都督扬豫江三州诸军事、扬豫二州刺史，镇姑孰。竟陵太守桓石秀为宁远将军、江州刺史，镇寻阳。石秀，豁之子也。冲既代温居任，尽忠王室。或劝冲诛除时望，专执时权，冲不从。始，温在镇，死罪皆专决不请。冲以为生杀之重，当归朝廷，凡大辟皆先上，须报，然后行之。

当初，桓温病重的时候，暗示朝廷给他加九锡的礼遇，多次派人去催促。谢安、王坦之故意拖延此事，让袁宏草拟诏令。袁宏草拟完以后让王彪之审阅，王彪之赞叹他文辞的优美，接着说："你本来是杰出的人才，怎么能写这样的文章让别人看呢！"谢安见到了袁宏写的草稿，就对其加以修改，因此前后十多天也没有最后定稿。袁宏暗地里和王彪之商量，王彪之说："听说桓温的病情日益严重，应该不会再支持多久了，自然可以再稍微晚一点回复。"

桓温的弟弟江州刺史桓冲，向桓温询问谢安、王坦之应该担任什么职务，桓温说："他们不由你来安排。"这话的意思是，自己活着的时候，他们一定不敢公开抗衡，自己死了以后，则不是桓冲所能控制的，如果谋害了他们，无益于桓冲，因为这反而会失去声望。

桓温考虑到世子桓熙才能不足，就让桓冲统领他的兵众。因此桓秘和桓熙的弟弟桓济谋划，要一起去杀掉桓冲。桓冲私下里知道了此事，不敢进入府内。不久，桓温死了，桓冲先派身强力壮的士兵拘捕了桓熙、桓济，然后才前去治丧。桓秘于是也被废黜了，桓熙、桓济都被迁徙到长沙。孝武帝下诏，依据汉代霍光及安平献王的遗规安葬桓温。桓冲称桓温留下遗嘱，以小儿子桓玄为继承人。当时桓玄刚刚五岁，继承南郡公的爵位。

庚戌（二十五日），东晋命右将军荆州刺史桓豁担任征西将军，督荆、扬、雍、交、广五州诸军事。桓冲任中军将军，都督扬、豫、江三州诸军事及扬、豫二州刺史，镇守姑孰。竟陵太守桓石秀任宁远将军、江州刺史，镇守寻阳。桓石秀是桓豁的儿子。桓冲代替桓温就任以后，对王室竭尽忠诚。有人劝桓冲杀掉那些有威信、有声望的人，独掌大权，桓冲没有听从。当初，桓温在任时，不请示朝廷批准就决定人的死罪。桓冲认为生杀性命这样的大事，应当由朝廷核准，于是凡属死刑全都事先上报，等待批准以后，再去执行。

谢安以天子幼冲，新丧元辅，欲请崇德太后临朝。王彪之曰："前世人主幼在襁褓，母子一体，故可临朝。太后亦不能决事，要须顾问大臣。今上年出十岁，垂及冠婚，反令从嫂临朝，示人主幼弱，岂所以光扬圣德乎！诸公必欲行此，岂仆所制，所惜者大体耳。"安不欲委任桓冲，故使太后临朝，己得以专献替裁决，遂不从彪之之言。八月壬子，太后复临朝摄政。

5 梁州刺史杨亮遣其子广袭仇池，与秦梁州刺史杨安战，广兵败，沮水诸戍皆委城奔溃。亮惧，退守磬险。九月，安进攻汉川。

6 丙申，以王彪之为尚书令，谢安为仆射，领吏部，共掌朝政。安每叹曰："朝廷大事，众所不能决者，以谘王公，无不立决！"

7 以吴国内史刁彝为徐、兖二州刺史，镇广陵。

8 冬，秦王坚使益州刺史王统、秘书监朱肜帅卒二万出汉川，前禁将军毛当、鹰扬将军徐成帅卒三万出剑门，入寇梁、益。梁州刺史杨亮帅巴獠万馀拒之，战于青谷。亮兵败，奔固西城。肜遂拔汉中。徐成攻剑阁，克之。杨安进攻梓潼，梓潼太守周虓固守涪城，遣步骑数千送母、妻自汉水趣江陵，朱肜邀而获之，虓遂降于安。十一月，安克梓潼。荆州刺史桓豁遣江夏相竺瑶救梁、益。瑶闻广汉太守赵长战死，引兵退。益州刺史周仲孙勒兵拒朱肜于绵竹，闻毛当将至成都，仲孙帅骑五千奔于南中。秦遂取梁、益二州，邛、莋、夜郎皆附于秦。秦王坚以杨安为益州牧，镇成都；毛当为梁州刺史，镇汉中；姚苌为宁州刺史，屯垫江；王统为南秦州刺史，镇仇池。

谢安因为天子年幼，辅佐首臣又刚刚死去，想请崇德太后临朝处理国政。王彪之说："前代人主年幼，尚在襁褓，母子不可分离，所以可以让太后临朝。即便如此，太后也不能擅自决定国事，还需要征求大臣的意见。如今主上已经十多岁，快到加冠完婚的年龄了，反而让堂嫂临朝，显示人主年幼力弱，这难道是用来发扬光大圣德的做法吗？你们如果一定要这样做，我无法制止，所痛惜的是丧失了伦理大义。"谢安不想把重任交给桓冲，所以让太后临朝，自己得以专权裁决，于是就没有听从王彪之的话。八月壬子，太后临朝主持国政。

5　梁州刺史杨亮派他的儿子杨广袭击仇池，与前秦梁州刺史杨安交战，杨广的军队被打败，沮水一带的戍卫部队全都弃城溃逃。杨亮十分害怕，退守磬险。九月，杨安进军攻打汉川。

6　丙申（十二日），东晋任命王彪之为尚书令，谢安为仆射，兼管吏部，共同执掌朝政。谢安每每感叹地说："朝廷大事，众人不能决断的，去询问王彪之，无不马上决断！"

7　东晋任命吴国内史刁彝为徐、兖二州刺史，镇守广陵。

8　冬季，前秦王苻坚让益州刺史王统、秘书监朱肜率领两万士卒从汉川出征，让前禁将军毛当、鹰扬将军徐成率领三万士卒从剑门出征，入侵梁州、益州。梁州刺史杨亮率领一万多巴獠人抵抗，在青谷交战。杨亮的军队被打败，逃奔到西城固守。朱肜于是就攻下了汉中。徐成攻打剑阁，攻了下来。杨安进军攻打梓潼，梓潼太守周虓固守涪城，派步、骑兵数千人护送母亲、妻子自汉水去江陵，朱肜半路截击，擒获了她们，周虓于是就投降了杨安。十一月，杨安攻克了梓潼。荆州刺史桓豁派江夏相竺瑶救援梁州、益州。竺瑶听说广汉太守赵长战死，就带兵撤退了。益州刺史周仲孙统率兵众在绵竹抵御朱肜，听说毛当将要抵达成都，便率领骑兵五千逃奔到南中。前秦于是就夺取了梁、益二州，邛、莋、夜郎等地全都归附于前秦。前秦王苻坚任命杨安为益州牧，镇守成都；任命毛当为梁州刺史，镇守汉中；任命姚苌为宁州刺史，驻扎在垫江；任命王统为南秦州刺史，镇守仇池。

秦王坚欲以周虓为尚书郎，虓曰："蒙晋厚恩，但老母见获，失节于此。母子获全，秦之惠也。虽公侯之贵，不以为荣，况郎官乎！"遂不仕。每见坚，或箕踞而坐，呼为氐贼。尝值元会，仪卫甚盛，坚问之曰："晋朝元会，与此何如？"虓攘袂厉声曰："犬羊相聚，何敢比拟天朝！"秦人以虓不逊，屡请杀之，坚待之弥厚。

周仲孙坐失守免官。桓冲以冠军将军毛虎生为益州刺史，领建平太守，以虎生子球为梓潼太守。虎生与球伐秦，至巴西，以粮乏，退屯巴东。

9　以侍中王坦之为中书令，领丹杨尹。

10　是岁，鲜卑勃寒掠陇右，秦王坚使乞伏司繁讨之，勃寒请降，遂使司繁镇勇士川。

11　有彗星出于尾箕，长十馀丈，经太微，扫东井，自四月始见，及秋冬不灭。秦太史令张孟言于秦王坚曰："尾、箕，燕分；东井，秦分。今彗起尾、箕而扫东井，十年之后，燕当灭秦；二十年之后，代当灭燕。慕容暐父子兄弟，我之仇敌，而布列朝廷，贵盛莫二，臣窃忧之，宜翦其魁桀者以消天变。"坚不听。

阳平公融上疏曰："东胡跨据六州，南面称帝，陛下劳师累年，然后得之，本非慕义而来。今陛下亲而幸之，使其父兄子弟森然满朝，执权履职，势倾勋旧。臣愚以为狼虎之心，终不可养，星变如此，愿少留意！"坚报曰："朕方混六合为一家，视夷狄为赤子，汝宜息虑，勿怀耿介。夫惟修德可以禳灾，苟能内求诸己，何惧外患乎！"

前秦王苻坚想任命周虓为尚书郎，周虓说："我蒙受了晋朝厚重的恩宠，只是因为老母亲被擒获，才丧失气节，落身秦国。母子得以全身，这是秦国的恩惠。即使给我以公、侯的高贵地位，我都不以为荣，何况是一个郎官呢！"于是便拒绝就任。每当见到苻坚，周虓有时就叉开腿傲慢地一坐，喊苻坚为氐贼。有一次正当正月初一的朝会，仪仗隆重，卫士众多，苻坚问周虓说："晋朝正月初一的朝会，与此相比怎么样？"周虓捋起袖子厉言正色地说："犬羊相聚，怎么敢和天朝相比！"前秦人因为周虓不恭顺，多次请求把他杀掉，而苻坚却对待他更加优厚。

周仲孙因益州失守而被免官。桓冲任命冠军将军毛虎生为益州刺史，兼建平太守，任命毛虎生的儿子毛球为梓潼太守。毛虎生与毛球讨伐前秦，已经到达了巴西，因为粮食缺乏，退到巴东驻扎。

9　东晋任命王坦之为中书令，兼任丹杨尹。

10　这一年，鲜卑人勃寒攻掠陇右，前秦王苻坚派乞伏司繁讨伐他，勃寒请求投降。于是让乞伏司繁镇守勇士川。

11　有彗星出现在尾宿、箕宿之间，长达十多丈，经过太微星垣，扫掠东井星宿。从四月开始出现，到秋冬还未消失。前秦太史令张孟对前秦王苻坚进言说："尾宿、箕宿，是燕国的分野；东井，是秦国的分野。如今彗星出现于尾宿、箕宿而扫掠东井，十年以后，燕国要灭掉秦国；二十年以后，代国要灭掉燕国。慕容暐的父子兄弟，是我们的仇敌，然而却布满了朝廷，尊贵显赫无人可比，我私下里为此担忧，应该杀掉他们的首领以消除上天的灾变。"苻坚没有听从。

阳平公苻融上疏说："东胡人占据的领土横跨六州，面南称帝，陛下兴师动众多年，然后才制服了他们，他们本来就不是倾慕道义才来的。如今陛下对他们亲近而又宠幸，让他们父子兄弟林立于朝廷，掌握权力，行使职责，威势超过了功勋旧臣。我愚昧地认为虎狼之心，终究不能纵养，星象如此变化，愿您稍加注意！"苻坚回复说："朕正要统一天下为一家，把夷狄当赤子看待，你应该去掉忧虑，不要心怀不安。只有修治德性才可以消除灾祸，假如能完善自己，还怕什么外患呢！"

二年(甲戌,374)

1　春,正月癸未朔,大赦。

2　己酉,刁彝卒。二月癸丑,以王坦之为都督徐兖青三州诸军事、徐兖二州刺史,镇广陵。诏谢安总中书。安好声律,期功之惨,不废丝竹,士大夫效之,遂以成俗。王坦之屡以书苦谏之曰:"天下之宝,当为天下惜之。"安不能从。

3　三月,秦太尉建宁烈公李威卒。

4　夏,五月,蜀人张育、杨光起兵击秦,有众二万,遣使来请兵。秦王坚遣镇军将军邓羌帅甲士五万讨之。益州刺史竺瑶、威远将军桓石虔帅众三万攻垫江,姚苌兵败,退屯五城。瑶、石虔屯巴东。张育自号蜀王,与巴獠酋帅张重、尹万万馀人进围成都。六月,育改元黑龙。秋,七月,张育与张重等争权,举兵相攻,秦杨安、邓羌袭育,败之,育与杨光退屯绵竹。八月,邓羌败晋兵于涪西。九月,杨安败张重、尹万于成都南,重死,斩首二万三千级。邓羌击张育、杨光于绵竹,皆斩之。益州复入于秦。

5　冬,十二月,有人入秦明光殿大呼曰:"甲申、乙酉,鱼羊食人,悲哉无复遗!"秦王坚命执之,不获。秘书监朱肜、秘书侍郎略阳赵整固请诛鲜卑,坚不听。整,宦官也,博闻强记,能属文,好直言,上书及面谏,前后五十馀事。慕容垂夫人得幸于坚,坚与之同辇游于后庭,整歌曰:"不见雀来入燕室,但见浮云蔽白日。"坚改容谢之,命夫人下辇。

6　是岁,代王什翼犍击刘卫辰,南走。

晋孝武帝宁康二年(甲戌,公元 374 年)

1 春季,正月癸未朔(初一),东晋实行大赦。

2 己酉(二十七日),刁彝去世。二月癸丑(初一),任命王坦之为都督徐、兖、青三州诸军事及徐、兖二州刺史,镇守广陵。诏令谢安总领中书职事。谢安喜好音乐,就连悲惨的服丧期间,也不暂停丝竹器乐。士大夫效仿他,以至于成为一种时尚。王坦之屡屡写信恳劝他,说:"礼仪法度,是天下之宝,应当为了天下而爱惜它。"谢安没能听从劝告。

3 三月,前秦太尉建宁烈公李威去世。

4 夏季,五月,蜀人张育、杨光起兵攻打前秦,拥有兵众两万人,派使者来东晋请求援军。前秦王苻坚派镇军将军邓羌率领五万披甲士兵讨伐他们。益州刺史竺瑶、威远将军桓石虔率领三万兵众攻打垫江,姚苌的军队被打败,退驻到五城。竺瑶、桓石虔驻扎在巴东。张育自称蜀王,与巴獠酋长张重、尹万的一万多人进军包围了成都。六月,张育改年号为黑龙。秋季,七月,张育与张重等人争夺权力,起兵相攻,前秦杨安、邓羌袭击张育,打败了他,张育与杨光退守绵竹。八月,邓羌在涪西打败了东晋的军队。九月,杨安在成都以南打败了张重、尹万,张重战死,士兵被斩首的有两万三千人。邓羌在绵竹攻打张育、杨光,全都斩杀了他们。益州又归前秦所有。

5 冬季,十二月,有人进入前秦的明光殿大喊道:"甲申、乙酉之年,鱼羊吃人,悲惨啊,没有再被遗漏的!"(鱼羊合为"鲜"字,暗指鲜卑人。)前秦王苻坚命令抓住此人,但没有抓获。秘书监朱肜、秘书侍郎略阳人赵整坚持请求诛杀鲜卑人,苻坚没有听从。赵整是宦官,博闻强记,善于写文章,喜欢直言,上书以及当面劝谏,前后有五十多次。慕容垂的夫人深得苻坚的宠幸,苻坚和她同乘一车在后庭游玩,赵整作歌唱道:"不见雀来入燕室,但见浮云蔽白日。"苻坚听到后脸色一变,向赵整道歉,同时命令这位夫人下车。

6 这一年,代王拓跋什翼犍攻打刘卫辰,刘卫辰向南逃走。

三年(乙亥,375)

1　春,正月辛亥,大赦。

2　夏,五月丙午,蓝田献侯王坦之卒。临终与谢安、桓冲书,惟以国家为忧,言不及私。

3　桓冲以谢安素有重望,欲以扬州让之,自求外出。桓氏族党皆以为非计,莫不扼腕固谏,郗超亦深止之,冲皆不听,处之澹然。甲寅,诏以冲都督徐豫兖青扬五州诸军事、徐州刺史,镇京口;以安领扬州刺史,并加侍中。

4　六月,秦清河武侯王猛寝疾,秦王坚亲为之祈南、北郊及宗庙、社稷,分遣侍臣遍祷河、岳诸神。猛疾少瘳,为之赦殊死以下。猛上疏曰:“不图陛下以臣之命而亏天地之德,开辟已来,未之有也。臣闻报德莫如尽言,谨以垂没之命,窃献遗款。伏惟陛下,威烈振乎八荒,声教光乎六合,九州百郡,十居其七,平燕定蜀,有如拾芥。夫善作者不必善成,善始者不必善终,是以古先哲王,知功业之不易,战战兢兢,如临深谷。伏惟陛下,追踪前圣,天下幸甚。”坚览之悲恸。秋,七月,坚亲至猛第视疾,访以后事。猛曰:“晋虽僻处江南,然正朔相承,上下安和,臣没之后,愿勿以晋为图。鲜卑、西羌,我之仇敌,终为人患,宜渐除之,以便社稷。”言终而卒。坚比敛,三临哭,谓太子宏曰:“天不欲使吾平壹六合邪,何夺吾景略之速也?”葬之如汉霍光故事。

晋孝武帝宁康三年(乙亥,公元375年)

1 春季,正月辛亥(初五),东晋实行大赦。

2 夏季,五月丙午(初二),蓝田献侯王坦之去世。临终前给谢安、桓冲写信,只是对国家的事情表示忧虑,没有谈及个人的事情。

3 桓冲考虑到谢安历来深孚众望,想把扬州让给他,自己则请求到外地任职。桓氏家族的人都认为这不是好办法,全都扼腕痛惜,苦苦劝谏,郗超也竭力劝阻他,桓冲全都不予听从,恬然隐退。甲寅(初十),朝廷下达诏令,任命桓冲为都督徐、豫、兖、青、扬五州诸军事及徐州刺史,镇守京口;任命谢安兼扬州刺史,加任侍中。

4 六月,前秦清河武侯王猛患病卧床不起,前秦王苻坚亲自为他到南、北郊以及宗庙、社稷坛祈求神灵,并分派侍卫大臣前往黄河、华岳遍祈诸神。王猛的病情稍有好转,苻坚又为此而对获"殊死"刑以下的罪犯实行赦免。王猛上疏说:"没想到陛下因为臣的性命而损害了天地之德,这是朝廷建立以来没有过的事情。臣听说回报恩德没有什么能比得上尽情直言,谨以我行将完结的生命,私下里向您进献剩下的一点忠诚。伏身想到陛下,威风势力震动八方以外,声望教化照耀天地之中,九州百郡,十有其七,平定燕、蜀,有如俯拾小草。善于开创的人不一定善于完成,善始者不一定善终,所以古代的圣哲帝王,知道建功立业的不易,都是战战兢兢,如临深渊。伏身盼望陛下,能够追随前代的圣哲帝王,这是天下的大幸。"苻坚看了王猛的上疏,十分悲痛。秋季,七月,苻坚亲自到王猛的宅第察看他的病情,并向他询问后事。王猛说:"晋朝虽然偏居长江以南,但他们是正宗相沿,上下安定和睦,臣死了以后,希望不要把晋朝作为图谋的对象。鲜卑、西羌,是我们的仇敌,最终也要成为我们的祸患,应该逐渐消灭他们,以使江山安定。"说完这话,王猛就死了。苻坚亲自参与装殓王猛,三次前往痛哭,并对太子苻宏说:"上天不想让我统一天下吗?为什么这么快就夺走了我的王猛呢?"依据汉代霍光的遗规安葬了王猛。

5　八月癸巳，立皇后王氏，大赦。后，濛之孙也。以后父晋陵太守蕴为光禄大夫，领五兵尚书，封建昌侯。蕴固辞不受。

6　九月，帝讲《孝经》，始览典籍，延儒士。谢安荐东莞徐邈补中书舍人，每被顾问，多所匡益。帝或宴集，酣乐之后，好为手诏诗章以赐侍臣，或文词率尔，所言秽杂。邈应时收敛还省刊削，皆使可观，经帝重览，然后出之。时议以此多邈。

7　冬，十月癸酉朔，日有食之。

8　秦王坚下诏曰："新丧贤辅，百司或未称朕心，可置听讼观于未央南，朕五日一临，以求民隐。今天下虽未大定，权可偃武修文，以称武侯雅旨。其增崇儒教，禁老、庄、图谶之学，犯者弃市。"妙简学生，太子及公侯百僚之子皆就学受业；中外四禁、二卫、四军长上将士，皆令受学。二十人给一经生，教读音句，后宫置典学以教掖庭，选阉人及女隶敏慧者诣博士授经。尚书郎王佩读谶，坚杀之，学谶者遂绝。

5　八月癸巳（二十日），东晋立王氏为皇后，实行大赦。王皇后是王濛的孙女。任命王皇后的父亲晋陵太守王蕴为光禄大夫，兼五兵尚书，封为建昌侯。王蕴坚决辞让，不接受任命。

6　九月，东晋孝武帝讲习《孝经》，开始阅览典籍，邀请儒士。谢安荐举东莞人徐邈补中书舍人，徐邈经常接受孝武帝的询问，匡正补益颇多。孝武帝有时宴集群臣，酣饮歌乐之后，喜欢随手写些诗章赐给侍臣，有的诗章文词草率，内容污杂。徐邈会及时把这些诗章搜集起来带回中书省加以修改，使它们全都适宜观览，经过孝武帝重新审阅，然后再传播出去。当时的人们都因此而称赞徐邈。

7　冬季，十月癸酉朔（初一），出现日食。

8　前秦王苻坚下达诏令说："刚刚丧失了贤明的辅佐，百官当中有的不称朕的心愿，可以在未央宫以南设置听理诉讼的台观，朕五天亲临一次，以访求隐没在民间的人才。如今天下虽然还没有完全平定，但暂且可以停息武备，修明文教，以实现王猛高雅的旨趣。应该进一步尊崇儒家学说，禁止老子、庄子及宣扬符命占验的学说，有违犯者斩首示众。"适宜地选择生员，太子以及公侯百官的子弟全都就学受业；朝廷内外的四禁、二卫、四军的长以上将士，全都命令他们参加学习。每二十人配备一名经生，负责教授诵读音句，在后宫设置学官，用来教授妃嫔，选择宦官以及女仆中的聪慧敏捷者到博士那里去学习经书。尚书郎王佩阅读宣扬谶纬符命占验的书籍，苻坚把他杀掉了，从此学习谶纬学说的人也就绝迹了。

卷第一百四　晋纪二十六

起丙子(376)尽壬午(382)凡七年

烈宗孝武皇帝上之中

太元元年(丙子,376)

1　春,正月壬寅朔,帝加元服。皇太后下诏归政,复称崇德太后。甲辰,大赦,改元。丙午,帝始临朝。以会稽内史郗愔为镇军大将军、都督浙江东五郡诸军事;徐州刺史桓冲为车骑将军、都督豫、江二州之六郡诸军事,自京口徙镇姑孰。谢安欲以王蕴为方伯,故先解冲徐州。乙卯,加谢安中书监,录尚书事。

2　二月辛卯,秦王坚下诏曰:"朕闻王者劳于求贤,逸于得士,斯言何其验也。往得丞相,常谓帝王易为。自丞相违世,须发中白,每一念之,不觉酸恸。今天下既无丞相,或政教沦替,可分遣侍臣周巡郡县,问民疾苦。"

3　三月,秦兵寇南乡,拔之,山蛮三万户降秦。

4　夏,五月甲寅,大赦。

5　初,张天锡之杀张邕也,刘肃及安定梁景皆有功,二人由是有宠,赐姓张氏,以为己子,使预政事。天锡荒于酒色,不亲庶务,黜世子大怀而立嬖妾之子大豫,以焦氏为左夫人,人情愤怨。从弟从事中郎宪舆榇切谏,不听。

烈宗孝武皇帝上之中

晋孝武帝太元元年(丙子,公元376年)

1 春季,正月壬寅朔(初一),东晋孝武帝加冠,皇太后下达诏令,将朝政归还给他,自己恢复崇德太后的称号。甲辰(初三),实行大赦,改年号为太元。丙午(初五),孝武帝开始临朝主持国政。任命会稽内史郗愔为镇军大将军、都督浙江东五郡诸军事;任命徐州刺史桓冲为车骑将军、都督豫、江二州之六郡诸军事,从京口调到姑孰镇守。谢安想让王蕴做地方长官,所以先解除桓冲在徐州的职务。乙卯(十四),让谢安担任中书监,录尚书事。

2 二月辛卯(二十一日),前秦王苻坚下达诏令说:"朕听说作为帝王,应该在搜求贤能的人时辛劳,得到合适的人才后就省心省力了。这话多么符合实际呀!过去我得到了丞相王猛,经常说帝王非常容易做。自从丞相去世以后,我已经操劳得胡须头发都半白了,每当想到王猛,酸楚悲痛就油然而生。如今天下既然失去丞相,政事教化或许会陷于沦废,可以分派侍臣周游巡视各郡县,询问民间疾苦。"

3 三月,前秦的军队进犯南乡,攻下该地,山蛮民众三万户投降前秦。

4 夏季,五月甲寅(十五日),东晋实行大赦。

5 当初,张天锡诛杀张邕的时候,刘肃以及安定人梁景全都有功,他们两人因此得宠,被赐姓张氏,张天锡把他们当作自己的儿子,让他们参与政事。张天锡沉湎于酒色,不亲自处理政务,废黜了世子张大怀,改立宠妾焦氏的儿子张大豫为世子,以焦氏作为左夫人,人们心里都怨恨愤怒。堂弟从事中郎张宪用车拉着棺材,以死劝谏,张天锡也不听从。

秦王坚下诏曰："张天锡虽称藩受位，然臣道未纯，可遣使持节武卫将军苟苌、左将军毛盛、中书令梁熙、步兵校尉姚苌等将兵临西河。尚书郎阎负、梁殊奉诏征天锡入朝，若有违王命，即进师扑讨。"是时，秦步骑十三万，军司段铿谓周虓曰："以此众战，谁能敌之！"虓曰："戎狄以来，未之有也。"坚又命秦州刺史苟池、河州刺史李辩、凉州刺史王统帅三州之众为苟苌后继。

秋，七月，阎负、梁殊至姑臧。张天锡会官属谋之，曰："今入朝，必不返。如其不从，秦兵必至，将若之何？"禁中录事席仂曰："以爱子为质，赂以重宝，以退其师，然后徐为之计，此屈伸之术也。"众皆怒，曰："吾世事晋朝，忠节著于海内。今一旦委身贼庭，辱及祖宗，丑莫大焉！且河西天险，百年无虞，若悉境内精兵，右招西域，北引匈奴以拒之，何遽知其不捷也！"天锡攘袂大言曰："孤计决矣，言降者斩！"使谓阎负、梁殊曰："君欲生归乎，死归乎？"殊等辞气不屈，天锡怒，缚之军门，命军士交射之，曰："射而不中，不与我同心者也。"其母严氏泣曰："秦主以一州之地，横制天下，东平鲜卑，南取巴、蜀，兵不留行。汝若降之，犹可延数年之命。今以蕞尔一隅，抗衡大国，又杀其使者，亡无日矣！"天锡使龙骧将军马建帅众二万拒秦。

秦人闻天锡杀阎负、梁殊，八月，梁熙、姚苌、王统、李辩济自清石津，攻凉骁烈将军梁济于河会城，降之。甲申，苟苌济自石城津，与梁熙会攻缠缩城，拔之。马建惧，自杨非退屯清塞。天锡又遣征东将军掌据帅众三万军于洪池，天锡自将馀众五万，军于金昌城。安西将军敦煌宋皓言于天锡曰："臣昼察人事，夜观天文，秦兵不可敌也，不如降之。"

前秦王苻坚下达诏书说："张天锡虽然对我们称藩，接受了我们授予的官位，但他为臣之道不纯，可以派遣使持节、武卫将军苟苌和左将军毛盛、中书令梁熙、步兵校尉姚苌等人统领军队逼近西河驻扎。让尚书郎阎负、梁殊尊奉诏令，征召张天锡前来朝廷，如果他违背命令，马上进军讨伐。"这时，前秦的步、骑兵有十三万人，军司段铿对周虓说："以这么多的兵众出战，有谁能抵挡！"周虓说："在戎狄之人这里，确实是从来也没有过的。"苻坚又命令秦州刺史苟池、河州刺史李辩、凉州刺史王统率领三州的兵众作为苟苌的后继部队。

秋季，七月，阎负、梁殊抵达姑臧。张天锡召集手下的官员们商量，说："如今前往朝廷，一定就无法返回了，如果不听从征召，前秦的军队一定会到来，该怎么办呢?"禁中录事席仂说："以您心爱的儿子作为人质，再给他们奉赠贵重的宝物，以使他们的军队撤退，然后再从容计议，这是以屈求伸的办法。"众人听后全都愤怒，说："我们世世代代奉事晋朝，忠诚节气闻名海内。如今一旦委身于秦贼门下，耻辱殃及祖宗。再也没有比这更大的羞耻了！况且凭仗河西的天险，百年无患，如果出动境内的全部精兵，再向西延请西域、向北延请匈奴的兵力抵抗他们，怎么就知道不能取胜呢！"张天锡捋起袖子大声说："我主意已定，说投降者斩首！"于是张天锡派人告诉阎负、梁殊说："你们是想活着回去呢，还是死了回去?"梁殊等人回答的语气毫不屈服，张天锡发怒，把他们捆绑在军营的门柱上，命令士兵乱箭射死他们，并说："射不中的人，就是和我不一心。"张天锡的母亲严氏哭泣着说："秦国主靠一州之地起家，横扫天下，向东平定了鲜卑，向南攻取了巴、蜀，军队丝毫没有被阻滞。你如果投降了，还可以延长几年性命。如今以此一隅之地，抗衡大国，又杀掉了他们的使者，离灭亡没有几天了！"张天锡派龙骧将军马建率领兵众两万人抵抗前秦。

前秦人听说张天锡杀掉阎负、梁殊，八月，梁熙、姚苌、王统、李辩从清石津渡过西河，在河会城攻打前凉骁烈将军梁济，降服了他们。甲申（十七日），苟苌由石城津渡河，与梁熙会合，攻取了缠缩城。马建畏惧，从杨非退守清塞。张天锡又派征东将军掌据率领三万兵众集结于洪池，张天锡亲自统领剩下的五万兵众，集结在金昌城。安西将军、敦煌人宋皓向张天锡进言说："臣白天观察人际表现，晚上观察天文星象，秦国的军队不可抵挡，不如投降。"

天锡怒，贬皓为宣威护军。广武太守辛章曰："马建出于行陈，必不为国家用。"苟苌使姚苌帅甲士三千为前驱。庚寅，马建帅万人迎降，馀兵皆散走。辛卯，苟苌及掌据战于洪池，据兵败，马为乱兵所杀，其属董儒授之以马，据曰："吾三督诸军，再秉节钺，八将禁旅，十总禁兵，宠任极矣。今卒困于此，此吾之死地也，尚安之乎！"乃就帐免胄，西向稽首，伏剑而死。秦兵杀军司席仂。癸巳，秦兵入清塞，天锡遣司兵赵充哲帅众拒之。秦兵与充哲战于赤岸，大破之，俘斩三万八千级，充哲死。天锡出城自战，城内又叛。天锡与数千骑奔还姑臧。甲午，秦兵至姑臧，天锡素车白马，面缚舆榇，降于军门。苟苌释缚焚榇，送于长安，凉州郡县悉降于秦。

九月，秦王坚以梁熙为凉州刺史，镇姑臧。徙豪右七千馀户于关中，馀皆按堵如故。封天锡为归义侯，拜北部尚书。初，秦兵之出也，先为天锡筑第于长安，至则居之。以天锡晋兴太守陇西彭和正为黄门侍郎，治中从事武兴苏膺、敦煌太守张烈为尚书郎，西平太守金城赵凝为金城太守，高昌杨幹为高昌太守。馀皆随才擢叙。

梁熙清俭爱民，河右安之。以天锡武威太守敦煌索泮为别驾，宋皓为主簿。西平郭护起兵攻秦，熙以皓为折冲将军，讨平之。

桓冲闻秦攻凉州，遣兖州刺史朱序、江州刺史桓石秀与荆州督护桓罴游军沔、汉，为凉州声援；又遣豫州刺史桓伊帅众向寿阳，淮南太守刘波泛舟淮、泗，欲桡秦以救凉。闻凉州败没，皆罢兵。

张天锡发怒，将宋皓贬为宣威护军。广武太守辛章说："马建出身于行伍，一定不会为国家效力。"苟苌让姚苌率领三千甲士作为前锋部队。庚寅（二十三日），马建率领一万人向苟苌投降，其馀的兵众全都逃散。辛卯（二十四日），苟苌与掌据在洪池交战，掌据的部队被打败，战马被乱兵杀死，属下董儒交给他一匹马，掌据说："我三次督领各路军队，两次持符节斧钺，八次领宫中卫队，十次在外带兵，受到的重用宠信达到了顶峰。今天终于受困于此，这就是我的死亡之地，怎么还能安身活命呢！"于是进入军帐，褪下头盔甲胄，向西叩头，自刎而死。前秦的士兵杀死军司席仂。癸巳（二十六日），前秦的军队进入清塞，张天锡派司兵赵充哲率领兵众抵抗。前秦的军队与赵充哲在赤岸交战，彻底攻破了他们，俘获并斩首三万八千人，赵充哲战死。张天锡亲自出城迎战，城内又发生了反叛。张天锡与数千骑兵逃回姑臧。甲午（二十七日），前秦的军队抵达姑臧，张天锡以白车白马载着棺材，双手反绑于身后，在军营门前投降。苟苌为他松绑，焚烧了棺材，送他到长安，凉州的郡县全都投降了前秦。

九月，前秦王苻坚任命梁熙为凉州刺史，镇守姑臧。将七千多户豪强世族迁徙到关中，其余的全都让他们在原地安居。封张天锡为归义侯，授官北部尚书。当初，前秦的军队出征的时候，就预先为张天锡在长安建造了宅第，张天锡到达长安后就住在这里。任命张天锡手下的晋兴太守、陇西人彭和正为黄门侍郎，治中从事武兴人苏膺、敦煌太守张烈为尚书郎，西平太守金城人赵凝为金城太守，高昌人杨幹为高昌太守，其馀的人全都根据才能加以任用。

梁熙清正节俭，爱护民众，黄河以西因此很安定。他任用张天锡手下的武威太守敦煌人索泮为别驾，宋皓为主簿。西平人郭护起兵攻打前秦，梁熙任命宋皓为折冲将军，前去讨伐并平定了他们。

桓冲听说前秦攻打凉州，派兖州刺史朱序、江州刺史桓石秀与荆州督护桓罴率兵在沔水、汉水一带游巡，声援凉州。又派豫州刺史桓伊率领兵众开向寿阳，淮南太守刘波的水军乘船在淮水、泗水巡游，想分散前秦的兵力，以救助凉州。当听说凉州失败覆没以后，全都停止了行动。

6　初，哀帝减田租，亩收二升。乙巳，除度田收租之制，王公以下，口税米三斛，蠲在役之身。

7　冬，十月，移淮北民于淮南。

8　刘卫辰为代所逼，求救于秦，秦王坚以幽州刺史行唐公洛为北讨大都督，帅幽、冀兵十万击代。使并州刺史俱难、镇军将军邓羌、尚书赵迁、李柔、前将军朱肜、前禁将军张蚝、右禁将军郭庆帅步骑二十万，东出和龙，西出上郡，皆与洛会，以卫辰为乡导。洛，菁之弟也。

苟苌之伐凉州也，遣扬武将军马晖、建武将军杜周帅八千骑西出恩宿，邀张天锡走路，期会姑臧。晖等行泽中，值水失期，于法应斩，有司奏征下狱。秦王坚曰："水春冬耗竭，秋夏盛涨，此乃苟苌量事失宜，非晖等罪。今天下方有事，宜宥过责功。"命晖等回赴北军，击索虏以自赎。众咸以为万里召将，非所以应速，坚曰："晖等喜于免死，不可以常事疑也。"晖等果倍道疾驱，遂及东军。

9　十一月己巳朔，日有食之。

10　代王什翼犍使白部、独孤部南御秦兵，皆不胜，又使南部大人刘库仁将十万骑御之。库仁者，卫辰之族，什翼犍之甥也，与秦兵战于石子岭，库仁大败。什翼犍病，不能自将，乃帅诸部奔阴山之北。高车杂种尽叛，四面寇钞，不得刍牧，什翼犍复渡漠南。闻秦兵稍退，十二月，什翼犍还云中。

6 当初，东晋哀帝减少田租，每亩收租二升。乙巳(初八)，废除了按田亩收租的制度，王公以下的人，每人交纳三斛米的赋税，对服兵役、劳役的人实行蠲免。

7 冬季，十月，东晋将淮河以北的百姓迁移到淮河以南。

8 刘卫辰受到了代国的威胁，向前秦求救，前秦王苻坚任命幽州刺史、行唐公苻洛为北讨大都督，率领幽州、冀州的十万军队攻击代国。让并州刺史俱难、镇军将军邓羌、尚书赵迁、李柔、前将军朱肜、前禁将军张蚝、右禁将军郭庆率领步兵、骑兵二十万人，东出和龙，西出上郡，全都与苻洛会合，让刘卫辰作向导。苻洛是苻菁的弟弟。

苟苌讨伐凉州的时候，派扬武将军马晖、建武将军杜周率领八千骑兵西出恩宿，截断张天锡的退路，并让他们在一定的期限内到姑臧会合。马晖等行进到水泽中，遇上了大水，延误了期限，按照军法应当斩首，有关部门奏请召回投入牢狱。前秦王苻坚说："河水春季、冬季枯竭，秋季、夏季暴涨，这是苟苌估计上的失误，不是马晖等人的罪过。如今天下正有战事，应该宽恕罪过责成他们立功。命令马晖等人掉头奔赴北军，攻击代国的敌虏以自我赎罪。"众人都认为相距万里征召战将，难以迅速响应，苻坚说："马晖等人对免于一死感到高兴，不能按常规去怀疑他们。"马晖等人果然日夜兼程，迅速行进，于是赶上了东军。

9 十一月己巳朔，出现日食。

10 代王拓跋什翼犍让白部、独孤部在南面抵御前秦的军队，都没有取胜。又让南部大人刘库仁统领十万骑兵去抵御。刘库仁与刘卫辰同族，是拓跋什翼犍的外甥。他与前秦的军队在石子岭交战，刘库仁大败。拓跋什翼犍患病，不能亲自带兵上阵，于是率领众部族逃奔到阴山以北。高车的各部族全都反叛，四面攻劫掠夺，由于无法牧养牲畜，拓跋什翼犍又到了沙漠以南。听说前秦的军队逐渐撤退，十二月，拓跋什翼犍回到云中。

初，什翼犍分国之半以授弟孤，孤卒，子斤失职怨望。世子寔及弟翰早卒，寔子珪尚幼，慕容妃之子阏婆、寿鸠、纥根、地干、力真、窟咄皆长，继嗣未定。时秦兵尚在君子津，诸子每夜执兵警卫。斤因说什翼犍之庶长子寔君曰："王将立慕容妃之子，欲先杀汝，故顷来诸子每夜戎服，以兵绕庐帐，伺便将发耳。"寔君信之，遂杀诸弟，并弑什翼犍。是夜，诸子妇及部人奔告秦军，秦李柔、张蚝勒兵趋云中，部众逃溃，国中大乱。珪母贺氏以珪走依贺讷。讷，野干之子也。

秦王坚召代长史燕凤，问其所以乱故，凤具以状对。坚曰："天下之恶一也。"乃执寔君及斤，至长安，车裂之。坚欲迁珪于长安，凤固请曰："代王初亡，群下叛散，遗孙冲幼，莫相统摄。其别部大人刘库仁，勇而有智，铁弗卫辰，狡猾多变，皆不可独任。宜分诸部为二，令此两人统之。两人素有深雠，其势莫敢先发。俟其孙稍长，引而立之，是陛下有存亡继绝之德于代，使其子子孙孙永为不侵不叛之臣，此安边之良策也。"坚从之。分代民为二部，自河以东属库仁，自河以西属卫辰，各拜官爵，使统其众。贺氏以珪归独孤部，与南部大人长孙嵩、元佗等皆依库仁。行唐公洛以什翼犍子窟咄年长，迁之长安。坚使窟咄入太学读书。

当初，拓跋什翼犍分出国土的一半授与弟弟拓跋孤，拓跋孤死后，儿子拓跋斤失去了继承的职位，因而心怀不满。拓跋什翼犍的长子拓跋寔及弟弟拓跋翰早年死亡，拓跋寔的儿子拓跋珪年龄尚幼，慕容妃的儿子拓跋阏婆、拓跋寿鸠、拓跋纥根、拓跋地干、拓跋力真、拓跋窟咄全都年长，由谁来继位还未确定。当时前秦的军队尚在君子津，慕容妃的儿子们每到夜晚都手持兵器警卫。拓跋斤借机劝说拓跋什翼犍的庶长子拓跋寔君说："国王将要立慕容妃的儿子为继承人，想要先杀掉你，所以近来慕容妃儿子们每到夜晚都全副武装，领兵环绕庐帐，窥探好时机后就要动手了。"拓跋寔君信以为真，于是杀掉了弟弟们，把拓跋什翼犍也杀了。当晚，慕容妃儿子们的妻子以及部属跑去向前秦的军队报告，前秦的李柔、张蚝率兵开赴云中，代国的部属兵众溃逃，国内大乱。拓跋珪的母亲贺氏带着拓跋珪投奔了贺讷。贺讷是贺野干的儿子。

前秦王苻坚召见代国长史燕凤，问他导致代国大乱的原因，燕凤把实情原原本本地告诉了他。苻坚说："天下的丑恶都是一样的。"于是就将拓跋寔君及拓跋斤押解到长安，车裂了他们。苻坚想把拓跋珪迁移到长安，燕凤坚持请求说："代王拓跋什翼犍刚刚死亡，群臣、部属背叛离散，留下来的孙子年幼，没有人再统领代国。代国的别部大人刘库仁，勇猛而有智谋，刘卫辰则狡猾多变，他们都不宜独担重任。应该将众部族一分为二，让这两人分别统领。他们两人历来有深仇，势必都不敢首先发难。等到拓跋珪逐渐长大，再将他立为王，这样陛下对代国有存亡继绝的恩德，从而使他们子子孙孙永远成为不侵犯、不背叛的臣属，这才是安定边境的良策。"苻坚听从了燕凤的意见。把代国的百姓分为两部分，自黄河以东属于刘库仁，自黄河以西属于刘卫辰，各授官职爵位，让他们统领自己的部众。贺氏带着拓跋珪返回了独孤部，与南部大人长孙嵩、元佗等都归依了刘库仁。行唐公苻洛考虑到拓跋什翼犍的儿子拓跋窟咄年长，把他迁移到了长安。苻坚让拓跋窟咄进入太学读书。

下诏曰："张天锡承祖父之资，藉百年之业，擅命河右，叛换偏隅。索头世跨朔北，中分区域，东宾秽貊，西引乌孙，控弦百万，虎视云中。爰命两师，分讨黠虏，役不淹岁，穷殄二凶，俘降百万，辟土九千，五帝之所未宾，周、汉之所未至，莫不重译来王，怀风率职。有司可速班功受爵，戎士悉复之五岁，赐爵三级。"于是加行唐公洛征西将军，以邓羌为并州刺史。

阳平国常侍慕容绍私谓其兄楷曰："秦恃其强大，务胜不休，北戍云中，南守蜀、汉，转运万里，道殣相望，兵疲于外，民困于内，危亡近矣。冠军叔仁智度英拔，必能恢复燕祚，吾属但当爱身以待时耳！"

初，秦人既克凉州，议讨西障氐、羌，秦王坚曰："彼种落杂居，不相统一，不能为中国大患，宜先抚谕，征其租税，若不从命，然后讨之。"乃使殿中将军张旬前行宣慰，庭中将军魏曷飞帅骑二万七千随之。曷飞忿其恃险不服，纵兵击之，大掠而归。坚怒其违命，鞭之二百，斩前锋督护储安以谢氐、羌。氐、羌大悦，降附贡献者八万三千馀落。雍州士族先因乱流寓河西者，皆听还本。

刘库仁招抚离散，恩信甚著，奉事拓跋珪恩勤周备，不以废兴易意，常谓诸子曰："此儿有高天下之志，必能恢隆祖业，汝曹当谨遇之。"秦王坚赏其功，加广武将军，给幢麾鼓盖。

苻坚下达诏书说："张天锡继承了先辈的成果，凭借着延续百年的功业，擅自在黄河以西发号施令，偏居一隅飞扬跋扈。索头部族世代横跨朔北，在中部分割地域，在东部结交秽貊，在西部召引乌孙，士兵百万，虎视云中。于是命令苟苌、苻洛二军，分别讨伐狡诈的敌虏，征战不到一年，就彻底消灭了这两个顽凶，俘获多达百万，开辟领土九千。五帝所没有结交，周朝、汉朝所没能到达的地方的人，全都经过辗转翻译前来朝见，感念我们的恩德，恪尽职守。有关部门应当迅速依功授爵，军中将士全都免除赋税五年，赏赐爵位三级。"于是让行唐公苻洛担任征西将军，任命邓羌为并州刺史。

阳平国常侍慕容绍私下里对他的哥哥慕容楷说："前秦自恃强大，求胜不止，北面驻守云中，南面镇守蜀、汉，辗转运输，遥遥万里，道旁坟冢相望。军队疲惫在外，百姓困苦在内，危亡之时已经临近了。冠军叔父慕容垂的仁爱、智谋、气度出类拔萃，一定能宏扬光复燕国的国统，我们只需要多多保重以等待时机！"

当初，前秦人攻克了凉州以后，商议讨伐西方边境上的氐族、羌族部落。前秦王苻坚说："他们不同种族部落混杂而居，并不统一，不能构成中原之国的大患，应该先加以安抚劝谕，征收他们的田租赋税，如果不服从命令，然后再去讨伐他们。"于是就让殿中将军张旬前往安抚，让庭中将军魏曷飞率领骑兵两万七千人紧随其后。魏曷飞对他们凭借险要的地势拒不降服非常气愤，就发兵对他们展开攻击，大肆抢掠以后返回。苻坚对他违背命令十分愤怒，打了他两百鞭，杀掉了前锋督护储安以向氐族、羌族人谢罪。氐族、羌族人十分高兴，向前秦投降归附进献贡奉的有八万三千多个部落。雍州士族先前因为战乱而流落寓居河西的人，全都听凭他们返回故土。

刘库仁招纳安抚叛离逃散的百姓，恩德与信义十分明显，事奉拓跋珪殷勤周到，不因为他的废兴而改变主意，常对儿子们说："这孩子有高于天下人的志向，一定能弘扬昌隆祖先的业绩，你们应当谨慎小心地对待他。"前秦王苻坚奖赏刘库仁的功绩，任命他为广武将军，并给予他旌旗、战鼓、伞盖。

刘卫辰耻在库仁之下，怒杀秦五原太守而叛。库仁击卫辰，破之，追至阴山西北千馀里，获其妻子。又西击库狄部，徙其部落，置之桑乾川。久之，坚以卫辰为西单于，督摄河西杂类，屯代来城。

11　是岁，乞伏司繁卒，子国仁立。

二年(丁丑,377)

1　春，高句丽、新罗、西南夷皆遣使入贡于秦。

2　赵故将作功曹熊邈屡为秦王坚言石氏宫室器玩之盛，坚以邈为将作长史，领将作丞，大修舟舰、兵器，饰以金银，颇极精巧。慕容农私言于慕容垂曰："自王猛之死，秦之法制，日以颓靡，今又重之以奢侈，殃将至矣，图谶之言，行当有验。大王宜结纳英杰以承天意，时不可失！"垂笑曰："天下事非尔所及！"

3　桓豁表兖州刺史朱序为梁州刺史，镇襄阳。

4　秋，七月丁未，以尚书仆射谢安为司徒，安让不拜。复加侍中、都督扬豫徐兖青五州诸军事。

丙辰，征西大将军、荆州刺史桓豁卒。冬，十月辛丑，以桓冲都督江、荆、梁、益、宁、交、广七州诸军事，领荆州刺史。以冲子嗣为江州刺史。又以五兵尚书王蕴都督江南诸军事，领徐州刺史。征西司马领南郡相谢玄为兖州刺史，领广陵相，监江北诸军事。

桓冲以秦人强盛，欲移阻江南，奏自江陵徙镇上明，使冠军将军刘波守江陵，谘议参军杨亮守江夏。

王蕴固让徐州，谢安曰："卿居后父之重，不应妄自菲薄，以亏时遇。"蕴乃受命。

刘卫辰对位居刘库仁之下感到耻辱，愤怒地杀掉了前秦的五原太守后反叛。刘库仁攻打刘卫辰，攻破了他，一直追击到阴山西北一千多里的地方，俘获了他的妻儿。又向西攻击库狄部，迁徙他们的部落，安置在桑乾川。过了许久，苻坚任命刘卫辰为西单于，督率统领河西的各部族，驻扎在代来城。

11 这一年，乞伏司繁去世，儿子乞伏国仁继位。

晋孝武帝太元二年（丁丑，公元377年）

1 春季，高句丽、新罗、西南夷全都派遣使者来向前秦进献贡奉。

2 原后赵国的将作功曹熊邈向前秦王苻坚讲述石氏宫室、器物古玩的华丽丰盛，苻坚任命熊邈为将作长史，兼将作丞，大规模地修整舟船、兵器，用金银装饰，精巧之极。慕容农私下里对慕容垂说："自从王猛死后，前秦的法律制度，日益荒废，如今再加上奢侈，灾祸快要临头了，图谶中的话，行将应验。大王应该结交招纳勇武杰出之人以禀承天意，时机不可丧失！"慕容垂笑着说："天下大事不是你所能预知的。"

3 桓豁上表请求任命兖州刺史朱序为梁州刺史，镇守襄阳。

4 秋季，七月丁未，东晋任命尚书仆射谢安为司徒，谢安辞让不予接受。又任命谢安为侍中，都督扬、豫、徐、兖、青五州诸军事。

丙辰，征西大将军、荆州刺史桓豁去世。冬季，十月辛丑（十一日），任命桓冲都督江、荆、梁、益、宁、交、广七州诸军事，兼荆州刺史。任命桓冲的儿子桓嗣为江州刺史。又任命五兵尚书王蕴都督江南诸军事，兼徐州刺史。任命征西司马兼南郡相谢玄为兖州刺史，兼广陵相，监长江以北诸军事。

桓冲考虑到前秦人威势强盛，想移师固守长江以南，奏请从江陵移镇上明，让冠军将军刘波戍守江陵，谘议参军杨亮戍江夏。

王蕴坚持辞让徐州刺史的职务，谢安说："你居皇后之父的重要身份，不应该妄自菲薄，以损害一时的恩遇。"王蕴于是接受任命。

初，中书郎郗超自以其父愔位遇应在谢安之右，而安入掌机权，愔优游散地，常愤邑形于辞色，由是与谢氏有隙。是时朝廷方以秦寇为忧，诏求文武良将可以镇御北方者，谢安以兄子玄应诏。超闻之，叹曰："安之明，乃能违众举亲；玄之才，足以不负所举。"众咸以为不然。超曰："吾尝与玄共在桓公府，见其使才，虽履屐间未尝不得其任，是以知之。"

玄募骁勇之士，得彭城刘牢之等数人。以牢之为参军，常领精锐为前锋，战无不捷。时号"北府兵"，敌人畏之。

5　壬寅，护军将军、散骑常侍王彪之卒。初，谢安欲增修宫室，彪之曰："中兴之初，即东府为宫，殊为俭陋。苏峻之乱，成帝止兰台都坐，殆不蔽寒暑，是以更营新宫。比之汉、魏则为俭，比之初过江则为侈矣。今寇敌方强，岂可大兴功役，劳扰百姓邪！"安曰："宫室弊陋，后人谓人无能。"彪之曰："凡任天下之重者，当保国宁家，缉熙政事，乃以修室屋为能邪！"安不能夺其议，故终彪之之世，无所营造。

6　十二月，临海太守郗超卒。初，超党于桓氏，以父愔忠于王室，不令知之。及病甚，出一箱书授门生曰："公年尊，我死之后，若以哀惋害寝食者，可呈此箱。不尔，即焚之。"既而愔果哀惋成疾，门生呈箱，皆与桓温往反密计。愔大怒曰："小子死已晚矣！"遂不复哭。

当初，中书郎郗超自认为他的父亲郗愔的职位待遇应该在谢安之上，然而谢安入朝掌握了重要的权力，郗愔却在一些闲散的职位上悠闲无事，所以郗超的愤恨抑郁之情时常溢于辞色，因此与谢氏产生了隔阂。这时朝廷正对前秦的侵扰深以为忧，下达诏书在文武良将中寻求可以镇守戍卫北方领土的人，谢安荐举他哥哥的儿子谢玄应诏。郗超听说以后，慨叹道："谢安贤明，才能够违背凡俗荐举他的亲戚；谢玄的才能，足以不辜负谢安的荐举。"众人全都认为并非如此。郗超说："我曾经与谢玄同在桓温的幕府共事，见他施展才能，虽然是履屐间的小事也从来不失职，所以我了解他。"

谢玄招募敏捷勇猛之人，得到了彭城的刘牢之等数人。任命刘牢之为参军。他经常统领精锐部队作为前锋出战，战无不胜。当时的人称他们为"北府兵"，敌人对他们很害怕。

5　壬寅（十二日），护军将军、散骑常侍王彪之去世。当初，谢安想要增建宫室，王彪之说："朝廷中兴之初，把东府作为宫廷，甚为简陋。苏峻之乱，成帝住在御史台官吏办公的地方，几乎连寒风酷暑也不能遮挡，所以才又营造了新宫。与汉、魏时代相比，还算简陋，但与刚刚渡过长江时相比，则算是奢侈了。如今正值敌寇强大，怎么能大兴土木，侵扰百姓呢！"谢安说："宫室粗敝简陋，后人会说住在这里的人无能。"王彪之说："凡承担天下重任的人，应当保全国家安定百姓，使政事光明显赫，怎么能以修建宫室为能事呢！"谢安无法改变他的意见，所以王彪之在世期间，什么宫室也没有营建。

6　十二月，临海太守郗超去世。当初，郗超与桓氏结为同党，因为父亲郗愔忠诚于王室，所以没让父亲知道。等到他病重以后，拿出一箱子书信交给了门下的弟子，说："父亲年纪大了，我死了以后，如果父亲因为悲痛惋惜而妨碍了起居饮食的时候，可以把这个箱子呈献给他。如果没有出现这种情况，就把箱子烧掉。"郗超死后，郗愔果然因悲痛惋惜而患病，弟子把箱子呈送给他，里面全是郗超与桓温商议密谋的往返信件。郗愔勃然大怒，说："这小子死得已经晚了！"于是就不再为他悲痛流泪了。

三年(戊申,378)

1 春,二月乙巳,作新宫,帝移居会稽王邸。

2 秦王坚遣征南大将军都督征讨诸军事守尚书令长乐公丕、武卫将军苟苌、尚书慕容暐帅步骑七万寇襄阳,以荆州刺史杨安帅樊、邓之众为前锋,征虏将军始平石越帅精骑一万出鲁阳关,京兆尹慕容垂、扬武将军姚苌帅众五万出南乡,领军将军苟池、右将军毛当、强弩将军王显帅众四万出武当,会攻襄阳。夏,四月,秦兵至沔北,梁州刺史朱序以秦无舟楫,不以为虞。既而石越帅骑五千浮渡汉水,序惶骇,固守中城。越克其外郭,获船百馀艘以济馀军。长乐公丕督诸将攻中城。

序母韩氏闻秦兵将至,自登城履行,至西北隅,以为不固,帅百馀婢及城中女丁筑邪城于其内。及秦兵至,西北隅果溃,众移守新城,襄阳人谓之夫人城。

桓冲在上明拥众七万,惮秦兵之强,不敢进。

丕欲急攻襄阳,苟苌曰:“吾众十倍于敌,糗粮山积,但稍迁汉、沔之民于许、洛,塞其运道,绝其援兵,譬如网中之禽,何患不获,而多杀将士,急求成功哉!”丕从之。慕容垂拔南阳,执太守郑裔,与丕会襄阳。

3 秋,七月,新宫成。辛巳,帝入居之。

晋孝武帝太元三年(戊申,公元378年)

1 春季,二月乙巳(十七日),开始建造新宫,孝武帝移居到会稽王的宫邸。

2 前秦王苻坚派征南大将军、都督征讨诸军事、守尚书令、长乐公苻丕,武卫将军苟苌和尚书慕容暐率领七万步、骑兵进犯襄阳,让荆州刺史杨安率领樊州、邓州的兵众作为前锋,征虏将军始平人石越率领一万精锐骑兵出鲁阳关,京兆尹慕容垂、扬武将军姚苌率领五万兵众出南乡,领军将军苟池、右将军毛当、强弩将军王显率领四万兵众出武当,会合攻打襄阳。夏季,四月,前秦的军队抵达沔水以北,梁州刺史朱序认为前秦的军队没有舟船,未做防备。等到石越率领五千骑兵浮流渡过汉水,朱序惶恐惊骇,固守中城。石越攻克了他的外城,缴获了一百多艘船只,用来接运其馀的兵众。长乐公苻丕统帅众将领攻打中城。

朱序的母亲韩氏听说前秦的军队将要到达,亲自登上城墙察看是否坚固。行至西北角,认为这里不够坚固,于是就率领女仆及城里的成年女子一百多人在城墙里边又斜着修筑了一道城墙。等到前秦的军队来到以后,西北角的城墙果然被攻破,兵众们转移到新城墙上防守,襄阳人称这段城墙为“夫人城”。

桓冲在上明拥有兵众七万人,由于害怕前秦的强大,不敢进军。

苻丕想要急攻襄阳,苟苌说:“我们的兵众十倍于敌人,储备的粮食堆积如山,只要逐渐把汉水、沔水一带的百姓迁徙到许昌、洛阳,阻塞他们转运的通道,断绝他们的援军,他们就如同坠入罗网的鸟,还怕抓不到他们吗?何必要以将士们过多地伤亡为代价,而急切地求取成功呢!”苻丕听从了他的意见。慕容垂攻下了南阳,抓获太守郑裔,与苻丕在襄阳会合。

3 秋季,七月,新宫建成。辛巳(二十五日),孝武帝进入新宫居住。

4　秦兖州刺史彭超请攻沛郡太守戴逯于彭城，且曰："愿更遣重将攻淮南诸城，为征南棋劫之势，东西并进，丹阳不足平也！"秦王坚从之，使都督东讨诸军事。后将军俱难、右禁将军毛盛、洛州刺史邵保帅步骑七万寇淮阳、盱眙。超，越之弟；保，羌之从弟也。八月，彭超攻彭城。诏右将军毛虎生帅众五万镇姑孰以御秦兵。

秦梁州刺史韦钟围魏兴太守吉挹于西城。

5　九月，秦王坚与群臣饮酒，以秘书监朱肜为正，人以极醉为限。秘书侍郎赵整作《酒德之歌》曰："地列酒泉，天垂酒池，杜康妙识，仪狄先知。纣丧殷邦，桀倾夏国，由此言之，前危后则。"坚大悦，命整书之以为酒戒，自是宴群臣，礼饮而已。

6　秦凉州刺史梁熙遣使入西域，扬秦威德。冬，十月，大宛献汗血马。秦王坚曰："吾尝慕汉文帝之为人，用千里马何为！"命群臣作《止马之诗》而反之。

7　巴西人赵宝起兵凉州，自称晋西蛮校尉、巴郡太守。

8　秦豫州刺史北海公重镇洛阳，谋反。秦王坚曰："长史吕光忠正，必不与之同。"即命光收重，槛车送长安，赦之，以公就第。重，洛之兄也。

9　十二月，秦御史中丞李柔劾奏："长乐公丕等拥众十万，攻围小城，日费万金，久而无效，请征下廷尉。"秦王坚曰："丕等广费无成，实宜贬戮，但师已淹时，不可虚返，其特原之，令以成功赎罪。"使黄门侍郎韦华持节切让丕等，赐丕剑曰："来春不捷，汝可自裁，勿复持面见吾也！"

10　周虓在秦，密与桓冲书，言秦阴计。又逃奔汉中，秦人获而赦之。

4　前秦兖州刺史彭超请求攻打在彭城的沛郡太守戴逯，而且说："愿再派遣大将攻打淮河以南各城，以便与征南大将军苻丕形成围棋劫争之势，东西并进，丹阳不堪一击！"前秦王苻坚听从了他的意见，让他都督东讨诸军事。前秦后将军俱难、右禁将军毛盛、洛州刺史邵保率领七万步、骑兵进攻淮阳、盱眙。彭超是彭越的弟弟。邵保是邵羌的堂弟。八月，彭超攻打彭城。东晋诏令右将军毛虎生率领五万兵众镇守姑孰以抵御前秦的军队。

前秦梁州刺史韦钟在西城包围了魏兴太守吉挹。

5　九月，前秦王苻坚与群臣饮酒，让秘书监朱肜当酒正官，让人们都喝到烂醉如泥的程度。秘书侍郎赵整编了一首《酒德之歌》说："地列酒泉，天垂酒池，杜康妙识，仪狄先知。纣丧殷邦，桀倾夏国，由此言之，前危后则。"苻坚听后十分高兴，命令赵整写出来以作为对饮酒的禁戒，从此再宴请群臣时，只是礼节性地喝一点酒而已。

6　前秦凉州刺史梁熙派遣使者进入西域，宣扬前秦的威势道德。冬季，十月，大宛进献汗血宝马。前秦王苻坚说："我曾经羡慕汉文帝的为人，使用千里马干什么呢！"于是就命令群臣作《止马之诗》，送还汗血马。

7　巴西人赵宝在凉州起兵，自称为晋朝西蛮校尉、巴郡太守。

8　前秦豫州刺史北海公苻重镇守洛阳，图谋反叛。前秦王苻坚说："长史吕光忠诚正派，一定不会与他同流合污。"于是命令吕光拘捕了苻重，用囚车把他送到长安。苻坚赦免了他，让他以公爵的身份回家。苻重是苻洛的哥哥。

9　十二月，前秦御史中丞李柔进上弹劾奏章说："长乐公苻丕等人拥兵十万，围攻小城，每天耗费万金，但久围而不见功效，请求召回送交廷尉加以追究。"前秦王苻坚说："苻丕等人大量耗费，不见成效，确实应该被贬责斩杀。只是军队出征已久，不能无功而返，特别地宽恕他们一次，让他们以成就战功来赎罪。"苻坚派黄门侍郎韦华持符节严厉地责备苻丕等人，并赐给苻丕一把剑，说："明年春天还不能取胜的话，你就可以自杀，不要再厚颜来见我了！"

10　周虓在前秦，秘密地给桓冲写信，报告前秦的密谋计策。后又逃奔到汉中，被前秦人抓获后赦免了。

四年(己卯,379)

1 春,正月辛酉,大赦。

2 秦长乐公丕等得诏惶恐,乃命诸军并力攻襄阳。秦王坚欲自将攻襄阳,诏阳平公融以关东六州之兵会寿春,梁熙以河西之兵为后继。阳平公融谏曰:“陛下欲取江南,固当博谋熟虑,不可仓猝。若止取襄阳,又岂足亲劳大驾乎!未有动天下之众而为一城者,所谓‘以随侯之珠弹千仞之雀’也!”梁熙谏曰:“晋主之暴,未如孙皓,江山险固,易守难攻。陛下必欲廓清江表,亦不过分命将帅,引关东之兵,南临淮、泗,下梁、益之卒,东出巴、峡,又何必亲屈鸾辂,远幸沮泽乎!昔汉光武诛公孙述,晋武帝擒孙皓,未闻二帝自统六师,亲执桴鼓,蒙矢石也。”坚乃止。

诏冠军将军南郡相刘波帅众八千救襄阳,波畏秦,不敢进。朱序屡出战,破秦兵,引退稍远,序不设备。二月,襄阳督护李伯护密遣其子送款于秦,请为内应。长乐公丕命诸军进攻之。戊午,克襄阳,执朱序,送长安。秦王坚以序能守节,拜度支尚书;以李伯护为不忠,斩之。

秦将军慕容越拔顺阳,执太守谯国丁穆。坚欲官之,穆固辞不受。坚以中垒将军梁成为荆州刺史,配兵一万,镇襄阳,选其才望,礼而用之。

桓冲以襄阳陷没,上疏送章节,请解职,不许。诏免刘波官,俄复以为冠军将军。

3 秦以前将军张蚝为并州刺史。

晋孝武帝太元四年(己卯,公元379年)

1　春季,正月辛酉(初八),东晋实行大赦。

2　前秦长乐公苻丕等人见到诏令后十分惶恐,就命令各路部队协力攻打襄阳。前秦王苻坚想亲自统领军队攻打襄阳,诏令阳平公苻融率关东六州的兵众会集寿春,诏令梁熙率黄河以西的兵众作为后继部队。阳平公苻融劝谏说:“陛下想要夺取长江以南,本来应当广泛征求意见,深思熟虑,不可仓促行事。如果仅仅是攻取襄阳,又怎么值得亲劳大驾呢!没有动用整个天下的兵众而仅仅是为了区区一城的,正所谓‘以珍贵无比的随侯之珠来弹射高达千仞的小雀’呀!”梁熙劝谏说:“晋主的暴躁,不像孙皓,山河险峻坚固,易守难攻。陛下一定想要统一江南,也不过分别命令将帅带领关东的军队,南进淮河、泗水,让梁州、益州的士卒顺流而下,东出巴山、三峡就可以了,又何必亲自屈居銮舆,远到洼湿之地呢!过去汉光武帝诛杀公孙述,晋武帝擒获孙皓,没有听说两位帝王亲自统领六军,亲自执掌战鼓,遭受箭石的攻击。”苻坚于是作罢。

东晋诏令冠军将军、南郡相刘波率领八千兵众救援襄阳,刘波畏惧前秦,不敢前进。朱序屡屡出战,攻破前秦的军队,秦兵逐渐远退,朱序不再设防。二月,襄阳督护李伯护秘密地派他的儿子到前秦去表示忠诚,请求作为内应。长乐公苻丕命令各路部队进攻襄阳。戊午,攻克了襄阳,抓获了朱序,把他送至长安。前秦王苻坚因为朱序能够保持气节,授官度支尚书;认为李伯护不忠诚,把他杀掉了。

前秦将军慕容越攻下顺阳,抓获了太守、谯国人丁穆。苻坚想给丁穆授官,丁穆固执地推辞不接受。苻坚任命中垒将军梁成为荆州刺史,给他配备了一万兵力,镇守襄阳,选拔当地有才能名望的人,给予礼遇,并加以任用。

桓冲因为襄阳沦陷覆没,上疏要求送还印章符节,请求解除他的职务,没有被允许。朝廷下达诏令,免除刘波的官职,不久又任命他为冠军将军。

3　前秦任命前将军张蚝为并州刺史。

4　兖州刺史谢玄帅众万馀救彭城，军于泗口，欲遣间使报戴逯而不可得。部曲将田泓请没水潜行趣彭城，玄遣之。泓为秦人所获，厚赂之，使云南军已败。泓伪许之，既而告城中曰："南军垂至，我单行来报，为贼所得，勉之！"秦人杀之。彭超置辎重于留城，谢玄扬声遣后军将军何谦向留城。超闻之，释彭城围，引兵还保辎重。戴逯帅彭城之众，随谦奔玄，超遂据彭城，留兖州治中徐褒守之，南攻盱眙。俱难克淮阴，留邵保戍之。

5　三月壬戌，诏以"疆埸多虞，年谷不登，其供御所须，事从俭约；九亲供给，众官廪俸，权可减半。凡诸役费，自非军国事要，皆宜停省"。

6　癸未，使右将军毛虎生帅众三万击巴中，以救魏兴。前锋督护赵福等至巴西，为秦将张绍等所败，亡七千馀人。虎生退屯巴东。蜀人李乌聚众二万，围成都以应虎生，秦王坚使破虏将军吕光击灭之。夏，四月戊申，韦钟拔魏兴，吉挹引刀欲自杀，左右夺其刀。会秦人至，执之，挹不言不食而死。秦王坚叹曰："周孟威不屈于前，丁彦远洁己于后，吉祖冲闭口而死，何晋氏之多忠臣也！"挹参军史颖得归，得挹临终手疏，诏赠益州刺史。

7　秦毛当、王显帅众二万自襄阳东会俱难、彭超攻淮南。五月乙丑，难、超拔盱眙，执高密内史毛璪之。秦兵六万围幽州刺史田洛于三阿，去广陵百里。朝廷大震，临江列戍，遣征虏将军谢石帅舟师屯涂中。石，安之弟也。

4　兖州刺史谢玄率领一万多兵众救援彭城，驻扎在泗口，想要派遣伺机行事的使者去向戴逯报告，但找不到合适的人。军中将领田泓请求潜水去彭城，谢玄派他去了。田泓被前秦人抓获，前秦人送给他很多财物，让他报告说南军已经失败。田泓佯装同意，但到达后却告诉城里的人说："南军快要到达了，我独自前来报告，被敌人抓获，你们努力吧！"前秦人把田泓杀掉了。彭超在留城准备了轻重装备，谢玄扬言派遣后军将军何谦开赴留城。彭超听说后，放弃了对彭城的包围，率兵返回留城保护轻重装备。戴逯率领彭城的部众，跟随何谦投奔谢玄，彭超于是占据彭城，留下兖州治中徐褒守卫彭城，彭超南攻盱眙。俱难攻克了淮阴，留下邵保戍守。

5　三月壬戌（初十），东晋下达诏令认为："边境多有忧患，谷物收成不佳，供奉御用所需，一律应该节简；九族的供给，百官的粮俸，暂且减掉一半。各种劳役费用，如果不是关系到军队和国家事务的关键，全都应该停止支出以求节省。"

6　癸未，东晋派右将军毛虎生率领三万兵众攻打巴中，用以救援魏兴。前锋督护赵福等人抵达巴西后，被前秦将领张绍等打败，损失七千多人。毛虎生退到巴东驻扎。蜀人李乌聚集了两万兵众，包围了成都以响应毛虎生，前秦国王苻坚派破虏将军吕光攻打并消灭了他们。夏季，四月戊申（二十六日），韦钟攻下了魏兴，吉挹正要拔刀自杀，左右的人夺下了他的刀。恰好这时前秦人到达，抓获了他，吉挹一言不发，粒米不进而死。前秦王苻坚感叹地说："前有周虓不示屈服，后有丁穆洁身自好，如今吉挹又闭口而死，为什么晋朝有这么多的忠臣呢！"吉挹的参军史颖逃了回来，东晋朝廷得到了吉挹临终前亲笔写下的奏疏，下达诏令追赠他为益州刺史。

7　前秦毛当、王显率领两万兵众从襄阳东进，与俱难、彭超会合后攻打淮河以南地区。五月乙丑（十四日），俱难、彭超攻下了盱眙，抓获了高密内史毛璪之。前秦的六万军队在三阿包围了幽州刺史田洛，离广陵只有一百里。东晋朝廷十分震惊，沿长江部署了戍卫力量，派遣征虏将军谢石率领水军驻扎在涂中。谢石是谢安的弟弟。

右卫将军毛安之等帅众四万屯堂邑。秦毛当、毛盛帅骑二万袭堂邑，安之等惊溃。兖州刺史谢玄自广陵救三阿。丙子，难、超战败，退保盱眙。六月戊子，玄与田洛帅众五万进攻盱眙，难、超又败，退屯淮阴。玄遣何谦等帅舟师乘潮而上，夜，焚淮桥。邵保战死，难、超退屯淮北。玄与何谦、戴逯、田洛共追之，战于君川，复大破之，难、超北走，仅以身免。谢玄还广陵，诏进号冠军将军，加领徐州刺史。

秦王坚闻之，大怒。秋，七月，槛车征超下廷尉，超自杀。难削爵为民。

以毛当为徐州刺史，镇彭城；毛盛为兖州刺史，镇湖陆；王显为扬州刺史，戍下邳。

谢安为宰相，秦人屡入寇，边兵失利，安每镇之以和静。其为政，务举大纲，不为小察。时人比安于王导，而谓其文雅过之。

8　八月丁亥，以左将军王蕴为尚书仆射，顷之，迁丹阳尹。蕴自以国姻，不欲在内，苦求外出，复以为都督浙江东五郡诸军事、会稽内史。

9　是岁，秦大饥。

五年（庚辰，380）

1　春，正月，秦王坚复以北海公重为镇北大将军，镇蓟。

二月，作教武堂于渭城，命太学生明阴阳兵法者教授诸将，秘书监朱肜谏曰："陛下东征西伐，所向无敌，四海之地，什得其八，虽江南未服，盖不足言。是宜稍偃武事，增修文德。乃更始立学舍，教人战斗之术，殆非所以驯致升平也。且诸将皆百战之馀，何患不习于兵，而更使受教于书生，非所以强其志气也。此无益于实而有损于名，惟陛下图之！"坚乃止。

东晋右卫将军毛安之等率领四万兵众驻扎在堂邑。前秦毛当、毛盛率领二万骑兵攻袭堂邑，毛安之等惊慌溃逃。兖州刺史谢玄从广陵出发救援三阿。丙子（二十五日），俱难、彭超战败，退守盱眙。六月戊子（初七），谢玄与田洛率领五万兵众进军攻打盱眙，俱难、彭超又被打败，退到淮阴驻扎。谢玄派何谦等人率领水军趁着涨潮沿河而上，夜间焚烧了淮桥。邵保战死，俱难、彭超后退驻扎于淮河以北。谢玄与何谦、戴逯、田洛一起追击他们，在君川交战，又大败了他们。俱难、彭超向北逃跑，仅仅逃脱了性命。谢玄返回广陵，朝廷下达诏令，晋升他的封号为冠军将军，授予兼领徐州刺史的官职。

前秦王苻坚听说此事，勃然大怒。秋季，七月，派囚车去征召彭超，要将他送交廷尉，彭超自杀。俱难被免除爵位降为庶民。

苻坚任命毛当为徐州刺史，镇守彭城；毛盛为兖州刺史，镇守湖陆；王显为扬州刺史，戍守下邳。

谢安做宰相时，前秦人屡屡进犯，边境的军队失利，而谢安却总是以沉着、平和的态度使大家镇静。他的施政方法，是务举大纲，不拘泥于小事。当时的人把谢安与王导相提并论，但认为谢安的文雅要超过王导。

8　八月丁亥（初七），东晋任命左将军王蕴为尚书仆射。不久，又提升为丹阳尹。王蕴认为自己是皇后的父亲，不想在朝廷内任职，苦苦请求到外地去，朝廷又任命他为都督浙江东五郡诸军事、会稽内史。

9　这一年，前秦发生严重饥荒。

晋孝武帝太元五年（庚辰，公元 380 年）

1　春季，正月，前秦王苻坚又任命北海公苻重为镇北大将军，镇守蓟城。

二月，前秦在渭城建造了教武堂，命令太学生中明悉阴阳兵法的人教授众将领，秘书监朱肜劝谏苻坚说："陛下东征西伐，所向无敌，四海之地，十得其八，虽然长江以南尚未征服，但不足挂齿。这时应该逐渐偃息战事，增加修行文德。然而刚刚开始建立学宫，就教人征战之术，这大概不是招致天下升平的办法。况且众将领都是身经百战，为什么还担心他们不熟悉军事，反而让他们受教于书生，这不是用来提高他们志气的办法。此事没有实际的好处，又损害了声名，愿陛下考虑！"于是苻坚停止了这种做法。

2　秦征北将军、幽州刺史行唐公洛，勇而多力，能坐制奔牛，射洞犁耳，自以有灭代之功，求开府仪同三司不得，由是怨愤。三月，秦王坚以洛为使持节、都督益宁西南夷诸军事、征南大将军、益州牧，使自伊阙趋襄阳，溯汉而上。洛谓官属曰："孤，帝室至亲，不得入为将相，而常摈弃边鄙。今又投之西裔，复不听过京师，此必有阴计，欲使梁成沈孤于汉水耳！"幽州治中平规曰："逆取顺守，汤、武是也；因祸为福，桓、文是也。主上虽不为昏暴，然穷兵黩武，民思有所息肩者，十室而九。若明公神旗一建，必率土云从。今跨据全燕，地尽东海，北总乌桓、鲜卑，东引句丽、百济，控弦之士不减五十馀万，奈何束手就征，蹈不测之祸乎！"洛攘袂大言曰："孤计决矣，沮谋者斩！"于是自称大将军、大都督、秦王。以平规为幽州刺史，玄菟太守吉贞为左长史，辽东太守赵谠为左司马，昌黎太守王缊为右司马，辽西太守王琳、北平太守皇甫杰、牧官都尉魏敷等为从事中郎。分遣使者征兵于鲜卑、乌桓、高句丽、百济、新罗、休忍诸国，遣兵三万助北海公重戍蓟。诸国皆曰："吾为天子守藩，不能从行唐公为逆。"洛惧，欲止，犹豫未决。王缊、王琳、皇甫杰、魏敷知其无成，欲告之，洛皆杀之。吉贞、赵谠曰："今诸国不从，事乖本图，明公若惮益州之行者，当遣使奉表乞留，主上亦不虑不从。"平规曰："今事形已露，何可中止！宜声言受诏，尽幽州之兵，南出常山，阳平公必效迎，因而执之，进据冀州。总关东之众以图西土，天下可指麾而定也！"洛从之。夏，四月，洛帅众七万发和龙。

2　前秦征北将军、幽州刺史、行唐公苻洛，勇猛而又力大无比，能坐着制服奔牛，射穿坚硬而厚实的犁耳铁，自以为有消灭代国的功劳，要求开府仪同三司，没有得到，因此便怨恨愤怒。三月，前秦王苻坚任命苻洛为使持节，都督益、宁、西南夷诸军事，征南大将军，益州牧，让他从伊阙开赴襄阳，逆汉水而上。苻洛对他的官属们说："我是王室的至亲，不能进入朝廷成为将相，而一直被摈弃在边远之地。如今又把我投向西陲，还不让我路经京师，这里边一定有阴谋诡计，是想让梁成把我葬身于汉水！"幽州治中平规说："逆取顺守，商汤、周武就是这样；因祸为福，齐桓、晋文就是这样。主上虽然还没干昏庸暴虐之事，然而穷兵黩武，百姓中盼望安身休息一下的人，十有九家。如果明公将神旗一竖，境域之内的百姓一定会随从如云。如今您横跨占据全燕，囊括东海，北边统领着乌桓、鲜卑，东面带领着高句丽、百济，士兵不下五十多万，为什么要束手服从征召，迈向不测之祸呢！"苻洛捋起袖子大声说："我的主意已定，反对者斩首！"于是苻洛自称大将军、大都督、秦王。任命平规为幽州刺史，玄菟太守吉贞为左长史，辽东太守赵谠为左司马，昌黎太守王缊为右司马，辽西太守王琳、北平太守皇甫杰、牧官都尉魏敷等人为从事中郎。分别派遣使者到鲜卑、乌桓、高句丽、百济、新罗、休忍各国征召军队，派出三万兵力协助北海公苻重戍守蓟城。各国都说："我们为天子守卫藩地，不能跟从行唐公苻洛作乱。"苻洛害怕了，想停手不干，又犹豫不决。王缊、王琳、皇甫杰、魏敷知道苻洛终将无成，想要告发他，苻洛把他们全都杀掉了。吉贞、赵谠说："如今各国都不跟从，事情与我们的本意相背。明公您如果是因为害怕前往益州，应当派遣使者进奉表章，请求留下，主上也不会不加考虑地拒绝。"平规说："如今事情的形迹已经败露，怎么能半途而废！应该声称接受诏令，实则带领幽州的全部军队，南出常山，阳平公苻融一定会远道迎接，乘势将他擒获，进军占据冀州，统领关东兵众以图谋西边的领土，天下弹指间就可以平定！"苻洛听从了平规的意见。夏季，四月，苻洛率领七万兵众从和龙出发。

秦王坚召群臣谋之，步兵校尉吕光曰："行唐公以至亲为逆，此天下所共疾。愿假臣步骑五万，取之如拾遗耳。"坚曰："重、洛兄弟，据东北一隅，兵赋全资，未可轻也。"光曰："彼众迫于凶威，一时蚁聚耳。若以大军临之，势必瓦解，不足忧也。"坚乃遣使让洛，使还和龙，当以幽州永为世封。洛谓使者曰："汝还白东海王，幽州褊狭，不足以容万乘，须王秦中以承高祖之业。若能迎驾潼关者，当位为上公，爵归本国。"坚怒，遣左将军武都窦冲及吕光帅步骑四万讨之；右将军都贵驰传诣邺，将冀州兵三万为前锋；以阳平公融为征讨大都督。

北海公重悉蓟城之众与洛会，屯中山，有众十万。五月，窦冲等与洛战于中山，洛兵大败，生擒洛，送长安。北海公重走还蓟，吕光追斩之。屯骑校尉石越自东莱帅骑一万，浮海袭和龙，斩平规，幽州悉平。坚赦洛不诛，徙凉州之西海郡。

臣光曰：夫有功不赏，有罪不诛，虽尧、舜不能为治，况他人乎！秦王坚每得反者辄宥之，使其臣狃于为逆，行险徼幸，虽力屈被擒，犹不忧死，乱何自而息哉！《书》曰："威克厥爱，允济；爱克厥威，允罔功。"《诗》云："毋纵诡随，以谨罔极；式遏寇虐，无俾作慝。"今坚违之，能无亡乎！

3　朝廷以秦兵之退为谢安、桓冲之功，拜安卫将军，与冲皆开府仪同三司。

4　六月甲子，大赦。

前秦国王苻坚召集群臣商议此事，步兵校尉吕光说："行唐公苻洛凭借王室至亲的身份作乱，这是天下人所共同痛恨的。愿您为臣配备五万步、骑兵，擒获他如同拣拾遗物那样容易。"苻坚说："苻重、苻洛兄弟，占据着整个东北地区，兵员、赋税全都有所依凭，不可轻视。"吕光说："他的兵众是迫于凶狠的威慑，才一时像蚂蚁一样聚集起来的。如果大军前往，势必瓦解，不值得忧虑。"苻坚于是便派使者去责备苻洛，让他返回和龙，会把幽州作为他世代承袭的封地。苻洛对使者说："你回去告诉东海王苻坚，幽州地域狭小，不足以容纳万乘之主，我必须在秦中称王以继承高祖苻健的大业。如果他能亲自到潼关迎接大驾的话，我就让他位在上公，封爵后回归本国。"苻坚听了这话后十分愤怒，派左将军、武都人窦冲以及吕光率领四万步、骑兵讨伐苻洛；派右将军都贵驰马急行，到邺城，统率冀州的三万军队作为前锋；任命阳平公苻融为征讨大都督。

北海公苻重率领蓟城的全部兵众与苻洛会合，驻扎在中山，共有兵众十万。五月，窦冲等与苻洛在中山交战，苻洛的军队大败，苻洛被活捉，送至长安。北海公苻重逃回蓟城，吕光追击并斩杀了他。屯骑校尉石越从东莱率领一万骑兵，渡海袭击和龙，斩杀了平规，幽州全部被平定。苻坚赦免了苻洛，没有诛杀他，把他迁徙到凉州的西海郡。

臣司马光说：有功不赏，有罪不杀，就是尧、舜也不能实现大治，何况是其他人呢！前秦王苻坚每次擒获了反叛作乱的人就宽赦他们，从而使他的臣下对叛逆作乱习以为常，干险恶的勾当还心存侥幸，即便是力量不足被擒获，也不用担心被杀，这样祸乱从哪儿能停息呢！《尚书》说："以威胜爱，必定成功；以爱胜威，必定失败。"《诗经》说："别听狡诈欺骗的话，警惕两面三刀；制止暴虐与劫掠，不使作恶把人欺。"如今苻坚违背了这些话，怎能不灭亡呢！

3　东晋朝廷认为前秦军队的溃退是谢安、桓冲的功劳，给谢安授官卫将军，与桓冲都开府仪同三司。

4　六月甲子（十九日），东晋实行大赦。

5　丁卯，以会稽王道子为司徒。固让不拜。

6　秦王坚召阳平公融为侍中、中书监、都督中外诸军事、车骑大将军、司隶校尉、录尚书事。以征南大将军、守尚书令、长乐公丕为都督关东诸军事、征东大将军、冀州牧。坚以诸氐种类繁滋，秋，七月，分三原、九嵕、武都、汧、雍氐十五万户，使诸宗亲各领之，散居方镇，如古诸侯。长乐公丕领氐三千户，以仇池氐酋射声校尉杨膺为征东左司马，九嵕氐酋长水校尉齐午为右司马，各领一千五百户，为长乐世卿。长乐郎中令略阳垣敞为录事参军，侍讲扶风韦干为参军事，申绍为别驾。膺，丕之妻兄也；午，膺之妻父也。八月，分幽州置平州，以石越为平州刺史，镇龙城，中书令梁谠为幽州刺史，镇蓟城。抚军将军毛兴为都督河秦二州诸军事、河州刺史，镇枹罕。长水校尉王腾为并州刺史，镇晋阳。河、并二州各配氐户三千。兴、腾并苻氏婚姻，氐之崇望也。平原公晖为都督豫洛荆南兖东豫阳六州诸军事、镇东大将军、豫州牧，镇洛阳。移洛州刺史治丰阳。钜鹿公睿为雍州刺史。各配氐户三千二百。

坚送丕至灞上，诸氐别其父兄，皆恸哭，哀感路人。赵整因侍宴，援琴而歌曰："阿得脂，阿得脂，博劳舅父是仇绥，尾长翼短不能飞。远徙种人留鲜卑，一旦缓急当语谁！"坚笑而不纳。

7　九月癸未，皇后王氏崩。

8　冬，十月，九真太守李逊据交州反。

9　秦王坚以左禁将军杨壁为秦州刺史，尚书赵迁为洛州刺史，南巴校尉姜宇为宁州刺史。

10　十一月乙酉，葬定皇后于隆平陵。

5　丁卯（二十二日），东晋任命会稽王司马道子为司徒，司马道子坚持辞让，不接受。

6　前秦王苻坚征召阳平公苻融为侍中、中书监、都督中外诸军事、车骑大将军、司隶校尉、录尚书事。任命征南大将军、守尚书令、长乐公苻丕为都督关东诸军事、征东大将军、冀州牧。苻坚考虑到众氐族种族滋长繁杂，秋季，七月，将三原、九嵕、武都、汧、雍氐的十五万户氐族人划分开来，让自己的各个亲属分别统领，散居一方，如同古代的诸侯国一样。长乐公苻丕统领了三千户氐族，任命仇池的氐族酋长、射声校尉杨膺为征东左司马，九嵕的氐族酋长、长水校尉齐午为右司马，让他们各自统领一千五百户，作为长乐世代承袭的卿大夫。任命长乐郎中令略阳人垣敞为录事参军，侍讲扶风人韦幹为参军事，申绍为别驾。杨膺是苻丕妻子的哥哥。齐午是杨膺妻子的父亲。八月，在幽州分置平州，任命石越为平州刺史，镇守龙城。任命中书令梁谠为幽州刺史，镇守蓟城。任命抚军将军毛兴为都督河、秦二州诸军事及河州刺史，镇守枹罕。任命长水校尉王腾为并州刺史，镇守晋阳。河、并二州各自分配三千氐族民户。毛兴、王腾全都与苻氏联姻，是氐族中有崇高声望的人。任命平原公苻晖为都督豫、洛、荆、南兖、东豫、阳六州诸军事，镇东大将军，豫州牧，镇守洛阳。调动洛州刺史镇守丰阳。任命钜鹿公苻睿为雍州刺史。各自配给三千二百氐族民户。

苻坚把苻丕送到灞上，众氐族人在辞别他们父兄的时候，全都失声痛哭，悲哀的气氛感动路人。赵整趁着陪同宴请的机会，弹琴唱道："阿得脂，阿得脂，伯劳鸟的舅父是仇绥，尾长翼短不能飞。远徙氐人留鲜卑，一旦出现缓急应当告诉谁！"苻坚报之以微笑，但没有理会。

7　九月癸未（初十），东晋皇后王氏去世。

8　冬季，十月，九真太守李逊占据交州反叛。

9　前秦王苻坚任命左禁将军杨壁为秦州刺史，尚书赵迁为洛州刺史，南巴校尉姜宇为宁州刺史。

10　十一月乙酉（十三日），东晋在隆平陵安葬了定皇后王氏。

11 十二月,秦以左将军都贵为荆州刺史,镇彭城。

12 置东豫州,以毛当为刺史,镇许昌。

13 是岁,秦王坚遣高密太守毛璪之等二百馀人来归。

六年(辛巳,381)

1 春,正月,帝初奉佛法,立精舍于殿内,引诸沙门居之。尚书左丞王雅表谏,不从。雅,肃之曾孙也。

2 丁酉,以尚书谢石为仆射。

3 二月,东夷、西域六十二国入贡于秦。

4 夏,六月庚子朔,日有食之。

5 秋,七月甲午,交趾太守杜瑗斩李逊,交州平。

6 冬,十月,故武陵王晞卒于新安,追封新宁郡王,命其子遵为嗣。

7 十一月己亥,以前会稽内史郗愔为司空。愔固辞不起。

8 秦荆州刺史都贵遣其司马阎振、中兵参军吴仲帅众二万寇竟陵,桓冲遣南平太守桓石虔、卫军参军桓石民等帅水陆二万拒之。石民,石虔之弟也。十二月甲辰,石虔袭击振、仲,大破之,振、仲退保管城。石虔进攻之,癸亥,拔管城,获振、仲,斩首七千级,俘虏万人。诏封桓冲子谦为宜阳侯。以桓石虔领河东太守。

9 是岁,江东大饥。

七年(壬午,382)

1 秦大司农东海公阳、员外散骑侍郎王皮、尚书郎周虓谋反,事觉,收下廷尉。阳,法之子;皮,猛之子也。秦王坚

11　十二月，前秦任命左将军都贵为荆州刺史，镇守彭城。

12　前秦设置东豫州，任命毛当为刺史，镇守许昌。

13　这一年，前秦王苻坚遣送高密太守毛璪之等两百多人回归东晋。

晋孝武帝太元六年(辛巳，公元381年)

1　春季，正月，东晋孝武帝刚刚开始尊奉佛教的法度，在殿内设置了精舍，让僧徒们居住。尚书左丞王雅上表劝谏，孝武帝不听。王雅是王肃的曾孙。

2　丁酉(二十六日)，东晋任命尚书谢石为仆射。

3　二月，东夷、西域六十二国向前秦进贡。

4　夏季，六月庚子朔(初一)，出现日食。

5　秋季，七月甲午(二十五日)，交趾太守杜瑗斩杀李逊，交州得以平定。

6　冬季，十月，原武陵王司马晞在新安去世，东晋追封他为新宁郡王，让他的儿子司马遵继嗣王位。

7　十一月己亥，任命前会稽内史郗愔为司空。郗愔固执地辞让，不肯就任。

8　前秦荆州刺史都贵派遣其司马阎振、中兵参军吴仲率领两万兵众进犯竟陵，桓冲派南平太守桓石虔、卫军参军桓石民等率领两万水、陆军抵抗。桓石民是桓石虔的弟弟。十二月甲辰(初八)，桓石虔袭击阎振、吴仲，重创他们，阎振、吴仲退守管城。桓石虔进军攻打，癸亥(二十七日)，攻克管城，擒获阎振、吴仲，斩首七千人，俘虏一万人。东晋朝廷下达诏书，封桓冲的儿子桓谦为宜阳侯。任命桓石虔兼河东太守。

9　这一年，长江以南发生严重饥荒。

晋孝武帝太元七年(壬午，公元382年)

1　前秦大司农东海公苻阳、员外散骑侍郎王皮、尚书郎周虓谋反，事发后，被捕送廷尉治罪。苻阳是苻法的儿子。王皮是王猛的儿子。前秦王苻坚

问其反状，阳曰："臣父哀公死不以罪，臣为父复雠耳。"坚泣曰："哀公之死，事不在朕，卿岂不知之？"王皮曰："臣父丞相，有佐命之勋，而臣不免贫贱，故欲图富贵耳。"坚曰："丞相临终托卿，以十具牛为治田之资，未尝为卿求官。知子莫若父，何其明也！"周虓曰："虓世荷晋恩，生为晋臣，死为晋鬼，复何问乎！"先是，虓屡谋反叛，左右皆请杀之。坚曰："孟威烈士，秉志如此，岂惮死乎！杀之适足成其名耳！"皆赦，不诛，徙阳于凉州之高昌郡，皮、虓于朔方之北。虓卒于朔方。阳勇力兼人，寻复徙鄯善。及建元之末，秦国大乱，阳劫鄯善之相欲求东归，鄯善王杀之。

2　秦王坚徙邺铜驼、铜马、飞廉、翁仲于长安。

3　夏，四月，坚扶风太守王永为幽州刺史。永，皮之兄也。皮凶险无行，而永清修好学，故坚用之。以阳平公融为司徒，融固辞不受。坚方谋伐晋，乃以融为征南大将军、开府仪同三司。

4　五月，幽州蝗生，广袤千里。秦王坚使散骑常侍彭城刘兰发幽、冀、青、并民扑除之。

5　秋，八月癸卯，大赦。

6　秦王坚以谏议大夫裴元略为巴西、梓潼二郡太守，使密具舟师。

7　九月，车师前部王弥窴、鄯善王休密驮入朝于秦，请为向导，以伐西域之不服者，因如汉法置都护以统理之。秦王坚以骁骑将军吕光为使持节、都督西域征讨诸军事，与凌江将军姜飞、轻车将军彭晃、将军杜进、康盛等总兵十万，铁骑五千，以伐西域。阳平公融谏曰："西域荒远，得其民不可使，得其地不可食，汉武征之，得不补失。今劳师万里之外，以踵汉氏之过举，臣窃惜之。"不听。

问他们谋反的情况及原因，苻阳说："我的父亲哀公苻法无罪而死，我是为父亲复仇。"苻坚哭泣着说："哀公苻法之死，责任不在朕身上，你难道不知道吗？"王皮说："我的父亲身为丞相，有辅佐天命的功勋，而我却不免于贫贱，所以我想图谋富贵。"苻坚说："丞相临终前嘱咐你，用十头牛作为种田的资本，未曾为你求取官位。了解儿子没有谁能比得上父亲，这话多么英明啊！"周虓说："我世代承受晋朝的恩惠。生为晋臣，死为晋鬼，还有什么可问的呢！"此前，周虓多次图谋反叛，周围的人都请求苻坚把他杀掉，苻坚说："周虓是刚烈之士，他持有如此的志向，岂能害怕一死！杀掉他正好足以成就他的名声！"于是将他们全部赦免不杀。把苻阳迁徙到凉州的高昌郡，把王皮、周虓迁徙到了朔方以北。周虓死于朔方。苻阳勇气力量过人，不久又被迁徙到鄯善。等到建元末年，前秦国中大乱，苻阳劫持鄯善丞相图谋东返，被鄯善王所杀。

2　前秦王苻坚把邺城的铜驼、铜马、神禽飞廉像、巨人翁仲像迁移到长安。

3　夏季，四月，苻坚任命扶风太守王永为幽州刺史。王永是王皮的哥哥。王皮凶狠险恶，无德，而王永却清正修明，好学，所以被苻坚任用。又任命阳平公苻融为司徒，苻融固执地辞让，不接受。苻坚正在图谋讨伐东晋，就任命苻融为征南大将军、开府仪同三司。

4　五月，幽州发生蝗灾，遍及千里。前秦王苻坚让散骑常侍彭城人刘兰发动幽、冀、青、并四州的百姓消灭蝗虫。

5　秋季，八月癸卯（十一日），东晋实行大赦。

6　前秦王苻坚任命谏议大夫裴元略为巴西、梓潼二郡太守，让他秘密地准备水军。

7　九月，车师前部王弥窴、鄯善王休密驮来到前秦朝见，请求作为向导，以讨伐西域拒不臣服的部族，顺势效法汉代的办法设置都护来统领管辖他们。前秦王苻坚任命骁骑将军吕光为使持节、都督西域征讨诸军事，与凌江将军姜飞、轻车将军彭晃、将军杜进、康盛等统领十万军队，铁甲骑兵五千，讨伐西域。阳平公苻融劝谏说："西域荒芜遥远，得到了那里的百姓也无法役使，得到了那里的土地也无法耕种，汉武帝征伐他们，得不偿失。如今让部队艰辛地出征万里之外，重犯汉武帝的错误，我私下里为此感到痛惜。"苻坚没有听从苻融的意见。

8　桓冲使扬威将军朱绰击秦荆州刺史都贵于襄阳，焚践沔北屯田，掠六百馀户而还。

9　冬，十月，秦王坚会群臣于太极殿，议曰："自吾承业，垂三十载，四方略定，唯东南一隅，未沾王化。今略计吾士卒，可得九十七万，吾欲自将以讨之，何如？"秘书监朱肜曰："陛下恭行天罚，必有征无战，晋主不衔璧军门，则走死江海，陛下返中国士民，使复其桑梓，然后回舆东巡，告成岱宗，此千载一时也。"坚喜曰："是吾志也。"

尚书左仆射权翼曰："昔纣为无道，三仁在朝，武王犹为之旋师。今晋虽微弱，未有大恶。谢安，桓冲皆江表伟人，君臣辑睦，内外同心，以臣观之，未可图也！"坚嘿然良久，曰："诸君各言其志。"

太子左卫率石越曰："今岁镇守斗，福德在吴，伐之，必有天殃。且彼据长江之险，民为之用，殆未可伐也！"坚曰："昔武王伐纣，逆岁违卜。天道幽远，未易可知。夫差、孙皓皆保据江湖，不免于亡。今以吾之众，投鞭于江，足断其流，又何险之足恃乎！"对曰："三国之君皆淫虐无道，故敌国取之，易于拾遗。今晋虽无德，未有大罪，愿陛下且按兵积谷，以待其衅。"于是群臣各言利害，久之不决。坚曰："此所谓筑舍道傍，无时可成。吾当内断于心耳！"

8　桓冲让扬威将军朱绰攻打在襄阳的前秦荆州刺史都贵，焚烧破坏了沔水以北用以征收军饷的屯田，掳掠了六百多户百姓后返回。

9　冬季，十月，前秦王苻坚在太极殿会见群臣，和他们商量说："自从我继承大业，已经三十年了，四方之地，大致平定，只有东南一隅，尚未蒙受君王的教化。如今粗略地计算一下我的士兵，能有九十七万，我想亲自统率他们去讨伐晋朝，怎么样？"秘书监朱肜说："陛下奉行上天的惩罚，一定是只有出征远行而不会发生战斗，晋朝国君不是在军营门前口含璧以示投降，就是仓惶出逃，葬身于江海，陛下让中原之国的士人百姓返回故土，让他们恢复家园，然后回车东巡，在岱宗泰山奉告成功，这是千载难逢的时机。"苻坚高兴地说："这就是我的志向。"

尚书左仆射权翼说："过去商纣王无道，但微子、箕子、比干三位仁人在朝，周武王尚且因此回师，不予讨伐。如今晋朝虽然衰微软弱，但还没有大的罪恶。谢安、桓冲又都是长江一带才识卓越的人才，他们君臣和睦，内外同心，以我来看，不可图谋！"苻坚沉默了许久，说："诸君各自发表自己的意见。"

太子左卫率石越说："今木星、土星居于斗宿，福德在吴地，如果讨伐他们，必有天灾。而且他们凭借着长江天险，百姓又为其所用，恐怕不能讨伐！"苻坚说："过去周武王讨伐商纣，就是逆太岁运行的方向而进，也违背了占卜的结果。天道隐微幽远，不容易确知。夫差、孙皓全都据守江湖，但也不能免于灭亡。如今凭借我兵众，把鞭子投进长江，也足以断绝水流，又有什么天险足以凭借呢！"石越回答说："商纣、夫差、孙皓这三国之君，全都淫虐无道，所以敌对的国家攻取他们，比俯身拣拾遗物还容易。如今晋朝虽然缺乏道德，但没有大的罪恶，愿陛下暂且按兵不动，积聚粮谷，等待他们灾祸的降临。"于是群臣们各言利害，久久未能决定。苻坚说："这正所谓在道路旁边修筑屋舍，没有什么时候能够建成。我要凭我内心的想法来决断了！"

群臣皆出，独留阳平公融，谓之曰："自古定大事者，不过一二臣而已。今众言纷纷，徒乱人意，吾当与汝决之。"对曰："今伐晋有三难：天道不顺，一也；晋国无衅，二也；我数战兵疲，民有畏敌之心，三也。群臣言晋不可伐者，皆忠臣也，愿陛下听之。"坚作色曰："汝亦如此，吾复何望！吾强兵百万，资仗如山；吾虽未为令主，亦非暗劣。乘累捷之势，击垂亡之国，何患不克，岂可复留此残寇，使长为国家之忧哉！"融泣曰："晋未可灭，昭然甚明。今劳师大举，恐无万全之功。且臣之所忧，不止于此。陛下宠育鲜卑、羌、羯，布满畿甸，此属皆我之深仇。太子独与弱卒数万留守京师，臣惧有不虞之变生于腹心肘掖，不可悔也。臣之顽愚，诚不足采；王景略一时英杰，陛下常比之诸葛武侯，独不记其临没之言乎！"坚不听。于是朝臣进谏者众，坚曰："以吾击晋，校其强弱之势，犹疾风之扫秋叶，而朝廷内外皆言不可，诚吾所不解也！"

太子宏曰："今岁在吴分，又晋君无罪，若大举不捷，恐威名外挫，财力内竭，此群下所以疑也！"坚曰："昔吾灭燕，亦犯岁而捷，天道固难知也。秦灭六国，六国之君岂皆暴虐乎！"

冠军、京兆尹慕容垂言于坚曰："弱并于强，小并于大，此理势自然，非难知也。以陛下神武应期，威加海外，虎旅百万，韩、白满朝，而蕞尔江南，独违王命，岂可复留之以遗子孙哉！《诗》云：'谋夫孔多，是用不集。'陛下断自圣心足矣，何必广询朝众！晋武平吴，所仗者张、杜二三臣而已，若从朝众之言，岂有混一之功！"坚大悦曰："与吾共定天下者，独卿而已。"赐帛五百匹。

群臣们都出去了，唯独留下了阳平公苻融。苻坚对他说："自古参与决定大事的人，不过是一两个大臣而已。如今众说纷纭，只能扰乱人心，我要与你来决定此事。"苻融对苻坚说："如今讨伐晋朝有三难：天道不顺，此其一；晋国自身无灾祸，此其二；我们频繁征战，士兵疲乏，百姓怀有畏敌之心，此其三。群臣当中说不能讨伐晋朝的人，全都是忠臣，希望陛下听从他们的意见。"苻坚脸色一变说："你也是如此，我还能寄希望于谁呢！我有强兵百万，资财兵器堆积如山；我虽然不是完美的君主，但也不是昏庸之辈。乘着捷报频传之势，攻击垂死挣扎之国，还怕攻不下来？怎么可以再留下这些残敌，使他们长久地成为国家的忧患呢！"苻融哭泣着说："晋朝无法灭掉，事情非常明显。如今大规模地出动疲劳的军队，恐怕不会获得万无一失的战功。况且我所忧虑的，还不仅于此。陛下宠爱养育鲜卑人、羌人、羯人，让他们布满京师，这些人都对我们有深仇大恨。太子独自和数万弱兵留守京师，我害怕有不测之变出现在我们的心腹地区，后悔不及。我的愚妄之见，确实不值得采纳；王猛是一时的英明杰出之人，陛下常常把他比作诸葛亮，为什么唯独不铭记他的临终遗言呢！"苻坚依然没有听从。此时向苻坚进谏的朝臣很多，苻坚说："以我们的力量攻打晋朝，比较双方的强弱之势，就像疾风扫秋叶一样，然而朝廷内外都说不能攻打，这确实令我百思不得其解！"

太子苻宏说："如今木星在吴地的分野，再加上晋朝国君没有罪恶，如果大举进攻而不能取胜，在外威风名声受挫，在内资财力量耗尽，这就是导致群臣们产生疑问的原因！"苻坚说："过去我消灭燕国，也违背了木星的征兆，但取得了胜利，天道本来就是难以确知的。秦灭六国，六国之君难道全都是暴虐的君主吗！"

冠军将军、京兆尹慕容垂向苻坚进言说："弱被强所并，小被大所吞，这是自然的道理与趋势，并不难理解。像陛下这样神明威武，适应天意，威名远播海外，拥有强兵劲旅百万，韩信、白起那样的良将布满朝廷，而江南弹丸之地，独敢违抗王命，岂能再留下他们而交给子孙后代呢！《诗经》云：'出谋划策人太多，因此事情不成功。'陛下自己在内心做出决断就完全可以了，何必广泛地征询众朝臣的意见！晋武帝平定吴国，所倚仗的只有张华、杜预两三位大臣而已，如果听从众朝臣之言，哪里能有统一天下的功业！"苻坚十分高兴地说："与我共同平定天下的人，只有你而已。"赏赐给慕容垂五百匹帛。

坚锐意欲取江东，寝不能旦。阳平公融谏曰："'知足不辱，知止不殆。'自古穷兵极武，未有不亡者。且国家本戎狄也，正朔会不归人。江东虽微弱仅存，然中华正统，天意必不绝之。"坚曰："帝王历数，岂有常邪，惟德之所在耳！刘禅岂非汉之苗裔邪，终为魏所灭。汝所以不如吾者，正病此不达变通耳！"

坚素信重沙门道安，群臣使道安乘间进言。十一月，坚与道安同辇游于东苑，坚曰："朕将与公南游吴、越，泛长江，临沧海，不亦乐乎！"安曰："陛下应天御世，居中土而制四维，自足比隆尧、舜，何必栉风沐雨，经略遐方乎！且东南卑湿，沴气易构，虞舜游而不归，大禹往而不复，何足以上劳大驾也！"坚曰："天生烝民而树之君，使司牧之，朕岂敢惮劳，使彼一方独不被泽乎！必如公言，是古之帝王皆无征伐也！"道安曰："必不得已，陛下宜驻跸洛阳，遣使者奉尺书于前，诸将总六师于后，彼必稽首入臣，不必亲涉江、淮也。"坚不听。

坚所幸张夫人谏曰："妾闻天地之生万物，圣王之治天下，皆因其自然而顺之，故功无不成。是以黄帝服牛乘马，因其性也；禹浚九川，障九泽，因其势也；后稷播殖百谷，因其时也；汤、武帅天下而攻桀、纣，因其心也，皆有因则成，无因则败。今朝野之人皆言晋不可伐，陛下独决意行之，妾不知陛下何所因也。《书》曰：'天聪明自我民聪明。'天犹因民，而况人乎！妾又闻王者出师，必上观天道，下顺人心。今人心

苻坚专注于想要攻取长江以南的东晋，连睡觉也不能睡到早晨。阳平公苻融劝谏说："'知道满足就不会感到耻辱，知道停止就不会出现危险。'自古以来，穷兵黩武的人没有不灭亡的。况且我们的国家本来就属戎狄之人，天下的正宗嫡传不会归于像我们这样的外族人。长江以南虽然衰微软弱，残喘生存，但他们是中华的正统，天意一定不会灭绝他们。"苻坚说："帝王更替之道，怎么会有一成不变的呢，只看道德在哪里！刘禅难道不是汉朝的后裔吗？但最终被魏国所灭。你之所以不如我的原因，毛病正在于不了解变通的道理。"

苻坚历来信任重视僧人道安，群臣们让道安寻找机会向苻坚进言。十一月，苻坚与道安同乘一车在东苑游览，苻坚说："朕将要与你南游吴、越之地，泛舟长江，亲临沧海，不也是很快乐的事情吗！"道安说："陛下顺应天意统治天下，身居中原而控制四方，自身的昌隆就足以与尧、舜相比，何必栉风沐雨，经营远方呢！而且东南地区低洼潮湿，容易造成灾害不祥之气，虞舜前去游猎就再也没有返回，大禹去了一趟就再也没有第二趟，有什么值得劳您大驾的呢！"苻坚说："上天生育了民众而为他们树立了君主，是让君主统治他们，朕岂敢害怕辛劳，唯独使那一方土地不承受恩泽呢！如果一定像你所说的那样，古代的帝王就全都没有征伐之事了！"道安说："一定要干的话，陛下应该在洛阳停驻，先派遣使者给他们送去书信，众将领统领六军跟随于后，他们就一定会叩首称臣，您不必亲自涉足长江、淮河。"苻坚没有听从。

苻坚所宠爱的张夫人劝谏他说："妾听说天地滋生万物，圣王统治天下，全都是顺其自然，所以功业无所不成。黄帝之所以能驯服牛马，是顺应了它们的禀性；大禹之所以能疏通九川，挡住九泽，是顺应了它们的地势；后稷之所以能播种繁殖百谷，是顺应了天时；商汤、周武王之所以能率领天下人攻灭夏桀、商纣，是顺应了他们的心愿，全都是顺应则成功，不顺应则失败。如今朝野之人都说晋朝不可讨伐，唯独陛下一意孤行，妾不知道陛下是顺应了什么。《尚书》说：'上天的聪慧明察来自民众的聪慧明察。'上天尚且要顺应民意，何况是人呢！妾又听说君王出动军队，一定要上观天道，下顺人心。如今人心

既不然矣，请验之天道。谚云：'鸡夜鸣者不利行师，犬群嗥者宫室将空，兵动马惊，军败不归。'自秋、冬以来，众鸡夜鸣，群犬哀嗥，厩马多惊，武库兵器自动有声，此皆非出师之祥也。"坚曰："军旅之事，非妇人所当预也！"

坚幼子中山公诜最有宠，亦谏曰："臣闻国之兴亡，系贤人之用舍。今阳平公，国之谋主，而陛下违之，晋有谢安、桓冲，而陛下伐之，臣窃惑之！"坚曰："天下大事，孺子安知！"

10　秦刘兰讨蝗，经秋冬不能灭。十二月，有司奏征兰下廷尉。秦王坚曰："灾降自天，非人力所能除，此由朕之失政，兰何罪乎！"

是岁，秦大熟，上田亩收七十石，下者三十石，蝗不出幽州之境，不食麻豆，上田亩收百石，下者五十石。

既然不同意讨伐晋朝，请您再与天道验证一下。俗谚说：‘鸡夜鸣者不利行师，犬群嗥者宫室将空，兵动马惊，军败不归。’自从秋季、冬季以来，众鸡夜鸣，群犬哀嚎，圈马多惊，武库里的兵器自己响动，这些都是不能出师的预兆。”苻坚说：“军旅之事，不是妇人所应当参与的！”

苻坚的小儿子、中山公苻诜最受宠爱，他也劝谏苻坚说：“我听说国家的兴亡，与对贤明之人的弃用相联系。如今阳平公苻融，是国家的主谋，然而陛下却不听他的意见，晋朝有谢安、桓冲，然而陛下却要讨伐他们，我私下里感到大惑不解！”苻坚说：“天下大事，小孩子知道什么！”

10　前秦刘兰从事灭蝗，经过秋季冬季仍未明显奏效。十二月，有关部门奏请将刘兰送交廷尉处理。前秦王苻坚说：“灾害降自上天，不是人力所能消除的，这是由于朕的政治混乱所致，刘兰何罪之有！”

这一年，前秦大获丰收，上等农田每亩收获七十石，下等农田每亩收获三十石。蝗虫不出幽州之境，而且不吃麻豆五谷，这里的上等农田每亩收获一百石，下等农田每亩收获五十石。

卷第一百五　晋纪二十七

起癸未(383)尽甲申(384)凡二年

烈宗孝武皇帝上之下

太元八年(癸未,383)

1　春,正月,秦吕光发长安,以鄯善王休密驮、车师前部王弥窴为向导。

2　三月丁巳,大赦。

3　夏,五月,桓冲帅众十万伐秦,攻襄阳。遣前将军刘波等攻沔北诸城。辅国将军杨亮攻蜀,拔五城,进攻涪城。鹰扬将军郭铨攻武当。六月,冲别将攻万岁、筑阳,拔之。秦王坚遣征南将军钜鹿公睿、冠军将军慕容垂等帅步骑五万救襄阳,兖州刺史张崇救武当,后将军张蚝、步兵校尉姚苌救涪城。睿军于新野,垂军于邓城。桓冲退屯沔南。秋,七月,郭铨及冠军将军桓石虔败张崇于武当,掠二千户以归。钜鹿公睿遣慕容垂为前锋,进临沔水。垂夜命军士人持十炬,系于树枝,光照数十里。冲惧,退还上明。张蚝出斜谷,杨亮引兵还。冲表其兄子石民领襄城太守,戍夏口。冲自求领江州刺史,诏许之。

4　秦王坚下诏大举入寇,民每十丁遣一兵。其良家子年二十已下,有材勇者,皆拜羽林郎。又曰:“其以司马昌明为尚书左仆射,谢安为吏部尚书,桓冲为侍中,势还不远,可先为起第。”良家子至者三万馀骑,拜秦州主簿赵盛之为少年都统。是时,朝臣皆不欲坚行,独慕容垂、姚苌及良家子劝之。

烈宗孝武皇帝上之下

晋孝武帝太元八年(癸未,公元 383 年)

1 春季,正月,前秦吕光发兵长安,以鄯善王休密驮、车师前部王弥窴为向导。

2 三月丁巳(二十八日),东晋实行大赦。

3 夏季,五月,桓冲率领十万兵众讨伐前秦,攻打襄阳。派前将军刘波等攻打沔北各城。辅国将军杨亮攻打蜀地,攻下了五座城池,又进军攻打涪城。鹰扬将军郭铨攻打武当。六月,桓冲的别将攻打万岁、筑阳,攻了下来。前秦王苻坚派遣征南将军钜鹿公苻睿、冠军将军慕容垂等率领五万步、骑兵救援襄阳,派兖州刺史张崇救援武当,派后将军张蚝、步兵校尉姚苌救援涪城。桓睿驻军于新野,慕容垂驻军于邓城。桓冲后退驻扎在沔南。秋季,七月,郭铨以及冠军将军桓石虔在武当打败了张崇,掳掠了两千户百姓后返回。钜鹿公苻睿派慕容垂作为前锋,进军来到沔水。慕容垂夜晚命令军中士兵每人手持十个火把,将之系在树枝上,光照数十里。桓冲恐惧,退回上明。张蚝率兵出了斜谷,杨亮带兵返回。桓冲上表章请求让他哥哥的儿子桓石民任襄阳太守,戍守夏口。桓冲自请任江州刺史。朝廷下达诏令同意了。

4 前秦王苻坚下达诏令,开始大举入侵东晋,百姓中每十个成年人选派一人充军。良家子弟中年龄在二十岁以下,有才能勇气的人,全都授官羽林郎。又说:"晋朝任命司马昌明为尚书左仆射,谢安为吏部尚书,桓冲为侍中。以此形势来看,凯旋的时间不会太远,可以先行起身于家,出任官职。"良家子弟应征的有三万多骑兵,苻坚任命秦州主簿赵盛之为少年都统。这时,满朝大臣都不想让苻坚出征,唯独慕容垂、姚苌及良家子弟对此加以劝勉。

阳平公融言于坚曰："鲜卑，羌虏，我之仇雠，常思风尘之变以逞其志，所陈策画，何可从也！良家少年皆富饶子弟，不闲军旅，苟为谄谀之言以会陛下之意。今陛下信而用之，轻举大事，臣恐功既不成，仍有后患，悔无及也！"坚不听。

八月戊午，坚遣阳平公融督张蚝、慕容垂等步骑二十五万为前锋。以兖州刺史姚苌为龙骧将军、督益梁州诸军事。坚谓苌曰："昔朕以龙骧建业，未尝轻以授人，卿其勉之！"左将军窦冲曰："王者无戏言，此不祥之征也！"坚默然。

慕容楷、慕容绍言于慕容垂曰："主上骄矜已甚，叔父建中兴之业，在此行也！"垂曰："然。非汝，谁与成之！"

甲子，坚发长安，戎卒六十馀万，骑二十七万，旗鼓相望，前后千里。九月，坚至项城，凉州之兵始达咸阳，蜀、汉之兵方顺流而下，幽、冀之兵至于彭城，东西万里，水陆齐进，运漕万艘。阳平公融等兵三十万，先至颍口。

诏以尚书仆射谢石为征虏将军、征讨大都督，以徐、兖二州刺史谢玄为前锋都督，与辅国将军谢琰、西中郎将桓伊等众共八万拒之。使龙骧将军胡彬以水军五千援寿阳。琰，安之子也。

是时秦兵既盛，都下震恐。谢玄入，问计于谢安，安夷然，答曰："已别有旨。"既而寂然。玄不敢复言，乃令张玄重请。安遂命驾出游山墅，亲朋毕集，与玄围棋赌墅。安棋常劣于玄，是日，玄惧，便为敌手而又不胜。安遂游陟，至夜乃还。桓冲深以根本为忧，遣精锐三千入卫京师。谢安固却之，曰：

阳平公苻融向苻坚进言说："鲜卑、羌族的虏臣，是我们的仇敌，经常盼望着风云变化以实现他们的心愿，他们所献的谋划，怎么能听从呢！良家少年全都是富豪子弟，不熟悉军事，只是苟且进上阿谀奉承之言以迎合陛下的心愿。如今陛下相信并采纳了他们的话，轻率地进行大规模行动，臣恐怕既不能成就战功，随之还会产生后患，悔之不及！"苻坚没有听从。

八月戊午（初二），苻坚派遣阳平公苻融督帅张蚝、慕容垂等人的步、骑兵二十五万人作为前锋。任命兖州刺史姚苌为龙骧将军，督益、梁州诸军事。苻坚对姚苌说："过去我靠龙骧将军的官位建立了大业，未曾轻易地把这个官位授予别人，你努力干吧！"左将军窦冲说："君王无戏言，这话是不祥之兆！"苻坚沉默不语。

慕容楷、慕容绍向慕容垂进言说："主上的骄纵傲慢已经非常严重，叔父建立中兴大业，就在此行！"慕容垂说："对。除了你们，谁能和我一起成就大业呢！"

甲子（初八），苻坚发兵长安，将士共有六十多万，骑兵二十七万，旌旗战鼓遥遥相望，绵延千里。九月，苻坚抵达项城，凉州的军队刚刚到达咸阳，蜀、汉的军队正顺流而下，幽州、冀州的军队到了彭城，东西万里，水陆并进，运输军粮的船只多达万艘。阳平公苻融等人的部队三十万人，先期抵达颍口。

东晋下达诏令，任命尚书仆射谢石为征虏将军、征讨大都督，任命徐、兖二州刺史谢玄为前锋都督，与辅国将军谢琰、西中郎将桓伊等人的兵众八万人抵抗前秦。让龙骧将军胡彬带领五千水军援助寿阳。谢琰是谢安的儿子。

这时前秦的军队已经非常强盛，东晋京城里的人震惊恐惧。谢玄入朝，向谢安询问应对之策，谢安一副平静的样子，回答说："已经另有打算了。"紧接着就闭口无言。谢玄不敢再问，就让张玄重新请求指令。谢安于是就命令驾车出游山间别墅，亲戚朋友云集，与谢玄在别墅玩围棋赌博。谢安的棋术一直不如谢玄，这一天，谢玄由于内心非常恐惧，导致两人旗鼓相当，谢玄无法取胜。谢安于是就登山漫游，到晚上才回来。桓冲对国家的根基大业深以为忧，派精锐部队三千人入城保卫京师。谢安坚决阻拦他，说：

“朝廷处分已定，兵甲无阙，西藩宜留以为防。”冲对佐吏叹曰：“谢安石有庙堂之量，不闲将略。今大敌垂至，方游谈不暇，遣诸不经事少年拒之，众又寡弱，天下事已可知，吾其左衽矣！”

5　以琅邪王道子录尚书六条事。

6　冬，十月，秦阳平公融等攻寿阳，癸酉，克之，执平虏将军徐元喜等。融以其参军河南郭褒为淮南太守。慕容垂拔郧城。胡彬闻寿阳陷，退保硖石，融进攻之。秦卫将军梁成等帅众五万屯于洛涧，栅淮以遏东兵。谢石、谢玄等去洛涧二十五里而军，惮成不敢进。胡彬粮尽，潜遣使告石等曰：“今贼盛粮尽，恐不复见大军！”秦人获之，送于阳平公融。融驰使白秦王坚曰：“贼少易擒，但恐逃去，宜速赴之！”坚乃留大军于项城，引轻骑八千，兼道就融于寿阳。遣尚书朱序来说谢石等，以为：“强弱异势，不如速降。”序私谓石等曰：“若秦百万之众尽至，诚难与为敌。今乘诸军未集，宜速击之。若败其前锋，则彼已夺气，可遂破也。”

石闻坚在寿阳，甚惧，欲不战以老秦师。谢琰劝石从序言。十一月，谢玄遣广陵相刘牢之帅精兵五千趣洛涧，未至十里，梁成阻涧为陈以待之。牢之直前渡水，击成，大破之，斩成及弋阳太守王咏。又分兵断其归津，秦步骑崩溃，争赴淮水，士卒死者万五千人，执秦扬州刺史王显等，尽收其器械军实。于是谢石等诸军，水陆继进。秦王坚

“朝廷的处理办法已经决定，士兵武器都不缺乏，应该留在西藩之地以作防备。”桓冲对藩府参佐叹息道：“谢安有身居朝廷的气量，但不熟悉带兵打仗的方法。如今大敌临头，还尽情游玩，高谈阔论不止，只派遣未经战事的年轻人前去抵抗，再加上数量不足，力量弱小，天下的结局已经可以知道了，我们将要受外族的统治了！”

5　东晋任命琅邪王司马道子为录尚书六条事。

6　冬季，十月，前秦阳平公苻融等攻打寿阳。癸酉（十八日），攻克了寿阳，擒获了平虏将军徐元喜等人。苻融任命他的参军河南人郭褒为淮南太守。慕容垂攻下了郧城。胡彬听说寿阳被攻陷，后退守卫硖石，苻融进军攻打硖石。前秦卫将军梁成等率领五万兵众驻扎在洛涧，沿淮河布防以遏制东面的部队。谢石、谢玄等在距离洛涧二十五里的地方驻军，由于惧怕梁成而不敢前进。胡彬的粮食耗尽，秘密地派遣使者向谢石等报告说：“如今贼寇强盛而我的粮食已经耗尽，恐怕不能再见到大军了！”前秦人擒获了胡彬，把他送交给阳平公苻融。苻融急速派使者向前秦王苻坚报告说：“现在贼寇力量不足，容易擒获，只是怕他们逃走，应该迅速率兵前来。”苻坚于是就把大部队留在项城，带领八千轻装骑兵，日夜兼程赶赴寿阳与苻融汇合。苻坚派尚书朱序前去劝说谢石等人，认为：“形势强弱悬殊，不如迅速投降。”朱序私下里却对谢石等人说：“如果秦国的百万兵众全部抵达，确实难以与他们抗衡。如今乘着各路军队尚未会集，应该迅速攻击他们。如果能打败他们的前锋部队，那他们就已经丧失了士气，最终就可以攻破他们。”

谢石听说苻坚在寿阳，十分害怕，想用不交战的办法来拖垮前秦的军队。谢琰劝说谢石听从朱序的话。十一月，谢玄派广陵相刘牢之率领五千精兵开赴洛涧，在离洛涧十里的地方，梁成扼守山涧部署兵阵以等待刘牢之。刘牢之径直向前渡河，攻击梁成，大败梁成，斩杀了梁成以及弋阳太守王咏。又分派部队断绝了他们归途上的渡口，前秦的步、骑兵全都溃散，争先恐后地逃向淮水，死亡的士兵有一万五千人，抓获了前秦扬州刺史王显等人，全部收缴了他们的武器军粮。于是谢石等各路军队，从水路、陆路相继进发。前秦王苻坚

与阳平公融登寿阳城望之，见晋兵部阵严整，又望八公山上草木皆以为晋兵，顾谓融曰："此亦勍敌，何谓弱也！"怃然始有惧色。

秦兵逼肥水而陈，晋兵不得渡。谢玄遣使谓阳平公融曰："君悬军深入，而置陈逼水，此乃持久之计，非欲速战者也。若移陈少却，使晋兵得渡，以决胜负，不亦善乎！"秦诸将皆曰："我众彼寡，不如遏之，使不得上，可以万全。"坚曰："但引兵少却，使之半渡，我以铁骑蹙而杀之，蔑不胜矣！"融亦以为然，遂麾兵使却。秦兵遂退，不可复止。谢玄、谢琰、桓伊等引兵渡水击之。融驰骑略陈，欲以帅退者，马倒，为晋兵所杀，秦兵遂溃。玄等乘胜追击，至于青冈。秦兵大败，自相蹈藉而死者，蔽野塞川。其走者闻风声鹤唳，皆以为晋兵且至，昼夜不敢息，草行露宿，重以饥冻，死者什七八。初，秦兵少却，朱序在陈后呼曰："秦兵败矣！"众遂大奔。序因与张天锡、徐元喜皆来奔。获秦王坚所乘云母车。复取寿阳，执其淮南太守郭褒。

坚中流矢，单骑走至淮北，饥甚，民有进壶飧、豚髀者，坚食之，赐帛十匹，绵十斤。辞曰："陛下厌苦安乐，自取危困。臣为陛下子，陛下为臣父，安有子饲其父而求报乎！"弗顾而去。坚谓张夫人曰："吾今复何面目治天下乎！"潸然流涕。

与阳平公苻融登上寿阳城观望，只见东晋的军队布阵严整，又望见了八公山上的草木，也以为都是东晋的士兵，苻坚掉头对苻融说："这也是强敌，怎么能说他软弱呢！"茫然若失，脸上开始有了恐惧的神色。

前秦的军队紧逼淝水而布阵，东晋的军队无法渡过。谢玄派使者对阳平公苻融说："您孤军深入，然而却紧逼淝水部署军阵，这是长久相持的策略，不是想迅速交战的办法。如果能移动兵阵稍微后撤，让晋朝的军队得以渡河，以决胜负，不也是很好的事情吗！"前秦众将领都说："我众敌寡，不如遏制他们，使他们不能上岸，这样可以万无一失。"苻坚说："只带领兵众稍微后撤一点，让他们渡河渡到一半，我们再出动铁甲骑兵奋起攻杀，没有不胜的道理！"苻融也认为可以，于是就挥舞战旗，指挥兵众后退。前秦的军队一退就不可收拾。谢玄、谢琰、桓伊等率领军队渡过淝水攻击他们。苻融驰马巡视军阵，想来率领退逃的兵众，结果战马倒地，苻融被东晋的士兵杀掉，前秦的军队于是就崩溃了。谢玄等乘胜追击，一直追到青冈，前秦的军队大败，自相践踏而死的人，遮蔽山野，堵塞山川。逃跑的人听到刮风的声音和鹤的鸣叫声，都以为是东晋的军队就要追来了，昼夜不敢停歇，慌不择路，风餐露宿，冻饿交加，死亡的人十有七八。当初，前秦的军队稍微后撤时，朱序在军阵后面高声呼喊："秦军失败了！"兵众们听到后就狂奔乱逃。朱序乘机与张天锡、徐元喜都来投奔东晋。缴获了前秦王苻坚所乘坐的装饰着云母的车乘。又攻取了寿阳，抓获了前秦的淮南太守郭褒。

苻坚中了流箭，单身匹马逃到淮河以北，十分饥饿，有的百姓送来了盛在壶里的水泡饭、猪骨头，苻坚吃了下去，赏赐给他们十匹布帛，十斤绵。这些人推辞说："陛下厌倦安乐，自取危难。我是陛下的儿子，陛下是我的父亲，哪里有儿子给父亲饭吃还求取报偿的呢！"他们连赏赐的那些东西看也没看就离开了。苻坚对张夫人说："我如今再以什么面目去治理天下呢！"说着便潸然泪下。

是时，诸军皆溃，惟慕容垂所将三万人独全，坚以千馀骑赴之。世子宝言于垂曰:“家国倾覆，天命人心皆归至尊，但时运未至，故晦迹自藏耳。今秦主兵败，委身于我，是天借之便以复燕祚，此时不可失也，愿不以意气微恩忘社稷之重!”垂曰:“汝言是也。然彼以赤心投命于我，若之何害之！天苟弃之，不患不亡。不若保护其危以报德，徐俟其衅而图之，既不负宿心，且可以义取天下。”奋威将军慕容德曰:“秦强而并燕，秦弱而图之，此为报仇雪耻，非负宿心也，兄奈何得而不取，释数万之众以授人乎?”垂曰:“吾昔为太傅所不容，置身无所，逃死于秦，秦主以国士遇我，恩礼备至。后复为王猛所卖，无以自明，秦主独能明之，此恩何可忘也！若氐运必穷，吾当怀集关东，以复先业耳，关西会非吾有也。”冠军行参军赵秋曰:“明公当绍复燕祚，著于图谶。今天时已至，尚复何待！若杀秦主，据邺都鼓行而西，三秦亦非苻氏之有也!”垂亲党多劝垂杀坚，垂皆不从，悉以兵授坚。平南将军慕容晔屯郧城，闻坚败，弃其众遁去。至荥阳，慕容德复说晔起兵以复燕祚，晔不从。

谢安得驿书，知秦兵已败，时方与客围棋，摄书置床上，了无喜色，围棋如故。客问之，徐答曰:“小儿辈遂已破贼。”既罢，还内，过户限，不觉屐齿之折。

这时，前秦的各路军队全都溃散，唯独慕容垂所统领的三万人完整保全，苻坚带领一千多骑兵到了他那里。世子慕容宝向慕容垂进言说："宗族国家覆灭，天命人心全都归于极其尊贵的帝王，只是时运还未到来，所以应该掩饰形迹躲藏起来。如今秦主兵败，委身于我们，这是上天赐予的有利时机以恢复燕国的国统，这个时机不可丧失，愿您不要因为受到过恩义小惠而忘掉了国家的重任！"慕容垂说："你说得对。然而他以一片赤诚之心把自身的安全交给我，为什么要伤害他！假如上天抛弃他，不用担心他不灭亡。不如在危难中保护他以报答他的恩德，慢慢地等待他的灾祸，然后再图谋他，这样既不违背往日的心愿，而且能够以道义征服天下。"奋威将军慕容德说："秦国强大的时候吞并了燕国，秦国软弱的时候图谋他，这是报仇雪耻，不是违背往日的心愿。哥哥你为什么得到了却不占取，放弃数万兵众而授予别人呢？"慕容垂说："我过去被太傅慕容评所不容，无处安身，逃死到了秦国，秦国主像对待国中才能出众的人那样对待我，恩义礼遇备至。以后我又被王猛出卖，无法自我明辩，秦国主偏偏就能明察，这样的恩情怎么能忘记呢！如果氐族人的命运必定穷尽，我应当招纳关东的民众，以光复先帝的大业，关西之地必定不会归我所有！"冠军行参军赵秋说："明公您应当继承光复燕国的国统，这已经明显地表现在图谶上了。如今天时已经来到，还要等待什么！如果杀掉秦国主苻坚，占据邺都后击鼓西行，三秦之地也就不会归苻氏所有了！"慕容垂的亲信党羽大多都劝他杀掉苻坚，慕容垂一概没有听从，命令把军队交给苻坚。平南将军慕容暐驻扎在郧城，听说苻坚失败后，抛弃了他的兵众而逃走。到达荥阳，慕容德又劝说慕容暐起兵以恢复前燕的国统，慕容暐没有听从。

谢安接到了驿站传递的书信，知道前秦的军队已经失败，当时他正与客人下围棋。拿着信放到了床上，毫无高兴的样子，继续下棋。客人问他是什么事，他慢条斯理地回答说："小孩子们已经最终攻破了寇贼。"下完棋以后，他返回屋里，过门槛时，高兴得竟然连屐齿被折断都没有发觉。

丁亥，谢石等归建康，得秦乐工，能习旧声，于是宗庙始备金石之乐。乙未，以张天锡为散骑常侍，朱序为琅邪内史。

7 秦王坚收集离散，比至洛阳，众十馀万，百官、仪物、军容粗备。

慕容农谓慕容垂曰："尊不迫人于险，其义声足以感动天地。农闻秘记曰：'燕复兴当在河阳。'夫取果于未熟与自落，不过晚旬日之间，然其难易美恶，相去远矣！"垂心善其言，行至渑池，言于坚曰："北鄙之民，闻王师不利，轻相扇动，臣请奉诏书以镇慰安集之，因过谒陵庙。"坚许之。权翼谏曰："国兵新破，四方皆有离心，宜征集名将，置之京师，以固根本，镇枝叶。垂勇略过人，世豪东夏，顷以避祸而来，其心岂止欲作冠军而已哉！譬如养鹰，饥则附人，每闻风飙之起，常有陵霄之志，正是谨其絛笼，岂可解纵，任其所欲哉！"坚曰："卿言是也。然朕已许之，匹夫犹不食言，况万乘乎！若天命有废兴，固非智力所能移也。"翼曰："陛下重小信而轻社稷，臣见其往而不返，关东之乱，自此始矣。"坚不听，遣将军李蛮、闵亮、尹固帅众三千送垂。又遣骁骑将军石越帅精卒三千戍邺，骠骑将军张蚝帅羽林五千戍并州，镇军将军毛当帅众四千戍洛阳。权翼密遣壮士邀垂于河桥南空仓中，垂疑之，自凉马台结草筏以渡，使典军程同衣己衣，乘己马，与僮仆趣河桥。伏兵发，同驰马获免。

丁亥(初二),谢石等人返回建康,由于得到了前秦的音乐工匠,熟悉过去的音乐,从此宗庙当中开始有了钟磬乐器演奏音乐。乙未(初十),任命张天锡为散骑常侍,朱序为琅邪内史。

7 前秦王苻坚收拢逃散的兵众,等到抵达洛阳时,兵众已有十多万,属僚百官、礼仪器物、军事装备粗略齐备。

慕容农对慕容垂说:“您不在险境里逼迫别人,这种道义的名声足以感动天地。我听说图谶中说:‘燕复兴当在河阳。’在尚未成熟时就摘取果实与等待瓜熟蒂落相比,从时间上看不过是十来天的差距,然而它们的难易美恶程度,却相差甚远。”慕容垂在内心里赞同他的话,行进到渑池时,他向苻坚进言说:“北方边远之地的百姓,听说您的军队出师不利,轻率地互相鼓动作乱,我请求尊奉诏书去镇抚招纳他们,顺便路过拜谒先帝的陵庙。”苻坚同意了。权翼劝谏苻坚说:“国家的军队刚刚失败,四方全都有离心倾向,应该征召集合名将,把他们安置在京城,以稳固根基,安定枝叶。慕容垂勇猛谋略过人,世代都是中原以东的豪杰,不久前因为躲避灾祸而前来归附,他的本心难道仅仅是想做一个冠军将军吗!就像养育苍鹰,它饥饿的时候依附于人,每当听到狂风骤起,就常常有飞越云霄的志向,正当应该紧闭樊笼的时候,岂能放纵它,听任它为所欲为呢!”苻坚说:“你说得对。然而朕已经答应了他,一般人尚不食言,何况是万乘君主呢!如果天命要有废兴的事变发生,本来就不是靠智慧与力量所能改变的。”权翼说:“陛下重视小的信誉而轻视国家政权,依我之见,他一定是去而不返,关东之乱,从此就要开始了。”苻坚没有听,派遣将军李蛮、闵亮、尹国率领三千兵众护送慕容垂。又派骁骑将军石越率领三千精锐士兵戍守邺城,派骠骑将军张蚝率领五千羽林军戍卫并州,派镇军将军毛当率领四千兵众戍卫洛阳。权翼悄悄地派遣勇士邀请慕容垂到河桥以南的空仓房中,慕容垂对此产生了怀疑,用草绳编结成筏子从凉马台渡过了河,让典军程同穿上自己的衣服,骑上自己的马,与僮仆一起奔赴河桥。权翼埋伏在那里的军队发起攻击,程同策马逃脱。

十二月，秦王坚至长安，哭阳平公而后入，谥曰哀公。大赦，复死事者家。

8 庚午，大赦。以谢石为尚书令。进谢玄号前将军，固让不受。

9 谢安婿王国宝，坦之之子也。安恶其为人，每抑而不用，以为尚书郎。国宝自以望族，故事唯作吏部，不为馀曹，固辞不拜，由是怨安。国宝从妹为会稽王道子妃，帝与道子皆嗜酒，狎昵邪谄，国宝乃谮安于道子，使离间之于帝。安功名既盛，而险诐求进之徒，多毁短安，帝由是稍疏忌之。

10 初开酒禁，增民税米，口五石。

11 秦吕光行越流沙三百馀里，焉耆等诸国皆降。惟龟兹王帛纯拒之，婴城固守，光进军攻之。

12 秦王坚之入寇也，以乞伏国仁为前将军，领先锋骑。会国仁叔父步颓反于陇西，坚遣国仁还讨之。步颓闻之，大喜，迎国仁于路。国仁置酒，大言曰："苻氏疲民逞兵，殆将亡矣，吾当与诸君共建一方之业。"及坚败，国仁遂迫胁诸部，有不从者，击而并之，众至十馀万。

13 慕容垂至安阳，遣参军田山修笺于长乐公丕。丕闻垂北来，疑其欲为乱，然犹身自迎之。赵秋劝垂于座取丕，因据邺起兵，垂不从。丕谋袭击垂，侍郎天水姜让谏曰："垂反形未著，而明公擅杀之，非臣子之义，不如待以上宾之礼，严兵卫之，密表情状，听敕而后图之。"丕从之，馆垂于邺西。

十二月,前秦王苻坚抵达长安,痛哭了阳平公苻融之后才进城,给苻融定谥号为哀公。实行大赦,免除征收战死者家属的赋税。

8　庚午(十五日),东晋实行大赦。任命谢石为尚书令,晋升谢玄的称号为前将军,谢玄坚决辞让,不接受。

9　谢安的女婿王国宝,是王坦之的儿子。谢安讨厌他的为人,总是压制着他而不加以任用,让他担任尚书郎。王国宝自以为出身于名门望族,按惯例只在吏部供职,其他官署一概不干,因此对于任命坚决辞让,不予就任,并因此而怨恨谢安。王国宝的堂妹是会稽王司马道子的妃子,孝武帝与司马道子全都喜欢喝酒,互相亲昵邪媚,王国宝于是就向司马道子说谢安的坏话,让司马道子挑拨谢安与孝武帝的关系。谢安的功名已经非常显赫,然而那些行为邪恶、追求晋升的人,却大都诋毁谢安,孝武帝从此逐渐疏远猜忌谢安。

10　东晋开始放开禁酒的戒令,增加百姓的米粮税额,每人纳粮五石。

11　前秦吕光率兵穿越沙漠三百多里,焉耆等各国全都投降。只有龟兹王帛纯抵抗他们,环城固守,吕光进军攻击他们。

12　前秦王苻坚入侵东晋的时候,任命乞伏国仁为前将军,统领作为先锋的骑兵。恰巧乞伏国仁的叔父乞伏步颓在陇西反叛,苻坚派乞伏国仁返回去讨伐他。乞伏步颓听说以后,非常高兴,到半路去迎接乞伏国仁。乞伏国仁摆好酒大声说:“苻氏使民众疲惫而炫耀军队,大概快要灭亡了,我应当与诸君共同建立一方大业。”等到苻坚失败以后,乞伏国仁于是就胁迫各部族,有不听从的,就加以攻击然后吞并,部众达到了十多万人。

13　慕容垂抵达安阳,派参军田山写信给长乐公苻丕。苻丕听说慕容垂从北方来,怀疑他想作乱,但还是亲自去迎接他。赵秋劝慕容垂在座位上擒获苻丕,顺势占据邺城起兵,慕容垂没有听从。苻丕谋划袭击慕容垂,侍郎、天水人姜让劝谏他说:“慕容垂没有表露出反叛的迹象,然而明公您却要擅自杀掉他,这不是作为臣子的应有之义。不如用上宾之礼对待他,再派士兵严密地守护他,秘密地进上表章报告情况,听候敕令,然后再对他做出处置。”苻丕听从了这一意见,让慕容垂住在邺西的馆舍。

垂潜与燕之故臣谋复燕祚，会丁零翟斌起兵叛秦，谋攻豫州牧平原公晖于洛阳，秦王坚驿书使垂将兵讨之。石越言于丕曰："王师新败，民心未安，负罪亡匿之徒，思乱者众，故丁零一唱，旬日之中，众已数千，此其验也。慕容垂，燕之宿望，有兴复旧业之心，今复资之以兵，此为虎傅翼也。"丕曰："垂在邺如藉虎寝蛟，常恐为肘腋之变，今远之于外，不犹愈乎！且翟斌凶悖，必不肯为垂下，使两虎相毙，吾从而制之，此卞庄子之术也。"乃以羸兵二千及铠仗之弊者给垂，又遣广武将军苻飞龙帅氐骑一千为垂之副。密戒飞龙曰："垂为三军之帅，卿为谋垂之将，行矣，勉之！"

垂请入邺城拜庙，丕弗许，乃潜服而入。亭吏禁之，垂怒，斩吏烧亭而去。石越言于丕曰："垂敢轻侮方镇，杀吏烧亭，反形已露，可因此除之。"丕曰："淮南之败，垂侍卫乘舆，此功不可忘也。"越曰："垂尚不忠于燕，安能尽忠于我！失今不取，必为后患。"丕不从。越退，告人曰："公父子好为小仁，不顾大计，终当为人禽耳。"

垂留慕容农、慕容楷、慕容绍于邺，行至安阳之汤池，闵亮、李毗自邺来，以丕与苻飞龙所谋告垂。垂因激怒其众曰："吾尽忠于苻氏，而彼专欲图吾父子，吾虽欲已，得乎！"乃托言兵少，停河内募兵，旬日间，有众八千。

慕容垂暗地里与前燕的旧臣图谋恢复前燕的国统，恰好这时丁零人翟斌起兵背叛了前秦，图谋在洛阳攻打豫州牧平原公苻晖，前秦王苻坚通过驿站送信，让慕容垂统领军队去讨伐他们。石越向苻丕进言说："国王的军队刚遭失败，民心尚未安定，负罪逃亡之徒，渴望祸乱的人很多，所以丁零人一带头，十来天时间，响应的人已有数千，这就是证明。慕容垂，是燕国德高望重的人，有振兴恢复旧业的心愿，如今再交给他军队，这是为虎添翼。"苻丕说："慕容垂在邺城犹如卧虎睡蛟，经常害怕他制造肘腋之变，如今让他远行在外，不是更好一些吗？而且翟斌凶暴悖逆，一定不肯甘居下风，让两虎俱伤，我紧跟着去控制他们，这是卞庄子的策略。"于是苻丕就给了慕容垂二千老弱的士兵以及一些残次的铠甲兵器，又派广武将军苻飞龙率领一千氐族骑兵协助慕容垂。苻丕秘密地告诫苻飞龙说："慕容垂是三军的主帅，你是图谋慕容垂的将领，出发，努力吧！"

慕容垂请求进入邺城拜谒宗庙，苻丕没有同意，慕容垂于是就穿上便服进了邺城。守卫宗庙的官吏不让他进去，慕容垂十分愤怒，杀掉官吏、烧毁庙亭后离开了。石越向苻丕进言说："慕容垂胆敢轻视侮辱一方长官，杀官吏烧庙亭，反叛的形迹已经显露，可以就此而除掉他。"苻丕说："在淮南失败的时候，慕容垂在主上车前马后奉侍守卫，这个功劳不能忘记。"石越说："慕容垂对燕国尚且不忠，怎么能对我们尽忠呢！错过了今天就无法除掉他，肯定要成为后患。"苻丕没有听从。石越退下去以后，告诉人们说："苻丕父子喜欢施行小恩小惠，而不顾天下大计，最终将会被别人所擒。"

慕容垂把慕容农、慕容楷、慕容绍留在邺城，当他行进到安阳的汤池时，闵亮、李毗从邺城赶了上来，把苻丕与苻飞龙的图谋告诉了慕容垂。慕容垂以此激发兵众，说："我尽忠于苻氏，而他却专门想图谋我们父子，我虽然想善罢甘休，能行吗！"于是就借口兵力不足，停留在河内招募兵众，十天时间已经拥有八千兵众。

平原公晖遣使让垂，趣使进兵。垂谓飞龙曰："今寇贼不远，当昼止夜行，袭其不意。"飞龙以为然。壬午，夜，垂遣世子宝将兵居前，少子隆勒兵从己，令氐兵五人为伍，阴与宝约，闻鼓声，前后合击氐兵及飞龙，尽杀之，参佐家在西者皆遣还，并以书遗秦王坚，言所以杀飞龙之故。

初垂从坚入邺，以其子麟屡尝告变于燕，立杀其母，然犹不忍杀麟，置之外舍，希得侍见。及杀苻飞龙，麟屡进策画，启发垂意，垂更奇之，宠待与诸子均矣。

慕容凤及燕故臣之子燕郡王腾、辽西段延等闻翟斌起兵，各帅部曲归之。平原公晖使武平武侯毛当讨斌。慕容凤曰："凤今将雪先王之耻，请为将军斩此氐奴。"乃擐甲直进，丁零之众随之，大败秦兵，斩毛当，遂进攻陵云台戍，克之，收万馀人甲仗。

癸未，慕容垂济河焚桥，有众三万，留辽东鲜卑可足浑谭集兵于河内之沙城。垂遣田山如邺，密告慕容农等使起兵相应。时日已暮，农与慕容楷留宿邺中。慕容绍先出，至蒲池，盗丕骏马数百匹以待农、楷。甲申晦，农、楷将数十骑微服出邺，遂同奔列人。

九年(甲申,384)

1　春，正月乙酉朔，秦长乐公丕大会宾客，请慕容农不得，始觉有变。遣人四出求之，三日，乃知其在列人，已起兵矣。

平原公苻晖派遣使者责备慕容垂，督促他率兵前进。慕容垂告诉苻飞龙说："如今离寇贼不远，应当白天休息夜间前进，以攻其不意。"苻飞龙认为有理。壬午（二十七日），夜晚，慕容垂派世子慕容宝统领军队居前，小儿子慕容隆带领军队跟随自己，命令氐族士兵每五人为一个编制单位。他暗地里与慕容宝已有约定，当听到战鼓声后，前后合击氐族士兵以及苻飞龙，把他们全部杀尽，参佐当中有家在西方的人，慕容垂全都让他们还乡，并且给前秦王苻坚送信，陈述所以要杀掉苻飞龙的原因。

当初，慕容垂跟随苻坚进入邺城，因为他的儿子慕容麟曾经多次向前燕慕容评告发事变，所以立即杀掉了他的母亲，然而尚不忍心杀掉慕容麟，让他住在城外的馆舍，很少见他。等到杀了苻飞龙以后，慕容麟屡屡进献计策，对慕容垂多有启发，慕容垂转而认为他不一般，对他的宠爱和其他的儿子一样了。

慕容凤以及前燕旧臣的儿子燕郡人王腾、辽西人段延等，听说翟斌起兵，各自率领部曲家兵归附了他。平原公苻晖让武平武侯毛当讨伐翟斌。慕容凤说："我今天将要为先王雪耻，请求为将军斩杀这个氐奴。"于是就身披铠甲，一往直前，丁零的兵众紧随其后，大败前秦的军队，斩杀了毛当。接着又进军攻打戍卫陵云台的军队，攻克了他们，缴获了一万多人的铠甲兵器。

癸未（二十八日），慕容垂渡过黄河以后焚烧了桥梁，拥有三万兵众，留下辽东的鲜卑人可足浑谭在河内的沙城会集兵众。慕容垂派田山到邺城，秘密地告诉慕容农等，让他们起兵响应。当时天色已晚，慕容农与慕容楷留在邺城中过夜。慕容绍先行出城，到了蒲池，偷了苻丕的数百匹骏马以等待慕容农、慕容楷。甲申晦（二十九日），慕容农、慕容楷带领数十名骑兵身着便服出了邺城，于是他们就一起奔赴列人县。

晋孝武帝太元九年（甲申，公元 384 年）

1　春季，正月乙酉朔（初一），前秦长乐公苻丕大规模地宴请宾客，邀请慕容农却没有见着人，方才发觉事有变故。派人四出寻找，三天以后，才知道他在列人县，已经起兵反叛了。

慕容凤、王腾、段延皆劝翟斌奉慕容垂为盟主，斌从之。垂欲袭洛阳，且未知斌之诚伪，乃拒之曰："吾来救豫州，不来赴君。君既建大事，成享其福，败受其祸，吾无预焉。"丙戌，垂至洛阳，平原公晖闻其杀苻飞龙，闭门拒之。翟斌复遣长史郭通往说垂，垂犹未许。通曰："将军所以拒通者，岂非以翟斌兄弟山野异类，无奇才远略，必无所成故邪？独不念将军今日凭之，可以济大业乎！"垂乃许之。于是斌帅其众来与垂会，劝垂称尊号。垂曰："新兴侯，吾主也，当迎归返正耳。"

垂以洛阳四面受敌，欲取邺而据之，乃引兵而东。故扶馀王馀蔚为荥阳太守，及昌黎鲜卑卫驹各帅其众降垂。垂至荥阳，群下固请上尊号，垂乃依晋中宗故事，称大将军、大都督、燕王，承制行事，谓之统府。群下称臣，文表奏疏，封拜官爵，皆如王者。以弟德为车骑大将军，封范阳王；兄子楷为征西大将军，封太原王；翟斌为建义大将军，封河南王；馀蔚为征东将军、统府左司马，封扶馀王；卫驹为鹰扬将军，慕容凤为建策将军。帅众二十馀万，自石门济河，长驱向邺。

慕容农之奔列人也，止于乌桓鲁利家，利为之置馔，农笑而不食。利谓其妻曰："恶奴，郎贵人，家贫无以馔之，奈何？"妻曰："郎有雄才大志，今无故而至，必将有异，非为饮食来也。君亟出，远望以备非常。"利从之。农谓利曰："吾欲集兵列人以图兴复，卿能从我乎？"利曰："死生唯郎是从。"农乃诣乌桓张骧，说之曰："家王已举大事，翟斌等咸相推奉，远近响应，故来相告耳。"

慕容凤、王腾、段延都劝翟斌尊奉慕容垂为盟主，翟斌听从了。慕容垂想袭击洛阳，但暂且还不知道翟斌是否有诚意，就拒绝他说："我是来救援豫州的，不是来投奔您。您既然要干大事，成功则享受其福，失败则承受其祸，我不参与此事。"丙戌（初二），慕容垂抵达洛阳，平原公苻晖听说他杀了苻飞龙，把他拒之门外。翟斌又派长史郭通前去劝说慕容垂，慕容垂还是没有同意做盟主。郭通说："将军之所以拒绝郭通的原因，难道不是认为翟斌的弟兄们是身居山野的异族，没有超人的才能和远大的谋略，肯定无所作为的缘故吗？为什么唯独不考虑将军今天凭借他们，就可以成就大业呢！"听了这话，慕容垂就同意了。于是翟斌率领他的兵众前来与慕容垂会合，劝慕容垂称帝。慕容垂说："新兴侯慕容暐，是我们的国主，应当迎接他回去重归正统。"

慕容垂考虑到洛阳四面受敌，想攻取邺城据守，于是就率兵东进。过去的扶馀王馀蔚任荥阳太守，他和昌黎的鲜卑人卫驹各自率领自己的兵众投降了慕容垂。慕容垂抵达荥阳，众属下执意请求进上尊号，慕容垂就依据晋元帝的遗规，自称大将军、大都督、燕王，秉承君主的旨意行事，称为统府。众属下称臣，文表奏疏，封爵授官，全都和君王一样。慕容垂任命他的弟弟慕容德为车骑大将军，封为范阳王；任命哥哥的儿子慕容楷为征西大将军，封为太原王；任命翟斌为建义大将军，封为河南王；任命馀蔚为征东将军、统府左司马，封为扶馀王；任命卫驹为鹰扬将军，慕容凤为建策将军。率领二十多万兵众，从石门渡过了黄河，长驱直入，奔赴邺城。

慕容农奔赴列人县的时候，在乌桓人鲁利家中停留，鲁利给他准备了食物，慕容农报之一笑，不吃。鲁利对他妻子说："恶奴，君郎是贵人，家穷没有什么可给他吃，怎么办呢！"妻子说："他有雄才大志，如今无缘无故地来到，必将有不寻常的事情，不是为了吃喝才来的。你赶快出去，瞭望远处以防备不测。"鲁利听从了妻子的吩咐。慕容农对鲁利说："我想在列人县集结兵众以图谋复兴，你能跟我一起干吗？"鲁利说："不论生死，都跟从君郎。"慕容农于是就到乌桓人张骧那里，劝他说："我家君王已经发动了复兴旧业的大事，翟斌等人全都推举尊奉他，远近的民众全都响应，所以我来告诉你。"

骧再拜曰："得旧主而奉之，敢不尽死！"于是农驱列人居民为士卒，斩桑榆为兵，裂襜裳为旗，使赵秋说屠各毕聪。聪与屠各卜胜、张延、李白、郭超及东夷馀和、敕勃、易阳乌桓刘大各帅部众数千赴之。农假张骧辅国将军，刘大安远将军，鲁利建威将军。农自将攻破馆陶，收其军资器械，遣兰汗、段谟、赵秋、慕舆悕略取康台牧马数千匹。汗，燕王垂之从舅；谟，聪之子也。于是步骑云集，众至数万，骧等共推农为使持节、都督河北诸军事、骠骑大将军，监统诸将，随才部署，上下肃然。农以燕王垂未至，不敢封赏将士。赵秋曰："军无赏，士不往，今之来者，皆欲建一时之功，规万世之利，宜承制封拜，以广中兴之基。"农从之，于是赴者相继，垂闻而善之。农间招库傉官伟于上党，东引乞持归于东阿，北召光烈将军平睿及睿兄汝阳太守幼于燕国，伟等皆应之。又遣兰汗攻顿丘，克之。农号令整肃，军无私掠，士女喜悦。

长乐公丕使石越将步骑万馀讨之。农曰："越有智能之名，今不南拒大军而来此，是畏王而陵我也，必不设备，可以计取之。"众请治列人城，农曰："善用兵者，结士以心，不以异物。今起义兵，唯敌是求，当以山河为城池，何列人之足治也！"辛卯，越至列人西，农使赵秋及参军綦毋滕击越前锋，破之。参军太原赵谦言于农曰："越甲仗虽精，人心危骇，易破也，宜急击之。"农曰："彼甲在外，我甲在心，昼战，则士卒见其外貌而惮之，不如待暮击之，可以必克。"

张骧叩头两拜，说："得到了过去的君主而尊奉他，怎么敢不尽死效忠呢！"于是慕容农就让住在列人的居民充当士兵，砍桑树榆树做成兵器，撕下衣襟作为旗帜，派赵秋去劝说屠各人毕聪。毕聪与屠各人卜胜、张延、李白、郭超以及东夷人馀和、敕勃、易阳的乌桓人刘大各自率领部众数千人投奔慕容农。慕容农暂时任命张骧为辅国将军，刘大为安远将军，鲁利为建威将军。慕容农亲自率兵攻克了馆陶，收缴了那里的军粮武器，派兰汗、段谮、赵秋、慕舆悕掠夺了康台的牧马数千匹。兰汗是燕王慕容垂的堂舅。段谮是段聪的儿子。于是步、骑兵云集，兵众多达数万，张骧等人共同推举慕容农为使持节、都督河北诸军事、骠骑大将军，对于众将领，则根据他们的才能加以任用，上上下下，恭敬顺从。慕容农考虑到燕王慕容垂还未抵达，不敢擅自赐封奖赏将士。赵秋说："军队没有奖赏，士兵不会勇往直前，如今前来投奔的人，全都是想建立一时的战功，以谋求长远的利益，应该秉承国王的旨意对他们封爵授官，以扩大中兴大业的根基。"慕容农听从了他的意见，于是前来投奔的人络绎不绝。慕容垂听说了以后，对此加以赞扬。慕容农派使者招纳上党的库傉官伟，在东面延引东阿的乞持归，在北面征召燕国的光烈将军平睿及平睿的哥哥汝阳太守平幼，库傉官伟等人全都响应他。慕容农又派兰汗攻打顿丘，攻了下来。慕容农号令严肃，军队秋毫无犯，男女百姓十分高兴。

长乐公苻丕让石越统领一万多步、骑兵讨伐慕容农。慕容农说："石越有多勇多谋的名声，如今不在南边抵抗大军而来这里，这是畏惧燕王慕容垂而欺负我。他们肯定没做防备，可以使用计谋战胜他们。"兵众们请求慕容农据守列人城，慕容农说："善于用兵的人，凝聚兵众靠的是赢得人心，不靠别的什么东西。如今兴起义兵，只要是敌人就攻击，应当以山河作为城池，一个小小的列人城哪里值得据守呢！"辛卯（初七），石越抵达列人城西，慕容农让赵秋及参军綦毋滕攻打石越的前锋部队，打败了他们。参军太原人赵谦对慕容农进言说："石越的铠甲兵仗虽然精良，但人心惊恐畏惧，所以容易被攻破，应该迅速攻击他们。"慕容农说："他们的铠甲在身外，我们的铠甲在心里，白天交战，则士兵们看见他们表面上的精良装备就会畏惧，不如等到晚上再攻击他们，必定取胜。"

令军士严备以待，毋得妄动。越立栅自固，农笑谓诸将曰："越兵精士众，不乘初至之锐以击我，方更立栅，吾知其无能为也。"向暮，农鼓噪出，陈于城西，牙门刘木请先攻越栅，农笑曰："凡人见美食，谁不欲之，何得独请！然汝猛锐可嘉，当以先锋惠汝。"木乃帅壮士四百腾栅而入，秦兵披靡。农督大众随之，大败秦兵，斩越，送首于垂。越与毛当，皆秦之骁将也，故秦王坚使助二子镇守，既而相继败没，人情骚动，所在盗贼群起。

庚戌，燕王垂至邺，改秦建元二十年为燕元年，服色朝仪，皆如旧章。以前岷山公库傉官伟为左长史，前尚书段崇为右长史，荥阳郑豁等为从事中郎。慕容农引兵会垂于邺，垂因其所称之官而授之。立世子宝为太子，封从弟拔等十七人及甥宇文输、舅子兰审皆为王。其馀宗族及功臣封公者三十七人，侯、伯、子、男者八十九人。可足浑谭集兵得二万馀人，攻野王，拔之，引兵会攻邺。平幼及其弟睿、规亦帅从数万会垂于邺。

长乐公丕使姜让诮让燕王垂，且说之曰："过而能改，今犹未晚也。"垂曰："孤受主上不世之恩，故欲安全长乐公，使尽众赴京师，然后修复国家之业，与秦永为邻好。何故暗于机运，不以邺城见归？若迷而不复，当穷极兵势，恐单马求生，亦不可得也。"让厉色责之曰："将军不容于家国，投命圣朝，燕之尺土，将军岂有分乎？主上与将军风殊类别，一见倾心，亲如宗戚，宠逾勋旧，自古君臣际遇，有如是之厚者乎？一旦因王师小败，遽有异图！长乐公，主上元子，受分陕之任，宁可束手输将军以百城之地乎？

慕容农命令士兵严阵以待，不得轻举妄动。石越修建栅栏自守，慕容农笑着对众将领说："石越武器精良，兵力众多，不乘着刚刚抵达后的锐气攻击我们，反而在建栅栏防御，我知道他们是没有能力进攻了。"等到天黑以后，慕容农击鼓呼喊出发，在城西摆开战阵，牙门刘木请求作为先锋攻击石越的栅栏，慕容农笑着说："凡人见到美食，谁不想吃，怎么能够独自请求呢！然而你的勇猛锋锐值得赞赏，应当把先锋的角色优待给你。"刘木于是就率领四百名勇士越过栅栏冲入敌阵，前秦的军队惊慌溃逃。慕容农督率大军追击，大败前秦的军队，斩杀了石越，把他的首级送到了慕容垂那里。石越与毛当，都是前秦的勇猛战将，所以前秦王苻坚让他们辅助两个儿子镇守，此后相继失败死亡，人心骚动，他们所在的地方盗贼群起。

庚戌（二十六日），后燕王慕容垂抵达邺城，改前秦建元二十年为后燕元年，官员服饰的颜色及朝廷礼仪，全都一如旧制。任命从前的岷山公库傉官伟为左长史，从前的尚书段崇为右长史，荥阳人郑豁等人为从事中郎。慕容农带领军队与慕容垂在邺城会合，慕容垂将他自称的官职正式授予了他。立世子慕容宝为太子，封堂弟慕容拔等十七人以及外甥宇文输、舅舅的儿子兰审为王。其馀的宗族亲属及有功之臣被封为公的有三十七人，被封为侯、伯、子、男的有八十九人。可足浑谭聚集了两万多兵众，攻打野王，攻了下来，又率领军队与慕容垂会合攻打邺城。平幼以及他的弟弟平睿、平规也率领数万兵众在邺城与慕容垂会合。

长乐公苻丕派姜让谴责后燕王慕容垂，并且劝他说："有过错而能够改正，如今还不晚。"慕容垂说："我承受了主上罕见的恩惠，所以想保全长乐公，让他带领全部军队返回京师长安，然后我修整恢复国家的大业，与秦国永远结为友好邻邦。为什么他不识时务，不将邺城归还给我呢？如果他执迷不悟，我将动用全部兵力攻打，恐怕他想单身匹马逃窜求生，也是不可能的了。"姜让厉言正色地责备慕容垂说："将军在自己的国家无处容身，投靠圣朝，燕国狭小的地域，难道能有你的份吗？主上与将军风俗不同，种族有异，然而却一见倾心，亲如一家，对你的宠待超过了功勋旧臣，自古君臣相遇，有像这样优待吗？一旦因为君王的军队遭受了小小的失败，你马上就另有图谋！长乐公是主上的嫡传长子，接受分治一方辅佐君王的重任，他难道能把百城之地拱手让给你吗？

将军欲裂冠毁冕，自可极其兵势，奚更云云！但惜将军以七十之年，悬首白旗，高世之忠，更为逆鬼耳！”垂默然。左右请杀之，垂曰：“彼各为其主耳，何罪！”礼而归之，遗丕书及上秦王坚表，陈述利害，请送丕归长安。坚及丕怒，复书切责之。

2　鹰扬将军刘牢之攻秦谯城，拔之。桓冲遣上庸太守郭宝攻秦魏兴、上庸、新城三郡，拔之。将军杨佺期进据成固，击秦梁州刺史潘猛，走之。佺期，亮之子也。

3　壬子，燕王垂攻邺，拔其外郭，长乐公丕退守中城。关东六州郡县多送任请降于燕。癸丑，垂以陈留王绍行冀州刺史，屯广阿。

4　丰城宣穆公桓冲闻谢玄等有功，自以失言，惭恨成疾，二月辛巳，卒。朝议欲以谢玄为荆、江二州刺史。谢安自以父子名位太盛，又惧桓氏失职怨望，乃以梁郡太守桓石民为荆州刺史，河东太守桓石虔为豫州刺史，豫州刺史桓伊为江州刺史。

5　燕王垂引丁零、乌桓之众二十馀万为飞梯地道以攻邺，不拔，乃筑长围守之，分处老弱于肥乡，筑新兴城以置辎重。

6　秦征东府官属疑参军高泰燕之旧臣，有贰心，泰惧，与同郡虞曹从事吴韶逃归勃海。韶曰：“燕军近在肥乡，宜从之。”泰曰：“吾以避祸耳。去一君，事一君，吾所不为也！”申绍见而叹曰：“去就以道，可谓君子矣！”

将军想背弃君主，自然可以大动兵威，哪里用得着说那么多话呢！只可惜将军以七十高龄，像被周武王杀掉的商纣一样把头颅悬挂在白旗上，往日超越世俗的忠诚，反而要变成叛逆之鬼！”慕容垂沉默不语。周围的人请求杀掉姜让，慕容垂说：“那是各为其主而已，有什么罪过！”对他以礼相待，送他回去了。并给苻丕送信，给前秦王苻坚进上表章，陈述利害，请求送苻丕返回长安。苻坚和苻丕十分愤怒，复信严厉地责备了慕容垂。

2 东晋鹰扬将军刘牢之攻打前秦的谯城，攻了下来。桓冲派上庸太守郭宝攻打前秦的魏兴、上庸、新城三郡，攻了下来。将军杨佺期进军占据了成固，攻击前秦梁州刺史潘猛，赶跑了他。杨佺期是杨亮的儿子。

3 壬子（二十八日），后燕王慕容垂攻打邺城，攻下了外城，长乐公苻丕退守中城。关东六州的郡县大都送来人质请求向后燕投降。癸丑（二十九日），慕容垂任命陈留王慕容绍代理冀州刺史，驻扎在广阿。

4 丰城宣穆公桓冲听说谢玄等人建立了战功，自认为以前的话说错了，愧恨交加，酿成疾病，二月辛巳（二十七日）去世。朝廷议论要让谢玄出任荆、江二州刺史。谢安认为自己父子的名声职位太引人注目，又害怕桓氏家族的人因为失掉职位而怀恨在心，就任命梁郡太守桓石民为荆州刺史，河东太守桓石虔为豫州刺史，豫州刺史桓伊为江州刺史。

5 后燕王慕容垂带领丁零、乌桓的二十多万兵众架设云梯、开挖地道用来攻打邺城，没有攻下。于是就建筑包围工事坚守，分别将老弱兵众安置在肥乡，建筑新兴城用来放置轻重装备。

6 前秦征东府的官吏怀疑参军高泰是前燕的旧臣，怀有二心，高泰害怕了，与同郡的虞曹从事吴韶逃回勃海。吴韶说：“燕国的军队近在肥乡，应该归附他们。”高泰说：“我们为的是逃避灾祸而已，离开一个君主，又去事奉另一个君主，这是我所不愿意干的！”申绍见到他后感叹地说：“离开与归附全都依循一定的道理，可以称得上是君子啊！”

7 燕范阳王德击秦枋头,取之,置戍而还。

8 东胡王晏据馆陶,为邺中声援,鲜卑、乌桓及郡县民据坞壁不从燕者尚众。燕王垂遣太原王楷与镇南将军陈留王绍讨之。楷谓绍曰:“鲜卑、乌桓及冀州之民,本皆燕臣,今大业始尔,人心未洽,所以小异。唯宜绥之以德,不可震之以威。吾当止一处,为军声之本,汝巡抚民夷,示以大义,彼必当听从。”楷乃屯于辟阳。绍帅骑数百往说王晏,为陈祸福,晏随绍诣楷降,于是鲜卑、乌桓及坞民降者数十万口。楷留其老弱,置守宰以抚之,发其丁壮十馀万,与王晏诣邺。垂大悦曰:“汝兄弟才兼文武,足以继先王矣!”

9 三月,以卫将军谢安为太保。

10 秦北地长史慕容泓闻燕王垂攻邺,亡奔关东,收集鲜卑,众至数千,还屯华阴,败秦将军彊永,其众遂盛。自称都督陕西诸军事、大将军、雍州牧、济北王,推垂为丞相、都督陕东诸军事、领大司马、冀州牧、吴王。

秦王坚谓权翼曰:“不用卿言,使鲜卑至此。关东之地,吾不复与之争,将若泓何?”乃以广平公熙为雍州刺史,镇蒲阪。征雍州牧钜鹿公睿都督中外诸军事、卫大将军、录尚书事,配兵五万;以左将军窦冲为长史,龙骧将军姚苌为司马,以讨泓。

平阳太守慕容冲亦起兵于平阳,有众二万,进攻蒲坂,坚使窦冲讨之。

11 库傉官伟帅营部数万至邺,燕王垂封伟为安定王。

7　后燕范阳王慕容德攻击前秦的枋头，攻了下来，设置了守卫力量后返回。

8　东胡人王晏占据着馆陶，声援邺中，鲜卑、乌桓以及郡县的民众据守坞堡壁垒不服从后燕的尚有许多。后燕王慕容垂派太原王慕容楷与镇南将军陈留王慕容绍讨伐他们。慕容楷对慕容绍说："鲜卑、乌桓以及冀州的民众，本来都是燕国的属臣，如今大业刚刚开始，人心尚未融洽，这就是导致小有不同的原因。只应该用仁德安抚他们，不能靠威势震慑他们。我应当停留在一个地方，作为军队声威的根基，你巡视安抚民众夷狄，向他们展示大义，他们就一定会听命服从。"慕容楷于是就驻扎在辟阳。慕容绍率领数百骑兵前去劝说王晏，为他陈述祸福，王晏跟随慕容绍到慕容楷那里投降，于是鲜卑、乌桓以及守卫在坞堡中的民众投降的有数十万人。慕容楷将其中的老弱者留下，设置地方官吏以安抚他们，派遣其中十多万身强力壮的成年人，与王晏一起到邺城。慕容垂十分高兴地说："你们弟兄的才能文武兼备，足以继承先王的事业！"

9　三月，东晋任命卫将军谢安为太保。

10　前秦北地长史慕容泓听说燕王慕容垂攻打邺城，逃奔到关东，收拢会集鲜卑人，多达数千，返回驻扎在华阴，打败了前秦将军彊永，他的兵众于是就更多了。慕容泓自称都督陕西诸军事、大将军、雍州牧、济北王，推举慕容垂为丞相、都督陕东诸军事、兼大司马、冀州牧、吴王。

前秦王苻坚对权翼说："没听你的话，让鲜卑人到了如此地步。关东之地，我不再和他们争夺，但拿慕容泓怎么办呢？"于是就任命广平公苻熙为雍州刺史，镇守蒲阪。征召雍州牧钜鹿公苻睿为都督中外诸军事、卫大将军、录尚书事，给他配备五万士兵；任命左将军窦冲为长史，龙骧将军姚苌为司马，来讨伐慕容泓。

平阳太守慕容冲也在平阳起兵，拥有两万兵众，进军攻打蒲坂。苻坚派窦冲去讨伐他。

11　库傉官伟率领部众数万人抵达邺城，燕王慕容垂封库傉官伟为安定王。

12　秦冀州刺史阜城侯定守信都，高城男绍在国，高邑侯亮、重合侯谟守常山，固安侯鉴守中山。燕王垂遣前将军、乐浪王温督诸军攻信都，不克。夏，四月丙辰，遣抚军大将军麟益兵助之。定、鉴，秦王坚之从叔；绍、谟，从弟；亮，从子也。温，燕王垂之弟子也。

13　慕容泓闻秦兵且至，惧，帅众将奔关东。秦钜鹿愍公睿粗猛轻敌，欲驰兵邀之。姚苌谏曰："鲜卑皆有思归之志，故起而为乱，宜驱令出关，不可遏也。夫执鼷鼠之尾，犹能反噬于人。彼自知困穷，致死于我，万一失利，悔将何及？但可鸣鼓随之，彼将奔败不暇矣。"睿弗从，战于华泽，睿兵败，为泓所杀。苌遣龙骧长史赵都、参军姜协诣秦王坚谢罪。坚怒，杀之。苌惧，奔渭北马牧，于是天水尹纬、尹详、南安庞演等纠扇羌豪，帅其户口归苌者五万馀家，推苌为盟主。苌自称大将军、大单于、万年秦王，大赦，改元白雀，以尹详、庞演为左、右长史，南安姚晃及尹纬为左、右司马，天水狄伯支等为从事中郎，羌训等为掾属，王据等为参军，王钦卢、姚方成等为将帅。

14　秦窦冲击慕容冲于河东，大破之。冲帅鲜卑骑八千奔慕容泓。泓众至十馀万，遣使谓秦王坚曰："吴王已定关东，可速资备大驾，奉送家兄皇帝，泓当帅关中燕人翼卫乘舆，还返邺都，与秦以虎牢为界，永为邻好。"坚大怒，召慕容暐责之曰："今泓书如此，卿欲去者，朕当相资。卿之宗族，可谓人面兽心，不可以国士期也！"暐叩头流血，涕泣陈谢。坚久之曰："此自三竖所为，非卿之过。"复

12　前秦冀州刺史阜城侯苻定戍守信都，高城男苻绍在他的封地，高邑侯苻亮、重合侯苻谟戍守常山，固安侯苻鉴戍守中山。后燕王慕容垂派前将军、乐浪王慕容温督帅各路军队攻打信都，没有攻克。夏季，四月丙辰（初三），派抚军大将军慕容麟增兵协助他们。苻定、苻鉴是前秦王苻坚的堂叔，苻绍、苻谟是他的堂弟，苻亮是他的侄子。慕容温是燕王慕容垂弟弟的儿子。

13　慕容泓听说前秦的军队将要到达，很害怕，率领兵众准备逃奔关东。前秦钜鹿愍公苻睿鲁莽轻敌，想要迅速出兵在半路拦截他们。姚苌劝谏苻睿说："鲜卑人全都有思念归返的心情，所以才起兵作乱，应该驱使他们出关，不能阻截。抓住了鼷鼠的尾巴，它还能反咬人一口。他们自知陷于穷途末路，必将要与我们拼命，万一失利，后悔怎么来得及？只能击鼓紧随他们，他们将全力溃逃。"苻睿没有听从劝告，在华泽交战，苻睿的军队失败，苻睿被慕容泓杀掉。姚苌派龙骧长史赵都、参军姜协到前秦王苻坚那里谢罪，苻坚十分愤怒，杀掉了他们。姚苌害怕了，逃奔到渭北的牧马之地，于是天水人尹纬、尹详、南安人庞演等，纠集煽动羌族豪强，率领他们的民户丁口归附姚苌的，共有五万多家，推举姚苌为盟主。姚苌自称大将军、大单于、万年秦王，实行大赦，改年号为白雀，任命尹详、庞演为左、右长史，南安人姚晃及尹纬为左、右司马，天水人狄伯支等为从事中郎，羌训等为掾属，王据等为参军，王钦卢、姚方成等为将帅。

14　前秦窦冲在黄河以东攻击慕容冲，大败慕容冲。慕容冲率八千鲜卑骑兵投奔慕容泓。慕容泓的兵众达到十多万，他派遣使者告诉前秦王苻坚说："吴王慕容垂已经平定了关东，可以迅速就此准备车驾，奉送家兄慕容暐皇帝，我要率领关中的燕国人守卫车乘，返回邺都，与秦国以虎牢为界，永远结为友好邻邦。"苻坚听后勃然大怒，召来慕容暐责备说："如今慕容泓的信中把话说到了这种地步，你想离开时，我将提供帮助。你的宗族亲戚，可以称得上是人面兽心，无法把他们作为国士来寄予期望！"慕容暐叩头叩得流了血，哭泣着表示谢罪。过了许久，苻坚说："事情是由慕容垂、慕容泓、慕容冲三个家伙干的，不是你的过错。"于是恢复了

其位，待之如初。命暐以书招谕泓、冲及垂。暐密遣使谓泓曰："吾笼中之人，必无还理。且燕室之罪人也，不足复顾。汝勉建大业，以吴王为相国，中山王为太宰、领大司马，汝可为大将军、领司徒，承制封拜，听吾死问，汝便即尊位。"泓于是进向长安，改元燕兴。

15　燕王垂以邺城犹固，会僚佐议之。右司马封衡请引漳水灌之，从之。垂行围，因饮于华林园，秦人密出兵掩之，矢下如雨，垂几不得出，冠军大将军隆将骑冲之，垂仅而得免。

16　竟陵太守赵统攻襄阳，秦荆州刺史都贵奔鲁阳。

17　五月，秦洛州刺史张五虎据丰阳来降。

18　梁州刺史杨亮帅众五万伐蜀，遣巴西太守费统将水陆兵三万为前锋。亮屯巴郡，秦益州刺史王广遣巴西太守康回等拒之。

19　秦苻定、苻绍皆降于燕。燕慕容麟引兵西攻常山。

20　后秦王苌进屯北地，秦华阴、北地、新平、安定羌胡降之者十馀万。

21　六月癸丑朔，崇德太后褚氏崩。

22　秦王坚自帅步骑二万以击后秦，军于赵氏坞，使护军将军杨璧等分道攻之。后秦兵屡败，斩后秦王苌之弟镇军将军尹买。后秦军中无井，秦人塞安公谷、堰同官水以困之。后秦人恟惧，有渴死者。会天大雨，后秦营中水三尺，绕营百步之外，寸馀而已，后秦军复振。秦王坚叹曰："天亦佑贼乎！"

慕容暐的职位，对待他像当初一样。苻坚命令慕容暐写信招纳劝谕慕容泓、慕容冲以及慕容垂。慕容暐秘密派使者告诉慕容泓说："我是笼中之人，肯定没有回归的道理。况且我还是燕王室的罪人，不值得你们再顾念。你们努力建成大业，让吴王慕容垂做相国，中山王慕容冲做太宰、兼大司马，你可以做大将军、兼司徒，秉承我的旨意封爵授官，听到我死的消息后，你就可以即皇帝的尊位。"慕容泓于是进军长安，改年号为燕兴。

15　后燕王慕容垂因为邺城尚在固守，会集僚属辅佐商议此事。右司马封衡请求引来漳水灌入城中，慕容垂听从了。慕容垂到了打猎场，顺便在华林园饮酒，前秦人秘密出兵对他突然袭击，乱箭如雨射来，慕容垂几乎没能逃出，冠军大将军慕容隆带领骑兵冲击敌人，慕容垂才幸免于难。

16　竟陵太守赵统攻打襄阳，前秦荆州刺史都贵逃奔鲁阳。

17　五月，前秦洛州刺史张五虎占据丰阳，前来向东晋投降。

18　东晋梁州刺史杨亮率领五万兵众讨伐蜀，派遣巴西太守费统统率三万水、陆军作为前锋。杨亮驻扎在巴郡，前秦益州刺史王广派巴西太守康回等人抵抗他们。

19　前秦的苻定、苻绍全都投降了后燕。后燕慕容麟带领军队西攻常山。

20　后秦王姚苌进军驻扎在北地，前秦华阴、北地、新平、安定的羌人、胡人投降的有十多万。

21　六月癸丑朔（初一），东晋崇德太后褚氏去世。

22　前秦王苻坚亲自率领步、骑兵两万人攻打后秦，驻军于赵氏坞，让护军将军杨壁等人分路进攻。后秦的军队屡战屡败，后秦王姚苌的弟弟镇军将军姚尹买被斩杀。后秦驻军的地方没有水井，前秦人堵塞了安公谷、拦截了同官水以围困他们。后秦人惊慌恐惧，有人干渴而死。恰巧天下大雨，后秦的军营中积水三尺，环绕军营百步以外，积水仅仅一寸多而已，后秦的军队又振奋了起来。前秦王苻坚叹息道："上天也保佑寇贼啊！"

23 慕容泓谋臣高盖等以泓德望不如慕容冲，且持法苛峻，乃杀泓，立冲为皇太弟，承制行事，置百官，以盖为尚书令。后秦王苌遣子嵩为质于冲以请和。

24 将军刘春攻鲁阳，都贵奔还长安。

25 后秦王苌帅众七万击秦，秦王坚遣杨璧等拒之，为苌所败。获杨璧及右将军徐成、镇军将军毛盛等将吏数十人，苌皆礼而遣之。

26 燕慕容麟拔常山，秦苻亮、苻谟皆降。麟进围中山，秋，七月，克之，执苻鉴。麟威声大振，留屯中山。

27 秦幽州刺史王永、平州刺史苻冲帅二州之众以击燕。燕王垂遣平朔将军平规击永，永遣昌黎太守宋敞逆战于范阳，敞兵败，规进据蓟南。

28 秦平原公晖帅洛阳、陕城之众七万归于长安。

29 秦王坚闻慕容冲去长安浸近，乃引兵归，遣抚军大将军方成骊山，拜平原公晖为都督中外诸军事、车骑大将军、录尚书事，配兵五万以拒冲。冲与晖战于郑西，大破之。坚又遣前将军姜宇与少子河间公琳帅众三万拒冲于灞上。琳、宇皆败死，冲遂据阿房城。

30 秦康回兵数败，退还成都。梓潼太守垒袭以涪城来降。荆州刺史桓石民据鲁阳，遣河南太守高茂北戍洛阳。

31 己酉，葬康献皇后于崇平陵。

32 燕翟斌恃功骄纵，邀求无厌，又以邺城久不下，潜有贰心。太子宝请除之，燕王垂曰："河南之盟，不可负也。若其为难，罪由于斌。今事未有形而杀之，人必谓我忌惮其功能。吾方收揽豪杰以隆大业，不可示人以狭，失天下之望也。藉彼有谋，吾以智防之，无能为也。"范阳王德、陈留王绍、骠骑大将军农皆曰："翟斌兄弟恃功而骄，必为国患。"

23 慕容泓的谋臣高盖等人认为慕容泓的道德威望不如慕容冲，而且执行法律苛刻严峻，于是就杀掉了慕容泓，立慕容冲为皇太弟，秉承国王的旨意行事，设置了百官，任命高盖为尚书令。后秦王姚苌派遣儿子姚嵩作为人质到慕容冲那里，以请求和好。

24 东晋将军刘春攻打鲁阳，都贵逃回长安。

25 后秦王姚苌率领七万兵众攻打前秦，前秦王苻坚派杨壁等人抵抗，被姚苌打败。擒获了杨壁以及右将军徐成、镇军将军毛盛等将帅官吏数十人，姚苌对他们全都以礼相待，然后放他们回去了。

26 后燕慕容麟攻下了常山，前秦的苻亮、苻谟全都投降。慕容麟进军包围中山，秋季，七月，攻克了中山，抓获了苻鉴。慕容麟威名大振，留驻中山。

27 前秦幽州刺史王永、平州刺史苻冲率领二州的兵众攻击后燕。后燕王慕容垂派平朔将军平规反击王永，王永派昌黎太守宋敞在范阳迎战，宋敞的军队被打败，平规进军占据了蓟城以南。

28 前秦平原公苻晖率领洛阳、陕城的七万兵众回到了长安。

29 前秦王苻坚听说慕容冲逐渐逼近长安，就带领军队返回，派抚军大将军苻方戍守骊山，任命平原公苻晖为都督中外诸军事、车骑大将军、录尚书事，配备五万兵众以抵抗慕容冲。慕容冲与苻晖在郑西交战，大败苻晖。苻坚又派前将军姜宇与小儿子河间公苻琳率领三万兵众在灞上抵抗慕容冲。苻琳、姜宇全都战败死亡，慕容冲于是就占据了阿房城。

30 前秦康回的军队多次失败，退回到成都。梓潼太守垒袭率涪城投降了东晋。荆州刺史桓石民占据了鲁阳，派河南太守高茂北进戍守洛阳。

31 己酉(二十八日)，东晋在崇平陵安葬了康献皇后。

32 后燕的翟斌自恃有功，傲慢无忌，邀官求赏，贪得无厌，又因为邺城久围不下，私下里怀有背叛之心。太子慕容宝请求除掉他，后燕王慕容垂说："河南的盟誓，不能背弃。如果他要发难，罪过出于翟斌。如今事情尚未发生而杀掉他，人们一定会说我忌恨害怕他的功劳与才能。我正在收罗招揽英雄豪杰以使大业昌盛，不能向人们表现出狭隘，以丧失天下人的期望。假如他怀有阴谋，我以智谋防范他，他也无所作为。"范阳王慕容德、陈留王慕容绍、骠骑大将军慕容农都说："翟斌兄弟居功自傲，一定会成为国家的祸患。"

垂曰:"骄则速败,焉能为患!彼有大功,当听其自毙耳。"礼遇弥重。

斌讽丁零及其党请斌为尚书令。垂曰:"翟王之功,宜居上辅,但台既未建,此官不可遽置耳。"斌怒,密与前秦长乐公丕通谋,使丁零决堤溃水。事觉,垂杀斌及其弟檀、敏,馀皆赦之。

斌兄子真,夜将营众北奔邯郸,引兵还向邺围,欲与丕内外相应。太子宝与冠军大将军隆击破之,真还走邯郸。

太原王楷、陈留王绍言于垂曰:"丁零非有大志,但宠过为乱耳。今急之则屯聚为寇,缓之则自散,散而击之,无不克矣。"垂从之。

33　龟兹王帛纯窘急,重赂獪胡以求救。獪胡王遣其弟呐龙、侯将馗帅骑二十馀万,并引温宿、尉头等诸国兵合七十馀万以救龟兹。秦吕光与战于城西,大破之。帛纯出走,王侯降者三十馀国。光入其城,城如长安市邑,宫室甚盛。光抚宁西域,威恩甚著,远方诸国,前世所不能服者,皆来归附,上汉所赐节传。光皆表而易之,立帛纯弟震为龟兹王。

34　八月,翟真自邯郸北走,燕王垂遣太原王楷、骠骑大将军农帅骑追之,及于下邑。楷欲战,农曰:"士卒饥倦,且视贼营不见丁壮,殆有他伏。"楷不从,进战,燕兵大败。真北趋中山,屯于承营。

慕容垂说："傲慢必然导致迅速失败，怎么能成为祸患呢！他立有大功，应当听凭他自取灭亡。"慕容垂对翟斌的礼遇越发优厚。

翟斌暗示丁零人及自己的同党请求让他出任尚书令。慕容垂说："以翟王的功劳，应该位居宰相，只是官署尚未建立，此官无法迅速设置。"翟斌非常愤怒，暗地里与前秦长乐公苻丕互通计谋，让丁零人开决输引漳水的堤防，把水放走。事情泄露，慕容垂杀掉了翟斌及他的弟弟翟檀、翟敏，其馀的人全都赦免了。

翟斌哥哥的儿子翟真，趁夜带领军营里的兵众向北逃向邯郸，途中又掉头开向后燕围攻邺城的包围圈，想和苻丕形成内外呼应之势。太子慕容宝与冠军大将军慕容隆打败了他们。翟真又掉头逃向邯郸。

太原王慕容楷、陈留王慕容绍向慕容垂进言说："丁零人并非胸怀大志，只是因为过分地宠待了他们，所以才背叛作乱罢了。如今若要迅速消灭他们，那他们就会聚集起来，成为寇贼，如果暂时不理睬他们，他们就会自我离散，等到离散以后再攻打他们，攻无不克。"慕容垂听从了这一意见。

33　龟兹王帛纯处境困窘危急，给猃胡送去优厚的礼物以求救援。猃胡王派他的弟弟呐龙、侯将馗率领二十多万骑兵，同时带领温宿、尉头等各国军队共计七十多万人前去救援龟兹。前秦吕光和他们在城西交战，大败了他们。帛纯出逃，三十多国的王侯投降。吕光进入龟兹人的城内，城里如同长安的都市，宫室非常华丽。吕光安抚西域地区，威势与恩德十分明显，远方各国，前代所未能臣服的，全都归附，并献上汉朝时赐给他们的符节凭证。吕光全都进上表章请求为他们更换，立帛纯的弟弟帛震为龟兹王。

34　八月，翟真从邯郸北逃，后燕王慕容垂派太原王慕容楷、骠骑大将军慕容农率领骑兵追击他，到下邑时追了上去。慕容楷想与他交战，慕容农说："士兵饥饿疲倦，而且在敌人的军营中看不见身强力壮的成年人，恐怕在其他地方有埋伏。"慕容楷没有听从，进军交战，后燕的军队大败。翟真向北开赴中山，驻扎在承营。

35　邺中刍粮俱尽，削松木以饲马。燕王垂谓诸将曰：“苻丕穷寇，必无降理，不如退屯新城，开丕西归之路，以谢秦王畴昔之恩，且为讨翟真之计。”丙寅夜，垂解围趋新城。遣慕容农徇清河、平原，征督租赋，农明立约束，均适有无，军令严整，无所侵暴，由是谷帛属路，军资丰给。

36　戊寅，南昌文穆公郗愔薨。

37　太保安奏请乘苻氏倾败，开拓中原，以徐、兖二州刺史谢玄为前锋都督，帅豫州刺史桓石虔伐秦。玄至下邳，秦徐州刺史赵迁弃彭城走，玄进据彭城。

38　秦王坚闻吕光平西域，以光为都督玉门以西诸军事，西域校尉。道绝，不通。

39　秦幽州刺史王永求救于振威将军刘库仁，库仁遣其妻兄公孙希帅骑三千救之，大破平规于蓟南，乘胜长驱，进据唐城。

40　九月，谢玄使彭城内史刘牢之攻秦兖州刺史张崇。辛卯，崇弃鄄城奔燕。牢之据鄄城，河南城堡皆来归附。

41　太保安上疏自求北征，加安都督扬、江等十五州诸军事，加黄钺。

42　慕容冲进逼长安，秦王坚登城观之，叹曰：“此虏何从出哉！”大呼责冲曰：“奴何苦来送死！”冲曰：“奴厌奴苦，欲取汝为代耳！”冲少有宠于坚，坚遣使以锦袍称诏遗之。冲遣詹事称皇太弟令答之曰：“孤今心在天下，岂顾一袍小惠！苟能知命，君臣束手，早送皇帝，自当宽贷苻氏以酬曩好。”坚大怒曰：“吾不用王景略、阳平公之言，使白虏敢至于此！”

35　邺城中饲料、粮食全都耗尽，只能砍下松树枝喂马。后燕王慕容垂对众将领说："苻丕是势穷力竭的敌寇，一定没有投降的道理。我们不如退驻新城，为苻丕让开西返的道路，以此来感谢秦王昔日的恩情，而且可以作为讨伐翟真的计策。"丙寅(十五日)那天夜晚，慕容垂解除了对邺城的包围，开赴新城。派慕容农带兵巡行清河、平原，监督征收田租赋税。慕容农明确地公布了条令，使贫富之家的分担适当，军纪严明，无所侵扰，因此交纳粮食、布匹的人络绎不绝，军队的给养丰富充足。

36　戊寅(二十七日)，东晋南昌文穆公郗愔去世。

37　东晋太保谢安进上奏章，请求乘苻氏失败之机，开拓中原地区，任命徐、兖二州刺史谢玄为前锋都督，率领豫州刺史桓石虔讨伐前秦。谢玄抵达下邳，前秦徐州刺史赵迁放弃彭城逃走，谢玄进军占据了彭城。

38　前秦王苻坚听说吕光平定了西域，任命吕光为都督玉门以西诸军事、西域校尉。因为道路被阻绝，任命无法到达。

39　前秦幽州刺史王永向振威将军刘库仁求救，刘库仁派他妻子的哥哥公孙希率领三千骑兵前去救援，在蓟南大败平规的军队，乘胜长驱直入，进军占据了唐城。

40　九月，谢玄让彭城内史刘牢之攻打前秦兖州刺史张崇。辛卯(十一日)，张崇放弃了鄄城投奔后燕。刘牢之占据了鄄城，河南城邑村堡里的人全都前来归附东晋。

41　东晋太保谢安上疏，请求亲自出征北伐。朝廷让谢安担任都督扬、江等十五州诸军事，并授予他黄钺。

42　慕容冲进军逼临长安，前秦王苻坚登上城墙观望，感叹地说："这些敌虏是从哪里出来的呢!"接着大声责备慕容冲说："你小子何苦来送死!"慕容冲说："我厌倦了我的困苦，想捉拿你来代替!"慕容冲小的时候很得苻坚的宠爱，苻坚派使者带着锦袍宣称是皇帝诏令送给慕容冲的。慕容冲则派詹事宣称皇太弟让他回答说："我如今的志向在于夺取天下，岂能看得上一件锦袍这样的小恩小惠!假如能够知天命，君主臣下就应该停止抵抗，及早把皇帝慕容暐送来，自然就可以宽恕苻氏以酬报过去的好处。"苻坚勃然大怒，说："我没有听从王猛、阳平公苻融的话，使鲜卑白虏胆敢放肆到这种地步!"

43　冬，十月辛亥朔，日有食之。

44　乙丑，大赦。

45　谢玄遣阴陵太守高素攻秦青州刺史苻朗，军至琅邪，朗来降。朗，坚之从子也。

46　翟真在承营，与公孙希、宋敞遥相首尾。长乐公丕遣宦者冗从仆射清河光祚将兵数百赴中山，与真相结。又遣阳平太守邵兴将数千骑招集冀州故郡县，与祚期会襄国。是时，燕军疲弊，秦势复振，冀州郡县皆观望成败，赵郡人赵粟等起兵柏乡以应兴。燕王垂遣冠军大将军隆、龙骧将军张崇将兵邀击兴，命骠骑大将军农自清河引兵会之。隆与兴战于襄国，大破之。兴走至广阿，遇慕容农，执之。光祚闻之，循西山走归邺。隆遂击赵粟等，皆破之，冀州郡县复从燕。

47　刘库仁闻公孙希已破平规，欲大举兵以救长乐公丕，发雁门、上谷、代郡兵，屯繁畤。燕太子太保慕舆句之子文、零陵公慕舆虔之子常时在库仁所，知三郡兵不乐远征，因作乱，夜攻库仁，杀之，窃其骏马，奔燕。公孙希之众闻乱自溃，希奔翟真。库仁弟头眷代领库仁部众。

48　秦长乐公丕遣光祚及参军封孚召骠骑将军张蚝、并州刺史王腾于晋阳以自救，蚝、腾以众少不能赴。丕进退路穷，谋于僚佐。司马杨膺请自归于晋，丕未许。会谢玄遣龙骧将军刘牢之等据碻磝，济阳太守郭满据滑台，将军颜肱、刘袭军于河北，丕遣将军桑据屯黎阳以拒之。刘袭夜袭据，走之，遂克黎阳。丕惧，乃遣从弟就与参军焦逵请救于玄，致书称："欲假途求粮，西赴国难，须援军既接，以邺与之。

43 冬季，十月辛亥朔（初一），出现日食。

44 乙丑（十五日），东晋实行大赦。

45 谢玄派阴陵太守高素攻打前秦青州刺史苻朗，军队抵达琅邪，苻朗前来投降。苻朗是苻坚的侄子。

46 翟真在承营，与公孙希、宋敞首尾相应。长乐公苻丕派宦官冗从仆射清河人光祚带领数百兵众奔赴中山，与翟真相勾结。又派阳平太守邵兴带领数千骑兵招纳会集冀州过去的郡县，与光祚约期在襄国会合。这时，后燕的军队疲惫，而前秦的威势又重新振作，冀州的郡县全都观望成败，赵郡人赵粟等在柏乡起兵以响应邵兴。后燕王慕容垂派冠军大将军慕容隆、龙骧将军张崇带领兵众迎击邵兴，命令骠骑大将军慕容农带领军队从清河出发，与他们会合。慕容隆与邵兴在襄国交战，邵兴的军队大败。邵兴逃到了广阿，遇上了慕容农，抓获了他。光祚听说以后，沿着西山逃回邺城。慕容隆于是就攻击赵粟等人，把他们全都打败，冀州的郡县又归顺了后燕。

47 刘库仁听说公孙希已经打败了平规的军队，想大举出兵以救援长乐公苻丕，他出动了雁门、上谷、代郡的军队，驻扎在繁畤。前燕太子太保慕舆句的儿子慕舆文、零陵公慕舆虔的儿子慕舆常，这时在刘库仁处，他们知道三郡的军队不愿意远征，因此就反叛作乱，趁夜攻打刘库仁，把他杀掉了，偷了他的骏马，逃奔后燕。公孙希的兵众听到叛乱的消息后自我溃散，公孙希投奔翟真。刘库仁的弟弟刘头眷代替刘库仁统领部众。

48 前秦长乐公苻丕派光祚及参军封孚到晋阳征召骠骑将军张蚝、并州刺史王腾救援自己，张蚝、王腾因为兵力不足不能前往。苻丕进退无路，便和僚属辅佐们商量。司马杨膺请求自动归附东晋，苻丕不同意。恰好这时谢玄派龙骧将军刘牢之等占据碻磝，派济阳太守郭满占据滑台，派将军颜肱、刘袭驻军于黄河以北，苻丕派将军桑据驻扎在黎阳以抵抗他们。刘袭夜晚袭击桑据，赶跑了他，于是攻克了黎阳。苻丕害怕了，就派堂弟苻就与参军焦逵向谢玄请求救援，给他写信说："想借路求粮，西赴国难，等到援军一到，就把邺城拱手交出。

若西路不通，长安陷没，请帅所领保守鄴城。”逵与参军姜让密谓膺曰：“今丧败如此，长安阻绝，存亡不可知。屈节竭诚以求粮援，犹惧不获，而公豪气不除，方设两端，事必无成。宜正书为表，许以王师之至，当致身南归。如其不从，可逼缚与之。”膺自以力能制丕，乃改书而遣之。

49　谢玄遣晋陵太守滕恬之渡河守黎阳。恬之，脩之曾孙也。朝廷以兖、青、司、豫既平，加玄都督徐、兖、青、司、冀、幽、并七州诸军事。

50　后秦王苌闻慕容冲攻长安，会群僚议进止，皆曰：“大王宜先取长安，建立根本，然后经营四方。”苌曰：“不然。燕人因其众有思归之心以起兵，若得其志，必不久留关中，吾当移屯岭北，广收资实，以待秦亡燕去，然后拱手取之耳。”乃留其长子兴守北地，使宁北将军姚穆守同官川，自将其众攻新平。

初，新平人杀其郡将，秦王坚缺其城角以耻之，新平民望深以为病，欲立忠义以雪之。及后秦王苌至新平，新平太守南安苟辅欲降之，郡人辽西太守冯杰、莲勺令冯羽、尚书郎赵义、汶山太守冯苗谏曰：“昔田单以一城存齐。今秦之州镇，犹连城过百，奈何遽为叛臣乎！”辅喜曰：“此吾志也，但恐久而无救，郡人横被无辜。诸君能尔，吾岂顾生哉！”于是凭城固守。后秦为土山地道，辅亦于内为之，或战地下，或战山上，后秦之众死者万馀人。辅诈降以诱苌，苌将入城，觉之而返。辅伏兵邀击，几获之，又杀万馀人。

如果西路不通，长安失陷，请求您率领军队来保全守卫邺城。”焦逵与参军姜让秘密地对杨膺说：“如今惨败到如此地步，长安的音讯隔绝，存亡不得而知。丧失气节竭尽诚意以求取粮食和援军，还害怕得不到。而你若不去掉感情义气，态度左右摇摆，事情也终将无成。应该把书信改为表章，告诉他君王的军队到达时，就将投身南归晋朝。如果苻丕不服从，可以逼迫捆绑他交给晋朝。”杨膺自以为他的力量能够控制苻丕，于是就改写了书信后送走了。

49　谢玄派晋陵太守滕恬之渡过黄河戍守黎阳。滕恬之是滕脩之的曾孙。东晋朝廷认为兖、青、司、豫各州已经平定，任命谢玄为都督徐、兖、青、司、冀、幽、并七州诸军事。

50　后秦王姚苌听说慕容冲攻打长安，召集群臣商议是继续进军，还是停止前进，群臣都说：“大王应该先攻取长安，建立根基，然后再经营四方。”姚苌说：“不对。燕人是因为他们的兵众思归心切才起兵进攻，如果他们的志向得以实现，肯定不会在关中久留。我应当移驻九嵕以北，广泛地储备粮食、物资，以等待秦国的灭亡、燕人的离去，然后就可以拱手获取关中。”于是姚苌就留下他的长子姚兴守卫北地，让宁北将军姚穆守卫同官川，自己统率兵众攻打新平。

当初，新平人杀掉了本郡的将领，前秦王苻坚把他们的城墙去掉了一个角，用以羞辱他们，新平的贤俊豪杰都觉得这是一桩心病，想要建立忠义以洗刷耻辱。等到后秦王姚苌抵达新平，新平太守南安人苟辅想要投降，本郡人辽西太守冯杰、莲勺令冯羽、尚书郎赵义、汶山太守冯苗劝谏他说：“过去田单以一个城的力量保存了齐国。如今秦国的州镇，还有一百多城邑相连，为什么要匆忙地做叛臣呢！”苟辅高兴地说：“这正是我的心愿。只是怕时间长了无人救援，郡中的百姓横遭无辜之祸。诸君尚能如此，我难道还怕死吗！”于是他们就凭借城墙固守。后秦的军队在城外修筑土山地道，苟辅在城内也同样修筑，双方有时在地道内交战，有时在土山上交战，后秦死亡的人有一万多。苟辅谎称投降以引诱姚苌，姚苌准备入城，发觉以后返回去。苟辅预先埋伏的军队半路迎击，差一点擒获了姚苌，又斩杀了一万多人。

51　陇西处士王嘉，隐居倒虎山，有异术，能知未然，秦人神之。秦王坚、后秦王苌及慕容冲皆遣使迎之。十一月，嘉入长安，众闻之，以为坚有福，故圣人助之，三辅堡壁及四山氐、羌归坚者四万馀人。坚置嘉及沙门道安于外殿，动静咨之。

52　燕慕容农自信都西击丁零翟辽于鲁口，破之。辽退屯无极，农屯藁城以逼之。辽，真之从兄也。

53　鲜卑在长安城中者犹千馀人，慕容绍之兄肃，与慕容暐阴谋结鲜卑为乱。十二月，暐白坚，以其子新昏，请坚幸其家，置酒，欲伏兵杀之。坚许之，会天大雨，不果往。事觉，坚召暐及肃，肃曰："事必泄矣，入则俱死。今城内已严，不如杀使者驰出，既得出门，大众便集。"暐不从，遂俱入。坚曰："吾相待何如，而起此意？"暐饰辞以对。肃曰："家国事重，何论意气！"坚先杀肃，乃杀暐及其宗族，城内鲜卑无少长、男女，皆杀之。燕王垂幼子柔，养于宦者宋牙家为牙子，故得不坐，与太子宝之子盛乘间得出，奔慕容冲。

54　燕慕容麟、慕容农合兵袭翟辽，大破之，辽单骑奔翟真。

55　燕王垂以秦长乐公丕犹据邺不去，乃更引兵围邺，开其西走之路。焦逵见谢玄，玄欲征丕任子，然后出兵。逵固陈丕款诚，并述杨膺之意，玄乃遣刘牢之、滕恬之等帅众二万救邺。丕告饥，玄水陆运米二千斛以馈之。

56　秦梁州刺史潘猛弃汉中，奔长安。

51　陇西处士王嘉，隐居在倒虎山，有异常之术，能预知未来，秦国人把他当作神仙。前秦王苻坚、后秦王姚苌以及慕容冲全都派使者去迎接他。十一月，王嘉进入长安，众人听说以后，认为苻坚有福，所以圣人帮助他，三辅地区的村镇军营以及依山而居的氐族、羌族人归附苻坚的有四万多人。苻坚把王嘉及僧人道安安置在外殿，行动与否全都要向他们询问。

52　后燕慕容农从信都向西到鲁口攻打丁零人翟辽，打败了他。翟辽退到无极县防守，慕容农驻扎在藁城以威逼他。翟辽是翟真的堂兄。

53　在长安城中的鲜卑人尚有一千多，慕容绍的哥哥慕容肃与慕容𬀩暗地里谋划聚集鲜卑人作乱。十二月，慕容𬀩告诉苻坚说，因为他的儿子刚刚结婚，请苻坚到他家去，置酒招待，实则想埋伏士兵杀掉苻坚。苻坚答应了，恰巧天下大雨，没有去成。事情泄露，苻坚召见慕容𬀩及慕容肃，慕容肃说："事情肯定泄露了，进去则全都被杀。如今城内已经严密布防，不如杀掉使者冲出去，逃出城门以后，我们的兵众就可以聚集起来。"慕容𬀩没听他的话，于是就一起入宫去见苻坚。苻坚说："我待你们怎么样，你们反而产生了这样的意图！"慕容𬀩遮遮掩掩地搪塞。慕容肃说："宗族国家事关重大，还谈什么感情义气！"于是苻坚先杀掉了慕容肃，接着又杀掉了慕容𬀩以及他的宗族亲属，城内的鲜卑人不论男女老幼，全都被杀。后燕王慕容垂的小儿子慕容柔，养育在宦官宋牙家里，作为宋牙的儿子，所以没有坐罪被杀，他与太子慕容宝的儿子慕容盛乘机逃出，投奔了慕容冲。

54　后燕慕容麟、慕容农会合军队袭击翟辽，大败翟辽，翟辽只身匹马投奔翟真。

55　后燕王慕容垂因为前秦长乐公苻丕还在据守邺城不肯离去，就又带领军队包围了邺城，同时为他放开了西逃的道路。焦逵见到谢玄，谢玄想要征召苻丕做人质，然后才出兵。焦逵恳切地陈述苻丕的忠诚，并且诉说了杨膺的意图，谢玄于是就派刘牢之、滕恬之等率领两万兵众救援邺城。苻丕报告粮食断绝，谢玄通过水、陆路运去两千斛米送给他。

56　前秦梁州刺史潘猛放弃汉中，逃奔到长安。

卷第一百六　晋纪二十八

起乙酉(385)尽丙戌(386)凡二年

烈宗孝武皇帝中之上

太元十年(乙酉,385)

1　春,正月,秦王坚朝飨群臣。时长安饥,人相食,诸将归,吐肉以饲妻子。

2　慕容冲即皇帝位于阿房,改元更始。冲有自得之志,赏罚任情。慕容盛年十三,谓慕容柔曰:“夫十人之长,亦须才过九人,然后得安。今中山王才不逮人,功未有成,而骄汰已甚,殆难济乎!”

3　后秦王苌留诸将攻新平,自引兵击安定,擒秦安西将军勃海公珍,岭北诸城悉降之。

4　甲寅,秦王坚与西燕主冲战于仇班渠,大破之。乙卯,战于雀桑,又破之。甲子,战于白渠,秦兵大败。西燕兵围秦王坚,殿中将军邓迈力战却之,坚乃得免。壬申,冲遣尚书令高盖夜袭长安,入其南城,左将军窦冲、前禁将军李辩等击破之,斩首八百级,分其尸而食之。乙亥,高盖引兵攻渭北诸垒,太子宏与战于成贰壁,大破之,斩首三万。

5　燕带方王佐与宁朔将军平规共攻蓟,王永兵屡败。二月,永使宋敞烧和龙及蓟城宫室,帅众三万奔壶关。佐等入蓟。

烈宗孝武皇帝中之上

晋孝武帝太元十年(乙酉,公元385年)

1　春季,正月,前秦王苻坚祭祀太庙,宴请群臣。当时长安正值饥荒,人们互相残食,众将领回家以后,都把吃进去的肉吐出来再让妻子儿女们吃。

2　慕容冲在阿房城即皇帝位,改年号为更始。慕容冲踌躇满志,任意赏罚。慕容盛年方十三,对慕容柔说:“就是在十人中位居首位,也必须是才能超过其他九人,然后才能安稳。如今中山王慕容冲才能不及别人,没有建立战功,而骄奢傲慢已经十分严重,恐怕难以成功啊!”

3　后秦王姚苌留下众将领攻打新平,自己带领军队去攻打安定,擒获了前秦安西将军勃海公苻珍,岭北各城全都投降了姚苌。

4　甲寅,前秦王苻坚与西燕国主慕容冲在仇班渠交战,大败慕容冲。乙卯,在雀桑交战,又打败了他。甲子,在白渠交战,前秦的军队大败。西燕的军队包围了前秦王苻坚,殿中将军邓迈奋力阻击,苻坚才得以幸免。壬申,慕容冲派尚书令高盖夜袭长安,进入了南城,前秦左将军窦冲、前禁将军李辩等打败了他们,斩首八百多人,士兵们把尸体分开吃掉。乙亥,高盖带领军队攻打渭北各营垒,太子苻宏与他在成贰壁交战,大败高盖,斩首三万人。

5　前燕带方王慕容佐与宁朔将军平规一起攻打蓟城,王永的军队屡战屡败。二月,王永让宋敞焚烧了和龙以及蓟城的宫室,率领三万兵众逃奔壶关。慕容佐等进入蓟城。

6　慕容农引兵会慕容麟于中山，与共攻翟真。麟、农先帅数千骑至承营，观察形势。翟真望见，陈兵而出。诸将欲退，农曰："丁零非不劲勇，而翟真懦弱，今简精锐，望真所在而冲之，真走，众必散矣，乃邀门而蹙之，可尽杀也。"使骁骑将军慕容国帅百馀骑冲之，真走，其众争门，自相蹈藉，死者太半，遂拔承营外郭。

7　癸未，秦王坚与西燕主冲战于城西，大破之，追奔至阿城。诸将请乘胜入城，坚恐为冲所掩，引兵还。

8　乙酉，秦益州刺史王广以蜀人江阳太守李丕为益州刺史，守成都。己丑，广帅所部奔还陇西，蜀人随之者三万馀人。

9　刘牢之至枋头。杨膺、姜让谋泄，长乐公丕收杀之。牢之闻之，盘桓不进。

10　秦平原悼公晖数为西燕主冲所败，秦王坚让之曰："汝，吾之才子也，拥大众与白虏小儿战，而屡败，何用生为！"三月，晖愤恚自杀。

前禁将军李辩、都水使者陇西彭和正恐长安不守，召集西州人屯于韭园。坚召之，不至。

11　西燕主冲攻秦高阳愍公方于骊山，杀之，执秦尚书韦钟，以其子谦为冯翊太守，使招集三辅之民。冯翊垒主邵安民等责谦曰："君雍州望族，今乃从贼，与之为不忠不义，何面目以行于世乎！"谦以告钟，钟自杀，谦来奔。

秦左将军苟池、右将军俱石子与西燕主冲战于骊山，兵败。西燕将军慕容永斩苟池，俱石子奔邺。永，廆弟运之孙；石子，难之弟也。秦王坚遣领军将军杨定击冲，大破之，虏鲜卑万馀人而还，悉坑之。定，佛奴之孙也。

6　慕容农带领军队与慕容麟在中山会合，与他共同攻打翟真。慕容麟、慕容农先率领数千骑兵到了承营，察看地势。翟真远远望见，部署军队出动。众将领想要撤退，慕容农说："丁零人不是不强劲勇猛，而翟真却很懦弱，现在应该选择精锐士兵，看准翟真所在的位置发起冲击，翟真一逃跑，其兵众必然溃散，就可以堵截城门围歼他们，可以把他们全部消灭。"于是就派骁骑将军慕容国率领一百多名骑兵冲击翟真，翟真逃跑，其兵众夺门溃逃，自相践踏，死者过半，于是就攻下了承营的外城。

7　癸未，前秦王苻坚与西燕国主慕容冲在长安城西交战，大败慕容冲，一直追击到阿城。众将领请求乘胜入城，苻坚担心被慕容冲包围，带领军队返回。

8　乙酉，前秦益州刺史王广让蜀人江阳太守李丕出任益州刺史，戍守成都。己丑，王广率领部众逃回陇西，跟随他的蜀人有三万多。

9　刘牢之抵达枋头。杨膺、姜让的阴谋泄露，长乐公苻丕拘捕并斩杀了他们。刘牢之听说以后，便徘徊不进。

10　前秦平原悼公苻晖多次被西燕国主慕容冲打败，前秦王苻坚责备他说："你是我有才能的儿子，带领众多的兵众与白虏的稚嫩小孩子作战，反而屡屡失败，活着还有什么用呢！"三月，苻晖愤恨自杀。

前禁将军李辩、都水使者陇西人彭和正担心长安失守，召集西方各州人驻扎在韭园。苻坚征召他们，他们却不到。

11　西燕国主慕容冲在骊山攻打前秦高阳愍公苻方，杀掉了他，抓获了前秦尚书韦钟，任命韦钟的儿子韦谦为冯翊太守，让他招抚三辅地区的百姓。冯翊垒主邵安民等人责备韦谦说："你是雍州的望族，如今反而跟从了寇贼，与他们一起干不忠不义的事，以什么面目行于人世呢！"韦谦把这些话告诉了韦钟，韦钟自杀，韦谦投奔东晋。

前秦左将军苟池、右将军俱石子与西燕国主慕容冲在骊山交战，战败。西燕将军慕容永斩杀了苟池，俱石子逃奔邺城。慕容永是慕容廆弟弟慕容运的孙子。俱石子是俱难的弟弟。前秦王苻坚派领军将军杨定攻打慕容冲，大败慕容冲，俘虏了一万多鲜卑人后返回，把他们全都活埋了。杨定是杨佛奴的孙子。

12　荥阳人郑燮以郡来降。

13　燕王垂攻邺，久不下，将北诣冀州，乃命抚军大将军麟屯信都，乐浪王温屯中山，召骠骑大将军农还邺。于是远近闻之，以燕为不振，颇怀去就。

农至高邑，遣从事中郎眭邃近出，违期不还。长史张攀言于农曰："邃目下参佐，敢欺罔不还，请回军讨之。"农不应，敕备假版，以邃为高阳太守，参佐家在赵北者，悉假署遣归。凡举补太守三人，长史二十馀人，退谓攀曰："君所见殊误，当今岂可自相鱼肉！俟吾北还，邃等自当迎于道左，君但观之。"

乐浪王温在中山，兵力甚弱，丁零四布，分据诸城。温谓诸将曰："以吾之众，攻则不足，守则有馀。骠骑、抚军，首尾连兵，会须灭贼，但应聚粮厉兵以俟时耳。"于是抚旧招新，劝课农桑，民归附者相继，郡县壁垒争送军粮，仓库充溢。翟真夜袭中山，温击破之，自是不敢复至。温乃遣兵一万运粮以饷垂，且营中山宫室。

刘牢之攻燕黎阳太守刘抚于孙就栅，燕王垂留慕容农守邺围，自引兵救之。秦长乐公丕闻之，出兵乘虚夜袭燕营，农击败之。刘牢之与垂战，不胜，退屯黎阳，垂复还邺。

14　吕光以龟兹饶乐，欲留居之。天竺沙门鸠摩罗什谓光曰："此凶亡之地，不足留也。将军但东归，中道自有福地可居。"光乃大飨将士，议进止，众皆欲还。乃以驼二万馀头载外国珍宝奇玩，驱骏马万馀匹而还。

12　荥阳人郑燮举郡向东晋投降。

13　后燕王慕容垂攻打邺城，久攻不下，准备向北到冀州去，就命令抚军大将军慕容麟驻扎在信都，乐浪王慕容温驻扎在中山，征召骠骑大将军慕容农返回邺城。远近的人们听说以后，认为后燕威势不振，都在考虑归附还是离去的问题。

慕容农抵达高邑，派从事中郎眭邃到附近外出，过了期限还没有返回。长史张攀向慕容农进言说："眭邃是您身边的部下，胆敢欺骗蒙蔽您，逾期不归，请求回军讨伐他。"慕容农没有答应，敕令准备借国王名义下达的诏书，任命眭邃为高阳太守，僚属部下中凡是家在赵国以北的人，全都派他们回去暂时代理官职，共选拔补充了太守三人，长史二十多人。慕容农退下去以后对张攀说："你的见解非常错误，当今之时，怎么能自相残杀！等我从北边返回来时，眭邃等人自然应当夹道欢迎，你只管等着瞧吧。"

乐浪王慕容温在中山，兵力很弱，四周则布满了丁零人，分别占据着各城邑。慕容温对众将领说："以我们的兵力，进攻则力量不足，防守则绰绰有馀。骠骑将军、抚军将军的兵力汇集起来，应当能够消灭寇贼，只是需要聚集军粮、训练军队以等待时机。"于是他就安抚故旧，招纳新兵，劝勉督促农耕桑蚕，前来归附的民众络绎不绝，郡县村落争先恐后地运来军粮，仓库充实丰盈。翟真趁夜袭击中山，慕容温击败了他，从此翟真不敢再来了。慕容温于是派遣一万兵众运送粮食用以犒饷慕容垂，而且在中山营建宫室。

刘牢之在孙就栅攻打后燕黎阳太守刘抚，后燕王慕容垂留下慕容农镇守包围邺城的部队，亲自带领兵众救援刘抚。前秦长乐公苻丕听说以后，乘虚出兵夜袭后燕的军营，慕容农打败了他。刘牢之与慕容垂交战，没能获胜，退守黎阳，慕容垂又返回了邺城。

14　吕光因为龟兹富饶安乐，想在此居住久留。天竺僧人鸠摩罗什对吕光说："这里是凶亡之地，不值得久留。将军只要东返，半路上自会有福地可以居住。"吕光于是就大肆宴请将士，讨论是否停留的问题，众人都想返回。于是就用两万多峰骆驼载着境外之国的珍宝奇玩，驱赶了一万多匹骏马东返。

15　夏，四月，刘牢之进兵至邺，燕王垂逆战而败，遂撤围，退屯新城，乙卯，自新城北遁。牢之不告秦长乐公丕，即引兵追之。丕闻之，发兵继进。庚申，牢之追及垂于董唐渊。垂曰："秦、晋瓦合，相待为强，一胜则俱豪，一失则俱溃，非同心也。今两军相继，势既未合，宜急击之。"牢之军疾趋二百里，至五桥泽，争燕辎重，垂邀击，大破之，斩首数千级。牢之单马走，会秦救至，得免。

燕冠军将军宜都王凤每战奋不顾身，前后大小二百五十七战，未尝无功。垂戒之曰："今大业甫济，汝当先自爱!"使为车骑将军德之副以抑其锐。

邺中饥甚，长乐公丕帅众就晋谷于枋头。刘牢之入邺城，收集亡散，兵复少振。坐军败，征还。

燕、秦相持经年，幽、冀大饥，人相食，邑落萧条。燕之军士多饿死，燕王垂禁民养蚕，以桑椹为军粮。

垂将北趣中山，以骠骑大将军农为前驱，前所假授吏眭邃等皆来迎候，上下如初，李攀乃服农之智略。

16　会稽王道子好专权，复为奸谄者所构扇，与太保安有隙。安欲避之，会秦王坚来求救，安乃请自将救之。壬戌，出镇广陵之步丘，筑垒曰新城而居之。

17　蜀郡太守任权攻拔成都，斩秦益州刺史李丕，复取益州。

15　夏季，四月，刘牢之进军抵达邺城，后燕王慕容垂迎战，但失败了，于是就撤除了对邺城的包围，退到新城驻扎。乙卯（初八），从新城向北逃走。刘牢之没有向前秦长乐公苻丕报告，就带领军队追击。苻丕听说以后，也紧跟着出兵追击。庚申（十三日），刘牢之在董唐渊追上了慕容垂。慕容垂说："秦国、晋国苟且聚合，互相依靠才显得强大，一方取胜则全都威风，一方失败则全都溃散，双方并不是同心同德。如今双方的军队相继而来，既然兵力尚未汇合，就应该迅速猛击他们。"刘牢之的军队急速行进了两百里，到了五桥泽，争抢后燕的轻重物资，慕容垂迎头攻击，大败他们，斩首数千人。刘牢之只身匹马逃跑，恰好前秦前来救助，才得以幸免。

后燕冠军将军宜都王慕容凤，每逢战斗都奋不顾身，前后参与了大小两百五十七次战役，没有不建立战功的。慕容垂告诫他说："如今大业刚刚成就，你应当首先自重！"让他做车骑将军慕容德的副手以抑制他的锐气。

邺城中的饥荒十分严重，长乐公苻丕率领兵众到枋头去求东晋的粮谷。刘牢之进入邺城，收罗逃散的士兵，兵众又稍微有所振作。刘牢之因军队失败坐罪，朝廷征召他返回。

后燕、前秦相持了一年多，幽州、冀州出现了严重饥荒，人相残食，城邑村落一片萧条。后燕的士兵有很多饿死。后燕王慕容垂禁止百姓养蚕，以桑树的果实作为军粮。

慕容垂准备北赴中山，以骠骑大将军慕容农作为前锋，以前暂时授职的官吏眭邃等人全都前来迎候，上上下下和当初一样，张攀于是对慕容农的远见卓识表示折服。

16　会稽王司马道子喜好专权，又被奸邪谄媚者挑拨煽动，与太保谢安有了隔阂。谢安想躲避他，恰好前秦王苻坚前来求救，谢安就请求亲自率兵去救援苻坚。壬戌（十五日），离开朝廷去镇守广陵的步丘，建筑了叫作新城的营垒，居住在这里。

17　蜀郡太守任权攻下了成都，斩杀了前秦益州刺史李丕，又夺取了益州。

18　新平粮竭矢尽，外救不至。后秦王苌使人谓苟辅曰："吾方以义取天下，岂雠忠臣邪！卿但帅城中之人还长安，吾正欲得此城耳。"辅以为然，帅民五千口出城，苌围而坑之，男女无遗。独冯杰子终得脱，奔长安。秦王坚追赠辅等官爵，皆谥曰节愍侯，以终为新平太守。

19　翟真自承营徙屯行唐，真司马鲜于乞杀真及诸翟，自立为赵王。营人共杀乞，立真从弟成为主，其众多降于燕。

20　五月，西燕主冲攻长安，秦王坚身自督战，飞矢满体，流血淋漓。冲纵兵暴掠，关中士民流散，道路断绝，千里无烟。有堡壁三十馀，推平远将军赵敖为主，相与结盟，冒难遣兵粮助坚，多为西燕所杀。坚谓之曰："闻来者率不善达，此诚忠臣之义，然今寇难殷繁，非一人之力所能济也，徒相随入虎口，何益！汝曹宜为国自爱，畜粮厉兵，以俟天时，庶几善不终否，有时而泰也！"

三辅之民为冲所略者，遣人密告坚，请遣兵攻冲，欲纵火为内应。坚曰："甚哀诸卿忠诚！然吾猛士如虎豹，利兵如霜雪，困于乌合之虏，岂非天乎！恐徒使诸卿坐致夷灭，吾不忍也！"其人固请不已，乃遣七百骑赴之。冲营纵火者，反为风火所烧，其得免者什一二，坚祭而哭之。

18　新平城内弹尽粮绝，外边救援的部队还未到达。后秦王姚苌派人对苟辅说："我正在以道义夺取天下，怎么能仇恨忠臣呢！你只要率领城里的民众返回长安就行了，我只是想得到这座城邑。"苟辅认为此话有理，就率领民众五千人出了城，姚苌包围了他们，然后把他们全都活埋，不论男女，无一遗漏。只有冯杰的儿子冯终得以逃脱，逃到长安。前秦王苻坚给苟辅等人追赠了官职爵位，全都定谥号叫节愍侯，任命冯终为新平太守。

19　翟真从承营转移到行唐驻扎，翟真的司马鲜于乞杀掉了翟真及其亲属，自立为赵王。军营里的人一起杀掉了鲜于乞，立翟真的堂弟翟成为主，其兵众大都投降了后燕。

20　五月，西燕国主慕容冲攻打长安，前秦王苻坚亲自督战，被飞来的乱箭射得遍体鳞伤，鲜血淋漓。慕容冲放纵军队残暴掠夺，关中士人百姓流离失所，道路被阻绝，绵延千里不见炊烟。有三十多个堡寨营垒，推举平远将军赵敖为主，互相结盟，冒着危险派兵送粮救助苻坚，但大多都被西燕杀掉。苻坚对他们说："听说前来救助的人大都不能顺利到达，这确实表现了忠臣的大义，但如今敌寇制造的祸难繁多，不是靠一个人的力量就能解决的，只能是白白地相继落入虎口，有什么好处！你们应该为了国家而自我保重，积蓄粮食，训练军队，以等待天时，也许做善事不会长久困顿，一有时机还会否极泰来！"

三辅地区被慕容冲掠夺的百姓派人秘密地向苻坚报告，请求苻坚派兵攻打慕容冲，他们想要在里边放火以作为内应。苻坚说："非常怜悯你们的忠诚！然而我勇猛的将士如同虎豹，锋利的兵器如同霜雪，反而受困于乌合之众，这难道不是天意吗！恐怕会白白地让你们招致覆灭，我不忍心这样干！"派来的人不停地固执请求，苻坚就派遣七百骑兵前往。在慕容冲军营里放火的人，反而被乘风之火所烧，得以幸免的人只有十之一二，苻坚设祭痛哭他们。

卫将军杨定与冲战于城西，为冲所擒。定，秦之骁将也。坚大惧，以谶书云“帝出五将久长得”，乃留太子宏守长安，谓之曰：“天其或者欲导予出外。汝善守城，勿与贼争利，吾当出陇收兵运粮以给汝。”遂帅骑数百与张夫人及中山公诜、二女宝、锦出奔五将山，宣告州郡，期以孟冬救长安。坚过袭韭园，李辩奔燕，彭和正惭，自杀。

21　闰月，以广州刺史罗友为益州刺史，镇成都。

22　庚戌，燕王垂至常山，围翟成于行唐。命带方王佐镇龙城。六月，高句丽寇辽东，佐遣司马郝景将兵救之，为高句丽所败，高句丽遂陷辽东、玄菟。

23　秦太子宏不能守长安，将数千骑与母、妻、宗室西奔下辨。百官逃散，司隶校尉权翼等数百人奔后秦。西燕主冲入据长安，纵兵大掠，死者不可胜计。

24　秋，七月，旱，饥，井皆竭。

25　后秦王苌自故县如新平。

26　秦王坚至五将山，后秦王苌遣骁骑将军吴忠帅骑围之。秦兵皆散走，独侍御十数人在侧，坚神色自若，坐而待之，召宰人进食。俄而忠至，执之，送诣新平，幽于别室。

太子宏至下辨，南秦州刺史杨壁拒之。壁妻，坚之女顺阳公主也，弃其夫从宏。宏奔武都，投氐豪强熙，假道来奔，诏处之江州。

27　长乐公丕帅众三万自枋头将归邺城，龙骧将军檀玄击之，战于谷口，玄兵败，丕复入邺城。

卫将军杨定与慕容冲在城西交战，被慕容冲擒获。杨定是前秦的勇猛战将。苻坚十分害怕，依据谶书中所说“帝王出走五将山才能得到长久的命运”，便留下太子苻宏守卫长安，对他说：“上天大概是想引导我外出。你好好地守卫城池，不要与寇贼争锋，我要走出陇地招集兵众运送粮食供给你。”于是苻坚就率领数百骑兵与张夫人、中山公苻诜及两个女儿苻宝、苻锦奔往五将山，向各州郡公开宣布，约定在初冬时拯救长安。苻坚顺路袭击了韭园，李辩逃奔后燕，彭和正感到惭愧，自杀而死。

21　闰五月，东晋任命广州刺史罗友为益州刺史，镇守成都。

22　庚戌(初四)，后燕王慕容垂抵达常山，在行唐包围了翟成。命令带方王慕容佐镇守龙城。六月，高句丽进犯辽东，慕容佐派司马郝景统率军队救援，被高句丽打败，高句丽于是攻陷了辽东、玄菟。

23　前秦太子苻宏无法坚守长安，带领数千骑兵与母亲、妻子、宗室亲属向西逃奔到下辨。僚属百官全都逃散，司隶校尉权翼等数百人投奔后秦。西燕国主慕容冲进城占据了长安，放纵军队大肆抢掠，城中死亡的人不计其数。

24　秋季，七月，东晋发生大旱、饥荒，水井全都枯竭。

25　后秦王姚苌从过去的安定县到新平。

26　前秦王苻坚抵达五将山，后秦王姚苌派骁骑将军吴忠率领骑兵包围了他。前秦的兵众全都溃散逃走，只有十几个侍从官留在身边，苻坚神色自若，坐在那里等待吴忠的军队，召唤掌管膳食的官吏进上食物。不一会儿吴忠来到，拘捕了苻坚，把他送到新平，幽禁在特设的房间内。

太子苻宏抵达下辨，南秦州刺史杨璧拒绝接纳他。杨璧的妻子，是苻坚的女儿顺阳公主，她抛弃了丈夫，跟苻宏走了。苻宏逃奔到武都，投靠氐族豪强强熙，然后借道投奔东晋，朝廷下达诏令，把他安置在江州。

27　长乐公苻丕率领三万兵众准备从枋头返回邺城，龙骧将军檀玄向他发起攻击，在谷口交战，檀玄的军队失败，苻丕又进入了邺城。

28　燕建节将军馀岩叛，自武邑北趣幽州。燕王垂驰使敕幽州将平规曰："固守勿战，俟吾破丁零自讨之。"规出战，为岩所败。岩入蓟，掠千馀户而去，遂据令支。癸酉，翟成长史鲜于得斩成出降，垂屠行唐，尽坑成众。

29　太保安有疾求还，诏许之。八月，安至建康。

30　甲午，大赦。

31　丁酉，建昌文靖公谢安薨。诏加殊礼，如大司马温故事。庚子，以司徒琅邪王道子领扬州刺史、录尚书、都督中外诸军事，以尚书令谢石为卫将军。

32　后秦王苌使求传国玺于秦王坚，曰："苌次应历数，可以为惠。"坚瞋目叱之曰："小羌敢逼天子，五胡次序，无汝羌名。玺已送晋，不可得也！"苌复遣右司马尹纬说坚，求为禅代。坚曰："禅代，圣贤之事，姚苌叛贼，何得为之！"坚与纬语，问纬："在朕朝何官？"纬曰："尚书令史。"坚叹曰："卿，王景略之俦，宰相才也，而朕不知卿，宜其亡也。"坚自以平生遇苌有恩，尤忿之，数骂苌求死，谓张夫人曰："岂可令羌奴辱吾儿。"乃先杀宝、锦。辛丑，苌遣人缢坚于新平佛寺。张夫人、中山公诜皆自杀。后秦将士皆为之哀恸。苌欲隐其名，谥坚曰壮烈天王。

臣光曰：论者皆以为秦王坚之亡，由不杀慕容垂、姚苌故也。臣独以为不然。许劭谓魏武帝治世之能臣，乱世之奸雄。使坚治国无失其道，则垂、苌皆秦之能臣也，乌能为乱哉！坚之所以亡，由骤胜而骄故也。魏文侯问李克，吴之所以亡，对曰：

28　后燕建节将军馀岩反叛，从武邑北赴幽州。后燕王慕容垂迅速派使者敕令幽州将领平规说："加强固守，不要交战，等我攻破丁零以后亲自去讨伐他。"平规出兵迎战，被馀岩打败。馀岩进入蓟城，掳掠了一千多户人后离去，于是占据了令支。癸酉（二十八日），翟成的长史鲜于得斩杀了翟成后出来投降，慕容垂在行唐大肆屠杀，将翟成的兵众全部活埋。

29　太保谢安因病请求回建康，朝廷下达诏令同意了。八月，谢安回到了建康。

30　甲午（十九日），东晋实行大赦。

31　丁酉（二十二日），建昌文靖公谢安去世。朝廷下达诏令，按非常的礼仪安葬他，仿照大司马桓温的遗规。庚子（二十五日），任命司徒琅邪王司马道子兼扬州刺史、录尚书、都督中外诸军事，任命尚书令谢石为卫将军。

32　后秦王姚苌派人去向前秦王苻坚索取传国印玺，说："姚苌按顺序承接天命，可以承受恩惠。"苻坚怒目斥责来人说："小羌胆敢威逼天子，五胡的次序，没有你羌族的名称。传国印玺已经送到了晋朝，无法得到了！"姚苌又派右司马尹纬劝说苻坚，要求苻坚把君主之位禅让给他，苻坚说："禅让，是圣贤的事情，姚苌是叛贼，怎么能让他继位呢！"苻坚与尹纬谈论了一番，问尹纬："你在朕的朝廷里做什么官？"尹纬说："尚书令史。"苻坚叹息地说："你是王猛那样的人才，具有宰相的才能，然而朕却不知道你，应该灭亡了。"苻坚自认为平时对待姚苌有恩，越发愤恨他，多次痛骂姚苌，以求一死，对张夫人说："岂能让羌奴侮辱我的儿女。"于是就先杀掉了苻宝、苻锦。辛丑（二十六日），姚苌派人把苻坚吊死在新平的佛寺。张夫人、中山公苻诜全都自杀。后秦的将士全都为他们悲痛。姚苌想隐埋苻坚的名字，给苻坚定谥号为壮烈天王。

臣司马光说：谈论这段历史的人都认为秦王苻坚的灭亡，是由于没有杀掉慕容垂、姚苌的缘故。臣自己认为不是这样。许劭说魏武帝曹操是太平盛世的能臣，混乱世道的奸雄。假使苻坚治理国家不违背治国之道，那么慕容垂、姚苌全都是秦国的能臣，怎么能作乱呢！苻坚之所以灭亡的原因，是由于迅速取胜后骄傲的缘故。魏文侯魏斯问李克导致吴国失败的原因，李克回答说：

“数战数胜。”文侯曰：“数战数胜，国之福也，何故亡？”对曰：“数战则民疲，数胜则主骄，以骄主御疲民，未有不亡者也。”秦王坚似之矣。

33　长乐公丕在邺，将西赴长安，幽州刺史王永在壶关，遣使招丕，丕乃帅邺中男女六万馀口西如潞川，骠骑将军张蚝、并州刺史王腾迎之入晋阳。丕始知长安不守，坚已死，乃发丧，即皇帝位，追谥坚曰宣昭皇帝，庙号世祖，大赦，改元大安。

34　燕王垂以鲁王和为南中郎将，镇邺。遣慕容农出蠮螉塞，历凡城，趣龙城，会兵讨馀岩，慕容麟、慕容隆自信都徇勃海、清河。麟击勃海太守封懿，执之，因屯历口。懿，放之子也。

35　鲜卑刘头眷击破贺兰部于善无，又破柔然于意亲山。头眷子罗辰言于头眷曰：“比来行兵，所向无敌，然心腹之疾，愿早图之！”头眷曰：“谁也？”罗辰曰：“从兄显，忍人也，必将为乱。”头眷不听。显，库仁之子也。

顷之，显果杀头眷自立。又将杀拓跋珪，显弟亢埿妻，珪之姑也，以告珪母贺氏。显谋主梁六眷，代王什翼犍之甥也，亦使其部人穆崇、奚牧密告珪，且以其爱妻、骏马付崇曰：“事泄，当以此自明。”贺氏夜饮显酒，令醉，使珪阴与旧臣长孙犍、元他、罗结轻骑亡去。向晨，贺氏故惊厩中群马，使显起视之。贺氏哭曰：“吾子适在此，今皆不见，汝等谁杀之邪？”显以故不急追。珪遂奔贺兰部，依其舅贺讷。讷惊喜曰：“复国之后，当念老臣！”珪笑曰：“诚如舅言，不敢忘也。”

"经常征战又经常胜利。"曹丕说:"经常征战又经常胜利,这是国家的福分,为什么灭亡了呢?"李克回答说:"经常征战则民众疲惫,经常胜利则主上骄傲,以骄傲的君主统治疲惫的民众,没有不灭亡的道理。"秦王苻坚就与此相似。

33 长乐公苻丕在邺城,准备西赴长安,幽州刺史王永在壶关,派使者去招纳苻丕,苻丕就率领邺城中的男女六万多人向西到潞川,骠骑将军张蚝、并州刺史王腾迎接他们进入晋阳。这时苻丕才知道长安已经失守,苻坚已经死亡,于是便公开宣布了苻坚死亡的消息,他自己即皇帝位,给苻坚定谥号为宣昭皇帝,庙号为世祖,实行大赦,改年号为大安。

34 后燕王慕容垂任命鲁王慕容和为南中郎将,镇守邺城。派慕容农出蠮螉塞,经过凡城,开赴龙城,会合兵力讨伐馀岩,慕容麟、慕容隆从信都出发,带兵巡行勃海、清河。慕容麟攻打勃海太守封懿,抓获了他,顺势驻扎在历口。封懿是封放的儿子。

35 鲜卑人刘头眷在善无击败了贺兰部,又在意亲山击败了柔然。刘头眷的儿子刘罗辰向刘头眷进言说:"近来的征战,所向无敌,然而对心腹之患,愿早做图谋!"刘头眷说:"谁是心腹之患?"刘罗辰说:"堂兄刘显,是残酷无情的人,必将要作乱。"刘头眷没有听从。刘显是刘库仁的儿子。

不久,刘显果然杀掉了刘头眷而自立。又准备杀掉拓跋珪,刘显弟弟刘亢埿的妻子,是拓跋珪的姑姑,她把这一消息告诉了拓跋珪的母亲贺氏。刘显的主谋梁六眷,是代王拓跋什翼犍的外甥,他也派其部属穆崇、奚牧把消息秘密地报告了拓跋珪,并且把宠爱的妻子、骏马交给穆崇说:"如果事情泄露,就用这些来证明自己。"贺氏当晚让刘显喝酒,等他喝醉以后,让拓跋珪暗中与旧臣长孙犍、元他、罗结轻装骑马逃走。第二天早晨,贺氏故意惊动马厩中的马匹,让刘显起来察看。贺氏哭泣着说:"我的儿子刚才就在这里,现在到处都不见人,你们谁杀了他?"刘显因为本来就想杀拓跋珪的缘故,所以没有穷追细问。拓跋珪于是就逃奔到贺兰部,投靠了他的舅舅贺讷。贺讷惊喜地说:"恢复国家以后,还应该想着老臣!"拓跋珪笑着说:"确实像舅舅所说,不敢忘记。"

显疑梁六眷泄其谋，将囚之。穆崇宣言曰："六眷不顾恩义，助显为逆，我掠得其妻马，足以解忿。"显乃舍之。

贺氏从弟外朝大人贺悦举所部以奉珪。显怒，将杀贺氏，贺氏奔亢埿家，匿神车中三日，亢埿举家为之请，乃得免。

故南部大人长孙嵩帅所部七百馀家叛显，奔五原。时拓跋寔君之子渥亦聚众自立，嵩欲从之。乌渥谓嵩曰："逆父之子，不足从也。不如归珪。"嵩从之。久之，刘显所部有乱，故中部大人庾和辰奉贺氏奔珪。

贺讷弟染干以珪得众心，忌之，使其党侯引七突杀珪。代人尉古真知之，以告珪，侯引七突不敢发。染干疑古真泄其谋，执而讯之，以两车轮夹其头，伤一目，不伏，乃免之。染干遂举兵围珪，贺氏出，谓染干曰："汝等欲于何置我，而杀吾子乎！"染干惭而去。

36　九月，秦主丕以张蚝为侍中、司空，王永为侍中、都督中外诸军事、车骑大将军、尚书令，王腾为中军大将军、司隶校尉，苻冲为尚书左仆射，封西平王。又以左长史杨辅为右仆射，右长史王亮为护军将军，立妃杨氏为皇后，子宁为皇太子，寿为长乐王，锵为平原王，懿为勃海王，昶为济北王。

37　吕光自龟兹还至宜禾，秦凉州刺史梁熙谋闭境拒之。高昌太守杨翰言于熙曰："吕光新破西域，兵强气锐，闻中原丧乱，必有异图。河西地方万里，带甲十万，足以自保。若光出流沙，其势难敌。高梧谷口险阻之要，宜先守之而夺其水。彼既穷渴，可以坐制。如以为远，伊吾关亦可拒也。度此二厄，虽有子房之策，无所

刘显怀疑梁六眷泄露了他的计谋，准备要把他囚禁起来。穆崇扬言说："梁六眷不顾恩义，辅佐刘显却干出了叛逆之事，我夺取了他的妻子、骏马，足以解除愤恨。"刘显于是就不再理会梁六眷了。

贺氏的堂弟外朝大人贺悦带领所属部众尊奉拓跋珪。刘显很气愤，准备杀掉贺氏，贺氏逃奔到刘亢埿家，在供奉着神像的车子中躲藏了三天，刘亢埿全家人都为她求情，贺氏这才免于一死。

过去的南部大人长孙嵩率领部众七百多家背叛了刘显，逃奔到五原。当时拓跋寔君的儿子拓跋渥也聚众自立，长孙嵩想归附他。乌渥对长孙嵩说："叛逆之父的儿子，不值得归附，不如归附拓跋珪。"长孙嵩听从了他的意见。过了很久，刘显的部族内发生祸乱，过去的中部大人庾和辰事奉着贺氏投奔拓跋珪。

贺讷的弟弟贺染干因为拓跋珪深得人心，便忌恨他，让自己的党羽侯引七突杀掉拓跋珪。代国人尉古真知道此事，把它告诉了拓跋珪，侯引七突不敢动手了。贺染干怀疑尉古真泄露了他的计谋，便把尉古真抓起来审讯，用两个车轮夹他的头部，伤害了他的一只眼睛，尉古真拒不承认，贺染干就放了他。贺染干于是就出兵包围了拓跋珪，贺氏出来对贺染干说："你们想要把我发落到什么地方，而要杀我的儿子呢！"贺染干惭愧地离开了。

36　九月，前秦国主苻丕任命张蚝为侍中、司空，任命王永为侍中、都督中外诸军事、车骑大将军、尚书令，任命王腾为中军大将军、司隶校尉，任命苻冲为尚书左仆射，封为西平王。又任命左长史杨辅为右仆射，右长史王亮为护军将军，立妃杨氏为皇后，儿子苻宁为皇太子，苻寿为长乐王，苻锵为平原王，苻懿为勃海王，苻昶为济北王。

37　吕光从龟兹回到宜禾，前秦凉州刺史梁熙计划封锁边境拒绝他进入。高昌太守杨翰向梁熙进言说："吕光刚攻破西域，兵力强盛，气势锋锐，听说中原动乱，定会有不同寻常的图谋。河西地广万里，有十万披甲将士，足以自我保全。如果吕光走出沙漠，他的威势就难以抵挡了。高梧谷口是险阻的要塞，应该先据守那里，从而断绝他们的水源。等他们疲困干渴以后，我们就可以坐而制之。如果认为那里路途遥远，也可以在伊吾关拒守。如果他们通过这两处要塞，就是有张良那样的谋略，也无处

施矣！”熙弗听。美水令犍为张统谓熙曰：“今关中大乱，京师存亡不可知。吕光之来，其志难测，将军何以抗之？”熙曰：“忧之，未知所出。”统曰：“光智略过人，今拥思归之士，乘战胜之气，其锋未易当也。将军世受大恩，忠诚夙著，立勋王室，宜在今日。行唐公洛，上之从弟，勇冠一时，为将军计，莫若奉为盟主以收众望，推忠义以帅群豪，则光虽至，不敢有异心也。资其精锐，东兼毛兴，连王统、杨璧，合四州之众，扫凶逆，宁帝室，此桓、文之举也。”熙又弗听，杀洛于西海。

光闻杨翰之谋，惧，不敢进。杜进曰：“梁熙文雅有馀，机鉴不足，终不能用翰之谋，不足忧也。宜及其上下离心，速进以取之。”光从之。进至高昌，杨翰以郡迎降。至玉门，熙移檄责光擅命还师，以子胤为鹰扬将军，与振威将军南安姚皓、别驾卫翰帅众五万拒光于酒泉。敦煌太守姚静、晋昌太守李纯以郡降光。光报檄凉州，责熙无赴难之志，而遏归国之众。遣彭晃、杜进、姜飞为前锋，与胤战于安弥，大破，擒之。于是四山胡、夷皆附于光。武威太守彭济执熙以降，光杀之。

光入姑臧，自领凉州刺史，表杜进为武威太守，自馀将佐，各受职位。凉州郡县皆降于光，独酒泉太守宋皓、西郡太守宋泮城守不下。光攻而执之，让泮曰：“吾受诏平西域，而梁熙绝我归路，此朝廷之罪人，卿何为附之？”泮曰：“将军受诏平西域，不受诏乱凉州，梁公何罪而将军杀之？泮但苦力不足，不能报君父之雠耳，岂肯如逆氐彭济之所为乎！主灭臣死，固其常也。”光杀泮及皓。

施展!”梁熙没有听从。美水令、犍为人张统对梁熙说:“如今关中大乱,京师长安不知道是存是亡。吕光前来,其志向难以预测,将军怎样抵抗他?”梁熙说:“正对此事忧虑,但不知道该怎么办。”张统说:“吕光谋略过人,如今带领着盼望归家的将士,乘着交战取胜的气势,其锋芒不容易抵挡。将军您世代承受恩泽,历来以忠诚著称,为王室建立功勋,应该就在今天。行唐公苻洛,是主上的堂弟,勇猛冠绝一时,为将军着想,不如尊奉他为盟主以凝聚众人的期望,推举忠义之人以率领众豪强,如此则吕光虽然到来,也不敢怀有异心。凭借他的精锐部队,就可以兼并东面的毛兴,联合王统、杨璧,汇集四州的兵众,扫除顽凶叛逆,安定王室,这是像齐桓公、晋文公那样的举动。”梁熙又没有听从,在西海杀掉了苻洛。

吕光听说了杨翰的计谋,很害怕,不敢前进。杜进说:“梁熙文雅有馀,随机应变不足,最终也不会采纳杨翰的计谋,不值得担忧。应该乘着他上下离心的时机,迅速进军以攻取他。”吕光听从了杜进的意见。前进到高昌,杨翰出来迎接,举郡投降。到了玉门,梁熙传递檄文责备吕光擅自命令军队返回,任命儿子梁胤为鹰扬将军,与振威将军南安人姚皓、别驾卫翰率领五万兵众在酒泉阻击吕光。敦煌太守姚静、晋昌太守李纯举郡投降了吕光。吕光向凉州发出了回复檄文,责备梁熙没有以身赴难的志向,反而阻止归国的兵众。派彭晃、杜进、姜飞作为前锋,与梁胤在安弥交战,大败梁胤的军队,擒获了梁胤。于是周围依山而居的胡人、夷人全都归附于吕光。武威太守彭济拘押着梁熙投降,吕光杀掉了梁熙。

吕光进入姑臧,自己兼任凉州刺史,上表请求任命杜进为武威太守,自己其馀的将领辅佐,分别都接受了职位。凉州的郡县全都投降了吕光,只有酒泉太守宋皓、西郡太守索泮固守城池不投降。吕光发起攻击,抓获了他们,责备索泮说:“我接受诏令平定西域,而梁熙却断绝我的归路,这是朝廷的罪人,你为什么要依附他呢?”索泮说:“将军接受诏令平定西域,并没有接受诏令搞乱凉州,梁公有什么罪过而将军杀了他?我只是苦于力量不足,不能为君父报仇,怎么肯干像叛逆的氐人彭济那样的事情呢!主灭臣死,这本来就是千古不变之理。”吕光杀掉了索泮及宋皓。

主簿尉祐，奸佞倾险，与彭济俱执梁熙，光宠信之。祐谮杀名士姚皓等十馀人，凉州人由是不悦。光以祐为金城太守，祐至允吾，袭据其城以叛。姜飞击破之，祐奔据兴城。

38　乞伏国仁自称大都督、大将军、单于、领秦河二州牧，改元建义，以乙旃童埿为左相，屋引出支为右相，独孤匹蹄为左辅，武群勇士为右辅，弟乾归为上将军，分其地置武城等十二郡，筑勇士城而都之。

39　秦尚书令、魏昌公纂自关中奔晋阳。秦主丕拜纂太尉，封东海王。

40　冬，十月，西燕主冲遣尚书令高盖帅众五万伐后秦，战于新平南，盖大败，降于后秦。初，盖以杨定为子，及盖败，定亡奔陇右，复收集其旧众。

41　苻定、苻绍、苻谟、苻亮闻秦主丕即位，皆自河北遣使谢罪。中山太守王兖，本新平氏也，固守博陵，为秦拒燕。十一月，丕以兖为平州刺史，定为冀州牧，绍为冀州都督，谟为幽州牧，亮为幽、平二州都督，并进爵郡公。左将军窦冲据兹川，有众数万，与秦州刺史王统、河州刺史毛兴、益州刺史王广、南秦州刺史杨璧、卫将军杨定皆自陇右遣使邀丕，共击后秦。丕以定为雍州牧，冲为梁州牧，加统镇西大将军，兴车骑大将军，璧征南大将军，并开府仪同三司，加广安西将军，皆进位州牧。

杨定寻徙治历城，置储蓄于百顷，自称龙骧将军、仇池公，遣使来称藩。诏因其所号假之。其后又取天水、略阳之地，自称秦州刺史、陇西王。

主簿尉祐，奸佞凶险，与彭济一起抓获了梁熙，吕光对他宠爱信任。尉祐诬陷杀害了名士姚皓等十多人，凉州人因此很不高兴。吕光任命尉祐为金城太守，尉祐到了允吾，突然占据了该城反叛。姜飞攻破了他，尉祐逃奔，占据了兴城。

38 乞伏国仁自称大都督、大将军、单于、兼秦、河二州牧，改年号为建义，任命乙旃童埿为左相，屋引出支为右相，独孤匹蹄为左辅，武群勇士为右辅，弟弟乞伏乾归为上将军，在所辖领地分别设置了武城等十二郡，建筑了勇士城作为都城。

39 前秦尚书令、魏昌公苻纂从关中奔赴晋阳。前秦国主苻丕授予苻纂太尉官职，封他为东海王。

40 冬季，十月，西燕国主慕容冲派尚书令高盖率领五万兵众讨伐后秦，在新平以南交战，高盖大败，投降了后秦。当初，高盖把杨定当作儿子，等到高盖失败，杨定逃奔到陇右，又收集起了他过去的兵众。

41 苻定、苻绍、苻谟、苻亮听说前秦国主苻丕即位，全都从河北派遣使者前来谢罪。中山太守王兖，本是新平的氐族人，他固守博陵，替前秦抵抗后燕。十一月，苻丕任命王兖为平州刺史，苻定为冀州牧，苻绍为冀州都督，苻谟为幽州牧，苻亮为幽、平二州都督，全都晋升爵位为郡公。左将军窦冲占据着兹川，拥有兵众数万，他与秦州刺史王统、河州刺史毛兴、益州刺史王广、南秦州刺史杨璧、卫将军杨定全都从陇右派遣使者邀请苻丕，共同攻打后秦。苻丕任命杨定为雍州牧，窦冲为梁州牧，让王统担任镇西大将军，毛兴担任车骑大将军，杨璧担任征南大将军，同时授予他们开府仪同三司，王广担任安西将军，全都晋升职位为州牧。

不久，杨定将治所迁移到历城，把储备物资安放在百顷，自称龙骧将军、仇池公，派遣使者前来向东晋称藩。朝廷下达诏令，把他自封的称号暂时授予他。而后他又夺取了天水、略阳的领地，自称秦州刺史、陇西王。

42 绎幕人蔡匡据城以叛燕，燕慕容麟、慕容隆共攻之。泰山太守任泰潜师救匡，至匡垒南八里，燕人乃觉之。诸将以匡未下而外敌奄至，甚患之。隆曰："匡恃外救，故不时下。今计泰之兵不过数千人，及其未合，击之，泰败，匡自降矣。"乃释匡击泰，大破之，斩首千馀级。匡遂降，燕王垂杀之，且屠其垒。

43 慕容农至龙城，休士马十馀日。诸将皆曰："殿下之来，取道甚速，今至此久留不进，何也？"农曰："吾来速者，恐馀岩过山钞盗，侵扰良民耳。岩才不逾人，诳诱饥儿，乌集为群，非有纲纪。吾已扼其喉，久将离散，无能为也。今此田善熟，未取而行，徒自耗损，当俟收毕，往则枭之，亦不出旬日耳。"顷之，农将步骑三万至令支，岩众震骇，稍稍逾城归农。岩计穷出降，农斩之。进击高句丽，复辽东、玄菟二郡。还至龙城，上疏请缮修陵庙。

燕王垂以农为使持节、都督幽平二州北狄诸军事、幽州牧，镇龙城。徙平州刺史带方王佐镇平郭。农于是创立法制，事从宽简，清刑狱，省赋役，劝课农桑，居民富赡，四方流民前后至者数万口。先是幽、冀流民多入高句丽，农以骠骑司马范阳庞渊为辽东太守，招抚之。

42　绎幕人蔡匡据城背叛了后燕，后燕慕容麟、慕容隆共同攻打他。泰山太守任泰暗中出兵救援蔡匡，到了蔡匡营垒以南八里的地方，后燕人才发现了他们。众将领因为还没有攻下蔡匡而外面的敌人又突然到来，深以为患。慕容隆说："蔡匡靠着外边的救援，所以不会马上攻下。如今考虑任泰的兵力不超过数千人，趁着他们尚未汇合，展开攻击，任泰一失败，蔡匡自然就会投降。"于是就丢开蔡匡去攻击任泰，大败任泰，斩首一千多人。蔡匡于是也就投降了，后燕王慕容垂杀掉了他，并且在他的营垒内大肆屠杀。

43　慕容农抵达龙城，让士兵军马休整了十多天。众将领都说："殿下来的时候，选择道路非常迅速，如今到了这里却长久地停留而不再前进，这是为什么呢？"慕容农说："我来得迅速的原因，是担心馀岩会越过白狼山强取豪夺，侵扰百姓。馀岩没有过人之才，欺骗诱惑处于饥饿状态的年轻人，乌合成群，并没有什么法度纪律。我现在已经扼制了他的咽喉，时间一久他们就会自行离散，不能为患了。如今这里的庄稼丰收，不收拾完就离开，只能白白地浪费掉，应当等收拾完以后，再去围剿他们，也不过是十来天以后的事情。"不久，慕容农统率步、骑兵三万人抵达令支，馀岩的兵众非常震惊害怕，逐渐逃出城外归附了慕容农。馀岩无计可施，出来投降，慕容农斩杀了他。慕容农又进军攻打高句丽，夺回了辽东、玄菟二郡。返回龙城以后，上疏请求修缮先帝的陵庙。

后燕王慕容垂任命慕容农为使持节，都督幽州、平州、北狄诸军事及幽州牧，镇守龙城。调动平州刺史带方王慕容佐镇守平郭。慕容农于是建立法律制度，实行宽松简略的政策，明确刑罚，减免赋役，鼓励督促人们种田养蚕，当地的民众十分富足，各地的流民前后来到这里的有数万人。此前，幽州、冀州的流民大多都去了高句丽，慕容农任命骠骑司马范阳人庞渊为辽东太守，招纳安抚他们。

44　慕容麟攻王兖于博陵，城中粮竭矢尽，功曹张猗逾城出，聚众以应麟。兖临城数之曰："卿是秦民，吾是卿君，卿起兵应贼，自号'义兵'，何名实之相违也？古人求忠臣必于孝子之门，卿母在城，弃而不顾，吾何有焉！今人取卿一切之功则可矣，宁能忘卿不忠不孝之事乎？不意中州礼义之邦，乃有如卿者也！"十二月，麟拔博陵，执兖及苻鉴，杀之。昌黎太守宋敞帅乌桓、索头之众救兖，不及而还。秦主丕以敞为平州刺史。

45　燕王垂北如中山，谓诸将曰："乐浪王招流离，实仓廪，外给军粮，内营宫室，虽萧何之功，何以加之！"丙申，垂始定都中山。

46　秦苻定据信都以拒燕，燕王垂以从弟北地王精为冀州刺史，将兵攻之。

47　拓跋珪从曾祖纥罗与其弟建及诸部大人共请贺讷推珪为主。

十一年（丙戌，386）

1　春，正月戊申，拓跋珪大会于牛川，即代王位，改元登国。以长孙嵩为南部大人，叔孙普洛为北部大人，分治其众。以上谷张衮为左长史，许谦为右司马，广宁王建、代人和跋、叔孙建、庾岳为外朝大人，奚牧为治民长，皆掌宿卫及参军国谋议。长孙道生、贺毗等侍从左右，出纳教命。王建娶代王什翼犍之女。岳，和辰之弟；道生，嵩之从子也。

2　燕王垂即皇帝位。

3　后秦王苌如安定。

44　慕容麟在博陵攻打王兖，博陵城中弹尽粮绝，功曹张猗翻越城墙逃出，聚集兵众以响应慕容麟。王兖登上城墙数说张猗："你是秦国的臣民，我是你的主君，你起兵响应寇贼，自称'义兵'，为什么名实不副呢？古人求取忠臣一定要到孝子家门，你的母亲在城里，你弃而不顾，我在你心目中又有什么地位呢！如今人们要取走你的一切功劳都可以，但难道能忘掉你所干的不忠不孝的事情吗？没想到在中州这样的礼仪之邦，居然还有像你这样的人！"十二月，慕容麟攻下了博陵，抓获了王兖及苻鉴，杀掉了他们。昌黎太守宋敞率领乌桓、索头的兵众救援王兖，没有来得及，只好返回去了。前秦国主苻丕任命宋敞为平州刺史。

45　后燕王慕容垂到北面的中山，对众将领说："乐浪王慕容温招纳流离失所的民众，充实粮仓谷库，在外军粮丰足，在内营建宫室，即使是萧何的功劳，又怎么能超过他！"丙申（二十三日），慕容垂开始定都中山。

46　前秦苻定据守信都以抵抗后燕，后燕王慕容垂任命堂弟北地王慕容精为冀州刺史，带领军队攻打苻定。

47　拓跋珪的叔伯曾祖父拓跋纥罗与他的弟弟拓跋建以及各部大人一起向贺讷请求，推举拓跋珪为国主。

晋孝武帝太元十一年（丙戌，公元 386 年）

1　春季，正月，戊申（初六），拓跋珪在牛川与各路军队会合，拓跋珪即代王位，改年号为登国。任命长孙嵩为南部大人，叔孙普洛为北部大人，分别统领他们的部众。任命上谷人张衮为左长史，许谦为右司马，广宁人王建、代国人和跋、叔孙建、庾岳为外朝大人，任命奚牧为治民长，全都掌管宫中警卫及参与讨论军队国家的谋略。长孙道生、贺毗等人在拓跋珪左右侍从，传递命令。王建娶了代王拓跋什翼犍的女儿。庾岳是庾和辰的弟弟。长孙道生是长孙嵩的侄子。

2　后燕王慕容垂即皇帝位。

3　后秦王姚苌到安定。

4　南安秘宜帅羌、胡五万馀人攻乞伏国仁，国仁将兵五千逆击，大破之。宜奔还南安。

5　鲜于乞之杀翟真也，翟辽奔黎阳，黎阳太守滕恬之甚爱信之。恬之喜畋猎，不爱士卒，辽潜施奸惠以收众心。恬之南攻鹿鸣城，辽于后闭门拒之，恬之东奔鄄城，辽追执之，遂据黎阳。豫州刺史朱序遣将军秦膺、童斌与淮、泗诸郡共讨之。

6　秦益州牧王广自陇右引兵攻河州牧毛兴于枹罕，兴遣建节将军卫平帅其宗人一千七百夜袭广，大破之。二月，秦州牧王统遣兵助广攻兴，兴婴城自守。

7　燕大赦，改元建兴，置公卿尚书百官，缮宗庙、社稷。

8　西燕主冲乐在长安，且畏燕主垂之强，不敢东归，课农筑室，为久安之计，鲜卑咸怨之。左将军韩延因众心不悦，攻冲，杀之，立冲将段随为燕王，改元昌平。

9　初，张天锡之南奔也，秦长水校尉王穆匿其世子大豫，与俱奔河西，依秃发思复鞬，思复鞬送魏安。魏安人焦松、齐肃、张济等聚兵数千人迎大豫为主，攻吕光昌松郡，拔之，执太守王世强。光使辅国将军杜进击之，进兵败，大豫进逼姑臧。王穆谏曰："光粮丰城固，甲兵精锐，逼之非利，不如席卷岭西，砺兵积粟，然后东向与之争，不及期年，光可取也。"大豫不从，自号抚军将军、凉州牧，改元凤凰，以王穆为长史，传檄郡县，使穆说谕岭西诸郡，建康太守李隰、祁连都尉严纯皆起兵应之，有众三万，保据杨坞。

4　南安人秘宜率领五万多羌族、胡族人攻打乞伏国仁，乞伏国仁带领五千兵众迎击，大败秘宜。秘宜逃回了南安。

5　鲜于乞斩杀翟真的时候，翟辽逃奔到黎阳，黎阳太守滕恬之非常宠爱信任他。滕恬之喜欢打猎，不爱护士兵，翟辽暗中施行奸巧的恩惠以收买人心。滕恬之在南面攻打鹿鸣城，翟辽则在他身后紧闭城门不让他返回，滕恬之向东逃奔鄄城，翟辽追击并抓获了他，于是就占据了黎阳。豫州刺史朱序派将军秦膺、童斌与淮河、泗水一带的各郡共同讨伐翟辽。

6　前秦益州牧王广从陇右带领军队在枹罕攻打河州牧毛兴，毛兴派建节将军卫平率领他的一千七百多同族人夜袭王广，大败王广。二月，秦州牧王统派兵帮助王广攻打毛兴，毛兴环城自守。

7　后燕实行大赦，改年号为建兴，设置公卿尚书百官，修缮宗庙、社稷坛。

8　西燕国主慕容冲喜欢住在长安，而且畏惧后燕国主慕容垂的强盛，不敢东归，便督促农耕，建筑宫室，做长久安居的打算，鲜卑人全都怨恨他。左将军韩延顺应众人心中的不满，攻打慕容冲，杀掉了他，立慕容冲的将领段随为西燕王，改年号为昌平。

9　当初，张天锡南逃的时候，前秦长水校尉王穆把他的世子张大豫藏了起来，后来与张大豫一起逃奔到河西，投靠了秃发思复鞬，秃发思复鞬把张大豫送到了魏安。魏安人焦松、齐肃、张济等聚集兵众数千人迎接张大豫为盟主，攻打吕光占据的昌松郡，攻了下来，抓获了太守王世强。吕光让辅国将军杜进攻打他们，结果杜进的军队失败，张大豫进军威逼姑臧。王穆劝谏张大豫说："吕光粮食充足，城池坚固，武器精良，军队锋锐，威逼他于己不利，不如横扫岭西，训练军队积蓄粮食，然后再东进与他抗争，不用一年，就可以攻取吕光。"张大豫没有听从，自称抚军将军、凉州牧，改年号为凤凰，任命王穆为长史，向郡县传递檄文，让王穆去游说劝谕岭西各郡，建康太守李隰、祁连都尉严纯全都起兵响应他，拥有兵众三万人，坚守杨坞。

10　代王珪徙居定襄之盛乐，务农息民，国人悦之。

11　三月，大赦。

12　泰山太守张愿以郡叛降翟辽。初，谢玄欲使朱序屯梁国，玄自屯彭城，以北固河上，西援洛阳。朝议以征役既久，欲令玄置戍而还。会翟辽、张愿继叛，北方骚动，玄谢罪，乞解职，诏慰谕，令还淮阴。

13　燕主垂追尊母兰氏为文昭皇后，欲迁文明段后，以兰氏配享太祖，诏百官议之，皆以为当然。博士刘详、董谧以为："尧母为帝喾妃，位第三，不以贵陵姜原，明圣之道，以至公为先。文昭后宜立别庙。"垂怒，逼之，详、谧曰："上所欲为，无问于臣。臣按经奉礼，不敢有贰。"垂乃不复问诸儒，卒迁段后，以兰后代之。又以景昭可足浑后倾覆社稷，追废之，尊烈祖昭仪段氏为景德皇后，配享烈祖。

崔鸿曰：齐桓公命诸侯无以妾为妻。夫之于妻，犹不可以妾代之，况子而易其母乎！《春秋》所称母以子贵者，君母既没，得以妾母为小君也。至于享祀宗庙，则成风终不得配庄公也。君父之所为，臣子必习而效之，犹形声之于影响也。宝之逼杀其母，由垂为之渐也。尧、舜之让，犹为之、哙之祸，况违礼而纵私者乎！昔文姜得罪于桓公，《春秋》不之废。可足浑氏虽有罪于前朝，然小君之礼成矣；垂以私憾废之，又立兄妾之无子者，皆非礼也。

10　代王拓跋珪迁徙到定襄的盛乐居住，致力于农耕，让百姓休养生息，国内的人对此都很高兴。

11　三月，东晋实行大赦。

12　泰山太守张愿带领本郡背叛了东晋，投降翟辽。当初，谢玄想让朱序驻扎在梁国，谢玄自己驻扎彭城，用以在北面稳固黄河上游，在西南支援洛阳。朝廷商议认为在外征战已久，想让谢玄部署防守力量返回。恰好这时翟辽、张愿相继背叛，北方动荡不安，谢玄谢罪，请求解除他的职务，朝廷下达诏令抚慰他，让他回到淮阴。

13　后燕国主慕容垂追尊母亲兰氏为文昭皇后，想要迁走文明段后的灵位，把兰氏的灵位和太祖慕容皝的灵位供奉在一起，便诏令百官讨论此事，百官都认为应当如此。博士刘详、董谧认为："尧的母亲是帝喾的妻子，位居第三，不因为尊贵就凌驾于姜原之上，清明圣哲之道，首先应该出以公心，文昭皇后的灵位应该立在其他的宗庙。"慕容垂很愤怒，对他们施以威胁，刘详、董谧说："主上想要这样做，就不要向臣下询问了。臣依据经典崇奉礼法，不敢违背。"慕容垂于是就不再询问众儒生，终于迁走了段后的灵位，而用兰后的灵位代替。又因为景昭可足浑后使国家倾覆，追废了她。尊奉烈祖慕容儁的昭仪段氏为景德皇后，与烈祖的灵位供奉在一起。

崔鸿说：齐桓公命令诸侯王不能以妾为妻。丈夫对于妻子，尚且不能以妾来代替，何况是儿子来改换他的母亲呢！《春秋》中所说的母亲因为儿子而尊贵的话，是指生母死后，可以让妾母转而为正。至于在宗庙里供奉的牌位，则鲁庄公之妾成风最终也不能和鲁庄公供奉在一起。君主、父亲之所为，臣下、儿子必然要学习而后效仿，这就像形体之于影子，声音之于回响一样。慕容宝威逼杀害他的母亲，就是从慕容垂那里受到了影响。战国时以尧、舜那样的禅让，尚且还出现了子之、燕王哙那样的祸乱，何况是违背礼法放纵私情的人呢！过去文姜在鲁桓公面前犯了罪，据《春秋》的记载后来也没有黜废她。可是浑氏虽然有罪于前朝，但对待她这样人的礼法是现成的，慕容垂因为私恨而废黜了她，又立哥哥的妻妾中没有儿子的人作为皇太后，这些全都违背了礼法。

14　刘显自善无南走马邑，其族人奴真帅所部请降于代。奴真有兄犍，先居贺兰部，奴真言于代王珪，请召犍而以所部让之，珪许之。犍既领部，遣弟去斤遗贺讷金马。贺染干谓去斤曰："我待汝兄弟厚，汝今领部，宜来从我。"去斤许之。奴真怒曰："我祖父以来，世为代忠臣，故我以部让汝等，欲为义也。今汝等无状，乃谋叛国，义于何在！"遂杀犍及去斤。染干闻之，引兵攻奴真，奴真奔代。珪遣使责染干，染干乃止。

15　西燕仆射慕容恒、尚书慕容永袭段随，杀之。立宜都王子觊为燕王，改元建明，帅鲜卑男女四十馀万口去长安而东。恒弟护军将军韬诱觊，杀之于临晋，恒怒，舍韬去。永与武卫将军刁云帅众攻韬，韬败，奔恒营。恒立西燕主冲之子瑶为帝，改元建平，谥冲曰威皇帝。众皆去瑶奔永，永执瑶，杀之，立慕容泓子忠为帝，改元建武。忠以永为太尉，守尚书令，封河东公。永持法宽平，鲜卑安之。至闻喜，闻燕主垂已称尊号，不敢进，筑燕熙城而居之。

16　鲜卑既东，长安空虚。前荥阳高陵赵谷等招杏城卢水胡郝奴帅户四千入于长安，渭北皆应之，以谷为丞相。扶风王驎有众数千，保据马嵬，奴遣弟多攻之。夏，四月，后秦王苌自安定伐之，驎奔汉中。苌执多而进，奴惧，请降，拜镇北将军、六谷大都督。

14　刘显从善无向南逃奔到马邑，他的同族人刘奴真率领部众向代国请求投降。刘奴真有个哥哥叫刘犍，以前居住在贺兰部，刘奴真向代王拓跋珪进言，请求征召刘犍前来，让他统领自己的部众，拓跋珪同意了。刘犍统领了部众以后，派他的弟弟刘去斤给贺讷送去一个用金子制成的马。贺染干对刘去斤说："我对待你们兄弟很优厚，如今你们统领了部众，应该来归附我。"刘去斤答应了。刘奴真愤怒地说："我们自从祖父以来，世代都是代国的忠臣，所以我才把部众交给了你们，想让你们奉行道义。如今你们毫无成就，反而阴谋叛国，道义何在！"于是就杀了刘犍及刘去斤。贺染干听说以后，带领军队攻打刘奴真，刘奴真逃奔到代国。拓跋珪派使者去责备贺染干，贺染干才停止了行动。

15　西燕仆射慕容恒、尚书慕容永袭击段随，把他杀掉了。立宜都王慕容恒的儿子慕容颢为燕王，改年号为建明，率领鲜卑男女四十多万人离开长安东去。慕容恒的弟弟护军将军慕容韬诱骗慕容颢，在临晋杀掉了他，慕容恒很愤怒，丢下慕容韬离开了。慕容永与武卫将军刁云率领兵众攻打慕容韬，慕容韬失败，逃奔到慕容恒的军营。慕容恒立西燕国主慕容冲的儿子慕容瑶为帝，改年号为建平，给慕容冲定谥号为威皇帝。兵众全都离开慕容瑶投奔慕容永，慕容永抓获了慕容瑶，杀掉了他，立慕容泓的儿子慕容忠为帝，改年号为建武。慕容忠任命慕容永为太尉，暂任尚书令，封为河东公。慕容永施行法令宽松平和，鲜卑人安居乐业。慕容永到了闻喜，听说后燕国主慕容垂已经称帝号，不敢继续前进，修筑燕熙城居住。

16　鲜卑人既已东去，长安空虚。从前的荥阳太守高陵人赵谷等人招纳杏城的卢水胡人郝奴率领四千户人家进入长安，渭北的人们全都响应他，以赵谷作为丞相。扶风人王驎有数千兵众，据守马嵬，郝奴派弟弟郝多攻打他。夏季，四月，后秦王姚苌从安定出发讨伐他们，王驎逃奔汉中。姚苌抓获了郝多以后继续前进，郝奴害怕了，请求投降，姚苌给他授官镇北将军、六谷大都督。

17　癸巳，以尚书仆射陆纳为左仆射，谯王恬为右仆射。纳，玩之子也。

18　毛兴袭击王广，败之，广奔秦州。陇西鲜卑匹兰执广送于后秦。兴复欲攻王统于上邽，枹罕诸氐皆厌苦兵事，乃共杀兴，推卫平为河州刺史，遣使请命于秦。

19　燕主垂封其子农为辽西王，麟为赵王，隆为高阳王。

20　代王珪初改称魏王。

21　张大豫自杨坞进屯姑臧城西，王穆及秃发思复鞬子奚于帅众三万屯于城南。吕光出击，大破之，斩奚于等二万馀级。

22　秦大赦，以卫平为抚军将军、河州刺史，吕光为车骑大将军、凉州牧。使者皆没于后秦，不能达。

23　燕主垂以范阳王德为尚书令，太原王楷为左仆射，乐浪王温为司隶校尉。

24　后秦王苌即皇帝位于长安，大赦，改元建初，国号大秦。追尊其父弋仲为景元皇帝，立妻蛇氏为皇后，子兴为皇太子，置百官。苌与群臣宴，酒酣，言曰："诸卿皆与朕北面秦朝，今忽为君臣，得无耻乎！"赵迁曰："天不耻以陛下为子，臣等何耻为臣！"苌大笑。

25　魏王珪东如陵石，护佛侯部帅侯辰、乙佛部帅代题皆叛走。诸将请追之，珪曰："侯辰等累世服役，有罪且当忍之。方今国家草创，人情未一，愚者固宜前却，不足追也！"

26　六月庚寅，以前辅国将军杨亮为雍州刺史，镇卫山陵。荆州刺史桓石民遣将军晏谦击弘农，下之。初置湖、陕二戍。

17　癸巳(二十三日),东晋任命尚书仆射陆纳为左仆射,谯王司马恬为右仆射。陆纳是陆玩的儿子。

18　毛兴袭击王广,打败了他,王广逃奔秦州。陇西的鲜卑人匹兰抓获了王广,把他送到后秦。毛兴又想在上邽攻打王统,枹罕的众氐族人都厌恶战事,于是就一起杀掉了毛兴,推举卫平为河州刺史,派使者去前秦请求指令。

19　后燕国主慕容垂封他的儿子慕容农为辽西王,慕容麟为赵王,慕容隆为高阳王。

20　代王拓跋珪开始改称魏王。

21　张大豫从杨坞进军驻扎在姑臧城西,王穆及秃发思复鞬的儿子秃发奚于率领三万兵众驻扎在城南。吕光出城攻击,把他们打得大败,斩杀了秃发奚于等两万多人。

22　前秦实行大赦,任命卫平为抚军将军、河州刺史,任命吕光为车骑大将军、凉州牧。传达任命的使者全都落于后秦之手,没能到达目的地。

23　后燕国主慕容垂任命范阳王慕容德为尚书令,太原王慕容楷为左仆射,乐浪王慕容温为司隶校尉。

24　后秦王姚苌在长安即皇帝位,实行大赦,改年号为建初,立国号为大秦。追尊他的父亲姚弋仲为景元皇帝,立妻子蛇氏为皇后,儿子姚兴为皇太子,设置百官。姚苌与群臣聚宴,酒喝到尽兴时,说道:“你们全都与朕北面称臣于秦朝,今天突然成为君臣关系,不感到耻辱吗?”赵迁说:“上天不耻于以陛下作为儿子,我们为什么耻于作为臣下呢!”姚苌开怀大笑。

25　魏王拓跋珪到东面的陵石,护佛侯部的主帅侯辰、乙佛部的主帅代题全都背叛逃走。众将领请求追击他们,拓跋珪说:“侯辰等人世代为我们效劳,有罪过也应该暂且容忍他们。如今国家刚刚建立,人心尚未统一,愚昧的人本来就是进退无常,不值得追击!”

26　六月庚寅(二十日),东晋任命以前的辅国将军杨亮为雍州刺史,镇守戍卫洛阳的陵庙。荆州刺史桓石民派将军晏谦攻打弘农,攻了下来。开始设置了湖、陕二县的戍卫。

27　西燕刁云等杀西燕主忠，推慕容永为使持节、大都督中外诸军事、大将军、大单于、雍秦梁凉四州牧、录尚书事、河东王，称藩于燕。

28　燕主垂遣太原王楷、赵王麟、陈留王绍、章武王宙攻秦苻定、苻绍、苻谟、苻亮等。楷先以书与之，为陈祸福，定等皆降。垂封定等为侯，曰："以酬秦主之德。"

29　秦主丕以都督中外诸军事、司徒、录尚书事王永为左丞相，太尉、东海王纂为大司马，司空张蚝为太尉，尚书令咸阳徐义为司空，司隶校尉王腾为骠骑大将军、仪同三司。永传檄四方公侯、牧守、垒主、民豪，共讨姚苌、慕容垂，令各帅所统，以孟冬上旬会大驾于临晋。于是天水姜延、冯翊寇明、河东王昭、新平张晏、京兆杜敏、扶风马朗、建忠将军高平牧官都尉扶风王敏等咸承檄起兵，各有众数万，遣使诣秦，丕皆就拜将军、郡守，封列侯。冠军将军邓景拥众五千据彭池，与窦冲为首尾，以击后秦。丕以景为京兆尹。景，羌之子也。

30　后秦王苌徙安定五千馀户于长安。

31　秋，七月，秦平凉太守金熙、安定都尉没弈干与后秦左将军姚方成战于孙丘谷，方成兵败。后秦主苌以其弟征虏将军绪为司隶校尉，镇长安。自将至安定击熙等，大破之。金熙本东胡之种。没弈干，鲜卑多兰部帅也。

32　枹罕诸氐以卫平衰老，难与成功，议废之，而惮其宗强，累日不决。氐啖青谓诸将曰："大事宜时定，不然，变生。诸君但请卫公为会，观我所为。"会七夕大宴，青抽剑而前曰："今天下大乱，吾曹休戚同之，非贤主不可以济大事。卫公老，宜返初服以避贤路。狄道长苻登，虽王室疏属，志略雄明，请共立之，以赴大驾。

27　西燕的刁云等人杀掉了西燕国主慕容忠，推举慕容永为使持节、大都督中外诸军事、大将军、大单于以及雍、秦、梁、凉四州牧，录尚书事，河东王，向后燕称藩。

28　后燕国主慕容垂派太原王慕容楷、赵王慕容麟、陈留王慕容绍、章武王慕容宙攻打前秦苻定、苻绍、苻谟、苻亮等。慕容楷先写信送给了他们，为他们陈述祸福，苻定等人全都投降。慕容垂封苻定等人为侯，说："以此来报答秦国主苻坚的恩德。"

29　前秦国主苻丕任命都督中外诸军事、司徒、录尚书事王永为左丞相，任命太尉、东海王苻纂为大司马，任命司空张蚝为太尉，任命尚书令咸阳人徐义为司空，任命司隶校尉王腾为骠骑大将军、仪同三司。王永向各地的公侯、州牧郡守、垒主、豪族传递檄文，共同讨伐姚苌、慕容垂，命令他们各自率领所统辖的部众，以十月上旬为期，在临晋与前秦国主汇合。于是天水人姜延、冯翊人寇明、河东人王昭、新平人张晏、京兆人杜敏、扶风人马朗及建忠将军、高平牧官都尉扶风人王敏等，全都禀承檄文起兵，各自拥有兵众数万人，派使者到前秦，苻丕全都授予他们将军、郡守职位，封为列侯。冠军将军邓景拥有五千兵众据守彭池，与窦冲首尾呼应，用以攻击后秦。苻丕任命邓景为京兆尹。邓景是邓羌的儿子。

30　后秦王姚苌把安定的五千多户人家迁徙到长安。

31　秋季，七月，前秦平凉太守金熙、安定都尉没弈干与后秦左将军姚方成在孙丘谷交战，姚方成的军队失败。后秦国主姚苌任命他的弟弟征虏将军姚绪为司隶校尉，镇守长安。自己统领部队抵达安定，攻打金熙等人，把他们打得大败。金熙本来属东胡种族，没弈干是鲜卑多兰部的主帅。

32　枹罕的的众氐族部落，因为卫平年老，难以与他成就功业，商量要废黜他，但害怕他宗族的强大，好多天都没有决定下来。氐人啖青对众将领说："重大事情应该及时决定，不然，就会产生变故。诸君只要请求卫平召集聚会就行了，看我的行动。"正逢七月初七大宴聚会，啖青拔剑上前说："如今天下大乱，我们休戚与共，没有贤明的君主就无法成就大事。卫平公已经年老，应该辞去官职为贤人晋升让开道路。狄道首领苻登，虽然是王室的远亲，但志向才略宏伟英明，请求共同立他为首领，以奔赴前秦国主苻丕。

诸君有不同者，即下异议。”乃奋剑攘袂，将斩异己者。众皆从之，莫敢仰视。于是推登为使持节、都督陇右诸军事、抚军大将军、雍河二州牧、略阳公，帅众五万，东下陇，攻南安，拔之，驰使请命于秦。登，秦主丕之族子也。

33　秘宜与莫侯悌眷帅其众三万馀户降于乞伏国仁，国仁拜宜东秦州刺史，悌眷梁州刺史。

34　己酉，魏王珪还盛乐，代题复以部落来降，十馀日，又奔刘显。珪使其孙倍斤代领其众。刘显弟肺泥帅众降魏。

35　八月，燕主垂留太子宝守中山，以赵王麟为尚书右仆射，录留台。庚午，自帅范阳王德等南略地，使高阳王隆东徇平原。丁零鲜于乞保曲阳西山，闻垂南伐，出营望都，剽掠居民。赵王麟自出讨之，诸将皆曰：“殿下虚镇远征，万一无功而返，亏损威重，不如遣诸将讨之。”麟曰：“乞闻大驾在外，无所畏忌，必不设备，一举可取，不足忧也。”乃声言至鲁口，夜，回趣乞，比明，至其营，掩击，擒之。

36　翟辽寇谯，朱序击走之。

37　秦主丕以苻登为征西大将军、开府仪同三司、南安王，持节、州牧、都督，皆因其所称而授之。又以徐义为右丞相。留王腾守晋阳，右仆射杨辅戍壶关，帅众四万，进屯平阳。

38　初，后秦主苌之弟硕德统所部羌居陇上，闻苌起兵，自称征西将军，聚众于冀城以应之。以兄孙详为安远将军，据陇城，从孙训为安西将军，据南安之赤亭，与秦秦州刺史王统相持。苌自安定引兵会硕德攻统，天水屠各、略阳羌胡应之者二万馀户。秦略阳太守王皮降之。

诸君如有不同意的，马上说出不同的看法。”接着就挥剑捋袖，准备斩杀持不同意见的人。众人全都服从了他，没有人敢仰头观望。于是便推举苻登为使持节、都督陇右诸军事、抚军大将军及雍、河二州牧、略阳公，率领五万兵众，东下陇郡，攻打南安，攻了下来，迅速派使者到前秦请求指令。苻登是前秦国主苻丕同族兄弟的儿子。

33　秘宜与莫侯悌眷率领他们的三万多户部众投降了乞伏国仁，乞伏国仁给秘宜授官东秦州刺史，给莫侯悌眷授官梁州刺史。

34　乙酉（初十），魏王拓跋珪回到盛乐，代题又带领部落前来投降，十多天以后，又投奔了刘显。拓跋珪让他的孙子拓跋倍斤代替他统领其兵众。刘显的弟弟刘肺泥率领兵众投降了魏国。

35　八月，后燕国主慕容垂留下太子慕容宝守卫中山，任命赵王慕容麟为尚书右仆射，总领留台。庚午（初一），慕容垂亲自率领范阳王慕容德等人向南扩展领土，让高阳王慕容隆向东开辟平原地区。丁零人鲜于乞据守在曲阳以西的山岭，听说慕容垂到向南讨伐，于是出山驻扎在望都，抢掠当地民众。赵王慕容麟准备亲自出征讨伐他，众将领都说：“殿下使镇守之地空虚而远征讨伐，万一无功而返，有损威严，不如派遣众将领去讨伐他。”慕容麟说：“鲜于乞听说国主在外，无所畏惧，一定不会设防，一举就可以攻取他，不值得忧虑。”于是就扬言前往鲁口，夜晚，回师直奔鲜于乞，等到天亮时，到了他的营地，突然发起攻击，擒获了鲜于乞。

36　翟辽进犯谯郡，朱序击退了他。

37　前秦国主苻丕任命苻登为征西大将军、开府仪同三司、南安王，持节、州牧、都督，全都根据他的称号而加以正式任命。又任命徐义为右丞相。留下王腾镇守晋阳，右仆射杨辅戍守壶关，率领四万兵众，进军到平阳驻扎。

38　当初，后秦国主姚苌的弟弟姚硕德统领他的羌族部众驻守陇上，听说姚苌起兵后，就自称征西将军，在冀城聚集兵众以响应姚苌。任命哥哥的孙子姚详为安远将军，据守陇城，任命弟弟的孙子姚训为安西将军，据守南安的赤亭，与前秦秦州刺史王统相对峙。姚苌从安定带领军队与姚硕德会合攻打王统，天水的屠各人、略阳的羌胡人响应他的有两万多户。前秦略阳太守王皮投降了姚苌。

39　初，秦灭代，迁代王什翼犍少子窟咄于长安，从慕容永东徙，永以窟咄为新兴太守。刘显遣其弟亢埿迎窟咄，以兵随之，逼魏南境，诸部骚动。魏王珪左右于桓等与部人谋执珪以应窟咄，幢将代人莫题等亦潜与窟咄交通。桓舅穆崇告之，珪诛桓等五人，莫题等七姓悉原不问。珪惧内难，北逾阴山，复依贺兰部，遣外朝大人辽东安同求救于燕，燕主垂遣赵王麟救之。

40　九月，王统以秦州降于后秦。后秦主苌以姚硕德为使持节、都督陇右诸军事、秦州刺史，镇上邽。

41　吕光得秦王坚凶问，举军缟素，谥曰文昭皇帝。冬，十月，大赦，改元大安。

42　西燕慕容永遣使诣秦主丕求假道东归，丕弗许，与永战于襄陵，秦兵大败，左丞相王永、卫大将军俱石子皆死。初，东海王纂自长安来，麾下壮士三千馀人，丕忌之，既败，惧为纂所杀，帅骑数千南奔东垣，谋袭洛阳。扬威将军冯该自陕邀击之，杀丕，执其太子宁、长乐王寿，送建康，诏赦不诛，以付苻宏。纂与其弟尚书永平侯师奴帅秦众数万走据杏城，其馀王公百官皆没于永。

永遂进据长子，即皇帝位，改元中兴。将以秦后杨氏为上夫人，杨氏引剑刺永，为永所杀。

43　甲申，海西公奕薨于吴。

44　燕寺人吴深据清河反，燕主垂攻之，不克。

39　当初，前秦消灭了代国，把代王拓跋什翼犍的小儿子拓跋窟咄迁徙到了长安，后来他跟着慕容永向东迁徙，慕容永任命拓跋窟咄为新兴太守。刘显派他的弟弟刘亢泥迎接拓跋窟咄，并带领军队跟随着他，威逼魏国的南部边境，众部落骚动不安。魏王拓跋珪的身边侍从于桓等人与部落中的一些人谋划拘捕拓跋珪以响应拓跋窟咄，幢将代国人莫题等也暗中与拓跋窟咄相勾结。于桓的舅舅穆崇告发了他们，拓跋珪斩杀了于桓等五人，对莫题等七人则全部原谅不追究。拓跋珪害怕内部的人发难，便向北翻越阴山，又依附了贺兰部，派遣外朝大人辽东人安同去向后燕求救，后燕国主慕容垂派赵王慕容麟救援他们。

40　九月，王统献秦州投降了后秦。后秦国主姚苌任命姚硕德为使持节、都督陇右诸军事、秦州刺史，镇守上邽。

41　吕光获悉前秦王苻坚被吊死的消息，全军将士都身穿白色丧服志哀，给苻坚定谥号为文昭皇帝。冬季，十月，实行大赦，改年号为大安。

42　西燕慕容永派使者到前秦国主苻丕那里请求借道东返，苻丕不同意，与慕容永在襄陵交战，前秦的军队大败，左丞相王永、卫大将军俱石子全都战死。当初，东海王苻纂从长安来投奔苻丕，手下有勇士三千多人，苻丕非常忌恨他，等到苻丕失败以后，害怕被苻纂杀掉，就率领数千骑兵向南逃奔东垣，打算袭击洛阳。扬威将军冯该从陕城出发迎击他，斩杀了苻丕，抓获了他的太子苻宁、长乐王苻寿，把他们送到了建康，朝廷下达诏令赦免他们，不予诛杀，把他们交给了苻宏。苻纂与他的弟弟尚书永平侯苻师奴率领前秦的数万兵众逃奔占据了杏城，其馀的王公百官全都落入慕容永之手。

慕容永于是就进军占据了长子，即皇帝位，改年号为中兴。正准备要以前秦王后杨氏作为上夫人，杨氏拔剑刺击慕容永，被慕容永杀掉。

43　甲申（十六日），海西公司马奕在吴郡去世。

44　后燕宦官吴深占据清河反叛，后燕国主慕容垂攻打他，没有攻克。

45　后秦主苌还安定。

46　秦南安王登既克南安，夷、夏归之者三万馀户，遂进攻姚硕德于秦州，后秦主苌自往救之。登与苌战于胡奴阜，大破之，斩首两万馀级，将军啖青射苌，中之。苌创重，走保上邽，姚硕德代之统众。

47　燕赵王麟军未至魏，拓跋窟咄稍前逼魏王珪，贺染干侵魏北部以应之，魏众惊扰，北部大人叔孙普洛亡奔刘卫辰。麟闻之，遽遣安同等归。魏人知燕军在近，众心少安。窟咄进屯高柳，珪引兵与麟会击之，窟咄大败，奔刘卫辰，卫辰杀之。珪悉收其众，以代人库狄干为北部大人。麟引兵还中山。

刘卫辰居朔方，士马甚盛。后秦主苌以卫辰为大将军、大单于、河西王、幽州牧，西燕主永以卫辰为大将军、朔州牧。

48　十一月，秦尚书寇遗奉勃海王懿、济北王昶自杏城奔南安，南安王登发丧行服，谥秦主丕曰哀平皇帝。登议立懿为主，众曰："勃海王虽先帝之子，然年在幼冲，未堪多难。今三虏窥觎，宜立长君，非大王不可。"登乃为坛于陇东，即皇帝位，大赦，改元太初，置百官。

49　慕容柔、慕容盛及盛弟会皆在长子，盛谓柔、会曰："主上已中兴幽、冀，东西未一，吾属居嫌疑之地，为智为愚，皆将不免，不若以时东归，无为坐待鱼肉也！"遂相与亡归燕。后岁馀，西燕主永悉诛燕主儁及燕主垂之子孙，男女无遗。

45　后秦国主姚苌回到了安定。

46　前秦南安王苻登攻克了南安以后，夷人、汉人归附他的人有三万多户，于是他就进军秦州，攻打姚硕德，后秦国主姚苌亲自前往救援。苻登与姚苌在胡奴阜交战，大败姚苌，斩首两万多人，将军啖青射击姚苌，射中了他。姚苌伤势严重，逃至上邽自保，姚硕德代替他统领部众。

47　后燕赵王慕容麟的军队没有抵达魏国，拓跋窟咄逐渐前进紧逼魏王拓跋珪，贺染干入侵魏国北部以响应他。魏国的兵众惊恐混乱，北部大人叔孙普洛投奔刘卫辰。慕容麟听说以后，迅速派安同等人返回。魏国人知道后燕的军队就在近处，众人的心里稍微安定了一点。拓跋窟咄进军驻扎在高柳，拓跋珪带领军队与慕容麟会合攻打他，拓跋窟咄大败，逃奔刘卫辰，刘卫辰杀掉了他。拓跋珪接收了他的全部兵众，任命代国人库狄干为北部大人。慕容麟带领军队返回了中山。

刘卫辰驻军朔方，士兵战马非常强盛。后秦国主姚苌任命刘卫辰为大将军、大单于、河西王、幽州牧，西燕国主慕容永任命刘卫辰为大将军、朔州牧。

48　十一月，前秦尚书寇遗奉送勃海王苻懿、济北王苻昶从杏城投奔南安，南安王苻登公布了前秦国主苻丕死亡的消息，并为他服丧守孝，定立谥号为哀平皇帝。苻登商议立苻懿为国主，众人说："勃海王苻懿虽然是先帝的儿子，但是年龄幼小，没有经历过多的磨难。如今三国的敌人都在窥伺图谋我们，应该立年长的君主，此人非大王不可。"苻登于是就在陇东设立了祭坛，即皇帝位，实行大赦，设置百官。

49　慕容柔、慕容盛以及慕容盛的弟弟慕容会全都在长子，慕容盛对慕容柔、慕容会说："主上已使幽州、冀州中兴，但东西尚未统一，我们身居容易引起怀疑的地方，不管做得明智还是愚鲁，都将难免于祸，不如及时东归，不要干坐以待毙的事情！"于是他们就一起逃回了后燕。此后一年多，西燕国主慕容永将前燕国主慕容儁及后燕国主慕容垂的子孙全部诛杀，不论男女，无一遗漏。

50　张大豫自西郡入临洮，掠民五千馀户，保据俱城。

51　十二月，吕光自称使持节、侍中、中外大都督、督陇右河西诸军事、大将军、凉州牧、酒泉公。

52　秦主登立世祖神主于军中，载以辎軿，建黄旗青盖，以虎贲三百人卫之，凡所欲为，必启主而后行。引兵五万，东击后秦，将士皆刻鉾、铠为"死""休"字。每战以剑矟为方圆大阵，知有厚薄，从中分配，故人自为战，所向无前。

初，长安之将败也，中垒将军徐嵩、屯骑校尉胡空各聚众五千，结垒自固，既而受后秦官爵。后秦主苌以王礼葬秦主坚于二垒之间。及登至，嵩、空以众降之。登拜嵩雍州刺史，空京兆尹，改葬坚以天子之礼。

53　乙酉，燕主垂攻吴深垒，拔之，深单马走。垂进屯聊城之逢关陂。初，燕太子洗马温详来奔，以为济北太守，屯东阿。燕主垂遣范阳王德、高阳王隆攻之，详遣从弟攀守河南岸，子楷守碻磝以拒之。

54　燕主垂以魏王珪为西单于，封上谷王。珪不受。

50 张大豫从西郡进入临洮，掳掠了五千多户百姓，据守俱城。

51 十二月，吕光自称使持节、侍中、中外大都督、督陇右、河西诸军事、大将军、凉州牧、酒泉公。

52 前秦国主苻登在军队中设立了世祖苻坚的牌位，放在四周遮蔽的车乘里，并给车乘装上黄色的旗帜，蓝色的车盖，让三百名虎贲士兵守卫，凡是想干的事情，一定要先向苻坚的牌位报告，然后才行动。苻登带领五万军队，东进攻打后秦，将士们全都在头盔铠甲上刻了“死”“休”二字。每逢战斗都用剑矛组成方圆大阵，知道了力量分布不均后，再重新调整，所以人人各自为战，所向无敌。

当初，长安将要失守的时候，中垒将军徐嵩、屯骑校尉胡空各自聚集五千兵众，构筑营垒固守，此后又接受了后秦授予的官职爵位。后秦国主姚苌以王的礼仪把前秦国主苻坚安葬在二垒之间。等到苻登抵达，徐嵩、胡空带领兵众投降了苻登。苻登授予徐嵩雍州刺史，授予胡空京兆尹，按天子的礼仪重新安葬了苻坚。

53 乙酉（十八日），后燕国主慕容垂攻打吴深的营垒，攻了下来，吴深单身匹马逃走，慕容垂进军驻扎在聊城的逢关陂。当初，燕太子洗马温详前来投奔东晋，东晋任命他为济北太守，驻扎东阿。后燕国主慕容垂派范阳王慕容德、高阳王慕容隆攻打他，温详派他的堂弟温攀坚守黄河南岸，派儿子温楷坚守碻磝以抵抗他们。

54 后燕国主慕容垂任命魏王拓跋珪为西单于，封为上谷王。拓跋珪不予接受。

卷第一百七　晋纪二十九

起丁亥(387)尽辛卯(391)凡五年

烈宗孝武皇帝中之下

太元十二年(丁亥,387)

1　春,正月乙巳,以朱序为青、兖二州刺史,代谢玄镇彭城。序求镇淮阴,许之。以玄为会稽内史。

2　丁未,大赦。

3　燕主垂观兵河上,高阳王隆曰:"温详之徒,皆白面儒生,乌合为群,徒恃长河以自固。若大军济河,必望旗震坏,不待战也。"垂从之。戊午,遣镇北将军兰汗、护军将军平幼于碻磝西四十里济河,隆以大众陈于北岸。温攀、温楷果走趣城,平幼追击,大破之。详夜将妻子奔彭城,其众三万馀户皆降于燕。垂以太原王楷为兖州刺史,镇东阿。

初,垂在长安,秦王坚尝与之交手语,冗从仆射光祚言于坚曰:"陛下颇疑慕容垂乎?垂非久为人下者也。"坚以告垂。及秦主丕自邺奔晋阳,祚与黄门侍郎封孚、钜鹿太守封劝皆来奔。劝,奕之子也。垂之再围邺也,秦故臣西河朱肃等各以其众来奔。诏以祚等为河北诸郡太守,皆营于济北、濮阳,羁属温详。详败,俱诣燕军降。垂赦之,抚待如旧。垂见光祚,流涕沾衿,曰:"秦王待我深,吾事之亦尽。但

烈宗孝武皇帝中之下

晋孝武帝太元十二年(丁亥,公元387年)

1　春季,正月乙巳(初八),东晋任命朱序为青、兖二州刺史,代替谢玄镇守彭城。朱序请求改镇淮阴,得到了朝廷的允许。朝廷任命谢玄为会稽内史。

2　丁未(初十),宣布大赦。

3　后燕国主慕容垂在黄河之上阅兵,高阳王慕容隆说:"温详这些人,都是白面儒生,乌合之众,只是依靠长河之险来保护自己。如果大军渡过黄河,他们一定会望旗自溃,不用一战。"慕容垂同意他的话。戊午(二十一日),慕容垂派遣镇北将军兰汗、护军将军平幼率军在碻磝以西四十里的地方渡黄河,慕容隆则把更多的军队部署在河北岸。温攀、温楷等果然向东阿城逃去。平幼跟踪追击,把这支败军打得大败。温详则趁夜携带妻子儿女逃奔彭城,他的部众三万多户都投降了后燕。慕容垂任命太原王慕容楷为兖州刺史,镇守东阿城。

当年,慕容垂在长安的时候,秦王苻坚曾经与他握手交谈,冗从仆射光祚曾对苻坚说:"陛下您很顾虑慕容垂吗?慕容垂可不是一个久居人下的人啊。"苻坚却把光祚这番话告诉了慕容垂。前秦国主苻丕从邺城逃奔晋阳后,光祚和黄门侍郎封孚、钜鹿太守封劝都来投奔。封劝是封奕的儿子。慕容垂再次兵围邺城,前秦老臣西河人朱肃等人都各自率自己的部众来归顺东晋。朝廷下诏任命光祚等人为河北等几个郡的太守,都在济北、濮阳等处驻扎,羁縻从属于温详。温详失败后,他们都向燕军投降。慕容垂赦免了他们,并像过去一样安抚厚待他们。慕容垂看见光祚也在其中,于是痛哭流涕,泪湿衣襟,说:"秦王苻坚待我很好,感情很深,我也尽自己全力为他办事。但是

为二公猜忌，吾惧死而负之，每一念之，中宵不寐。”祚亦悲恸。垂赐祚金帛，祚固辞，垂曰：“卿犹复疑邪？”祚曰：“臣昔者惟知忠于所事，不意陛下至今怀之，臣敢逃其死！”垂曰：“此乃卿之忠，固吾所求也，前言戏之耳。”待之弥厚，以为中常侍。

4 翟辽遣其子钊寇陈、颍，朱序遣将军秦膺击走之。

5 秦主登立妃毛氏为皇后，勃海王懿为太弟。后，兴之女也。遣使拜东海王纂为使持节、都督中外诸军事、太师、领大司马，封鲁王；纂弟师奴为抚军大将军、并州牧，封朔方公。纂怒谓使者曰：“勃海王先帝之子，南安王何以不立而自立乎？”长史王旅谏曰：“南安已立，理无中改。今寇虏未灭，不可宗室之中自为仇敌也。”纂乃受命。于是卢水胡彭沛谷、屠各董成、张龙世、新平羌雷恶地等皆附于纂，有众十馀万。

6 后秦主苌徙秦州豪杰三万户于安定。

7 初，安次人齐涉聚众八千馀家据新栅，降燕，燕主垂拜涉魏郡太守。既而复叛，连张愿，愿自帅万馀人进屯祝阿之瓮口，招翟辽，共应涉。

高阳王隆言于垂曰：“新栅坚固，攻之未易猝拔。若久顿兵于其城下，张愿拥帅流民，西引丁零，为患方深。愿众虽多，然皆新附，未能力斗。因其自至，宜先击之。愿父子恃其骁勇，必不肯避去，可一战擒也。愿破，则涉不能自存矣。”垂从之。

受到苻丕、苻晖二公的猜忌，我因为怕死才背叛了他们。现在每一想起这些，半夜也睡不着觉。”光祚也很悲恸。慕容垂赐给光祚金钱布帛，光祚坚决辞谢不收，慕容垂说：“您现在还怀疑我吗？”光祚说：“我过去只知道忠于我所事奉的主人，想不到陛下您今天还把这事挂在心上，我怎么能逃过死罪啊！”慕容垂说：“这是你的一片忠心，正是我所企求的，刚才那句话不过是玩笑罢了。”从此，慕容垂对待光祚更加优厚，任命他为中常侍。

4　丁零部酋长翟辽派遣他的儿子翟钊进犯东晋的属地陈留、颍川郡，朱序派将军秦膺击退翟钊。

5　前秦国主苻登册立王妃毛氏为皇后，封勃海王苻懿为皇太弟。毛皇后是毛兴的女儿。苻登派遣使节拜封东海王苻纂为使持节、都督中外诸军事、太师、兼大司马，并封为鲁王；任命苻纂的弟弟苻师奴为抚军大将军、并州牧，并封为朔方公。苻纂生气地对使者说：“勃海王苻懿是先帝苻丕的儿子，南安王苻登为什么不拥立他做皇帝，而却自己登上宝座呢？”长史王旅劝他说：“南安王既已做了皇帝，按道理便不能半途改变了。现在贼寇盗匪还没有消灭，皇族宗室之中不能自己先互相成为仇敌。”苻纂才接受了任命。从此，卢水的胡人彭沛谷，屠各人董成、张龙世，新平羌人雷恶地等便都归附于苻纂，苻纂的部众达到十多万人。

6　后秦国主姚苌，把秦州的强族豪门之士三万户迁到安定居住。

7　当初，安次人齐涉聚集当地的民众八千多家占据新栅，归顺后燕，后燕国主慕容垂任命齐涉为魏郡太守。不久，齐涉又反叛后燕，与东晋叛将张愿联合。张愿统率一万多人进驻屯扎在祝阿的瓮口，并联络翟辽，共同呼应齐涉。

高阳王慕容隆对慕容垂报告说：“新栅城池坚固，如果进攻，不容易马上攻破。如果长时间屯兵在那座城下，张愿裹胁率领他的流民部众，又从西方引来丁零部落的翟辽，可能会给我们造成深重的祸患。张愿的兵虽然多，但都是新近才归附的，不能替张愿奋力死战。应该趁他自己找上门来，先对他发动攻击。张愿父子依仗他们自己骁勇善战，一定不肯躲避而走，因此可以在一次战斗之中把他们擒住。张愿被击败，齐涉就不能独自存在。”慕容垂接受了他的建议。

二月，遣范阳王德、陈留王绍、龙骧将军张崇帅步骑二万会隆击愿。军至斗城，去瓮口二十馀里，解鞍顿息。愿引兵奄至，燕人惊遽，德兵退走，隆勒兵不动。愿子龟出冲陈，隆遣左右王末逆击，斩之。隆徐进战，愿兵乃退。德行里馀，复整兵，还与隆合，谓隆曰："贼气方锐，宜且缓之。"隆曰："愿乘人不备，宜得大捷。而吾士卒皆以悬隔河津，势迫之故，人思自战，故能却之。今贼不得利，气竭势衰，皆有进退之志，不能齐奋，宜亟击之。"德曰："吾唯卿所为耳。"遂进，战于瓮口，大破之，斩首七千八百级。愿脱身保三布口。燕人进军历城，青、兖、徐州郡县壁垒多降。垂以陈留王绍为青州刺史，镇历城。德等还师，新栅人冬鸾执涉送之。垂诛涉父子，馀悉原之。

8　三月，秦主登以窦冲为南秦州牧，杨定为益州牧，杨壁为司空、梁州牧，乞伏国仁为大将军、大单于、苑川王。

9　燕上谷人王敏杀太守封戢，代郡人许谦逐太守贾闰，各以郡附刘显。

10　燕乐浪王温为尚书右仆射。

11　夏，四月戊辰，尊帝母李氏为皇太妃，仪服如太后。

12　后秦征西将军姚硕德为杨定所逼，退守泾阳。定与秦鲁王纂共攻之，战于泾阳，硕德大败。后秦主苌自阴密救之，纂退屯敷陆。

二月，慕容垂派范阳王慕容德、陈留王慕容绍、龙骧将军张崇等统领步、骑兵两万人，会合慕容隆一起攻击张愿。大军抵达斗城，距瓮口二十馀里，下马解鞍，暂时休整。而张愿带兵突然袭击，后燕兵马惊慌失措，慕容德的部队撤退而走，慕容隆则压住阵脚不动。张愿的儿子张龟出马冲掠慕容隆的兵阵，慕容隆派身边将领王末迎上前去厮杀，杀了张龟。慕容隆慢慢挥军掩杀，张愿的军队才撤了回去。慕容德奔逃一里多远，重新整顿兵马，回来与慕容隆会合，对慕容隆说："贼寇的气势正盛，我们应该暂时缓进。"慕容隆说："张愿趁我们不加防备的时候，进行突然进攻，才能取得大胜。而我们的将士都因为被隔在黄河渡口的南岸，迫于形势，每个人都想到只有死战，所以才能把敌兵击退。现在敌兵没有得到便宜，士气衰竭，声势败微，进退战守都有各自的打算，因此不能齐心奋战，应该迅速去攻击他们。"慕容德说："我完全听你的指挥。"于是开始进攻，在瓮口与敌兵会战，大破张愿的部队，杀死七千八百多人。张愿逃脱，退保三布口。后燕军队开进历城，青州、兖州、徐州等郡县与一些民堡，大多数投降。慕容垂任命陈留王慕容绍为青州刺史，镇守历城，慕容德等班师回朝。新栅人冬鸾抓住齐涉，押送到后燕。慕容垂下诏诛斩齐涉父子，其他的人都赦免。

8　三月，前秦国主苻登任命窦冲为南秦州牧，杨定为益州牧，杨壁为司空、梁州牧，封乞伏国仁为大将军、大单于、苑川王。

9　后燕上谷郡人王敏袭杀了太守封戢，代郡人许谦驱逐了太守贾闰，各自举郡城归顺匈奴部落的刘显。

10　后燕乐浪王慕容温被任为尚书右仆射。

11　夏季，四月戊辰（初三），孝武帝司马曜尊封他的母亲李氏为皇太妃，仪礼服饰如同皇太后。

12　后秦征西将军姚硕德由于受到前秦益州牧杨定的逼迫，撤退到泾阳据守。杨定与前秦鲁王苻纂一起攻击姚硕德，在泾阳决战，姚硕德大败。后秦国主姚苌从阴密赶来援救，苻纂只好退到敷陆屯守。

13 燕主垂自碻磝还中山，慕容柔、慕容盛、慕容会来自长子。庚子，垂为之大赦。垂问盛："长子人情如何，为可取乎？"盛曰："西军扰扰，人有东归之志，陛下唯当修仁政以俟之耳。若大军一临，必投戈而来，若孝子之归慈父也。"垂悦。癸未，封柔为阳平王，盛为长乐公，会为清河公。

14 高平人翟畅执太守徐含远，以郡降翟辽。燕主垂谓诸将曰："辽以一城之众，反覆三国之间，不可不讨。"五月，以章武王宙监中外诸军事，辅太子宝守中山。垂自帅诸将南攻辽，以太原王楷为前锋都督。辽众皆燕、赵之人，闻楷至，皆曰："太原王子，吾之父母也！"相帅归之。辽惧，遣使请降。垂以辽为徐州牧，封河南公，前至黎阳，受降而还。

井陉人贾鲍，招引北山丁零翟遥等五千馀人，夜袭中山，陷其外郭。章武王宙以奇兵出其外，太子宝鼓噪于内，合击，大破之，尽俘其众，唯遥、鲍单马走免。

15 刘显地广兵强，雄于北方。会其兄弟乖争，魏长史张衮言于魏王珪曰："显志在并吞，今不乘其内溃而取之，必为后患。然吾不能独克，请与燕共攻之。"珪从之，复遣安同乞师于燕。

13　后燕国主慕容垂从碻磝回到中山，慕容柔、慕容盛、慕容会也从长子县赶回。庚子，慕容垂因为他们重新回到都城，下令大赦。慕容垂问慕容盛说："长子那个地方人们的心情怎么样，可以争取吗？"慕容盛说："西方常有军事骚扰，因此，人们都有归顺东部的意思，陛下您只应当施行仁政、耐心等待时机罢了。如果大军一旦逼临，他们一定会拿着武器前来归顺，就像孝顺的儿子归附仁慈的父亲那样。"慕容垂大喜。癸未（十八日），慕容垂封慕容柔为阳平王，慕容盛为长乐公，慕容会为清河公。

14　高平人翟畅抓住了太守徐含远，并率全郡投降了翟辽。后燕国主慕容垂对各位将领说："翟辽只不过凭借着一个城池的部众，却在三个国家之间反复归叛，不能不去讨伐。"五月，慕容垂命令章武王慕容宙为监中外诸军事，辅佐太子慕容宝镇守都城中山。慕容垂则亲自统率各位将领向南进攻翟辽，任命太原王慕容楷为前锋都督。翟辽的部众都是燕赵一带的人，听说慕容楷率军到了，都说："太原王的儿子，是我们的父母！"于是都互相带领着归顺慕容楷。翟辽恐惧异常，派遣使节到后燕军中请求投降。慕容垂任命翟辽为徐州牧，并封为河南公，并往黎阳地方，办理受降后，班师回朝。

井陉人贾鲍，招引来北山丁零部落翟遥等五千多人，趁黑夜偷袭后燕都城中山，攻陷了中山的外城。章武王慕容宙派遣一支奇兵在外边攻击，太子慕容宝在城内擂鼓呐喊呼应，内外合击，把丁零部打得大败，全部俘虏敌军，只有翟遥、贾鲍二人单骑逃走幸免。

15　匈奴都首领刘显属地广大、兵马强壮，在北方称雄。正巧遇到兄弟之间发生权力争斗，北魏长史张衮便对魏王拓跋珪说："刘显这个人的志向就是要吞并我们，现在如果不趁他们内部崩溃而消灭他们，一定会成为我们的后患。但是我们又没有能力自己战胜他们，不妨请燕国和我们一起进攻他。"拓跋珪听从了他的话，又派安同去燕国请求出兵。

16 诏征会稽处士戴逵，逵累辞不就。郡县敦逼不已，逵逃匿于吴。谢玄上疏曰："逵自求其志，今王命未回，将罹风霜之患。陛下既已爱而器之，亦宜使其身名并存，请绝召命。"帝许之。逵，逯之兄也。

17 秦主登以其兄同成为司徒、守尚书令，封颍川王；弟广为中书监，封安成王；子崇为尚书左仆射，封东平王。

18 燕主垂自黎阳还中山。

19 吴深杀燕清河太守丁国，章武人王祖杀太守白钦，勃海人张申据高城以叛，燕主垂命乐浪王温讨之。

20 苑川王国仁帅骑三万袭鲜卑大人密贵、裕苟、提伦三部于六泉。秋，七月，与没弈干、金熙战于渴浑川，没弈干、金熙大败，三部皆降。

21 秦主登军于瓦亭，后秦主苌攻彭沛谷堡，拔之，谷奔杏城。苌还阴密，以太子兴镇长安。

22 燕赵王麟讨王敏于上谷，斩之。

23 刘卫辰献马于燕，刘显掠之。燕主垂怒，遣太原王楷将兵助赵王麟击显，大破之。显奔马邑西山。魏王珪引兵会麟击显于弥泽，又破之。显奔西燕，麟悉收其部众，获马牛羊以千万数。

24 吕光将彭晃、徐炅攻张大豫于临洮，破之。大豫奔广武，王穆奔建康。八月，广武人执大豫送姑臧，斩之。穆袭据酒泉，自称大将军、凉州牧。

16　孝武帝下诏征召会稽郡的隐士戴逵，戴逵几次推辞不肯接受。郡里县里的人敦促逼迫不停，戴逵无奈，只好逃到吴郡去藏了起来。谢玄上奏章说："戴逵自己追求他那隐居的志向，现在您下的征召他的命令没有收回，将要使他承受在外流浪的风霜之苦。陛下您既然已经爱惜他又器重他，就应该使他的身体与声名一同存在，请您收回征召他的命令。"孝武帝答应了他的请求。戴逵是戴逯的哥哥。

17　前秦国主苻登任命他的哥哥苻同成为司徒、守尚书令，封颍川王；任命他的弟弟苻广为中书监，封为安成王；任命他的儿子苻崇为尚书左仆射，封为东平王。

18　后燕国主慕容垂从黎阳回到中山。

19　后燕叛将吴深杀了燕清河太守丁国，章武人王祖杀了太守白钦，勃海人张申占据高城反叛，慕容垂命令乐浪王慕容温发兵去讨伐他们。

20　西秦苑川王乞伏国仁统领骑兵三万人袭击鲜卑部落的首领密贵、裕苟、提伦等三部所据守的六泉。秋天，七月，乞伏国仁与前秦安定都尉没弈干、金熙，在渴浑川展开大战，没弈干、金熙大败，鲜卑三个部落也都归降了西秦。

21　前秦国主苻登在瓦亭集结军队，后秦国主姚苌进攻卢胡人彭沛谷的堡垒，攻破后，彭沛谷逃奔杏城。姚苌则还兵阴密，派太子姚兴镇守长安。

22　后燕赵王慕容麟发兵去上谷讨伐变民首领王敏，并杀了他。

23　朔方部落首领刘卫辰向后燕进献马匹，被刘显抢走。后燕国主慕容垂勃然大怒，派遣太原王慕容楷率领兵马协助赵王慕容麟进攻刘显，把刘显打得大败。刘显逃奔到马邑的西部山区。北魏国主拓跋珪又带领兵马与慕容麟一起在弥泽攻击刘显，再一次打败了他。刘显走投无路，投奔西燕。慕容麟接收了刘显残留下来的全部兵马，缴获马、牛、羊等战利品成千上万。

24　后凉吕光带领彭晃、徐炅在临洮进攻独立作战的张大豫，大破张大豫军。张大豫逃奔广武，长史王穆逃奔建康。八月，广武人擒获张大豫押送到姑臧之后斩首。王穆则攻袭占据了酒泉，自称为大将军、凉州牧。

25　辛巳，立皇子德宗为太子，大赦。

26　燕主垂立刘显弟可泥为乌桓王，以抚其众，徙八千馀落于中山。

27　秦冯翊太守兰椟帅众二万自频阳入和宁，与鲁王纂谋攻长安。纂弟师奴劝纂称尊号，纂不从。师奴杀纂而代之，椟遂与师奴绝。西燕主永攻椟，椟请救于后秦，后秦主苌欲自救之。尚书令姚旻、左仆射尹纬曰："苻登近在瓦亭，将乘虚袭吾后。"苌曰："苻登众盛，非旦夕可制。登迟重少决，必不能轻军深入。比两月间，吾必破贼而返，登虽至，无能为也。"九月，苌军于泥源。师奴逆战，大败，亡奔鲜卑。后秦尽收其众，屠各董成等皆降。

28　秦主登进据胡空堡，戎、夏归之十馀万。

29　冬，十月，翟辽复叛燕，遣兵与王祖、张申寇抄清河、平原。

30　后秦主苌进击西燕王永于河西，永走。兰椟复列兵拒守，苌攻之。十二月，禽椟，遂如杏城。

31　后秦姚方成攻秦雍州刺史徐嵩垒，拔之，执嵩而数之。嵩骂曰："汝姚苌罪当万死，苻黄眉欲斩之，先帝止之。授任内外，荣宠极矣。曾不如犬马识所养之恩，亲为大逆。汝羌辈岂可以人理期也，何不速杀我！"方成怒，三斩嵩，悉坑其士卒，以妻子赏军。后秦主苌掘秦主坚尸，鞭挞无数，剥衣倮形，荐之以棘，坎土而埋之。

25 辛巳（十八日），立皇子司马德宗为太子，宣布大赦。

26 后燕国主慕容垂封立刘显的弟弟刘可泥为乌桓王，来安抚他的部众，把八千多帐落的人迁到中山。

27 前秦冯翊太守兰椟率领军队两万人，从频阳到和宁驻扎，跟鲁王苻纂谋划攻取长安。苻纂的弟弟苻师奴劝苻纂登极称尊当皇帝，苻纂没有听从。苻师奴杀了苻纂，取代了他的权位，兰椟于是与苻师奴断绝了来往。西燕国主慕容永进攻兰椟，兰椟派人到后秦求救，后秦国主姚苌想要亲自带兵去救兰椟。尚书令姚旻、左仆射尹纬对姚苌说："苻登大军就屯聚在离我们最近的瓦亭，势将乘虚袭击我们的背后。"姚苌说："苻登的军队虽然强大，不是一两天内就可以到达的。苻登为人反应迟钝滞重而缺乏决断力，一定不会派轻装的军队深入袭击我们。差不多两个月之内，我一定会打败贼兵慕容永而返回，那时虽然苻登兵到，也已没有什么可作为了。"九月，姚苌率兵来到泥源。苻师奴迎战，被打得大败，逃命到鲜卑。后秦收编了他的部众，屠各人董成等也都投降。

28 前秦国主苻登进兵据守胡空堡，戎族人与汉人前来归附的有十多万人。

29 冬季，十月，翟辽又一次反叛后燕，派兵与王祖、张申的军队配合，在清河、平原一带烧杀抢劫。

30 后秦国主姚苌率兵挺进，在河西一带袭击西燕国主慕容永的部队，慕容永撤退。兰椟又排开兵阵拒守，姚苌又来攻击他。十二月，姚苌生擒兰椟，于是进入杏城。

31 后秦将领姚方成进攻前秦雍州刺史徐嵩的寨垒，攻克后抓住徐嵩，历数他的罪恶。徐嵩大骂说："你们姚苌才是罪该万死，当初苻黄眉打算杀了他，幸亏先帝苻坚阻止，救了他一命，还任命他担任朝廷和地方的重要官职，荣耀宠爱都达到极点。可是姚苌却不如犬马那般知道被主人养育的恩德，亲自下毒手，做出大逆不道的事。你们这些羌人小辈怎么可以用做人道理来要求呢？为什么不快来杀我！"姚方成恼羞成怒，分三次斩杀徐嵩，把徐嵩的士卒全部推到坑里活埋，又把这些士卒的妻子儿女赏给自己的军卒。后秦国主姚苌把他的恩主、前秦国主苻坚的尸首挖出来，用皮鞭抽打不计其数，并且剥掉了他的衣服，露出尸体，用荆棘再包起来，挖了一个坑埋了起来。

32　凉州大饥，米斗直钱五百，人相食，死者太半。

33　吕光西平太守康宁自称匈奴王，杀湟河太守强禧以叛。张掖太守彭晃亦叛，东结康宁，西通王穆。光欲自击晃，诸将皆曰："今康宁在南，伺衅而动，若晃、穆未诛，康宁复至，进退狼狈，势必大危。"光曰："实如卿言。然我今不往，是坐待其来也。若三寇连兵，东西交至，则城外皆非吾有，大事去矣。今晃初叛，与宁、穆情契未密，出其仓猝，取之差易耳。"乃自帅骑三万，倍道兼行，既至，攻之二旬，拔其城，诛晃。

初，王穆起兵，遣使招敦煌处士郭瑀，瑀叹曰："今民将左衽，吾忍不救之邪！"乃与同郡索嘏起兵应穆，运粟三万石以饷之。穆以瑀为太府左长史、军师将军，嘏为敦煌太守。既而穆听谗言，引兵攻嘏，瑀谏不听，出城大哭，举手谢城曰："吾不复见汝矣！"还而引被覆面，不与人言，不食而卒。吕光闻之曰："二虏相攻，此成禽也，不可以惮屡战之劳而失永逸之机也。"遂帅步骑二万攻酒泉，克之。进屯凉兴，穆引兵东还，未至，众溃，穆单骑走，骍马令郭文斩其首送之。

32　凉州发生了严重饥荒，普通的谷米每斗竟然值五百钱。人们饥饿难忍，出现了人吃人的事。死亡的人超过总人口的一半。

33　吕光的西原太守康宁，自称为匈奴王，刺杀了湟河太守强禧后叛变。张掖太守彭晃也相继反叛，向东结交康宁，向西通好王穆。吕光想亲自带兵去袭击彭晃，各位将领都说："现在康宁在南方，等待着机会动手，如果彭晃、王穆还没有被诛，康宁又带兵杀到，我们就会进退两难，处境狼狈，局势一定会非常危险。"吕光说："确实像你们所说的那样。但是我们现在如果不去打败他们，就是坐在这里等待他们来打我们。如果这三支匪寇联合起来，东西夹攻我们，城外就都不会属于我们所有了，大事也就无法挽救了。现在彭晃刚刚叛变，与康宁、王穆在感情联络上还不亲密，我们采取出乎他们意料的进攻，使他们仓猝不能应战，战胜他们就比较容易了。"于是他亲自率领骑兵三万人，以比平时快几倍的速度急行军，到达张掖后猛烈进攻二十天左右，攻破城池，杀了彭晃。

当初，王穆聚众起兵时，曾经派使节征召敦煌的隐士郭瑀，郭瑀叹息说："现在黎民就要像戎人那样穿左边开襟的衣服了，我怎么能忍心不去拯救他们呢！"于是他与同郡人索嘏一起拉起队伍响应王穆，并给王穆运送去三万石粮食用来款待他的部队。王穆任命郭瑀为太府左长史、军师将军，任命索嘏为敦煌太守。不久王穆便听信谗言，率领部队去进攻索嘏。郭瑀尽力劝阻，王穆不听，郭瑀只好辞职离城，挥泪大哭，并举起手来向城谢罪说："我恐怕不会再看见你了！"回到家后，郭瑀拉开被子盖住自己的脸面，不跟别人说一句话，绝食而死。吕光听到这个消息之后说："两个匪寇自己互相攻击，这就像禽畜一样非被活捉不可，我们万万不可因为害怕不断战斗的劳苦而失去一劳永逸的良机。"于是，他亲自统率步、骑兵两万人进攻酒泉，攻克后，又进军在凉兴集结。王穆见势只好带着自己的部队向东撤退，还没有跑回自己的老巢，部众便溃不成军。王穆只身单骑逃走，骍马县令郭文砍下他的首级送给了吕光。

十三年(戊子,388)

1　春,正月,康乐献武公谢玄卒。

2　二月,秦主登军朝那,后秦主苌军武都。

3　翟辽遣司马眭琼诣燕谢罪。燕主垂以其数反覆,斩琼以绝之。辽乃自称魏天王,改元建光,置百官。

4　燕青州刺史陈留王绍为平原太守辟闾浑所逼,退屯黄巾固。燕主垂更以绍为徐州刺史。浑,蔚之子也,因苻氏乱,据齐地来降。

5　三月乙亥,燕主垂以太子宝录尚书事,授之以政,自总大纲而已。

6　燕赵王麟击许谦,破之,谦奔西燕。遂废代郡,悉徙其民于龙城。

7　吕光之定凉州也,杜进功居多,光以为武威太守,贵宠用事,群僚莫及。光甥石聪自关中来,光问之曰:“中州人言我为政何如?”聪曰:“但闻有杜进耳,不闻有舅。”光由是忌进而杀之。

光与群寮宴,语及政事,参军京兆段业曰:“明公用法太峻。”光曰:“吴起无恩而楚强,商鞅严刑而秦兴。”业曰:“起丧其身,鞅亡其家,皆残酷之致也。明公方开建大业,景行尧、舜,犹惧不济,乃慕起、鞅之为治,岂此州士女所望哉!”光改容谢之。

8　夏,四月戊午,以朱序为都督司雍梁秦四州诸军事、雍州刺史,戍洛阳。以谯王恬代序为都督兖冀幽并诸军事、青兖二州刺史。

晋孝武帝太元十三年(戊子,公元388年)

1　春季,正月,东晋会稽郡太守、康乐献武公谢玄去世。

2　二月,前秦国主苻登驻军朝那,后秦国主姚苌驻军武都。

3　翟辽派遣司马眭琼,前往后燕道歉,请求原谅。后燕国主慕容垂因为他几次反复,便斩了眭琼,拒绝他的请求。翟辽于是自称为魏天王,改年号为建光,设立文武百官。

4　后燕青州刺史陈留王慕容绍受到东晋平原太守辟闾浑的逼迫,退兵到黄巾固驻扎。后燕国主慕容垂调任慕容绍为徐州刺史。辟闾浑是辟闾蔚的儿子,因为苻氏内部混乱,趁机占据故齐国的地域投降东晋。

5　三月乙亥(十五日),后燕国主慕容垂命太子慕容宝任录尚书事,把政事交付给他,自己不过在总体上把握而已。

6　后燕赵王慕容麟攻击许谦,把他们打得大败,许谦逃奔西燕。后燕于是取消了代郡,把这里的居民统统迁到龙城。

7　后凉吕光当初平定凉州的时候,杜进所立的功劳最多,吕光任命他为武威太守,他尊贵专宠,掌握大权,是其他同僚赶不上的。吕光的外甥石聪从关中地方前来,吕光问他说:"中州那里的人说我治理朝政怎么样?"石聪说:"只听说有一个杜进罢了,没听说有舅舅。"吕光因此忌恨杜进而借故把他杀了。

吕光跟一些幕僚聚餐,谈到朝政方面的事,参军京兆人段业说:"明公您施用刑法太严峻了。"吕光说:"吴起当年刻薄寡恩,但楚国因此强大,商鞅当年刑律森严,但秦国因此振兴。"段业说:"吴起被杀,商鞅全家遭到屠戮,都是因为他们残酷到了极点。明公您才刚刚开始创建大业,效法学习尧、舜还恐怕不能成功,竟然去仰慕吴起、商鞅那样的治理方法,这难道是本州的百姓所期望的吗!"吕光肃然变色,感谢段业的这番忠告。

8　夏季,四月戊午(二十九日),东晋任命朱序为都督司、雍、梁、秦四州诸军事,兼雍州刺史,戍守洛阳。任命谯王司马恬代替朱序为都督兖、冀、幽、并等州诸军事,兼青、兖二州刺史。

9　苑川王国仁破鲜卑越质叱黎于平襄，获其子诘归。

10　丁亥，燕主垂立夫人段氏为皇后，以太子宝领大单于。段氏，右光禄大夫仪之女，其妹适范阳王德。仪，宝之舅也。追谥前妃段氏为成昭皇后。

11　五月，秦太弟懿卒，谥曰献哀。

12　翟辽徙屯滑台。

13　六月，苑川王乞伏国仁卒，谥曰宣烈，庙号烈祖。其子公府尚幼，群下推国仁弟乾归为大都督、大将军、大单于、河南王，大赦，改元太初。

14　魏王珪破库莫奚于弱落水南，秋，七月，库莫奚复袭魏营，珪又破之。库莫奚者，本属宇文部，与契丹同类而异种，其先皆为燕王皝所破，徙居松漠之间。

15　秦、后秦自春相持，屡战，互有胜负，至是各解归。关西豪桀以后秦久无成功，多去而附秦。

16　河南王乾归立其妻边氏为王后。置百官，仿汉制，以南川侯出连乞都为丞相，梁州刺史悌眷为御史大夫，金城边芮为左长史，东秦州刺史祕宜为右长史，武始翟勍为左司马，略阳王松寿为主簿，从弟轲弹为梁州牧，弟益州为秦州牧，屈眷为河州牧。

17　八月，秦主登立子崇为皇太子，弁为南安王，尚为北海王。

18　燕护军将军平幼会章武王宙讨吴深，破之，深走保绎幕。

9　西秦苑川王乞伏国仁在平襄击败鲜卑越质叱黎，俘获他的儿子越质诘归。

10　丁亥，后燕国主慕容垂册立他的夫人段氏为皇后，命太子慕容宝接替大单于的职位。段氏是右光禄大夫段仪的女儿，她的妹妹嫁给了范阳王慕容德。段仪是慕容宝的舅舅。慕容垂追尊以前的妃子段氏为成昭皇后。

11　五月，前秦皇太弟苻懿去世，谥号为献哀。

12　翟辽迁往滑台驻扎。

13　六月，西秦苑川王乞伏国仁去世，谥号宣烈，庙号为烈祖。他的儿子乞伏公府还很幼小，因此，属下百官拥推乞伏国仁的弟弟乞伏乾归为大都督、大将军、大单于、河南王，并下令大赦，改年号为太初。

14　魏王拓跋珪在弱落水的南岸将库莫奚打得大败。秋天，七月，库莫奚又来袭击魏营，拓跋珪再次打败了他。库莫奚这个人，本来属于宇文部落，跟契丹同是一个民族但不是一个支派，他们的祖先都曾被前燕王慕容皝打败，迁移到松漠一带居住。

15　前秦与后秦从春天开始相持不下，交战了好几次，互有胜败，这时各自罢兵返回。关西的一些英雄豪杰因为后秦兴起这么久而仍不能成功，有很多便离去而归附了前秦。

16　西秦河南王乞伏乾归册立他的妻子边氏为王后。设置文武百官，摹仿汉代的制度，任命南川侯出连乞都为丞相，梁州刺史悌眷为御史大夫，金城人边芮为左长史，东秦州刺史秘宜为右长史，武始人翟勍为左司马，略阳人王松寿为主簿，任命他的堂弟乞伏轲弹为梁州牧，他的弟弟乞伏益州为秦州牧，乞伏屈眷为河州牧。

17　八月，前秦国主苻登立自己的儿子苻崇为皇太子，苻弁为南安王，苻尚为北海王。

18　后燕护军将军平幼会同章武王慕容宙一起讨伐并打败吴深，吴深逃到绎幕固守。

19　魏王珪阴有图燕之志，遣九原公仪奉使至中山，燕主垂诘之曰："魏王何以不自来？"仪曰："先王与燕并事晋室，世为兄弟，臣今奉使，于理未失。"垂曰："吾今威加四海，岂得以昔日为比！"仪曰："燕若不修德礼，欲以兵威自强，此乃将帅之事，非使臣所知也。"仪还，言于珪曰："燕主衰老，太子暗弱，范阳王自负材气，非少主臣也。燕主既没，内难必作，于时乃可图也。今则未可。"珪善之。仪，珪母弟翰之子也。

20　九月，河南王乾归迁都金城。

21　张申攻广平，王祖攻乐陵。壬午，燕高阳王隆将兵讨之。

22　冬，十月，后秦主苌还安定。秦主登就食新平，帅众万馀围苌营，四面大哭，苌命营中哭以应之，登乃退。

23　十二月庚子，尚书令南康襄公谢石卒。

24　燕太原王楷、赵王麟将兵会高阳王隆于合口，以击张申。王祖帅诸垒共救之，夜犯燕军，燕人逆击，走之。隆欲追之，楷、麟曰："王祖老贼，或恐诈而设伏，不如俟明。"隆曰："此白地群盗，乌合而来，徼幸一决，非素有约束，能壹其进退也。今失利而去，众莫为用，乘势追之，不过数里，可尽擒也。申之所恃，唯在于祖，祖破，则申降矣。"乃留楷、麟守申垒，隆与平幼分道击之，比明，大获而还，悬所获之首以示申。甲寅，申出降，祖亦归罪。

19　魏王拓跋珪暗中有图谋后燕的野心，派遣九原公拓跋仪担任使者来到后燕都城中山，后燕国主慕容垂盘问他说："魏王为什么不自己来？"拓跋仪说："我们的先王与燕国的祖先曾经一起为晋朝的帝室做事，世世代代情同兄弟。我今天奉使前来，在情理上没有失误。"慕容垂说："今天我的威望，已经传播影响到四面八方去了，怎么能够与过去相比呢！"拓跋仪说："后燕如果不遵守道德，不循奉礼仪，而只打算依靠军事威力使自己强大，那只是将帅们的事情，不是我这个做使臣的人所知道了。"拓跋仪回国后，对拓跋珪说："后燕国主慕容垂已经年老体衰，太子慕容宝又庸碌懦弱，没有能力，范阳王慕容德对自己的才干气质非常自负，绝不是将来少主的臣下。慕容垂一旦死去，内部一定会发生争斗，到那个时候才可以图谋他们。现在却还不行。"拓跋珪对他的看法大为称赞。拓跋仪是拓跋珪叔父拓跋翰的儿子。

20　九月，西秦河南王乞伏乾归把都城迁到金城。

21　后燕张申率领部众进攻广原，王祖率兵进攻乐陵。壬午（二十五日），后燕高阳王慕容隆率兵讨伐他们。

22　冬季，十月，后秦国主姚苌返回安定。前秦国主苻登前往新平谋取军粮，率领一万多兵众围住姚苌的军营，在四面放声大哭。姚苌也命令军营中的士卒用哭来回应他们，苻登的军队才退去。

23　十二月庚子（十五日），东晋尚书令、南康襄公谢石去世。

24　后燕太原王慕容楷、赵王慕容麟，率领兵马在合口与高阳王慕容隆会合，来攻击张申。王祖率领各个堡垒的兵卒一起赶来救张申，趁夜袭击后燕军营，后燕部队迎战，王祖败走。慕容隆想要追击，慕容楷、慕容麟说："王祖那个老贼，恐怕他假败却在外设下伏兵，不如等到明天天亮再说。"慕容隆说："他们不过是一群穷土地上的盗匪，像乌鸦一样集合在一起而来，只希望偶然的机会一战而胜，不是训练有素能够统一步调进退的。现在他们没有捞到好处而退走，部众已不能再接受指挥。如果现在趁势追击，不超过几里路，就可以全部抓获。张申所依仗的，也只有王祖，王祖被打败，那么张申就得投降了。"于是留下慕容楷、慕容麟围守张申的堡垒，慕容隆与平幼分两路带人追击王祖。等到天亮，他们获得大胜回来，把所砍下的王祖兵士的脑袋悬挂起来向张申等部众展示。甲寅（二十九日），张申出城投降，王祖也回来投降请罪。

25　秦以颍川王同成为太尉。

十四年(己丑,389)

1　春,正月,燕以阳平王柔镇襄国。

辽西王农在龙城五年,庶务修举,乃上表曰:"臣顷因征即镇,所统将士安逸积年,青、徐、荆、雍遗寇尚繁,愿时代还,展竭微效,生无馀力,没无遗恨,臣之志也!"庚申,燕主垂召农为侍中、司隶校尉。以高阳王隆为都督幽平二州诸军事、征北大将军、幽州牧。建留台于龙城,以隆录留台尚书事。又以护军将军平幼为征北长史,散骑常侍封孚为司马,并兼留台尚书。隆因农旧规,修而广之,辽、碣遂安。

2　后秦主苌以秦战屡胜,谓得秦王坚之神助,亦于军中立坚像而祷之曰:"臣兄襄敕臣复雠,新平之祸,臣行襄之命,非臣罪也。苻登,陛下疏属,犹欲复雠,况臣敢忘其兄乎!且陛下命臣以龙骧建业,臣敢违之!今为陛下立像,陛下勿追计臣过也。"秦主登升楼,遥谓苌曰:"为臣弑君,而立像求福,庸有益乎!"因大呼曰:"弑君贼姚苌何不自出!吾与汝决之!"苌不应。久之,以战未有利,军中每夜数惊,乃斩像首以送秦。

25　前秦任命颍川王苻同成为太尉。

晋孝武帝太元十四年(己丑,公元389年)

1　春季,正月,后燕命令阳平王慕容柔镇守襄国。

辽西王慕容农驻守龙城五年,繁琐庞杂的日常事务处理得得法精当,于是上奏章说:“我当年因为征讨敌军,就顺便镇守在这里,我所统领的将帅士卒已经过了几年安定闲适的生活,然而青州、徐州、荆州、雍州等地遗留的匪寇还很多,我希望能够早日派人来接替我的职务,让我回去,尽量施展我微弱的能力来报效国家,使我在活着的时候不遗留未使出之力,死后也没有什么遗憾,这就是我的愿望!”庚申(初五),后燕国主慕容垂召回慕容农,任命为侍中、司隶校尉,又任命高阳王慕容隆为都督幽、平二州诸军事,征北大将军和幽州牧。在龙城建立留台,任命慕容隆为录留台尚书事。又任命护军将军平幼为征北长史,散骑常侍封孚为司马,并兼任龙城留台尚书。慕容隆遵循、保留了慕容农的旧的规章制度,加以修订扩充,于是,辽水、碣石一带更加安定。

2　后秦国主姚苌因为前秦军队屡次获胜,以为那是得到了前秦国主苻坚的神灵帮助的结果,因此也在军营中竖立苻坚的神像,并且向他祷告说:“我的哥哥姚襄临死时嘱咐我为他报仇,那次在新平城缢死您的祸事,就是我在执行哥哥姚襄的遗命,不是我的罪过呀。苻登,不过是陛下您的比较疏远的亲属,还想着为您复仇,何况我是弟弟,怎么敢忘掉哥哥的大仇呢?况且陛下您又命令我以龙骧将军的身份建立大业,我又怎敢违背您的教诲?今天我为陛下您立这尊神像,希望陛下不要再追究计较臣下我的过错。”前秦国主苻登爬上军营中的指挥楼,从远处告诉姚苌说:“作为臣子而杀害了自己的君主,却又立像求福,能有什么好处呢!”因此,他又大声呼喊说:“杀害了自己君主的奸贼姚苌为什么不自己出来!我和你决一死战!”姚苌不答应。可是,时间一长,因为在交战时并没有得到什么好处,而他自己在军营中每夜都要受几次惊吓,所以,姚苌才把神像的头斩了下来送给了前秦。

3 秦主登以河南王乾归为大将军、大单于、金城王。

4 甲寅，魏王珪袭高车，破之。

5 二月，吕光自称三河王，大赦，改元麟嘉，置百官。光妻石氏、子绍、弟德世自仇池来至姑臧，光立石氏为妃，绍为世子。

6 癸巳，魏王珪击吐突邻部于女水，大破之，尽徙其部落而还。

7 秦主登留辎重于大界，自将轻骑万馀攻安定羌密造保，克之。

8 夏，四月，翟辽寇荥阳，执太守张卓。

9 燕以长乐公盛镇蓟城，修缮旧宫。

五月，清河民孔金斩吴深，送首中山。

10 金城王乾归击侯年部，大破之。于是秦、凉、鲜卑、羌、胡多附乾归，乾归悉授以官爵。

11 后秦主苌与秦主登战数败，乃遣中军将军姚崇袭大界。登邀击之于安丘，又败之。

12 燕范阳王德、赵王麟击贺讷，追奔至勿根山，讷穷迫请降，徙之上谷，质其弟染干于中山。

13 秋，七月，以骠骑长史王忱为荆州刺史、都督荆益宁三州诸军。忱，国宝之弟也。

14 秦主登攻后秦右将军吴忠等于平凉，克之。八月，登据苟头原以逼安定。诸将劝后秦主苌决战，苌曰："与穷寇竞胜，兵家之忌也。吾将以计取之。"乃留尚书令姚旻守安定，夜，帅骑三万袭秦辎重于大界，克之，杀毛后及南安王尚，擒名将数十人，驱掠男女五万馀口而还。毛氏美

3　前秦国主苻登任命河南王乞伏乾归为大将军、大单于，封为金城王。

4　甲寅，魏王拓跋珪袭击位于北方的高车部落，大破高车军。

5　二月，后凉吕光自称为三河王，实行大赦，改年号为麟嘉，设置文武百官。吕光的妻子石氏、儿子吕绍、弟弟吕德世从仇池来到姑臧。吕光册立石氏为王妃，吕绍为世子。

6　癸巳（初九），魏王拓跋珪在女水攻击吐突邻部，把他们打得大败，又将这个部落全部迁走，才班师回朝。

7　秦国主苻登把部队的一些需要搬运的笨重物资留在大界，亲自率领一支一万多人的轻装骑兵部队进攻据守安定的羌族密造保，并攻克了这个地方。

8　夏季，四月，翟辽侵犯荥阳，抓住了荥阳太守张卓。

9　后燕派遣长乐公慕容盛镇守蓟城，修理整顿旧有宫殿。

五月，清河人孔金杀死了后燕的叛官吴深，并把他的首级送到了后燕的都城中山。

10　西秦金城王乞伏乾归袭击侯年部落，并把侯年部落打得大败。从此秦州、凉州的百姓以及鲜卑人、羌人、匈奴人等大多数都归附了乞伏乾归，乞伏乾归对他们中的头目都加官封爵。

11　后秦国主姚苌和前秦国主苻登会战，多次失败，于是就派中军将军姚崇突袭大界。苻登在安丘把他截住厮杀，又一次把他们打败。

12　后燕范阳王慕容德、赵王慕容麟袭击贺兰部落的贺讷，将他打跑并追到勿根山。贺讷走投无路，只好请求投降，并把部众调遣到上谷，把自己的弟弟贺染干送到中山去当人质。

13　秋季，七月，东晋任命骠骑长史王忱为荆州刺史，都督荆、益、宁三州诸军事。王忱是王国宝的弟弟。

14　前秦国主苻登在平凉进攻后秦右将军吴忠等人，攻克了平凉。八月，苻登据守苟头原，以此威逼安定。几位将军劝说后秦主姚苌与前秦决一死战，姚苌说："和走投无路的强盗在战场上争胜，是用兵人的大忌。我准备用计谋战胜他。"于是留下尚书令姚旻镇守安定，自己在深夜率领骑兵三万人直奔大界，偷袭前秦等待搬运的粮草等笨重物资，果然攻克了大界，杀死了毛皇后以及南安王苻尚，俘获名将几十人，并且驱赶、掠走男女兵丁五万多人，得胜而归。毛皇后貌美

而勇，善骑射。后秦兵入其营，毛氏犹弯弓跨马，帅壮士数百人战，众寡不敌，为后秦所执。苌将纳之，毛氏骂且哭曰："姚苌，汝先已杀天子，今又欲辱皇后，皇天后土，宁汝容乎!"苌杀之。诸将欲因秦军骇乱击之，苌曰："登众虽乱，怒气犹盛，未可轻也。"遂止。登收馀众屯胡空堡。苌使姚硕德镇安定，徙安定千馀家于阴密，遣其弟征南将军靖镇之。

15　九月庚午，以左仆射陆纳为尚书令。

16　秦主登之东也，后秦主苌使姚硕德置秦州守宰，以从弟常戍陇城，邢奴戍冀城，姚详戍略阳。杨定攻陇、冀，克之，斩常，执邢奴。详弃略阳，奔阴密。定自称秦州牧、陇西王，秦因其所称而授之。

17　冬，十月，秦主登以窦冲为大司马、都督陇东诸军事、雍州牧，杨定为左丞相、都督中外诸军事、秦梁二州牧，约共攻后秦。又约监河西诸军事并州刺史杨政、都督河东诸军事冀州刺史杨楷各帅其众会长安。政、楷皆河东人。秦主丕既败，政、楷收集流民数万户，政据河西，楷据湖、陕之间，遣使请命于秦，登因而授之。

18　燕乐浪悼王温为冀州刺史，翟辽遣丁零故堤诈降于温帐，乙酉，刺温，杀之，并其长史司马驱，帅守兵二百户奔西燕。燕辽西王农邀击刺温者于襄国，尽获之，惟堤走免。

而勇武，善于骑马射箭。后秦的兵马冲进她的营帐的时候，毛氏还曾跨上马匹，弯弓反击，带领指挥几百个壮健的兵士死战，但是寡不敌众，被后秦俘获。姚苌有意收她为妾，毛氏边哭边骂说："姚苌，你先前就已经杀害了天子，今天又想来侮辱皇后，皇天后土，怎么还能容你！"姚苌气急败坏，杀了毛皇后。他部下众将想趁前秦军惊骇混乱之机继续攻击，姚苌说："苻登的部众虽然一时陷于混乱，但是激愤之气仍然很大，不可轻敌。"于是停止进攻。苻登也集结残兵败将，屯聚在胡空堡。姚苌派遣姚硕德镇守安定，并把安定居民一千多家迁到阴密，又派他的弟弟征南将军姚靖到阴密镇守。

15　九月庚午（十九日），东晋擢升左仆射陆纳为尚书令。

16　前秦国主苻登向东退守时，后秦国主姚苌命令姚硕德选拔任命秦州的一些守宰。姚硕德于是便派他的堂弟姚常戍守陇城，邢奴戍守冀城，姚详戍守略阳。杨定发兵攻破陇城、冀城，斩杀了姚常，擒获了邢奴。姚详则放弃略阳，逃奔阴密。于是杨定便自称为秦州牧、陇西王。前秦后来也就按照他所自称的，委任他官职。

17　冬季，十月，前秦国主苻登任命窦冲为大司马、都督陇东诸军事，雍州牧，杨定为左丞相、都督中外诸军事及秦、梁二州牧，约定一起进攻后秦。苻登又分别通知监河西诸军事、并州刺史杨政，都督河东诸军事、冀州刺史杨楷，各自统率他们的军队在长安会师。杨政、杨楷都是河东人。前秦国主苻丕当年失败的时候，杨政、杨楷召集收容逃亡的难民几万户，杨政占据河西，杨楷占据湖县、陕城一带地方，并派遣信使向前秦请求任命官职，苻登按照他们的功劳分别授给官职。

18　后燕乐浪悼王慕容温任冀州刺史，翟辽派遣部下丁零人故堤去慕容温帐下诈降。乙酉（初四），故堤刺杀了慕容温和他的长史司马驱，然后带着守卫部队的两百户人家逃奔西燕。后燕辽西王慕容农在襄国拦击参与刺杀慕容温的人，并且全部抓获，只有故堤逃走而幸免。

19　十一月，枹罕羌彭奚念附于乞伏乾归，以奚念为北河州刺史。

20　初，帝既亲政事，威权己出，有人主之量。已而溺于酒色，委事于琅邪王道子。道子亦嗜酒，日夕与帝以酣歌为事。又崇尚浮屠，穷奢极费，所亲昵者皆姏姆、僧尼。左右近习，争弄权柄，交通请托，贿赂公行，官赏滥杂，刑狱谬乱。尚书令陆纳望宫阙叹曰："好家居，纤儿欲撞坏之邪！"左卫领营将军会稽许营上疏曰："今台府局吏、直卫武官及仆隶婢儿取母之姓者，本无乡邑品第，皆得为郡守县令，或带职在内，及僧尼乳母，竞进亲党，又受货赂。辄临官领众，政教不均，暴滥无罪，禁令不明，劫盗公行。昔年下书敕群下尽规，而众议兼集，无所采用。臣闻佛者，清远玄虚之神，今僧尼往往依傍法服，五诫粗法尚不能遵，况精妙乎！而流惑之徒，竞加敬事，又侵渔百姓，取财为惠，亦未合布施之道也。"疏奏，不省。

道子势倾内外，远近奔凑。帝渐不平，然犹外加优崇。侍中王国宝以谗佞有宠于道子，扇动朝众，讽八座启道子宜进位丞相、杨州牧，假黄钺，加殊礼。护军将军南平车胤曰："此乃成王所以尊周公也。今主上当阳，非成王之比，相王在位，岂得为周公乎！"乃称疾不署。疏奏，帝大怒，而嘉胤有守。

19　十一月，枹罕部落羌人首领彭奚念归附乞伏乾归，乞伏乾归便任命彭奚念为北河州刺史。

20　当初，孝武帝亲自处理国家的政事后，显示出自己的权力与威望，很有君主的气度。但不久便沉溺于美酒和女色之中，把朝廷的政事统统推给琅邪王司马道子代管。但司马道子也嗜好喝酒，从早到晚都和孝武帝一起把高歌狂饮当成主要事情。孝武帝又迷信佛教，极端奢侈挥霍，浪费在这方面的钱财很多。他所亲近的人又都是三姑六婆、和尚尼姑。所以他左右的侍从人员，便乘机争权夺利，互相勾结，公开进行贿赂，封官加赏又杂又滥，刑罚惩戒混乱冤错。尚书令陆纳遥望着皇宫叹息着说道："这么好的一个家，小孩子要把它折腾坏呀！"左卫领营将军会稽人许营呈上一道奏章说："现在朝廷小吏、军中武官，下至男仆女奴那些不知生父只取母姓的人，本来没有经过官府的考察举荐，却都能当上郡守县令，甚至进入朝中当官，至于那些和尚、尼姑、乳娘等人，更是争先恐后地引进他们的亲朋好友，接受财物贿赂。以至于任用官吏、管辖百姓、统治与教化都没有标准，对无罪之人滥施暴行，当禁当行的法令不明确公布，抢劫、偷盗却公然横行。过去，陛下也曾下令命臣属们知无不言，尽可以规劝讽谏，但是等大家把建议提出来集中到一起呈给陛下时，却没有一个建议被采用。我听说佛是一个清淡、玄妙虚旷的神祇，但是现在的这些和尚尼姑往往虽穿着僧服、口中念着佛法，却连佛义中最粗浅的教义不淫、不盗、不杀、不说谎、不酗酒这五戒也还不能遵守，更何况精妙的佛法了！而那些爱赶时髦受流行的歪风迷惑的人，更是一方面纷纷争相拜佛，一方面又欺凌搜刮黎民百姓，以掠夺来的财产作为实惠，这也不符合佛家'布施'的道理。"奏章呈上之后，没有回音。

司马道子的权势在朝廷内外都达到极点，远近官员也都前来投靠。孝武帝的心里渐渐有些不高兴，但在表面上对司马道子还是多加优待尊崇。侍中王国宝奸佞而善于谄媚，得到了司马道子的宠爱。他在背地里鼓动朝中众臣，暗示八名重要大臣联名上奏章给孝武帝，请求擢升司马道子为丞相兼任扬州牧，赐给他皇帝诛杀时专用的铜斧，并加以特别尊崇的礼节等。护军将军、南平人车胤说："这是周成王姬诵尊敬他叔父周公姬旦的办法。而现在主上还在位，不能和成王相比，相王也没有死，还当着官，怎么能成为周公呢！"于是托辞有病，没在奏章上签名。这个奏章呈上后，孝武帝勃然大怒，而夸奖车胤有自己的节操。

中书侍郎范甯、徐邈为帝所亲信，数进忠言，补正阙失，指斥奸党。王国宝，甯之甥也，甯尤疾其阿谀，劝帝黜之。陈郡袁悦之有宠于道子，国宝使悦之因尼妙音致书于太子母陈淑媛云："国宝忠谨，宜见亲信。"帝知之，发怒，以他事斩悦之。国宝大惧，与道子共谮范甯出为豫章太守。甯临发，上疏言："今边烽不举而仓库空匮。古者使民岁不过三日，今之劳扰，殆无三日之休，至有生儿不复举养，鳏寡不敢嫁娶。厝火积薪，不足喻也。"甯又上言："中原士民流寓江左，岁月渐久，人安其业。凡天下之人，原其先祖，皆随世迁移，何至于今而独不可。谓宜正其封疆，户口皆以土断。又，人性无涯，奢俭由势。今并兼之室，亦多不赡，非其财力不足，盖由用之无节，争以靡丽相高，无有限极故也。礼十九为长殇，以其未成人也。今以十六为全丁，十三为半丁。所任非复童幼之事，岂不伤天理、困百姓乎！谓宜以二十为全丁，十六为半丁，则人无夭折，生长繁滋矣。"帝多纳用之。

中书侍郎范甯、徐邈深受孝武帝信任亲近。他们几次进献忠言，弥补修正朝中错误遗漏的地方，当面痛斥奸邪之辈。王国宝是范甯的外甥，范甯尤其痛恨他阿谀谄媚的行径，劝说孝武帝革除王国宝的官职。陈郡人袁悦之也受司马道子的宠爱，王国宝让袁悦之请尼姑妙音写信给太子司马德宗的母亲陈淑媛，说："王国宝忠实而又谨慎，可以亲近信任。"孝武帝知道这件事后，大发雷霆，借口别的事杀了袁悦之。王国宝异常恐惧，和司马道子一起诬陷范甯，并把他逐出朝廷，贬为豫章太守。范甯临走的时候，呈上一道奏章说："现在边疆并没有点起战争的烽火，但是国家的府库也还是空乏。古代的统治者征召民工应差，一年内不超过三天。现在百姓所遭受的辛劳骚扰，一年内几乎没有三天休息，致使百姓中竟有生下男孩不敢抚养哺育，独身的男子和寡妇也不敢再迎娶出嫁的现象。这是用柴堆之下点火也不足以形容的危机呀！"范甯又上奏章说："北方中原一带的民众士子当初逃难，流亡江南并在这里居住下来，时间已经比较久了，他们也都渐渐地安居乐业。凡是在天底下生活的人，追溯他们的祖先，都能随着世情的变化而迁徙移动，为什么单单到了今天，反而不允许呢？我认为应该确定他们拥有的土地，确认户籍乡里也都按照他们现在居住的地域断定办理。另外，人的性情也是没有一定限度的，无论豪奢还是节俭，都是由于环境和形势决定的。现在，那些曾经兼并过别人财产的豪门大族，也已大多数不能维持，这并不是因为他们财力不足，主要是因为他们花销没有节制，争着以奢靡豪华来比试高下，根本没有限度的缘故。古代的礼法规定，十九岁的时候死了，称作长殇，因为他还没有成年。现在把十六岁的孩子就作为全丁，十三岁的孩子就作为半丁。他们所承担的事不再是孩童的事，这岂不是伤天害理、虐待人民吗？我认为应该规定二十岁的人当全丁，十六岁的人当半丁，那样的话就不会再有人因此而夭折，人口才能正常生长繁衍。"他的这些建议，孝武帝有很多都采纳施用了。

甯在豫章，遣十五议曹下属城，采求风政。并吏假还，讯问官长得失。徐邈与甯书曰：“足下听断明允，庶事无滞，则吏慎其负而人听不惑矣，岂须邑至里诣，饰其游声哉！非徒不足致益，寔乃蚕渔之所资。岂有善人君子而干非其事，多所告白者乎！自古以来，欲为左右耳目，无非小人，皆先因小忠而成其大不忠，先藉小信而成其大不信，遂使谗谄并进，善恶倒置，可不戒哉！足下慎选纲纪，必得国士以摄诸曹，诸曹皆得良吏以掌文按，又择公方之人以为监司，则清浊能否，与事而明。足下但平心处之，何取于耳目哉！昔明德马后未尝顾左右与言，可谓远识，况大丈夫而不能免此乎！”

21　十二月，后秦主苌使其东门将军任瓮诈遣使招秦主登，许开门纳之。登将从之，征东将军雷恶地将兵在外，闻之，驰骑见登，曰：“姚苌多诈，不可信也！”登乃止。苌闻恶地诣登，谓诸将曰：“此羌见登，事不成矣！”登以恶地勇略过人，阴惮之。恶地惧，降于后秦，苌以恶地为镇军将军。

22　秦以安成王广为司徒。

范甯在豫章任上，派遣十五名官吏分别下到十五个属城去，探采访求当地的风俗习惯及治理情况。遇到官吏回来休假时，他就仔细询问民间对官吏的评价与反应。徐邈给范甯写信说："你审理官司明正公允，日常的很多杂事小事也不积压，这样，官员自然对他职权分内应负责任的事更加谨慎，而人们的心里也就不再觉得迷惑不解了，何必还要到乡里村落粉饰虚名呢？那样做，不仅无助于获得好处，实际上是为掠夺百姓提供了可乘之机。哪有正人君子对于不是他的事，而愿意说长道短的？自古以来，愿意当别人左右耳目的人，没有不是小人的，都是先依靠小人的忠心而逐渐获得方便时机，酿成他的大不忠，先是凭借小小的信义蒙骗别人，最后才得以干出大不信的丑事的。于是就使谗害别人和谄媚别人的人同进并进，也使善恶混淆、黑白颠倒，岂可不加以特别警惕！你能谨慎地选择任用部属下官，一定能够找到经国济世的栋梁之才来领导各个部门，各部门也一定都能有优秀的官吏来掌管主持事务，再遴选公允方正廉明的人来担任监督，那么，这个机构的清廉污浊与否，是有能力还是没有能力，在办事过程中便可了解清楚。你只平心静气泰然自若地处理事务，何必要借耳目来访查呢！从前，汉代明德皇后马氏从来没有跟左右侍从的人员谈论公事，可以说是有远见卓识，何况身为大丈夫反而不能避免这样呢？"

21 十二月，后秦国主姚苌命令他的东门将军任瓮诈降前秦国主苻登，并派信使给苻登送信，答应打开城门把苻登放进来。苻登打算接受。征东将军雷恶地带领部队在外驻防，听说了这个消息，骑着马飞快地跑来觐见苻登说："姚苌诡计多端，绝不可以相信。"苻登才停了下来。姚苌听说雷恶地返营拜见苻登，就对各位将领说："这个羌贼见了苻登，我的计划就不能成功了。"苻登因为雷恶地勇猛和韬略都超过常人，因此心中暗暗忌惮。雷恶地为此很恐惧，就投降了后秦，姚苌任命他为镇军将军。

22 前秦任命安成王苻广为司徒。

十五年(庚寅,390)

1　春,正月乙亥,谯敬王恬薨。

2　西燕主永引兵向洛阳,朱序自河阴北济河,击败之。序追至白水,会翟辽谋向洛阳,序乃引兵还,击走之。留鹰扬将军朱党戍石门,使其子略督护洛阳,以参军赵蕃佐之,身还襄阳。

3　琅琊王道子恃宠骄恣,侍宴酣醉,或亏礼敬。帝益不能平,欲选时望为藩镇以潜制道子,问于太子左卫率王雅曰:"吾欲用王恭、殷仲堪何如?"雅曰:"王恭风神简贵,志气方严;仲堪谨于细行,以文义著称。然皆峻狭自是,且干略不长;若委以方面,天下无事,足以守职,若其有事,必为乱阶矣!"帝不从。恭,蕴之子;仲堪,融之孙也。二月辛巳,以中书令王恭为都督青兖幽并冀五州诸军事、兖青二州刺史,镇京口。

4　三月戊辰,大赦。

5　后秦主苌攻秦扶风太守齐益男于新罗堡,克之,益男走。秦主登攻后秦天水太守张业生于陇东,苌救之,登引去。

6　夏,四月,秦镇东将军魏揭飞自称冲天王,帅氐、胡攻后秦安北将军姚当成于杏城。镇军将军雷恶地叛应之,攻镇东将军姚汉得于李润。后秦主苌欲自击之,群臣皆曰:"陛下不忧六十里苻登,乃忧六百里魏揭飞,何也?"苌曰:"登非可猝灭,吾城亦非登所能猝拔。恶地智略非常,若南引揭飞,东结董成,得杏城、李润而据之,长安东北非吾有也。"乃

晋孝武帝太元十五年(庚寅,公元390年)

1　春季,正月乙亥(二十六日),东晋青州、兖州刺史谯敬王司马恬去世。

2　西燕国主慕容永率领部队直奔洛阳,东晋雍州刺史朱序从河阴向北渡过黄河迎战,并把他们打败。朱序追击败退的西燕残兵到达白水,正好翟辽此时正打算进攻洛阳,所以朱序才带着部队赶回,打跑了翟辽。朱序留下鹰扬将军朱党守卫石门,又派他的儿子朱略镇守洛阳,并让参军赵蕃辅佐帮助他,自己则回襄阳去了。

3　琅邪王司马道子依仗自己得到孝武帝的宠爱而骄横强蛮,过于放纵自己,每次陪同孝武帝吃饭喝酒,都喝得酩酊大醉,有时竟然有失对孝武帝的礼节与尊敬。孝武帝越发不满,因此打算遴选几位在当时有名望的人充任地方上的权要,暗地里节制司马道子,于是,他向太子左卫率王雅问道:“我想重用王恭、殷仲堪,你看怎么样?”王雅说:“王恭风度神韵优雅高贵,志向气质端方严肃;殷仲堪则小心谨慎、行为检点,他的文章道义被人广泛称道。然而他们都心胸狭窄,自以为是,而且缺乏干才谋略。如果让他们独当一面,天下太平没变乱时,尽可以忠于职守,但如果一旦有事,就一定会成为祸乱的根源!”孝武帝没有信从他的话。王恭是王蕴的儿子。殷仲堪是殷融的孙子。二月辛巳(初二),孝武帝任命中书令王恭为都督青、兖、幽、并、冀五州诸军事,兖、青二州刺史,镇守京口。

4　三月戊辰(二十日),东晋宣布大赦。

5　后秦国主姚苌在新罗堡进攻前秦扶风太守齐益男,攻克之后,齐益男逃走。而前秦国主苻登又在陇东进攻后秦天水太守张业生,姚苌赶去解救他,苻登率兵退去。

6　夏季,四月,前秦镇东将军魏揭飞自称为冲天王,率领着氐人、胡人组成的部队,在杏城向后秦安北将军姚当成发起攻击。镇军将军雷恶地此时也叛变后秦响应魏揭飞,在李润镇袭击后秦镇东将军姚汉得。后秦国主姚苌打算自己亲自率军攻击魏揭飞,众大臣说:“陛下不担心近在六十里的强敌苻登,却在忧虑远在六百里以外的魏揭飞,这是为什么?”姚苌说:“苻登不是马上就可消灭的,我的城池也不是苻登马上可以攻破的。但是雷恶地智谋韬略非常人可比,如果他向南结交魏揭飞,向东结交董成,而且占领杏城、李润,并据守不去,那么,长安东北的一带就不是我们的了。”于是

潜引精兵一千六百赴之。揭飞、恶地有众数万，氐、胡赴之者前后不绝。苌每见一军至，辄喜。群臣怪而问之，苌曰："揭飞等扇诱同恶，种类甚繁，吾虽克其魁帅，馀党未易猝平。今乌集而至，吾乘胜取之，可一举无馀也。"揭飞等见后秦兵少，悉众攻之。苌固垒不战，示之以弱，潜遣其子中军将军崇帅骑数百出其后。揭飞兵扰乱，苌遣镇远将军王超等纵兵击之，斩揭飞及其将士万馀级。恶地请降，苌待之如初。恶地谓人曰："吾自谓智勇杰出一时，而每遇姚翁辄困，固其分也！"

苌命姚当成于所营之地，每栅孔中辄树一木以旌战功。岁馀，问之，当成曰："营地太小，已广之矣。"苌曰："吾自结发以来，与人战，未尝如此之快，以千馀兵破三万之众，营地惟小为奇，岂以大为贵哉！"

7　吐谷浑视连遣使献见于金城王乾归，乾归拜视连沙州牧、白兰王。

8　丙寅，魏王珪会燕赵王麟于意辛山，击贺兰、纥突邻、纥奚三部，破之，纥突邻、纥奚皆降于魏。

9　秋，七月，冯翊人郭质起兵于广乡以应秦，移檄三辅曰："姚苌凶虐，毒被神人。吾属世蒙先帝尧、舜之仁，非常伯、纳言之子，即卿校、牧守之孙也。与其含耻而存，孰若蹈道而死。"于是三辅壁垒皆应之，独郑县人苟曜聚众数千附于后秦。秦以质为冯翊太守。后秦以曜为豫州刺史。

姚苌秘密率领一支一千六百人的精锐部队奔赴那里。魏揭飞、雷恶地拥有部众几万人，而且氐人、胡人前往投军的络绎不绝。姚苌每次看到一支军队前来，总是十分高兴。他手下的大臣都觉得奇怪，问他为什么高兴，姚苌说："魏揭飞等人煽动诱惑那些一样险恶的贼人共同作恶，但他们的种族和部落却繁多纷乱，我虽然能够制服他们的首领主帅，但是他们的馀党却不容易一下子铲除。现在他们像乌鸦一样聚到这里，我乘胜而来消灭他们，可以一网打尽没有遗漏。"魏揭飞等人发现后秦军的人数很少，便全军出动攻击他们。姚苌则固守自己的堡垒，不与对方接战，把自己力量微弱的假象有意暴露给敌方，又暗地里派自己的儿子中军将军姚崇率领骑兵几百名迂回到敌兵的背后，进行偷袭。魏揭飞的部队霎时乱作一团。姚苌趁机派镇远将军王超等人发动所有的兵力进行攻击，斩杀魏揭飞以及他所属的将士一万多人。雷恶地请求投降，姚苌对待他像当初一样。雷恶地对人说："我自己以为我的智谋勇力在目前是高出常人的，但是每次遇到姚翁就难以施展，这一定是我的命运！"

姚苌命令姚当成在他的营地的每个栅栏小孔中都立一个木牌，用来表彰战功。一年多后，姚苌问这事怎么样了，姚当成说："因为表功的木牌太多，因此显得营地就太小了，我已经把营地扩大了。"姚苌说："我从成人以来，跟别人作战，从来没有像现在这么痛快，用一千多名兵卒击破三万多人的敌军，这真是军营只因为其小才是奇迹，怎么能够以军营大为可贵呢？"

7　吐谷浑汗国可汗慕容视连派遣使节觐见西秦金城王乞伏乾归。乞伏乾归任命慕容视连为沙州牧，封白兰王。

8　丙寅，魏王拓跋珪与后燕赵王慕容麟在意辛山会合，共同进攻贺兰、纥突邻、纥奚三个部落，把他们全部打得大败。纥突邻、纥奚两个部落都向拓跋珪投降。

9　秋季，七月，冯翊人郭质在广乡聚众起兵，来响应投靠前秦，并向三辅的百姓发布檄文说："姚苌这个家伙凶恶残暴，他的祸害遍及天神和民众。我们世世代代蒙受先帝苻坚像尧和舜那样的恩德仁政，即使不是侍中、尚书一类官的儿子，那么也应该是卿、校、牧、守之类的地方官员的孙子了。与其忍受屈辱活着，不如为追求正义而死。"于是，三辅一带所有的民堡都起兵响应他的号召，惟独郑县人苟曜召集部众数千人去归附了后秦。前秦任命郭质为冯翊太守。后秦则任命苟曜为豫州刺史。

10　刘卫辰遣子直力鞮攻贺兰部，贺讷困急，请降于魏。丙子，魏王珪引兵救之，直力鞮退。珪徙讷部落，处之东境。

11　八月，刘牢之击翟钊于鄄城，钊走河北。又败翟辽于滑台，张愿来降。

12　九月，北平人吴柱聚众千馀，立沙门法长为天子，破北平郡，转寇广都，入白狼城。燕幽州牧高阳王隆方葬其夫人，郡县守宰皆会之，众闻柱反，请隆还城，遣大兵讨之。隆曰："今闾阎安业，民不思乱，柱等以诈谋惑愚夫，诱胁相聚，无能为也。"遂留葬讫，遣广平太守、广都令先归，续遣安昌侯进将百馀骑趋白狼城，柱众闻之，皆溃，穷捕，斩之。

13　以侍中王国宝为中书令，俄兼中领军。

14　丁未，以吴郡太守王珣为尚书右仆射。

15　吐谷浑视连卒，子视罴立。视罴以其父祖慈仁，为四邻所侵侮，乃督厉将士，欲建功业。冬，十月，金城王乾归遣使拜视罴沙州牧、白兰王，视罴不受。

16　十二月，郭质及苟曜战于郑东，质败，奔洛阳。

17　越质诘归据平襄，叛金城王乾归。

10　受后秦、西燕封爵的匈奴部落首领刘卫辰，派遣自己的儿子刘直力鞮进攻贺兰部落。贺兰部落首领贺讷处境窘急，请求向北魏投降。丙子（三十日），魏王拓跋珪亲自率兵前去解救他，打退了刘直力鞮。拓跋珪于是迁移贺讷的部落，把他们安排在东部边境一带。

11　八月，东晋刘牢之在鄄城袭击翟钊的部队，翟钊逃到了黄河以北。刘牢之又在滑台击败了翟辽军，叛将张愿重新回来投降。

12　九月，北平人吴柱聚集一千多人的部队，拥立一名叫法长的僧人为天子，攻破了北平郡，转而进攻广都，突进了白狼城。后燕幽州牧高阳王慕容隆此时正在安葬他的妻子，各郡县的官员都聚集在这里参加葬礼，大家一听说吴柱武装叛乱，纷纷请求慕容隆回城，派遣大部队前去讨伐吴柱。慕容隆说："现在，老百姓都安居乐业，并不希望发生战乱，吴柱等人用谎言和诈骗来迷惑愚昧的民众，在诱骗和裹胁之下，他们才能暂时聚在一起，根本没有什么作为。"于是仍然留下来安葬完妻子，派遣广平太守、广都令先行返回，接着又派安昌侯慕容进带领一百多名骑兵奔袭白狼城。吴柱的部众听说慕容隆派兵前来，霎时溃散。慕容进严密搜捕吴柱，把他抓到后便斩了。

13　东晋任命侍中王国宝为中书令，不久，又兼任总领军。

14　丁未（初一），东晋又调任吴郡太守王珣为尚书右仆射。

15　吐谷浑汗国可汗、白兰王慕容视连去世，他的儿子慕容视罴继位。慕容视罴认为他的父亲、祖父由于秉性仁慈和善，而受到四周邻国的侵略欺侮，于是，他常常督促激励将士，加强军事训练，打算以此建立功业。冬季，十月，西秦金城王乞伏乾归派遣使者委任慕容视罴为沙州牧，并封白兰王，慕容视罴拒绝接受。

16　十二月，郭质的部队与苟曜的部队在郑县东部展开激战。郭质战败，逃奔洛阳。

17　西秦国鲜卑部落首领越质诘归据守平襄，背叛了金城王乞伏乾归。

十六年(辛卯,391)

1　春,正月,燕置行台于蓟,加长乐公盛录行台尚书事。

2　金城王乾归击越质诘归,诘归降,乾归以宗女妻之。

3　贺染干谋杀其兄讷,讷知之,举兵相攻。魏王珪告于燕,请为乡导以讨之。二月甲戌,燕主垂遣赵王麟将兵击讷,镇北将军兰汗帅龙城之兵击染干。

4　三月,秦主登自雍攻后秦安东将军金荣于范氏堡,克之。遂渡渭水,攻京兆太守韦范于段氏堡,不克。进据曲牢。

5　夏,四月,燕兰汗破贺染干于牛都。

6　苟曜有众一万,密召秦主登,许为内应。登自曲牢向繁川,军于马头原。五月,后秦主苌引兵逆战,登击破之,斩其右将军吴忠。苌收众复战,姚硕德曰:“陛下慎于轻战,每欲以计取之,今战失利而更前逼贼,何也?”苌曰:“登用兵迟缓,不识虚实。今轻兵直进,遥据吾东,此必苟曜竖子与之有谋也。缓之则其谋得成,故及其交之未合,急击之以败散其事耳。”遂进战,大破之。登退屯于郿。

7　秦兖州刺史强金槌据新平,降后秦,以其子逵为质。后秦主苌将数百骑入金槌营。群下谏之,苌曰:“金槌既去苻登,又欲图我,将安所归乎！且彼初来款附,宜推心以结之,奈何复以不信疑之乎!”既而群氐欲取苌,金槌不从。

晋孝武帝太元十六年(辛卯,公元 391 年)

1　春季,正月,后燕在蓟城设置行台,任命长乐公慕容盛录行台尚书事。

2　西秦金城王乞伏乾归进攻刚刚反叛的鲜卑首领越质诘归,越质诘归再度归降。乞伏乾归把本族的一位女儿嫁给了越质诘归。

3　贺兰部落的贺染干准备谋杀亲哥哥贺讷,贺讷得知后派兵攻打。魏王拓跋珪把这个消息告诉后燕,请求担任向导而带兵去讨伐他们。二月甲戌,后燕国主慕容垂派遣赵王慕容麟带领部队去袭击贺讷,又派镇北将军兰汗统率龙城的守军去袭击贺染干。

4　三月,前秦国主苻登从雍城出发,去范氏堡进攻后秦安东将军金荣,攻克了范氏堡。于是,苻登又渡过渭水,去进攻京兆太守韦范所据守的段氏堡,没有攻克。苻登因此进入并据守曲牢。

5　夏季,四月,后燕兰汗在牛都将贺染干的部队打得大败。

6　苟曜拥有一万部众,秘密招请前秦国主苻登来,并答应作为内应。苻登从曲牢向繁川开进,把部队集结在马头原。五月,后秦国主姚苌带领大部队前来迎战,苻登击退了他的进攻,并且斩杀了他的右将军吴忠。姚苌收集馀下的兵卒重新战斗,姚硕德说:"陛下一向十分谨慎,避免轻率地出战,常常希望能够用计策夺取胜利,今天一战已经失利,但是却要更加奋勇上前逼战贼兵,这是什么原因?"姚苌说:"苻登本来调配部队一向迟缓,不了解敌人的虚实。今天他能不顾一切,派遣轻装部队长驱直入,一下子远远地扼守住了我们的东部,这一定是苟曜这小子和他暗中有预谋的。如果我们的攻势稍缓,他们的阴谋就要得逞,因此我要在他们还没有得以汇合的时候,就急速袭击他们,而打破他们的计划啊!"于是,他们又进逼死战,将苻登打得大败。苻登则退到郿县屯兵据守。

7　前秦兖州刺史强金槌在新平据守,投降了后秦,并把他的儿子强逵送到后秦去做人质。后秦国主姚苌仅带领几百名骑兵直接进入强金槌的兵营。他的部属们纷纷劝阻他,姚苌说:"强金槌既然已经背叛了苻登,而如果又打算谋害我的话,那么他要到哪里去安身呢?况且他又是刚刚前来归附我,我更应该推心置腹地来结纳他,为什么还要不信任他而使他怀疑呢?"姚苌入强金槌大营后,氐人都要抓姚苌,强金槌没有听从。

8　六月甲辰，燕赵王麟破贺讷于赤城，禽之，降其部落数万。燕主垂命麟归讷部落，徙染干于中山。麟归，言于垂曰："臣观拓跋珪举动，终为国患，不若摄之还朝，使其弟监国事。"垂不从。

9　西燕主永寇河南，太守杨佺期击破之。

10　秋，七月壬申，燕主垂如范阳。

11　魏王珪遣其弟觚献见于燕。燕主垂衰老，子弟用事，留觚以求良马。魏王珪弗与，遂与燕绝。使长史张衮求好于西燕。觚逃归，燕太子宝追获之，垂待之如初。

12　秦主登攻新平，后秦主苌救之，登引去。

13　秦骠骑将军没弈干以其二子为质于金城王乾归，请共击鲜卑大兜。乾归与没弈干攻大兜于鸣蝉堡，克之。兜微服走，乾归收其部众而还，归没弈干二子。没弈干寻叛，东合刘卫辰。八月，乾归帅骑一万讨没弈干，没弈干奔他楼城，乾归射之，中目。

14　九月癸未，以尚书右仆射王珣为左仆射，太子詹事谢琰为右仆射。太学博士范弘之论殷浩宜加赠谥，因叙桓温不臣之迹。是时桓氏犹盛，王珣，温之故吏也，以为温废昏立明，有忠贞之节，黜弘之为馀杭令。弘之，汪之孙也。

8　六月甲辰（初三），后燕赵王慕容麟在赤城大破贺讷的部队，活捉了贺讷，贺讷的部落几万人投降。后燕国主慕容垂命令慕容麟将贺讷送回他的部落，并把贺染干迁移到中山去。慕容麟回来后，告诉慕容垂说："我观察拓跋珪的一举一动，他终究要成为我们的祸患，不如强行让他前来都城，让他的弟弟代他处理魏国的大事。"慕容垂没有答应。

9　西燕国主慕容永进犯东晋的河南郡，太守杨佺期率守兵打败了慕容永。

10　秋季，七月壬申（初二），后燕国主慕容垂来到范阳。

11　魏主拓跋珪派遣他的弟弟拓跋觚到后燕去进贡觐见。后燕国主慕容垂年老体衰，他的子弟掌权，扣留拓跋觚，要求拓跋珪用好马来赎。魏王拓跋珪没有给他们良马，于是便和后燕断绝了交往。拓跋珪派使节长史张衮去向西燕请求和好。拓跋觚逃走，又被后燕太子慕容宝追上抓获，慕容垂对待他仍与过去一样。

12　前秦国主苻登进攻新平，后秦国主姚苌率兵赶去解救，苻登带兵退走。

13　前秦骠骑将军没弈干，把他的两个儿子当人质送到金城王乞伏乾归处，请求他发兵共同袭击鲜卑部落的首领大兜。乞伏乾归和没弈干一起进攻大兜所据守的鸣蝉堡，攻克了它。大兜换上平民的衣服逃跑了。乞伏乾归收编了大兜的部众班师回朝，并且把没弈干的两个儿子送了回去。没弈干不久就反叛了乞伏乾归，又向东与刘卫辰联合起来。八月，乞伏乾归率领一万骑兵讨伐没弈干，没弈干逃奔到他楼城，乞伏乾归用箭射没弈干，射中了他的眼睛。

14　九月癸未（十四日），东晋任命尚书右仆射王珣为左仆射，太子詹事谢琰为右仆射。太学博士范弘之提议殷浩对国家的贡献很大，应该追加谥号，又顺便述说了桓温叛逆的事情。这个时候，桓氏家族的气势仍然很大，王珣以前也是桓温的属官，认为桓温废黜昏君，拥立明君，是具有忠贞的节操的，因此，便把范弘之逐出京都，贬为馀杭令。范弘之是范汪的孙子。

15　冬，十月壬辰，燕主垂还中山。

16　初，柔然部人世服于代，其大人郁久闾地粟袁卒，部落分为二：长子匹候跋继父居东边，次子缊纥提别居西边。秦王坚灭代，柔然附于刘卫辰。

及魏王珪即位，攻击高车等，诸部率皆服从，独柔然不事魏。戊戌，珪引兵击之，柔然举部遁走，珪追奔六百里。诸将因张衮言于珪曰："贼远粮尽，不如早还。"珪问诸将："若杀副马，为三日食，足乎？"皆曰："足。"乃复倍道追之，及于大碛南床山下，大破之，虏其半部，匹候跋及别部帅屋击各收馀众遁走。珪遣长孙嵩、长孙肥追之。珪谓将佐曰："卿曹知吾前问三日粮意乎？"曰："不知也。"珪曰："柔然驱畜产奔走数日，至水必留。我以轻骑追之，计其道里，不过三日及之矣。"皆曰："非所及也。"嵩追斩屋击于平望川。肥追匹候跋至涿邪山，匹候跋举众降，获缊纥提之子曷多汗、兄子社仑、斛律等宗党数百人。缊纥提将奔刘卫辰，珪追及之，缊纥提亦降，珪悉徙其部众于云中。

17　翟辽卒，子钊代立，改元定鼎。攻燕邺城，燕辽西王农击却之。

18　三河王光遣兵乘虚伐金城王乾归。乾归闻之，引兵还，光兵亦退。

15　冬季，十月壬辰，后燕国主慕容垂回到中山。

16　当初，柔然部落世世代代都臣服于代国。后来，部落首领郁久闾地粟袁死了，这个部落便一分为二：他的长子郁久闾匹候跋继承父位，居住在东部，他的二儿子郁久闾缊纥提住在西部。前秦苻坚消灭代国以后，柔然部落便转而归附刘卫辰。

魏王拓跋珪登上王位后，攻击高车等部落，这些部落及其旧属大多数都甘心臣服，听从指挥，只有柔然部落拒不接受北魏的指使。戊戌，拓跋珪带兵前来攻打柔然部落，柔然部落全部一起逃走。拓跋珪带兵追击奔跑六百里。北魏各将领委托张衮向拓跋珪请求说："贼匪已逃得太远，而我们的粮草也已断绝，不如早些回去吧。"拓跋珪问各位将领："如果宰杀备用的马匹，当作三天的粮食，够不够？"都说："足够。"于是，他们又更加倍地快速追击逃敌。追到大碛南床山下的时候，果然追上，并且把柔然部落逃兵打得大败，俘虏了他们的一半人。郁久闾匹候跋和他的另一支部落的首领屋击各自收拾残败逃走。拓跋珪又派长孙嵩、长孙肥继续追击。拓跋珪告诉左右的将佐说："你们知道我前几天问三天粮食的话的意思了吗？"众将领说："不知道。"拓跋珪说："柔然部落驱赶家畜等在沙漠上奔逃，已经几天了，到了有水的地方一定滞留。我用轻装骑兵去追赶他们，计算道路的远近，我料定不超过三天一定能赶上他们。"大家都说："这不是我们所能想到的。"长孙嵩赶到平望川，追上并斩杀了屋击。长孙肥追击郁久闾匹候跋来到涿邪山，郁久闾率领馀下的部众投降，并抓获了郁久闾缊纥提的儿子郁久闾曷多汗、侄儿郁久闾社仑、郁久闾斛律等亲属亲友几百人。郁久闾缊纥提打算投奔刘卫辰，拓跋珪也追上了他。郁久闾缊纥提也投降了。拓跋珪把柔然部落的居民部众全部迁移到云中郡。

17　翟辽去世，他的儿子翟钊继位，改年号为定鼎。翟钊攻击后燕邺城，后燕辽西王慕容农把他击退。

18　后凉三河王吕光趁西秦国内虚空而派遣部队征伐。乞伏乾归听了这个消息之后，马上从讨伐没弈干的战场上带兵赶回都城。吕光的部队也退了回去。

19　刘卫辰遣子直力鞮帅众八九万攻魏南部。十一月己卯，魏王珪引兵五六千人拒之，壬午，大破直力鞮于铁岐山南，直力鞮单骑走。乘胜追之，戊子，自五原金津南济河，径入卫辰国，卫辰部落骇乱。辛卯，珪直抵其所居悦跋城，卫辰父子出走。壬辰，分遣诸将轻骑追之，将军伊谓禽直力鞮于木根山，卫辰为其部下所杀。十二月，珪军于盐池，诛卫辰宗党五千馀人，皆投尸于河，自河以南诸部悉降，获马三十馀万匹，牛羊四百馀万头，国用由是遂饶。

卫辰少子勃勃亡奔薛干部，珪使人求之。薛干部帅太悉伏出勃勃以示使者曰："勃勃国破家亡，以穷归我，我宁与之俱亡，何忍执以与魏。"乃送勃勃于没弈干，没弈干以女妻之。

20　戊申，燕主垂如鲁口。

21　秦主登攻安定，后秦主苌如阴密以拒之，谓太子兴曰："苟曜闻吾北行，必来见汝，汝执诛之。"曜果见兴于长安，兴使尹纬让而诛之。

苌败登于安定城东，登退据路承堡。苌置酒高会，诸将皆曰："若值魏武王，不令此贼至今，陛下将牢太过耳。"苌笑曰："吾不如亡兄有四：身长八尺五寸，臂垂过膝，人望而畏之，一也；将十万之众，与天下争衡，望麾而进，前无横陈，二也；

19　刘卫辰派遣他的儿子刘直力鞮统率兵卒八九万人进攻北魏南部。十一月己卯(初十),魏王拓跋珪带兵五六千人迎战。壬午(十三日),拓跋珪在铁岐山以南将刘直力鞮打得大败,刘直力鞮单枪匹马逃走。北魏部队乘胜追击,戊子(十九日),从五原金津向南渡过黄河,径直进入刘卫辰的国界。刘卫辰部落惊骇异常,顿时大乱。辛卯(二十二日),拓跋珪直接抵达刘卫辰所居住的悦跋城,刘卫辰父子仓惶逃走。壬辰(二十三日),拓跋珪分别派遣将领率领轻装骑兵追击。将军伊谓在木根山生擒刘直力鞮,刘卫辰则被他自己的部下杀死。十二月,拓跋珪在盐池驻扎,诛杀刘卫辰的家属亲戚以及同事朋友等五千多人,把这些人的尸体全部扔进黄河。从此,黄河以南各部落便全部投降,北魏缴获三十多万匹马,牛羊四百多万头。北魏国的经济财力因此强大充裕起来。

刘卫辰最小的儿子刘勃勃,逃奔到薛干部落,拓跋珪派人到薛干部落去索要刘勃勃。薛干部落的首领太悉伏把刘勃勃叫出来让使者看着说:“刘勃勃国破家亡,因为无路可走才跑到我这里来,我宁可和他一起死,怎么能够忍心抓住他送给魏呢!”于是,又把刘勃勃护送到没弈干那里去。没弈干把自己的女儿嫁给了刘勃勃。

20　戊申(初十),后燕国主慕容垂来到鲁口。

21　前秦国主苻登进攻安定,后秦国主姚苌来到阴密对抗他的进攻,他对太子姚兴说:“苟曜听说我向北进军,一定会来晋见你,你趁机把他抓住杀了。”姚苌走后,苟曜果然到长安来见姚兴。姚兴派尹纬假装招待而趁机杀掉了苟曜。

姚苌在安定城以东打败了苻登,苻登退到路承堡去据守。姚苌摆下酒席大宴将士,各位将领都说:“这要是在魏武王执政的时候,他就不会让苻登这个奸贼猖狂到今天这种地步。陛下未免谨慎稳重得太过度了吧!”姚苌笑着说:“我赶不上我死去的哥哥的地方有四个:第一是不像他那样身高有八尺五寸,两臂下垂长过膝盖,让人一看就要畏惧他。第二是不像他那样能统领十万人那样庞大的部队,与天下所有的英雄争高低、相抗衡,手下的将士望见军旗所指的方向,争相奋勇冲杀,没有人可以阻挡。

温古知今，讲论道艺，收罗英隽，三也；董帅大众，上下咸悦，人尽死力，四也。所以得建立功业，驱策群贤者，正望算略中有片长耳。”群臣咸称万岁。

第三是不像他那样可以通晓历史，了解时势，讲解论说道理和艺文，并能广泛招揽、集结贤能英才。第四是不能像他那样统帅大军，使上下全部都心悦诚服，人人能尽死力而战斗。我之所以还能够建立一些功业，领导指挥你们这么多俊杰，正是还算在计谋策略上有那么一点长处罢了。”文武大臣都口称万岁。

卷第一百八　晋纪三十

起壬辰(392)尽丙申(396)凡五年

烈宗孝武皇帝下

太元十七年(壬辰,392)

1　春,正月己巳朔,大赦。

2　秦主登立昭仪陇西李氏为皇后。

3　二月壬寅,燕主垂自鲁口如河间、渤海、平原。翟钊遣其将翟都侵馆陶,屯苏康垒。三月,垂引兵南击钊。

4　秦骠骑将军没弈干帅众降于后秦,后秦以为车骑将军,封高平公。

5　后秦主苌寝疾,命姚硕德镇李润,尹纬守长安,召太子兴诣行营。征南将军姚方成言于兴曰:"今寇敌未灭,上复寝疾。王统等皆有部曲,终为人患,宜尽除之。"兴从之,杀王统、王广、苻胤、徐成、毛盛。苌怒曰:"王统兄弟,吾之州里,实无他志。徐成等皆前朝名将,吾方用之,奈何辄杀之!"

6　燕主垂进逼苏康垒。夏,四月,翟都南走滑台。翟钊求救于西燕,西燕主永谋于群臣,尚书郎渤海鲍遵曰:"使两寇相弊,吾承其后,此卞庄子之策也。"中书侍郎太原张腾曰:"垂强钊弱,何弊之承!不如速救之,以成鼎足之势。

烈宗孝武皇帝下

晋孝武帝太元十七年(壬辰,公元392年)

1 春季,正月己巳朔(初一),东晋实行大赦。

2 前秦国主苻登册立昭仪、陇西人李氏为皇后。

3 二月壬寅(初五),后燕国主慕容垂从鲁口前往河间、渤海、平原。翟钊派遣他的部将翟都侵犯馆陶,驻在苏康垒。三月,慕容垂带领部队向南袭击翟钊。

4 前秦骠骑将没弈干率领他的部众向后秦投降。后秦任命他为车骑将军,封他为高平公。

5 后秦国主姚苌卧病不起,命令姚硕德去镇守李润,尹纬留守长安,并让太子姚兴来行营之中见面。征南将军姚方成对姚兴说道:"现在来进犯的敌人还没有被消灭,皇上又卧病不起。王统等人都拥有自己的部队,最终会成为我们的祸患,应该尽快把他们全部除掉。"姚兴听从了他的话,杀掉了王统、王广、苻胤、徐成、毛盛。姚苌听到这个消息,生气地说:"王统他们兄弟,跟我是同州同里的老乡,根本没有二心。徐成等人都是前朝的有名将领,我才重用他们,怎么能轻易地说杀就杀呢!"

6 后燕国主慕容垂向前进军威逼苏康垒。夏季,四月,翟都向南撤退到滑台。翟钊向西燕请求救援,西燕国主慕容永与大臣们商议,尚书郎渤海人鲍遵说:"让这两个寇匪互相进攻、消耗力量,我们紧跟在他们背后,坐收渔人之利,这是卞庄子当年所用过的策略。"中书侍郎太原人张腾则说:"慕容垂强大,而翟钊弱小,我们有什么好处可以得到呢?不如赶快去解救翟钊,这样还可以形成鼎足而立的局势。

今我引兵趋中山，昼多疑兵，夜多火炬，垂必惧而自救。我冲其前，钊蹑其后，此天授之机，不可失也。”永不从。

7　燕大赦。

8　五月丁卯朔，日有食之。

9　六月，燕主垂军黎阳，临河欲济，翟钊列兵南岸以拒之。辛亥，垂徙营就西津，去黎阳西四十里，为牛皮船百馀艘，伪列兵仗，溯流而上。钊亟引兵趣西津，垂潜遣中垒将军桂林王镇等自黎阳津夜济，营于河南，比明而营成。钊闻之，亟还，攻镇等营，垂命镇等坚壁勿战。钊兵往来疲暍，攻营不能拔，将引去，镇等引兵出战，骠骑将军农自西津济，与镇等夹击，大破之。钊走还滑台，将妻子，收遗众，北济河，登白鹿山，凭险自守，燕兵不得进。农曰：“钊无粮，不能久居山中。”乃引兵还，留骑候之。钊果下山，还兵掩击，尽获其众，钊单骑奔长子。西燕主永以钊为车骑大将军、兖州牧，封东郡王。岁馀，钊谋反，永杀之。

初，郝晷、崔逞及清河崔宏、新兴张卓、辽东夔腾、阳平路纂皆仕于秦，避秦乱来奔，诏以为冀州诸郡，各将部曲营于河南。既而受翟氏官爵，翟氏败，皆降于燕，燕主垂各随其材而用之。钊所统七郡三万馀户，皆按堵如故。以章武王

现在我们带领部队奔袭后燕的都城中山，白天多设些疑兵，黑夜多点一些火把，慕容垂得知后一定会担心后方的安全而赶回来为自己解围。那时候，我们再迎击他们的前面，翟钊又可以跟在他们的背后骚扰，这是上天所给我们提供的绝好时机，万万不可失去。”慕容永没有听从他的话。

7 后燕实行大赦。

8 五月丁卯朔（初一），出现日食。

9 六月，后燕国主慕容垂的部队抵达黎阳，来到黄河岸边准备渡河，翟钊则把部队布置在黄河南岸用来抗拒燕军。辛亥（十六日），慕容垂把大营迁到西津，距离黎阳四十里，制作牛皮战船一百多艘，假装着把军卒器械满载船上，逆水而上。翟钊急忙带领部队直扑西津防卫。慕容垂又暗中派遣中垒将军桂林王慕容镇等人率兵从黎阳渡口连夜渡河，在黄河南岸扎下大营，天亮时，后燕的大营已经全部构筑完成。翟钊听到这个消息后，急忙返回，进攻慕容镇等人的军营，慕容垂命令慕容镇等只许坚守防备，不许出战。翟钊的兵马跑来跑去疲惫热燥不堪，攻打燕军的营地难以取胜，正要带兵退走，慕容镇等人突然带兵从营地中杀出，与此同时，后燕骠骑将军慕容农从西津渡过黄河，与慕容镇等一起夹击翟钊，把他打得大败。翟钊回逃到滑台，带着妻子儿女，收集残兵败将，向北渡过黄河，登上了白鹿山，依靠山势险峻严密把守，后燕的部队无法进击。慕容农说：“翟钊没有军粮，一定不能长时间地在山中蜷缩。”自己率领部队回营，仅留下一些骑兵等待观望翟钊的动静。翟钊果然下了山，慕容农马上挥师回军突袭，把翟钊的部众全部俘获，只有翟钊一人骑马投奔长子。西燕国主慕容永任命翟钊为车骑大将军、兖州牧，并封他为东郡王。一年多之后，翟钊阴谋反叛西燕，慕容永把他杀了。

最初，郝晷、崔逞以及清河人崔宏、新兴人张卓、辽东人夔腾、阳平人路纂等人都在前秦做官。前秦大乱时，他们为了躲避战乱，前来投奔东晋。孝武帝下诏委任他们做了冀州几个郡的郡守，并带领他们各自的部队在黄河南岸驻扎。不久，他们又接受了魏天王翟辽的官职和爵位。翟辽及他的家族失败后，他们又都投降了后燕，后燕国主慕容垂按照他们各自的才干，分别留用了他们。翟钊过去所统辖的七个郡三万多户人家，都像过去一样安居下来。慕容垂又任命章武王

宙为兖、豫二州刺史，镇滑台。徙徐州民七千馀户于黎阳，以彭城王脱为徐州刺史，镇黎阳。脱，垂之弟子也。垂以崔荫为宙司马。

初，陈留王绍为镇南将军，太原王楷为征西将军，乐浪王温为征东将军，垂皆以荫为之佐。荫才干明敏强正，善规谏，四王皆严惮之。所至简刑法，轻赋役，流民归之，户口滋息。

秋，七月，垂如邺，以太原王楷为冀州牧，右光禄大夫馀蔚为左仆射。

10　秦主登闻后秦主苌疾病，大喜，告祠世祖神主，大赦，百官进位二等，秣马厉兵，进逼安定，去城九十馀里。八月，苌疾小瘳，出拒之。登引兵出营，将逆战，苌遣安南将军姚熙隆别攻秦营，登惧而还。苌夜引兵旁出以蹑其后，旦而候骑告曰："贼诸营已空，不知所向。"登惊曰："彼为何人，去令我不知，来令我不觉，谓其将死，忽然复来，朕与此羌同世，何其厄哉！"登遂还雍，苌亦还安定。

11　三河王光遣其弟右将军宝等攻金城王乾归，宝及将士死者万馀人。又遣其子虎贲中郎将纂击南羌彭奚念，纂亦败归。光自将击奚念于枹罕，克之，奚念奔甘松。

慕容宙为兖州、豫州两个州的刺史，镇守滑台。把徐州的居民七千多户迁移到黎阳，并任命彭城王慕容脱为徐州刺史，镇守黎阳。慕容脱是慕容垂的侄儿。又任命崔荫为慕容宙的司马。

当初，陈留王慕容绍做镇南将军，太原王慕容楷做征西将军，乐浪王慕容温做征东将军，慕容垂都是委派崔荫作为他们的辅佐。崔荫精明强干，刚强正直，善于规劝主上的过失，因此，四位亲王都很害怕他。崔荫每到一个地方，都努力减少刑惩，宽松法度，减轻田赋与税捐，使外出逃亡的难民渐渐地回来，当地的户口也越来越多。

秋季，七月，慕容垂来到邺城，任命太原王慕容楷为冀州牧，右光禄大夫馀蔚为左仆射。

10　前秦国主苻登听说了后秦国主姚苌生病，喜出望外，焚香禀告世祖苻坚的神位，又在国中实行大赦，并把文武百官的职位连升两级，喂饱战马，磨利武器，统领大军逼临安定，距离城池仅九十多里。八月，姚苌的病稍有好转，便率军出城与前秦军队对抗。苻登带领军队冲出营地将要交战，姚苌却派遣安南将军姚熙隆从别的地方去进攻前秦的营地。苻登惧怕后营有失，连忙撤退。姚苌在夜晚带领部队从侧翼迂回出来，紧跟在苻登部队的背后。天亮时，前秦的哨探骑兵回来报告，说："贼兵的几个军营都已经空了，不知去向。"苻登大惊失色，说道："姚苌这个家伙是个什么人，走的时候能让我不得知道，来的时候又能让我无从知觉，都说他快要死了，可却忽然之间又能出来和我对阵打仗。我与这个老羌贼同活在一个世上，是多么不走运的事情啊！"于是，苻登只好撤兵回到雍城去了，姚苌也回到安定。

11　后凉三河王吕光派他的弟弟右将军吕宝等，进攻西秦金城王乞伏乾归，吕宝及将士战死的有一万多人。吕光又派遣他的儿子、虎贲中郎将吕纂进攻南部羌族部落首领彭奚念，吕纂也大败而归。于是吕光亲自领兵去枹罕袭击彭奚念，大获全胜，彭奚念去投奔甘松。

12　冬，十月辛亥，荆州刺史王忱卒。

13　雍州刺史朱序以老病求解职。诏以太子右卫率郗恢为雍州刺史，代序镇襄阳。恢，昙之子也。

14　巴蜀人在关中者皆叛后秦，据弘农以附秦。秦主登以窦冲为左丞相，冲徙屯华阴。郗恢遣将军赵睦守金墉，河南太守杨佺期帅众军湖城，击冲，走之。

15　十一月癸酉，以黄门郎殷仲堪为都督荆益宁三州诸军事、荆州刺史，镇江陵。仲堪虽有英誉，资望犹浅，议者不以为允。到官，好行小惠，纲目不举。

南郡公桓玄负其才地，以雄豪自处，朝廷疑而不用。年二十三，始拜太子洗马。玄尝诣琅邪王道子，值其酣醉，张目谓众客曰："桓温晚涂欲作贼，云何？"玄伏地流汗，不能起。由是益不自安，常切齿于道子。后出补义兴太守，郁郁不得志，叹曰："父为九州伯，儿为五湖长！"遂弃官归国，上疏自讼曰："先臣勤王匡复之勋，朝廷遗之，臣不复计。至于先帝龙飞，陛下继明，请问谈者，谁之由邪？"疏寝不报。

玄在江陵，仲堪甚敬惮之。桓氏累世临荆州，玄复豪横，士民畏之，过于仲堪。尝于仲堪听事前戏马，以矟拟仲堪。仲堪中兵参军彭城刘迈谓玄曰："马矟有馀，精理不足。"玄不悦，仲堪为之失色。玄出，仲堪谓迈曰："卿，狂人也！玄夜遣杀卿，我岂能相救邪！"使迈下都避之，玄使人追之，迈仅而获免。

12　冬季，十月辛亥（十八日），东晋荆州刺史王忱去世。

13　东晋雍州刺史朱序因为年老多病，请求辞官。孝武帝下诏，任命太子右卫率郗恢为雍州刺史，代替朱序镇守襄阳。郗恢是郗昙的儿子。

14　流亡到关中一带的巴蜀人全部背叛了后秦，占据了弘农并以此归附了前秦。前秦国主苻登任命窦冲为左丞相，带兵转到华阴去驻扎。郗恢派遣将军赵睦据守金墉，河南太守杨佺期统率部队到湖城，袭击窦冲，并把窦冲赶走。

15　十一月癸酉（初十），东晋任命黄门郎殷仲堪为都督荆、益、宁三州诸军事、荆州刺史，镇守江陵。殷仲堪虽然有很好的名声，但是资历、威望还浅，因此议论的人认为并不公允合理。果然，殷仲堪到达任上后，喜欢行使小恩小惠，对大政方针缺乏有力切实的措施。

东晋南郡公桓玄仗恃自己的才能和显赫的家族地位，总把自己看作是英雄豪杰，朝廷对他怀有戒心而不重用。二十三岁那年，他才开始在朝廷任太子洗马。桓玄曾经去拜见琅邪王司马道子，当时正赶上司马道子酩酊大醉，他睁开醉眼对身旁的很多宾客说："桓温到了晚年的时候，曾经打算要做贼，你们说怎么样呀?"桓玄伏在地上，汗流浃背，站不起来。从此他越发忐忑不安，常常对司马道子痛恨得咬牙切齿。后来，他补任义兴太守，但也还是感到怀才不遇而闷闷不乐，他叹息着说："我的父亲曾是九州的盟主，而他的儿子却只不过是五湖的小头目!"于是，他弃官回到封地。临行，他呈上一道奏章，为自己申辩道："我父亲辅佐皇家，平定祸乱的功劳，朝廷把它遗忘了，我并不再做计较。但是，先帝建立宏图伟业，陛下接着得以继承大统，这些事，请陛下问一问那些谈论的人，是靠谁得来的呢?"奏章被搁置下来，没有上报。

桓玄在江陵，殷仲堪对他十分恭敬畏惧。桓氏家族几代都在荆州镇守，桓玄尤其强豪专横，当地的官员、百姓都害怕他，甚于害怕殷仲堪。桓玄曾经在殷仲堪升堂办公之前在公堂外骑马取笑，并且用长矛假装向殷仲堪直刺。殷仲堪的部将中军参军、彭城人刘迈对桓玄说："战马和长矛的威力有馀，但是于道理精义却有缺陷。"桓玄怫然不悦，殷仲堪也为此大惊失色。桓玄走出去之后，殷仲堪对刘迈说："你是疯了！桓玄趁夜派出刺客来杀你，我怎么能救得了你呢?"于是，他便让刘迈赶快到京城去躲避桓玄的报复。桓玄派人去追杀他，刘迈免得一死。

征虏参军豫章胡藩过江陵，见仲堪，说之曰："桓玄志趣不常，每怏怏于失职，节下崇待太过，恐非将来之计也！"仲堪不悦。藩内弟罗企生为仲堪功曹，藩退，谓企生曰："殷侯倒戈以授人，必及于祸。君不早图去就，后悔无及矣！"

16　庚寅，立皇子德文为琅邪王，徙琅邪王道子为会稽王。

17　十二月，燕主垂还中山，以辽西王农为都督兖豫荆徐雍五州诸军事，镇邺。

18　休官权千成据显亲，自称秦州牧。

19　清河人李辽上表请敕兖州修孔子庙，给户洒扫。仍立庠序，收教学者，曰："事有如赊而寔急者，此之谓也！"表不见省。

十八年（癸巳，393）

1　春，正月，燕阳平孝王柔卒。

2　权千成为秦所逼，请降于金城王乾归，乾归以为东秦州刺史、休官大都统、显亲公。

3　夏，四月庚子，燕主垂加太子宝大单于。以安定王库傉官伟为太尉，范阳王德为司徒，太原王楷为司空，陈留王绍为尚书右仆射。五月，立子熙为河间王，朗为渤海王，鉴为博陵王。

4　秦右丞相窦冲矜才尚人，自请封天水王。秦主登不许。六月，冲自称秦王，改元元光。

5　金城王乾归立其子炽磐为太子。炽磐勇略明决，过于其父。

东晋征虏参军豫章人胡藩路过江陵，前去看望殷仲堪，劝解他说："桓玄的志向兴趣不比常人，常常因为没有得到一个满意的职位而大为不满，您对他尊敬优待得似乎太过分了，这恐怕不是能够长期维持的办法吧！"殷仲堪心中不大高兴。胡藩的妻弟罗企生是殷仲堪手下的功曹。胡藩从殷仲堪那里出来，对罗企生说："殷仲堪把长戈倒转过来，把木柄交给别人，自己一定遭难。你如果不早早地图谋去留，后悔可是来不及的呀！"

16　庚寅(二十七日)，孝武帝立他的儿子司马德文为琅邪王，把原琅邪王司马道子改封为会稽王。

17　十二月，后燕国主慕容垂回到都城中山，任命辽西王慕容农为都督兖、豫、荆、徐、雍五州诸军事，镇守邺城。

18　休官部落的首领权千成据守显亲县，自称为秦州牧。

19　东晋清河人李辽上奏朝廷，请求下令南兖州府修建孔子庙，指定专门的人家负责日常洒扫。并开办学校，聘请教书先生，招收学生。他说："有的事情看起来好像可以做长久打算，实际上却需要尽快办理，指的就是这些事情。"奏章呈上没有看见反应。

晋孝武帝太元十八年(癸巳，公元393年)

1　春季，正月，后燕阳平孝王慕容柔去世。

2　休官部落首领权千成被前秦逼迫，向西秦金城王乞伏乾归请求投降。乞伏乾归任命他为东秦州刺史、休官大都统，封为显亲公。

3　夏季，四月庚子(初九)，后燕国主慕容垂加封太子慕容宝为大单于。又任命安定王库傉官伟为太尉，范阳王慕容德为司徒，太原王慕容楷为司空，陈留王慕容绍为尚书右仆射。五月，册立他的儿子慕容熙为河间王，慕容朗为渤海王，慕容鉴为博陵王。

4　前秦右丞相窦冲自恃其才，以为超人一等，他自己请求封他为天水王。苻登没有答应。六月，窦冲自己称秦王，改年号为元光。

5　西秦金城王乞伏乾归立他的儿子乞伏炽磐为太子。乞伏炽磐的武勇谋略和明智决断，都超过他父亲。

6 秋，七月，秦主登攻窦冲于野人堡，冲求救于后秦。尹纬言于后秦主苌曰："太子仁厚之称，著于远近，而英略未著，请使击苻登以著之。"苌从之。太子兴将兵攻胡空堡，登解冲围以赴之。兴因袭平凉，大获而归。苌使兴还镇长安。

7 魏王珪以薛干太悉伏不送刘勃勃，八月，袭其城，屠之，太悉伏奔秦。

8 氐帅杨佛嵩叛，奔后秦，杨佺期、赵睦追之，九月丙戌，败佛嵩于潼关。后秦将姚崇救佛嵩，败晋兵，赵睦死。

9 冬，十月，后秦主苌疾甚，还长安。

10 燕主垂议伐西燕，诸将皆曰："永未有衅，我连年征讨，士卒疲弊，未可也。"范阳王德曰："永既国之枝叶，又僭举位号，惑民视听，宜先除之，以壹民心。士卒虽疲，庸得已乎！"垂曰："司徒意正与吾同。吾比老，叩囊底智，足以取之，终不复留此贼以累子孙也。"遂戒严。

十一月，垂发中山步骑七万，遣镇西将军丹杨王瓒、龙骧将军张崇出井陉，攻西燕武乡公友于晋阳，征东将军平规攻镇东将军段平于沙亭。西燕主永遣其尚书令刁云、车骑将军慕容钟帅众五万守潞川。友，永之弟也。十二月，垂至邺。

6 秋季，七月，前秦国主苻登在野人堡进攻叛臣窦冲，窦冲向后秦求救。尹纬向后秦国主姚苌进言说："太子姚兴仁慈敦厚的名声，远近闻名。但是他的英才伟略却没有广泛传扬开去，请您派他去攻击苻登来使他扬名立威吧！"姚苌听从了他的话。太子姚兴带兵去进攻胡空堡，苻登急忙解除对窦冲的围困，赶赴那里去解救。姚兴于是又进袭平凉，缴获了许多东西之后班师回朝。姚苌还是派姚兴回到长安去镇守。

7 魏王拓跋珪因为薛干部落的首领太悉伏拒绝把刘勃勃送交给他，在八月，袭击了太悉伏的驻地，大肆杀戮。太悉伏逃奔到了前秦。

8 东晋的氐族首领杨佛嵩叛变，逃到了后秦，杨佺期、赵睦追赶他。九月丙戌，在潼关附近将杨佛嵩打败。后秦将领姚崇出兵搭救杨佛嵩，击败了晋军，杀死了晋将赵睦。

9 冬季，十月，后秦国主姚苌病重，回到长安。

10 后燕国主慕容垂召集文武大臣议论讨伐西燕的计划，各位将领都说："慕容永与我们并没有什么大的冲突。我国连续几年东征西讨，将士兵卒疲惫不堪，不可再发动战争。"范阳王慕容德却说："慕容永是我慕容皇族的偏枝旁叶，他超越本分另立尊号，迷惑了老百姓的视听。我们应该先把他除掉，以使老百姓一心向着我们。虽然士卒将领的确很疲倦，但是又怎么能够罢手停战呢？"慕容垂说："司徒的意见正好和我的想法一样。我虽然已经老了，但是我拍一拍口袋，觉得剩下的这一点点智谋足够对付他们，总不能把这些蟊贼留下来连累我的子孙。"于是下令处于临战状态，严阵以待。

十一月，慕容垂调动中山的步、骑兵七万人，派遣镇西将军、丹杨王慕容瓒，以及龙骧将军张崇等从井陉出发，在晋阳对西燕武乡公慕容友发起攻击，征东将军平规在沙亭进攻西燕的镇东将军段平。西燕国主慕容永派遣他的尚书令刁云、车骑将军慕容钟统领大军五万据守潞川。慕容友是慕容永的弟弟。十二月，慕容垂来到邺城。

11　己亥，后秦主苌召太尉姚旻、仆射尹纬、姚晃、将军姚大目、尚书狄伯支入禁中，受遗诏辅政。苌谓太子兴曰："有毁此诸公者，慎勿受之。汝抚骨肉以恩，接大臣以礼，待物以信，遇民以仁，四者不失，吾无忧矣。"姚晃垂涕问取苻登之策，苌曰："今大业垂成，兴才智足办，奚所复问！"庚子，苌卒。兴秘不发丧，以其叔父绪镇安定，硕德镇阴密，弟崇守长安。

或谓硕德曰："公威名素重，部曲最强，今易世之际，必为朝廷所疑，不如且奔秦州，观望事势。"硕德曰："太子志度宽明，必无他虑。今苻登未灭而骨肉相攻，是自亡也。吾有死而已，终不为也。"遂往见兴，兴优礼而遣之。兴自称大将军，以尹纬为长史，狄伯支为司马，帅众伐秦。

十九年(甲午,394)

1　春，秦主登闻后秦主苌卒，喜曰："姚兴小儿，吾折杖笞之耳。"乃大赦，尽众而东，留司徒安成王广守雍，太子崇守胡空堡。遣使拜金城王乾归为左丞相、河南王、领秦梁益凉沙五州牧，加九锡。

2　初，秃发思复鞬卒，子乌孤立。乌孤雄勇有大志，与大将纷陁谋取凉州。纷陁曰："公必欲得凉州，宜先务农讲武，礼俊贤，修政刑，然后可也。"乌孤从之。三河王光遣使拜乌孤冠军大将军、河西鲜卑大都统。乌孤与其

11　己亥，后秦国主姚苌把太尉姚旻、仆射尹纬、姚晃、将军姚大目、尚书狄伯支等人召进宫中，要他们接受遗诏辅佐太子姚兴治理朝政。姚苌对太子姚兴说："如果有诋毁攻击这几位先生的人，你一定要慎重处理，不要听从他们的话。你如能做到用恩德来抚慰骨肉，用礼仪来对待大臣，用信义来处理一切事情，用仁慈来对待百姓，这四个方面都能不偏废的话，我就没有什么可担忧的了。"姚晃此时流着泪询问征服苻登的计策，姚苌说："现在，我们的帝王大业马上就要完成了，姚兴的才智与谋略已经足可以胜任，还有什么必要再来问我呢！"庚子，姚苌去世。姚兴不对外宣布，只是马上任命他的叔叔姚绪去镇守安定，派遣姚硕德去镇守阴密，并命令他的弟弟姚崇留守长安。

有人对姚硕德说："您的威望名声历来就是最高的，您带领的部队也是最强壮的，现在正是皇帝即位、政权交接之际，您一定受到朝廷的怀疑。不如暂时前往秦州躲避一下，观望事态的发展变化。"姚硕德说："太子姚兴的心胸与度量宽宏明达，绝对不会有其他的想法和顾虑。现在苻登还没有铲除，我们自家骨肉便先互相打起来，这是自取灭亡。我不过有一死罢了，却绝对不做那种事。"他便去觐见姚兴，姚兴对他非常尊敬，待遇也很优厚，并送他回去。姚兴自称大将军，任命尹纬为长史，狄伯支为司马，率众讨伐前秦。

晋孝武帝太元十九年（甲午，公元394年）

1　春季，正月，前秦国主苻登听说后秦国主姚苌已死，喜不自禁地说："姚兴这个黄口乳儿，我折下一根树枝，就可以打他一顿。"于是，实行大赦，率领所有军队向东开进，只留下司徒、安成王苻广镇守雍城，太子苻崇留守胡空堡。苻登又派遣使者前去加授西秦国金城王乞伏乾归为左丞相，封为河南王并领秦、梁、益、凉、沙五州牧，加授九锡。

2　当初，鲜卑部落的首领秃发思复鞬去世，他的儿子秃发乌孤继位。秃发乌孤十分勇武雄健，胸怀大志。他和大将纷陁商议夺取凉州。纷陁说："您如果一定要夺取凉州，就应该首先提倡并致力推广农耕，讲习武事，再礼贤下士，治理纲政与刑法，然后方可以采取行动。"秃发乌孤听从了他的劝告。后凉三河王吕光派遣使者任命秃发乌孤为冠军大将军、河西鲜卑大都统。秃发乌孤同他的

群下谋之曰："可受乎？"皆曰："吾士马众多，何为属人！"石真若留不对。乌孤曰："卿畏吕光邪？"石真若留曰："吾根本未固，小大非敌，若光致死于我，何以待之！不如受以骄之，俟衅而动，蔑不克矣。"乌孤乃受之。

3　二月，秦主登攻屠各姚奴、帛蒲二堡，克之。

4　燕主垂留清河公会镇邺，发司、冀、青、兖兵，遣太原王楷出滏口，辽西王农出壶关，垂自出沙庭以击西燕，标榜所趣，军各就顿。西燕主永闻之，严兵分道拒守，聚粮台壁，遣从子征东将军小逸豆归、镇东将军王次多、右将军勒马驹帅众万馀人戍之。

5　夏，秦主登自六陌趣废桥，后秦始平太守姚详据马嵬堡以拒之。太子兴遣尹纬将兵救详，纬据废桥以待秦。秦兵争水，不能得，渴死者什二三，因急攻纬。兴驰遣狄伯支谓纬曰："苻登穷寇，宜持重以挫之。"纬曰："先帝登遐，人情扰惧，今不因思奋之力以禽敌，大事去矣！"遂与秦战，秦兵大败。其夜，秦众溃，登单骑奔雍，太子崇及安成王广闻败，皆弃城走。登至，无所归，乃奔平凉，收集遗众，入马毛山。

部下商议说："可以接受吗?"部下都说："我们的兵将马匹这样众多，为什么非要隶属于别人!"只有石真若留没有发言。秃发乌孤说："你害怕吕光吗?"石真若留说："我们的根本还没有稳固，与吕光相比，力量的大小相差悬殊，绝对不是吕光的敌手，如果吕光一定要消灭我们，我们能用什么办法来抗拒他呢！我看不如暂时接受他的加封，以此来使吕光自高自大，我们也好等待机会采取相应的行动，那样的话，我们就没有什么不能战胜的了。"秃发乌孤听从了他的劝告，接受了吕光的加封。

3　二月，前秦国主苻登进攻屠各部落所占领的姚奴堡、帛蒲堡，攻克了二堡。

4　后燕国主慕容垂留下清河公慕容会镇守邺城，调动司州、冀州、青州、兖州的兵力，派遣太原王慕容楷从滏口出击，辽西王慕容农从壶关出击，慕容垂自己则从沙庭进发，共同征伐西燕。他故意地公开分派任务，并且使各支军队准备就绪。西燕国主慕容永听到这个消息，派遣兵马分几路严密把守，把粮草物资等聚集在台壁，派自己的侄儿征东将军小慕容逸豆归、镇东将军王次多、右将军勒马驹等人率领一万多人保卫台壁。

5　夏季，四月，前秦国主苻登从六陌进发到废桥，后秦始平太守姚详据守马嵬堡准备和他对抗。后秦太子姚兴派遣尹纬带领兵马前去营救姚详，尹纬占据废桥等待前秦部队来攻。前秦兵卒与后秦争夺饮水，没有能够得到，渴死的人有十分之二三。前秦更加急迫地向尹纬发动进攻。姚兴派狄伯支赶来叮嘱尹纬说："苻登这家伙已是穷途末路的强盗，我们应该沉着、谨慎，有把握后将他打败。"尹纬说："先帝刚刚成仙而去，人心难免骚动惊惧。现在我们如果不因此想办法奋勇作战，克制强敌，我们的大业将一败涂地!"他与前秦部队决战，前秦部队大败。当天夜晚，前秦的军队便溃不成军，苻登一人骑马逃奔雍城。太子苻崇以及安成王苻广听说自己的军队失败，早已放弃城池逃走。等苻登来到这里时，已经没有地方可以投靠，于是，他又逃奔平凉，收集残兵败将，进入马毛山。

6　燕主垂顿军邺西南，月馀不进。西燕主永怪之，以为太行道宽，疑垂欲诡道取之，乃悉敛诸军屯轵关，杜太行口，惟留台壁一军。甲戌，垂引大军出滏口，入天井关。五月乙西，燕军至台壁，永遣从兄太尉大逸豆归救之，平规击破之。小逸豆归出战，辽西王农又击破之，斩勒马驹，禽王次多，遂围台壁。永召太行军还，自将精兵五万以拒之。刁云、慕容钟震怖，帅众降燕，永诛其妻子。己亥，垂陈于台壁南，遣骁骑将军慕容国伏千骑于涧下。庚子，与永合战，垂伪退，永众追之，行数里，国骑从涧中出，断其后，诸军四面俱进，大破之，斩首八千馀级，永走归长子。晋阳守将闻之，弃城走。丹杨王瓒等进取晋阳。

7　后秦太子兴始发丧，即皇帝位于槐里，大赦，改元皇初，遂如安定。谥后秦主苌曰武昭皇帝，庙号太祖。

8　六月壬子，追尊会稽王太妃郑氏曰简文宣太后。群臣谓宣太后应配食元帝，太子前率徐邈曰：“宣太后平素之时，不伉俪于先帝，至于子孙，岂可为祖考立配！”国学明教东莞臧焘曰：“今尊号既正，则罔极之情申；别建寝庙，则严祢之义显；系子为称，兼明贵之所由。一举而允三义，不亦善乎！”乃立庙于太庙路西。

6　后燕国主慕容垂驻扎在邺城西南，一个多月也没有向前推进。西燕主慕容永觉得很奇怪，以为是太行道路宽阔，怀疑慕容垂打算秘密通过来偷袭，于是他把几支军队统统地调集在轵关驻扎下来，封锁太行路口，只把镇守台壁的部队留下。甲戌（二十日），慕容垂率领大部队从滏口出兵，进入了天井关。五月乙酉（初一），后燕的军队到达台壁，慕容永派遣他的堂兄、太尉大慕容逸豆归领兵去解救，结果被后燕将领平规击败。小慕容逸豆归出列讨战，又被后燕辽西王慕容农打得大败，后燕军斩杀了西燕的右将军勒马驹，活捉了另一个将军王次多，于是，把台壁团团围住。慕容永急忙把驻守太行的部众调回，他本人统领五万多人的精锐部队抵抗后燕。西燕驻守潞川的将军刁云、慕容钟等却被后燕的进攻气势所震慑，率领部众投降了后燕。慕容永杀死了他们的妻子儿女。己亥（十五日），慕容垂在台壁以南的地区列开阵势，又派骁骑将军慕容国带领一千多骑兵埋伏在山涧之下。庚子（十六日），慕容垂与慕容永展开决战，慕容垂佯装败退，慕容永带兵追赶他，追了几里路，慕容国率领的骑兵部队从山涧中突然杀出，切断了慕容永的后路，后燕各支军队从四面八方一起向慕容永发起了进攻，把西燕的部队打得大败，杀死敌人达八千多人。慕容永仓惶逃回到长子。西燕晋阳守将听说己方大败，弃城逃走。后燕丹杨王慕容瓒等人夺取了晋阳。

7　后秦太子姚兴这时才宣布父亲姚苌已死，并在槐里即皇帝位。实行大赦，改年号为皇初，随后来到安定。追谥后秦国主姚苌为武昭皇帝，庙号为太祖。

8　六月壬子，孝武帝追尊自己的祖母、元帝司马睿的妃子郑氏为简文宣太后。很多大臣都说宣太后的牌位应该被尊放在元帝之侧，与元帝一起享受香火，太子前率徐邈却说：“宣太后活着的时候，并没有被作为先帝的婚配正室，到了作为子孙的人，我们怎么可以为祖先们做主安排妻室呢？”国学明教东莞人臧焘说：“现在，宣太后的尊号已经扶正，作为后代的无穷的孝思已经得到表达；为宣太后另建一座祭庙，尊重先辈祭庙的心情就已可以显现；把儿子的谥号加在母亲的谥号前面，能使人明白母亲得以荣耀尊贵的原因。这一个举动可以符合三方面的意义，不也是一件应该做的好事吗？”于是，在太庙路的西侧建立一座宣太后的祭庙。

9　燕主垂进军围长子。西燕主永欲奔后秦，侍中兰英曰：“昔石虎伐龙都，太祖坚守不去，卒成大燕之基。今垂七十老翁，厌苦兵革，终不能顿兵连岁以攻我也。但当城守以疲之。”永从之。

10　秦主登遣其子汝阴王宗为质于河南王乾归以请救，进封乾归梁王，纳其妹为梁王后。乾归遣前军将军乞伏益州等帅骑一万救之。秋，七月，登引兵出迎乾归兵，后秦主兴自安定如泾阳，与登战于山南，执登，杀之。悉散其部众，使归农业，徙阴密三万户于长安，以李后赐姚晃。益州等闻之，引兵还。秦太子崇奔湟中，即帝位，改元延初。谥登曰高皇帝，庙号太宗。

11　后秦安南将军强熙、镇远将军强多叛，推窦冲为主。后秦主兴自将讨之，军至武功，多兄子良国杀多而降，熙奔秦州，冲奔汧川，汧川氐仇高执送之。

12　三河王光以子覆为都督玉门以西诸军事、西域大都护，镇高昌，命大臣子弟随之。

13　八月己巳，尊皇太妃李氏为皇太后，居崇训宫。

14　西燕主永困急，遣其子常山公弘等求救于雍州刺史郗恢，并献玉玺一纽。恢上言：“垂若并永，为患益深，不如两存之，可以乘机双毙。”帝以为然，昭青、兖二州刺史王恭、豫州刺史庾楷救之。楷，亮之孙也。永恐晋兵不出，又遣其太子亮来为质，平规追亮及于高都，获之。永又告急于魏，魏王珪

9　后燕国主慕容垂指挥部队包围了长子。西燕国主慕容永打算投奔后秦，侍中兰英说："当年石虎讨伐龙都，大燕国太祖慕容皝坚守城池不肯离去，终于成就了大燕国的基础。现在，慕容垂已经是一个七十老翁，他讨厌长年战争，终究不能成年累月地攻打我们。我们只应该严密守城，拖垮敌人。"慕容永听从了他的意见。

10　前秦国主苻登送他的儿子汝阴王苻宗作为人质，到河南王乞伏乾归那里去请求救助，并且加封乞伏乾归为梁王，并迎娶乞伏乾归的妹妹为梁王后。乞伏乾归派遣前军将军乞伏益州等人统领一万骑兵前去解救他。秋季，七月，苻登带领兵马迎接乞伏乾归的部队。后秦国主姚兴从安定直扑泾阳，与苻登在马毛山南激战。姚兴生俘了苻登，并把他杀掉了。他把苻登的部众全部解散，让他们回到家里去从事农事耕作，又把阴密的三万户居民迁到长安，把苻登的妻子李皇后赏赐给姚晃。乞伏益州等人听到了这个消息，就带着部队回去了。前秦太子苻崇又跑到湟中，继承了帝位，改年号为延初。又追谥苻登为高皇帝，庙号太宗。

11　后秦安南将军强熙、镇远将军强多叛变，拥推窦冲为盟主。后秦国主姚兴亲自带兵前去讨伐，部队行进到武功的时候，强多的侄儿强良国杀死了强多归降。强熙则逃奔秦州，窦冲逃奔汧川、汧川氐族部落首领仇高抓住送还给后秦。

12　后凉三河王吕光，任命他的儿子吕覆为都督玉门以西诸军事、西域大都护，镇守高昌，并命令大臣的子弟随同前往。

13　八月己巳（十六日），孝武帝尊封皇太妃李氏为皇太后，居住在崇训宫。

14　西燕国主慕容永被包围，局势危急，派他儿子常山公慕容弘等人去向东晋雍州刺史郗恢求救，并奉献一颗玉玺作为进见之礼。郗恢上奏说："慕容垂如果吞并了慕容永，会给我们带来更深的祸患，不如让他们二者暂时并存，我们也好寻找机会同时除掉他们两个。"孝武帝以为他说得很对，便下诏调青、兖二州刺史王恭和豫州刺史庾楷前往解救慕容永。庾楷是庾亮的孙子。慕容永担心晋国不肯出兵，又派他的太子慕容亮到东晋充当人质。后燕平规追捕慕容亮，追到高都把他抓住。慕容永又向北魏告急。魏王拓跋珪

遣陈留公虔、将军庾岳帅骑五万东渡河，屯秀容以救之。虔，纥根之子也。晋、魏兵皆未至，大逸豆归部将伐勤等开门内燕兵，燕人执永，斩之，并斩其公卿大将刁云、大逸豆归等三十馀人，得永所统八郡七万馀户及秦乘舆、服御、伎乐、珍宝甚众。燕主垂以丹杨王瓒为并州刺史，镇晋阳；宜都王凤为雍州刺史，镇长子。永尚书仆射昌黎屈遵、尚书阳平王德、秘书监中山李先、太子詹事渤海封则、黄门郎太山胡母亮、中书郎张腾、尚书郎燕郡公孙表皆随才擢叙。

九月，垂自长子如邺。

15 冬，十月，秦主崇为梁王乾归所逐，奔陇西王杨定。定留司马邵彊守秦州，帅众二万与崇共攻乾归，乾归遣凉州牧轲弹、秦州牧益州、立义将军诘归帅骑三万拒之。益州与定战，败于平州，轲弹、诘归皆引退，轲弹司马翟瑥奋剑怒曰："主上以雄武开基，所向无敌，威振秦、蜀。将军以宗室居元帅之任，当竭力致命以佐国家。今秦州虽败，二军尚全，奈何望风退衄，将何面以见主上乎！瑥虽无任，独不能以便宜斩将军乎！"轲弹谢曰："向者未知众心何如耳。果能若是，吾敢爱死！"乃帅骑进战，益州、诘归亦勒兵继之，大败定兵，杀定及崇，斩首万七千级。乾归于是尽有陇西之地。

派陈留公拓跋虔和将军庾岳统领骑兵五万人向东渡过黄河，集结在秀容一带救援慕容永。拓跋虔是拓跋纥根的儿子。东晋和北魏援兵还没有来到的时候，大慕容逸豆归手下的将领伐勤等打开城门把后燕军放了进来。后燕将士抓住了慕容永并且把他杀了，又斩杀了慕容永的文臣武将如刁云、大慕容逸豆归等三十多人，吞并了慕容永所统辖的八个郡、七万多户居民以及前秦御用的车轿、服饰、歌女乐器、奇珍异宝不计其数。后燕国主慕容垂任命丹杨王慕容瓒为并州刺史，镇守晋阳；宜都王慕容凤为雍州刺史，镇守长子。对于慕容永的尚书仆射昌黎人屈遵、尚书阳平人王德、秘书监中山人李先、太子詹事渤海人封则、黄门郎太山人胡母亮、中书郎张腾、尚书郎燕郡人公孙表等，慕容垂都根据他们的才能加以任用。

九月，慕容垂从长子来到邺城。

15　冬季，十月，前秦国主苻崇被梁王乞伏乾归驱逐，去投奔陇西王杨定。杨定留下司马邵彊把守秦州，亲自统领两万大军和苻崇一起进攻乞伏乾归，乞伏乾归则派遣凉州牧乞伏轲弹、秦州牧乞伏益州、立义将军越质诘归统领骑兵三万以抵抗。乞伏益州与杨定展开激战，在平川一带被杨定打得大败。乞伏轲弹和越质诘归带着部队向后撤退。乞伏轲弹的司马翟瑥气愤地拔出佩剑，咆哮着说："我们主上依仗英雄武略，开创帝王基业，所到之处无人抵挡，声威震撼秦、蜀地区。将军您是乞伏家族的宗室，担任元帅的重任，本来应该竭尽全力拼死辅佐国家。现在，秦州那里虽然战败，我们的两支大军还完整无损，怎么能够看见势头稍有不利便赶紧退逃，这样，还有什么脸面可以去见主上呢！我翟瑥虽然没有什么重要职务和大权，难道就不能因为紧急情况，见机诛杀将军吗？"乞伏轲弹道歉说："先前，我不知道大家的心意怎样。如果真的能像你所说的那样，那么，我个人怎么敢贪生怕死！"于是率领骑兵挺进，与敌军作战，乞伏益州与越质诘归也率领部队，紧紧跟上，果然把杨定的兵马打得大败，杀死了杨定和苻崇，斩杀他们的部众七千多人。乞伏乾归于是全部占有了陇西一带。

定无子，其叔父佛狗之子盛，先守仇池，自称征西将军、秦州刺史、仇池公，谥定为武王，仍遣使来称藩。秦太子宣奔盛，分氐、羌为二十部护军，各为镇戍，不置郡县。

16 燕主垂东巡阳平、平原，命辽西王农济河，与安南将军尹国略地青、兖，农攻廪丘，国攻阳城，皆拔之。东平太守韦简战死，高平、泰山、琅邪诸郡皆委城奔溃，农进军临海，遍置守宰。

17 柔然曷多汗弃其父，与社仑率众西走。魏长孙肥追之，及于上郡跋那山，斩曷多汗。社仑收其馀众数百，奔疋候跋，疋候跋处之南鄙。社仑袭疋候跋，杀之。疋候跋子启跋、吴颉等皆奔魏。社仑掠五原以西诸部，走度漠北。

18 十一月，燕辽西王农败辟闾浑于龙水，遂入临淄。十二月，燕主垂召农等还。

19 秦主兴遣使与燕结好，并送太子宝之子敏于燕，燕封敏为河东公。

20 梁王乾归自称秦王，大赦。

二十年(乙未，395)

1 春，正月，燕主垂遣散骑常侍封则报聘于秦。遂自平原狩于广川、勃海、长乐而归。

杨定没有儿子，他叔父杨佛狗的儿子杨盛，在此之前镇守仇池，这时他自称征西将军、秦州刺史、仇池公，追谥杨定为武王，并派遣使节向东晋称为藩属。前秦的太子苻宣也来投奔杨盛，把氐族人、羌族人划分为二十个护军单位，各自镇守保卫自己的家园，不设置郡县等行政区划。

16　后燕国主慕容垂向东巡视阳平、平原，命令辽西王慕容农渡过黄河，与安南将军尹国一起发兵去夺取东晋所属的青州、兖州一带。慕容农进攻廪丘，尹国进攻阳城，都攻克了。东晋东平太守韦简在乱军中战死，高平、泰山、琅邪几个郡的统领长官却都抛弃守城脱逃。慕容农乘胜向海边进军，一路上设置了许多地方官员。

17　北方沙漠中的柔然部落首领郁久闾曷多汗，抛弃他的父亲不管，与堂弟郁久闾社仑率领部众一起向西逃去。北魏将军长孙肥追击他们，追到上郡跋那山，斩杀了郁久闾曷多汗。郁久闾社仑收集他的馀众几百人，投奔堂兄郁久闾疋候跋，郁久闾疋候跋把他们安置在南方偏僻的地方。郁久闾社仑恩将仇报，杀了郁久闾疋候跋。郁久闾疋候跋的儿子郁久闾启跋、郁久闾吴颉等人都去投奔北魏。郁久闾社仑于是大肆抢掠了五原以西的各个部落，然后向北穿过沙漠，到大漠以北去了。

18　十一月，后燕辽西王慕容农在龙水地方击败了东晋的辟闾浑，随即进入临淄。十二月，慕容垂把慕容农等随即征召回国。

19　后秦国主姚兴派遣使节与后燕建立友好关系，并且把太子慕容宝的儿子慕容敏送回燕国。后燕封慕容敏为河东公。

20　西秦梁王乞伏乾归自称秦王，实行大赦。

晋孝武帝太元二十年（乙未，公元395年）

1　春季，正月，后燕国主慕容垂派遣散骑常侍封则去后秦回访。慕容垂从平原出发，在广川、勃海、长乐等地巡狩之后，回到中山。

2　西秦王乾归以太子炽磐领尚书令，左长史边芮为左仆射，右长史祕宜为右仆射，置官皆如魏武、晋文故事，然犹称大单于、大将军。边芮等领府佐如故。

3　薛干太悉伏自长安亡归岭北。上郡以西鲜卑杂胡皆应之。

4　二月甲寅，尚书令陆纳卒。

5　三月庚辰朔，日有食之。

6　皇太子出就东宫，以丹杨尹王雅领少傅。

时会稽王道子专权奢纵，嬖人赵牙本出倡优，茹千秋本钱唐捕贼吏，皆以谄赂得进。道子以牙为魏郡太守，千秋为骠骑谘议参军。牙为道子开东第，筑山穿池，功用钜万。帝尝幸其第，谓道子曰："府内乃有山，甚善，然修饰太过。"道子无以对。帝去，道子谓牙曰："上若知山是人力所为，尔必死矣！"牙曰："公在，牙何敢死！"营作弥甚。千秋卖官招权，聚货累亿。博平令吴兴闻人奭上疏言之，帝益恶道子，而逼于太后，不忍废黜。乃擢时望及所亲幸王恭、郗恢、殷仲堪、王珣、王雅等，使居内外要任以防道子。道子亦引王国宝及国宝从弟琅邪内史绪以为心腹。由是朋党竞起，无复向时友爱之欢矣。太后每和解之。中书侍郎徐邈从容言于帝曰："汉文明主，犹悔淮南；

2　西秦王乞伏乾归任命太子乞伏炽磐领尚书令，左长史边芮为左仆射，右长史祕宜为右仆射，设置的文武百官等都按照魏武帝和晋文帝时的旧例，但却依然称大单于、大将军等。边芮等人也都像过去一样兼任大单于府、大将军府的官职。

3　薛干部落的首领太悉伏，从后秦长安逃回到岭北。上郡以西地区的群卑族人和其他胡人都纷纷起来响应他。

4　二月甲寅(初四)，东晋尚书令陆纳去世。

5　三月庚辰朔(初一)，出现日食。

6　东晋皇太子司马德宗从皇宫迁到太子东宫居住，孝武帝任命丹杨尹王雅兼任太子少傅。

这时，东晋会稽王司马道子独揽大权，奢侈放纵，不可一世。他的亲信赵牙本来是唱戏的出身，另一个亲信茹千秋本来是钱塘地方的负责抓贼缉盗的小吏，他们都依靠谄媚、贿赂等得到提升。司马道子任命赵牙为魏郡太守，茹千秋为骠骑谘议参军。赵牙为司马道子另建豪华宅第，堆积假山，挖掘水池，人工和资金，都耗费十分巨大。孝武帝曾经到司马道子的府邸，对司马道子说："住宅之中竟然有山，当然很好，但是修整装饰得太过分了。"司马道子无言以对。孝武帝走了之后，司马道子对赵牙说："如果皇上知道这山居然是用人力堆积成的，你一定就得死了！"赵牙说："有您在，我赵牙怎么能够死呢?"他为司马道子营建居所游宫越来越严重。茹千秋更是卖官鬻爵，招权纳贿，搜刮的钱财加在一起竟有几亿。博平令、吴兴人闻人奭上疏奏说出了这些情况，孝武帝便更加讨厌司马道子，只是迫于母亲的压力，没有下定决心罢黜。于是，他擢升那些在当时较有声望和与自己关系亲近的王恭、郗恢、殷仲堪、王珣、王雅等人，任命他们担当朝廷内外的重要官职，用来防备、牵制司马道子。司马道子也把王国宝和王国宝的堂弟琅邪内史王绪等人作为心腹。从此东晋朝廷内外党派、集团等一个接一个地出现，再也没有过去那样友爱团结的欢乐景象了。太后经常对孝武帝和司马道子进行劝解。中书侍郎徐邈心平气和地向孝武帝进言道："汉文帝刘恒是一位英明的君主，还后悔自己处死淮南王刘长的事；

世祖聪达，负愧齐王。兄弟之际，实为深慎。会稽王虽有酣媟之累，宜加弘贷，消散群议。外为国家之计，内慰太后之心。”帝纳之，复委任道子如故。

7　初，杨定之死也，天水姜乳袭据上邽。夏，四月，西秦王乾归遣乞伏益州帅骑六千讨之。左仆射边芮、民部尚书王松寿曰：“益州屡胜而骄，不可专任，必以轻敌取败。”乾归曰：“益州骁勇，诸将莫及，当以重佐辅之耳。”乃以平北将军韦虔为长史，左禁将军务和为司马。至大寒岭，益州不设部伍，听将士游畋纵饮，令曰：“敢言军事者斩！”虔等谏不听，乳逆击，大破之。

8　魏王珪叛燕，侵逼附塞诸部。五月甲戌，燕主垂遣太子宝、辽西王农、赵王麟帅众八万，自五原伐魏，范阳王德、陈留王绍别将步骑万八千为后继。散骑常侍高湖谏曰：“魏与燕世为婚姻，彼有内难，燕实存之，其施德厚矣，结好久矣。间以求马不获而留其弟，曲在于我，奈何遽兴兵击之！拓跋涉圭沉勇有谋，幼历艰难，兵精马强，未易轻也。皇太子富于春秋，志果气锐，今委之专任，必小魏而易之，万一不如所欲，伤威毁重，愿陛下深图之！”言颇激切，垂怒，免湖官。湖，泰之子也。

世祖司马炎聪明豁达，也不能不对齐王司马攸深负愧疚。兄弟之间的关系，实在应该更加慎重。会稽王司马道子虽然有嗜酒好色的坏毛病，但也应当加以宽容担待，使大家的议论逐渐消失。对外是为了国家的长远利益，对内可以安慰太后对儿子的一片爱心。”孝武帝采纳了他的劝告，对司马道子恢复了与过去一样的信任。

7　当初，前秦陇西王杨定战死的时候，天水人姜乳袭击并且占领了上邽。夏季，四月，西秦王乞伏乾归派遣乞伏益州率领骑兵六千前去讨伐姜乳。左仆射边芮、民部尚书王松寿说：“乞伏益州因为打了几次胜仗而骄傲起来，不可以单独交给他任务，那样，他一定会因为轻视敌人而遭到惨败。”乞伏乾归说：“乞伏益州骁勇善战，是其他将领赶不上的，应当派几位助手辅佐他便可以了。”于是，任命平北将军韦虔为长史，左禁将军务和为司马。兵至大寒岭，乞伏益州居然不按编制约束部队，听任将士们到处随便打猎，开怀痛饮，并且下令说：“有胆敢谈论作战方面事情的人，斩！”韦虔等苦苦相劝，乞伏益州拒不听从。果然姜乳趁机带兵迎头痛击，把乞伏益州部队打得大败。

8　魏王拓跋珪背叛后燕，侵略威胁了靠近边塞的一些种族部落。五月甲戌，后燕国主慕容垂派遣太子慕容宝、辽西王慕容农、赵王慕容麟统领八万人，从五原出发讨伐北魏，范阳王慕容德、陈留王慕容绍另外带领步、骑兵一万八千人作为后继部队。散骑常侍高湖劝谏说：“魏与我们燕国几世以来都是姻亲关系，他们内部发生天灾人祸时，我们燕国总是帮助他们渡过难关。我们对他们的恩德够深厚的了，与他们结成友好关系也已经很久了。中间虽然出现过向他们要马被拓跋珪拒绝而扣留了他的弟弟拓跋觚的事情，但那件事的错误和起因在我们这里，怎么能够突然调动军队进攻他们呢？何况拓跋珪沉稳勇武，极富谋略，从小就经历过许多艰难困苦，现在又兵强马壮，不应该轻视。皇太子固然年轻气壮，意志果断，势头正盛，但是现在把进攻魏的指挥大权完全交给他，他一定会轻视魏而简单地对付他们。最后的结果万一不像我们所想象的那样，可就使太子损伤了威望，同时又坏了大事，请陛下再仔细想想这件事！”他的言辞也有些激烈，慕容垂十分生气，当即罢免了高湖的官职。高湖是高泰的儿子。

9　六月癸丑，燕太原元王楷卒。

10　西秦王乾归迁于西城。

11　秋，七月，三河王光帅众十万伐西秦，西秦左辅密贵周、左卫将军莫者羖羝劝西秦王乾归称藩于光，以子敕勃为质。光引兵还，乾归悔之，杀周及羖羝。

12　魏张衮闻燕军将至，言于魏王珪曰："燕狃于滑台、长子之捷，竭国之资力以来，有轻我之心，宜羸形以骄之，乃可克也。"珪从之，悉徙部落畜产，西渡河千馀里以避之。燕军至五原，降魏别部三万馀家，收穄田百馀万斛，置黑城，进军临河，造船为济具。珪遣右司马许谦乞师于秦。

13　秃发乌孤击乙弗、折掘等诸部，皆破降之，筑廉川堡而都之。广武赵振，少好奇略，闻乌孤在廉川，弃家从之。乌孤喜曰："吾得赵生，大事济矣！"拜左司马。三河王光封乌孤为广武郡公。

14　有长星见自须女，至于哭星。帝心恶之，于华林园举酒祝之曰："长星，劝汝一杯酒。自古何有万岁天子邪！"

15　八月，魏王珪治兵河南。九月，进军临河。燕太子宝列兵将济，暴风起，漂其船数十艘泊南岸。魏获其甲士三百馀人，皆释而遣之。

9　六月癸丑(初五),后燕太原元王慕容楷去世。

10　西秦王乞伏乾归把自己的都城迁到苑川西城。

11　秋季,七月,后凉三河王吕光统领十万大军讨伐西秦。西秦左辅密贵周、左卫将军莫者羖羝劝西秦王乞伏乾归向吕光称藩,并且把儿子乞伏敕勃送去做人质。吕光带着部队回去了。乞伏乾归对此事深深懊悔,杀了密贵周和莫者羖羝。

12　北魏长史张衮听说后燕的大军即将到来,向魏王拓跋珪献计说:“后燕国被滑台、长子两次战役的胜利冲昏了头脑,这次动员全国的人力物力来进攻我们,是有轻视我们的意思,我们应该表现我们的疲惫孱弱,以使他们更加骄纵,我们便可以攻克他们了。”拓跋珪听从了他的计策,命令把所有部落的牲畜资产全部迁到黄河以西一千多里以外的地方去躲避。后燕军队来到五原,收降了北魏其他部落的居民三万多户,收割杂粮一百多万斛,在那里设置了黑城,然后把大军开进到黄河边,打造船只,准备渡河用具。拓跋珪派遣右司马许谦去向后秦请求援助。

13　秃发乌孤攻击乙弗、折掘等部落,把他们全部攻破并且收降,修筑了廉川堡作为这个地方的中心据点。广武人赵振,小时候就喜欢奇谋异计,听说秃发乌孤在廉川,他便抛家舍业,前去做秃发乌孤的幕僚。秃发乌孤为此喜不自禁地说:“我得到了这位赵先生,大事就算成功了!”于是加封赵振为左司马。三河王吕光封秃发乌孤为广武郡公。

14　有长尾彗星从须女星座出现,划到主哭泣、死丧的虚、危宿下。晋孝武帝心里很讨厌它,便在华林园捧着酒杯祈祷上天说:“彗星,我劝你喝了这杯酒吧！自古以来,哪有活到一万岁的天子啊?”

15　八月,魏王拓跋珪在黄河南岸整顿自己的队伍。九月,把部队开到黄河边。后燕太子慕容宝把自己的部队排开正要渡河与北魏接战,突然狂风大作,把他们的几十艘战船刮到黄河南岸泊下。船上的三百多全副武装的士兵,全都被北魏军队俘虏,北魏把他们全都释放遣送回去。

宝之发中山也，燕主垂已有疾，既至五原，珪使人邀中山之路，伺其使者，尽执之。宝等数月不闻垂起居，珪使所执使者临河告之曰："若父已死，何不早归！"宝等忧恐，士卒骇动。

珪使陈留公虔将五万骑屯河东，东平公仪将十万骑屯河北，略阳公遵将七万骑塞燕军之南。遵，寿鸠之子也。秦主兴遣杨佛嵩将兵救魏。

燕术士靳安言于太子宝曰："天时不利，燕必大败，速去可免。"宝不听。安退，告人曰："吾辈皆当弃尸草野，不得归矣！"

燕、魏相持积旬，赵王麟将慕舆嵩等以垂为实死，谋作乱，奉麟为主。事泄，嵩等皆死，宝、麟等内自疑。冬，十月辛未，烧船夜遁。时河冰未结，宝以魏兵必不能渡，不设斥候。十一月己卯，暴风，冰合，魏王珪引兵济河，留辎重，选精锐二万馀骑急追之。

燕军至参合陂，有大风，黑气如堤，自军后来，临覆军上。沙门支昙猛言于宝曰："风气暴迅，魏兵将至之候，宜遣兵御之。"宝以去魏军已远，笑而不应。昙猛固请不已，麟怒曰："以殿下神武，师徒之盛，足以横行沙漠，索虏何敢远来！而昙猛妄言惊众，当斩以徇！"昙猛泣曰："苻氏以百万之师，败于淮南，正由恃众轻敌，不信天道故也！"司徒德

慕容宝从中山出发的时候，慕容垂已经患有疾病。等到了五原之后，拓跋珪派人守候在从中山来的那条路上，等待后燕的送信人路过，把他们一个个全部抓住。慕容宝等几个月都没有得到慕容垂的生活起居情况，拓跋珪却把俘虏的燕国信差带到河边，命令他隔河告诉慕容宝说："你的父亲已经死了，你为什么还不早点回去?"慕容宝等人忧虑恐惧，士兵也惊骇不安。

拓跋珪派陈留公拓跋虔带领五万名骑兵驻扎在黄河东岸，派东平公拓跋仪带领十万骑兵屯据在黄河北岸，又派略阳公拓跋遵带领七万骑兵堵塞在燕国军队的南边。拓跋遵是拓跋寿鸠的儿子。这时候，后秦国主姚兴也派遣杨佛嵩带兵前来营救北魏军。

后燕有一个占卜算卦的术士，叫靳安。他对后燕太子慕容宝说："现在天时对我们很不利，我们一定会大败，如果赶快撤退，可以免去这场大难。"慕容宝拒不听从。靳安退出去后，告诉别人说："我们都得把自己的尸首抛弃在这荒凉的原野之上，回不去了！"

后燕与北魏两国互相对阵，僵持了几十天，后燕赵王慕容麟的部将慕舆嵩等人认为慕容垂是真的死了，因此图谋进行叛乱，拥奉慕容麟为后燕国主。这事泄漏了消息，慕舆嵩等人都被处死，慕容宝与慕容麟之间产生了嫌隙怀疑。冬季，十月辛未(二十五日)，后燕军自己焚烧战船，趁着黑夜的掩护撤退回国。这时黄河上的冰还没有冻住，慕容宝以为北魏的部队一定不能渡过黄河来追击他们，没有派出侦察部队。十一月己卯(初三)，突然狂风大作，黄河上的冰很快封死，魏王拓跋珪带兵过河，留下军用物资，挑选了两万多骑兵精锐部队，火速追赶后燕部队。

后燕部队走到参合陂，大风突起，一片黑气如同一道堤岸，从燕军的后面排山倒海般地压了上来，将燕军全部覆盖。佛教僧人支昙猛对慕容宝说："风云突变，这是北魏部队就要追到的征兆，应该派兵准备抵御他们。"慕容宝以为现在离开北魏军已经很远，只是一笑置之。支昙猛坚持请求不停，慕容麟大怒说："以我们殿下的神勇英明，加之军队力量的强大，足以在沙漠上横行，梳发拖辫的索虏怎么敢跑这么远来追击我们！支昙猛胡说八道，扰乱军心，理应斩首示众！"支昙猛哭着说："苻家拥有百万雄师，但却在淮南遭到惨败，正是因为他们仗恃自己人多势众，轻视敌人，不相信天意的缘故啊！"司徒慕容德

劝宝从昙猛言，宝乃遣麟帅骑三万居军后以备非常。麟以昙猛为妄，纵骑游猎，不肯设备。宝遣骑还诇魏兵，骑行十馀里，即解鞍寝。

魏军晨夜兼行，乙酉，暮，至参合陂西。燕军在陂东，营于蟠羊山南水上。魏王珪夜部分诸将，掩覆燕军，士卒衔枚束马口潜进。丙戌，日出，魏军登山，下临燕营。燕军将东引，顾见之，士卒大惊扰乱。珪纵兵击之，燕兵走赴水，人马相腾蹑，压溺死者以万数。略阳公遵以兵邀其前，燕兵四五万人，一时放仗敛手就禽，其遗迸去者不过数千人，太子宝等皆单骑仅免。杀燕右仆射陈留悼王绍，生禽鲁阳王倭奴、桂林王道成、济阴公尹国等文武将吏数千人，兵甲粮货以钜万计。道成，垂之弟子也。

魏王珪择燕臣之有才用者代郡太守广川贾闰、闰从弟骠骑长史昌黎太守彝、太史郎晁崇等留之，其馀欲悉给衣粮遣还，以招怀中州之人。中部大人王建曰："燕众强盛，今倾国而来，我幸而大捷，不如悉杀之，则其国空虚，取之为易。且获寇而纵之，无乃不可乎！"乃尽坑之。十二月，珪还云中之盛乐。

燕太子宝耻于参合之败，请更击魏。司徒德言于燕主垂曰："虏以参合之捷，有轻太子之心，宜及陛下神略以服之，不然，将为后患。"垂乃以清河公会录留台事，领幽州刺史，代高阳王隆镇龙城。以阳城王兰汗为北中郎将，代长乐公盛镇蓟；命隆、盛悉引其精兵还中山，期以明年大举击魏。

劝慕容宝听信支昙猛的话，慕容宝才派慕容麟率领三万骑兵走在大军的最后，以防备非常事件的发生。慕容麟认为支昙猛的话是瞎说，成天放纵骑兵到处游猎，不肯设置哨卫防备。慕容宝派骑兵向西打探北魏军队的动静，这些骑兵也是只走出十几里地，便人御甲、马解鞍地倒头睡觉去了。

北魏的军队不分昼夜兼程前进，乙酉（初九），黄昏，追到了参合陂西边。这时，后燕军在陂东，扎营在蟠羊山南面的河旁。魏主拓跋珪连夜部署各个将领，偷袭后燕，让士卒们含着枚，扎紧马口，暗中接近燕军。丙戌（初十），太阳一出来，北魏军已经登上了山头，下面对着燕军大营。后燕军队向东进发时，回头发现北魏骑兵，燕军惊慌失措，混乱不堪。拓跋珪趁势驱兵攻击，燕军奔跑落水，人撞马踩，压死淹死者数以万计。略阳公拓跋遵的部队横阻在逃亡燕军的前边，四五万燕兵，马上统统放下武器束手就擒，逃出去的也不过几千人。太子慕容宝等人都是单人匹马逃出，得以幸免。北魏军队杀死了后燕右仆射陈留悼王慕容绍，活捉了鲁阳王慕容倭奴、桂林王慕容道成、济阴公慕容尹国等文武官员几千人，至于缴获的兵刃、衣甲、粮草、辎重等更是以万万计算。慕容道成是慕容垂的侄儿。

魏王拓跋珪选择后燕被俘的大臣中有才可用的人，如代郡太守广川人贾闰、贾闰的堂弟骠骑长史昌黎太守贾彝、太史郎晁崇等留了下来，其馀的打算全部都发给衣服粮食，放他们回家，希望用这样的恩德来博得中州百姓的好感。中部大人王建说："后燕国势强大，人口众多，这次动员全国力量来进攻，我们侥幸获得这么大的胜利，不如把这些人全部杀掉，后燕的内部就是一片空虚，以后再攻打他们也就容易多了。况且抓获了强盗而又把他们放掉，不是很不合情理吗？"于是，北魏把所俘的后燕将士全部坑杀活埋了。十二月，拓跋珪返回了云中的盛乐城。

后燕太子慕容宝以为自己在参合陂那次大败是奇耻大辱，请求再次进攻北魏。司徒慕容德也向后燕国主慕容垂进言道："魏虏因为参合陂的那场胜利，一定会产生轻视我们太子的心理。正应该运用陛下的神机谋略制服他们，不然，将会后患无穷。"慕容垂便委任清河公慕容会为录留台事，兼任幽州刺史，代替高阳王慕容隆镇守龙城。任命阳城王兰汗为北中郎将，代替长乐公慕容盛镇守蓟城。命令慕容隆与慕容盛全都带着他们的精锐部队回到中山，准备在明年大举进攻北魏。

16　是岁，秦主兴封其叔父绪为晋王，硕德为陇西王，弟崇为齐公，显为常山公。

二十一年(丙申,396)

1　春，正月，燕高阳王隆引龙城之甲入中山，军容精整，燕人之气稍振。

2　休官权万世帅众降西秦。

3　燕主垂遣征东将军平规发兵冀州。二月，规以博陵、武邑、长乐三郡兵反于鲁口，其从子冀州刺史喜谏，不听。规弟海阳令翰亦起兵于辽西以应之。垂遣镇东将军馀嵩击规，嵩败死。垂自将击规，至鲁口，规弃众，将妻子及平喜等数十人走渡河，垂引兵还。翰引兵趣龙城，清河公会遣东阳公根等击翰，破之，翰走山南。

4　三月庚子，燕主垂留范阳王德守中山，引兵密发，逾青岭，经天门，凿山通道，出魏不意，直指云中。魏陈留公虔帅部落三万馀家镇平城。垂至猎岭，以辽西王农、高阳王隆为前锋以袭之。是时，燕兵新败，皆畏魏，惟龙城兵勇锐争先。虔素不设备，闰月乙卯，燕军至平城，虔乃觉之，帅麾下出战，败死，燕军尽收其部落。魏王珪震怖欲走，诸部闻虔死，皆有贰心，珪不知所适。

16　这一年，后秦国主姚兴封他的叔父姚绪为晋王，封另一位叔叔姚硕德为陇西王，封他的弟弟姚崇为刘公，弟弟姚显为常山公。

晋孝武帝太元二十一年（丙申，公元396年）

1　春季，正月，后燕高阳王慕容隆带领驻防龙城的兵士来到中山，军容精壮整齐，使燕人的精神稍稍得到振奋。

2　休官部落的首领权万世率领部众投降了西秦。

3　后燕国主慕容垂派遣征东将军平规率领军队开往冀州。二月，平规率领博陵、武邑、长乐三个郡的部队在鲁口背叛了后燕。平规的侄儿冀州刺史平喜劝谏，平规不听。平规的弟弟海阳令平翰也在辽西起兵响应他的哥哥。慕容垂派遣镇东将军馀嵩进攻平规，馀嵩战败而死。慕容垂亲自领兵攻打平规，刚刚到鲁口，平规便抛弃自己的部众，带着妻子儿女以及平喜等几十个人逃走，渡过黄河。慕容垂便带着部队回去了。平翰带领着部队直指龙城，后燕清河公慕容会派遣东阳公慕容根等人进攻平翰，把他打得大败，平翰逃到了山南。

4　三月庚子（二十六日），后燕国主慕容垂留下范阳王慕容德镇守中山，自己带着部队秘密出发，翻过青岭，途经天门，在山中奋力开凿，打通道路，出乎北魏的意料之外，大军直奔云中。北魏陈留公拓跋虔统领的部落约三万多户人家镇守在平城。慕容垂来到猎岭，让辽西王慕容农、高阳王慕容隆作为前锋部队突袭拓跋虔。这时，后燕部队刚刚遭到惨败，都很畏惧北魏，只有慕容隆统辖的龙城部队勇敢果决，个个争先。拓跋虔平素不注意戒备，闰三月乙卯（十二日），后燕军来到平城，拓跋虔才发觉，仓促之中率领他的部下出来接战，战败而死。后燕军部收编了他的部落。北魏国主拓跋珪听到这个消息后，大为震惊恐惧，打算放弃都城逃走。其他部落听说了拓跋虔的死讯，都产生了二心。拓跋珪不知道应该去哪里。

垂之过参合陂也，见积骸如山，为之设祭，军士皆恸哭，声震山谷。垂惭愤呕血，由是发疾，乘马舆而进，顿平城西北三十里。太子宝等闻之，皆引还。燕军叛者奔告于魏云："垂已死，舆尸在军。"魏王珪欲追之，闻平城已没，乃引还阴山。

垂在平城积十日，疾转笃，乃筑燕昌城而还。夏，四月癸未，卒于上谷之沮阳，秘不发丧。丙申，至中山。戊戌，发丧，谥曰成武皇帝，庙号世祖。壬寅，太子宝即位，大赦，改元永康。

五月辛亥，以范阳王德为都督冀兖青徐荆豫六州诸军事、车骑大将军、冀州牧，镇邺。辽西王农为都督并雍益梁秦凉六州诸军事、并州牧，镇晋阳。又以安定王库傉官伟为太师，夫馀王蔚为太傅。甲寅，以赵王麟领尚书左仆射，高阳王隆领右仆射，长乐公盛为司隶校尉，宜都王凤为冀州刺史。

5　乙卯，以散骑常侍彭城刘该为徐州刺史，镇鄄城。

6　甲子，以望蔡公谢琰为尚书左仆射。

7　初，燕王垂先段后生子令、宝，后段后生子朗、鉴，爱诸姬子麟、农、隆、柔、熙。宝初为太子，有美称，已而荒怠，中外失望。后段后尝言于垂曰："太子遭承平之世，足为守成之主；今国步艰难，恐非

慕容垂率军路过参合陂的时候，看到那里依然尸骸堆积如山，于是摆下香案，为死难者祭奠，军士们也都跟着放声恸哭，哭声震撼着山谷。慕容垂见此惨状，心里既惭愧，又愤怒，因而吐血，从此他得了一场病，乘坐马拉的车继续前进，停扎在平城西北部三十里远的地方。太子慕容宝等人听到了这个消息后，都带兵从前方撤回。后燕军里有叛逃的人，跑到北魏说："慕容垂已经死了，尸首在军中的车上。"魏王拓跋珪打算去追击燕军，又听说平城已经沦陷，就带着部队回到阴山。

慕容垂在平城养病已满十天，病势却反而加重，在这里兴筑了燕昌城，便班师回朝。夏季，四月癸未（初十），慕容垂在上谷的沮阳去世，后燕没有宣布这个消息。丙申（二十三日），大军回到都城中山。戊戌（二十五日），发布慕容垂已死的消息，追谥他叫成武皇帝，庙号世祖。壬寅（二十九日），太子慕容宝即位，实行大赦，改年号为永康。

五月辛亥（初九），后燕国主慕容宝任命范阳王慕容德为都督冀、兖、青、徐、荆、豫六州诸军事、车骑大将军、冀州牧，镇守邺城。辽西王慕容农为都督并、雍、益、梁、秦、凉六州诸军事、并州牧，镇守晋阳。又任命安定王库傉官伟为太师，夫馀王馀蔚为太傅。甲寅（十二日），任命赵王慕容麟兼任尚书左仆射，高阳王慕容隆兼任右仆射，长乐公慕容盛为司隶校尉，宜都王慕容凤为冀州刺史。

5　乙卯（十三日），东晋任命散骑常侍、彭城人刘该为徐州刺史，镇守鄄城。

6　甲子（二十二日），东晋任命望蔡公谢琰为尚书左仆射。

7　当初，后燕国主慕容垂的前妻段皇后为他生下了儿子慕容令、慕容宝，他的继室小段皇后又生下了儿子慕容朗、慕容鉴，但是，慕容垂偏爱其他姬妾生的儿子慕容麟、慕容农、慕容隆、慕容柔、慕容熙等人。慕容宝刚刚当上太子时，还有比较好的名誉，但是不久便渐渐荒废倦怠了，朝廷内外对他大失所望。小段皇后曾经向慕容垂进言说："太子如果生逢太平盛世，他足可以做一个很好的守住成业的君主。但是，现在国家举步艰难，太子恐怕不是一个

济世之才。辽西、高阳二王，陛下之贤子，宜择一人，付以大业。赵王麟奸诈强愎，异日必为国家之患，宜早图之。”宝善事垂左右，左右多誉之，故垂以为贤，谓段氏曰：“汝欲使我为晋献公乎！”段氏泣而退，告其妹范阳王妃曰：“太子不才，天下所知，吾为社稷言之，主上乃以吾为骊姬，何其苦哉！观太子必丧社稷，范阳王有非常器度，若燕祚未尽，其在王乎！”宝及麟闻而恨之。

乙丑，宝使麟谓段氏曰：“后常谓主上不能守大业，今竟能不？宜早自裁，以全段宗！”段氏怒曰：“汝兄弟不难逼杀其母，况能守先业乎！吾岂爱死，但念国亡不久耳。”遂自杀。宝议以段后谋废適统，无母后之道，不宜成丧。群臣咸以为然。中书令眭邃扬言于朝曰：“子无废母之义，汉安思阎后亲废顺帝，犹得配飨太庙，况先后暧昧之言，虚实未可知乎！”乃成丧。

8　六月癸酉，魏王珪遣将军王建等击燕广甯太守刘亢泥，斩之，徙其部落于平城。燕上谷太守开封公详弃郡走。详，皝之曾孙也。

9　丁亥，魏贺太妃卒。

拯世济民的干才。辽西王与高阳王两人，是陛下您的贤能的儿子，应该从他们中间选择一个，把国家的大业托付给他。赵王慕容麟奸佞狡诈、强顽刚愎，以后总有一天一定会成为国家的大患，应该早日计划除掉他。”慕容宝颇能很好地款待结交慕容垂左右近臣，他们经常称赞太子，所以，慕容垂认为慕容宝贤明干练，便毫不客气地对小段皇后说：“你打算让我成为听信骊姬的谗言而杀了太子申生的晋献公吗？”小段皇后忍不住凄然落泪，退了出来告诉她的妹妹、范阳王慕容德的王妃说：“太子无才无德，这是天下人都知道的事。我为了考虑江山社稷而说出自己的看法，但主上却把我当成了进献谗言的骊姬，我是多么的冤枉痛苦啊！我看太子一定会把江山社稷断送，而范阳王却有不比寻常的气度，如果我们燕国的气数还没有尽，莫非是应在范阳王身上吗？”慕容宝与慕容麟听到了这些话，对小段皇后恨之入骨。

乙丑（二十三日），慕容宝派遣慕容麟去面见小段皇后说：“您常说我们主上不能守住国家大业，你看现在能守不能？您应该早日自己裁决，这样才能保全你们段家宗族的所有性命！”小段皇后大怒说：“你们兄弟这样轻易地逼杀继母，还谈什么能守先人的大业呢？我岂是贪生怕死，只是忧虑不久之后国家就要灭亡罢了。”于是，她愤而自杀。慕容宝认为小段皇后曾经谋划废黜太子的嫡传正统，没有母亲皇后的道义，因此不应该为她举办丧事。朝中的文武百官都认为这样做很对。只有中书令眭邃在金殿之上动情地高声说：“作为儿子没有废黜母亲的义理。东汉王朝安思皇后阎氏亲手把顺帝贬废，死了之后仍然还能进入太庙，何况先皇后不过说了几句令人含糊不清的话，这事是虚是实都无法证实呢！”于是，慕容宝为她举行了丧礼。

8　六月癸酉（初一），魏王拓跋珪派遣将军王建等人袭击后燕广甯太守刘亢泥，杀了他，并把他所属的部落迁到平城。后燕上谷太守开封公慕容详放弃自己的郡城逃走。慕容详是慕容皝的曾孙子。

9　丁亥（十五日），北魏贺太妃去世。

10　燕主宝定士族旧籍，分辨清浊，校阅户口，罢军营封荫之户，悉属郡县。由是士民嗟怨，始有离心。

11　三河王吕光即天王位，国号大凉，大赦，改元龙飞。备置百官，以世子绍为太子，封子弟为公侯者二十人。以中书令王详为尚书左仆射，著作郎段业等五人为尚书。

光遣使者拜秃发乌孤为征南大将军、益州牧、左贤王。乌孤谓使者曰："吕王诸子贪淫，三甥暴虐，远近愁怨，吾安可违百姓之心，受不义之爵乎！吾当为帝王之事耳。"乃留其鼓吹、羽仪，谢而遣之。

12　平规收合馀党据高唐，燕主宝遣高阳王隆将兵讨之。东土之民，素怀隆惠，迎候者属路。秋，七月，隆进军临河，规弃高唐走。隆遣建威将军慕容进等济河追之，斩规于济北。平喜奔彭城。

13　纳故中书令王献之女为太子妃。献之，羲之之子也。

14　魏群臣劝魏王珪称尊号，珪始建天子旌旗，出警入跸，改元皇始。参军事上谷张恂劝珪进取中原，珪善之。

燕辽西王农悉将部曲数万口之并州，并州素乏储偫，是岁早霜，民不能供其食，又遣诸部护军分监诸胡，由是民夷俱怨，潜召魏军。八月己亥，魏王珪大举伐燕，步骑四十馀万，南出马邑，逾句注，旌旗二千馀里，鼓行而进。左将军雁门李栗将五万骑为前驱，别遣将军封真等从东道出军都，袭燕幽州。

10　后燕国主慕容宝下令重新核定士族的旧有户籍，区分辨别居民阶层的高低，审校查看住户与人口，撤销了那些受到军营保护照顾的户族，使他们全部归属郡县管辖。从此，士民对朝廷嗟叹怨恨之声越来越多，开始离心离德。

11　后凉三河王吕光，登上了天王的宝座，定国号为大凉，实行大赦，改年号为龙飞。配备设置了文武百官，册立世子吕绍为太子，封自己的二十个儿子兄弟为公爵、侯爵。任命中书令王详为尚书左仆射，著作郎段业等五个人为尚书。

吕光又派遣使者授秃发乌孤为征南大将军、益州牧，封为左贤王。秃发乌孤对来的使者说道："吕天王的几个儿子全都贪婪淫邪，三个外甥凶暴狂虐，远近的百姓无不忧愁怨恨，我怎么可以违逆百姓的民心，接受这不义的官爵呢？我应当做一些帝王应该做的事了。"于是留下了使者所带来的那些乐队和仪仗，向使者道过歉意之后把他送回去了。

12　后燕叛将平规，收整、集中他的馀党，占据了高唐。后燕国主慕容宝派遣高阳王慕容隆带兵前去讨伐。东方地区的居民，一向怀念慕容隆的好处，所以欢迎等待他的人在道路上前后不绝。秋季，七月，慕容隆挥军来到黄河岸边，平规放弃高唐逃走。慕容隆派遣建威将军慕容进等人渡过黄河追击，在济北将平规斩首。平喜逃奔彭城。

13　东晋太子司马德宗，娶原中书令王献之的女儿为太子妃。王献之是王羲之的儿子。

14　北魏的文武大臣一致劝说魏主拓跋珪自称尊号，拓跋珪才开始制作天子使用的旌旗，出入时戒备森严，清除道路，禁止行人通行，改年号为皇始。参军事、上谷人张恂进劝拓跋珪发兵去夺取中原，拓跋珪以为他说得很对。

后燕辽西王慕容农带领所统属的几万口兵丁前往并州。并州一向缺乏粮食储备，这一年又正赶上下霜较早，百姓无法供应这么多人的粮食，再加上慕容农派遣各部护军分头监视其他几处胡人部落，从此，汉夷对他都深怀怨恨，有人偷偷地去请北魏的部队前来。八月己亥（二十八日），魏王拓跋珪发重兵讨伐后燕国，步兵、骑兵共有四十多万人，从马邑向南进发，跃过句注山，军旗招展，迤逦两千多里，擂鼓前进。其中，左将军、雁门人李栗带领五万骑兵为前锋部队，又另外派遣将军封真等从东路跃过军都山，袭击后燕的幽州。

15　燕征北大将军、幽平二州牧、清河公会母贱而年长，雄俊有器艺，燕主垂爱之。宝之伐魏也，垂命会摄东宫事、总录，礼遇一如太子。及垂伐魏，命会镇龙城，委以东北之任，国官府佐，皆选一时才望。垂疾笃，遗言命宝以会为嗣。而宝爱少子濮阳公策，意不在会。长乐公盛与会同年，耻为之下，乃与赵王麟共劝宝立策，宝从之。乙亥，立妃段氏为皇后，策为皇太子，会、盛皆进爵为王。策年十一，素蠢弱，会闻之，心愠怼。

九月，章武王宙奉燕主垂及成哀段后之丧葬于龙城宣平陵，宝诏宙悉徙高阳王隆参佐、部曲、家属还中山，会违诏，多留部曲不遣。宙年长属尊，会每事陵侮之，见者皆知其有异志。

16　戊午，魏军至阳曲，乘西山，临晋阳，遣骑环城大噪而去。燕辽西王农出战，大败，奔还晋阳，司马慕舆嵩闭门拒之。农将妻子帅数千骑东走，魏中领将军长孙肥追之，及于潞川，获农妻子。燕军尽没，农被创，独与三骑逃归中山。

魏王珪遂取并州。初建台省，置刺史、太守、尚书郎以下官，悉用儒生为之。士大夫诣军门，无少长，皆引入存慰，使人人尽言，少有才用，咸加擢叙。己未，遣辅国将军奚牧略地汾川，获燕丹杨王买德及离石护军高秀和。以中书侍郎张恂等为诸郡太守，招抚离散，劝课农桑。

15　后燕征北大将军，幽、平二州牧，清河公慕容会母亲出身贫贱，但年纪最大，雄伟俊逸，器宇不凡，颇有才能，慕容垂很喜欢他。慕容宝讨伐北魏的时候，慕容垂曾命令慕容会摄管东宫太子府的事务，遇事全权处理，对他的待遇，跟对太子相同。到慕容垂亲自带兵伐魏的时候，他又命令慕容会镇守龙城，把东北方面的所有军政事务全部交由他来处理，选派的府衙官员都是在当时才能、声望最高的人。慕容垂病重时，留下遗嘱，命令慕容宝一定让慕容会当他的继承人。但是慕容宝却喜爱小儿子濮阳公慕容策，而不看重慕容会。长乐公慕容盛与慕容会同岁，觉得自己当他的部下为奇耻大辱，于是便和赵王慕容麟一起力劝慕容宝立慕容策为太子，慕容宝听从了他们的话。乙亥（初四），慕容宝册立妃子段氏为皇后，册立慕容策为皇太子，慕容会、慕容盛都晋封为王。慕容策这年才十一岁，一直愚昧懦弱。慕容会听到这个消息后，心里不免怨恨不满。

九月，章武王慕容宙护送后燕国主慕容垂以及成哀小段皇后的灵柩到龙城宣平陵安葬。慕容宝下诏给慕容宙，命他把高阳王慕容隆手下的幕僚官员、军队、家眷等人全部迁回都城中山。慕容会违背慕容宝的诏书，留下了许多慕容隆的军队没有遣返。慕容宙年纪已经很老，辈分又高，慕容会却经常借机欺凌侮辱他。看见这种情况的人都知道这时候慕容会已经心怀不轨。

16　戊午（十八日），北魏军开到阳曲，沿着西山，临近晋阳，派骑兵围绕晋阳城大声喧哗一阵又退了回来。后燕辽西王慕容农领兵出战，被打得大败，奔逃回晋阳，后燕司马慕舆嵩紧闭城门拒绝慕容农进城。慕容农带着妻子儿女，统领着几千名骑兵向东逃去。北魏中领将军长孙肥追击他们，到了潞川终于追上，抓获了慕容农的妻子儿女。燕军也全部被消灭，慕容农受了伤，只和三名骑兵一起逃回了中山。

魏王拓跋珪于是夺取了并州，开始设置朝廷办事机构，安排刺史、太守、尚书郎等以下的官吏，完全用儒生担当这些职务。士大夫到军营门口拜见，无论年龄大小，他都礼让到营中尽心慰抚，使他们每个人都能畅所欲言，只要稍稍有一些才能和可用之处，都加以任用。己未（十九日），拓跋珪派遣辅国将军奚牧去攻取汾川，抓获了后燕丹杨王慕容买德和离石护军高秀和。拓跋珪任命中书侍郎张恂等人做了几个郡的太守，招徕并且抚慰过去流亡失散的农民回到自己的家园，鼓励并且奖赏他们种田养蚕。

燕主宝闻魏军将至，议于东堂。中山尹苻谟曰："今魏军众强，千里远斗，乘胜气锐，若纵之使入平土，不可敌也，宜杜险以拒之。"中书令眭邃曰："魏多骑兵，往来剽速，马上赍粮，不过旬日。宜令郡县聚民，千家为一堡，深沟高垒，清野以待之，彼至无所掠，不过六旬，食尽自退。"尚书封懿曰："今魏兵数十万，天下之勍敌也，民虽筑堡，不足以自固，是聚兵及粮以资之也。且动摇民心，示之以弱，不如阻关拒战，计之上也。"赵王麟曰："魏今乘胜气锐，其锋不可当，宜完守中山，待其弊而乘之。"于是修城积粟，为持久之备。命辽西王农出屯安喜，军事动静，悉以委麟。

17　帝嗜酒，流连内殿，醒治既少，外人罕得进见。张贵人宠冠后宫，后宫皆畏之。庚申，帝与后宫宴，妓乐尽侍。时贵人年近三十，帝戏之曰："汝以年亦当废矣，吾意更属少者。"贵人潜怒，向夕，帝醉，寝于清暑殿，贵人遍饮宦者酒，散遣之，使婢以被蒙帝面，弑之，重赂左右，云"因魇暴崩"。时太子暗弱，会稽王道子昏荒，遂不复推问。王国宝夜叩禁门，欲入为遗诏，侍中王爽拒之曰："大行晏驾，皇太子未至，敢入者斩！"国宝乃止。爽，恭之弟也。辛酉，太子即皇帝位，大赦。

后燕国主慕容宝听说北魏军就要打来，在东堂商议对策。中山人尹苻谟说："现在魏军人数众多，力量强大，而且能从千里之外前来作战，乘胜前进，锐不可当，如果放他们进入平原，我们便没有办法再抵挡了，我们应当依据险要地形对付他们。"中书令眭邃说："魏以骑兵为多，奔来驰往剽悍迅速，但是，他们在马上携带的粮草不过够十天左右的用度。我们应该命令各郡县把居民聚集在一起，一千户人家组成一个寨堡，深挖战壕，高筑壁垒，使原野上既无人迹又无粮草可取，等待他们的进犯，他们来到这里没有什么可抢劫的东西，最多不超过六十天，他们就会因为粮食用完而自行撤退回去。"尚书封懿说："现在魏军有数十万人，这是天下最大的劲敌。居民即使修筑寨堡，也没有办法保卫自己的安全，这等于把兵马及粮食聚集在一起送给他们。而且那样容易使民心动摇，暴露自己的虚弱，我看不如据守关隘，决一死战，这才是上策呀！"赵王慕容麟说："魏军现在乘胜而来，气势旺盛，正面锋芒无论如何也挡不住，我们应该全面地据守中山，等待他们出现漏洞和失策的时候再乘机反击。"于是，后燕开始大规模地修筑城墙，储备粮食，做持久作战的准备。慕容宝命令辽西王慕容农驻扎在安喜，而把军务交给慕容麟全权掌管。

17　孝武帝非常喜欢喝酒，他经常在内殿里流连迷醉，头脑清醒的时间少了，宫外的人很少能被允许进见。张贵人是后宫里最受宠幸的，后宫中人人都非常害怕她。庚申（二十日），孝武帝和后宫的嫔妃们一起宴饮，美女和乐队也都在一旁侍候。这时张贵人年纪将近三十，孝武帝故意调笑她说："你如果按照年龄来说，也应该废黜了，我的心意是更喜欢年轻的。"张贵人心中暗自气愤。到了晚上，孝武帝大醉，在清暑殿就寝。张贵人拿酒赏赐所有的宦官，打发他们走开，然后让贴身的服侍丫头用被子蒙住孝武帝的脸，杀了孝武帝，又用重金贿赂左右的侍从，声称是"睡梦中惊悸窒息突然死去"。当时太子司马德宗愚昧懦弱，会稽王司马道子也昏庸荒淫，便都不追究查问。中书令王国宝深夜前来，叩打禁宫的大门，打算进去替孝武帝撰写遗诏，侍中王爽拒绝了他的请求说："皇上去世，皇太子还没有赶到，胆敢闯入的人，格杀勿论！"王国宝才打消这个念头。王爽是王恭的弟弟。辛酉（二十一日），太子司马德宗即皇帝位，宣布大赦。

癸亥，有司奏：会稽王道子宜进位太傅、扬州牧，假黄钺，诏内外众事动静咨之。

安帝幼而不慧，口不能言，至于寒暑饥饱亦不能辨，饮食寝兴皆非己出。母弟琅邪王德文，性恭谨，常侍左右，为之节适，始得其宜。

初，王国宝党附会稽王道子，骄纵不法，屡为御史中丞褚粲所纠。国宝起斋，侔清暑殿，孝武帝甚恶之。国宝惧，遂更求媚于帝而疏道子，帝复宠昵之。道子大怒，尝于内省面责国宝，以剑掷之，旧好尽矣。及帝崩，国宝复事道子，与王绪共为邪谄，道子更惑之，倚为心腹，遂参管朝权，威震内外，并为时之所疾。

王恭入赴山陵，每正色直言，道子深惮之。恭罢朝，叹曰："榱栋虽新，便有黍离之叹！"绪说国宝，因恭入朝，劝相王伏兵杀之，国宝不许。道子欲辑和内外，乃深布腹心于恭，冀除旧恶。而恭每言及时政，辄厉声色。道子知恭不可和协，遂有相图之志。

或劝恭因入朝以兵诛国宝，恭以豫州刺史庾楷士马甚盛，党于国宝，惮之，不敢发。王珣谓恭曰："国宝虽终为祸乱，要之罪逆未彰，今遽先事而发，必大失朝野之望。况拥强兵窃发于京辇，谁谓非逆！国宝若遂不改，恶布天下，然后顺众心以除之，亦无忧不济也。"恭乃止。既而谓珣曰："比来视君一似胡广。"

癸亥（二十三日），有关部门上奏道：会稽王司马道子应该晋升为太傅，任扬州牧，赐予黄钺，诏令朝中朝外的一切大小事务都要请示司马道子。

晋安帝司马德宗小的时候便不聪明机敏，有嘴不会说话，甚至到了连冷热饥饱也都不能分辨的程度，他喝水、吃饭、睡觉、起床都不能自己料理。他的同母兄弟琅邪王司马德文，却性情谦恭谨慎，他经常在司马德宗的身边帮忙照顾，替他安排调度，使他的行事才勉强合理。

当初，王国宝作为死党依附于会稽王司马道子，骄横放纵，不依法礼，几次被御史中丞褚粲纠举弹劾。王国宝建筑自己的房子，可以和清暑殿相媲美，孝武帝很讨厌他。王国宝非常害怕，于是他便转而向孝武帝大献其媚，而对司马道子逐渐疏远，孝武帝因此又重新宠信亲近他。司马道子曾经为此怒不可遏，一次在朝见时当着大家的面直接指责王国宝，甚至拔出佩剑，掷向王国宝，他们之间多年的密切关系完全破裂。孝武帝去世后，王国宝重又投靠司马道子，与王绪结成邪佞、谄媚势力，司马道子再一次受到他的迷惑，把他当作心腹。于是，王国宝开始管理朝政大权，声威震动朝廷内外，同时受到了当时人的痛恨。

兖、青二州刺史王恭回来参加孝武帝的葬礼，经常面色严肃地直言劝谏，司马道子非常忌惮他。王恭退朝后，叹道："房屋的梁椽虽然是新的，我却有了杂草离乱的叹息！"王绪向王国宝建议说，趁王恭上朝，让相王司马道子伏兵杀了他，王国宝没有答应。司马道子也曾经想多方调解，使朝廷内外团结一致，于是，对王恭推心置腹，希望能尽释前嫌。但是王恭每次谈到朝政时，总是声色俱厉。司马道子知道王恭已经不可能妥协合作，于是便有了图谋陷害他的念头。

有人劝说王恭趁前去朝见皇帝的机会，动用部队杀了王国宝。王恭因为豫州刺史庾楷兵马精壮强盛，且与王国宝结为死党，对他心存顾忌不敢贸然动手。王珣对王恭说："王国宝虽然最终一定会成为祸乱，但是他的罪恶和倒行逆施还没有大白于天下，现在如果先对他发动攻击，一定会使全国上下大失所望。况且你如果统领强悍的部队偷偷地在都城起事，谁能说你不是叛乱呢？王国宝如果仍然不思悔过自新，他的罪孽一定会很快地传遍全国，到了那时候，我们顺应民心来除掉他，也就不用忧虑不会成功了。"王恭停止了除掉王国宝的准备。后来，王恭对王珣说："最近以来，我看你太像胡广了。"

珣曰："王陵廷争，陈平慎默，但问岁晏何如耳！"

冬，十月甲申，葬孝武帝于隆平陵。王恭还镇，将行，谓道子曰："主上谅暗，冢宰之任，伊、周所难，愿大王亲万几，纳直言，放郑声，远佞人。"国宝等愈惧。

18 魏王珪使冠军将军代人于栗磾、宁朔将军公孙兰帅步骑二万，潜自晋阳开韩信故道。己酉，珪自井陉趋中山。李先降魏，珪以为征东左长史。

19 西秦凉州牧轲弹与秦州牧益州不平，轲弹奔凉。

20 魏王珪进攻常山，拔之，获太守苟延。自常山以东，守宰或走或降，诸郡县皆附于魏，惟中山、邺、信都三城为燕守。十一月，珪命东平公仪将五万骑攻邺，冠军将军王建、左将军李栗攻信都。戊午，珪进军中山。己未，攻之。燕高阳王隆守南郭，帅众力战，自旦至晡，杀伤数千人，魏兵乃退。珪谓诸将曰："中山城固，宝必不肯出战，急攻则伤士，久围则费粮，不如先取邺、信都，然后图之。"丁卯，珪引兵而南。

章武王宙自龙城还，闻有魏寇，驰入蓟，与镇北将军阳城王兰乘城固守。兰，垂之从弟也。魏别将石河头攻之，不克，退屯渔阳。

王珣说:“王陵因为在皇帝面前争执,失去了官位;陈平经常在一旁谨慎小心,沉默不语,却可以保住职务,你只看结果如何罢了。”

冬季,十月甲申(十四日),将孝武帝埋葬在隆平陵。王恭准备返回京口镇守,临走的时候对司马道子说:“主上守丧,相国身上的任务更加繁重,恐怕即使是伊尹、周公也都难以做得很好。希望大人您好自为之,亲自料理军政要务,听取接受忠直坦率的不同意见,放弃对淫靡之音的爱好,疏远奸佞小人。”王国宝等人更加害怕。

18 魏王拓跋珪派遣冠军将军、代郡人于栗磾、宁朔将军公孙兰等二人率领步、骑兵共两万人,偷偷地从晋阳向东开辟修复韩信当年修筑使用过的栈道。己酉,拓跋珪带兵从井陉直奔中山。李先投降了北魏,拓跋珪任命他为征东左长史。

19 西秦凉州牧乞伏轲弹与秦州牧乞伏益州二人发生冲突,乞伏轲弹投奔后凉国。

20 魏王拓跋珪进军攻打常山,攻克后抓获了常山太守苟延。从常山以东,各地的驻守官吏或者逃跑或者开城投降,各郡县都归附北魏,只有中山、邺城、信都三座城池还为后燕国所有。十一月,拓跋珪命令东平公拓跋仪带领五万骑兵进攻邺城,命令冠军将军王建、左军将军李栗进攻信都。戊午(十九日),拓跋珪亲自带兵挺进中山。己未(二十日),发起进攻。后燕高阳王慕容隆据守南城,率领部众全力奋战,从早晨苦战到中午,杀伤敌兵几千人,北魏军队才败退下去。拓跋珪对众将说:“中山城非常坚固,慕容宝一定不肯出城来与我们决战。我们急切攻打会损兵折将,长期围困又要花费大量的粮草,不如先去夺取邺城、信都,得手之后再来想办法对付它。”丁卯(二十八日),拓跋珪带兵向南开进。

后燕章武王慕容宙从龙城回京,途中听说有北魏大军进犯,赶快进蓟城,和镇北将军阳城王慕容兰一起据城固守。慕容兰是慕容垂的堂弟。北魏的别将石河头率军攻打,没有攻克,便退到渔阳驻扎。

珪军于鲁口，博陵太守申永奔河南，高阳太守崔宏奔海渚。珪素闻宏名，遣骑追求，获之，以为黄门侍郎，与给事黄门侍郎张衮对掌机要，创立制度。博陵令屈遵降魏，珪以为中书令，出纳号令，兼总文诰。

燕范阳王德使南安王青等夜击魏军于邺下，破之，魏军退屯新城。青等请追击之，别驾韩谆曰："古人先计而后战。魏军不可击者四：悬军远客，利在野战，一也；深入近畿，顿兵死地，二也；前锋既败，后阵方固，三也；彼众我寡，四也。官军不宜动者三：自战其地，一也；动而不胜，众心难固，二也；城隍未修，敌来无备，三也。今魏无资粮，不如深垒固军以老之。"德从之，召青还。青，详之兄也。

十二月，魏辽西公贺赖卢帅骑二万会东平公仪攻邺。赖卢，讷之弟也。

魏别部大人没根有胆勇，魏王珪恶之。没根惧诛，己丑，将亲兵数十人降燕，燕主宝以为镇东大将军，封雁门公。没根求还袭魏，宝难与重兵，给百馀骑。没根效其号令，夜入魏营，至中仗，珪乃觉之，狼狈惊走，没根以所从人少，不能坏其大众，多获首虏而还。

拓跋珪把大军集结在鲁口。后燕博陵太守申永逃奔河南，高阳太守崔宏逃到海岛上避祸。拓跋珪平日早就听说了崔宏的名声，便派遣骑兵前去追赶寻找，找到了崔宏，任命他为黄门侍郎，和给事黄门侍郎张衮一起共同执掌国家机要大事，制定国家的各种法令制度。博陵令屈遵投降北魏，拓跋珪也任命他为中书令，负责收发全国各地来往的公文和法令函件，并且负责撰写各种文告。

后燕范阳王慕容德派遣南安王慕容青等人趁夜色的掩护在邺下袭击魏军，把魏军打败。北魏军队退到新城驻守。慕容青等人请求继续追击敌军，别驾韩谆说："古代的人，先计划好了如何用兵，然后才按计划作战。这次魏军不可穷追猛打的原因有四点：第一，是对方远路而来，缺乏根基，在原野上作战对他们有利。第二，是敌军孤军深入，已经毫无退路可走，此时再打，恐怕要逼迫他们拼命。第三，是敌人的前锋部队虽然已经遭到失败，但是他们的后队却仍然很整齐精壮。第四，是敌众我寡。我们的部队不应该轻易出动的原因也有三点：第一，我们是在自己的土地上作战，稍有挫折，兵士便易于溃散。第二，如果轻易出战却不能取胜，容易动摇军心。第三，我们的城池还没有来得及修整加固，敌兵冲来，我们缺少必要的防备和依托。现在魏军中缺乏物资粮草，我们不如深挖战壕、高筑壁垒，稳住阵脚，安定军心，把敌人拖垮。"慕容德听从了他的话，命令慕容青赶紧回城。慕容青是慕容详的哥哥。

十二月，北魏辽西公贺赖卢统率骑兵两万人，会同东平公拓跋仪一起，进攻邺城。贺赖卢是贺讷的弟弟。

北魏另有一支部落的首领没根，有胆气又很骁勇，魏王拓跋珪非常讨厌他。没根害怕被拓跋珪诛杀，己丑（二十日），带领着几十个亲信士兵投降了后燕。后燕国主慕容宝任命他为镇东大将军，封为雁门公。没根请求回兵奇袭北魏，慕容宝不肯交给他大批部队，只给了他一百多名骑兵。没根更换了这些人的装束，伪装成魏兵，连夜进入北魏大营，来到中央大帐，拓跋珪这时才发觉，狼狈不堪地仓皇逃走。没根因为自己所带领的人很少，不能大批杀伤魏营的兵士，只是多抓了一些魏兵便撤回去了。

21　杨盛遣使来请命。诏拜盛镇南将军、仇池公。盛表苻宣为平北将军。

22　是岁，越质诘归帅户二万叛西秦降于秦，秦人处之成纪，拜镇西将军、平襄公。

23　秦陇西王硕德攻姜乳于上邽，乳率众降。秦以硕德为秦州牧，镇上邽，征乳为尚书。强熙、权千成帅众三万共围上邽，硕德击破之，熙奔仇池，遂来奔。硕德西击千成于略阳，千成降。

24　西燕既亡，其所署河东太守柳恭等各拥兵自守。秦主兴遣晋王绪攻之，恭等临河拒守，绪不得济。

初，永嘉之乱，汾阴薛氏聚其族党，阻河自固，不仕刘、石。及苻氏兴，乃以礼聘薛强，拜镇东将军，强引秦兵自龙门济，遂入蒲阪，恭等皆降，兴以绪为并、冀二州牧，镇蒲阪。

21　杨盛派遣使节来到东晋请求归附。安帝下诏，封杨盛为镇南将军、仇池公。杨盛随即又上奏章推荐苻宣为平北将军。

22　这一年，越质诘归率领自己的部属两万户，背叛了西秦，向后秦投降。后秦把他们安排在成纪地区，任命越质诘归为镇西将军，封平襄公。

23　后秦陇西王姚硕德在上邽地区进攻姜乳，姜乳率领部下投降。后秦便任命姚硕德为秦州牧，镇守上邽，并且任用姜乳为尚书。强熙和权千成二人统领兵丁三万人包围了上邽，姚硕德打破了封锁，强熙逃奔仇池，不久又转而跑来投奔东晋。姚硕德挥军向西追击权千成来到略阳，权千成投降。

24　西燕已经灭亡，原为它所统属的河东太守柳恭等人各自拥有军队固守地盘。后秦国主姚兴派遣晋王姚绪前去进攻，柳恭等人在黄河的沿岸设防据守，姚绪没有办法过河。

当初，永嘉之乱时，汾阴的薛氏家族聚集同族、同党据守黄河险要，保卫家园，不去做刘赵与石赵的臣民。前秦苻氏兴起之后，对他们加以礼遇，延聘薛强出仕，任命他为镇东将军。这时薛强引导后秦部队从龙门渡过黄河，进入蒲阪地区。柳恭等人投降后秦。姚兴任命姚绪为并州、冀州二州牧，镇守蒲阪。

卷第一百九　晋纪三十一

丁酉(397)一年

安皇帝甲

隆安元年(丁酉,397)

1　春,正月己亥朔,帝加元服,改元。以左仆射王珣为尚书令。领军将军王国宝为左仆射,领选,仍加后将军、丹杨尹。会稽王道子悉以东宫兵配国宝,使领之。

2　燕范阳王德求救于秦,秦兵不出,邺中恟惧。贺赖卢自以魏王珪之舅,不受东平公仪节度,由是与仪有隙。仪司马丁建阴与德通,从而构间之,射书入城中言其状。甲辰,风霾,昼晦,赖卢营有火,建言于仪曰:“赖卢烧营为变矣。”仪以为然,引兵退。赖卢闻之,亦退。建帅其众诣德降,且言仪师老可击。德遣桂阳王镇、南安王青帅骑七千追击魏军,大破之。

燕主宝使左卫将军慕舆腾攻博陵,杀魏所置守宰。

王建等攻信都,六十馀日不下,士卒多死。庚申,魏王珪自攻信都。壬戌夜,燕宜都王凤逾城奔中山。癸亥,信都降魏。

安皇帝甲

晋安帝隆安元年(丁酉,公元397年)

1 春季,正月己亥朔(初一),东晋安帝行加冕礼,改年号为隆安。任命左仆射王珣为尚书令。领军将军王国宝为左仆射,兼管官员任免升降,仍兼任后将军、丹杨尹。会稽王司马道子把东宫太子的兵马全部分配给王国宝,让他带领这些部队。

2 后燕范阳王慕容德向后秦请求援救,后秦不出兵,邺城军民惊恐异常。北魏围困邺城的部队首领贺赖卢,自以为他是魏主拓跋珪的舅舅,所以不听东平公拓跋仪的调度、指挥,因此,他与拓跋仪产生了矛盾。拓跋仪的司马丁建暗地里与慕容德勾结,在拓跋仪与贺赖卢中间挑拨离间,并把这种情况写成书信用箭射进邺城告诉给了慕容德。甲辰(初六),大风突起,天昏地暗。贺赖卢的军营之中出现火光,丁建对拓跋仪说:"贺赖卢在焚烧营地举行叛乱。"拓跋仪认为丁建说的很对,便迅速领兵撤退。贺赖卢听说了拓跋仪后撤的消息,也紧跟着带兵退了下来。丁建此时则带领着他的部众向慕容德投降,并且告诉慕容德,拓跋仪的部队已经疲惫不堪,可以一击。于是,慕容德派遣桂阳王慕容镇、安南王慕容青率领骑兵七千人前去追赶袭击北魏军队,把他们打得大败。

后燕国主慕容宝派遣左卫将军慕舆腾进攻博陵,杀掉了北魏的地方官吏。

王建等人进攻信都城,六十多天也没有攻下,兵卒伤亡很多。庚申(二十二日),魏王拓跋珪带兵进攻信都。壬戌(二十四日)夜晚,后燕宜都王慕容凤跳出城墙逃往中山。癸亥(二十五日),信都城向北魏投降。

3　凉王光以西秦王乾归数反覆，举兵伐之。乾归群下请东奔成纪以避之，乾归曰："军之胜败，在于巧拙，不在众寡。光兵虽众而无法，其弟延勇而无谋，不足惮也。且其精兵尽在延所，延败，光自走矣。"光军于长最，遣太原公纂等帅步骑三万攻金城。乾归帅众二万救之，未至，纂等拔金城。光又遣其将梁恭等以甲卒万馀出阳武下峡，与秦州刺史没弈干攻其东，天水公延以枹罕之众攻临洮、武始、河关，皆克之。乾归使人绐延云："乾归众溃，奔成纪。"延欲引轻骑追之，司马耿稚谏曰："乾归勇略过人，安肯望风自溃！前破王广、杨定，皆羸师以诱之。今告者视高色动，殆必有奸，宜整陈而前，使步骑相属，俟诸军毕集，然后击之，无不克矣。"延不从，进，与乾归遇，延战死。稚与将军姜显收散卒，还屯枹罕。光亦引兵还姑臧。

4　秃发乌孤自称大都督、大将军、大单于、西平王，大赦，改元太初。治兵广武，攻凉金城，克之。凉王光遣将军窦苟伐之，战于街亭，凉兵大败。

5　燕主宝闻魏王珪攻信都，出屯深泽，遣赵王麟攻杨城，杀守兵三百。宝悉出珍宝及宫人募郡国群盗以击魏。

3　后凉王吕光因为西秦王乞伏乾归多次反复，兴兵去讨伐。乞伏乾归手下官员请求向东逃奔到成纪去躲避。乞伏乾归说："战争的胜败，全在于用兵的巧拙，不在于兵马的多少。吕光的部队虽然人多，但是却缺乏纪律，他的弟弟吕延虽然勇猛，但是却没有谋略，不值得担心。况且吕光的精锐部队全部由吕延统带，吕延一败，吕光自然而然就会逃跑。"这时吕光把大军集结在长最，派遣太原公吕纂等人统率步、骑兵共三万人进攻金城。乞伏乾归带领两万士兵前去解救，还没有赶到，吕纂等便已攻克了金城。吕光又派遣他的部将梁恭等人带领全副甲胄的士卒一万多人直逼阳武下峡，与秦州刺史没弈干一起从东部进攻乞伏乾归。天水公吕延也率领枹罕的军队进攻临洮、武始、河关，全部攻克。乞伏乾归派人去欺骗吕延说："乞伏乾归的军队已经溃散，他自己逃往成纪去了。"吕延打算带领轻装的骑兵前去追赶，司马耿稚劝说他道："乞伏乾归的勇武和谋略超过常人，怎么可能听到一点风声便自行解体！从前，乞伏乾归打败王广、杨定，都是这样先把自己的弱点暴露给敌人，引诱对方急功冒进。这次我看报信的人目光向上，不敢对视，脸上的表情也闪烁不定，其中一定有诈，我们应该列好战阵，有条不紊地向前推进，使步兵与骑兵互相照应配合，等到各路大军全部集结，再去攻击敌人，那就没有攻不破的道理了。"吕延不听他的劝阻，挥军直进，与乞伏乾归遭遇，吕延战死。耿稚与将军姜显收集散逃的士卒，回到枹罕去驻守。吕光也退回姑臧。

4　后凉秃发乌孤自称为大都督、大将军、大单于、西平王，实行大赦，改年号为太初。在广武集结整顿部队，攻克后凉金城。后凉王吕光派将军窦苟去讨伐，在街亭展开激战，后凉军大败。

5　后燕国主慕容宝听说魏王拓跋珪带兵进攻信都，便率军驻扎在深泽，又派赵王慕容麟进攻杨城，杀死了守兵三百人。慕容宝将皇宫中所藏的珍宝甚至所有的宫女全部作为赏资，招募各郡各封国的强盗匪徒，让他们充军，去抗击北魏。

二月己巳朔，珪还屯杨城。没根兄子丑提为并州监军，闻其叔父降燕，惧诛，帅所部兵还国作乱。珪欲北还，遣其国相涉延求和于燕，且请以其弟为质。宝闻魏有内难，不许，使冗从仆射兰真责珪负恩，悉发其众步卒十二万、骑三万七千屯于曲阳之柏肆，营于滹沱水北以邀之。丁丑，魏军至，营于水南。宝潜师夜济，募勇敢万馀人袭魏营，宝陈于营北以为之援。募兵因风纵火，急击魏军，魏军大乱，珪惊起，弃营跣走。燕将军乞特真帅百馀人至其帐下，得珪衣靴。既而募兵无故自惊，互相斫射，珪于营外望见之，乃击鼓收众，左右及中军将士稍稍来集，多布火炬于营外，纵骑冲之。募兵大败，还赴宝陈，宝引兵复渡水北。戊寅，魏整众而至，与燕相持，燕军夺气。宝引还中山，魏兵随而击之，燕兵屡败。宝惧，弃大军，帅骑二万奔还，时大风雪，冻死者相枕。宝恐为魏军所及，命士卒皆弃袍仗、兵器数十万，寸刃不返，燕之朝臣将卒降魏及为魏所系虏者甚众。

先是，张衮尝为魏王珪言燕秘书监崔逞之材，珪得之，甚喜，以逞为尚书，使录三十六曹，任以政事。

二月己巳朔(初一),拓跋珪带兵回到杨城驻扎。叛将没根的侄儿丑提任并州监军,听说他的叔父降燕,害怕牵连自己被杀,索性带着自己所管辖的兵卒举行叛乱。拓跋珪打算北撤,派国相拓跋涉延前去向燕求和,并且请求用他的弟弟作为人质。慕容宝听说北魏内部出现动乱,没有答应讲和,又派冗从仆射兰真前往北魏军营,斥责拓跋珪忘恩负义,调动全部步兵十二万人、骑兵三万七千人去曲阳的柏肆驻守,在滹沱河的北岸立下大营,以拦截撤退的魏军。丁丑(初九),北魏后撤的部队来到这里,在滹沱河的南岸扎营。慕容宝秘密地遣派一支部队连夜渡过河去,重金招募一万多勇敢者袭击北魏军营,慕容宝在营北作为援兵。后燕招募来的这些人,顺着北风放火,对魏军发起迅猛的进攻。魏军一片大乱,拓跋珪也在睡梦中惊醒,光着双脚抛弃大营逃走。后燕将军乞特真带着一百多名士卒来到拓跋珪的大帐,只得到了拓跋珪仓促之间遗失下的衣服和皮靴。不久,招募来的那些兵勇没有什么原因便突然一片大乱,互相之间胡砍乱射。拓跋珪在营外远远看到这种情况,于是,击鼓召集刚刚溃散了的兵士,不久,他左右的侍从以及中军将士人等便慢慢地集合在一起,并在营地的外围设置了许多火炬,拓跋珪打马向前冲击后燕兵营。招募的兵勇大败,逃回慕容宝的大营,慕容宝带领着部队再一次渡到河的北岸。戊寅(初十),北魏整顿好部队渐渐逼近,并和后燕军相对峙,后燕军心士气大为低落。慕容宝只好带着部队回到中山,北魏军随后追击,后燕军几次接战均告失败。慕容宝十分恐惧,丢下大部队,自己带两万骑兵逃奔回去。这时正是狂风暴雪,冻死的人横躺竖卧在原野上。慕容宝害怕被北魏军队追上抓获,命令兵士全都丢下几十万件袍甲枪杖、精良武器,甚至连一寸长的小刀也没有带回一把。后燕的朝廷大臣、将帅士兵投降、被俘的人非常之多。

在这之前,张衮曾经对魏主拓跋珪说过后燕秘书监崔逞的才能,这次拓跋珪抓到崔逞,非常高兴,任命崔逞为尚书,掌管三十六曹,把政事委任给他来处理。

魏军士有自柏肆亡归者，言大军败散，不知王处。道过晋阳，晋阳守将封真因起兵攻并州刺史曲阳侯素延，素延击斩之。

南安公顺守云中，闻之，欲自摄国事。幢将代人莫题曰："此大事，不可轻尔，宜审待后问，不然，为祸不细。"顺乃止。顺，什翼犍之孙也。贺兰部帅附力眷、纥邻部帅匿物尼、纥奚部帅叱奴根皆举兵反，顺讨之，不克。珪遣安远将军庾岳帅万骑还讨三部，皆平之，国人乃安。

珪欲抚慰新附，深悔参合之诛，素延坐讨反者杀戮过多，免官，以奚牧为并州刺史。牧与东秦主兴书称"顿首"，与之均礼。兴怒，以告珪，珪为之杀牧。

己卯夜，燕尚书郎慕舆皓谋弑燕主宝，立赵王麟。不克，斩关出奔魏，麟由是不自安。

6　三月，燕以仪同三司武乡张崇为司空。

7　初，燕清河王会闻魏军东下，表求赴难，燕主宝许之。会初无去意，使征南将军库傉官伟、建威将军馀崇将兵五千为前锋。崇，嵩之子也。伟等顿卢龙近百日，无食，啖马牛且尽，会不发。宝怒，累诏切责，会不得已，以治行简练为名，复留月馀。时道路不通，伟欲使轻军前行通道，侦魏强弱，且张声势。诸将皆

北魏军士中有从柏肆逃亡回来的人，说大部队已经惨败溃散，甚至也不知道魏王拓跋珪的下落。他们途中经过晋阳，晋阳守将封真调集军队进攻并州刺史、曲阳侯拓跋素延，拓跋素延出城迎战，斩了封真。

北魏南安公拓跋顺留守云中，听说了拓跋珪下落不明的消息后，打算自己代理国家政事，他的幢将代人莫题说："这可是一件大事，千万不可草率从事，应该谨慎地等待观察事态的进一步发展，不然，为祸不浅。"拓跋顺才放弃了这个想法。拓跋顺是拓跋什翼犍的孙子。这时，贺兰部落的首领附力眷、纥邻部落的首领匿物尼、纥奚部落的首领叱奴根等也都闻讯拉起队伍反叛，拓跋顺带兵去征讨他们，却无法平息。拓跋珪派遣安远将军庾岳统率一万骑兵，赶回来讨伐这三个部落，把这三个部落平定之后，全国百姓才安定下来。

拓跋珪打算安抚宽慰新投降的人，因此对在参合陂那次大批屠杀俘虏的举动深感后悔。拓跋素延讨伐叛变的人杀戮太多，免去了他的官职，任命奚牧为并州刺史。奚牧与后秦国主姚兴通信，以平等的"顿首"署名。姚兴看后勃然大怒，把这事告诉了拓跋珪，拓跋珪因此杀了奚牧。

己卯（十一日）夜间，后燕尚书郎慕舆皓阴谋刺杀后燕国主慕容宝，拥立赵王慕容麟。没有成功，慕舆皓便砍开城门，冲出去逃奔北魏，慕容麟从此总是万分不安。

6　三月，后燕任命仪同三司、武乡人张崇为司空。

7　当初，后燕清河王慕容会听说北魏军大批东来，于是上表请求带兵出征，以救国难，后燕国主慕容宝同意了他的请求。但是，慕容会根本没有要离开驻地的意思，只派遣征南将军库傉官伟、建威将军馀崇两人带兵五千人作为前锋出发。馀崇是馀嵩的儿子。库傉官伟等人在卢龙一带停留了将近一百天，吃完了粮食，把军中的马牛也即将吃尽，慕容会还是没有带兵出发。慕容宝非常愤怒，几次下诏严厉斥责他，慕容会迫不得已，以置办行装、加强训练的名义，又滞留了一个多月。这时，道路不通，库傉官伟打算派遣一支活动灵便的部队继续向前开通道路，侦察了解北魏军队的强弱虚实，而且，又能大肆张扬他们的声势。各位将领都因为

畏避不欲行。馀崇奋曰："今巨寇滔天，京都危逼，匹夫犹思致命以救君父，诸君荷国宠任，而更惜生乎！若社稷倾覆，臣节不立，死有馀辱。诸君安居于此，崇请当之。"伟喜，简给步骑五百人。崇进至渔阳，遇魏千馀骑。崇谓其众曰："彼众我寡，不击则不得免。"乃鼓噪直进，崇手杀十馀人。魏骑溃去，崇亦引还，斩首获生，具言敌中阔狭，众心稍振。会乃上道徐进，是月，始达蓟城。

魏围中山既久，城中将士皆思出战。征北大将军隆言于宝曰："涉珪虽屡获小利，然顿兵经年，凶势沮屈，士马死伤太半，人心思归，诸部离解，正是可破之时也。加之举城思奋，若因我之锐，乘彼之衰，往无不克。如其持重不决，将卒气丧，日益困逼，事久变生，后虽欲用之，不可得也！"宝然之。而卫大将军麟每沮其议，隆成列而罢者，前后数四。

宝使人请于魏王珪，欲还其弟觚，割常山以西皆与魏以求和。珪许之，既而宝悔之。己酉，珪如卢奴，辛亥，复围中山。燕将士数千人俱自请于宝曰："今坐守穷城，终于困弊，臣等愿得一出乐战，而陛下每抑之，此为坐自摧败也。且受围

害怕危险，不愿意去。这时，馀崇奋然而起，说："现在大敌强盛无比，京都正在遭受着强敌的逼迫。普通人都想到舍命拯救自己的家园、君主与父老，你们身受皇家的宠爱与信托，肩负国家的重任，怎么能够格外爱惜个人的性命呢！国家社稷一旦被推翻，作为臣子的节操不能保全，即便死了，也抹不去终生的耻辱！你们几位就在这儿安安稳稳地坐着吧，我馀崇请求去抵挡敌人。"库傉官伟非常高兴，挑选步、骑兵共五百人拨给馀崇。馀崇带兵来到渔阳，遇到北魏骑兵一千馀人。馀崇对他手下的人说："敌众我寡，不主动出击，我们就跑不掉了。"于是大声呼喊着一直向敌人杀去，馀崇一个人便杀死了十几个敌兵。魏军骑兵溃散而逃，馀崇也带着兵士们回营。这次出击，杀死了许多敌人，又生擒了一些，他仔细讲述了敌军布置的长短利害，军心因此稍稍得到了振作。慕容会这才正式带兵上路，慢慢地向前开进。这个月，他们刚刚到达蓟城。

北魏军围困后燕都城中山已经很久，中山城里的将士们都有心想要出城与敌人决一死战。征北大将军慕容隆对慕容宝说："拓跋珪虽然多次获得一些小胜利，但大军在这里羁留已经一年，他们来时的那种凶恶的气势，已经萎靡丧失，兵士马匹也或死或伤损失大半，人心思归，部落联盟正在离析瓦解，这正是我们可以将他们打败的大好时机呀！再加上我们全城的兵民都在想着奋力一搏，如果利用我们的锐气，趁着他们的衰弱，就没有不胜利的。如果谨慎持重、犹豫不决，等到将士的斗志丧失，环境又一天天艰苦，时间一久，事情就会发生变化，到那时候，虽然想利用机会，一定不会再有了。"慕容宝觉得他说得很对。但是卫大将军慕容麟却几次都对慕容隆的建议泼冷水，慕容隆准备好出击却被迫停止，前后一共四次。

慕容宝派人向魏主拓跋珪请求，打算把他弟弟拓跋觚护送回去，并且割让常山以西的大部地区送给北魏，希望两国休兵。拓跋珪答应了，但事后慕容宝却又后悔。己酉（十一日），拓跋珪来到卢奴。辛亥（十三日），他再一次地包围了中山城。后燕几千名将士都来主动向慕容宝请战说："现在我们坐守这座已经山穷水尽的孤城，终有一天会被困死，我们愿意出城与敌人决一死战，但是陛下您却每每制止我们，这是自己摧毁自己，自取灭亡啊！况且我们被围

历时，无他奇变，徒望积久寇贼自退。今内外之势，强弱悬绝，彼必不自退明矣，宜从众一决。”宝许之。隆退而勒兵，召诸参佐谓之曰：“皇威不振，寇贼内侮，臣子同耻，义不顾生。今幸而破贼，吉还固善。若其不幸，亦使吾志节获展。卿等有北见吾母者，为吾道此情也！”乃被甲上马，诣门俟命。麟复固止宝，众大忿恨，隆涕泣而还。

是夜，麟以兵劫左卫将军北地王精，使帅禁兵弑宝。精以义拒之，麟怒，杀精，出奔西山，依丁零馀众。于是城中人情震骇。

宝不知麟所之，以清河王会军在近，恐麟夺会军，先据龙城，乃召隆及骠骑大将军农，谋去中山，走保龙城。隆曰：“先帝栉风沐雨以成中兴之业，崩未期年而天下大坏，岂得不谓之孤负邪！今外寇方盛而内难复起，骨肉乖离，百姓疑惧，诚不可以拒敌，北迁旧都，亦事之宜。然龙川地狭民贫，若以中国之意取足其中，复朝夕望有大功，此必不可。若节用爱民，务农训兵，数年之中，公私充实，而赵、魏之间，厌苦寇暴，民思燕德，庶几返旆，克复故业。如其未能，则凭险自固，犹足以优游养锐耳。”宝曰：“卿言尽理，朕一从卿意耳。”

已经很长时间,并没有产生其他的突然变化,只是白白地盼望时间久了贼兵便能自行退去。现在城里城外的形势,强与弱相差过于悬殊,他们一定不会自己撤退已经是很明显的事情。所以,我们应该听从大家的意见,出城与敌人决战。”慕容宝答应了。慕容隆退出去后,很快把部队调配完毕,召集参谋佐将,对他们说:“皇上的声威不振作,强盗贼子打到我们家门口来侮辱我们,这是我们做臣子的共同的耻辱,我们理应把自己的生死置之度外。这次决战,如果侥幸地打败敌人,平平安安地回来固然最好。倘若有什么不幸,起码也让我们的志向节操获得一次展现的机会。你们这些人如有回到北方,看到我母亲的,请千万代替我向母亲禀告我的这种心情。”于是,他披戴盔甲,跨上战马,来到城门等候命令。慕容麟再一次坚决阻止了这次军事行动,众将士气忿之极,慕容隆也流着眼泪回去了。

这天夜晚,慕容麟派兵劫持了左卫将军、北地王慕容精,并且打算派他率领禁军去刺杀慕容宝。慕容精用大义拒绝了慕容麟,慕容麟大怒,杀了慕容精,跑出城去逃奔西山,依靠丁零的残馀部落。从此,中山城里的军民的情绪更加震惊动荡。

慕容宝不知道慕容麟逃到哪里去了,总是以为清河王慕容会的部队便在附近驻扎,因此害怕慕容麟夺走慕容会的部队,抢先跑去占据龙城,于是,他召集慕容隆及骠骑大将军慕容农,商议要放弃中山,去死保龙城。慕容隆说:“先帝历经千辛万苦,才完成了中兴的大业,他死去不到一年便天下大乱,怎么能说我们没有辜负了先帝的嘱托厚望啊!现在,外面的强盗力量正当强盛,而我们内部又发生了危难,同胞骨肉反目成仇,百姓惊疑恐惧,这样,的确是根本不可能抗拒强敌的。向北迁回我们的旧都,也是事所当然。但是龙川郡一带地方狭小,百姓贫困,如果我们以自己是国家的中心而打算在那里站稳脚跟,仍然早晚都盼望着取得大的进展和成功,那是一定不行的。如果我们节俭开支花费,爱惜民力,鼓励农耕,训练军队,那么几年之间,官府与民间的积蓄一定会充实起来,而赵、魏之间连年战乱,百姓一定苦不堪言,厌倦、怨恨之声四起,那时,他们思念我们燕国统治时的恩德,我们也或许有机会恢复自己往日的帝业。即使不能这样,那么我们依据山川险要,巩固自己的势力,也还是足够我们在那里安闲度日养精蓄锐了。”慕容宝说:“你说的全都在理,我完全听从你的意见。”

辽东高抚，善卜筮，素为隆所信厚，私谓隆曰："殿下北行，终不能达，太妃亦不可得见。若使主上独往，殿下潜留于此，必有大功。"隆曰："国有大难，主上蒙尘，且老母在北，吾得北首而死，犹无所恨。卿是何言也！"乃遍召僚佐，问其去留，唯司马鲁恭、参军成岌愿从，馀皆欲留，隆并听之。

农部将谷会归说农曰："城中之人，皆涉珪参合所杀者父兄子弟，泣血踊跃，欲与魏战，而为卫军所抑。今闻主上当北迁，皆曰：'得慕容氏一人奉而立之，以与魏战，死无所恨。'大王幸而留此，以副众望，击退魏军，抚宁畿甸，奉迎大驾，亦不失为忠臣也。"农欲杀归而惜其材力，谓之曰："必如此以望生，不如就死！"

壬子，夜，宝与太子策、辽西王农、高阳王隆、长乐王盛等万馀骑出赴会军，河间王熙、勃海王朗、博陵王鉴皆幼，不能出城，隆还入迎之，自为鞁乘，俱得免。燕将王沈等降魏。乐浪王惠、中书侍郎韩范、员外郎段宏、太史令刘起等帅工伎三百奔邺。

中山城中无主，百姓惶惑，东门不闭。魏王珪欲夜入城，冠军将军王建志在虏掠，乃言恐士卒盗府库物，请俟明旦，珪乃止。燕开封公详从宝不成，城中立以为主，闭门拒守。珪尽众攻之，连日不拔。使人登巢车，临城谕之曰："慕容宝已弃汝走，汝曹百姓空自取死，欲谁为乎？"皆曰：

辽东人高抚善于占卜算卦，一向得到慕容隆的信任与厚爱，他私下里告诉慕容隆说："殿下您此次向北撤退，绝对不可能到达目的地，也不可能看到您的母亲太妃。假如让主上自己单独前往，殿下您暗地里留在这里，一定会有大的功业可以建立。"慕容隆说："国家有这样空前的大难，主上遭受奔波之苦与耻辱，而且我的老母亲又在北方，我能够在死的时候头向着北方，便没有什么遗憾了。你这是说的什么！"于是，他将官吏僚属召集在一起，询问他们是去是留，只有司马鲁恭、参军成岌愿意跟从北迁，其馀的都打算留下，慕容隆全听凭他们自己拿主意。

慕容农的部将谷会归劝说慕容农说："中山城里的人，都是拓跋珪在参合陂所杀的士卒的父兄子弟，他们眼睛哭出血来，激愤奔走，打算同魏军决一死战，却被卫军大人慕容麟所压制。现在听说主上要北迁，都说：'能够找到慕容氏家族中的一个人而拥戴他当皇上，以此来与魏军苦战，即便死了，也没有什么遗憾。'大王您最好是留在这里，来担负起大家的冀望，等到击退魏军，使京畿地区得到安抚宁静，再奉迎皇上的大驾回来，这也不失为是一个忠臣啊。"慕容农想杀了谷会归，但又爱惜他的才华，因此只对他说："一定要那样来期望继续生存，还不如等死！"

壬子（十四日）夜晚，慕容宝与太子慕容策、辽西王慕容农、高阳王慕容隆、长乐王慕容盛等率领一万多骑兵，出城去投奔慕容会的军营，河间王慕容熙、渤海王慕容朗、博陵王慕容鉴还都年幼，未能逃出城来，慕容隆又回到城里去迎护，亲自驾车，终于使他们全部逃脱。后燕将领王沈等人投降北魏。乐浪王慕容惠、中书侍郎韩范、员外郎段宏、太史令刘起等人率领工匠、艺伎等三百人逃奔邺城。

中山城中没有了首领，老百姓惶惑惊恐，东门也没有关闭。魏主拓跋珪打算连夜进城，冠军将军王建则一心想要抢劫，于是说恐怕手下的士卒偷盗府库中的财物，请求等到明天天亮再进城，拓跋珪才停止进城。后燕开封公慕容详来不及跟随慕容宝北返，城中的军民便拥戴他做了统帅，关闭了城门抗拒魏军。拓跋珪出动他所有的军队发动进攻，接连几天也没有攻克。于是派人登上攻城用的巢车，接近城墙向城里喊话说："慕容宝已经抛弃了你们自己逃走，你们这些老百姓白白地找死，打算为谁效忠呵？"城里的老百姓便都说：

“群小无知，恐复如参合之众，故苟延旬月之命耳。”珪顾王建而唾其面，使中领将军长孙肥、左将军李栗将三千骑追宝至范阳，不及，破其新城戍而还。

8　甲寅，尊皇太后李氏为太皇太后。戊午，立皇后王氏。

9　燕主宝出中山，与赵王麟遇于阱城。麟不意宝至，惊骇，帅其众奔蒲阴，复出屯望都，土人颇供给之。慕容详遣兵掩击麟，获其妻子，麟脱走，入山中。

甲寅，宝至蓟，殿中亲近散亡略尽，惟高阳王隆所领数百骑为宿卫。清河王会帅骑卒二万迎于蓟南，宝怪会容止怏怏有恨色，密告隆及辽西王农。农、隆俱曰：“会年少，专任方面，习骄所致，岂有他也！臣等当以礼责之。”宝虽从之，然犹诏解会兵以属隆，隆固辞，乃减会兵分给农、隆。又遣西河公库傉官骥帅兵三千助守中山。

丙辰，宝尽徙蓟中府库北趣龙城。魏石河头引兵追之，戊午，及宝于夏谦泽。宝不欲战，清河王会曰：“臣抚教士卒，惟敌是求。今大驾蒙尘，人思效命，而虏敢自送，众心忿愤。《兵法》曰：‘归师勿遏。’又曰：‘置之死地而后生。’今我皆得之，何患不克！若其舍去，贼必乘人，或生馀变。”宝乃从之。会整陈与魏兵战，农、隆等将南来骑冲之，魏兵大败，追奔百馀里，斩首数千级。

“我们这些无知的小民，只是害怕又像参合陂那些人一样，在这里权且拖延十天半月的活命罢了。”拓跋珪气得直视王建，把唾沫吐在他的脸上，并派遣中领将军长孙肥、左将军李栗二人带领着三千骑兵追杀慕容宝，到了范阳，没有赶上，攻克新城戍之后便返回。

8 甲寅（十六日），安帝尊封他的祖母皇太后李氏为太皇太后。戊午（二十日），册立王氏妃子为皇后。

9 后燕国主慕容宝逃出都城中山，和赵王慕容麟在阱城相遇，慕容麟没有想到慕容宝来到这里，大惊失色，赶紧率领着他的部众向蒲阴逃去，然后又来到望都驻扎。当地的土人还为他提供粮草。慕容详派兵袭击慕容麟，抓获了他的妻子儿女，慕容麟自己则逃脱，进入山中。

甲寅（十六日），慕容宝来到蓟城，他在宫廷中的亲信近臣或走散或逃跑，几乎一个也不剩了，只有高阳王慕容隆所统领的几百名骑兵担任警卫。清河王慕容会率领骑兵两万人到蓟南去迎接。慕容宝不满于慕容会表情举止充满怨恨的样子，偷偷地告诉了慕容隆与辽西王慕容农。慕容农、慕容隆都说：“慕容会年纪小，但能很早地独当一面，养成了骄纵的习惯，怎么会有别的想法呢！我们有机会一定依据礼仪制度的道理来责备他。”慕容宝虽然听了他们的话，但还是下诏解除了慕容会的兵权，转交给慕容隆。慕容隆坚决推辞，于是慕容宝只好减少慕容会的一部分兵力，分别交给慕容农、慕容隆。他又派遣西河公库傉官骥统领三千兵卒去帮助守卫中山。

丙辰（十八日），慕容宝把蓟城中府库里的所有财宝全部向北搬到龙城去。北魏将领石河头带领部队追击他们，戊午（二十日），在夏谦泽追上了慕容宝。慕容宝并不打算出战，清河王慕容会说：“我管教、训练我的部队，原则是只要是敌人便必须征服、消灭。现在您的大驾受到凌辱，我们人人都想着牺牲性命为您尽忠，强盗贼子胆敢前来送死，大家心中十分愤怒。《兵法》说：‘急于回去的部队，千万不能阻止。’又说：‘使人处于将要死的地位时，才能逼迫他求生存。’这两点，我们今天都符合，对胜利还有什么疑虑！如果我们只是一味地躲避逃跑，贼寇一定会得寸进尺，乘虚而入，恐怕还可能又产生别的变化。”慕容宝才听从了他的建议。慕容会于是调整阵势与北魏军队接战，慕容农、慕容隆等人也带领南来的骑兵冲杀敌军，把北魏军队打得大败，并且追杀奔走了一百多里，杀了敌兵几千名。

隆又独追数十里而还，谓故吏留台治书阳璆曰："中山城中积兵数万，不得展吾意，今日之捷，令人遗恨。"因慷慨流涕。

会既败魏兵，矜很滋甚。隆屡训责之，会益忿恚。会以农、隆皆尝镇龙城，属尊位重，名望素出己右，恐至龙城，权政不复在己，又知终无为嗣之望，乃谋作乱。

幽、平之兵皆怀会恩，不乐属二王，请于宝曰："清河王勇略高世，臣等与之誓同生死，愿陛下与皇太子、诸王留蓟宫，臣等从王南解京师之围，还迎大驾。"宝左右皆恶会，言于宝曰："清河王不得为太子，神色甚不平。且其才武过人，善收人心。陛下若从众请，臣恐解围之后，必有卫辄之事。"宝乃谓众曰："道通年少，才不及二王，岂可当专征之任！且朕方自统六师，杖会以为羽翼，何可离左右也！"众不悦而退。

左右劝宝杀会。侍御史仇尼归闻之，告会曰："大王所恃者父，父已异图；所杖者兵，兵已去手。欲于何所自容乎！不如诛二王，废太子，大王自处东宫，兼将相之任，以匡复社稷，此上策也。"会犹豫未许。

慕容隆又独自追出去几十里之后才回来，告诉他的旧部下、留台治书阳璆说："中山城中集结部队几万，却没有机会使我一展心胸，今天的这次胜利，也仍然让我怀有遗恨！"因此大为激动，泪洒衣襟。

慕容会击败了魏军后，狂傲凶狠越来越厉害。慕容隆曾几次教训斥责他，慕容会更加怨恨。慕容会想到慕容农、慕容隆都曾经在龙城镇守过，辈分既高，权位又重，名声威望一向又超过自己，因此恐怕到了龙城，权力政事不会再让自己掌握，再加上他又知道自己到头来也不会再有当皇帝的希望，于是，他便阴谋发动政变。

幽州及并州的部队都怀念着慕容会的恩德，不愿意隶属于慕容农、慕容隆两位亲王，向慕容宝请求说："清河王的勇武谋略都高过当世，我们与他发誓要同生共死，愿陛下您与皇太子、各位亲王暂时留在蓟城宫中，我们这些人跟随清河王去向南解救被围困的京师，回来迎接大驾还朝。"慕容宝左右的近臣与侍卫都讨厌慕容会，对慕容宝说："清河王因为当不上太子，神态与脸色都非常不满。而且他的才能与武力又超过常人，善于收买人心。陛下如果答应了这些人的请求，我们恐怕解除了中山的围困以后，就一定会有春秋时卫辄那样自己继承王位，却拒绝父亲回国的事发生。"慕容宝对这些人说："慕容会年纪还小，他的才干也赶不上慕容农、慕容隆二王，怎么可以承担自己单独带兵征战的大任！况且我正要亲自统率六军，依靠慕容会作为我的助手，他怎么可以离开我的身边呢？"那些人都很不高兴地退出去了。

左右侍卫近臣都劝说慕容宝杀掉慕容会。侍御史仇尼归听说后，向慕容会报信说："大王您所依仗的是自己的父亲，但您的父亲现在已另有打算；您所依仗的是军队，但是军队也已经不在您手里。您还打算到什么地方、依仗什么容身呢？我看您不如诛杀慕容农、慕容隆两位亲王，废黜太子，您自己处于东宫的位置兼任宰相、大将军之职，以此来匡正恢复社稷，这才是上策。"慕容会犹豫不决，没有应许。

宝谓农、隆曰："观道通志趣，必反无疑，宜早除之。"农、隆曰："今寇敌内侮，中土纷纭，社稷之危，有如累卵。会镇抚旧都，远赴国难，其威名之重，足以震动四邻。逆状未彰而遽杀之，岂徒伤父子之恩，亦恐大损威望。"宝曰："会逆志已成，卿等慈恕，不忍早杀，恐一旦为变，必先害诸父，然后及吾，至时勿悔自负也！"会闻之，益惧。

夏，四月癸酉，宝宿广都黄榆谷，会遣其党仇尼归、吴提染干帅壮士二十馀人分道袭农、隆，杀隆于帐下。农被重创，执仇尼归，逃入山中。会以仇尼归被执，事终显发，乃夜诣宝曰："农、隆谋逆，臣已除之。"宝欲讨会，阳为好言以安之曰："吾固疑二王久矣，除之甚善。"

甲戌，旦，会立仗严备，乃引道。会欲弃隆丧，馀崇涕泣固请，乃听载随军。农出，自归，宝呵之曰："何以自负邪？"命执之。行十馀里，宝顾召群臣食，且议农罪。会就坐，宝目卫军将军慕舆腾使斩会，伤其首，不能杀。会走赴其军，勒兵攻宝。宝帅数百骑驰二百里，晡时，至龙城。会遣骑追至石城，不及。

慕容宝对慕容农、慕容隆说:“我看慕容会的心思与去向,今后一定谋反无疑,应该早早除掉他。”慕容农、慕容隆说:“现在敌寇入侵欺侮我们,国中腹地一片大乱,政权危如累卵。慕容会本来在旧都镇守,处理政事,这次千里迢迢赶来解救国家的危难,他的声威名誉的分量,足以使四邻震动。他叛逆的形迹还没有暴露便突然杀掉他,岂止白白地伤损父子之间的恩德,恐怕也要使您的威望遭受重大损失。”慕容宝说:“慕容会反叛的主意已经打定,你们这样仁慈宽恕,不忍心早点杀掉他,恐怕有一天他突然发动政变,一定会首先伤害你们几个做叔父的,然后再伤害我,那时候可不要因自负而后悔呀!”慕容会听说后,越加害怕。

夏季,四月癸酉(初六),慕容宝在广都黄榆谷扎营露宿。慕容会派遣他的党羽仇尼归、吴提染干率领壮士二十多人,分两路去偷袭慕容农、慕容隆,在寝帐之中将慕容隆杀死。慕容农则身受重伤,抓住了仇尼归,逃进了深山。慕容会因为仇尼归被对方抓住,事情终于败露,于是只好连夜去拜见慕容宝说:“慕容农、慕容隆阴谋叛逆,我已经将他们除掉。”慕容宝准备讨伐慕容会,表面上只得用好话来稳住他,说:“我本来怀疑他们已经很长时间了,除掉他们很好。”

甲戌(初七),清晨,慕容会下令严密戒备,在前面引路,继续前进。慕容会打算遗弃慕容隆的灵柩,将军馀崇流着眼泪坚决请求携带,就听凭他随着军队运载。慕容农从深山中出来,自己回到大营,慕容宝呵斥他说:“还有什么可以自负的!”命令手下人把他逮捕收押起来。走了十几里路,慕容宝回头召集文武大臣一起吃饭,并商议如何给慕容农定罪。慕容会也入席就座,慕容宝使眼色让卫军将军慕舆腾刺杀慕容会,却只将他的头部击伤,没有杀死。慕容会带伤逃奔自己的军队,马上集合部队向慕容宝发起猛攻。慕容宝带着几百名骑兵跑出去两百多里,下午的时候,到了龙城。慕容会派遣骑兵追赶到石城,没有追上。

乙亥，会遣仇尼归攻龙城，宝夜遣兵袭击，破之。会遣使请诛左右佞臣，并求为太子，宝不许。会尽收乘舆器服，以后宫分给将帅，署置百官，自称皇太子、录尚书事，引兵向龙城，以讨慕舆腾为名。丙子，顿兵城下。宝临西门，会乘马遥与宝语，宝责让之。会命军士向宝大噪以耀威，城中将士皆愤怒，向暮出战，大破之。会兵死伤太半，走还营。侍御郎高云夜帅敢死士百馀人袭会军，会众皆溃。会将十馀骑奔中山，开封公详杀之。宝杀会母及其三子。

丁丑，宝大赦，凡与会同谋者，皆除罪，复旧职。论功行赏，拜将军、封侯者数百人。辽西王农骨破见脑，宝手自裹创，仅而获济。以农为左仆射，寻拜司空、领尚书令。馀崇出自归，宝嘉其忠，拜中坚将军，使典宿卫。赠高阳王隆司徒，谥曰康。

宝以高云为建威将军，封夕阳公，养以为子。云，高句丽之支属也，燕王皝破高句丽，徙于青山，由是世为燕臣。云沉厚寡言，时人莫知，惟中卫将军长乐冯跋奇其志度，与之为友。跋父和，事西燕主永为将军，永败，徙和龙。

10　仆射王国宝、建威将军王绪依附会稽王道子，纳贿穷奢，不知纪极。恶王恭、殷仲堪，劝道子裁损其兵权，中外恟恟不安。恭等各缮甲勒兵，表请北伐。道子疑之，诏以盛夏妨农，悉使解严。

乙亥(初八),慕容会派遣仇尼归前去攻打龙城,慕容宝却在夜里派遣一支部队袭击他,并将他打败。慕容会派遣使者去面见慕容宝,请求诛杀左右的奸佞之臣,并且请求册立自己做太子,慕容宝不答应。慕容会便把皇帝用的车马服装器具等全部收为己有,把后宫的姬妾宫女等分赏给各位将帅,并且设置了文武百官,自称为皇太子、录尚书事,带着部队直向龙城进发,名义上却说要讨伐慕舆腾。丙子(初九),在城下驻扎下来。慕容宝来到西门,慕容会乘着马从远处与慕容宝对话。慕容宝斥责他。慕容会命令士兵面对慕容宝大声鼓噪、起哄,以炫耀自己的威势。城里的将士都义愤填膺,傍晚的时候出城与慕容会作战,将他们打得大败。慕容会的兵卒死伤了一大半,他自己也逃回了大营。侍御郎高云当夜率领一百多名敢死壮士偷袭慕容会的营寨,慕容会的部众完全崩溃。慕容会本人只带领着十几名骑兵逃奔中山,被开封公慕容详杀了。慕容宝杀掉了慕容会的母亲和他的三个儿子。

丁丑(初十),慕容宝实行大赦,凡是慕容会同谋的人,全都免除罪名,恢复旧有的官职。论功行赏,晋升为将军、加封侯爵的有几百人。辽西王慕容农头骨被击碎,竟能看见脑髓,慕容宝亲手为他包扎伤口,居然救活了他的性命。慕容宝任命慕容农为左仆射,不久又升为司空、领尚书令。慕容会的部将馀崇从躲藏的地方回来,慕容宝赞赏他的忠诚,提升他为中坚将军,派他统领宫廷侍卫。追封高阳王慕容隆为司徒,谥号康王。

慕容宝任命高云为建威将军,封为夕阳公,并收养他作为自己的养子。高云是高句丽一个分支部落的后代,当年燕王慕容皝击败高句丽王国的时候,曾把他的前辈迁移到青山一带,从此,他们便世世代代成了后燕的臣民。高云平时沉稳敦厚,不善言谈,当时的人都不熟悉他,只有中卫将军长乐人冯跋觉得他的志向与气度极不一般,和他结为好友。冯跋的父亲冯和,为西燕国主慕容永效力并做了西燕的将军。慕容永失败以后,被安置在和龙居住。

10　东晋仆射王国宝、建威将军王绪等人依附于会稽王司马道子,收受贿赂,穷奢极欲,无法无天已达到了极点。他们厌恶王恭、殷仲堪,劝司马道子裁减他们二人的兵权。朝廷内外流言四起,人心动荡不安。王恭等人各自都在整理兵甲,训练部队,上奏章请求北上讨伐。司马道子对他们怀有疑心,下诏以盛夏出兵妨碍农业生产为由,命令他们解除严阵以待的状态。

恭遣使与仲堪谋讨国宝等。桓玄以仕不得志,欲假仲堪兵势以作乱,乃说仲堪曰:“国宝与君诸人素已为对,唯患相毙之不速耳。今既执大权,与王绪相表里,其所回易,无不如志。孝伯居元舅之地,必未敢害之。君为先帝所拔,超居方任,人情皆以君为虽有思致,非方伯才。彼若发诏征君为中书令,用殷觊为荆州,君何以处之?”仲堪曰:“忧之久矣,计将安出?”玄曰:“孝伯疾恶深至,君宜潜与之约,兴晋阳之甲以除君侧之恶,东西齐举,玄虽不肖,愿帅荆、楚豪杰,荷戈先驱,此桓、文之勋也。”

仲堪心然之,乃外结雍州刺史郗恢,内与从兄南蛮校尉觊、南郡相陈留江绩谋之。觊曰:“人臣当各守职分,朝廷是非,岂藩屏之所制也!晋阳之事,不敢预闻。”仲堪固邀之,觊怒曰:“吾进不敢同,退不敢异。”绩亦极言其不可。觊恐绩及祸,于坐和解之。绩曰:“大丈夫何至以死相胁邪!江仲元行年六十,但未获死所耳!”仲堪惮其坚正,以杨佺期代之。朝廷闻之,征绩为御史中丞。觊遂称散发,辞位,仲堪往省之,谓觊曰:“兄病殊为可忧。”觊曰:“我病不过身死,汝病乃当灭门。宜深自爱,勿以我为念!”郗恢亦不肯从。仲堪疑未决,会王恭使至,仲堪许之,恭大喜。甲戌,恭上表罪状国宝,举兵讨之。

王恭派人去见殷仲堪，商议声讨王国宝等人的事情。桓玄也因为未能当上大官，郁郁不得志，打算趁此机会借助殷仲堪的兵马势力制造混乱，就对殷仲堪说："王国宝与你们几个人向来都是死对头，只怕消灭你们的时间来得不快。现在他既然已经执掌了大权，并且与王绪内外呼应，他们所想要干的事，没有一件达不到目的。王恭处在国舅的位置上，王国宝一定不敢加害他。但你是先帝提拔起来的，超越常规地独领一方。人们都认为你虽然头脑清楚，有才干，却不是封疆大吏的人才。他们如果征召你回朝做中书令，任命殷觊为荆州刺史，你将如何应付?"殷仲堪说："我也忧虑很长时间了，你认为怎么办才好呢?"桓玄说："王恭为人正直，嫉恶如仇，你应该暗地里和他联合起来，约定时间，仿效战国赵鞅发动晋阳之兵马，以清除君侧之恶人的办法，东西两面一齐起兵。桓玄我虽然不成材，也愿意率领荆州、楚州两地的英雄豪杰，手拿武器充任前锋。这是齐桓公、晋文公似的功勋呵!"

殷仲堪心中以为他说得很对，于是向外联络雍州刺史郗恢，内部又与自己的堂兄南蛮校尉殷觊、南郡相陈留人江绩等人一起谋划。殷觊说："作为国家的大臣，应当各自坚守自己的职责，朝廷里的是非对错，怎么能是做地方官员的人可以干预的! 所说仿效晋阳出兵一事，我不敢听闻参与。"殷仲堪坚决邀请他，殷觊大怒说："我前进一步不会同意，退后一步不会反对。"江绩也竭力地分析认为不可。殷觊恐怕江绩说得太激烈，招来祸患，便坐在那里从中调解。江绩说："大丈夫顶天立地，怎么能用死来威胁呢? 我江仲元活了六十岁，只是没有找到值得我去死的地方罢了!"殷仲堪对江绩的坚定正直很害怕，因此任命杨佺期代替江绩为南郡相。朝廷得知了这个消息后，征召江绩回朝廷担任御史中丞。殷觊借口自己食用寒食散之后药性发作，辞去了职位。殷仲堪去看望他，对殷觊说："堂兄的病实在值得忧虑。"殷觊说："我的病至多不过是我个人身死，你的病发作却会招致灭门大祸呀。你应当深深地爱惜保护自己，不要挂念我。"雍州刺史郗恢也不愿意听从。殷仲堪犹疑不决，正巧王恭派来的信使来到，殷仲堪应诺了王恭的约定，王恭非常高兴。甲戌(初七)，王恭便上奏章陈述了王国宝的罪状，同时发动部队前去讨伐。

初，孝武帝委任王珣，及帝暴崩，不及受顾命，珣一旦失势，循默而已。丁丑，王恭表至，内外戒严，道子问珣曰："二藩作逆，卿知之乎？"珣曰："朝政得失，珣弗之预，王、殷作难，何由可知！"王国宝惶惧，不知所为，遣数百人戍竹里，夜遇风雨，各散归。王绪说国宝矫相王之命召王珣、车胤杀之，以除时望，因挟君相发兵以讨二藩。国宝许之。珣、胤至，国宝不敢害，更问计于珣。珣曰："王、殷与卿素无深怨，所竞不过势利之间耳。"国宝曰："将曹爽我乎？"珣曰："是何言欤！卿宁有爽之罪，王孝伯岂宣帝之俦邪？"又问计于胤，胤曰："昔桓公围寿阳，弥时乃克。今朝廷遣军，恭必城守。若京口未拔而上流奄至，君将何以待之？"国宝尤惧，遂上疏解职，诣阙待罪。既而悔之，诈称诏复其本官。道子暗懦，欲求姑息，乃委罪国宝，遣骠骑谘议参军谯王尚之收国宝付廷尉。尚之，恬之子也。甲申，赐国宝死，斩绪于市，遣使诣恭，深谢愆失，恭乃罢兵还京口。国宝兄侍中恺、骠骑司马愉并请解职。道子以恺、愉与国宝异母，又素不协，皆释不问。戊子，大赦。

当初，晋孝武帝委任左仆射王珣，后来，孝武帝突然驾崩，他没来得及接受先帝的委托做顾命大臣。王珣失去权势，只好一言不发。丁丑（初十），王恭的奏章送到朝中，朝廷内外十分紧张，戒备森严。司马道子问王珣道："王、殷两股地方势力发动叛乱，你知道这件事吗？"王珣说："朝廷内部政治事务的好坏得失，我都不曾参与，王、殷两个人所发动的反叛，我怎么能知道呢？"王国宝异常惶恐惧怕，不知如何是好，派了几百人到竹里去守卫，因为夜间遇到风雨大作，各自散去回家了。王绪给王国宝出主意，让他假借相王司马道子的命令，召集王珣、车胤前来，将他们杀掉，先除掉有声望的人，然后以此要挟安帝和马司道子调兵讨伐两个藩臣。王国宝同意了王绪的建议。王珣、车胤来到之后，王国宝又不敢杀害，只好再向王珣询问解决的方法。王珣说："王恭、殷仲堪与您素来没有什么深仇大恨，他们所要争的不过是一些权势利益罢了。"王国宝说："莫非要把我当成曹爽吗？"王珣说："你这是什么话呀！您哪里有曹爽那么重的罪过，王恭又哪里是宣帝司马懿那样的人呢？"王国宝又向车胤问计，车胤说："过去，桓温围困寿阳，很长时间才攻克。现在朝廷如果派兵去攻，王恭便一定会坚守。倘若京口还没有攻下，长江上游的殷仲堪又带兵突然乘虚而来，您准备怎样对付他呢？"王国宝更加恐惧，于是上了一道奏章请求解除一切官职，前往宫门等待朝廷定罪。奏章刚送上去，又后悔了，因此又谎称安帝已经下诏恢复他原来的官职。司马道子为人愚昧懦弱，只求暂时平息此事，便把一切罪过完全推到王国宝身上，并派遣骠骑谘议参军谯王司马尚之前去逮捕王国宝，交到廷尉那里去问罪。司马尚之是司马恬的儿子。甲申（十九日），安帝下诏，命令王国宝自杀，把王绪绑赴街市斩首，并派使者前去面见王恭，对自己的过失表示深深的歉意。王恭于是带兵回到京口。王国宝的哥哥侍中王恺、骠骑司马王愉一起恳请辞职。司马道子因为王恺、王愉与王国宝不是同母所生，彼此的关系又历来不合，就都不予追究。戊子（二十一日），宣布大赦。

殷仲堪虽许王恭，犹豫不敢下。闻国宝等死，乃始抗表举兵，遣杨佺期屯巴陵。道子以书止之，仲堪乃还。

会稽世子元显，年十六，有俊才，为侍中，说道子以王、殷终必为患，请潜为之备。道子乃拜元显征虏将军，以其卫府及徐州文武悉配之。

11　魏王珪以军食不给，命东平公仪去邺，徙屯钜鹿，积租杨城。慕容详出步卒六千人，伺间袭魏诸屯。珪击破之，斩首五千，生擒七百人，皆纵之。

12　初，张掖卢水胡沮渠罗仇，匈奴沮渠王之后也，世为部帅。凉王光以罗仇为尚书，从光伐西秦。及吕延败死，罗仇弟三河太守麴粥谓罗仇曰："主上荒耄信谗，今军败将死，正其猜忌智勇之时也。吾兄弟必不见容，与其死而无名，不若勒兵向西平，出苕藋，奋臂一呼，凉州不足定也。"罗仇曰："诚如汝言。然吾家世以忠孝著于西土，宁使人负我，我不忍负人也。"光果听谗，以败军之罪杀罗仇及麴粥。罗仇弟子蒙逊，雄杰有策略，涉猎书史，以罗仇、麴粥之丧归葬。诸部多其族姻，会葬者凡万馀人。蒙逊哭谓众曰："吕王昏荒无道，多杀不辜。吾之上世，虎视河西，今欲与诸部雪二父之耻，复上世之业，何如?"众咸称万岁。遂结盟起兵，攻凉临松郡，拔之，屯据金山。

殷仲堪虽然已经答应王恭一起声讨王国宝，但仍然犹豫，不敢带兵东下。听说王国宝等已死，才开始上疏朝廷，起动大兵，派遣杨佺期去驻守巴陵。司马道子写信阻止，殷仲堪才回师。

会稽王司马道子的世子司马元显，十六岁，聪明能干，颇有才华，此时他在朝中担任侍中。他提醒司马道子说，王恭、殷仲堪到头来一定会成为祸患，请在暗地做好准备。司马道子于是任命司马元显为征虏将军，把自己的卫队以及徐州的军政要员全部交给司马元显管辖。

11　魏王拓跋珪因为军队中的粮食供应不足，命令东平公拓跋仪离开邺城，迁到钜鹿驻扎，并把粮草补给等聚积在杨城。慕容详派出六千步兵，等待机会乘虚袭击骚扰魏军的几个驻地。被拓跋珪击溃，杀死五千人，活捉七百人，又把这些俘虏全部释放了。

12　当初，居住在张掖的卢水匈奴部落的首领沮渠罗仇，是匈奴沮渠王的后代，世世代代都当部落的首领。后凉国王吕光任命沮渠罗仇为尚书，跟着吕光一起去讨伐西秦。吕延战败身死之后，沮渠罗仇的弟弟、三河太守沮渠麹粥对沮渠罗仇说："主上吕光年老昏聩，又常常听信谗言，这次军队失败，大将战死，正是他猜忌勇武有识的部下的时候。他一定容不得我们兄弟，与其平平庸庸死掉，不如干脆带领军队进攻西平，闯过苕藋，只要我们振臂一呼，凉州一带得以平定就不在话下了。"沮渠罗仇说："确实像你说的。但是我们沮渠家，世世代代都以忠孝之名被西域的人们所称颂，所以，宁可让别人背叛我，我是绝对不忍心去背叛别人的。"吕光果然听信谗言，以出战失败的罪名杀掉了沮渠罗仇与沮渠麹粥。沮渠罗仇的侄儿沮渠蒙逊，为人雄武过人而又身怀奇才大略，阅读过许多经史典籍，他护送沮渠罗仇与沮渠麹粥的灵柩回乡安葬。附近的许多部落都与他们有姻亲关系，参加葬礼的竟达一万多人。沮渠蒙逊哭着对这些人说："吕王昏聩荒淫，毫无做君王的道义，杀死了很多清白无辜的人。我们的祖先，雄威震慑河西一带，今天我们要与各部落一起为我的两位伯父报仇雪恨，进而恢复我们祖先的大业，各位意下如何？"众人都高喊万岁。于是缔结了盟约，拉起队伍，攻占了后凉的临松郡，然后进军在金山据守。

13　司徒左长史王廞，导之孙也，以母丧居吴。王恭之讨王国宝也，版廞行吴国内史，使起兵于东方。廞使前吴国内史虞啸父等入吴兴、义兴召募兵众，赴者万计。未几，国宝死，恭罢兵，符廞去职，反丧服。廞以起兵之际，诛异己者颇多，势不得止，遂大怒，不承恭命，使其子泰将兵伐恭，笺于会稽王道子，称恭罪恶。道子以其笺送恭。五月，恭遣司马刘牢之帅五千人击泰，斩之。又与廞战于曲阿，众溃，廞单骑走，不知所在。收虞啸父下廷尉，以其祖潭有功，免为庶人。

14　燕库傉官骥入中山，与开封公详相攻。详杀骥，尽灭库傉官氏。又杀中山尹苻谟，夷其族。中山城无定主，民恐魏兵乘之，男女结盟，人自为战。

甲辰，魏王珪罢中山之围，就谷河间，督诸郡义租。甲寅，以东平公仪为骠骑大将军、都督中外诸军事、兖豫雍荆徐扬六州牧、左丞相，封卫王。

慕容详自谓能却魏兵，威德已振，乃即皇帝位，改元建始，置百官。以新平公可足浑潭为车骑大将军、尚书令，杀拓跋觚以固众心。

邺中官属劝范阳王德称尊号，会有自龙城来者，知燕主宝犹存，乃止。

15　凉王光遣太原公纂将兵击沮渠蒙逊于忽谷，破之。蒙逊逃入山中。

13　东晋司徒左长史王廞是王导的孙子，因为母亲去世，在吴地守丧。王恭讨伐王国宝的时候，曾任命他暂时代理吴国内史的官职，让他在东方招兵。王廞于是派前任吴国内史虞啸父等人到吴兴、义兴一带去招兵买马，赶来从军的人以万计。不久，王国宝被赐自杀，王恭也停止了军事行动，便来信通知王廞可以离开任职、回家继续守丧。王廞在招募军卒的时候，诛杀了很多和自己意见不同的人，已经不能半途停止，于是不禁大怒，拒绝接受王恭的命令，并且派他的儿子王泰带兵前去讨伐王恭，又写信给会稽王司马道子，历数王恭的罪恶。司马道子把他的信送给了王恭。五月，王恭派司马刘牢之统领五千人迎击王泰，并把他杀了。刘牢之又与王廞在曲阿展开激战，王廞的部队很快溃散，王廞一个人骑马逃跑，下落不明。又抓获虞啸父送到廷尉问罪，因为他的祖父虞潭过去有功，免死，贬为平民。

14　后燕西河公库傉官骥进入中山，与留守在那里的开封公慕容详互相攻打。慕容详杀了库傉官骥，并把整个库傉官氏家族全部消灭。他又杀死了中山尹苻谟，屠杀了苻谟一族。中山城内没有一个主事人，居民们害怕北魏的军队乘虚攻进城来，男女老幼自愿结起盟约，各自单独作战。

甲辰（初七），魏王拓跋珪解除对中山的包围，去往河间征粮，督促各郡义务献粮。甲寅（十七日），拓跋珪任命东平公拓跋仪为骠骑大将军，都督中外诸军事，兖、豫、雍、荆、徐、扬六州牧，左丞相，封为卫王。

慕容详自认为能使北魏军队撤去，他的声威与恩德已经重振，便登上了皇帝宝座，改年号为建始，设置了文武百官。任命新平公可足浑潭为车骑大将军、尚书令，杀掉了原来被扣押在中山的拓跋珪的弟弟拓跋觚，希望以此来稳定人心。

邺城的文武官员力劝范阳王慕容德南面称帝，正巧有一个人从龙城来，知道后燕国主慕容宝还活着，这才停止。

15　后凉王吕光派遣太原公吕纂带兵在忽谷进攻沮渠蒙逊，并把他打败。沮渠蒙逊逃进深山之中。

蒙逊从兄男成为凉将军，闻蒙逊起兵，亦合众数千屯乐涫。酒泉太守垒澄讨男成，兵败，澄死。

男成进攻建康，遣使说建康太守段业曰："吕氏政衰，权臣擅命，刑杀无常，人无容处。一州之地，叛者相望，瓦解之形昭然在目，百姓嗷然无所依附。府君奈何以盖世之才，欲立忠于垂亡之国！男成等既唱大义，欲屈府君抚临鄙州，使涂炭之馀，蒙来苏之惠，何如？"业不从。相持二旬，外救不至，郡人高逵、史惠等劝业从男成之请。业素与凉侍中房晷、仆射王详不平，惧不自安，乃许之。男成等推业为大都督、龙骧大将军、凉州牧、建康公，改元神玺。以男成为辅国将军，委以军国之任。蒙逊帅众归业，业以蒙逊为镇西将军。光命太原公纂将兵讨业，不克。

16　六月，西秦王乾归征北河州刺史彭奚念为镇卫将军，以镇西将军屋弘破光为河州牧，定州刺史翟瑥为兴晋太守，镇枹罕。

17　秋，七月，慕容详杀可足浑潭。详嗜酒奢淫，不恤士民，刑杀无度，所诛王公以下五百馀人，群下离心。城中饥窘，详不听民出采稆，死者相枕，举城皆谋迎赵王麟。详遣辅国将军张骧帅五千馀人督租于常山，麟自丁零入骧军，潜袭中山，城门不闭，执详，斩之。麟遂称尊号，听人四出采稆。人既饱，求与魏战，麟不从，稍复穷馁。魏王珪军鲁口，遣长孙肥帅骑七千袭中山，入其郛。麟追至泒水，为魏所败而还。

沮渠蒙逊的堂兄沮渠男成，担任后凉的将军。他听说沮渠蒙逊起兵反叛，也集合了几千名兵众进驻乐涫。酒泉太守垒澄带兵去讨伐沮渠男成，兵败，垒澄战死。

沮渠男成进攻建康，派遣使者去说服建康太守段业说："吕氏的政治势力已经衰微，掌权的官僚操纵一切，刑罚杀戮没有法度，使人们无容身之处。仅在一个州的地域上，反叛的人接连不断，这种土崩瓦解的形势一看便知，百姓们饥饿痛苦，找不到可以依托的人。您为什么以盖绝当世的奇才，却打算向这个面临灭亡的国家尽效忠心呢？我们既然倡导大义，便打算委屈阁下出面领导安抚本州，使人们在灾难和不幸的缝隙之间，能够得到恢复生机的好处，你看怎么样？"段业不听从他的劝告。两方相持了二十天左右，外面的救援没有赶来，建康本郡的居民高逵、史惠等人劝说段业接受沮渠男成的建议。段业历来与后凉侍中房晷、仆射王详不融洽，经常恐惧不安，于是，他同意了沮渠男成的请求。沮渠男成等人公推段业为大都督、龙骧大将军、凉州牧、建康公，改年号为神玺。段业任命沮渠男成为辅国将军，把国家军政大权全部交给他掌管。沮渠蒙逊听说这个消息之后，也带着自己的部众来归附段业。段业任命沮渠蒙逊为镇西将军。吕光命令太原公吕纂带领部队讨伐段业，没有攻克。

16　六月，西秦国主乞伏乾归征召北河州刺史彭奚念为镇卫将军，任命镇西将军屋弘破光为河州牧，定州刺史翟瑥为兴晋太守，镇守枹罕。

17　秋季，七月，慕容详杀掉了车骑大将军可足浑潭。慕容详嗜酒如命，又奢侈荒淫，从来也不体恤士人、百姓，施刑屠戮没有法度，被他诛杀的自王公以下的人有五百多，以致各级僚属和下层军民都和他离心离德。城中发生饥荒，慕容详不允许人们出城去采集野草和野生的粮食，因此，饿死的人尸横遍地，全城上下都希望设法把赵王慕容麟迎请回来。慕容详派遣辅国将军张骧率领五千多人前去常山督促人们缴纳粮租，慕容麟从丁零部落那里潜入张骧军中，偷袭中山，城门没有关闭，慕容麟抓住慕容详，杀了他。慕容麟自己做了皇帝，准许人们出城到四处去采集可吃的东西。军民能够吃饱之后，便又提出要求与北魏军队决战，慕容麟却没有同意，不久，城中再次发生饥荒。魏王拓跋珪驻扎在鲁口，派遣长孙肥率领骑兵七千人进攻中山，并且攻进了外城。慕容麟发动反击，并把魏军追击到了泒水，却被北魏军队打败，回到中山。

八月丙寅朔，魏王珪徙军常山之九门。军中大疫，人畜多死，将士皆思归。珪问疫于诸将，对曰："在者才什四五。"珪曰："此固天命，将若之何！四海之民，皆可为国，在吾所以御之耳，何患无民！"群臣乃不敢言。遣抚军大将军略阳公遵袭中山，入其郛而还。

18　燕以辽西王农为都督中外诸军事、大司马、录尚书事。

19　凉散骑常侍、太常西平郭麐，善天文数术，国人信重之。会荧惑守东井，麐谓仆射王详曰："凉之分野，将有大兵。主上老病，太子暗弱，太原公凶悍，一旦不讳，祸乱必起。吾二人久居内要，彼常切齿，将为诛首矣。田胡王乞基部落最强，二苑之人，多其旧众。吾欲与公举大事，推乞基为主，二苑之众，尽我有也。得城之后，徐更议之。"详从之。麐夜以二苑之众烧洪范门，使详为内应。事泄，详被诛，麐遂据东苑以叛。民间皆言圣人举兵，事无不成，从之者甚众。

凉王光召太原公纂使讨麐。纂将还，诸将皆曰："段业必蹑军后，宜潜师夜发。"纂曰："业无雄才，凭城自守。若潜师夜去，适足张其气势耳。"乃遣使告业曰："郭麐作乱，吾今还都，卿能决者，可早出战。"于是引还。业不敢出。

八月丙寅朔(初一),魏王拓跋珪迁到常山的九门驻扎。忽然军营流行严重瘟疫,人和牲畜都死了很多,将士们都在想着回家。拓跋珪向手下的各位将领询问瘟疫的蔓延与治疗情况,将领们回答说:"活着的十分之四五。"拓跋珪说:"这本来是天命,我们有什么办法!四海之内的所有居民,都可以成为我们国家的一部分,只不过是要看我统治、驾驭他们的方法罢了,何必担忧我们没有百姓呢?"大臣们不敢再多说话。拓跋珪派抚军大将军略阳公拓跋遵进攻中山,攻进了中山的外城之后撤回去了。

18　后燕任命辽西王慕容农为都督中外诸军事、大司马、录尚书事。

19　后凉散骑常侍、太常、西平人郭黁,擅长观测天文和数术,国中的人们对他都很相信倚重。正巧赶上火星侵占井宿,郭黁对仆射王详说:"凉州一带,将要发生大的战争。现在主上年老多病,太子又愚昧孱弱,太原公吕纂凶暴骄悍,一旦主上晏驾,祸乱便一定会发生。我们两个人长期居于朝廷要职,太原公一直咬牙切齿地痛恨我们,到那时我们一定会成为他所要诛杀的首要对象。田胡部落的首领王乞基的力量最强大,都城姑臧东苑、西苑的人,大多是他们的旧属部众。我打算和你一起发动一个大事,拥推王乞基为我们的首领,居住在两苑里的人,都会为我们所拥有。攻占城池之后,再慢慢商议其他的事。"王详听从了他的话。郭黁当夜便派两苑的人火烧洪范门,并且让王详作为内应。不料事情败露,王详被杀。郭黁便占据了东苑城公开反叛。民间都流传说,像郭黁那样的圣人带领部队战斗,事情没有不成功的,所以,跟从他的人很多。

后凉王吕光连忙征召太原公吕纂去围剿郭黁。吕纂将要回去,各位将领都说:"段业一定会跟在我军的背后追打,我们应该在夜间秘密撤退。"吕纂说:"段业没有雄才大略,只能凭借城池的险要保全自己。如果我们在夜间偷偷撤军,恰恰长了敌人的志气。"于是,他派遣一个使者去告诉段业说:"郭黁发动了叛乱,我现在就要回都城去,你如果有胆量能来决一死战,那么可以尽早出战。"于是,撤军回去,段业没敢出来。

纂司马杨统谓其从兄桓曰："郭麐举事，必不虚发。吾欲杀纂，推兄为主，西袭吕弘，据张掖，号令诸郡，此千载一时也。"桓怒曰："吾为吕氏臣，安享其禄，危不能救，岂可复增其难乎！吕氏若亡，吾为弘演矣！"统至番禾，遂叛归麐。弘，纂之弟也。

纂与西安太守石元良共击麐，大破之，乃得入姑臧。麐得光孙八人于东苑，及败而恚，悉投于锋上，枝分节解，饮其血以盟众，众皆掩目。

凉人张捷、宋生等招集戎、夏三千人，反于休屠城。与麐共推凉后将军杨轨为盟主。轨，略阳氐也。将军程肇谏曰："卿弃龙头而从蛇尾，非计也。"轨不从，自称大将军、凉州牧、西平公。

纂击破麐将王斐于城西，麐兵势渐衰，遣使请救于秃发乌孤。九月，乌孤使其弟骠骑将军利鹿孤帅骑五千赴之。

20　秦太后蛇氏卒。秦主兴哀毁过礼，不亲庶政。群臣请依汉、魏故事，既葬即吉。尚书郎李嵩上疏曰："孝治天下，先王之高事也。宜遵圣性以光道训，既葬之后，素服临朝。"尹纬驳曰："嵩矫常越礼，请付有司论罪。"兴曰："嵩忠臣孝子，有何罪乎！其一从嵩议。"

21　鲜卑薛勃叛秦，秦主兴自将讨之。勃败，奔没弈干，没弈干执送之。

吕纂的司马杨统对他的堂兄杨桓说："郭麐领兵起事，一定不会凭空地盲目作战。我想杀掉吕纂，推举您为首领，向西袭击吕弘，占据张掖，向其他几个郡发号施令。这真是千载难逢的好机会！"杨桓大怒说："我作为吕氏的臣子，在平安的时候享受他们给我的荣禄，在危急的时候不能去解救，又怎么能再增加他们的困难呢？吕氏如果灭亡，我甘愿做春秋时忠君而死的弘演！"杨统到了番禾县，反叛归附了郭麐。吕弘是吕纂的弟弟。

吕纂和西安太守石元良合击郭麐，把他打得大败，才得以进入都城姑臧。郭麐在东苑城抓获了吕光的八个孙子，被吕纂击败之后恼羞成怒，把这八个孩子全部投掷到兵刃的锋口之上，并把他们的尸体一肢一节地分解开来，喝掉了他们的鲜血，用来和大家对天盟誓。其状极其凶惨，他手下的人也都蒙住双眼，不忍观看。

后凉人张捷、宋生等，召集戎族和汉族三千人，在休屠城造反。他们与郭麐一起推举后凉后将军杨轨为盟主。杨轨是略阳的氐人。将军程肇劝阻杨轨说："您抛弃了龙头而去追随蛇尾，不是上策。"杨轨没有接受他的劝告，自称为大将军、凉州牧、西平公。

吕纂在城西又打败了郭麐的部将王斐。郭麐的军队势力渐渐衰微，派遣使者到秃发乌孤那里去求救。九月，秃发乌孤派他的弟弟骠骑将军秃发利鹿孤率领五千骑兵赶去救援。

20　后秦太后蛇氏去世。后秦国主姚兴哀恸过度，不能正常地处理国家的日常事务。众大臣请求依据汉朝与曹魏处理这类事的旧规矩，安葬之后便不再继续守丧。尚书郎李嵩上奏章说："用孝道来治理天下，是先王们的最高准则。应该遵守圣主的天性，来发扬光大道德的训诫。太后安葬之后，皇上应该穿着孝服来主持朝政。"尚书左仆射尹纬反驳说："李嵩违反常规，冒犯礼法，请把他交付有关部门判定罪罚。"姚兴说："李嵩在国是忠臣、在家是孝子，有什么罪呀！这件事就完全按照李嵩的建议办理吧！"

21　后秦所属的鲜卑部落首领薛勃叛变，后秦国主姚兴亲自带兵去讨伐他，薛勃战败，去投奔没弈干，没弈干把他抓住送回后秦。

22　秦泫氏男姚买得谋弑秦主兴，不克而死。

23　秦主兴入寇湖城，弘农太守陶仲山、华山太守董迈皆降之。遂至陕城，进寇上洛，拔之。遣姚崇寇洛阳，河南太守夏侯宗之固守金墉，崇攻之不克，乃徙流民二万馀户而还。

武都氐屠飞、啖铁等据方山以叛秦，兴遣姚绍等讨之，斩飞、铁。

兴勤于政事，延纳善言，京兆杜瑾等皆以论事得显拔，天水姜龛等以儒学见尊礼，给事黄门侍郎古成诜等以文章参机密。诜刚介雅正，以风教为己任。京兆韦高慕阮籍之为人，居母丧，弹琴饮酒。诜闻之而泣，持剑求高，欲杀之，高惧而逃匿。

24　中山饥甚，慕容麟帅二万馀人出据新市。甲子晦，魏王珪进军攻之。太史令晁崇曰："不吉。昔纣以甲子亡，谓之疾日，兵家忌之。"珪曰："纣以甲子亡，周武不以甲子兴乎？"崇无以对。冬，十月丙寅，麟退阻泒水。甲戌，珪与麟战于义台，大破之，斩首九千馀级，麟与数十骑驰取妻子入西山，遂奔邺。

甲申，魏克中山，燕公卿、尚书、将吏、士卒降者二万馀人。张骧、李沈先尝降魏，复亡去，珪入城，皆赦之。得燕玺绶、图书、府库珍宝以万数，班赏群臣将士有差。追谥弟觚为秦愍王；发慕容详冢，斩其尸；收杀觚者高霸、程同，皆夷五族，以大刃剉之。

22 后秦泫氏男、姚买得阴谋杀害后秦国主姚兴，没有成功而被杀死。

23 后秦国主姚兴率军进犯东晋的湖城，东晋弘农太守陶仲山、华山太守董迈都投降了他。后秦军队便很快抵达陕城，进犯并攻克了上洛。姚兴又派遣姚崇进犯洛阳，河南太守夏侯宗之坚守在金墉，姚崇进攻而没有攻克，他便裹胁迁移两万多户流民撤回。

武都的氐族人屠飞、啖铁等人占据了方山背叛后秦。姚兴派姚绍等人去讨伐，斩杀了屠飞和啖铁。

姚兴对于国家的军政大事非常勤勉努力，并且善于接受采纳、征求一些好的意见，京兆人杜瑾等人因为经常议论国事而得到荣升提拔，天水人姜龛等人因为精通儒家学说而受到尊重和礼敬，给事黄门侍郎古成诜等人因为文章写得好而参与朝廷的机要。古成诜为人刚直耿介、高雅正派，以维护道德、风尚作为自己的责任。京兆人韦高仰慕阮籍的为人，母亲去世后的守丧期间，一边弹琴，一边饮酒。古成诜听说这件事之后，潸然流泪，提着佩剑去找韦高，准备杀了他。韦高非常害怕，逃走之后藏了起来。

24 中山城里的饥荒越来越严重，慕容麟带领两万多人出城据守新市。甲子晦（二十九日），魏王拓跋珪指挥军队进攻慕容麟。太史令晁崇说："今天很不吉利。早年纣王就是在甲子这天灭亡的，因此人们都把这天叫疾日，用兵的人忌讳这一天。"拓跋珪说："纣王在甲子这天死，周武王不是在甲子这天兴起吗？"晁崇没有什么话可以回答。冬季，十月丙寅（初二），慕容麟撤退到泒水去据守。甲戌（初十），拓跋珪与慕容麟在义台展开激战，把后燕军打得落花流水，有九千多人被杀，慕容麟与几十个骑兵跑过去救出自己的妻子儿女逃进西山，随后又逃奔邺城。

甲申（二十日），北魏部队攻克中山，后燕的王公贵族、文武官吏以及士卒人等投降的有两万多人。张骧、李沈以前曾经投降过北魏国，后来又再次逃走，拓跋珪进城后，全部赦免了他们。魏兵所缴获的后燕的御玺印绶、图书典籍以及藏在府库中的奇珍异宝，都数以万计。北魏论功奖赏文武百官以及将帅士兵等有功人员。追谥拓跋珪的弟弟拓跋觚为秦愍王；掘开慕容详的坟墓，斩下尸首上的头颅；抓住了杀害拓跋觚的主谋高霸、程同，把他们两人的五族亲属全部杀掉，并且用大刀一个个剁成肉块。

丁亥，遣三万骑就卫王仪，将攻邺。

25　秦长水校尉姚珍奔西秦，西秦王乾归以女妻之。

26　河南鲜卑吐秣等十二部大人，皆附于秃发乌孤。

27　燕人有自中山至龙城者，言拓跋涉珪衰弱，司徒德完守邺城。会德表至，劝燕主宝南还，宝于是大简士马，将复取中原。遣鸿胪鲁邃册拜德为丞相、冀州牧，南夏公侯牧守皆听承制封拜。十一月癸丑，燕大赦。十二月，调兵悉集，戒严在顿，遣将军启仑南视形势。

乙亥，慕容麟至邺，复称赵王，说范阳王德曰："魏既克中山，将乘胜攻邺，邺中虽有蓄积，然城大难固，且人心恇惧，不可守也。不如南趣滑台，阻河以待魏，伺衅而动，河北庶可复也。"时鲁阳王和镇滑台，和，垂之弟子也，亦遣使迎德。德许之。

丁亥(二十三日),拓跋珪又派遣三万骑兵到卫王拓跋仪那里去增援,准备进攻邺城。

25 后秦长水校尉姚珍投奔西秦,西秦国主乞伏乾归把女儿嫁给他。

26 河南鲜卑族吐秣等十二个部落的首领,全部归附于秃发乌孤。

27 后燕国有从中山跑到龙城的人,说拓跋珪的力量已经衰微薄弱,司徒慕容德完好地坚守着邺城。正好此时有慕容德的一道奏章送到,说服后燕国主慕容宝回到南边,慕容宝大量遴选、征集士卒和兵马,准备重新夺取中原。他派遣鸿胪鲁邃在邺城任命慕容德为丞相、冀州牧,南部各公侯官吏都由慕容德全权任命。十一月癸丑(十九日),后燕实行大赦。十二月,调派的部队全部集结完毕,整装待发。慕容宝先派将军启仑南下,去观察形势。

乙亥(十二日),慕容麟来到邺城,恢复自己赵王的称号,向范阳王慕容德游说:"魏既然已经攻克了中山,就一定要乘胜来攻打邺城。邺城中虽然有一些储备,但是,城池太大,很难固守,况且人心又慌乱恐惧,不可能守住。不如向南进军滑台,依靠黄河天险加强防守来对付魏,等待时机,再采取行动,那样,黄河以北或许可以收复。"这时,后燕鲁阳王慕容和正在镇守滑台。慕容和是慕容垂的侄儿,他也正好派遣使者前来迎接慕容德。慕容德答应了去滑台的请求。

卷第一百一十　晋纪三十二

戊戌(398)一年

安皇帝乙

隆安二年(戊戌,398)

1　春,正月,燕范阳王德自邺帅户四万南徙滑台。魏卫王仪入邺,收其仓库,追德至河,弗及。

赵王麟上尊号于德,德用兄垂故事,称燕王,改永康三年为元年,以统府行帝制,置百官。以赵王麟为司空、领尚书令,慕容法为中军将军,慕舆拔为尚书左仆射,丁通为右仆射。麟复谋反,德杀之。

2　庚子,魏王珪自中山南巡至高邑,得王永之子宪,喜曰:“王景略之孙也。”以为本州中正,领选曹事,兼掌门下。至邺,置行台,以龙骧将军日南公和跋为尚书,与左丞贾彝帅吏兵五千人镇邺。

珪自邺还中山,将北归,发卒万人治直道,自望都凿恒岭至代五百馀里。珪恐已既去,山东有变,复置行台于中山,命卫王仪镇之。以抚军大将军略阳公遵为尚书左仆射,镇勃海之合口。

右将军尹国督租于冀州,闻珪将北还,谋袭信都。安南将军长孙嵩执国,斩之。

安皇帝乙

晋安帝隆安二年(戊戌,公元 398 年)

1 春季,正月,后燕范阳王慕容德统率四万户从邺城向南迁移到滑台驻守。北魏卫王拓跋仪进入邺城,收缴了后燕在那里的仓库,又追击慕容德到黄河,没有追上。

后燕赵王慕容麟领头向慕容德奉上尊号,拥推他称帝,慕容德仿效他哥哥慕容垂过去的做法,称自己为燕王,把后燕永康三年改为燕王元年,把原来范阳王府的建制改变为帝王建制,设置了文武百官。慕容德任命赵王慕容麟为司空、领尚书令,慕容法为中军将军,慕舆拔为尚书左仆射,丁通为右仆射。慕容麟再一次阴谋反叛,慕容德把他杀了。

2 庚子(初七),魏王拓跋珪从中山出发向南巡视,来到高邑,寻访到原来前秦左丞相王永的儿子王宪,非常高兴地说:"你是王景略的孙子!"于是,马上任命他做本州的中正,兼选曹事,主持门下事务。拓跋珪来到邺城,在那里设置了行台,任命龙骧将军日南公和跋为尚书,与左丞贾彝统率吏兵五千人镇守在邺城。

拓跋珪从邺城回到中山,将要回北方,调拨士卒一万人开辟一条直达的大道,从望都起开凿恒岭,一直到代郡,全长达五百多里。拓跋珪担心自己回去之后,山东一带又会发生变乱,因此又在中山设置了一座地方官府,命令卫王拓跋仪在这里镇守。又任命抚军大将略阳公拓跋遵为尚书左仆射,镇守勃海的合口。

右将军尹国在冀州一带监督人民缴纳粮租,听到拓跋珪将要北返,准备袭击信都。北魏安南将军长孙嵩抓获尹国,把他斩首。

3　燕启伦还至龙城，言中山已陷，燕主宝命罢兵。辽西王农言于宝曰："今迁都尚新，未可南征，宜因成师袭库莫奚，取其牛马以充军资，更审虚实，俟明年而议之。"宝从之。己未，北行。庚申，渡浇洛水，会南燕王德遣侍郎李延诣宝，言"涉圭西上，中国空虚。"延追宝及之，宝大喜，即日引还。

4　辛酉，魏王珪发中山，徙山东六州吏民杂夷十馀万口以实代。博陵、勃海、章武群盗并起，略阳公遵等讨平之。

广川太守贺赖卢，性豪健，耻居冀州刺史王辅之下，袭辅，杀之，驱勒守兵，掠阳平、顿丘诸郡，南渡河，奔南燕。南燕王德以赖卢为并州刺史，封广宁王。

5　西秦王乾归遣乞伏益州攻凉支阳、鹯武、允吾三城，克之，虏万馀人而去。

6　燕主宝还龙城宫，诏诸军就顿，不听罢散，文武将士皆以家属随驾。辽西王农、长乐王盛切谏，以为兵疲力弱，魏新得志，未可与敌，宜且养兵观衅。宝将从之，抚军将军慕舆腾曰："百姓可与乐成，难与图始。今师众已集，宜独决圣心，乘机进取，不宜广采异同以沮大计。"宝乃曰："吾计决矣，敢谏者斩！"二月乙亥，宝出就顿，留盛统后事。己卯，燕军发龙城，慕舆腾为前军，司空农为中军，宝为后军，相去各一顿，连营百里。

3　后燕启伦回到龙城，说中山已经被攻陷，后燕国主慕容宝命令部队停止行动。辽西王慕容农对慕容宝说："现在从中山迁回龙城时间还太短，千万不可南征，应该利用已经准备好的部队进攻库莫奚部落，夺取他们的牛马来充实我们的军备物资，然后再了解情况，等到明年再来商议南征的事。"慕容宝听从了他的劝告。己未（二十六日），调动部队向北进发。庚申（二十七日），渡过浇洛水，正好南燕王慕容德派遣侍郎李延拜见慕容宝，追到这里说："拓跋珪取路向西，中部地区非常空虚。"慕容宝闻听此言大喜，当天就带着大军回来了。

4　辛酉（二十八日），北魏国主拓跋珪从中山出发，迁移原在山东居住的六州居民、官吏以及一些杂居的夷人十多万，充实代郡。博陵、勃海、章武等地的成群盗匪纷纷起事，略阳公拓跋遵等人将他们讨灭平定。

广川太守贺赖卢，性情粗豪强健，认为自己屈居在冀州刺史王辅之下是莫大的耻辱，于是，袭击王辅，并把他杀了，然后驱使勒逼冀州守兵，一路洗掠阳平、顿丘各郡，向南渡过黄河，投奔了南燕。南燕王慕容德任命贺赖卢为并州刺史，封为广宁王。

5　西秦王乞伏乾归派遣乞伏益州进攻后凉的支阳、鹯武、允吾三座城池，并且全部攻克，俘虏了一万多人而离去。

6　后燕国主慕容宝回到龙城宫，诏令各路大军回到兵营集结，不许解散，文武官员和将士全部携带家属跟随御驾。辽西王慕容农、长乐王慕容盛再三恳切劝阻，觉得国家军队疲惫、力量薄弱，而北魏则是刚刚获得胜利，万万不可与它对敌，应该暂且修整军队静观时机。慕容宝刚要打算接受他们的劝谏，抚军将军慕舆腾说："老百姓是只可以与他们共享成功后的快慰，很难和我们一起图谋创始大业。现在各路大军已经集结完毕，您应该独立下定决心，把握住机会，努力进取，不应该广泛听取不同的意见，影响甚至破坏国家大计的施行。"慕容宝于是说："我的计划已经决定，再有人胆敢劝阻，立斩不饶。"二月乙亥（十三日），慕容宝离开皇宫，进驻兵营，留下慕容盛统管后事。己卯（十七日），后燕军从龙城出发，慕舆腾为前锋，司空慕容农为中军，慕容宝亲自殿后，各军之间相距三十里，全军的兵营前后相连，绵延一百多里。

壬午，宝至乙连，长上段速骨、宋赤眉等因众心之惮征役，遂作乱。速骨等皆高阳王隆旧队，共逼隆子高阳王崇为主，杀乐浪威王宙、中牟熙公段谊及宗室诸王。河间王熙素与崇善，崇拥佑之，故独得免。燕主宝将十馀骑奔司空农营，农将出迎，左右抱其腰，止之曰："宜小清澄，不可便出。"农引刀将斫之，遂出见宝，又驰信追慕舆腾。癸未，宝、农引兵还趣大营，讨速骨等。农营兵亦厌征役，皆弃仗走，腾营亦溃。宝、农奔还龙城。长乐王盛闻乱，引兵出迎，宝、农仅而得免。

7　会稽王道子忌王、殷之逼，以谯王尚之及弟休之有才略，引为腹心。尚之说道子曰："今方镇强盛，宰相权轻，宜密树腹心于外以自藩卫。"道子从之，以其司马王愉为江州刺史，都督江州及豫州之四郡军事，用为形援，日夜与尚之谋议，以伺四方之隙。

8　魏王珪如繁畤宫，给新徙民田及牛。

珪畋于白登山，见熊将数子，谓冠军将军于栗磾曰："卿名勇健，能搏此乎？"对曰："兽贱人贵，若搏而不胜，岂不虚毙一壮士乎！"乃驱致珪前，尽射而获之。珪顾谢之。

秀容川酋长尔朱羽健从珪攻晋阳、中山有功，拜散骑常侍，环其所居，割地三百里以封之。

壬午（二十日），慕容宝军到乙连，长上段速骨、宋赤眉等人因为许多人心中都害怕征战，于是发动叛乱。段速骨等人都是高阳王慕容隆的老部下，一起强逼慕容隆的儿子、高阳王慕容崇做他们的盟主，杀了乐浪威王慕容宙、中牟熙公段谊以及其他一些宗室亲王。河间王慕容熙平素与慕容崇关系很好，慕容崇保护他，所以只有他幸免于难。后燕国主慕容宝仅带着十几个骑兵逃奔到司空慕容农的大营，慕容农刚要出营去迎接，他左右的侍臣拦腰死死将他抱住，制止他说："应该等待事态明了一点，现在不可以随便出去。"慕容农拔出佩刀要砍他们，于是出营迎见慕容宝，又赶紧写信让人火速给慕舆腾送去。癸未（二十一日），慕容宝、慕容农率兵回击兵变的大营，讨伐段速骨等人。慕容农手下的士兵也厌倦征伐打仗，都扔下武器纷纷逃走，慕舆腾的大营也溃乱了。慕容宝与慕容农逃回龙城。长乐王慕容盛听说发生叛乱，赶忙领兵出城迎接，慕容宝与慕容农才得免一死。

7　东晋会稽王司马道子忌恨王恭、殷仲堪对他形成的威逼，因为谯王司马尚之和他的弟弟司马休之有雄才大略，便把他们二人当作心腹。司马尚之劝司马道子说："现在的局面是，方镇势力强盛，朝中宰相权力反倒很微弱，您应该在外地的要职上安排心腹之人，以便为自己设置屏障和卫护势力。"司马道子依从了他的计策，任命他的司马王愉为江州刺史，都督江州及豫州四郡的军事，以此作为自己的呼应和援手。他从早到晚地与司马尚之谋划商量，等待四方出现什么机会。

8　魏王拓跋珪回到繁畤的宫里，给那些新迁移来的百姓分发田地及耕牛。

拓跋珪在白登山打猎，看见一只熊带着几个小熊崽儿，便对冠军将军于栗磾说："你以勇猛劲健著名，能捉住它们吗？"于栗磾回答说："兽贱人贵，我如果和它们对搏而不能取胜，岂不是白白地断送一个壮士吗！"于是他把几只熊全部驱赶到拓跋珪的面前，又将它们全部射倒并且抓获。拓跋珪回望于栗磾，表示歉意。

秀容川部落的酋长尔朱羽健随同拓跋珪攻取晋阳、中山有功，被任命为散骑常侍。围绕着他所居住的地方，封给他方圆三百里的领地。

柔然数侵魏边，尚书中兵郎李先请击之，珪从之，大破柔然而还。

9　杨轨以其司马郭纬为西平相，帅步骑二万北赴郭黁。秃发乌孤遣其弟车骑将军傉檀帅骑一万助轨。轨至姑臧，营于城北。

10　燕尚书顿丘王兰汗阴与段速骨等通谋，引兵营龙城之东。城中留守兵至少，长乐王盛徙内近城之民，得丁夫万馀，乘城以御之。速骨等同谋才百馀人，馀皆为所驱胁，莫有斗志。三月甲午，速骨等将攻城，辽西桓烈王农恐不能守，且为兰汗所诱，夜，潜出赴之，冀以自全。明旦，速骨等攻城，城上拒战甚力，速骨之众死者以百数。速骨乃将农循城，农素有忠节威名，城中之众恃以为强，忽见在城下，无不惊愕丧气，遂皆逃溃。速骨入城，纵兵杀掠，死者狼籍。宝、盛与慕舆腾、馀崇、张真、李旱、赵恩等轻骑南走。速骨幽农于殿内。长上阿交罗，速骨之谋主也，以高阳王崇幼弱，更欲立农。崇亲信鬷让、出力犍等闻之，丁酉，杀罗及农。速骨即为之诛让等。农故吏左卫将军宇文拔亡奔辽西。

庚子，兰汗袭击速骨，并其党尽杀之。废崇，奉太子策，承制大赦，遣使迎宝，及于蓟城。宝欲还，长乐王盛等皆曰："汗之忠诈未可知，今单骑赴之，万一汗有异志，悔之无及。不如南就范阳王，合众以取冀州。若其不捷，收南方之众，徐归龙都，亦未晚也。"宝从之。

柔然部落几次侵犯北魏的边境，尚书中兵郎李先请求回击他们，拓跋珪批准了他的请求。李先带兵将柔然部落打得大败，然后回师。

9 杨轨任命他的司马郭纬为西平相，率领步、骑兵两万人向北开进增援郭黁。秃发乌孤派他的弟弟车骑将军秃发傉檀带领骑兵一万人帮助杨轨。杨轨的部队抵达姑臧，在城北扎下大营。

10 后燕尚书、顿丘王兰汗暗地里与段速骨等人沟通联系，带兵驻扎在龙城的东面。龙城之内留守的兵力非常少，长乐王慕容盛便把城附近的居民迁到城中，一共遴选出壮丁勇士一万多人，让他们登上城墙，抵御叛军的攻打。段速骨的同谋只有一百多人，其他大部分都是被驱使胁迫，丝毫没有斗志。三月甲午（初二），段速骨等人即将攻城，辽西桓烈王慕容农恐怕城池守不住，同时又被兰汗等人劝诱，当夜，私自出城投奔段速骨，希望以此保全自己的性命。第二天早晨，段速骨带兵攻城，但城上的抵抗非常顽强，段速骨一方死了几百人。段速骨于是便挟持慕容农围绕城池循游一周。慕容农历来有诚实忠君、守节不屈的威名，城中那些人正是仗恃着他的威仪才拼死作战，忽然看见他在城下，没有人不惊愕丧气，于是兵众们也都四散溃逃。段速骨进入龙城，任他的部队烧杀抢掠，死尸横陈遍地。慕容宝、慕容盛与慕舆腾、馀崇、张真、李旱、赵恩等人轻装简从，骑马向南逃走。段速骨把慕容农幽禁在殿内。长上阿交罗是段速骨的主要智囊，他觉得高阳王慕容崇年小体弱，所以打算另行拥立慕容农。慕容崇的亲信鬷让、出力犍等人听到了这个消息，丁酉（初五），杀死了阿交罗与慕容农。段速骨因此立即杀了鬷让等人。慕容农原来的部下左卫将军宇文拔逃出，投奔辽西。

庚子（初八），兰汗发动大军袭击段速骨，连同他的党羽全部杀掉。然后废黜了慕容崇，奉立太子慕容策，行使皇帝的权力实行大赦，并派遣使节前往迎接慕容宝，在蓟城追赶上了慕容宝等人。慕容宝打算回去，长乐王慕容盛等人都说："兰汗是忠心相迎还是藏奸使诈，现在都还不清楚，您如果单人匹马投奔他，万一兰汗居心不良，后悔也都来不及了。您不如向南去范阳王那里去，集合起所有的兵力，去夺取冀州。即便不能获胜，把南方的兵力收编过来，再慢慢地回师龙城，也不算晚。"慕容宝听从了他们的劝告。

11　离石胡帅呼延铁、西河胡帅张崇等不乐徙代，聚众叛魏，魏安远将军庾岳讨平之。

12　魏王珪召卫王仪入辅，以略阳公遵代镇中山，夏，四月壬戌，以征虏将军穆崇为太尉，安南将军长孙嵩为司徒。

13　燕主宝从间道过邺，邺人请留，宝不许。南至黎阳，伏于河西，遣中黄门令赵思告北地王钟曰："上以二月得丞相表，即时南征，至乙连，会长上作乱，失据来此。王亟白丞相奉迎！"钟，德之从弟也，首劝德称尊号，闻而恶之，执思付狱，以状白南燕王德。德谓群下曰："卿等以社稷大计，劝吾摄政。吾亦以嗣帝播越，民神乏主，故权顺群议以系众心。今天方悔祸，嗣帝得还，吾将具法驾奉迎，谢罪行阙，何如？"黄门侍郎张华曰："今天下大乱，非雄才无以宁济群生。嗣帝暗懦，不能绍隆先统。陛下若蹈匹夫之节，舍天授之业，威权一去，身首不保，况社稷其得血食乎！"慕舆护曰："嗣帝不达时宜，委弃国都，自取败亡，不堪多难，亦已明矣。昔蒯聩出奔，卫辄不纳，《春秋》是之。以子拒父犹可，况以父拒子乎！今赵思之言，未明虚实，臣请为陛下驰往诇之。"德流涕遣之。

11　北魏离石匈奴部落的首领呼延铁、西河匈奴部落首领张崇等不愿意迁移到代郡，就聚集一起叛变北魏。北魏安远将军庾岳把他们讨平。

12　魏王拓跋珪征召卫王拓跋仪到朝中辅佐自己，任命略阳公拓跋遵代替拓跋仪镇守中山。夏季，四月壬戌（初一），拓跋珪任命征虏将军穆崇为太尉，安南将军长孙嵩为司徒。

13　后燕国主慕容宝抄小道经过邺城附近，邺城的人们请求他留下，慕容宝没有答应。他继续南行到黎阳，躲藏在黄河的西岸，派遣中黄门令赵思通知北地王慕容钟说："皇上在二月的时候得到了丞相所上的奏章，当时便马上向南进军，到达乙连时，赶上长上等人发动兵变，失势以后来到此地。请您快些去禀告丞相，前来迎接！"慕容钟是慕容德的堂弟，曾经第一个劝说慕容德南面称帝，他听了赵思的话，十分厌恶，于是把赵思抓了起来，投入监狱，并把以上情况禀报给了南燕王慕容德。慕容德对大臣们说："你们大家出于对国家政权危亡大局的考虑，劝说我出面代理朝政。我当时也因为继任的皇帝流亡到了很远的地方，这里的民众与神灵都缺乏主心骨，因此便暂且依从了大家的建议，希望能把民心维系在一起。现在，老天刚刚后悔为我们降下灾祸，继任的皇帝得以回来，我准备备办皇帝仪仗队伍奉迎他，并到他行宫去请求责罚，你们看怎么样？"黄门侍郎张华说："现在天下大乱，不是盖世英雄便无法使众生得到安宁。继任的皇帝昏庸懦弱，不能很好地继承先辈的传统。陛下如果偏要恪守一个无知小人的所谓节操，而舍弃上天交授给您拯救苍生的大业，您的威望权势一旦丧失，自己的性命都得不到保障，更何况大燕的江山社稷，还能得到保全、捍卫和巩固吗！"慕舆护接着说："继位的皇帝不通达时务，放弃都城中山，自取败亡，他不可能承受太多的危难，已经是很明了的情况了。当初卫太子蒯聩出逃在外，他的儿子卫辄即位后便拒绝他回国，《春秋》都肯定了他的做法。以儿子的身份抗拒父亲都还可以，更何况以叔父的身份来抗拒侄儿呢？现在赵思的话不知道是真是假，我请求陛下准许我前去探听一下真实情况。"慕容德忍不住流下泪来，派慕舆护去了。

护帅壮士数百人，随思而北，声言迎卫，其实图之。宝既遣思诣钟，于后得樵者，言德已称制，惧而北走。护至，无所见，执思以还。德以思练习典故，欲留而用之。思曰：“犬马犹知恋主，思虽刑臣，乞还就上。”德固留之，思怒曰：“周室东迁，晋、郑是依。殿下亲则叔父，位为上公，不能帅先群后以匡帝室，而幸本根之倾，为赵王伦之事，思虽不能如申包胥之存楚，犹慕龚君宾不偷生于莽世也！”德斩之。

宝遣扶风忠公慕舆腾与长乐王盛收兵冀州，盛以腾素暴横，为民所怨，乃杀之。行至钜鹿、长乐，说诸豪杰，皆愿起兵奉宝。宝以兰汗祀燕宗庙，所为似顺，意欲还龙城，不肯留冀州，乃北行。至建安，抵民张曹家。曹素武健，请为宝合众。盛亦劝宝宜且驻留，察汗情状。宝乃遣冗从仆射李旱先往见汗，宝留顿石城。会汗遣左将军苏超奉迎，陈汗忠款。宝以汗燕王垂之舅，盛之妃父也，谓必无他，不待旱返，遂行。盛流涕固谏，宝不听，留盛在后，盛与将军张真下道避匿。

慕舆护带领着几百名精壮的兵勇，跟随着赵思向北走去，口头上说要去迎接护卫皇上，其实却是要趁机将慕容宝置之死地。慕容宝派遣赵思去拜见慕容钟之后，又遇到一个砍柴的人，说慕容德已经称帝，因此非常害怕，便返身向北逃去。慕舆护带人来到这里，什么也没看见。慕舆护把赵思押解回去。慕容德因为赵思对朝廷的典章礼仪等事项熟悉老练，所以打算留用他。赵思说："狗马都还知道留恋主人，我赵思虽然是一个受了宫刑的人，但还是想请求您允许我回去追随皇上。"慕容德再三坚持让他留下，赵思大怒说："当年周朝东迁，所依靠的是郑国和晋国。现在殿下论亲属是皇上的叔父，论地位则是一人下万人上的三公之一。但您却不能带头召集后来之人匡扶帝室，反而庆幸国家的根基倾覆，做出晋朝赵王司马伦那样以宗室的身份篡晋的事来。我虽然不能像申包胥向秦国借兵打败吴国最终保全了楚国，但是也还仰慕汉代龚君宾的节操，绝不在王莽当权的世上偷生！"慕容德把他杀了。

慕容宝派遣扶风忠公慕舆腾与长乐王慕容盛一起在冀州一带收容失散的残兵败将。慕容盛因为慕舆腾一向残暴横蛮，遭到百姓的普遍怨恨，于是把他杀了。慕容盛行到钜鹿、长乐等地，游说各豪俊英杰，这些人都愿意拉起部队拥护慕容宝。慕容宝因为兰汗祭祀燕室宗庙，像是忠顺于自己，便执意要回到龙城，不肯长在冀州停留，于是向北行进。抵达建安，住在居民张曹家里。张曹为人向来勇武豪健，他请求为慕容宝招募兵众。慕容盛也劝慕容宝暂且留驻在此，观察兰汗的真实想法和动向。慕容宝派遣冗从仆射李旱先去龙城见兰汗，自己则留在石城休整。正在这时，兰汗派遣左将军苏超前来奉迎皇上，反复陈说兰汗对慕容宝的忠心与诚意。慕容宝因为兰汗是父王慕容垂的舅父，又是慕容盛的岳丈，觉得他一定不会另有图谋，不等李旱返回，即刻启程。慕容盛流着泪坚决劝阻，慕容宝不听，便把慕容盛留下。慕容盛与将军张真离开大路，跑到别的地方躲藏起来。

丁亥，宝至索莫汗陉，去龙城四十里，城中皆喜。汗惶怖，欲自出请罪，兄弟共谏止之。汗乃遣弟加难帅五百骑出迎，又遣兄堤闭门止仗，禁人出入。城中皆知其将为变，而无如之何。加难见宝于陉北，拜谒已，从宝俱进。颍阴烈公馀崇密言于宝曰："观加难形色，祸变甚逼，宜留三思，奈何径前！"宝不从。行数里，加难先执崇，崇大呼骂曰："汝家幸缘肺附，蒙国宠荣，覆宗不足以报。今乃敢谋篡逆，此天地所不容，计旦暮即屠灭，但恨我不得手脍汝曹耳！"加难杀之。引宝入龙城外邸，弑之。汗谥宝曰灵帝，杀献哀太子策及王公卿士百馀人。自称大都督、大将军、大单于、昌黎王，改元青龙。以堤为太尉，加难为车骑将军，封河间王熙为辽东公，如杞、宋故事。

长乐王盛闻之，驰欲赴哀，张真止之。盛曰："我今以穷归汗，汗性愚浅，必念婚姻，不忍杀我，旬月之间，足以展吾情志。"遂往见汗。汗妻乙氏及盛妃皆泣涕请盛于汗，盛妃复顿头于诸兄弟。汗恻然哀之，乃舍盛于宫中，以为侍中、左光禄大夫，亲待如旧。堤、加难屡请杀盛，汗不从。堤骄很荒淫，事汗多无礼，盛因而间之。由是汗兄弟浸相嫌忌。

丁亥(二十六日),慕容宝来到索莫汗陉,距离龙城还有四十里路。城中的军民听到这个消息,都很高兴。兰汗却有些惶恐惧怕,打算自己出城去请罪,他的兄弟们一起把他劝住了。兰汗于是派他的弟弟兰加难率领着五百名骑兵出城相迎,又派他的哥哥兰提关闭城门,禁止携带武器,不许行人出入。城中的人都知道兰汗他们将要发动兵变,但是却也无可奈何。兰加难在索莫汗陉北面见到了慕容宝,行完拜谒之礼,便跟随慕容宝一起向城走去。颍阴烈公馀崇寻找机会向慕容宝暗中警告说:"我看兰加难的神色与举动,大祸与突变的迹象已经迫在眉睫,陛下应该三思而后行,怎么能这样轻率上前呢!"慕容宝不听劝告。走了几里路,兰加难首先抓住了馀崇。馀崇大声叫喊着骂道:"你们兰家侥幸地成为燕朝宗室的亲属,蒙受国家的宠信与殊荣,纵使是使家族倾覆,也无法报答这种恩德。今天竟敢阴谋篡权叛逆,这是天地所不容的,我看你们早晚就要被消灭,只恨我不能亲手宰了你们这帮家伙!"兰加难把他杀了。他又把慕容宝带入龙城郊外的宅邸杀了。兰汗追谥慕容宝为灵帝,然后又杀掉了献哀太子慕容策以及其他的王公贵族和官员一百多人。他又自称大都督、大将军、大单于、昌黎王,改年号为青龙。任命兰提为太尉,兰加难为车骑将军,封河间王慕容熙为辽东公,就像周武王封夏朝的后代为杞国君主、封商朝的后代为宋国君主一样。

长乐王慕容盛听说后打算跑去奔丧,被张真劝止。慕容盛说:"我现在因为走投无路而归附兰汗,兰汗的性情愚鲁浅薄,一定会感念我与他女儿的婚姻情分,不忍心杀我,这样,只要给我十个月的时间,就足以使我的志愿得到实现。"于是,他跑到龙城去晋见兰汗。兰汗的妻子乙氏和做慕容盛妃子的兰汗的女儿,都哭哭啼啼地向兰汗请求留下慕容盛一命,慕容盛的兰妃又依次向兰汗的那些兄弟叩头求情。兰汗也起了恻隐之心,于是便把慕容盛接到宫中居住,任命他为侍中、左光禄大夫,对他关怀厚待与过去一样。兰提、兰加难等人几次请求杀掉慕容盛,兰汗都没有准许。兰提骄横凶狠,荒淫无度,对待兰汗也多有失礼的地方,慕容盛借此机会从中挑拨离间。从此,兰汗兄弟之间慢慢地互相怀疑猜忌起来。

14　凉太原公纂将兵击杨轨，郭麐救之，纂败还。

15　段业使沮渠蒙逊攻西郡，执太守吕纯以归。纯，光之弟子也。于是晋昌太守王德、敦煌太守赵郡孟敏皆以郡降业。业封蒙逊为临池侯，以德为酒泉太守，敏为沙州刺史。

16　六月丙子，魏王珪命群臣议国号。皆曰："周、秦以前，皆自诸侯升为天子，因以其国为天下号。汉氏以来，皆无尺土之资。我国家百世相承，开基代北，遂抚有方夏，今宜以代为号。"黄门侍郎崔宏曰："昔商人不常厥居，故两称殷、商，代虽旧邦，其命维新，登国之初，已更曰魏。夫魏者，大名，神州之上国也，宜称魏如故。"珪从之。

17　杨轨自恃其众，欲与凉王光决战，郭麐每以天道抑止之。凉常山公弘镇张掖，段业使沮渠男成及王德攻之，光使太原公纂将兵迎之。杨轨曰："吕弘精兵一万，若与光合，则姑臧益强，不可取矣。"乃与秃发利鹿孤共邀击纂，纂与战，大破之。轨奔王乞基。麐性褊急残忍，不为士民所附，闻轨败走，降西秦，西秦王乾归以为建忠将军、散骑常侍。

弘引兵弃张掖东走，段业徙治张掖，将追击弘。沮渠蒙逊谏曰："归师勿遏，穷寇勿追，此兵家之戒也。"业不从，大败而还，赖蒙逊以免。业城西安，以其将臧莫孩为太守。蒙逊曰："莫孩勇而无谋，知进不知退。此乃为之筑冢，非筑城也！"业不从，莫孩寻为吕纂所破。

14　后凉太原公吕纂带兵进攻杨轨，郭黁赶来相救，吕纂失败而归。

15　北凉段业派沮渠蒙逊进攻西郡，俘获太守吕纯后回师。吕纯是吕光的侄儿。从此，晋昌太守王德、敦煌太守、赵郡人孟敏都献出本郡，投降了段业。段业封沮渠蒙逊为临池侯，任命王德为酒泉太守，孟敏为沙州刺史。

16　六月丙子（十六日），魏王拓跋珪命令大臣们讨论用什么国号。大家都说："周朝与秦朝以前，天子都是由诸侯中升位的，他们都是用他们原来诸侯国的国号作为天下的国号。汉代以后，夺取天下的人都没有一尺土地作为资本和凭借。我们国家百代以来，子孙相承，在代郡以北的地方开创基业，于是才夺取了中国的大片地方，所以，现在应该用'代'做我们的国号。"黄门侍郎崔宏说："过去，商朝政权不常地在一个地方居住，所以，便有殷、商这两种称呼。代郡那一带虽然是我们祖先经常活动的疆域，但是我们受到上天的恩宠、接受治理天下的使命却还是新近发生的事，建立国家政权的时候，已经把国名更改为魏。魏，是一个含有美好伟大之意的名称，也曾经是这片辽阔土地上的一个很强的大国。因此，应该像过去一样称为魏。"拓跋珪依从了他的意见。

17　杨轨自己仗恃兵多将广，打算与后凉国王吕光决一死战，郭黁每次都用上天的旨意为借口制止他。后凉常山公吕弘镇守张掖，段业派遣沮渠男成和王德进攻他，吕光也派太原公吕纂带兵前来迎战。杨轨说："吕弘拥有精锐部队一万人，如果他与吕光合兵一处，姑臧的力量便越加强盛，很难取胜了。"于是，他与秃发利鹿孤一起阻击吕纂。吕纂与他们接战，把他们打得大败。杨轨逃走投奔王乞基。郭黁生性偏执急躁，非常残忍，不被广大士人、百姓所拥戴归附。他听说杨轨失败逃走，便投降西秦，西秦国主乞伏乾归任命他为建忠将军、散骑常侍。

吕弘放弃了张掖带兵向东撤退。段业便把自己的都城迁到张掖，准备去追击吕弘。沮渠蒙逊劝阻说："回家心切的部队不要阻截，走投无路的强盗不要追赶，这是兵家的戒条呵！"段业不听劝阻，被打得大败而回，幸亏沮渠蒙逊救助，才免于一死。段业修筑了西安城，任命他的部将臧莫孩任太守。沮渠蒙逊说："臧莫孩虽然勇猛，但却没有谋略，只知道前进，不知道撤退。这正是给他修筑坟冢，哪里是为他修筑城池！"段业又不听，臧莫孩不久便被吕纂打败。

18　燕太原王奇，楷之子，兰汗之外孙也，汗亦不杀，以为征南将军。得入见长乐王盛，盛潜使奇逃出起兵。奇起兵于建安，众至数千，汗遣兰堤讨之。盛谓汗曰：“善驹小儿，未能办此，岂非有假托其名欲为内应者乎！太尉素骄，难信，不宜委以大众。”汗然之，罢堤兵，更遣抚军将军仇尼慕将兵讨奇。

于是龙城自夏不雨至于秋七月，汗日诣燕诸庙及宝神座顿首祷请，委罪于兰加难。堤及加难闻之怒，且惧诛，乙巳，相与率所部袭仇尼慕军，败之。汗大惧，遣太子穆将兵讨之。穆谓汗曰：“慕容盛我之仇雠，必与奇相表里，此乃腹心之疾，不可养也，宜先除之。”汗欲杀盛，先引见，察之。盛妃知之，密以告盛，盛称疾不出，汗亦止不杀。

李旱、卫双、刘忠、张豪、张真，皆盛素所厚也，而穆引以为腹心，旱、双得出入至盛所，潜与盛结谋。丁未，穆击堤、加难等，破之。庚戌，飨将士，汗、穆皆醉，盛夜如厕，因逾垣入于东宫，与旱等共杀穆。时军未解严，皆聚在穆舍，闻盛得出，呼跃争先，攻汗，斩之。汗子鲁公和、陈公扬分屯令支、白狼，盛遣旱、真袭诛之。堤、加难亡匿，捕得，斩之。于是内外帖然，士女相庆。宇文拔率壮士数百来赴，盛拜拔为大宗正。

18　后燕太原王慕容奇是慕容楷的儿子，兰汗的外孙，兰汗也没杀他，任命他为征南将军。他得以进宫见到长乐王慕容盛，慕容盛暗中让他逃出去拉一支队伍。慕容奇在建安起兵，人数达到几千。兰汗派遣兰堤去讨伐他。慕容盛对兰汗说："慕容奇不过是一个小孩子，绝对不能办这么大的事情，莫非是有人假托他的名义起兵，然后自己打算做内应吗？太尉兰堤一向骄纵，很难令人相信，不应该把那么多部队交给他。"兰汗觉得他说得很对，免除了兰堤的军权，改派抚军将军仇尼慕带兵去讨伐慕容奇。

龙城从夏季便不曾下雨，一直持续到秋季的七月，兰汗于是每天都去后燕宗室诸庙以及慕容宝的牌位前面叩头、祈祷，把弑君篡权之罪全部推托到兰加难的身上。兰堤与兰加难听说后大怒，而且又害怕遭兰汗诛杀，乙巳（十五日），他们便互相联合率领部队突然向仇尼慕的部队发动袭击，并把仇尼慕打败。兰汗非常害怕，派遣太子兰穆带兵去讨伐。兰穆对兰汗说："慕容盛是我们的大仇人，一定是他与慕容奇里应外合，这是我们的心腹之患，万万不可再姑息养奸了，应该先行将他除掉。"兰汗打算杀掉慕容盛，便先召他来会见，准备观察他的神色。慕容盛的兰妃知道了这件事，偷偷告诉了慕容盛，慕容盛于是推托有病，没有出去见兰汗，兰汗也就暂时放下了这个想法，没杀慕容盛。

李旱、卫双、刘忠、张豪、张真等人，平素都颇得慕容盛的厚待，而兰穆也把他们作为自己的心腹，使李旱、卫双得以在慕容盛的住所出入，暗中与慕容盛联合起来，做好了谋划。丁未（十七日），兰穆去袭击兰堤、兰加难等人，把他们打败。庚戌（二十日），兰汗大开筵宴，犒赏将士，兰汗、兰穆都喝得大醉。慕容盛半夜出去上厕所，于是跳墙进入东宫，与李旱等人一起杀死了兰穆。这时军队还都没有解除战时状态，将领们还都聚集在兰穆那里。他们听说慕容盛终于得以出来领导他们后，无不欢呼雀跃，争先恐后地去进攻兰汗，并把他杀掉。兰汗的儿子鲁公兰和、陈公兰扬分别驻守在令支、白狼，慕容盛派遣李旱、张真去进攻他们，也将他们杀掉了。兰堤、兰加难逃走躲藏起来，也把他们抓住，杀了。从此，内外全部平定，百姓互相庆贺。宇文拔带领几百名精壮的勇士前来投奔，慕容盛任命他为大宗正。

辛亥，告于太庙，令曰："赖五祖之休，文武之力，宗庙社稷幽而复显。不独孤以眇眇之身免不同天之责，凡在臣民皆得明目当世。"因大赦，改元建平。盛谦不敢称尊号，以长乐王摄行统制。诸王皆降称公，以东阳公根为尚书左仆射，卫伦、阳璆、鲁恭、王滕为尚书，悦真为侍中，阳哲为中书监，张通为中领军，自馀文武各复旧位。改谥宝曰惠闵皇帝，庙号烈宗。

初，太原王奇举兵建安，南、北之人翕然从之。兰汗遣其兄子全讨奇，奇击灭之，匹马不返，进屯乙连。盛既诛汗，命奇罢兵。奇用丁零严生、乌桓王龙之谋，遂不受命，甲寅，勒兵三万馀人进至横沟，去龙城十里。盛出击，大破之，执奇而还，斩其党与百馀人，赐奇死，桓王之嗣遂绝。群臣固请上尊号，盛弗许。

19　魏王珪迁都平城，始营宫室，建宗庙，立社稷。宗庙岁五祭，用分、至及腊。

20　桓玄求为广州，会稽王道子忌玄，不欲使居荆州，因其所欲，以玄为督交广二州军事、广州刺史。玄受命而不行。豫州刺史庾楷以道子割其四郡使王愉督之，上疏言："江州内地，而西府北带寇戎，不应使愉分督。"朝廷不许。楷怒，遣其子鸿说王恭曰："尚之兄弟复秉机权，过于国宝。欲假朝威削弱方镇，惩艾前事，为祸

辛亥(二十一日),慕容盛到太庙去向列祖列宗禀告平定祸乱的经过,然后下令说:“我仰赖五位祖先的洪福和保佑,以及各位文武大臣们的合力相助,使宗庙社稷从被涂炭蒙尘的黑暗中重新得到光明和显赫。不单是我个人渺小的身躯倚仗这件功业免除了报不共戴天的杀父之仇的责任,就是每一个在世的臣民也都可以因此睁开眼睛,理直气壮地做人了。”于是实行大赦,改年号为建平。慕容盛谦逊推托,不敢称帝登基,只是以长乐王的身份代理朝政,施行统辖。他以下的那些亲王都降格称为“公”,任命东阳公慕容根为尚书左仆射,卫伦、阳璆、鲁恭、王滕为尚书,悦真为侍中,阳哲为中书监,张通为中领军,其他文武官员也都各自恢复自己的原位。他又把慕容宝的谥号改为惠闵皇帝,庙号烈宗。

当初,太原王慕容奇在建安征召队伍,无论是南方人还是北方人都欣然来随从。兰汗派他的侄儿兰全讨伐慕容奇,慕容奇消灭了兰全,一匹马也没有返回,便进驻乙连。慕容盛诛杀了兰汗之后,命令慕容奇停止用兵。慕容奇听从了丁零人严生和乌桓人王龙的谋划,拒绝接受命令。甲寅(二十四日),他带着三万多人开进到横沟,距离龙城只有十里之遥。慕容盛带兵出城与他交战,将他打得大败,并把慕容奇抓住押回城里,斩杀了他的党羽一百多人,赐慕容奇自杀,桓王慕容恪那一支便断绝了。众大臣坚持请求慕容盛称帝登基,慕容盛不答应。

19　魏王拓跋珪把都城迁到平城,开始营建宫殿,筑造宗庙,建立社稷坛。皇家宗庙每年祭祀五次,时间为春分、夏至、秋分、冬至以及腊月。

20　东晋桓玄请求任广州刺史。会稽王司马道子非常忌惮桓玄,本来不打算让他长期居住在荆州,便根据他的请求,任命桓玄为督交广二州军事、广州刺史。桓玄接受了这个任命却不去就任。豫州刺史庾楷因为司马道子分割了他所统辖的四个郡交给江州刺史王愉掌管,便上奏疏说:“江州地处内地,而西府历阳却在北方与贼寇相连接,不应该让王愉分管四郡。”朝廷没有批准他的意见。庾楷非常愤怒,派遣他的儿子庾鸿去向王恭游说道:“谯王司马尚之兄弟又独揽了朝廷的机要权柄,超过了王国宝。他们打算借助朝廷的威仪来削弱地方上的实力,回想以前所发生过的事情,他们将制造的祸乱实在

不测，今及其谋议未成，宜早图之。”恭以为然，以告殷仲堪、桓玄。仲堪、玄许之，推恭为盟主，刻期同趣京师。

时内外疑阻，津逻严急，仲堪以斜绢为书，内箭簳中，合镝漆之，因庾楷以送恭。恭发书，绢文角戾，不复能辨仲堪手书，疑楷诈为之，且谓仲堪去年已违期不赴，今必不动，乃先期举兵。司马刘牢之谏曰：“将军，国之元舅；会稽王，天子叔父也。会稽王又当国秉政，向为将军戮其所爱王国宝、王绪，又送王廞书，其深伏将军已多矣。顷所授任，虽未允惬，亦非大失。割庾楷四郡以配王愉，于将军何损！晋阳之甲，岂可数兴乎！”恭不从，上表请讨王愉、司马尚之兄弟。

道子使人说楷曰：“昔我与卿，恩如骨肉，帐中之饮，结带之言，可谓亲矣。卿今弃旧交，结新援，忘王恭畴昔陵侮之耻乎！若欲委体而臣之，使恭得志，必以卿为反覆之人，安肯深相亲信！首身且不可保，况富贵乎！”楷怒曰：“王恭昔赴山陵，相王忧惧无计，我知事急，寻勒兵而至，恭不敢发。去年之事，我亦俟命而动。我事相王，无相负者。相王不能拒恭，反杀国宝及绪，自尔已来，谁敢复为相王尽力者！庾楷实不能以百口助人屠灭。”时楷已应恭檄，正征士马。信返，朝廷忧惧，内外戒严。

无法预测。现在趁他们的阴谋还没有确定，应该尽早地想办法对付他们。”王恭也觉得是这样，把这意见转告了殷仲堪和桓玄。殷仲堪、桓玄同意王恭的意见，并且推举王恭作为盟主，约定日期，一起率领大军前往京师剿除奸佞。

这时，东晋朝廷内外疑虑纷纷，消息不通，水陆关卡林立，形势危急而严峻。殷仲堪用斜纹的绢绸给王恭写了一封书信，藏在箭杆之中，然后装上箭头，涂上油漆，托庾楷转交给王恭。王恭打开信，因为绢纹古怪，不再能确切地辨认出是殷仲堪的亲笔手书，怀疑此信是庾楷伪造的，况且想到去年讨伐王国宝时，殷仲堪曾经违反期约，按兵不发，这次也一定会同去年一样，因此便先行向都城大举进兵。司马刘牢之劝谏他说：“将军您是皇帝的舅父。会稽王是皇帝的叔父。会稽王现在又掌握着国家的大政，他过去曾经因为您而杀了他非常宠爱的王国宝和王绪，后来又把王廞写给他的指控您的书信送给了您，畏惧您的表象已经很多。他最近所做的人事任命，虽然不能说是公允恰当，但也不是什么太大的过失。把庾楷所辖的四个郡割让给王愉统领，对于将军又有什么损害呢？晋阳的兵甲战事，怎么可以一次又一次地不断发动呢！”王恭拒不听从，向朝廷呈上奏书，请求发兵讨伐王愉和司马尚之兄弟。

司马道子派人游说庾楷道：“过去我和你，恩情如同骨肉，在帷帐中尽情欢饮，结带密谈，可以说是再亲近也没有的了。你今天抛弃了过去的好朋友，结交了新的援手，难道你忘记王恭过去欺凌、侮辱你的羞耻了吗？如果你打算委屈自己甘愿做他的臣属，那么等到王恭一旦真的达到了目的，他一定会认为你是一个反复无常的小人，怎么能愿意深深地亲近、相信你！那时候，恐怕性命都还不容易保全，更何况富贵呢！”庾楷大怒说：“王恭过去到京师参加先帝的葬礼，相王忧愁恐惧，无计可施，我知道事情的紧急，才带了兵马前来，使得王恭不敢当时发作。去年的事情，我也是随时等候命令行动。我事奉相王，没有一点对不起他的地方。相王无法抗拒王恭，反而诛杀了王国宝与王绪，从那时以来，谁还敢再去为相王尽心尽力呢！我庾楷实在不能把全家一百多口全部交给别人来屠杀消灭呀！”这时，庾楷已经响应了王恭发出的讨伐奸佞的檄文，正在征召兵马。庾楷的复信送给司马道子之后，朝廷上下一片忧虑恐惧，京城内外马上戒严。

会稽世子元显言于道子曰:“前不讨王恭,故有今日之难。今若复从其欲,则太宰之祸至矣。”道子不知所为,悉以事委元显,日饮醇酒而已。元显聪警,颇涉文义,志气果锐,以安危为己任。附会之者,谓元显神武,有明帝之风。

殷仲堪闻恭举兵,自以去岁后期,乃勒兵趣发。仲堪素不习为将,悉以军事委南郡相杨佺期兄弟,使佺期帅舟师五千为前锋,桓玄次之,仲堪帅兵二万,相继而下。佺期自以其先汉太尉震至父亮,九世皆以才德著名,矜其门地,谓江左莫及。有以比王珣者,佺期犹恚恨。而时流以其晚过江,婚宦失类。佺期及兄广、弟思平、从弟孜敬皆粗犷,每排抑之。佺期常慷慨切齿,欲因事际以逞其志,故亦赞成仲堪之谋。

八月,佺期、玄奄至湓口,王愉无备,惶遽奔临川,玄遣偏军追获之。

21　燕以河间公熙为侍中、车骑大将军、中领军、司隶校尉,城阳公元为卫将军。元,宝之子也。又以刘忠为左将军,张豪为后将军,并赐姓慕容氏。李旱为中常侍、辅国将军,卫双为前将军,张顺为镇西将军、昌黎尹,张真为右将军,皆封公。

22　乙亥,燕步兵校尉马勤等谋反,伏诛。事连骠骑将军高阳公崇、崇弟东平公澄,皆赐死。

会稽王的世子司马元显向父亲司马道子进言说:“上次我们没有讨伐王恭,因此才有了今天这场灾难。今天如果还像上一次那样满足他们的要求,您太宰的杀身之祸可要到了。”司马道子此时已经慌得不知所措,把事情全部交给司马元显办理,自己每天只是痛饮美酒而已。司马元显聪颖机警,颇晓得一些文章义理,志向气度果敢敏锐,也能把天下的安危当作自己的责任。依附于他的人,都称赞司马元显英明勇武,很有明帝的风度。

殷仲堪听说王恭已经向京师大举进兵,自己因为去年拖延了出兵的期约,也马上集结部队,尽快出发。殷仲堪素来对带兵打仗很不熟悉,把指挥军事行动的权力完全委托给了南郡相杨佺期兄弟,派遣杨佺期统率五千水军做前锋,然后派桓玄做第二队,最后殷仲堪自己统率兵士两万人,紧跟他们顺流东下。杨佺期自己认为从他的祖先东汉太尉杨震一直到他的父亲杨亮,九代都以才能仁德而著名,始终以自己的门第为骄傲,以为这是东晋的所有世家都赶不上的。有的人拿他同东晋尚书左仆射王珣相比,杨佺期还异常愤恨。但是当时的名流认为他们家族逃亡到江南的时间较晚,婚姻与仕途都不合原则。杨佺期和他的哥哥杨广、弟弟杨思平、堂弟杨孜敬等人性格都很粗犷豪迈,所以经常排挤压制他们。杨佺期对此常常衔恨切齿,慷慨激昂,正打算找一个机会痛快施展,实现自己的抱负,因此他也非常赞成殷仲堪的计划。

八月,杨佺期、桓玄突然来到湓口,王愉根本没有防备,惊慌失措,匆匆逃往临川。桓玄派遣小股部队去追赶他,把他生擒回来。

21　后燕任命河间公慕容熙为侍中、骠骑大将军、中领军、司隶校尉,城阳公慕容元为卫将军。慕容元是慕容宝的儿子。又任命刘忠为左将军,张豪为后将军,并赐他们姓慕容。任命李旱为中常侍、辅国将军,卫双为前将军,张顺为镇西将军、昌黎尹,张真为右将军,都封为公爵。

22　乙亥(十五日),后燕步兵校尉马勤等人阴谋反叛,结果被杀。这件事牵连到了骠骑将军、高阳公慕容崇,以及慕容崇的弟弟东平公慕容澄,慕容盛命他二人自杀。

23　宁朔将军邓启方、南阳太守闾丘羡将兵二万击南燕，与南燕中军将军法、抚军将军和战于管城，启方等兵败，单骑走免。

24　魏王珪命有司正封畿，标道里，平权衡，审度量。遣使循行郡国，举奏守宰不法者，亲考察黜陟之。

25　九月辛卯，加会稽王道子黄钺，以世子元显为征讨都督。遣卫将军王珣、右将军谢琰将兵讨王恭，谯王尚之将兵讨庾楷。

26　乙未，燕以东阳公根为尚书令，张通为左仆射，卫伦为右仆射。慕容豪为幽州刺史，镇肥如。

27　己亥，谯王尚之大破庾楷于牛渚，楷单骑奔桓玄。会稽王道子以尚之为豫州刺史，弟恢之为骠骑司马、丹杨尹，允之为吴国内史，休之为襄城太守，各拥兵马以为己援。乙巳，桓玄大破官军于白石。玄与杨佺期进至横江。尚之退走，恢之所领水军皆没。丙午，道子屯中堂，元显守石头。己酉，王珣守北郊，谢琰屯宣阳门以备之。

王恭素以才地陵物，既杀王国宝，自谓威无不行。仗刘牢之为爪牙而但以部曲将遇之，牢之负其才，深怀耻恨。元显知之，遣庐江太守高素说牢之，使叛恭，许事成即以恭位号授之。又以道子书遗牢之，为陈祸福。牢之谓其子敬宣曰："王恭昔受先帝大恩，今为帝舅，不能翼戴王室，数举兵向京师，吾不能审恭之志，事捷之日，必能为天子相王之下乎？吾

23　东晋宁朔将军邓启方、南阳太守闾丘羡，带领部队两万人进攻南燕，同南燕中军将军慕容法、抚军将军慕容和在管城交战，邓启方等人的部队失败，他单人匹马逃走，免于一死。

24　魏王拓跋珪命令有关部门确定京师的区划，标明道路的名称和里程，统一重量衡器的标准，审定长度的计量。还派遣特使到各个郡国去巡回视察、监督，检举弹劾违法乱纪的地方官吏，拓跋珪亲自考察定罪处理。

25　九月辛卯（初二），东晋朝廷授予会稽王司马道子黄钺，任命会稽王世子司马元显为征讨都督。又派遣卫将军王珣、右将军谢琰带兵讨伐王恭，派遣谯王司马尚之带兵讨伐庾楷。

26　乙未（初六），后燕任命东阳公慕容根为尚书令，张通为左仆射，卫伦为右仆射。任命慕容豪为幽州刺史，镇守肥如。

27　己亥（初十），东晋谯王司马尚之在牛渚将庾楷打得大败，庾楷单人匹马投奔桓玄。会稽王司马道子任命司马尚之为豫州刺史，司马尚之的弟弟司马恢之为骠骑司马、丹杨尹，司马允之为吴国内史，司马休之为襄城太守，并让他们各自拥有部队来作为自己的援手。乙巳（十六日），桓玄在白石将朝廷的部队打得大败。桓玄与杨佺期开进到了横江。司马尚之退兵逃走，司马恢之所统领的水军全军覆没。丙午（十七日），司马道子屯守明堂，司马元显驻守石头。己酉（二十日），王珣开到京师北郊屯守，谢琰则在宣阳门屯下重兵以防意外。

王恭历来仗恃自己的才能和地位傲视凌辱同僚，逼杀王国宝之后，他更自以为他的声威没人敢违逆。他既依仗刘牢之作为自己的爪牙，又只把他当作自己私人的部曲那样对待，刘牢之对自己的才能很自负，感到深深的羞辱和气愤。司马元显知道这种情况，便派遣庐江太守高素去游说，唆使刘牢之背叛王恭，并且答应他事成之后便把王恭的职位、封号全部转授给他。高素又把司马道子的书信交给了刘牢之，向他陈说了祸福利害。刘牢之对他的儿子刘敬宣说："王恭过去蒙受先帝的大恩大德，今天又是皇上的舅舅，但是他不能作为羽翼拥戴王室，反而多次向京师发兵，我真不能想象王恭的野心有多大，他的计划一旦实现，他还能继续处在皇上和相王的手下吗？我

欲奉国威灵，以顺讨逆，何如?”敬宣曰：“朝廷虽无成、康之美，亦无幽、厉之恶。而恭恃其兵威，暴蔑王室。大人亲非骨肉，义非君臣，虽共事少时，意好不协，今日讨之，于情义何有!”恭参军何澹之知其谋，以告恭。

恭以澹之素与牢之有隙，不信。乃置酒请牢之，于众中拜之为兄，精兵坚甲，悉以配之，使帅帐下督颜延为前锋。牢之至竹里，斩延以降。遣敬宣及其婿东莞太守高雅之还袭恭。恭方出城曜兵，敬宣纵骑横击之，恭兵皆溃。恭将入城，雅之已闭城门。恭单骑奔曲阿，素不习马，髀中生疮。曲阿人殷确，恭故吏也，以船载恭，将奔桓玄，至长塘湖，为人所告，获之，送京师，斩于倪塘。恭临刑，犹理须鬓，神色自若，谓监刑者曰：“我暗于信人，所以至此。原其本心，岂不忠于社稷邪！但令百世之下知有王恭耳。”并其子弟党与皆死。以刘牢之为都督兖、青、冀、幽、并、徐、扬州晋陵诸军事以代恭。

俄而杨佺期、桓玄至石头，殷仲堪至芜湖。元显自竹里驰还京师，遣丹杨尹王恺等发京邑士民数万人据石头以拒之。佺期、玄等上表理王恭，求诛刘牢之。牢之帅北府之众驰赴京师，军于新亭，佺期、玄见之失色，回军蔡洲。朝廷未知西军虚实，仲堪等拥众数万，充斥郊畿，内外忧逼。

打算遵奉朝廷的威仪与旨意，用顺乎民心的举动来讨伐叛逆，你看如何?”刘敬宣说：“现在的朝廷虽然没有周成王、周康王当政时那么完美，但是也没有周幽王、周厉王那样的昏庸残暴。而王恭却依仗军队的威势，粗暴地蔑视、凌辱王室。父亲您与他在感情上既不是骨肉关系，在道义上也不是君臣关系，虽然一起共事一段时间，脾气秉性爱好也并不很和谐、投机。你今天去讨伐他，于情义没有什么干系。”王恭的参军何澹之知道了他的打算，把这些告诉了王恭。

王恭因为知道何澹之历来与刘牢之有矛盾，所以没有相信何澹之的话。于是他备办下酒席，宴请刘牢之，当着众人的面，拜刘牢之为义兄，又把自己的精锐部队和一切好的装备，全部配备给刘牢之，让他率领帐下督颜延作为前锋。刘牢之来到竹里，便斩了颜延宣布投降朝廷。他派他的儿子刘敬宣和他的女婿东莞太守高雅之回击王恭。王恭此时正在城外阅兵示威，刘敬宣驱使骑兵拦腰进攻他的队伍，王恭的军队全部溃败。王恭想要回城，高雅之已关闭了城门。王恭单人匹马逃奔曲阿。他平时不怎么习惯骑马，以致把大腿内侧磨破了。曲阿人殷确是王恭过去的下属，他用船载着王恭，打算前去投奔桓玄，刚到长塘湖，却被人告密，被抓住了，押送京师，在倪塘斩首。王恭临死时，还在从容不迫地梳理着自己的胡须，神色像平时那样自然。他对监督施刑的人说：“我的昏庸就在于轻率地相信别人，才到了今天这个地步。不过追究我的本意，我哪里是不忠于朝廷啊！但愿百代以后的人们能知道有过我王恭这个人。”他和他的儿子兄弟、同伙全部被处死。东晋朝廷任命刘牢之为都督兖州、青州、冀州、幽州、并州、徐州、扬州晋陵诸军事，替代了王恭。

不久，杨佺期、桓玄来到石头，殷仲堪也来到芜湖。司马元显从竹里飞马回到京师，派遣丹杨尹王恺等征发京邑的百姓几万人据守石头，以抵抗杨佺期、桓玄的进攻。杨佺期、桓玄等人向朝廷呈上奏章为王恭申辩讲理，请求诛杀刘牢之。刘牢之则统率北府属下的军队迅速赶到京师，驻扎在新亭。杨佺期、桓玄一看这种情况，大惊失色，只好把部队撤退到蔡洲。朝廷并不了解西部殷仲堪部队的虚实，看到殷仲堪等人拥有几万人，遍布京郊的山野，感到内忧外患，互为交逼。

左卫将军桓脩，冲之子也，言于道子曰："西军可说而解也，脩知其情矣。殷、桓之下，专恃王恭，恭既破灭，西军沮恐。今若以重利啖玄及佺期，二人必内喜。玄能制仲堪，佺期可使倒戈，取仲堪矣。"道子纳之，以玄为江州刺史，召郗恢为尚书，以佺期代恢为都督梁雍秦三州诸军事、雍州刺史。以脩为荆州刺史，权领左卫文武之镇，又令刘牢之以千人送之。黜仲堪为广州刺史，遣仲堪叔父太常茂宣诏，敕仲堪回军。

28 张骧子超收合三千馀家据南皮，自号乌桓王，抄掠诸郡。魏王珪命庾岳讨之。

29 杨轨屯廉川，收集夷、夏，众至万馀。王乞基谓轨曰："秃发氏才高而兵盛，且乞基之主也，不如归之。"轨乃遣使降于西平王乌孤。轨寻为羌酋梁饥所败，西奔僇海，袭乙弗鲜卑而据其地。乌孤谓群臣曰："杨轨、王乞基归诚于我，卿等不速救，使为羌人所覆，孤甚愧之。"平西将军浑屯曰："梁饥无经远大略，可一战擒也。"

饥进攻西平，西平人田玄明执太守郭倖而代之，以拒饥，遣子为质于乌孤。乌孤欲救之，群臣惮饥兵强，多以为疑。左司马赵振曰："杨轨新败，吕氏方强，洪池以北，未可冀也，岭南五郡，庶几可取。大王若无开拓之志，振不敢言，若欲经营四方，此机不可失也。使羌得西平，华、夷震动，非我之利也。"乌孤喜曰："吾亦欲乘时立功，安能坐守穷谷乎！"

左卫将军桓脩是桓冲的儿子。他向司马道子进言道："西部这支军队可以做说服工作使他们分化瓦解，我桓脩知道他们内部的情况。殷仲堪、桓玄以下的人们，全都是依赖王恭，王恭既已被杀，西部这支部队一定会感到沮丧恐慌。现在如果答应用很大的好处来引诱杨佺期和桓玄，他们二人一定会心中暗喜。这样，桓玄可以制住殷仲堪。杨佺期也可能叛降过来，殷仲堪自然可以拿下。"司马道子采纳了他的意见，任命桓玄为江州刺史，召郗恢回朝任尚书，任命杨佺期代替郗恢任都督梁、雍、秦三州诸军事，雍州刺史。任命桓脩为荆州刺史，暂时兼管左卫将军所属文武官员并到那里去镇守，命令刘牢之派一千人护送桓脩。朝廷又贬黜殷仲堪为广州刺史，派殷仲堪的叔父太常殷茂去宣读诏书，敕令殷仲堪马上撤回部队。

28　原后燕国辅国将军张骧的儿子张超收留集合了三千多户人家占据南皮，自己号称为乌桓王，抢劫掠夺附近各郡。魏王拓跋珪命令庾岳去讨伐他。

29　杨轨驻扎在廉川，招收集结汉族和其他民族的居民，人数达到一万以上。田胡部落首领王乞基对杨轨说："秃发氏才智既高，兵力又强，而且又是我王乞基过去的主人，我们不如归顺他。"杨轨于是派遣使节去向西平王秃发乌孤请求投降。杨轨不久被羌族部落首领梁饥打败，向西逃奔到儴海，进攻乙弗的鲜卑族部落，并且占据了那个地区。秃发乌孤对大臣们说："杨轨、王乞基他们已经向我归附投诚，你们不快些去援救，让他们被羌人打败，我实在太惭愧了。"平西将军浑屯说："梁饥没有什么远谋大略，只要打一仗就可以把他抓住。"

梁饥进攻西平，西平人田玄明抓住了太守郭倖，自己替代了他的位置，抗拒梁饥。他把儿子送到秃发乌孤那里去做人质。秃发乌孤打算前去解救，但大臣们由于害怕梁饥的兵马强壮，多数人犹豫不决。左司马赵振说："杨轨刚刚战败，凉国吕氏家族正是强盛时期，洪池以北的地区，我们没有什么希望得到手。洪池岭以南的五个郡，我们或许还可以夺取。大王如果没有开拓疆土的志向，我赵振就不敢说什么了，如果打算治理天下四方，这个机会就不应该放弃。一旦让羌人占领西平，汉人和夷人都会受到震动，这对我们来说，不是什么好事情。"秃发乌孤高兴地说："我也打算趁这个时机建立一番功业，怎么能坐在这里困守这穷山沟呢？"

乃谓群臣曰:“梁饥若得西平,保据山河,不可复制。饥虽骁猛,军令不整,易破也。”遂进击饥,大破之。饥退屯龙支堡。乌孤进攻,拔之,饥单骑奔浇河,俘斩数万。以田玄明为西平内史。乐都太守田瑶、湟河太守张裯、浇河太守王稚皆以郡降,岭南羌、胡数万落皆附于乌孤。

30　西秦王乾归遣秦州牧益州、武卫将军慕兀、冠军将军翟瑥帅骑二万伐吐谷浑。

31　冬,十月癸酉,燕群臣复上尊号,丙子,长乐王盛始即皇帝位,大赦,尊皇后段氏曰皇太后,太妃丁氏曰献庄皇后。初,兰汗之当国也,盛从燕主宝出亡,兰妃奉事丁后愈谨。及汗诛,盛以妃当从坐,欲杀之,丁后以妃有保全之功,固争之,得免,然终不为后。

32　大赦。

33　殷仲堪得诏书,大怒,趣桓玄、杨佺期进军。玄等喜于朝命,欲受之,犹豫未决。仲堪闻之,遽自芜湖南归,遣使告谕蔡洲军士曰:“汝辈不各自散归,吾至江陵,尽诛汝馀口。”佺期部将刘系帅二千人先归。玄等大惧,狼狈西还,追仲堪至寻阳,及之。仲堪既失职,倚玄等为援,玄等亦资仲堪兵,虽内相疑阻,势不得不合。乃以子弟交质,壬午,盟于寻阳,俱不受朝命,连名上疏申理王恭,求诛刘牢之及谯王尚之,并诉仲堪无罪,独被降黜。

于是对大臣们说："梁饥如果得到了西平，占据那里山河坚守，我们就不能重新控制他了。梁饥虽然骁勇刚猛，但他的部队号令不齐，很容易击败他们。"于是，进军攻击梁饥，将他打得大败。梁饥败退到龙支堡去驻扎。秃发乌孤又继续进攻，攻克了龙支堡，梁饥单人匹马逃奔浇河。此次战役，秃发乌孤俘虏、杀死敌军几万人。他任命田玄明为西平内史。乐都太守田瑶、湟河太守张裯、浇河太守王稚都献出所辖郡县投降。从此，洪池岭以南的几万个羌族、匈奴族部落便全部归附于秃发乌孤。

30　西秦王乞伏乾归派遣秦州牧乞伏益州、武卫将军慕兀、冠军将军翟瑥率领骑兵两万人去讨伐吐谷浑。

31　冬季，十月癸酉（十四日），后燕的大臣们再一次请求长乐王慕容盛称帝。丙子（十七日），长乐王慕容盛即皇帝位，实行大赦，尊称皇后段氏为皇太后，尊称自己的生母太妃丁氏为献庄皇后。当初，在兰汗掌握国家权要的时候，慕蓉盛跟从慕容宝出外逃亡，兰妃侍奉婆婆丁后比平时更加谨慎小心。兰汗被诛杀之后，慕容盛认为兰妃也应当与父亲一起论罪，打算杀掉她，但丁后觉得兰妃有保全他们母子的功劳，坚决为她争辩，才使她免于一死。但是，兰妃终究没有当上皇后。

32　东晋实行大赦。

33　殷仲堪接到朝廷的诏书，勃然大怒，催促桓玄、杨佺期继续向京师进军。桓玄等对朝廷的任命感到高兴，打算接受，正在犹豫不决。殷仲堪听说了这种情况，匆忙地从芜湖向南撤退，并且派人去告诉蔡洲的军士说："你们这些人如果还不各自散伙回家，等到我回到江陵，把你们的家眷全部杀掉。"杨佺期的部将刘系首先率领两千人撤走。桓玄等人非常害怕，也狼狈地向西撤军。他们追赶殷仲堪，直到寻阳方才赶上。此时，殷仲堪已经失去了职务，只能依靠桓玄等人为自己的声援，桓玄等人也正要倚重于殷仲堪的军队，因此，他们虽然在心中暗自互相猜疑，但在形势的逼迫下又不得不联合起来。于是交换儿子兄弟做人质。壬午（二十三日），他们在寻阳正式缔结盟约，决定一致拒绝接受朝廷的任命和指挥，并且联名上了一道奏章为王恭申辩说理，请求诛杀刘牢之以及谯王司马尚之，又质问殷仲堪没有罪过，为什么独独被降职贬黜。

朝廷深惮之，内外骚然。乃复罢桓脩，以荆州还仲堪，优诏慰谕，以求和解，仲堪等乃受诏。御史中丞江绩劾奏桓脩专为身计，疑误朝廷，诏免脩官。

初，桓玄在荆州，所为豪纵，仲堪亲党皆劝仲堪杀之，仲堪不听。及在寻阳，资其声地，推玄为盟主，玄愈自矜倨。杨佺期为人骄悍，玄每以寒士裁之，佺期甚恨，密说仲堪以玄终为患，请于坛所袭之。仲堪忌佺期兄弟勇健，恐既杀玄，不可复制，苦禁之。于是各还所镇。玄亦知佺期之谋，阴有取佺期之志，乃屯于夏口，引始安太守济阴卞范之为长史以为谋主。是时，诏书独不赦庾楷，玄以楷为武昌太守。

初，郗恢为朝廷拒西军，玄未得江州，欲夺恢雍州，以恢为广州。恢闻之，惧，询于众，众皆曰："杨佺期来者，谁不戮力。若桓玄来，恐难与为敌。"既而闻佺期代己，乃与闾丘羡谋阻兵拒之。佺期闻之，声言玄来入沔，以佺期为前驱。恢众信之，望风皆溃，恢请降。佺期入府，斩闾丘羡，放恢还都，至杨口，殷仲堪阴使人杀之，及其四子，托言群蛮所杀。

朝廷非常惧怕，宫廷内外一片骚乱。于是朝廷又罢免了桓脩的官职，把荆州又还给殷仲堪管辖，并对他特别下诏，好言相慰，希望以此求得和解。殷仲堪等人这才接受诏书。御史中丞江绩弹劾桓脩等人专门为自己的利益打算，使朝廷受到蒙蔽而采取了错误的措施。朝廷下诏，免去桓脩的所有官衔。

当初，桓玄在荆州的时候，行为过于霸道放纵，殷仲堪的一些亲信党羽都曾劝说殷仲堪杀掉他，殷仲堪没有听。等到在寻阳结盟立誓的时候，又因为桓玄的名声与地位，推桓玄做了盟主，桓玄因此更加骄矜倨傲。杨佺期为人骄傲剽悍，桓玄却常常把他当作出身寒微的人士来对待，杨佺期非常愤恨，暗地里向殷仲堪说，桓玄终有一天要成为祸患，请求在盟誓的神坛之上袭杀桓玄。殷仲堪忌惮杨佺期兄弟的勇猛劲健，担心杀掉桓玄之后，更没有人再能牵制他们，于是，苦苦相劝，禁止他那样做。这样他们各自回到自己的镇守之地。桓玄也知道杨佺期曾经有杀害自己的计划，暗中有消灭杨佺期的打算。于是，他驻扎在夏口，召引始安太守济阴人卞范之做长史，把他当作自己的主要谋士。这时，朝廷的诏书唯独没有赦免庾楷，桓玄便任命庾楷为武昌太守。

当初，雍州刺史郗恢拥护朝廷，抗拒西部殷仲堪的部队。那时桓玄还没有当上江州刺史，所以，他打算夺取郗恢的雍州，而让郗恢去当广州刺史。郗恢听说后很害怕，询问手下人有什么办法，大家都说："如果是杨佺期来，我们谁敢不同心尽力地去抵抗？但如果是桓玄来，恐怕我们很难成为他的对手。"不久，他听说朝廷是派杨佺期来代替自己，于是与闾丘羡商议如何组织兵力抵抗他。杨佺期听说了这个消息，便将计就计，宣称是桓玄要从沔水向西开进经过这里，让杨佺期做他的先头部队。郗恢的手下人信以为真，望风溃败，郗恢也请求投降。杨佺期进入官府，下令斩了闾丘羡，把郗恢释放回都城。郗恢一家人走到杨口，殷仲堪暗地派人杀了他和他的四个儿子，推说是附近蛮族所杀。

34　西秦乞伏益州与吐谷浑王视罴战于度周川，视罴大败，走保白兰山，遣子宕岂为质于西秦以请和，西秦王乾归以宗女妻之。

35　凉建武将军李鸾以兴城降于秃发乌孤。

36　十一月，以琅邪王德文为卫将军、开府仪同三司，征虏将军元显为中领军，领军将军王雅为尚书左仆射。

37　辛亥，魏王珪命尚书吏部郎邓渊立官制，协音律，仪曹郎清河董谧制礼仪，三公郎王德定律令，太史令晁崇考天象，吏部尚书崔宏总而裁之，以为永式。渊，羌之孙也。

38　杨轨、王乞基帅户数千自归于西平王乌孤。

39　十二月己丑，魏王珪即皇帝位，大赦，改元天兴。命朝野皆束发加帽。追尊远祖毛以下二十七人皆为皇帝。谥六世祖力微曰神元皇帝，庙号始祖；祖什翼犍曰昭成皇帝，庙号高祖；父寔曰献明皇帝。魏之旧俗，孟夏祀天及东庙，季夏帅众却霜于阴山，孟秋祀天于西郊。至是，始依仿古制，定郊庙朝飨礼乐，然惟孟夏祀天亲行，其馀多有司摄事。又用崔宏议，自谓黄帝之后，以土德王。徙六州二十二郡守宰、豪杰二千家于代都，东至代郡，西及善无，南极阴馆，北尽参合，皆为畿内，其外四方、四维置八部师以监之。

40　己亥，燕幽州刺史慕容豪、尚书左仆射张通、昌黎尹张顺坐谋反诛。

34 西秦乞伏益州与吐谷浑王慕容视罴在度周川交战，慕容视罴大败，逃走，据守白兰山，把儿子慕容宕岂送到西秦做人质，请求和解。西秦王乞伏乾归把宗族的一个女儿嫁给了慕容宕岂。

35 后凉国建武将军李鸾，献出兴城，向秃发乌孤投降。

36 十一月，东晋任命琅邪王司马德文为卫将军、开府仪同三司，征虏将军司马元显为中领军，领军将军王雅为尚书左仆射。

37 辛亥（二十三日），魏王拓跋珪命令尚书吏部郎邓渊制订官制，协调皇室的音乐，命令仪曹郎清河人董谧制订国家的礼仪制度，命令三公郎王德制订国家的法律规章制度，命令太史令晁崇考察天象。他又派吏部尚书崔宏统管裁定，用以作为永久的制度。邓渊是邓羌的孙子。

38 杨轨、王乞基率几千户居民，主动归附了西平王秃发乌孤。

39 十二月己丑（初二），魏王拓跋珪正式登皇帝位，实行大赦，改年号为天兴。他命令朝廷内外所有官员百姓都必须把头发系在一起，再戴上帽子。他把很遥远的祖先拓跋毛以下的二十七个人都追尊为皇帝。尊奉六世祖拓跋力微谥号为神元皇帝，庙号始祖；尊奉他的祖父拓跋什翼犍谥号为昭成皇帝，庙号高祖；尊奉他的父亲拓跋寔谥号为献明皇帝。按照北魏的旧习俗，每年的夏初都要祭祀天神和宗祖庙，每年的夏末都要率领部众去阴山做退霜的祈祷，每年的初秋要去西郊祭天。到了这一年，北魏才开始依照汉族的古代传统，制定了祭庙、朝会使用的礼仪音乐。然而，只有每年初夏的祭祀天神的活动，拓跋珪才亲自参加献祭，其馀多是由有关部门负责执行。拓跋珪又采纳了崔宏的建议，自称是黄帝的后代，以土为德。他把六州二十二郡的官员和豪族大户两千多家迁移到代都居住。把东至代郡，西至善无，南至阴馆，北至参合陂的地区全都划入京畿范围之内。京师之外的四方、四维，设置了八部帅，分别加以监督、管辖。

40 己亥（十二日），后燕幽州刺史慕容豪、尚书左仆射张通、昌黎尹张顺，以谋反罪被处死。

41　初，琅邪人孙泰学妖术于钱唐杜子恭，士民多奉之。王珣恶之，流泰于广州。王雅荐泰于孝武帝，云知养性之方，召还，累官至新安太守。泰知晋祚将终，因王恭之乱，以讨恭为名，收合兵众，聚货钜亿，三吴之人多从之。识者皆忧其为乱，以中领军元显与之善，无敢言者。会稽内史谢輶发其谋，己酉，会稽王道子使元显诱而斩之，并其六子。兄子恩逃入海，愚民犹以泰蝉蜕不死，就海中资给恩。恩乃聚合亡命得百馀人，以谋复雠。

42　西平王秃发乌孤更称武威王。

43　是岁，杨盛遣使附魏，魏以盛为仇池王。

41　当初，东晋琅邪人孙泰向钱唐人杜子恭学习妖术，士人、百姓都很信奉他。左仆射王珣很讨厌他，把孙泰流放到广州。广州刺史王雅却把孙泰推荐给孝武帝，说孙泰知道修身养性、长生不老的药方。于是，孝武帝把孙泰从广州征召回京，并逐渐升官做到了新安太守。孙泰估计到晋朝的气数就要结束，他假借着王恭之乱，以讨伐王恭为名义，大量收集征召士兵部众，聚敛财富多达亿亿之多，三吴地区的居民大多数都依从了他。有些见识的人都担忧他将来会制造动乱，但因为中领军司马元显与他关系亲密，没有人敢说。会稽内史谢辖揭发了他的阴谋，己酉（二十二日），会稽王司马道子让司马元显把他诱骗来之后杀掉了他，同时杀了他的六个儿子。孙泰的侄儿孙恩逃入东海躲藏在小岛上，愚昧的百姓还以为孙泰像蝉一样脱掉了一层壳，而真人并没有死，因此到海中去为孙恩送粮食等资助。孙恩于是又聚合了一百多名亡命之徒，谋划复仇。

42　南凉西平王秃发乌孤改称武威王。

43　这一年，归附东晋的杨盛派遣使节请求归附北魏。北魏封杨盛为仇池王。

卷第一百一十一　晋纪三十三

起己亥(399)尽庚子(400)凡二年

安皇帝丙

隆安三年(己亥,399)

1　春,正月辛酉,大赦。

2　戊辰,燕昌黎尹留忠谋反,诛。事连尚书令东阳公根、尚书段成,皆坐死。遣中卫将军卫双就诛忠弟志于凡城。以卫将军平原公元为司徒、尚书令。

3　庚午,魏主珪北巡,分命大将军常山王遵等三军从东道出长川,镇北将军高凉王乐真等七军从西道出牛川,珪自将大军从中道出驳髯水以袭高车。

4　壬午,燕右将军张真、城门校尉和翰坐谋反,诛。

5　癸未,燕大赦,改元长乐。燕主盛每十日一自决狱,不加拷掠,多得其情。

6　武威王乌孤徙治乐都,以其弟西平公利鹿孤镇安夷,广武公傉檀镇西平,叔父素渥镇湟河,若留镇浇河,从弟替引镇岭南,洛回镇廉川,从叔吐若留镇浩亹。夷、夏俊杰,随才授任,内居显位,外典郡县,咸得其宜。

安皇帝丙

晋安帝隆安三年(己亥,公元399年)

1　春季,正月辛酉(初四),东晋实行大赦。

2　戊辰(十一日),后燕昌黎尹留忠阴谋叛变,被处死。事情牵连到了尚书令东阳公慕容根、尚书段成,也都被处死。慕容盛派中卫将军卫双去凡城诛杀留忠的弟弟幽州刺史留志。任命卫将军平原公慕容元为司徒、尚书令。

3　庚午(十三日),魏主拓跋珪去北方巡视,分别命令大将军常山王拓跋遵等三支军队从东路的长川出发,镇北将军高凉王拓跋乐真等七支军队从西路的牛川出发,拓跋珪则自己带领大军从中路的驳髯水出发,准备袭击高车部落。

4　壬午(二十五日),后燕右将军张真、城门校尉和翰因谋反罪被杀。

5　癸未(二十六日),后燕大赦,改年号为长乐。后燕国主慕容盛每隔十天,亲自审理判决一次讼事,虽然并不加以严刑拷打,但也能获得很多真实情况。

6　南凉武威王秃发乌孤把都城迁到乐都,派遣他的弟弟西平公秃发利鹿孤镇守安夷,广武公秃发傉檀镇守西平。他的叔叔秃发素渥镇守湟河,另一个叔叔秃发若留镇守浇河,堂弟秃发替引镇守洪池岭以南的地区,另一个堂弟秃发洛回镇守廉川,派堂叔秃发吐若留镇守浩亹。对于夷族和汉族的一些贤俊杰出人士,也都根据他们的才能分别任命职务,或者在朝中官居显要位置,或者在地方上掌管郡县的事务,全都得到了合适的安排。

乌孤谓群臣曰："陇右、河西，本数郡之地，遭乱，分裂至十馀国，吕氏、乞伏氏、段氏最强，今欲取之，三者何先？"杨统曰："乞伏氏本吾之部落，终当服从。段氏书生，无能为患，且结好于我，攻之不义。吕光衰耄，嗣子微弱，纂、弘虽有才而内相猜忌，若使浩亹、廉川乘虚迭出，彼必疲于奔命，不过二年，兵劳民困，则姑臧可图也。姑臧举，则二寇不待攻而服矣。"乌孤曰："善！"

7　二月丁亥朔，魏军大破高车三十馀部，获七万馀口，马三十馀万匹，牛羊百四十馀万头。卫王仪别将三万骑绝漠千馀里，破其七部，获二万馀口，马五万馀匹，牛羊二万馀头。高车诸部大震。

8　林邑王范达陷日南、九真，遂寇交趾，太守杜瑗击破之。

9　庚戌，魏征虏将军庾岳破张超于勃海，斩之。

10　段业即凉王位，改元天玺。以沮渠蒙逊为尚书左丞，梁中庸为右丞。

11　魏主珪大猎于牛川之南，以高车人为围，周七百馀里。因驱其禽兽，南抵平城，使高车筑鹿苑，广数十里。三月己未，珪还平城。

甲子，珪分尚书三十六曹及外署，凡置三百六十曹，令八部大夫主之。吏部尚书崔宏通署三十六曹，如令、仆统事。置五经博士，增国子太学生员合三千人。

秃发乌孤对大臣们说："陇右、河西，本来不过就是几个郡大的地方，经受动乱之后，分裂成了十几个国家，吕氏、乞伏氏、段氏这三家势力最强大。现在我打算去攻取他们，应该先打哪一个？"杨统说："乞伏氏本来是我们的一个部落，终究会归附我们。段业是一介书生，根本没有什么能力制造祸患，而且跟我们有很好的关系，进攻他不合道义。吕光衰老不堪，他的儿子吕绍又懦弱无能。吕纂、吕弘虽然很有才能，但内心互相猜忌。我们如果派浩亹、廉川两个郡的兵力乘虚轮流不断地进攻，吕氏一定会疲于奔命，不超过两年，就会军队劳累，百姓贫困，到那时，姑臧就可以谋取了。姑臧被我们拿下之后，乞伏氏和段氏这两伙强盗，不用等我们去攻打就会向我们投降了。"秃发乌孤说："好！"

7　二月丁亥朔（初一），北魏北征的军队将高车的三十多个部落打得大败，俘虏七万多人，缴获马三十多万匹，牛羊一百四十多万头。卫王拓跋仪另外带领三万骑兵深入沙漠一千多里，攻破了高车的七个部落，俘虏两万多人，缴获马五万多匹，牛羊两万多头。高车的各个部落非常震惊恐慌。

8　南方的林邑国国王范达攻克了东晋日南、九真两个郡，于是进犯交趾郡。交趾太守杜瑗领兵将他打败。

9　庚戌（二十四日），北魏征虏将军庾岳在勃海攻破了张超率领的变民部队，并把张超斩首。

10　段业即北凉王位，改年号为天玺。任命沮渠蒙逊为尚书左丞，梁中庸为尚书右丞。

11　魏主拓跋珪在牛川以南的地方大规模狩猎，让高车人作为围子，周围七百多里。这样，他把圈子里的走兽向南驱赶到平城，又让高车人修筑起鹿苑，鹿苑方圆达数十里。三月己未（初三），拓跋珪回到平城。

甲子（初八），拓跋珪将原尚书三十六曹以及一些京外官署整理划分为三百六十曹，派八部大夫主管。吏部尚书崔宏负责统领原来的三十六曹，像令、仆射那样管辖事务。又设置了五经博士，增加国子太学生的名额，共达三千人。

珪问博士李先曰："天下何物最善，可以益人神智？"对曰："莫若书籍。"珪曰："书籍凡有几何，如何可集？"对曰："自书契以来，世有滋益，以至于今，不可胜计。苟人主所好，何忧不集。"珪从之，命郡县大索书籍，悉送平城。

12　初，秦王登之弟广帅众三千依南燕王德，德以为冠军将军，处之乞活堡。会荧惑守东井，或言秦当复兴，广乃自称秦王，击南燕北地王钟，破之。是时，滑台孤弱，土无十城，众不过一万，钟既败，附德者多去德而附广。德乃留鲁阳王和守滑台，自帅众讨广，斩之。

燕主宝之至黎阳也，鲁阳王和长史李辩劝和纳之，和不从。辩惧，故潜引晋军至管城，欲因德出战而作乱。既而德不出，辩愈不自安。及德讨苻广，辩复劝和反，和不从，辩乃杀和，以滑台降魏。魏行台尚书和跋在邺，帅轻骑自邺赴之，既至，辩悔之，闭门拒守。跋使尚书郎邓晖说之，辩乃开门内跋，跋悉收德宫人府库。德遣兵击跋，跋逆击，破之，又破德将桂阳王镇，俘获千馀人。陈、颍之民多附于魏。

拓跋珪向博士李先询问说:“天下什么东西最好,可以用来补益人的智慧精神?”李先回答他说:“没有什么能比得上书籍。”拓跋珪说:“书籍一共能有多少,怎么样才能把它们搜集到一起呢?”李先又回答说:“自从文字产生以来,图书的数量每年都有发展增加,到现在已经不可能准确统计了。如果陛下有这方面的爱好,何必忧虑不能搜集呢?”拓跋珪听了他的话,命令各地郡县大规模索求搜集书籍,全部送到平城。

12 当初,前秦王苻登的弟弟苻广率兵众三千人投顺了南燕王慕容德,慕容德任命他为冠军将军,安置在乞活堡。正赶上火星侵入井宿,有人说这种星象表示前秦应当复兴,苻广于是自称秦王,进攻南燕北地王慕容钟,并将他打败。这时,南燕慕容德驻地滑台势单力薄,所辖治的地方不到十个城池,军队也不过一万人,慕容钟失败之后,依附慕容德的人大都离开了慕容德而依附苻广。慕容德留下鲁阳王慕容和驻守滑台,亲自统帅兵众去讨伐苻广,并把他斩了。

后燕国主慕容宝来到黎阳的时候,鲁阳王慕容和的长史李辩劝说慕容和接纳他,慕容和不同意。李辩非常害怕,就暗地里招引东晋的军队来到管城,打算趁慕容德出外作战时发动叛乱。后来慕容德并没有出外作战,李辩心里更加焦虑不安。到这次慕容德出兵讨伐苻广,李辩再一次劝说慕容和反叛,慕容和仍然不听,李辩便杀了慕容和,献出滑台城,投降了北魏。北魏国行台尚书和跋正在邺城,便带领一支轻装骑兵部队从邺城奔赴滑台,赶到的时候,李辩却又后悔了,关紧城门拒绝他们进城。和跋派遣尚书郎邓晖前去劝说,李辩开门把和跋迎入城内。和跋收缴了慕容德的所有姬妾宫女、府库资财。慕容德派兵进攻和跋,和跋反击,把燕军打败,又击败了赶来增援的慕容德的大将桂阳王慕容镇,俘虏了一千多人。陈郡、颍川郡的民众大多数便都归附了北魏。

南燕右卫将军慕容云斩李辩，帅将士家属二万馀口出滑台赴德。德欲攻滑台，韩范曰："向也魏为客，吾为主人；今也吾为客，魏为主人。人心危惧，不可复战，不如先据一方，自立基本，乃图进取。"张华曰："彭城，楚之旧都，可攻而据之。"北地王钟等皆劝德攻滑台。尚书潘聪曰："滑台四通八达之地，北有魏，南有晋，西有秦，居之未尝一日安也。彭城土旷人稀，平夷无崄，且晋之旧镇，未易可取。又密迩江、淮，夏秋多水。乘舟而战者，吴之所长，我之所短也。青州沃野二千里，精兵十馀万，左有负海之饶，右有山河之固，广固城曹嶷所筑，地形阻峻，足为帝王之都。三齐英杰，思得明主以立功于世久矣。辟闾浑昔为燕臣，今宜遣辩士驰说于前，大兵继踵于后，若其不服，取之如拾芥耳。既得其地，然后闭关养锐，伺隙而动，此乃陛下之关中、河内也。"德犹豫未决。沙门竺朗素善占候，德使牙门苏抚问之，朗曰："敬览三策，潘尚书之议，兴邦之言也。且今岁之初，彗星起奎、娄，扫虚、危。彗者，除旧布新之象，奎、娄为鲁，虚、危为齐。宜先取兖州，巡抚琅邪，至秋乃北徇齐地，此天道也。"抚又密问以年世，朗以《周易》筮之曰："燕衰庚戌，年则一纪，世则及子。"抚还报德，德乃引师而南，兖州北鄙诸郡县皆降之。德置守宰以抚之，禁军士无得虏掠。百姓大悦，牛酒属路。

南燕右卫将军慕容云斩杀了李辩，率领将士的家属共两万多人冲出滑台城，去投奔慕容德。慕容德打算进攻滑台，部将韩范说："过去魏人是客人，我们是主人；现在我们是客人，魏人却变成了主人。我们军中人人都非常害怕，不可以再让他们去打仗了。不如先据守一个地方，自己重新创立根本基业，然后再筹划考虑发展壮大进取的事情。"部将张华说："彭城是西楚霸王的旧都城，可以把它攻下来占据它。"但是北地王慕容钟等人都劝说慕容德进攻滑台。尚书潘聪说："滑台是一个四通八达的地方，北有魏，南有晋，西有秦，居住在那里没有一天感到是安全的。彭城地广人稀，一片平原，没有什么险要可以据守。而且那里是晋的旧有重镇，未必很容易就可以攻取下来。这地方又距长江、淮河很近，夏季、秋季降雨很多。乘舟在水上作战，那是吴地之人所擅长的，而恰恰又是我们的短处。青州既拥有两千里的肥沃土地，又拥有十多万精锐的部队，东边有紧挨着大海的富饶，西边有依靠高山大河的险要，广固城是当年曹嶷所兴筑，地势险峻，足可以作为帝王的都城。三齐地方的英杰，希望拥戴一个圣明的君主在世上建立宏伟的功业已经有很长时间了。青州刺史辟闾浑以前也曾是燕的臣子，现在应该先派遣能言善辩之士赶到他那里游说，紧接着再派遣大军进逼，如果他不听从我们的奉劝，击败他并夺取青州也不过像弯腰拣草那么容易罢了。得到那里之后，封锁关隘，养精蓄锐，等待时机而有所建树，这才是陛下的关中、河内呀！"慕容德犹豫再三，委决不下。一个叫竺朗的和尚一向善于占卜征候，慕容德遣使牙门苏抚前去探问，竺朗说："我恭敬地看了他们提出的这三种策略，潘尚书的建议，才是兴邦立国的言论。而且今年年初的时候，彗星起自奎宿、娄宿，其尾扫过虚宿、危宿。彗星的出现，乃是除旧布新的星象，奎宿、娄宿天区为鲁国疆域，虚宿、危宿天区为齐国疆域。应该先去夺取兖州，再去收复琅邪，到秋天的时候再向北攻占齐地，这是上天的旨意呀。"苏抚又偷偷地问他燕国的寿命如何，竺朗根据《周易》推算之后说："燕国将在庚戌年衰亡，寿命为一纪共十二年，并可以把王位传给儿子。"苏抚回去向慕容德汇报，慕容德才率领大军向南进发，兖州以北偏远地区的郡县都投降了他。慕容德分别设置地方官员安抚百姓，严禁军队不得到处掳掠抢夺。百姓非常高兴，一路上不断地有人送来慰劳大军的牛肉美酒。

13　丙子，魏主珪遣建义将军庾真、越骑校尉奚斤击库狄、宥连、侯莫陈三部，皆破之，追奔至大峨谷，置戍而还。

14　己卯，追尊帝所生母陈夫人为德皇太后。

15　夏，四月，鲜卑叠掘河内帅户五千降于西秦。西秦王乾归以河内为叠掘都统，以宗女妻之。

16　甲午，燕大赦。

17　会稽王道子有疾，且无日不醉。世子元显知朝望去之，乃讽朝廷解道子司徒、扬州刺史。乙未，以元显为扬州刺史。道子醒而后知之，大怒，无如之何。元显以庐江太守会稽张法顺为谋主，多引树亲党，朝贵皆畏事之。

18　燕散骑常侍馀超、左将军高和等坐谋反，诛。

19　凉太子绍、太原公纂将兵伐北凉，北凉王业求救于武威王乌孤，乌孤遣骠骑大将军利鹿孤及杨轨救之。业将战，沮渠蒙逊谏曰："杨轨恃鲜卑之强，有窥窬之志，绍、纂深入，置兵死地，不可敌也。今不战则有泰山之安，战则有累卵之危。"业从之，按兵不战。绍、纂引兵归。

六月，乌孤以利鹿孤为凉州牧，镇西平，召车骑大将军傉檀入录府国事。

20　会稽世子元显自以少年，不欲顿居重任。戊子，以琅邪王德文为司徒。

13　丙子（二十日），魏主拓跋珪派遣建义将军庾真、越骑校尉奚斤率兵袭击库狄、宥连、侯莫陈三个部落，并且把他们全部击破，追击奔袭到大峨谷，在那里部署了守卫部队之后才返回。

14　己卯（二十三日），安帝追尊他的亲生母亲陈夫人为德皇太后。

15　夏季，四月，鲜卑族叠掘部落的首领河内率他所统辖的五千户居民向西秦投降。西秦王乞伏乾归任命河内为叠掘都统，并把自己宗族的一个女儿嫁给他做妻子。

16　甲午（初九），后燕实行大赦。

17　会稽王司马道子有病，而且又嗜酒成癖，没有一天不酩酊大醉。他的世子司马元显知道他在朝廷已经没有声望，于是便暗示朝廷解除了司马道子的司徒、扬州刺史职务。乙未（初十），安帝任命司马元显为扬州刺史。司马道子清醒之后知道了这件事，暴跳如雷，但也没有办法。司马元显把庐江太守、会稽人张法顺作为自己的主要谋士，并且大量地引用亲信，树立党羽，朝中地位显贵的官员都以畏惧的心情对待他。

18　后燕散骑常侍馀超、左将军高和等人，以谋反罪被杀。

19　后凉太子吕绍、太原公吕纂率军讨伐北凉，北凉王段业向南凉武威王秃发乌孤求救，秃发乌孤派遣骠骑大将军秃发利鹿孤，与杨轨一起前去救援。段业准备迎战，沮渠蒙逊劝阻他说："杨轨这个人依仗着鲜卑人的强大，有对我趁机动手的野心，吕绍、吕纂此次敢于率军深入，已经把军队置之死地，我们抵挡不过。现在我们不出战，还有像泰山那样的安稳。出战，就会有累卵之危。"段业听从了他的劝告，按兵不动，拒绝迎战。吕绍、吕纂只好带着大军回去。

六月，秃发乌孤任命秃发利鹿孤为凉州牧，镇守西平，召回车骑大将军秃发傉檀，叫他入朝处理国家的大事。

20　会稽王的世子司马元显知道自己还年轻，不打算马上担负起国家的重大责任。戊子（初四），朝廷任命琅邪王司马德文为司徒。

21　魏前河间太守卢溥帅其部曲数千家就食渔阳，遂据有数郡。秋，七月己未，燕主盛遣使拜溥幽州刺史。

22　辛酉，燕主盛下诏曰："法例律，公侯有罪，得以金帛赎，此不足以惩恶而利于王府，甚无谓也。自今皆令立功以自赎，勿复输金帛。"

23　西秦丞相南川宣公出连乞都卒。

24　秦齐公崇、镇东将军杨佛嵩寇洛阳，河南太守陇西辛恭靖婴城固守。雍州刺史杨佺期遣使求救于魏常山王遵，魏主珪以散骑侍郎西河张济为遵从事中郎以报之。佺期问于济曰："魏之伐中山，戎士几何？"济曰："四十馀万。"佺期曰："以魏之强，小羌不足灭也。且晋之与魏，本为一家，今既结好，义无所隐。此间兵弱粮寡，洛阳之救，恃魏而已。若其保全，必有厚报；若其不守，与其使羌得之，不若使魏得之。"济还报。八月，珪遣太尉穆崇将六万骑往救之。

25　燕辽西太守李朗在郡十年，威行境内，恐燕主盛疑之，累征不赴。以其家在龙城，未敢显叛，阴召魏兵，许以郡降魏。遣使驰诣龙城，广张寇势。盛曰："此必诈也。"召使者诘问，果无事实。盛尽灭朗族。丁酉，遣辅国将军李旱讨之。

26　初，魏奋武将军张衮以才谋为魏主珪所信重，委以腹心。珪问中州士人于衮，衮荐卢溥及崔逞，珪皆用之。

21　北魏前河间太守范阳人卢溥统率他的部曲几千家到渔阳谋生，于是占据了几个郡的土地。秋季，七月己未（初五），后燕国主慕容盛派遣使节任命卢溥为幽州刺史。

22　辛酉（初七），后燕国主慕容盛下诏书说："法令判例规定，公、侯如果犯了罪，可以用金钱、布帛来赎罪，这不能达到惩罚罪恶的目的，却有利于王府，因此毫无意义。从今往后，犯罪的人必须立功才能赎清自己的罪责，不得再交纳金钱、布帛。"

23　西秦丞相、南川宣公出连乞都去世。

24　后秦齐公姚崇、镇东将军杨佛嵩进犯东晋的洛阳，河南太守陇西人辛恭靖围绕城池加固防守。雍州刺史杨佺期派遣使节向北魏常山王拓跋遵请求援助，北魏国主拓跋珪派散骑侍郎西河人张济作为拓跋遵的从事中郎前往。杨佺期问张济道："你们魏国去征伐中山，有多少军士？"张济说："四十多万。"杨佺期说："以魏国的强大，姚崇一伙小小的羌贼实在不值得你们去消灭。况且晋与魏本来就是一家，现在既然已经结成友好关系，便不应该有什么隐瞒的。我这里兵力微弱，粮草也很少，救助洛阳的事，就依赖你们魏国了。如果洛阳可以保全，对你们一定会有丰厚的报答；如果坚守不住，与其让羌人得到，还不如让你们得到！"张济回国汇报了杨佺期的态度。八月，拓跋珪派遣太尉穆崇带领六万骑兵前往援助杨佺期。

25　后燕辽西太守李朗担任郡守十年，在郡内威信很高，他害怕后燕国主慕容盛猜疑忌恨，因此几次被征召都不去。因为自己的家眷全在龙城，没有公开叛变，只是私下里招引北魏大军前来，答应统领全郡向北魏投降。他于是派遣信使跑到龙城去禀报，夸大寇贼的声势。慕容盛说："这一定是骗局。"把那个信使召来仔细审问，果然没有那么一回事。慕容盛把李朗的家族全部杀掉。丁酉（十四日），派遣辅国将军李旱前去讨伐。

26　当初，北魏奋武将军张衮因为才华出众、谋略过人而得到魏王拓跋珪的信任与重用，把他当作心腹。拓跋珪向张衮询问中州一带的读书人谁比较有名，张衮荐举了卢溥和崔逞，拓跋珪都加以任用。

珪围中山久未下，军食乏，问计于群臣，逞为御史中丞，对曰："桑椹可以佐粮。飞鸮食椹而改音，诗人所称也。"珪虽用其言，听民以椹当租，然以逞为侮慢，心衔之。秦人寇襄阳，雍州刺史郗恢以书求救于魏常山王遵曰："贤兄虎步中原。"珪以恢无君臣之礼，命衮及逞为复书，必贬其主。衮、逞谓帝为贵主。珪怒曰："命汝贬之而谓之'贵主'，何如'贤兄'也！"逞之降魏也，以天下方乱，恐无复遗种，使其妻张氏与四子留冀州，逞独与幼子赜诣平城，所留妻子遂奔南燕。珪并以是责逞，赐逞死。卢溥受燕爵命，侵掠魏郡县，杀魏幽州刺史封沓干。珪谓衮所举皆非其人，黜衮为尚书令史。衮乃阖门不通人事，惟手校经籍，岁馀而终。

燕主宝之败也，中书令、民部尚书封懿降于魏。珪以懿为给事黄门侍郎、都坐大官。珪问懿以燕氏旧事，懿应对疏慢，亦坐废于家。

27　武威王秃发乌孤醉，走马伤胁而卒，遗令立长君。国人立其弟利鹿孤，谥乌孤曰武王，庙号烈祖。利鹿孤大赦，徙治西平。

28　南燕王德遣使说幽州刺史辟闾浑，欲下之。浑不从。德遣北地王钟帅步骑二万击之。德进据琅邪，徐、兖之民归附者十馀万。德自琅邪引兵而北，以南海王法为兖州刺史，镇梁父。进攻莒城，守将任安委城走。德以潘聪为徐州刺史，镇莒城。兰汗之乱，燕吏部尚书封孚南奔辟闾浑，浑表为勃海太守。

那时，拓跋珪围困中山城很长时间也没有攻克，部队的粮食非常缺乏，向群臣询问办法，当时崔逞是御史中丞，他回答说："桑椹可以用来做辅助粮食。飞来飞去的猫头鹰吃了桑椹而改变了叫声，这是诗人说的。"拓跋珪虽然采纳了他的意见，允许百姓用桑椹充当地租交纳，但是却认为崔逞有意侮辱轻慢自己，记恨在心。后来后秦的军队进犯襄阳，东晋雍州刺史郗恢写信向北魏常山王拓跋遵求援说："贤兄像猛虎那样纵横中原。"拓跋珪认为郗恢没有遵奉君臣之间的礼法，让张衮和崔逞代写回信，一定要贬斥东晋的君主。但张衮、崔逞在信中称东晋皇帝为"贵主"。拓跋珪见此，勃然大怒说："我命令你们贬低他，你们却称他为'贵主'，这怎么能和他叫我'贤兄'相比呢！"崔逞投降北魏的时候，天下正处在动乱之中，恐怕不再能遗留下后代，所以让他的妻子张氏和四个儿子留在冀州老家，崔逞自己与最小的儿子崔赜来到平城，他的妻子张氏和四个儿子便投奔了南燕。拓跋珪把这几件事加在一起责问崔逞，下令让他自杀。卢溥接受后燕的官位和命令，侵犯袭掠北魏的郡县，又杀了北魏幽州刺史封沓干。拓跋珪认为张衮所举荐的人都不好，因此把张衮贬为尚书令史。张衮于是从此紧闭大门，不与外边来往，只是整天地校勘经史典籍，一年多后去世。

后燕国主慕容宝失败的时候，中书令、民部尚书封懿向北魏投降。拓跋珪任命封懿为给事黄门侍郎、都坐大官。拓跋珪向封懿询问燕政权过去的一些事情，封懿在回答时，简略而又漫不经心，也被免去一切官职，在家闲居。

27　南凉武威王秃发乌孤醉酒之后，骑马奔驰，伤了肋骨而死。留下遗命让年纪大的人为国君。国人拥立他的弟弟秃发利鹿孤，追谥秃发乌孤为武王，庙号烈祖。秃发利鹿孤下令大赦，把都城迁到西平。

28　南燕王慕容德派遣使节前去游说东晋幽州刺史辟闾浑，打算拿下幽州。辟闾浑没有听从他们的劝告。慕容德派遣北地王慕容钟率领步、骑兵共两万人进攻辟闾浑。慕容德向前推进占据琅邪，徐州、兖州的百姓归附他的有十多万人。慕容德带兵从琅邪向北进发，任命南海王慕容法为兖州刺史，镇守梁父。然后又进攻莒城，东晋守将任安放弃城池逃走。慕容德任命潘聪为徐州刺史，镇守莒城。当年兰汗之乱时，后燕吏部尚书封孚向南投奔辟闾浑，辟闾浑向朝廷奏报，任命他做了勃海太守。

及德至，孚出降，德大喜曰："孤得青州不为喜，喜得卿耳！"遂委以机密。北地王钟传檄青州诸郡，谕以祸福。辟闾浑徙八千馀家入守广固，遣司马崔诞戍薄荀固，平原太守张豁戍柳泉。诞、豁承檄皆降于德。浑惧，携妻子奔魏，德遣射声校尉刘纲追之，及于莒城，斩之。浑子道秀自诣德，请与父俱死。德曰："父虽不忠，而子能孝。"特赦之。浑参军张瑛为浑作檄，辞多不逊，德执而让之。瑛神色自若，徐曰："浑之有臣，犹韩信之有蒯通。通遇汉祖而生，臣遭陛下而死，比之古人，窃为不幸耳！"德杀之。遂定都广固。

29　燕李旱行至建安，燕主盛急召之，君臣莫测其故。九月辛未，复遣之。李朗闻其家被诛，拥二千馀户以自固。及闻旱还，谓有内变，不复设备，留其子养守令支，自迎魏师于北平。壬子，旱袭令支，克之，遣广威将军孟广平追及朗于无终，斩之。

30　秦主兴以灾异屡见，降号称王，下诏令群公、卿士、将牧、守宰各降一等。大赦，改元弘始。存问孤贫，举拔贤俊，简省法令，清察狱讼，守令之有政迹者赏之，贪残者诛之，远近肃然。

慕容德来到的时候，封孚出城投降，慕容德非常高兴地说："我得到青州并不觉得是大喜的事，可喜的是我得到了你。"于是，把朝廷机密要事交给封孚掌管处理。后燕北地王慕容钟向青州的各郡传布檄文，向他们申明祸福、利害关系。辟闾浑把八千多户居民迁徙到广固去据守，又派司马崔诞去戍守薄荀固，派平原太守张豁戍守柳泉。崔诞、张豁接到慕容钟的檄文后，都向慕容德投降。辟闾浑非常害怕，便携带着妻子儿女，向北魏奔逃，慕容德派遣射声校尉刘纲前去追赶他，在莒城追上把他杀了。辟闾浑的儿子辟闾道秀，自己去面见慕容德，请求让他与他的父亲一块死。慕容德叹息说："父亲虽然不忠，但是他的儿子却能尽孝。"特地赦免了辟闾道秀。辟闾浑的参军张瑛曾经为辟闾浑草拟檄文，文中措辞大多不逊，慕容德把他抓住后谴责他。但张瑛神色自然，慢慢地说："辟闾浑有我，就好像韩信有蒯通一样。蒯通遇到了汉高祖刘邦而能生存，我与陛下遭遇却要死，与古人相比，我只能觉得是一种不幸罢了！"慕容德把他杀了。于是，南燕定都在广固。

29　后燕辅国将军李旱讨伐李朗行进到建安，后燕国主慕容盛把他紧急召回，大臣们都不知道是什么缘故。九月辛未（十八日），又派他出征。李朗听说他的家眷全部被杀害，便集结两千多户居民，用以固守自己的城池。等到听说李旱突然回去，认为后燕国内部一定出现变化，所以不再设防，只是留下他的儿子李养据守令支，自己却去北平迎接北魏军。壬子，李旱袭击并攻破了令支，马上又派广威将军孟广平去追击李朗，在无终追上并把他杀了。

30　后秦国主姚兴因为天灾和异兆多次出现，降低名号，由皇帝改称王，并下达诏书，命令王公大臣、将帅、地方官吏，全部降职一级。下令大赦，改年号为弘始。安抚慰问孤寡之人与贫苦百姓，选举提拔贤才俊士，简化减少法令制度，清正明确地处理诉讼案件。地方官吏有政绩的奖赏，贪婪残暴的人诛杀。国中无论远近，秩序井然。

31　冬，十月甲午，燕中卫将军卫双有罪，赐死。李旱还，闻双死，惧，弃军而亡，至板陉，复还归罪。燕主盛复其爵位，谓侍中孙勍曰："旱为将而弃军，罪在不赦。然昔先帝蒙尘，骨肉离心，公卿失节，惟旱以宦者忠勤不懈，始终如一，故吾念其功而赦之耳。"

32　辛恭靖固守百馀日，魏救未至，秦兵拔洛阳，获恭靖。恭靖见秦王兴，不拜，曰："吾不为羌贼臣！"兴囚之，恭靖逃归。自淮、汉以北，诸城多请降，送任于秦。

33　魏主珪以穆崇为豫州刺史，镇野王。

34　会稽世子元显，性苛刻，生杀任意。发东土诸郡免奴为客者，号曰乐属，移置京师，以充兵役，东土嚣然苦之。

孙恩因民心骚动，自海岛帅其党杀上虞令，遂攻会稽。会稽内史王凝之，羲之之子也，世奉天师道，不出兵，亦不设备，日于道室稽颡跪咒。官属请出兵讨恩，凝之曰："我已请大道，借鬼兵守诸津要，各数万，贼不足忧也。"及恩渐近，乃听出兵，恩已至郡下。甲寅，恩陷会稽，凝之出走，恩执而杀之，并其诸子。凝之妻谢道蕴，奕之女也，闻寇至，举措自若，命婢肩舆，抽刀出门，手杀数人，乃被执。吴国内史桓谦、临海太守新秦王崇、义兴太守魏隐皆弃郡走。于是会稽谢鍼、

31　冬季，十月甲午（十一日），后燕中卫将军卫双因罪被赐死。李旱回朝之后，听说卫双已死，非常害怕，便抛下军队，只身逃亡，到板陉之后，又回去自首认罪。后燕国主慕容盛恢复了他的爵位和职务，对侍中孙勍说："李旱作为将军却抛弃了自己的军队，他的罪过绝对是不可饶恕的。但是过去先帝遭受挫折、流亡的时候，自己的骨肉都离心离德，公卿们失去节操，只有李旱一人虽然身为宦官，却能忠贞勤勉地护佑先帝，始终如一。我正是感念他的这些功劳，所以才赦免他的啊！"

32　东晋辛恭靖在洛阳坚守了一百多天，北魏的救援部队仍然没有到。后秦军攻克了洛阳，抓获了辛恭靖。辛恭靖被押解去见后秦王姚兴，不肯跪拜，说："我决不做羌贼的臣民！"姚兴把他囚禁起来，辛恭靖趁机逃了回去。这样，从淮河、汉水以北地区各城，有很多城池都请求投降，并向后秦送去担保。

33　北魏国主拓跋珪任命穆崇为豫州刺史，镇守野王。

34　会稽王的世子司马元显，生性严酷刻薄，随心所欲地处置人的生死。他下令征召东方各郡中解除奴户身份而变成佃客的人，把他们称为乐属，迁移到京师去居住，用作后备兵源，忧愁笼罩在东方各郡的广大土地之上，百姓苦不堪言。

孙恩因为百姓骚动不安，从海岛上率领他的部众，杀死了上虞令，进而对会稽发起了猛攻。会稽内史王凝之，是王羲之的儿子，世代信奉天师道，他既不出兵也不设防，只是每天去道堂上磕头念咒。手下官员请求派兵出城讨伐孙恩，王凝之说："我已请来了得道大仙，借来了鬼兵把守各个险要关卡，每个地方都有几万鬼兵，盗贼不值得担忧。"等到孙恩的兵马越来越近，才允许发兵抵敌，可是孙恩的大军已经到了郡城之下。甲寅，孙恩攻克了会稽城，王凝之逃出城去，被孙恩抓住杀了，同时还杀了他的几个儿子。王凝之的妻子谢道蕴，是谢奕的女儿，听说强盗来到，一举一动跟平常一样，从容不迫，她命令婢女们抬着她乘坐的轿子，拔出佩刀来到家门之外，亲手杀死了几个人，才被抓住。吴国内史桓谦、临海太守新蔡王司马崇、义兴太守魏隐等人都放弃了郡城逃走。一时之间，会稽人谢鍼、

吴郡陆瓌、吴兴丘尪、义兴许允之、临海周胄、永嘉张永等及东阳、新安凡八郡人，一时起兵，杀长吏以应恩，旬日之中，众数十万。吴兴太守谢邈、永嘉太守司马逸、嘉兴公顾胤、南康公谢明慧、黄门郎谢冲、张琨、中书郎孔道等皆为恩党所杀。邈、冲，皆安之弟子也。时三吴承平日久，民不习战，故郡县兵皆望风奔溃。

恩据会稽，自称征东将军，逼人士为官属，号其党曰“长生人”，民有不与之同者，戮及婴孩，死者什七八。醢诸县令以食其妻子，不肯食者，辄支解之。所过掠财物，烧邑屋，焚仓廪，刊木，堙井，相帅聚于会稽，妇人有婴儿不能去者，投于水中，曰：“贺汝先登仙堂，我当寻后就汝。”恩表会稽王道子及世子元显之罪，请诛之。

自帝即位以来，内外乖异，石头以南皆为荆、江所据，以西皆豫州所专，京口及江北皆刘牢之及广陵相高雅之所制，朝政所行，惟三吴而已。及孙恩作乱，八郡皆为恩有，畿内诸县，盗贼处处蜂起，恩党亦有潜伏在建康者，人情危惧，常虑窃发，于是内外戒严。加道子黄钺，元显领中军将军，命徐州刺史谢琰兼督吴兴、义兴军事以讨恩。刘牢之亦发兵讨恩，拜表辄行。

35　西秦以金城太守辛静为右丞相。

吴郡人陆瓌、吴兴人丘尫、义兴人许允之、临海人周胄、永嘉人张永等，以及东阳、新安等共八个郡的百姓，同时拉起队伍，杀掉本地官员而响应孙恩。十天左右的时间内，聚集了几十万人。吴兴太守谢邈、永嘉太守司马逸、嘉兴公顾胤、南康公谢明慧、黄门郎谢冲、张琨、中书郎孔道等人都被孙恩的部队杀死。谢邈、谢冲都是谢安的侄儿。这时，三吴一带过太平的日子已经很久，百姓不善于打仗，所以郡县的守兵听见一点风声，便都奔逃溃散。

孙恩占据了会稽，自称为征东将军，逼迫士人充当他的属官，并把手下的人称作“长生人”，百姓中如果有不跟随他的人，就连婴孩一起杀掉，因此，民众死在他的刀下的有十分之七八。他甚至把一些县令的尸体剁成肉酱，让他们自己的妻子儿女吃下去，如果拒绝吃，便被肢解分尸。他们路过一个地方便抢掠财物，烧毁房屋和官府的仓库，砍伐树木，填堵水井，民众相随着来到会稽聚集，有的妇女怀中有婴儿，不能跟他们一起去的，便被投到水中，说：“恭喜你先走一步登上天堂仙境，我一定会随后来找你的。”孙恩向安帝上书，历数会稽王司马道子和他的世子司马元显的罪状，请求杀掉他们。

自从安帝即位以来，朝内朝外都是变乱丛生，石头城以南的地区都被荆州、江州所占据，以西的地区又全都归豫州所专有，京口地区以及长江以北都是刘牢之以及广陵相高雅之控制的地盘，朝廷政令所能达到通行的地方，只有三吴这一小片地域。孙恩作乱之后，三吴的八郡又都被孙恩攻占，京畿几个县，也盗贼祸乱四起，孙恩的党羽也有潜伏在建康城中的，因此人们心情恐惧，经常担心会发生什么意想不到的变乱，朝廷只好宣布全国戒严。安帝加授给司马道子黄钺，任命司马元显为中军将军，徐州刺史谢琰兼督吴兴、义兴等郡军事，来讨伐孙恩。刘牢之也出动军队征讨孙恩，向朝廷呈上奏章之后立即出师。

35 西秦任命金城太守辛静为右丞相。

36　十二月甲午，燕燕郡太守高湖帅户三千降魏。湖，泰之子也。

37　丙午，燕主盛封弟渊为章武公，虔为博陵公，子定为辽西公。

38　丁未，燕太后段氏卒，谥曰惠德皇后。

39　谢琰击斩许允之，迎魏隐还郡，进击丘尫，破之，与刘牢之转斗而前，所向辄克。琰留屯乌程，遣司马高素助牢之，进临浙江。诏以牢之都督吴郡诸军事。

初，彭城刘裕，生而母死，父翘侨居京口，家贫，将弃之。同郡刘怀敬之母，裕之从母也，生怀敬未期，走往救之，断怀敬乳而乳之。及长，勇健有大志。仅识文字，以卖履为业，好樗蒲，为乡闾所贱。刘牢之击孙恩，引裕参军事，使将数十人觇贼。遇贼数千人，即迎击之，从者皆死，裕坠岸下。贼临岸欲下，裕奋长刀仰斫杀数人，乃得登岸，仍大呼逐之，贼皆走，裕所杀伤甚众。刘敬宣怪裕久不返，引兵寻之，见裕独驱数千人，咸共叹息。因进击贼，大破之，斩获千馀人。

初，恩闻八郡响应，谓其属曰："天下无复事矣，当与诸君朝服至建康。"既而闻牢之临江，曰："我割浙江以东，不失作句践！"戊申，牢之引兵济江，恩闻之曰："孤不羞走。"遂驱男女二十馀万口东走，多弃宝物、子女于道，官军竞取之，恩由是得脱，复逃入海岛。高素破恩党于山阴，斩恩所署吴郡太守陆瓌、吴兴太守丘尫、馀姚令吴兴沈穆夫。

36　十二月甲午(十二日),后燕燕郡太守高湖率部属三千多户居民投降北魏。高湖是高泰的儿子。

37　丙午(二十四日),后燕国主慕容盛封他的弟弟慕容渊为章武公,慕容虔为博陵公,封他的儿子慕容定为辽西公。

38　丁未(二十五日),后燕皇太后段氏去世,谥号叫惠德皇后。

39　东晋徐州刺史谢琰击杀了许允之,迎接魏隐回到了郡城,然后进军,袭败丘尪。谢琰与刘牢之互相配合,所到之处,每攻必克。谢琰留在乌程屯扎,派遣司马高素前去协助刘牢之,开进到浙江附近。这时,朝廷下诏,任命刘牢之都督吴郡诸军事。

当初,彭城人刘裕生下来后,母亲便死了。他的父亲刘翘寄住在京口,家境贫苦,想把他扔掉。同郡人刘怀敬的母亲是刘裕的姨母,她生下刘怀敬还不到一年,便来到刘裕的家把刘裕救了下来,断了刘怀敬的奶来喂养刘裕。刘裕长大后,异常勇武健壮,胸怀远大志向。他识字不多,依靠贩卖鞋子维持生计,又爱好樗蒲赌博,被同村的人们所轻视。刘牢之征讨孙恩,把刘裕征召来任参军事,派他带几十个人去探听变民军队的动静。他们遇上一支数千人的变民军队,便立即迎上前去攻击,跟他同来的士兵全部被杀死,刘裕掉到水中。变民士兵来到河岸边准备下去,刘裕奋勇地挥舞长杆大刀,仰面朝上砍杀了数名敌人,才得以重新登上岸来,仍然大声吼叫着追杀敌人,敌人全部逃走。刘裕杀死杀伤的人非常多。刘敬宣奇怪刘裕为什么这么久没有回来,带着兵出去寻找他,正好看见刘裕一个人驱赶砍杀几千人的敌兵,大家同声感叹。于是趁机冲上前去一起追杀变民军队,将他们打得大败,斩杀的与抓获的加起来有一千多人。

当初,孙恩听说八个郡的变民起来响应他,对他的僚属说:“天下再也不会有什么大事了,我将与诸位一起穿着朝廷的官服,到建康去。”不久听说刘牢之带兵来到浙江边上,他说:“我即使割据浙江以东的地区,不失做越王句践。”戊申(二十六日),刘牢之带领大军渡过浙江,孙恩听说后说:“我并不觉得逃走就是羞耻。”于是驱赶裹胁男女百姓二十多万人向东逃走,一路上扔掉了许多金银财宝和男女孩童,官军在路上竞相争抢拣取他们扔下的东西,孙恩因此才得以逃脱,再一次逃到了海岛。高素在山阴击败了孙恩的党羽,杀了孙恩委任的吴郡太守陆瓌,吴兴太守丘尪、馀姚令吴兴人沈穆夫。

东土遭乱，企望官军之至，既而牢之等纵军士暴掠，士民失望，郡县城中无复人迹，月馀乃稍有还者。朝廷忧恩复至，以谢琰为会稽太守、都督五郡军事，帅徐州文武戍海浦。

以元显录尚书事。时人谓道子为东录，元显为西录。西府车骑填凑，东第门可张罗矣。元显无良师友，所亲信者率皆佞谀之人，或以为一时英杰，或以为风流名士。由是元显日益骄侈，讽礼官立议，以己德隆望重，既录百揆，百揆皆应尽敬。于是公卿以下，见元显皆拜。时军旅数起，国用虚竭，自司徒以下，日廪七升，而元显聚敛不已，富逾帝室。

40　殷仲堪恐桓玄跋扈，乃与杨佺期结昏为援。佺期屡欲攻玄，仲堪每抑止之。玄恐终为殷、杨所灭，乃告执政，求广其所统。执政亦欲交构，使之乖离，乃加玄都督荆州四郡军事，又以玄兄伟代佺期兄广为南蛮校尉。佺期忿惧。杨广欲拒桓伟，仲堪不听，出广为宜都、建平二郡太守。杨孜敬先为江夏相，玄以兵袭而劫之，以为谘议参军。

佺期勒兵建牙，声云援洛，欲与仲堪共袭玄。仲堪虽外结佺期而内疑其心，苦止之。犹虑弗能禁，遣从弟遹屯于北境，以遏佺期。佺期既不能独举，又不测仲堪本意，乃解兵。

东部地区的几个郡遭逢战乱，盼望朝廷官军到来。不久，刘牢之等人放纵军士大肆抢掠，士人、百姓大失所望，各郡各县城中再也看不见人的踪迹，一个多月之后才渐渐有人回来。朝廷担心孙恩再来，任命谢琰为会稽太守、都督五郡军事，统率他的徐州旧部文武官员在东海沿线驻防戍守。

安帝任命司马元显录尚书事。当时的人称司马道子是东录，司马元显是西录。西录府门前车马拥挤不堪，东录府门前却冷落得可以张开罗网捕雀。司马元显没有良师益友，他亲信的人都是阿谀奸佞的小人，有的说他是举世无双的英杰，有的说他是风流潇洒的名士。从此司马元显一天比一天骄纵奢侈，竟暗示礼官提议，说因为他自己德性隆高，深孚众望，既然已经统领文武百官，文武百官便应该对他表示出无以复加的尊敬。从此公卿以下的所有官员，见到司马元显都行跪拜之礼。当时军队几次征伐，国库空虚枯竭，司徒以下的官员，每天只能领七升粮食，但司马元显却仍然不停地搜刮民财，聚敛钱物，其富有竟然超过帝室。

40　殷仲堪担心桓玄过于专横暴戾，就与杨佺期结成姻亲，互为助援。杨佺期几次打算进攻桓玄，每次都是殷仲堪竭力阻止。桓玄也恐怕自己最终被殷仲堪、杨佺期剿灭，于是向朝中的掌权者要求扩大他所统领的地区。朝中掌权者也打算在他们之间制造矛盾，使他们的联盟解体，于是加任桓玄为都督荆州四郡军事，同时，让桓玄的哥哥桓伟代替杨佺期的哥哥杨广做了南蛮校尉。杨佺期既气愤又害怕。杨广本想拒绝桓伟前来接任，但殷仲堪不允许，把杨广调出做宜都、建平两个郡的太守。杨孜敬原来是江夏相，桓玄派兵去袭击，并劫持了他，任命他做了自己的谘议参军。

杨佺期整顿部队，树起军旗，声称要去援救洛阳，打算与殷仲堪一起去进攻桓玄。殷仲堪虽然表面是与杨佺期结交，内心里却怀疑他的用心，所以对杨佺期苦苦劝阻，还担心不能阻止杨佺期的行动，又派遣他的堂弟殷遹去北部地区驻扎，用来遏止杨佺期。杨佺期既无法自己独立起事，又推测不出殷仲堪的真实用意，只好停止行动。

仲堪多疑少决，谘议参军罗企生谓其弟遵生曰："殷侯仁而无断，必及于难。吾蒙知遇，义不可去，必将死之。"

是岁，荆州大水，平地三丈，仲堪竭仓廪以赈饥民。桓玄欲乘其虚而伐之，乃发兵西上，亦声言救洛，与仲堪书曰："佺期受国恩而弃山陵，宜共罪之。今当入沔讨除佺期，已顿兵江口。若见与无贰，可收杨广杀之；如其不尔，便当帅兵入江。"时巴陵有积谷，玄先遣兵袭取之。梁州刺史郭铨当之官，路经夏口，玄诈称朝廷遣铨为己前锋，乃授以江夏之众，使督诸军并进，密报兄伟令为内应。伟遑遽不知所为，自赍疏示仲堪。仲堪执伟为质，令与玄书，辞甚苦至。玄曰："仲堪为人无决，常怀成败之计，为儿子作虑，我兄必无忧也！"

仲堪遣殷遹帅水军七千至西江口，玄使郭铨、苻宏击之，遹等败走。玄顿巴陵，食其谷。仲堪遣杨广及弟子道护等拒之，皆为玄所败。江陵震骇。

城中乏食，以胡麻廪军士。玄乘胜至零口，去江陵二十里，仲堪急召杨佺期以自救。佺期曰："江陵无食，何以待敌！可来见就，共守襄阳。"仲堪志在全军保境，不欲弃州逆走，乃绐之曰："比来收集，已有储矣。"佺期信之，帅步骑八千，精甲耀日，至江陵，仲堪唯以饭饷其军。佺期大怒曰："今兹败矣！"不见仲堪，与其兄广共击玄。玄畏其锐，退军马头。

殷仲堪生性多疑，办事缺少决断。他的谘议参军罗企生对他的弟弟罗遵生说："殷侯为人仁慈，却优柔寡断，一定会遭逢大难。我承蒙他的知遇之恩，在道义上是不能离开他的，将来一定会因他而死。"

这一年，荆州暴雨成灾，洪水泛滥，平地的水深达三丈。殷仲堪把府库中的储备粮全部拿出来赈济饥民。桓玄打算趁他内部空虚的时候征讨他，于是发动军队向西进发，也声言要去救助洛阳，并给殷仲堪写信说："杨佺期接受国家的恩宠，但是叛变朝廷，我们应该一起向他兴师问罪。现在应当进入沔水讨伐除掉杨佺期，我已经在沔水入长江口这一带集结了兵力。如果你的看法与我没有差别，可将杨广抓起来杀掉；如果不这样做，我就要统帅大军进入长江，攻击江陵。"这时，巴陵还有积存的粮食，桓玄首先派兵去袭击夺取。梁州刺史郭铨正赶去上任，途中经过夏口，桓玄骗他说朝廷派遣他担任自己的前锋，于是把江夏的部队全部交给他管理，并让他监督统领各支部队一起前进，暗中又告诉他的哥哥桓伟作为内应。桓伟既惊慌又害怕，不知道应该干些什么，后来把桓玄的密信送交给殷仲堪看。殷仲堪扣下桓伟作为人质，命令他给桓玄写信，文辞凄苦到极点。桓玄说："殷仲堪为人没有决断，常常在打仗之前患得患失，计较成败，为自己的儿子考虑，留后路，我哥哥一定安全，不必忧虑。"

殷仲堪派殷遹率领水军七千人到达西江口，桓玄派郭铨、苻宏进攻他，殷遹等败走。桓玄驻扎在巴陵，吃的是殷仲堪留下的粮食。殷仲堪派遣杨广和自己的侄儿殷道护等人带兵抵抗，全部被桓玄打败。江陵一带为此大为震惊恐惧。

江陵城中缺乏粮食，只能把胡麻发给士兵充饥。桓玄乘胜到达零口，距离江陵只有二十里远。殷仲堪急忙写信召请杨佺期前来救援自己。杨佺期却说："江陵没有粮草，用什么来对付敌人！你可以屈尊到我这里来，我们一起据守襄阳。"殷仲堪的愿望在于保全自己的部队和地盘，不打算放弃自己的州属到别处流亡，于是欺骗杨佺期说："最近我们征集到了许多粮草，已经有所储备了。"杨佺期相信了他，率步、骑兵共八千人，兵士精壮，铠甲闪光，到达江陵后，殷仲堪只能用一些米饭来犒饷他的军队。杨佺期十分生气地说："这一次必败无疑了！"连殷仲堪也不去会见，便与他的哥哥杨广一起向桓玄发动进攻。桓玄害怕他的锐气，把部队退到马头。

明日，佺期引兵急击郭铨，几获之。会玄兵至，佺期大败，单骑奔襄阳。仲堪出奔酇城。玄遣将军冯该追佺期及广，皆获而杀之，传首建康。佺期弟思平，从弟尚保、孜敬逃入蛮中。仲堪闻佺期死，将数百人将奔长安，至冠军城，该追获之，还至柞溪，逼令自杀，并杀殷道护。仲堪奉天师道，祷请鬼神，不吝财贿，而啬于周急。好为小惠以悦人，病者自为诊脉分药。用计倚伏烦密，而短于鉴略，故至于败。

仲堪之走也，文武无送者，惟罗企生从之。路经家门，弟遵生曰："作如此分离，何可不一执手！"企生旋马授手，遵生有力，因牵下之，曰："家有老母，去将何之？"企生挥泪曰："今日之事，我必死之。汝等奉养，不失子道。一门之中，有忠与孝，亦复何恨！"遵生抱之愈急，仲堪于路待之，见企生无脱理，策马而去。及玄至，荆州人士无不诣玄者，企生独不往，而营理仲堪家事。或曰："如此，祸必至矣！"企生曰："殷侯遇我以国士，为弟所制，不得随之共殄丑逆，复何面目就桓求生乎！"玄闻之怒，然待企生素厚，先遣人谓曰："若谢我，当释汝。"企生曰："吾为殷荆州吏，荆州败，不能救，尚何谢为！"玄乃收之，复遣人问企生欲何言。企生曰："文帝杀嵇康，嵇绍为晋忠臣，从公乞一弟以养老母！"玄乃杀企生而赦其弟。

第二天，杨佺期又带兵紧急攻打郭铨，几乎抓到了郭铨。恰好赶上桓玄的兵马来到，杨佺期军队大败溃散，他一个人骑着马逃奔襄阳。殷仲堪也逃奔酂城。桓玄派遣将军冯该追捕杨佺期和杨广，把他们全部抓住杀掉了，又把他们的人头送到建康。杨佺期的弟弟杨思平，堂弟杨尚保、杨孜敬逃到蛮族地区。殷仲堪听说杨佺期已死，带着几百人正要投奔长安，走到冠军城，冯该带兵追上并把他抓了起来，回到柞溪，逼迫他自杀，并且杀死了殷道护。殷仲堪也信奉天师道，向鬼神祈祷祭祀从不吝惜钱财，对周济急需帮助的人却过于小气。他喜欢用一些小恩惠来取得别人的欢心，遇到有病的人亲自为他把脉诊治，开方分药。他工于心计，使用计谋时过于烦琐缜密，但是却缺乏远见卓识和雄才大略，所以导致惨败。

殷仲堪逃走的时候，文武官员没有出来送行的人，只有罗企生一人跟他走。罗企生路过家门时，他的弟弟罗遵生说："我们现在这样分别，怎么能不握一下手！"罗企生把马转回来，伸手给弟弟，罗遵生非常有力，所以把他从马上拉了下来，说："家里还有年迈的老母亲，你要跑到哪里去？"罗企生擦着眼泪说："今天这事，我一定是要去死了。由你供养老母，不会失去儿子的孝道。我们一家之中，既有忠于主上的，也有尽孝道的，这还有什么可遗憾的呢？"罗遵生把他抱得越发紧了。殷仲堪在路上等着，看到罗企生根本没有挣脱的希望，就独自打马走了。桓玄来到这里的时候，荆州的人士没有不去拜见桓玄的，只有罗企生一个人不去，却在料理殷仲堪家里的事。有人说："你这样做，一定会大祸临头！"罗企生说："殷侯用对待国家栋梁那样的厚礼来对待重用我，我只是被弟弟牵制，才不能跟他一起去杀灭那些丑恶的叛逆之徒，还有什么脸面去桓玄那里乞求保全性命呢！"桓玄闻听了这番话，很生气，但对待罗企生一直很好，他先是派人告诉罗企生说："你如果向我道歉，我就会放过你。"罗企生却说："我是殷荆州手下的一员官吏，殷荆州失败，我不能救助他，还有什么可以道歉的呢？"桓玄这才把他抓了起来，又派人去问罗企生还有什么话想说，罗企生说："文帝杀了嵇康，他的儿子嵇绍却是晋朝的忠臣。我只向你请求，留下我的一个弟弟，让他侍奉我的老母！"桓玄于是杀了罗企生，而赦免了他的弟弟。

41　凉王光疾甚，立太子绍为天王，自号太上皇帝。以太原公纂为太尉，常山公弘为司徒。谓绍曰："今国家多难，三邻伺隙，吾没之后，使纂统六军，弘管朝政，汝恭己无为，委重二兄，庶几可济。若内相猜忌，则萧墙之变，旦夕至矣！"又谓纂、弘曰："永业才非拨乱，直以立嫡有常，猥居元首。今外有强寇，人心未宁，汝兄弟缉睦，则祚流万世；若内自相图，则祸不旋踵矣！"纂、弘泣曰："不敢。"又执纂手戒之曰："汝性粗暴，深为吾忧。善辅永业，勿听谗言！"是日，光卒。绍秘不发丧，纂排阁入哭，尽哀而出。绍惧，以位让之，曰："兄功高年长，宜承大统。"纂曰："陛下国之冢嫡，臣敢奸之！"绍固让，纂不许。

骠骑将军吕超谓绍曰："纂为将积年，威震内外，临丧不哀，步高视远，必有异志，宜早除之。"绍曰："先帝言犹在耳，奈何弃之！吾以弱年负荷大任，方赖二兄以宁家国，纵其图我，我视死如归，终不忍有此意也。卿勿复言！"纂见绍于湛露堂，超执刀侍侧，目纂请收之，绍弗许。超，光弟宝之子也。

弘密遣尚书姜纪谓纂曰："主上暗弱，未堪多难。兄威恩素著，宜为社稷计，不可徇小节也。"纂于是夜帅壮士数百逾北城，攻广夏门，弘帅东苑之众斧洪范门。左卫将军齐从守融明观，逆问之曰："谁也？"众曰："太原公。"从曰："国有大故，主上新立，太原公行不由道，夜入禁城，将为乱邪？"

41　后凉王吕光病势沉重，立太子吕绍为天王，自己号称太上皇帝。任命太原公吕纂为太尉，常山公吕弘为司徒。他对吕绍说："现在国家正处在多灾多难的时候，秃发氏、乞伏氏和段氏这三个强邻正在等待时机吞并我们。我死之后，让吕纂统领六军，吕弘主管朝廷政事，你自己恭顺谨慎地坐在那里，不做什么事，只把大权交给两位哥哥，或许可以渡过难关。如果在自己内部互相猜疑忌恨，兄弟残杀的大祸，早晚会在某天发生！"又对吕纂、吕弘说："吕绍他不是具有拨乱反正之才的人，只因为让嫡子即位符合常规，苟且居于君位。现在外有强大的敌人，人心又动荡不平，你们兄弟之间如果能紧密联合，精诚团结，皇位就可以流传万代；如果内部互相图谋，大祸就在转眼之间！"吕纂、吕弘都哭着说："我们不敢。"吕光又抓住吕纂的手，特别告诫他说："你性格粗鲁暴躁，是我最担忧的。你一定要好好地辅佐吕绍，千万不要听别人的挑拨离间啊！"这天，吕光去世。吕绍封锁消息，暂时不办丧事。吕纂推开东侧小门，进去恸哭不已，发泄完心中的哀痛才出来。吕绍很害怕，要把皇位让给他，说："兄长功劳既高，年纪又大，应该继承皇位。"吕纂说："陛下是国家的嫡子，臣怎么敢冒犯呢！"吕绍坚持让位，吕纂只是不答应。

骠骑将军吕超对吕绍说："吕纂当大军的统帅已经很多年，声威震撼内外，面对老父亲的丧事，他并不悲哀，反而昂首阔步，心中一定有叛逆的想法，应该早点把他除掉。"吕绍说："先帝说的话好像还在耳边回响，我怎么能不听呢！我以这么小的年龄来担负国家的大任，正要依赖两位哥哥的帮助而使国家安定，纵然他们真的要图谋我，我也视死如归，怎么也不忍心有这种想法。你不要再说了！"吕纂到湛露堂拜见吕绍，吕超手里拿着刀侍立在吕纂的身旁，用眼睛示意吕绍允许自己把吕纂抓起来，吕绍不答应。吕超是吕光的弟弟吕宝的儿子。

吕弘秘密派尚书姜纪对吕纂说："主上昏庸懦弱，承受不住灾难。大哥威望恩德向来都很著名，应该为国家社稷考虑，万万不可拘泥小节啊。"吕纂于是当天夜里带领几百个身强力壮的兵士翻跃过北城，进攻皇城的广夏门。吕弘也带着东苑的兵众用斧头砍开皇城的洪范门。左卫将军齐从据守融明观，迎面喝问对面的来人说："谁？"众人说："太原公。"齐从说："国家正面临大的变故，主上刚刚即位，太原公不从正道上行走，深更半夜深入禁城，难道要谋反叛乱吗？"

因抽剑直前，斫纂中额，纂左右禽之。纂曰："义士也，勿杀！"绍遣虎贲中郎将吕开帅禁兵拒战于端门，吕超帅卒二千赴之，众素惮纂，皆不战而溃。纂入自青角门，升谦光殿。绍登紫阁自杀。吕超奔广武。

纂惮弘兵强，以位让弘。弘曰："弘以绍弟也而承大统，众心不顺，是以违先帝遗命而废之，惭负黄泉！今复逾兄而立，岂弘之本志乎！"纂乃使弘出告众曰："先帝临终受诏如此。"群臣皆曰："苟社稷有主，谁敢违者！"纂遂即天王位。大赦，改元咸宁，谥光曰懿武皇帝，庙号太祖。谥绍曰隐王。以弘为大都督、督中外诸军事、大司马、车骑大将军、司隶校尉、录尚书事，改封番禾郡公。

纂谓齐从曰："卿前斫我，一何甚也！"从泣曰："隐王，先帝所立。陛下虽应天顺人，而微心未达，唯恐陛下不死，何谓甚也！"纂赏其忠，善遇之。

纂叔父征东将军方镇广武，纂遣使谓方曰："超实忠臣，义勇可嘉。但不识国家大体，权变之宜。方赖其用，以济世难，可以此意谕之。"超上疏陈谢，纂复其爵位。

42　是岁，燕主盛以河间公熙为都督中外诸军事、尚书左仆射，领中领军。

43　刘卫辰子文陈降魏。魏主珪妻以宗女，拜上将军，赐姓宿氏。

于是抽出佩剑迎上前来，砍中了吕纂的前额，吕纂的左右侍从把齐从抓住。吕纂说："真是忠义的好汉，不要杀他！"吕绍派遣虎贲中郎将吕开率领宫廷禁军，在端门抵抗他们，吕超也率兵士两千人赶到。兵士们一向都很害怕吕纂，没有交手便自行溃散。吕纂从青角门进入禁城，登上谦光殿。吕绍逃到紫阁自杀。吕超逃奔广武。

吕纂对手握重兵强将的吕弘也很忌惮，要把皇位让给吕弘。吕弘说："我因为吕绍作为弟弟却继承国家的大业，大家心里不会畅顺，才违背先帝的遗命，把他废黜，愧对九泉之下的父亲！现在如果再越过哥哥而当皇帝，那哪里是我吕弘的本来的愿望啊！"吕纂才让吕弘出宫告诉众人，说："先帝临终的时候，我们接受了诏书，要我们这样做。"文武大臣们都说："只要国家社稷有人主持，我们谁敢违背！"吕纂于是即天王位。下令大赦，改年号为咸宁，追谥吕光为懿武皇帝，庙号太祖。追谥吕绍为隐王。他又任命吕弘为大都督、督中外诸军事、大司马、车骑大将军、司隶校尉、录尚书事，改封他为番禾郡公。

吕纂对齐从说："你前次砍我，岂不是太过分了吗？"齐从流着泪说："隐王是先帝所立。陛下虽然应合天理顺乎人心，我心地狭小没有想通，因此，怕的只是砍不死陛下，怎么能说是过分呢？"吕纂赏识他的忠诚，待他很好。

吕纂的叔父、征东将军吕方镇守广武。吕纂派遣信使去对吕方说："吕超确实是忠臣，他的道义与勇武都值得嘉许。但是他不了解国家的大事，也不懂得通达地考虑问题。我现在正要倚重任用他，共同渡过国家的难关。你可以把我的这些意思转告他。"吕超上疏奏诉歉疚之意，吕纂恢复了他的爵位。

42　这一年，后燕国主慕容盛任命河间公慕容熙为都督中外诸军事、尚书左仆射，兼中领军。

43　原匈奴部落首领刘卫辰的儿子刘文陈投降北魏。北魏国主拓跋珪把一个同族的女儿嫁给他，任命他为上将军，赐他姓氏为宿。

四年(庚子,400)

1 春,正月壬子朔,燕主盛大赦,自贬号为庶人天王。

2 魏材官将军和跋袭卢溥于辽西,戊午,克之,禽溥及其子焕送平城,车裂之。燕主盛遣广威将军孟广平救溥不及,斩魏辽西守宰而还。

3 乙亥,大赦。

4 西秦王乾归迁都苑川。

5 秃发利鹿孤大赦,改元建和。

6 高句丽王安事燕礼慢。二月丙申,燕王盛自将兵三万袭之,以骠骑大将军熙为前锋,拔新城、南苏二城,开境七百馀里,徙五千馀户而还。熙勇冠诸将,盛曰:"叔父雄果,有世祖之风,但弘略不如耳!"

7 初,魏主珪纳刘头眷之女,宠冠后庭,生子嗣。及克中山,获燕主宝之幼女。将立皇后,用其国故事,铸金人以卜之,刘氏所铸不成,慕容氏成,三月戊午,立慕容氏为皇后。

8 桓玄既克荆、雍,表求领荆、江二州。诏以玄为都督荆司雍秦梁益宁七州诸军事、荆州刺史,以中护军桓脩为江州刺史。玄上疏固求江州。于是进玄督八州及扬豫八郡诸军事,复领江州刺史。玄辄以兄伟为雍州刺史,朝廷不能违。又以从子振为淮南太守。

晋安帝隆安四年(庚子,公元 400 年)

1　春季,正月壬子朔(初一),后燕国主慕容盛实行大赦,并贬低了自己的名号,称为庶人天王。

2　北魏材官将军和跋在辽西向叛将卢溥发起进攻。戊午(初七),打败了他,俘获了卢溥和他的儿子卢焕,押送到平城,用车裂刑法把他们处死。后燕国主慕容盛派遣广威将军孟广平前去救卢溥,没有赶上,只斩了北魏国的辽西地方官吏,便回去了。

3　乙亥(二十四日),东晋实行大赦。

4　西秦王乞伏乾归把都城迁到苑川。

5　秃发利鹿孤实行大赦,改年号为建和。

6　高句丽王高安对待后燕的礼数有些怠慢。二月丙申(十五日),后燕国主慕容盛亲自带领三万兵马前去袭击,任命骠骑大将军慕容熙为前锋,攻克新城、南苏两座城池,扩大疆界七百多里,迁移裹胁五千多户居民回师。慕容熙的勇猛剽悍超出众将领,慕容盛说:“叔父英雄果决,真有世祖的风度,不过在宏图大略方面稍逊一筹!”

7　当初,北魏国主拓跋珪纳娶匈奴部落首领刘头眷的女儿,在所有的后宫妃嫔中,她最受宠爱,生下了儿子拓跋嗣。攻克后燕都城中山的时候,拓跋珪又抓获、收娶了后燕前国主慕容宝最小的女儿。拓跋珪准备立皇后,便遵照他们民族部落的传统,让妃嫔美女铸塑金人以卜问天意。刘氏没有铸成,慕容氏铸成了。三月戊午(初八),拓跋珪正式立慕容氏为皇后。

8　桓玄攻克了荆州、雍州之后,向朝廷上疏请求管辖江、荆二州。安帝下诏,任命桓玄为都督荆、司、雍、秦、梁、益、宁七州诸军事,荆州刺史,任命中护军桓脩为江州刺史。桓玄再次上疏,坚持要兼管江州。于是朝廷提升桓玄督八州及扬、豫等八郡诸军事,再兼江州刺史。桓玄便任命他的哥哥桓伟为雍州刺史,朝廷不敢违背。他又任命自己的侄儿桓振为淮南太守。

9　凉王纂以大司马弘功高地逼，忌之。弘亦自疑，遂以东苑之兵作乱，攻纂。纂遣其将焦辨击之，弘众溃，出走。纂纵兵大掠，悉以东苑妇女赏军，弘之妻子亦在中。纂笑谓群臣曰："今日之战何如？"侍中房晷对曰："天祸凉室，忧患仍臻。先帝始崩，隐王废黜；山陵甫讫，大司马称兵；京师流血，昆弟接刃。虽弘自取夷灭，亦由陛下无常棣之恩，当省己责躬以谢百姓。乃更纵兵大掠，囚辱士女，衅自弘起，百姓何罪！且弘妻，陛下之弟妇，弘女，陛下之侄也，奈何使无赖小人辱为婢妾，天地神明，岂忍见此！"遂歔欷流涕。纂改容谢之。召弘妻子置于东宫，厚抚之。

弘将奔秃发利鹿孤，道过广武，诣吕方，方见之，大哭曰："天下甚宽，汝何为至此！"乃执弘送狱，纂遣力士康龙就拉杀之。

纂立妃杨氏为后，以后父桓为尚书左仆射、凉都尹。

10　辛卯，燕襄平令段登等谋反，诛。

11　凉王纂将伐武威王利鹿孤，中书令杨颖谏曰："利鹿孤上下用命，国未有衅，不可伐也。"不从。利鹿孤使其弟傉檀拒之，夏，四月，傉檀败凉兵于三堆，斩首二千馀级。

9　后凉王吕纂因为觉得大司马吕弘功劳高，地位逼人，很忌恨他。吕弘也疑心自己会受猜忌，于是，索性带着东苑军队实行叛乱，进攻吕纂。吕纂派他的部将焦辨回击，吕弘的部队溃散，吕弘自己也逃走。吕纂纵容士兵在城中大肆抢掠，并把东苑中的妇女全部赏赐给军卒们，吕弘的妻子女儿也在其中。吕纂笑着对周围的大臣们说："今日这场战斗怎么样？"侍中房晷回答他说："老天降灾祸给我们凉国，所以忧患灾祸才频繁不断地降临到我们头上。先帝刚刚去世，隐王便被废黜；先帝的坟墓刚刚掩埋完毕，大司马又发动兵变；京师血流不止，兄弟之间白刃相接。这次虽然是吕弘自取灭亡，但也是陛下没有兄弟的恩情。陛下应该反省、谴责自己，以此向老百姓致歉谢罪才是，反而纵容士兵大肆烧杀抢掠，囚禁、侮辱官员妇女。这场祸患的事端是吕弘引起，百姓有什么罪过！况且吕弘的妻子，是陛下的弟媳妇，吕弘的女儿，是陛下的亲侄女，怎么能使她们被那些卑鄙无赖的小人们当作婢女侍妾加以侮辱呢！天地如果有神明，岂会忍心目睹这样的惨事！"于是，泪流满面，抽泣不已。吕纂也耸然动容，向他表示歉意。随后，把吕弘的妻子女儿召回，安置在东宫居住，非常优厚地抚慰他们。

吕弘打算投奔南凉秃发利鹿孤，途中经过广武，拜见叔父征东将军吕方。吕方看见他后，放声大哭，说："天下非常之大，你为什么偏要跑到这里来呀？"于是把吕弘抓住，押进狱中。吕纂派遣大力士康龙，来到广武，把他摧折打死。

吕纂立妃子杨氏为皇后，任命杨皇后的父亲杨桓为尚书左仆射、凉都尹。

10　辛卯，后燕襄平令段登等人谋反被杀。

11　后凉王吕纂准备讨伐南凉武威王秃发利鹿孤，中书令杨颖劝阻说："秃发利鹿孤他们现在上下同心，严守号令，国内没有什么矛盾可以利用，不可征伐他们。"吕纂不听。秃发利鹿孤派他的弟弟秃发傉檀阻击后凉军队。夏季，四月，秃发傉檀在三堆把后凉军打败，杀死兵众两千多人。

12　初，陇西李暠好文学，有令名。尝与郭黁及同母弟敦煌宋繇同宿，黁起谓繇曰：“君当位极人臣，李君终当有国家，有骒马生白额驹，此其时也。”及孟敏为沙州刺史，以暠为效谷令。宋繇事北凉王业，为中散常侍。孟敏卒，敦煌护军冯翊郭谦、沙州治中敦煌索仙等以暠温毅有惠政，推为敦煌太守。暠初难之。会宋繇自张掖告归，谓暠曰：“段王无远略，终必无成。兄忘郭黁之言邪？白额驹今已生矣。”暠乃从之，遣使请命于业。业因以暠为敦煌太守。

右卫将军敦煌索嗣言于业曰：“李暠不可使处敦煌。”业遂以嗣代暠为敦煌太守，使帅五百骑之官。嗣未至二十里，移暠迎己。暠惊疑，将出迎之。效谷令张邈及宋繇止之曰：“段王暗弱，正是英豪有为之日。将军据一国成资，奈何拱手授人！嗣自恃本郡，谓人情附己，不意将军猝能拒之，可一战擒也。”暠从之。先遣繇见嗣，啖以甘言。繇还，谓暠曰：“嗣志骄兵弱，易取也。”暠乃遣邈、繇与其二子歆、让逆击嗣，嗣败走，还张掖。暠素与嗣善，尤恨之，表业请诛嗣。沮渠男成亦恶嗣，劝业除之。业乃杀嗣，遣使谢暠，进暠都督凉兴以西诸军事、镇西将军。

13　吐谷浑视罴卒，世子树洛干方九岁，弟乌纥堤立，妻树洛干之母念氏，生慕瓒、慕延。乌纥堤懦弱荒淫，不能治国。念氏专制国事，有胆智，国人畏服之。

12　当初，陇西人李暠酷爱文学，有很好的名声。他曾经与郭黁，以及异父同母兄弟敦煌人宋繇住在一起，郭黁起身对宋繇说："你将来一定位于一人之下、万人之上，你的哥哥李君最终一定会拥有一个国家。母马生下白额头的小马驹，就是你们出人头地的时候。"孟敏任沙州刺史时，提升李暠任效谷令。宋繇则为北凉王段业做事，任中散常侍。孟敏死后，敦煌护军冯翊人郭谦、沙州治中敦煌人索仙等人认为李暠性情温和坚毅，能够施行仁政，推举他做了敦煌太守。李暠一开始觉得为难，正好赶上宋繇从张掖请假回家，对李暠说："段王没有什么远谋大略，最后一定不会有什么成就建树。哥哥难道忘了郭黁说的话吗？白额头的小马驹现在已经降生了。"李暠听从了他的劝告，派遣信使去向段业请求任命。段业便任命李暠为敦煌太守。

右卫将军、敦煌人索嗣对段业说："李暠这个人，不可让他在敦煌久留。"段业于是让索嗣去代替李暠做敦煌太守，命令他带着五百名骑兵上任。索嗣到了离敦煌二十里的地方，通知李暠前来迎接自己。李暠疑虑重重，准备出城去迎接。效谷令张邈和宋繇等人阻止他说："段王昏庸懦弱，这正是英雄豪杰大有可为的天赐良机。将军您具有建立一个国家的现成条件，怎么能够拱手送给别人呢！索嗣自己依仗是本郡的人，以为人们一定会归附他，绝对不会意料到将军能突然对他进行阻击，可以一次战斗就把他抓住。"李暠依从了他们的建议。他先派宋繇前去拜见索嗣，用恭顺谦诚的好话将他稳住。宋繇回来后，对李暠说："索嗣骄傲轻慢，兵力极弱，容易取胜。"李暠于是派遣张邈、宋繇以及他的两个儿子李歆、李让带兵攻击索嗣，索嗣大败而走，逃回张掖。李暠向来与索嗣关系很好，所以对他这样排挤自己尤其痛恨，于是向段业上疏，请求处死索嗣。辅国将军沮渠男成也非常讨厌索嗣，也劝段业除掉他。段业果然杀掉索嗣，派遣使者向李暠去道歉，提升他为都督凉、兴以西诸军事、镇西将军。

13　吐谷浑可汗慕容视罴去世，他的世子慕容树洛干才九岁，他的弟弟慕容乌纥堤继承王位。慕容乌纥堤把慕容树洛干的母亲念氏又纳为自己的妻子，生下了两个儿子：慕容慕璝、慕容慕延。慕容乌纥堤生性懦弱，又荒淫无道，不能治理国家。所以，念氏专权，主持国家政事，她有胆量和智慧，全国的百姓对她都很敬畏佩服。

14 燕前将军段玑，太后段氏之兄子也，为段登辞所连及，五月壬子，逃奔辽西。

15 丙寅，卫将军东亭献侯王珣卒。

16 己巳，魏主珪东如涿鹿，西如马邑，观㶟源。

17 戊寅，燕段玑复还归罪。燕王盛赦之，赐号曰思悔侯，使尚公主，入直殿内。

18 谢琰以资望镇会稽，不能绥怀，又不为武备。诸将咸谏曰："贼近在海浦，伺人形便，宜开其自新之路。"琰不从，曰："苻坚之众百万，尚送死淮南。孙恩小贼，败死入海，何能复出！若其果出，是天欲杀之也。"既而恩寇浃口，入馀姚，破上虞，进及邢浦，琰遣参军刘宣之击破之，恩退走。少日，复寇邢浦，官军失利，恩乘胜径进。己卯，至会稽。琰尚未食，曰："要当先灭此贼而后食。"因跨马出战，兵败，为帐下都督张猛所杀。吴兴太守庾桓恐郡民复应恩，杀男女数千人，恩转寇临海。朝廷大震，遣冠军将军桓不才、辅国将军孙无终、宁朔将军高雅之拒之。

19 秦征西大将军陇西公硕德将兵五千伐西秦，入自南安峡。西秦王乾归帅诸将拒之，军于陇西。

20 杨轨、田玄明谋杀武威王利鹿孤，利鹿孤杀之。

21 六月庚辰朔，日有食之。

22 以琅邪王师何澄为尚书左仆射。澄，准之子也。

14 后燕前将军段玑，是皇太后段氏的侄儿，他在襄平令段登的叛乱一案中受到牵连。五月壬子（初三），他逃奔到辽西。

15 丙寅（十七日），东晋卫将军、东亭献侯王珣去世。

16 己巳（二十日），北魏国主拓跋珪向东来到涿鹿，又向西来到马邑，沿途观看㶟水的源流。

17 戊寅（二十九日），后燕国段玑回到都城认罪自首。后燕王慕容盛赦免了他的罪过，赐给他名号为思悔侯，并让他娶了公主，到宫中任职。

18 东晋谢琰因为资深望重镇守会稽，但是他不能安定抚慰百姓，又不整顿武备。他手下的将领们都劝告他说："孙恩为首的盗贼近在海边，正在窥探我们的态度，应该给他们提供一个悔过自新的道路。"谢琰不以为然，说："苻坚的军队有百万之多，还在淮南落得个送死的下场，孙恩这个小小的蠡贼，惨败之后逃到海中，必死无疑，怎么还能再跑出来呢？如果他真的回到陆地上来，那是老天爷准备杀他了。"不久，孙恩果然带兵进犯浃口，插进馀姚，攻破上虞，进军到了邢浦。谢琰派遣参军刘宣之把他打败，孙恩暂时撤退回去。没有几天，他又重新进犯邢浦，官军在作战中失败，孙恩乘胜径直向纵深挺进。己卯（三十日），抵达会稽城。谢琰还没有吃饭，说："我准备先消灭了这个贼盗之后再吃饭。"跨上战马，出城迎战，遭到惨败，被帐下都督张猛杀死。吴兴太守庾桓恐怕当地的百姓再响应孙恩，一连杀死男女几千人。孙恩掉转方向进犯临海。东晋朝廷非常震惊，派遣冠军将军桓不才、辅国将军孙无终、宁朔将军高雅之等抵御。

19 后秦征西大将军陇西公姚硕德带领五千人讨伐西秦，从南安峡攻入对方国界。西秦王乞伏乾归率诸将抵抗，驻扎在陇西。

20 杨轨、田玄明等人阴谋杀害南凉武威王秃发利鹿孤，被秃发利鹿孤处死。

21 六月庚辰朔（初一），出现日食。

22 东晋任命琅邪王的王师何澄为尚书左仆射。何澄是何准的儿子。

23 甲子，燕大赦。

24 凉王纂将袭北凉，姜纪谏曰："盛夏农事方殷，且宜息兵。今远出岭西，秃发氏乘虚袭京师，将若之何！"不从。进围张掖，西掠建康。秃发傉檀闻之，将万骑袭姑臧，纂弟陇西公纬凭北城以自固。傉檀置酒朱明门上，鸣钟鼓，飨将士，曜兵于青阳门，掠八千馀户而去。纂闻之，引兵还。

25 秋，七月壬子，太皇太后李氏崩。

26 丁卯，大赦。

27 西秦王乾归使武卫将军慕兀等屯守，秦军樵采路绝，秦王兴潜引兵救之。乾归闻之，使慕兀帅中军二万屯柏杨，镇军将军罗敦帅外军四万屯侯辰谷，乾归自将轻骑数千前候秦兵。会大风昏雾，与中军相失，为追骑所逼，入于外军。旦，与秦战，大败，走归苑川，其部众三万六千皆降于秦。兴进军枹罕。

乾归奔金城，谓诸豪帅曰："吾不才，叨窃名号，已逾一纪，今败散如此，无以待敌，欲西保允吾。若举国而去，必不得免。卿等留此，各以其众降秦，以全宗族，勿吾随也。"皆曰："死生愿从陛下。"乾归曰："吾今将寄食于人，若天未亡我，庶几异日克复旧业，复与卿等相见，今相随而死，无益也。"乃大哭而别。乾归独引数百骑奔允吾，乞降于武威王利鹿孤，利鹿孤遣广武公傉檀迎之，置于晋兴，待以上宾之礼。镇北将军秃发俱延言于利鹿孤曰："乾归本吾之属国，因乱自尊，今势穷归命，非其诚款，若逃归姚氏，必为国患，

23　甲子，后燕实行大赦。

24　后凉王吕纂准备进攻北凉，尚书姜纪劝阻说："现在正好是盛夏，农事很忙，应该停止征伐休养军队。现在开拔很远到岭西去作战，如果南凉秃发利鹿孤趁空虚进攻京师，怎么办呢？"吕纂不听劝阻，带领部队包围张掖，向西逼进建康。秃发傉檀听说后，率领骑兵一万人袭击后凉姑臧城。吕纂的弟弟陇西公吕纬据守北城，坚固自己的防守。秃发傉檀则在姑臧朱明门上摆酒，击钟敲鼓，犒赏将士，在青阳门检阅部队，炫耀兵力，抢掠八千多户人家而去。吕纂听说后带兵回来。

25　秋季，七月壬子（初四），东晋太皇太后李氏驾崩。

26　丁卯（十九日），东晋实行大赦。

27　西秦王乞伏乾归派武卫将军慕兀等人屯兵守备，后秦军砍柴的路被切断，后秦王姚兴偷偷地带领部队前去援救。乞伏乾归听说后，派慕兀率中军两万人去柏杨驻守，镇军将军罗敦率外军四万人去侯辰谷驻守，乞伏乾归自己带领几千名轻骑兵迎上前去探听后秦军。正赶上狂风大作，遮天蔽日，他们失去了与中军的联络，被后秦追击的骑兵所逼，跑进了外军驻守的防地。第二天早晨，与后秦展开激战，大败，逃回苑川。他的部众三万六千人都向后秦军投降。姚兴乘胜指挥后秦部队进军枹罕。

乞伏乾归逃奔金城，对各位将帅豪俊说："我没有才能，勉强地承受这不该属于我的帝王名号，已经超过十二年了，今天惨败到这样的程度，没有办法抗击敌寇，我打算到西部去据守允吾。但如果我们全国的兵马都到那里去，敌人前去进攻，大家一定不能幸免。所以，你们就留在此地，各自带领部队投降后秦，保全我们的宗嗣，千万不要再追随我了。"大家都说："我们无论生死，都甘愿跟从您。"乞伏乾归说："我现在准备去别人那里找口饭吃，如果老天不让我们亡国，说不定哪一天能重新恢复我们的旧业，那时就可以再和你们见面了。现在你们跟着我死，没什么好处啊！"于是，君臣相对大哭，洒泪而别。乞伏乾归只带几百名骑兵投奔允吾，向南凉武威王秃发利鹿孤请求投降。秃发利鹿孤派遣广武公秃发傉檀前去迎接，把他们安置在晋兴，用上宾的礼节对待他们。镇北将军秃发俱延对秃发利鹿孤说道："乞伏乾归本来就是我们的附庸国，趁乱自己称王。现在他们日暮途穷来到我们这里归附听命，绝不是出于真心。如果再逃去归附后秦姚氏，一定会成为我们的祸患。

不如徙置乙弗之间，使不得去。”利鹿孤曰：“彼穷来归我，而逆疑其心，何以劝来者！”俱延，利鹿孤之弟也。

秦兵既退，南羌梁戈等密招乾归，乾归将应之。其臣屋引阿洛以告晋兴太守阴畅，畅驰白利鹿孤，利鹿孤遣其弟吐雷帅骑三千屯扪天岭。乾归惧为利鹿孤所杀，谓其太子炽磐曰：“吾父子居此，必不为利鹿孤所容。今姚氏方强，吾将归之，若尽室俱行，必为追骑所及，吾以汝兄弟及汝母为质，彼必不疑，吾在长安，彼终不敢害汝也。”乃送炽磐等于西平。八月，乾归南奔枹罕，遂降于秦。

28　丁亥，尚书右仆射王雅卒。

29　九月癸丑，地震。

30　凉吕方降于秦，广武民三千馀户奔武威王利鹿孤。

31　冬，十一月，高雅之与孙恩战于馀姚，雅之败，走山阴，死者什七八。诏以刘牢之都督会稽等五郡，帅众击恩，恩走入海。牢之东屯上虞，使刘裕戍句章。吴国内史袁崧筑沪渎垒以备恩。崧，乔之孙也。

32　会稽世子元显求领徐州，诏以元显为开府仪同三司、都督扬豫徐兖青幽冀并荆江司雍梁益交广十六州诸军事、领徐州刺史，封其子彦玮为东海王。

33　乞伏乾归至长安，秦王兴以为都督河南诸军事、河州刺史、归义侯。

不如把他们迁移到乙弗一带，让他们没有办法逃跑。”秃发利鹿孤说：“人家没有办法才跑来归附我们，我们却怀疑他的心意不诚，这样，我们以后怎么招劝别人前来归附！”秃发俱延是秃发利鹿孤的弟弟。

后秦军撤退之后，南羌部落的首领梁戈等人秘密派人邀请乞伏乾归回去，乞伏乾归准备答应。他的臣下屋引阿洛把这件事告诉了晋兴太守阴畅，阴畅马上去告诉秃发利鹿孤。秃发利鹿孤派遣他的弟弟秃发吐雷率领骑兵三千人进驻扪天岭。乞伏乾归害怕被秃发利鹿孤杀掉，对他的太子乞伏炽磐说：“我们父子住在这里，一定不能被秃发利鹿孤容留。现今，姚氏的后秦正是最强大的时候，我就要去归顺他们，如果我们全家都去，一定会被追击的骑兵抓住，但我把你们兄弟和你们的母亲当人质，秃发利鹿孤一定不会怀疑，我在长安落下脚之后，他们也就不敢害你们了。”乞伏乾归便把乞伏炽磐等人送到西平。八月，乞伏乾归向南逃奔到枹罕，向后秦投降。

28　丁亥(初九)，东晋尚书左仆射王雅去世。

29　九月癸丑(初六)，东晋发生地震。

30　后凉吕方向后秦投降。广武一带的三千多户居民投奔南凉武威王秃发利鹿孤。

31　冬季，十一月，东晋宁朔将军高雅之与孙恩在馀姚交战，高雅之大败，向山阴逃跑，战死的兵卒有十分之七八。朝廷下诏任命刘牢之都督会稽等五个郡，统帅兵众攻击孙恩，孙恩被迫逃回海岛。刘牢之向东在上虞驻扎，派遣刘裕去戍守句章。吴国内史袁崧修筑沪渎垒，用来防备孙恩的袭击。袁崧是袁乔的孙子。

32　会稽王世子司马元显请求兼管徐州，朝廷下诏任命司马元显为开府仪同三司，都督扬、豫、徐、兖、青、幽、冀、并、荆、江、司、雍、梁、益、交、广十六州诸军事，兼任徐州刺史，封他的儿子司马彦玮为东海王。

33　乞伏乾归来到长安，后秦王姚兴让他担任都督河南诸军事、河州刺史，封为归义侯。

久之，乞伏炽磐欲逃诣乾归，武威王利鹿孤追获之。利鹿孤将杀炽磐，广武公傉檀曰："子而归父，无足深责，宜宥之以示大度。"利鹿孤从之。

34　秦王兴遣晋将刘嵩等二百馀人来归。

35　北凉晋昌太守唐瑶叛，移檄六郡，推李暠为冠军大将军、沙州刺史、凉公、领敦煌太守。暠赦其境内，改元庚子。以瑶为征东将军，郭谦为军谘祭酒，索仙为左长史，张邈为右长史，尹建兴为左司马，张体顺为右司马。遣从事中郎宋繇东伐凉兴，并击玉门已西诸城，皆下之。

酒泉太守王德亦叛北凉，自称河州刺史。北凉王业使沮渠蒙逊讨之。德焚城，将部曲奔唐瑶，蒙逊追至沙头，大破之，虏其妻子、部落而还。

36　十二月戊寅，有星孛于天津。会稽世子元显以星变解录尚书事，复加尚书令。吏部尚书车胤以元显骄恣，白会稽王道子，请禁抑之。元显闻而未察，以问道子曰："车武子屏人言及何事？"道子弗答。固问之，道子怒曰："尔欲幽我，不令我与朝士语邪！"元显出，谓其徒曰："车胤间我父子。"密遣人责之。胤惧，自杀。

37　壬辰，燕主盛立燕台，统诸部杂夷。

38　魏太史屡奏天文乖乱。魏主珪自览占书，多云改王易政。乃下诏风励群下，以帝王继统，皆有天命，不可妄干。又数变易官名，欲以厌塞灾异。

时间长了之后，在南凉国中做人质的乞伏炽磐也打算逃到父亲乞伏乾归那里去，半路上被南凉武威王秃发利鹿孤追上抓住。秃发利鹿孤准备杀了乞伏炽磐，广武公秃发傉檀说："儿子要去归附父亲，没有什么值得过于指责的，我看应该原谅他，好显示我们气度宽宏。"秃发利鹿孤听从了他的劝告。

34　后秦王姚兴把被他俘虏的东晋将领刘嵩等两百多人遣送回东晋。

35　北凉晋昌太守唐瑶叛变，并向其他六郡送去檄文，推举镇西将军李暠为冠军大将军、沙州刺史、凉公，兼任敦煌太守。李暠在他所管辖的范围内实行大赦，改年号为庚子。任命唐瑶为征东将军，郭谦为军谘祭酒，索仙为左长史，张邈为右长史，尹建兴为左司马，张体顺为右司马。派遣从事中郎宋繇向东去讨伐凉兴，并向玉门以西地区的那些城池发动进攻，宋繇把这些城池全部攻克。

酒泉太守王德也背叛了北凉，自称为河州刺史。北凉王段业派沮渠蒙逊带兵前去征讨。王德烧毁了酒泉城，带领部队投奔唐瑶。沮渠蒙逊追到沙头，把他们打得大败，俘虏了王德的妻子儿女和部落居民之后才回去。

36　十二月戊寅（初二），有异星出现在天津星旁。会稽王世子司马元显因为天象变化被解除了录尚书事的官职，但是又加授了尚书令。吏部尚书车胤因为司马元显过于骄横放纵，晋见会稽王司马道子，请求加以制约。司马元显听说但又不大清楚，便问司马道子说："车武子把旁边的人都打发开，说的是什么事？"司马道子没有回答。司马元显坚持要问出个究竟，司马道子大怒地说："你打算把我幽禁起来，不让我与朝中的官员们说话吗？"司马元显出来，对他的部下说："车胤离间我们父子之间的关系。"于是，暗中派人去斥责车胤。车胤非常害怕，自杀身亡。

37　壬辰（十六日），后燕国主慕容盛设立燕台，统领夷族各个部落。

38　北魏太史几次奏报天上的星象错杂混乱。北魏国主拓跋珪亲自查阅占卜的书籍，大都说这是帝王变更、改朝换代的征兆。于是下诏书劝勉下属文武百官，说帝王继承治理天下的大任，都有上天的旨意，不要妄加干预、胡乱猜想。又几次改变官职的名称，想用这种方法阻止灾难变异的发生。

仪曹郎董谧献《服饵仙经》，珪置仙人博士，立仙坊，煮炼百药，封西山以供薪蒸。药成，令死罪者试服之，多死，不验，而珪犹信之，访求不已。

珪常以燕主垂诸子分据势要，使权柄下移，遂至败亡，深非之。博士公孙表希旨，上《韩非书》，劝珪以法制御下。左将军李粟性简慢，常对珪舒放不肃，咳唾任情。珪积其宿过，遂诛之，群下震栗。

39　丁酉，燕王盛尊献庄后丁氏为皇太后。立辽西公定为皇太子。大赦。

40　是岁，南燕王德即皇帝位于广固，大赦，改元建平。更名备德，欲使吏民易避。追谥燕主暐曰幽皇帝。以北地王钟为司徒，慕舆拔为司空，封孚为左仆射，慕舆护为右仆射。立妃段氏为皇后。

仪曹郎董谧献上一部《服饵仙经》,拓跋珪特地设置了仙人博士,建立了仙坊,让他们在那里煮炼百药,下令把西山封了起来,把山上的木材用来做煮药的薪柴。药炼成之后,让那些已经被判死罪的人喝下去,结果很多都死了,证明并不灵验。但拓跋珪还是相信有这种药,不停地到处访查、探求。

拓跋珪常常认为后燕国主慕容垂让自己的儿子分别把持要害地方,中央大权下移,才导致自己的失败灭亡,他觉得这种做法非常错误。博士公孙表迎合他的意思,向他呈上了《韩非子》,劝说拓跋珪用严格的法令制度来驾驭属下。左将军李粟性格傲慢无礼,常常对拓跋珪随意放纵,十分不敬,甚至咳痰吐唾沫也是无所顾忌。拓跋珪把他以往的这些过失加在一起,于是把他斩了,下属百官为此震惊惧怕。

39　丁酉(二十一日),后燕国主慕容盛尊自己的母亲献庄皇后丁氏为皇太后。册立自己的儿子辽西公慕容定为皇太子。实行大赦。

40　这年,南燕王慕容德在广固即皇帝位,实行大赦,改年号为建平。他把自己的名字改为慕容备德,打算让官民在以后避讳起来容易些。追谥前燕国主慕容暐为幽皇帝,任命北地王慕容钟为司徒,慕舆拔为司空,封孚为左仆射,慕舆护为右仆射。立王妃段氏为皇后。

卷第一百一十二　晋纪三十四

起辛丑(401)尽壬寅(402)凡二年

安皇帝丁

隆安五年(辛丑,401)

1　春,正月,武威王利鹿孤欲称帝,群臣皆劝之。安国将军鍮勿仑曰:"吾国自上世以来,被发左衽,无冠带之饰,逐水草迁徙,无城郭室庐,故能雄视沙漠,抗衡中夏。今举大号,诚顺民心。然建都立邑,难以避患,储蓄仓库,启敌人心。不如处晋民于城郭,劝课农桑以供资储,帅国人以习战射,邻国弱则乘之,强则避之,此久长之良策也。且虚名无实,徒足为世之质的,将安用之!"利鹿孤曰:"安国之言是也。"乃更称河西王,以广武公傉檀为都督中外诸军事、凉州牧、录尚书事。

2　二月丙子,孙恩出浃口,攻句章,不能拔。刘牢之击之,恩复走入海。

3　秦王兴使乞伏乾归还镇苑川,尽以其故部众配之。

安皇帝丁

晋安帝隆安五年(辛丑,公元401年)

1 春季,正月,南凉武威王秃发利鹿孤准备称皇帝,大臣们也都一致劝他进位。只有安国将军鍮勿仑说:“我们国家自从祖先到现在,都习惯于披散头发,左边开衣襟,从来没有帽子腰带之类的装饰,只是追逐选择有水有草的地方不断迁徙居住,没有城郭家室居所的拖累,所以我们能够在沙漠的各部族中称雄,与中原的汉族人相抗衡。现在提高为皇帝的名号,当然是顺应民心的事情。但是,如果设立都城,建筑固定的居住地,那么,就很难灵活地躲避战乱。如果把我们的积蓄全部储存在仓库之中,又容易引起敌人贪心。所以,我看不如把汉人安置在城郭之中,鼓励他们从事农田、养蚕,来供应我们的给养储备,同时再统领我们本族的人进行战斗射箭的训练,如果邻国弱小,那么我们就乘机把它吞并;邻国强大,那么我们也可以随时躲避,这才是长久的好策略。况且,帝王的虚名没有什么实际的意义,只是足够做世人的刀砧箭靶,成为别人攻击的目标,有什么用呢?”秃发利鹿孤说:“安国将军所说的太对了。”于是改称为河西王,又任命广武公秃发傉檀为都督中外诸军事、凉州牧、录尚书事。

2 二月丙子(初一),孙恩又从浃口返回陆地,进攻句章,没有攻克。刘牢之率兵向他发起进攻,孙恩再一次逃进大海的岛中。

3 后秦王姚兴派乞伏乾归回去镇守苑川,把他过去的老部下、军队,全部分配给他。

4　凉王纂嗜酒好猎，太常杨颖谏曰："陛下应天受命，当以道守之。今疆宇日蹙，崎岖二岭之间，陛下不兢兢夕惕以恢弘先业，而沈湎游畋，不以国家为事，臣窃危之。"纂逊辞谢之，然犹不悛。

番禾太守吕超擅击鲜卑思盘，思盘遣其弟乞珍诉于纂，纂命超及思盘皆入朝。超惧，至姑臧，深自结于殿中监杜尚。纂见超，责之曰："卿恃兄弟桓桓，乃敢欺吾，要当斩卿，天下乃定！"超顿首谢。纂本以恐愒超，实无意杀之。因引超、思盘及群臣同宴于内殿。超兄中领军隆数劝纂酒，纂醉，乘步挽车，将超等游禁中。至琨华堂东阁，车不得过，纂亲将窦川、骆腾倚剑于壁，推车过阁。超取剑击纂，纂下车禽超，超刺纂洞胸。川、腾与超格战，超杀之。纂后杨氏命禁兵讨超。杜尚止之，皆舍仗不战。将军魏益多入，取纂首，杨氏曰："人已死，如土石，无所复知，何忍复残其形骸乎！"益多骂之，遂取纂首以徇曰："纂违先帝之命，杀太子而自立，荒淫暴虐。番禾太守超顺人心而除之，以安宗庙，凡我士庶，同兹休庆！"

4　后凉王吕纂生性喜欢喝酒，爱好打猎，太常杨颖劝告他说："陛下顺应上天的意旨，接受了治理国家的重任，应当用符合正道的方式恪守自己的使命。现在我们国家的疆土面积一天比一天缩小，仅仅局限在坎坷不平的两道山岭中间，陛下不小心谨慎地早晚考虑用什么办法恢复弘扬祖先的事业，反而沉溺于游玩打猎，不把国家的事情当作一回事，依臣下的愚见，这样是很危险的！"吕纂非常谦恭地向他道歉，感谢他的提醒，但是却没能改过。

番禾太守吕超擅自攻击鲜卑部落的首领思盘，思盘派他的弟弟乞珍向吕纂告状。吕纂命令吕超和思盘都到朝中来。吕超很害怕，到了姑臧之后，私自与殿中监杜尚结成很深的交情。吕纂召见吕超，斥责他说："你依仗你们兄弟勇武，结成一伙，竟敢欺侮到我的头上，我应当杀了你，天下才能安定吧！"吕超磕头认错。吕纂本来也就是要恐吓一下他，其实并没有杀他的意思，所以把吕超、思盘，以及大臣们全部带到内殿，一起宴饮。吕超的哥哥中领军吕隆在宴会上不断地向吕纂劝酒，致使吕纂酩酊大醉，醒眼朦胧地乘坐着人拉着的辇车，带着吕超等人游玩观赏禁宫。到了琨华堂东小门，辇车不能过去，吕纂的亲信将领窦川、骆腾便把佩剑取下，倚靠在墙上，然后把车推过小门去。吕超突然拿起剑刺杀吕纂，吕纂赶紧下车来擒拿吕超，被吕超一剑刺穿了胸膛。窦川、骆腾空着手与吕超格斗，也被吕超杀掉。吕纂的皇后杨氏闻讯后赶出，命令禁卫军攻击吕超。但殿中监杜尚却出来阻止他们动手，所以，那些士兵们也都扔下武器，不参加战斗。这时，将军魏益多进宫，把吕纂的脑袋砍了下来，杨皇后说："他人已经死了，尸体跟土和石头那样，再也没有什么知觉了，你怎么忍心又去摧残他的形骸呢？"魏益多大骂杨皇后，于是把吕纂的人头拿出去对外面说："吕纂违背先帝的遗嘱，杀害了太子，自己夺占皇位，并且荒淫、残暴、凶恶。番禾太守吕超顺应人心把他除掉了，使国家的宗庙社稷得到和平安宁，凡是我们后凉国的官民人等，都应该一起庆贺！"

纂叔父巴西公佗、弟陇西公纬皆在北城。或说纬曰:“超为逆乱,公以介弟之亲,仗大义而讨之,姜纪、焦辨在南城,杨桓、田诚在东苑,皆吾党也,何患不济!”纬严兵欲与佗共击超。佗妻梁氏止之曰:“纬、超俱兄弟之子,何为舍超助纬,自为祸首乎!”佗乃谓纬曰:“超举事已成,据武库,拥精兵,图之甚难。且吾老矣,无能为也。”超弟邈有宠于纬,说纬曰:“纂贼杀兄弟,隆、超顺人心而讨之,正欲尊立明公耳。方今明公先帝之长子,当主社稷,人无异望,夫复何疑!”纬信之,乃与隆、超结盟,单马入城。超执而杀之。让位于隆,隆有难色。超曰:“今如乘龙上天,岂可中下!”隆遂即天王位,大赦,改元神鼎。尊母卫氏为太后,妻杨氏为后。以超为都督中外诸军事、辅国大将军、录尚书事,封安定公,谥纂曰灵帝。

纂后杨氏将出宫,超恐其挟珍宝,命索之。杨氏曰:“尔兄弟不义,手刃相屠,我旦夕死人,安用宝为!”超又问玉玺所在。杨氏曰:“已毁之矣。”后有美色,超将纳之,谓其父右仆射桓曰:“后若自杀,祸及卿宗!”桓以告杨氏。杨氏曰:“大人卖女与氏以图富贵,一之谓甚,其可再乎!”遂自杀,谥曰穆后。桓奔河西王利鹿孤,利鹿孤以为左司马。

吕纂的叔叔巴西公吕佗、弟弟陇西公吕纬此时都在北城。有人对吕纬说:“吕超制造叛乱,您以皇弟的名义和亲情,依仗大义来讨伐他们,又有姜纪、焦辨在南城,杨桓、田诚在东苑,都是我们的死党亲信,还有什么担心不能成功的!”因此,吕纬便号令部队整装待发,准备与吕佗一起发兵去进攻吕超。吕佗的妻子梁氏阻止他说:“吕纬、吕超都是我们的侄儿,你为什么要舍弃吕超而来帮助吕纬呢?难道要自己主动去做罪魁祸首吗?”吕佗于是去对吕纬说:“吕超发动事变已经成功,他占领了武器仓库,把持了精壮的部队,现在再去攻击他实在难以取胜,况且我已经老了,不能再有什么作为了。”吕超的弟弟吕邈,得到吕纬的宠信,也劝说吕纬道:“吕纂这家伙杀害自己的兄弟,吕隆、吕超顺应人心来讨伐他,正准备要来尊崇拥立明公您啊。现在您是先帝的儿子中最年长的,无疑应当继位,别人都没有别的想法,您还有什么可以怀疑的呢?”吕纬听信了他的话,于是,跟吕隆、吕超缔结了盟约,自己便一个人骑马进了都城,但吕超马上把他抓住杀了。吕超让位给吕隆,吕隆的脸上露出为难的表情。吕超说:“今天你好像是骑着龙向天上飞,怎么可以半路上下来呢?”吕隆于是登上了天王的座位,实行大赦,改年号为神鼎,尊称母亲卫氏为皇太后,立妻子杨氏为皇后,任命吕超为都督中外诸军事、辅国大将军、录尚书事,封安定公,追谥吕纂为灵帝。

吕纂的皇后杨氏即将出宫,吕超怕她带走珍宝,便命人去搜查她。杨皇后说:“你们兄弟不仁不义,手持利刃互相屠杀,我也是早晚要死的人,还用珍宝干什么?”吕超又问她玉玺在什么地方,杨皇后说:“已经把它毁掉了。”杨皇后相貌很美,吕超打算娶她,告诉她的父亲右仆射杨桓说:“杨皇后如果自杀,大祸就要降临你们全家族。”杨桓把这话告诉了杨皇后。杨皇后说:“父亲把女儿卖给氐人,用来谋求荣华富贵,卖一次就已经很过分了,怎么还可以再卖第二次呢?”于是自杀,谥号叫穆后。杨桓投奔南凉的河西王秃发利鹿孤,秃发利鹿孤任命他为左司马。

5　三月，孙恩北趣海盐，刘裕随而拒之，筑城于海盐故治。恩日来攻城，裕屡击破之，斩其将姚盛。城中兵少不敌，裕夜偃旗匿众，明晨开门，使羸疾数人登城。贼遥问刘裕所在。曰："夜已走矣。"贼信之，争入城。裕奋击，大破之。恩知城不可拔，乃进向沪渎，裕复弃城追之。

海盐令鲍陋遣子嗣之帅吴兵一千，请为前驱。裕曰："贼兵甚精，吴人不习战，若前驱失利，必败我军，可在后为声势。"嗣之不从。裕乃多伏旗鼓。前驱既交，诸伏皆出，裕举旗鸣鼓，贼以为四面有军，乃退。嗣之追之，战没。裕且战且退，所领死伤且尽，至向战处，令左右脱取死人衣以示闲暇。贼疑之，不敢逼。裕大呼更战，贼惧而退，裕乃引归。

6　河西王利鹿孤伐凉，与凉王隆战，大破之，徙二千馀户而归。

7　夏，四月辛卯，魏人罢邺行台，以所统六郡置相州，以庾岳为刺史。

8　乞伏乾归至苑川，以边芮为长史，王松寿为司马，公卿、将帅皆降为僚佐、偏裨。

5　三月，孙恩向北逼近海盐。刘裕紧追不放，与他抵抗，在海盐的旧城址上修筑城防。孙恩几乎每天都来攻城，但刘裕几次都把孙恩击败，斩杀了他的将领姚盛。城里的部队因为太少难以抵挡，刘裕当夜就把战旗全部放倒，把精锐部队埋伏起来，第二天早晨打开城门，让几个老弱残兵登上城墙。变民部队一看，远远地向他们打听刘裕到哪里去了。他们说："昨天夜里已经逃跑了。"变民部队相信了他们的话，争先恐后地进了城。刘裕突然向他们发动了猛攻，将变民部队打得大败。孙恩知道不可能把这座城攻克，于是改向沪渎进军，刘裕便也放弃了这座城池，追击孙恩。

海盐令鲍陋派遣他的儿子鲍嗣之率领吴地的军卒一千人，请求做刘裕部队的前锋。刘裕说："强盗们的兵力非常精良，吴地人又不习惯于征战，如果一旦前锋部队失利，那么必定会使我军遭到失败。你们可以在后面制造声势。"鲍嗣之却不听从安排。刘裕于是只好埋伏下很多战旗战鼓。吴地人的前锋部队与变民军队交上战之后，几支伏兵便都一齐杀出，刘裕又让人挥舞旗帜，鸣响战鼓，变民的军队以为是四下里都有军队伏击，才退了下去。鲍嗣之莽撞跟踪追击，在战斗中被杀死。刘裕也一边交战一边撤退，所带领的军卒几乎全部伤亡，退到刚开始交战的地方，命令军中的士卒脱下死人的衣服拿走，用来显示自己情志闲暇，从容不迫。变民军队果然满腹狐疑，不敢逼进。刘裕突然高声呐喊，指挥军队回头再战，孙恩军队恐惧异常，掉头撤退，这样，刘裕才安全地带着部队回去。

6　南凉河西王秃发利鹿孤讨伐后凉，与后凉王吕隆接战，将吕隆打得大败，迁移两千多户居民之后便回去了。

7　夏季，四月辛卯（十七日），北魏朝廷撤掉设置在邺城的行台，把原由行台所管辖的六郡建置相州，任命庾岳为相州刺史。

8　后秦归义侯乞伏乾归回到苑川，任命边芮为长史，王松寿为司马，原来的公卿大臣、将军统帅等都降为幕僚佐属、偏军牙将等小官。

9　北凉王业惮沮渠蒙逊勇略，欲远之，蒙逊亦深自晦匿。业以门下侍郎马权代蒙逊为张掖太守，权素豪隽，为业所亲重，常轻侮蒙逊。蒙逊谮之于业曰："天下不足虑，惟当忧马权耳。"业遂杀权。

蒙逊谓沮渠男成曰："段公无鉴断之才，非拨乱之主，向所惮者惟索嗣、马权，今皆已死，蒙逊欲除之以奉兄，何如？"男成曰："业本孤客，为吾家所立，恃吾兄弟犹鱼之有水。夫人亲信我而图之，不祥。"蒙逊乃求为西安太守，业喜其出外，许之。

蒙逊与男成约同祭兰门山，而阴使司马许咸告业曰："男成欲以取假日为乱，若求祭兰门山，臣言验矣。"至期，果然。业收男成赐死。男成曰："蒙逊先与臣谋反，臣以兄弟之故，隐而不言。今以臣在，恐部众不从，故约臣祭山而反诬臣，其意欲王之杀臣也。乞诈言臣死，暴臣罪恶，蒙逊必反，臣然后奉王命而讨之，无不克矣。"业不听，杀之。蒙逊泣告众曰："男成忠于段王，而段王无故枉杀之，诸君能为报仇乎？且始者共立段王，欲以安众耳。今州土

9　北凉王段业对张掖太守沮渠蒙逊的勇武谋略都很忌惮，所以打算疏远他，沮渠蒙逊也对此有所察觉，尽量地韬光养晦。段业任命门下侍郎马权代替沮渠蒙逊担任张掖太守。马权平时为人豪放俊拔，一直被段业亲信重用，所以，他常常轻慢、欺侮沮渠蒙逊。沮渠蒙逊于是向段业说马权的坏话道："天下没有什么值得忧虑的事，您只应当提防马权就可以了。"段业于是杀了马权。

沮渠蒙逊对沮渠男成说："段公没有鉴别真假、判断优劣的才能，不是一个平定乱世的圣明君主，我以前所忌惮担心的只有索嗣、马权二人，现在他们都已经死了，我沮渠蒙逊准备除掉段业而来拥戴兄长您，怎么样？"沮渠男成说："段业本来就是一个孤身而来的外乡人，是我们沮渠家拥立他登上王位的，他依靠我们兄弟就像鱼必须有水那样。人家亲近宠信我们，但我们却反过来要图谋他，一定不吉利。"沮渠蒙逊于是请求出京去做西安太守，段业对他能远远离开自己到外地去做官非常高兴，马上答应了他。

沮渠蒙逊与沮渠男成约定一起去兰门山祭祀，但是，又暗地里派司马许咸事先向段业报告说："沮渠男成打算在请假休息的时候发动政变，如果他来请求到兰门山去设祭，那么，臣的话就应验了。"到了那一天，果然是这样。段业不分青红皂白，把沮渠男成抓了起来，命令他自杀。沮渠男成说："沮渠蒙逊一开始与臣阴谋造反，臣因为是兄弟的原因，才把这件事隐瞒下来没有说。现在因为有臣在这里，他害怕造反之后部众不肯跟他，所以事先约臣去兰门山设祭，但马上又反过来诬陷臣，他的意思就是让凉王您杀了臣啊。我请求陛下先假装说臣已经死了，并把臣的所谓罪恶公开。沮渠蒙逊一定会造反，臣随后奉陛下的命令，带兵去讨伐他，没有不能战胜的道理。"但是段业不听，把沮渠男成杀了。沮渠蒙逊哭着对手下的众人说："沮渠男成对段王忠诚不二，但是段王却无缘无故地把他给冤杀了，你们诸位能为他报仇雪恨吗？况且一开始的时候，我们一起拥立段王，本打算能使大家的生活安定。现在各地的疆土

纷乱，非段王所能济也。”男成素得众心，众皆愤泣争奋，比至氐池，众逾一万。镇军将军臧莫孩率所部降之，羌、胡多起兵应蒙逊者。蒙逊进逼侯坞。

业先疑右将军田昂，囚之。至是召昂，谢而赦之，使与武卫将军梁中庸共讨蒙逊。别将王丰孙言于业曰：“西平诸田，世有反者，昂貌恭而心险，不可信也。”业曰：“吾疑之久矣，但非昂无可以讨蒙逊者。”昂至侯坞，率骑五百降于蒙逊，业军遂溃，中庸亦诣蒙逊降。

五月，蒙逊至张掖，田昂兄子承爱斩关内之，业左右皆散。蒙逊至，业谓蒙逊曰：“孤孑然一己，为君家所推，愿丐馀命，使得东还与妻子相见。”蒙逊斩之。

业，儒素长者，无他权略，威禁不行，群下擅命，尤信卜筮、巫觋，故至于败。

沮渠男成之弟富占、将军俱傫帅户五百降于河西王利鹿孤。傫，石子之子也。

10　孙恩陷沪渎，杀吴国内史袁崧，死者四千人。

纷乱不堪，事实证明段王已经不能有所作为，拯救乱世了。”沮渠男成平素很得人心，因此，大家一听此话，都悲愤流泪，奋勇争先，等开进到氐池的时候，主动参加进来的人已经超过一万。镇军将军臧莫孩率领着他所带的队伍也投降了过来，羌族、匈奴族也有许多人拉起队伍响应沮渠蒙逊。沮渠蒙逊的队伍向前逼近到了侯坞。

段业在这之前怀疑右将军田昂对自己不忠实，把他囚禁起来。到了这时，又把田昂召了回来，向他道歉并赦免了他，派他与武卫将军梁中庸一起去征讨沮渠蒙逊。别将王丰孙向段业进言道：“西平郡出来的那些姓田的人，哪一代都有叛变的，田昂这个人外貌看来谦恭谨慎，但是内心里却阴险狡诈，不可信赖。”段业说：“我怀疑他已经很久了，但是如果不是田昂，我这里就再也没有可以带兵去征讨沮渠蒙逊的人了。”田昂带兵来到侯坞，率领着五百名骑兵向沮渠蒙逊投降，段业的军队于是便不战而自行溃散，梁中庸也来面见沮渠蒙逊投降。

五月，沮渠蒙逊的大军到达张掖，田昂的侄儿田承爱砍开城门把他们放进城内，段业的左右侍从卫士们也都跑散了。沮渠蒙逊进了皇宫，段业对沮渠蒙逊说：“我孤零零地只有一个人，被你们家推举，才坐上了王位。我请求你留下我的活命，让我能够回到东土去和我的妻子儿女相见。”沮渠蒙逊没有答应，把他杀了。

段业是一个死板地信奉儒家学说的长者，并没有其他的权谋和智略，因此他的声威和命令都不能很好地得到尊重和传达，他手下的人也都擅做主张，不听朝廷的调遣，他又特别相信求签、算卦，相信巫婆神汉，所以才导致了最后的失败。

沮渠男成的弟弟沮渠富占、将军俱傫统率着五百户居民向南凉河西王秃发利鹿孤投降。俱傫是俱石子的儿子。

10　孙恩的军队攻克了沪渎，杀了吴国内史袁崧，在这场战斗中死亡四千人。

11　凉王隆多杀豪望以立威名，内外嚣然，人不自保。魏安人焦朗遣使说秦陇西公硕德曰："吕氏自武皇弃世，兄弟相攻，政纲不立，竞为威虐，百姓饥馑，死者过半。今乘其篡夺之际，取之易于返掌，不可失也。"硕德言于秦王兴，帅步骑六万伐凉，乞伏乾归帅骑七千从之。

12　六月甲戌，孙恩浮海奄至丹徒，战士十馀万，楼船千馀艘，建康震骇。乙亥，内外戒严，百官入居省内。冠军将军高素等守石头，辅国将军刘袭栅断淮口，丹阳尹司马恢之戍南岸，冠军将军桓谦等备白石，左卫将军王嘏等屯中堂，征豫州刺史谯王尚之入卫京师。

刘牢之自山阴引兵邀击恩，未至而恩已过，乃使刘裕自海盐入援。裕兵不满千人，倍道兼行，与恩俱至丹徒。裕众既少，加以涉远疲劳，而丹徒守军莫有斗志。恩帅众鼓噪，登蒜山，居民皆荷担而立。裕帅所领奔击，大破之，投崖赴水者甚众，恩狼狈仅得还船。然恩犹恃其众，寻复整兵径向京师。后将军元显帅兵拒战，频不利。会稽王道子无他谋略，唯日祷蒋侯庙。恩来渐近，百姓恟惧。谯王尚之

11　后凉王吕隆采用大肆杀戮有声望的豪门大族的办法来树立自己的威信和名望，因此，朝廷内外议论纷纷，一片哗然，人人自危。魏安人焦朗派遣使节向后秦陇西公姚硕德游说道："吕氏自从武皇吕光去世之后，兄弟之间互相攻击残害，朝廷的大政法纪也不能确立遵守，人们只是比赛着看谁更加粗鲁暴虐，百姓却因为饥饿灾荒，死亡已经超过一半。现在乘他们之间正在热心于互相篡夺残杀的机会，消灭他们易如反掌。千万不可失去机会啊！"姚硕德把这话向后秦国主姚兴做了汇报，然后便率步、骑兵六万人，对后凉发动了大规模的进攻，归义侯乞伏乾归也带着一支七千人的骑兵部队，跟着姚硕德一起出征。

12　六月甲戌（初一），孙恩从海上发兵，突然出现在丹徒，有士兵十多万人，战舰一千多艘，这使东晋的都城建康大为震惊恐慌。乙亥（初二），东晋都城内外戒严，文武百官全部聚集在台省机构内居住，随时办公。冠军将军高素等人据守石头，辅国将军刘袭则带兵用木栅栏将淮口切断，丹阳尹司马恢之戍守在长江南岸，冠军将军桓谦等人在白石驻防，左卫将军王嘏等屯兵中堂，征召豫州刺史谯王司马尚之来京师守卫。

刘牢之从山阴带兵前来截击孙恩，还没有赶到，孙恩的兵马已经过去了，于是，他让刘裕从海盐迅速赶来援助。刘裕的兵众一共也不满一千人，日夜兼程，一路急行军才与孙恩的部队几乎同时赶到了丹徒。刘裕的兵卒本来就少，再加上赶很远的路，已经疲惫不堪，而丹徒原有的东晋守军又没有丝毫的斗志。孙恩率领他的部队一齐高声呐喊，擂鼓助威，登上了蒜山，而当地的居民则都挑着担子站在那里，观看两军对垒开战。刘裕率领着他手下的士兵奔向前去，对孙恩部队发动攻击，并把他们打得大败，变民从山崖上摔下，落入水中淹死的非常多，孙恩也仓惶狼狈得仅仅逃回到船上，才保住了命。但是他仍然依仗他自己的兵多，很快便重新整顿好部队，径直向京师开进了。后将军司马元显率领部队前来迎战，但却不断地战败失利。会稽王司马道子没有其他办法，只是天天去蒋侯庙去祭祀祈祷。孙恩的部队距离建康已经越来越近了，百姓人心惶惶，非常恐惧。谯王司马尚之

帅精锐驰至，径屯积弩堂。恩楼船高大，溯风不得疾行，数日乃至白石。恩本以诸军分散，欲掩不备。既而知尚之在建康，复闻刘牢之已还，至新洲，不敢进而去，浮海北走郁洲。恩别将攻陷广陵，杀三千人。宁朔将军高雅之击恩于郁洲，为恩所执。

桓玄厉兵训卒，常伺朝廷之隙，闻孙恩逼京师，建牙聚众，上疏请讨之。元显大惧。会恩退，元显以诏书止之，玄乃解严。

13　梁中庸等共推沮渠蒙逊为大都督、大将军、凉州牧、张掖公，赦其境内，改元永安。蒙逊署从兄伏奴为张掖太守、和平侯，弟挐为建忠将军、都谷侯，田昂为西郡太守，臧莫孩为辅国将军，房晷、梁中庸为左右长史，张骘、谢正礼为左右司马。擢任贤才，文武咸悦。

14　河西王利鹿孤命群臣极言得失。西曹从事史暠曰："陛下命将出征，往无不捷，然不以绥宁为先，唯以徙民为务，民安土重迁，故多离叛，此所以斩将拔城而地不加广也。"利鹿孤善之。

15　秋，七月，魏兖州刺史长孙肥将步骑二万南徇许昌，东至彭城，将军刘该降之。

统率着他的精锐部队及时赶到，直接驻守在积弩堂。孙恩的战舰非常高大，逆风开不快，所以几天之后才到达白石。孙恩本来以为东晋各支精锐部队驻守的地区比较分散，因此打算趁他们没有准备发动突然袭击。但是到达白石后，得知司马尚之的部队正在建康，又听说刘牢之也已经回军，据守在新洲，所以，他再也不敢继续前进，只好回军，从海路向北直扑郁洲。孙恩手下的其他将领攻克了广陵，杀死了三千人。宁朔将军高雅之在郁洲向孙恩发动进攻，却被孙恩的军队抓获。

荆州刺史桓玄无时无刻不在磨砺兵器，训练部队，经常严密注视着朝廷内部所出现的每一个对自己有利的微小变化。当他听说孙恩逼近京师，便赶紧树起军旗，集结队伍，向朝廷呈上疏奏，请求带兵去征讨孙恩。司马元显对此大为恐惧。正好赶上孙恩的军队撤了回去，于是司马元显以诏书制止桓玄起兵，桓玄无奈，只好命令部队解除戒备。

13 北凉梁中庸等人一起推举沮渠蒙逊担任大都督、大将军、凉州牧、张掖公，他下令在他所管辖的范围内实行大赦，改年号为永安。沮渠蒙逊又任命他的堂兄沮渠伏奴为张掖太守、和平侯，任命他的弟弟沮渠挐为建忠将军、都谷侯，田昂为西郡太守，命臧莫孩为辅国将军，房晷、梁中庸为左右长史，张骘、谢正礼为左右司马。他擢升、任用的都是贤明有才干的人物，文武官员都感到很舒心、很高兴。

14 南凉河西王秃发利鹿孤下令让群臣畅所欲言，指出他为政的得失好坏。西曹从事史暠说："陛下命令将领们出征，没有不得胜的。但是，我们打仗，不把安定民心、使他们的生活得到安宁作为首要目的，而只是把迁移人口作为要务，百姓安土重迁，所以经常出现离心叛逆的现象，这就是我们之所以斩杀敌将、攻克敌城，但是地域却不能更加拓展的原因。"秃发利鹿孤觉得他说得很对。

15 秋季，七月，北魏兖州刺史长孙肥带领着步、骑兵共两万人，向南夺取了东晋的许昌，又向东进军到彭城。东晋将军刘该投降了他。

16　秦陇西公硕德自金城济河，直趣广武，河西王利鹿孤摄广武守军以避之。秦军至姑臧，凉王隆遣辅国大将军超、龙骧将军邈等逆战，硕德大破之，生禽邈，俘斩万计。隆婴城固守，巴西公佗帅东苑之众二万五千降于秦。西凉公暠、河西王利鹿孤、沮渠蒙逊各遣使奉表入贡于秦。

初，凉将姜纪降于河西王利鹿孤，广武公傉檀与论兵略，甚爱重之，坐则连席，出则同车，每谈论，以夜继昼。利鹿孤谓傉檀曰："姜纪信有美才，然视候非常，必不久留于此，不如杀之。纪若入秦，必为人患。"傉檀曰："臣以布衣之交待纪，纪必不相负也。"八月，纪将数十骑奔秦军，说硕德曰："吕隆孤城无援，明公以大军临之，其势必请降。然彼徒文降而已，未肯遂服也。请给纪步骑三千，与王松忽因焦朗、华纯之众，伺其衅隙，隆不足取也。不然，今秃发在南，兵强国富，若兼姑臧而据之，威势益盛，沮渠蒙逊、李暠不能抗也，必将归之，如此，则为国家之大敌矣。"硕德乃表纪为武威太守，配兵二千，屯据晏然。

16　后秦陇西公姚硕德从金城附近渡过黄河，径直向广武逼近，南凉河西王秃发利鹿孤调动他在广武的守军撤退，避开了后秦国讨伐后凉国的军队。后秦军队到达姑臧，后凉王吕隆派遣辅国大将军吕超、龙骧将军吕邈等迎战后秦军，姚硕德把他们打得大败，活捉了吕邈，俘虏杀戮的后凉军卒数以万计。吕隆围绕着都城，指挥固守阵地。后凉巴西公吕佗率领着东苑的部队两万五千人向后秦投降。西凉公李暠、南凉河西王秃发利鹿孤、北凉张掖公沮渠蒙逊等都分别派遣使节、捧着奏章，去向后秦纳贡。

当初，后凉将军姜纪向南凉河西王秃发利鹿孤投降，广武公秃发傉檀与他探讨兵家战略，对他非常喜爱、推崇，如果坐下的话，便紧挨着，坐垫相连，如果出门的话，便一定要同坐一辆车，每次在一起谈论事情，都是白天说不完，晚上接着说。秃发利鹿孤对秃发傉檀说："姜纪的确具有很高的才华，但是我通过观察，觉得他不是一个有常性的人，一定不会长久地留在我们这里，所以，不如把他杀了。否则，姜纪如果去了秦，一定会成为我们的祸患。"秃发傉檀说："我以平民的身份平等地对待他，和他交朋友，姜纪一定不会对不起我。"八月，姜纪带着几十个骑兵投奔后秦军，游说姚硕德说："吕隆只守住一座孤城，却没有外来的部队援助，明公您指挥大军围困在他的城下，在那种情况下，他一定会请求投降。但是，他这只是嘴上说投降而已，心里并不一定马上便肯于服从我们。请您交给我步、骑兵三千人，与王松忽将军一起，利用后凉归顺过来的焦朗、华纯所带的部队，在旁边等待时机，那么征服吕隆就根本不成问题了。如果不这样的话，现在秃发利鹿孤在南方，军队强壮，国家富有，假若再把姑臧城兼并占有的话，那么，他的威霸之势便会越发强盛，而沮渠蒙逊和李暠没有力量抵抗他们，也一定会向他归附。一旦这样，那可就是秦的强大敌人了。"姚硕德于是上奏请求任命姜纪做武威太守，并配给他一支两千人的部队，让他在晏然驻守。

秦王兴闻杨桓之贤而征之，利鹿孤不敢留。

17　诏以刘裕为下邳太守，讨孙恩于郁洲，累战，大破之。恩由是衰弱，复缘海南走，裕亦随而邀击之。

18　燕王盛惩其父宝以懦弱失国，务峻威刑，又自矜聪察，多所猜忌，群臣有纤介之嫌，皆先事诛之，由是宗亲、勋旧，人不自保。丁亥，左将军慕容国与殿上将军秦舆、段讚谋帅禁兵袭盛，事发，死者五百馀人。壬辰夜，前将军段玑与秦舆之子兴、段讚之子泰潜于禁中鼓噪大呼。盛闻变，帅左右出战，贼众逃溃。玑被创，匿厢屋间。俄有一贼从暗中击盛，盛被伤，辇升前殿，申约禁卫，事定而卒。

中垒将军慕容拔、冗从仆射郭仲白太后丁氏，以为国家多难，宜立长君。时众望在盛弟司徒、尚书令、平原公元，而河间公熙素得幸于丁氏，丁氏乃废太子定，密迎熙入宫。明旦，群臣入朝，始知有变，因上表劝进于熙。熙以让元，元不敢当。癸巳，熙即天王位，捕获段玑等，皆夷三族。甲午，大赦。丙申，平原公元以嫌赐死。闰月辛酉，葬盛于兴平陵，谥曰昭武皇帝，庙号中宗。丁氏送葬未还，中领军慕容提、步军校尉张佛等谋立故太子定，事觉，伏诛，定亦赐死。丙寅，大赦，改元光始。

后秦王姚兴听说杨桓非常贤明能干，便征召他到京师长安来，南凉河西王秃发利鹿孤也不敢擅自把他留下来。

17　东晋朝廷下诏，任命刘裕为下邳太守，命他去郁洲征讨孙恩，几次交战，都把变民部队打得大败。孙恩的势力从此衰弱下来，再一次沿海向南败逃，刘裕也紧追不放，不断地向孙恩部队发动进攻。

18　后燕王慕容盛鉴于他的父亲慕容宝因为过于懦弱丢掉国家大权的教训，所以为政峻急威严，施刑也较为苛刻，加上他又自以为很聪明，明察秋毫，对手下的很多人都非常猜疑忌恨，大臣们稍有一点嫌疑，他都先杀掉再说，因此，即便是王室宗亲，功臣元老，也都不能自保。丁亥（十五日），左将军慕容国与殿上将军秦舆、段讚阴谋率领禁卫军袭击慕容盛，事情暴露，牵连致死的有五百多人。壬辰（二十日）夜里，前将军段玑与秦舆的儿子秦兴、段讚的儿子段泰潜进禁宫之中擂鼓呐喊。慕容盛听到有兵变的消息，率领着左右的亲兵出来迎战，兵变的众人逃跑溃散。段玑受了伤，藏到旁边的房屋之内。不一会儿，有一个参与兵变的士兵从黑暗中突然向慕容盛偷袭，使他受到重伤。但在这种情况下，慕容盛还是坐着轿来到前殿，重新申述强调禁宫的规定，布置警卫，等事情安定之后才死。

中垒将军慕容拔、冗从仆射郭仲向太后丁氏禀报，认为现在国家多灾多难，应该拥立一个年龄较大的人。当时，大家的希望寄托在慕容盛的弟弟司徒、尚书令、平原公慕容元身上，但是河间公慕容熙在平时却很得丁太后的宠爱，于是丁太后便废黜了太子慕容定，秘密迎接慕容熙进宫。第二天早晨，文武大臣们进朝议政，才知道事情发生了变化，因此只好呈上奏章劝说慕容熙进位。慕容熙让位给慕容元，慕容元不敢接受。癸巳（二十一日），慕容熙登上了天王的位子，把段玑等人抓获，把他们的三族全部杀光。甲午（二十二日），实行大赦。丙申（二十四日），平原公慕容元因为有参与叛乱的嫌疑，慕容熙命令他自杀。闰月（八月）辛酉（十九日），把慕容盛埋葬在兴平陵，追谥他叫昭武皇帝，庙号中宗。丁太后出城为儿子送葬还没有回城的时候，中领军慕容提、步军校尉张佛等阴谋拥立原太子慕容定，事情被发觉，他们又全都被杀，慕容定也被赐死。丙寅（二十四日），实行大赦，改年号为光始。

19　秦陇西公硕德围姑臧累月，东方之人在城中者多谋外叛，魏益多复诱扇之，欲杀凉王隆及安定公超，事发，坐死者三百馀家。硕德抚纳夷、夏，分置守宰，节食聚粟，为持久之计。

凉之群臣请与秦连和，隆不许。安定公超曰："今资储内竭，上下嗷嗷，虽使张、陈复生，亦无以为策。陛下当思权变屈伸，何爱尺书、单使为卑辞以退敌！敌去之后，修德政以息民，若卜世未穷，何忧旧业之不复！若天命去矣，亦可以保全宗族。不然，坐守困穷，终将何如？"隆乃从之，九月，遣使请降于秦。硕德表隆为镇西大将军、凉州刺史、建康公。隆遣子弟及文武旧臣慕容筑、杨颖等五十馀家入质于长安。硕德军令严整，秋毫不犯，祭先贤，礼名士，西土悦之。

沮渠蒙逊所部酒泉、凉宁二郡叛降于西凉，又闻吕隆降秦，大惧，遣其弟建忠将军挐、牧府长史张潜见硕德于姑臧，请帅其众东迁。硕德喜，拜潜张掖太守，挐建康太守。潜劝蒙逊东迁。挐私谓蒙逊曰："姑臧未拔，吕氏犹存，硕德粮尽将还，不能久也，何为自弃土宇，受制于人乎！"臧莫孩亦以为然。

19　后秦陇西公姚硕德围困姑臧已经几个月，城中的许多家住东方中原一带的人都计划着向城外的后秦军叛降。后凉将军魏益多又在里面诱骗煽动人们，准备杀了后凉王吕隆和安定公吕超，不想事情败露，因此牵连被杀的人有三百多家。姚硕德接纳安抚夷族汉族的所有当地居民，并分别安排了太守、县宰等地方官吏。他又命令手下的部队节省粮食、积聚稻米，以此作为准备坚持长久围困姑臧的办法。

后凉大臣们请求与后秦讲和联手，但吕隆坚决不同意。安定公吕超说："现在，我们内部的物资储蓄已经基本枯竭，上上下下全部忍饥挨饿，在这种情况下，即使让张良、陈平复活，他们也不会有对策。陛下应该考虑根据情况有所权宜变通，能屈能伸，为什么那么看重一纸书信和一介使节而不愿用几句谦卑的话把强大的敌人骗得退兵呢？敌人撤退之后，我们可以致力于完善仁德的政事，用来使百姓获得休养生息。如果我们国家先天就定下来的命数还没有穷尽，何必担忧旧有的大业不能够恢复呢？如果老天规定的命数到头了，这样也可以保全我们的宗族。如果不这样的话，只是坐在这里守着困乏窘迫，到头来能怎么样呢？"吕隆这才听从。九月，派遣使者向后秦请求投降。姚硕德向朝廷呈上奏章，请求任命吕隆为镇西大将军、凉州刺史、建康公。吕隆派遣子弟以及一些原来的文武大臣慕容筑、杨颖等五十多家到长安去做人质。姚硕德军令严厉整肃，秋毫不犯，并且祭祀历史上的贤明之士，对当世有名望的人也是厚礼相待，所以，西部百姓都非常高兴。

北凉沮渠蒙逊所属的酒泉、凉宁两个郡，都向西凉叛降，他又听说吕隆也投降了后秦，非常害怕，他派遣他的弟弟建忠将军沮渠挐、牧府长史张潜去姑臧拜见姚硕德，请求允许他带着他的所有部众向东迁移。姚硕德非常高兴，任命张潜为张掖太守，沮渠挐为建康太守。张潜竭力地劝沮渠蒙逊率部属向东迁移。沮渠挐却在私下里对沮渠蒙逊说："姑臧现在还没有被攻克，吕氏政权也还继续存在，姚硕德的部队粮草用尽之后，一定就会回去，不能呆得太久，为什么自己主动放弃已有的疆土，而去受别人的控制呢？"臧莫孩也深以为然。

蒙逊遣子奚念为质于河西王利鹿孤，利鹿孤不受，曰："奚念年少，可遣挐也。"冬，十月，蒙逊复遣使上疏于利鹿孤曰："臣前遣奚念具披诚款，而圣旨未昭，复征弟挐。臣窃以为，苟有诚信，则子不为轻，若其不信，则弟不为重。今寇难未夷，不获奉诏，愿陛下亮之。"利鹿孤怒，遣张松侯俱延、兴城侯文支将骑一万袭蒙逊，至万岁临松，执蒙逊从弟鄯善苟子，虏其民六千馀户。蒙逊从叔孔遮入朝于利鹿孤，许以挐为质，利鹿孤乃归其所掠，召俱延等还。文支，利鹿孤之弟也。

20　南燕主备德宴群臣于延贤堂，酒酣，谓群臣曰："朕可方自古何等主？"青州刺史鞠仲曰："陛下中兴圣主，少康、光武之俦。"备德顾左右赐仲帛千匹。仲以所赐多，辞之。备德曰："卿知调朕，朕不知调卿邪！卿所对非实，故朕亦以虚言赏卿耳。"韩范进曰："天子无戏言，今日之论，君臣俱失。"备德大悦，赐范绢五十匹。

备德母及兄纳皆在长安，备德遣平原人杜弘往访之。弘曰："臣至长安，若不奉太后动止，当西如张掖，以死为效。臣父雄年逾六十，乞本县之禄以申乌鸟之情。"中书令张华曰："杜弘未行而求禄，要君之罪大矣。"备德曰："弘为君迎母，为父求禄，忠孝备矣，何罪之有！"以雄为平原令。弘至张掖，为盗所杀。

沮渠蒙逊把自己的儿子沮渠奚念派到南凉河西王秃发利鹿孤那里去做人质，向秃发利鹿孤求援。秃发利鹿孤不接受沮渠奚念，说："沮渠奚念年纪太小，可以把沮渠挐派来。"冬季，十月，沮渠蒙逊再一次派使节向秃发利鹿孤上疏说："臣下前次派遣奚念到陛下那里去，的确是寄托着臣的一片诚意，但是陛下的圣意却未能明鉴臣的良苦用心，所以才再向臣索要弟沮渠挐。臣下心中认为，如果有诚心信义的话，那么儿子的分量就不轻，如果不讲信义，那么即使是弟弟，分量也不是很重。现在，臣这里强盗来犯的危难还没有平复，所以，不能遵奉陛下的旨意，但愿陛下能够知道臣的难处，原谅臣。"秃发利鹿孤被沮渠蒙逊的话所激怒，派遣张松侯秃发俱延、兴城侯秃发文支带领一万骑兵袭击沮渠蒙逊，很快便把部队推进到了万岁、临松一线，抓获了沮渠蒙逊的堂弟沮渠鄯善苟子，并掳掠了北凉百姓六千多户。沮渠蒙逊的堂叔沮渠孔遮，代表北凉来到南凉朝见秃发利鹿孤，答应把沮渠挐送来做人质，秃发利鹿孤这才把这次出兵抢回来的人口等全部送还给了他们，召秃发俱延他们收兵回来。秃发文支是秃发利鹿孤的弟弟。

20　南燕国主慕容备德，在延贤堂宴请文武大臣们，酒喝得最痛快、情绪最高涨的时候，他对大臣们说："朕可以和自古以来的什么样的君主相比？"青州刺史鞠仲回答说："陛下是中兴国运的圣明君主，当然与夏朝的少康帝、汉朝的光武帝是一样的了。"慕容备德示意左右侍从，赏赐鞠仲一千匹帛。鞠仲因为赏赐太多，连忙辞谢。慕容备德说："你知道拿话来调笑我，难道朕就不知道调笑调笑你吗？你回答我的话不是实话，所以，朕也不过是用虚言空话来赏赐你罢了。"韩范进言道："作为天子，是不应该说玩笑话的，今天你们两人所说的话，君主与臣下都是不对的。"慕容备德非常高兴，赏赐给韩范五十匹绢。

慕容备德的母亲和哥哥慕容纳都留在长安居住，慕容备德派遣平原人杜弘前去探望他们。杜弘说："我到长安之后，如果找不到太后，不能了解太后的身体生活等情况，那么，我会向西再到张掖去打听，尽全力完成任务，一直到死。但是，我的父亲杜雄，年龄已经过了六十岁，我请求陛下能给他一个做本县县令的俸禄，这样，才可以表明我像乌鸦反哺那样的孝敬父母的心情。"中书令张华说："杜弘还没有走，便事先请求俸禄，这样要挟君王，罪过太大了。"慕容备德却说："杜弘既然为君主去寻找、迎接母亲，为自己的老父亲请求俸禄，可以说是忠孝两全了，有什么罪过呢？"果然任命杜雄为平原县令。杜弘到达张掖之后，就被强盗杀害了。

21　十一月，刘裕追孙恩至沪渎、海盐，又破之，俘斩以万数，恩遂自浃口远窜入海。

22　十二月辛亥，魏主珪遣常山王遵、定陵公和跋帅众五万袭没弈干于高平。

23　乙卯，魏虎威将军宿沓干伐燕，攻令支。乙丑，燕中领军宇文拔救之。壬午，宿沓干拔令支而戍之。

24　吕超攻姜纪不克，遂攻焦朗。朗遣其弟子嵩为质于河西王利鹿孤以请迎，利鹿孤遣车骑将军傉檀赴之。比至，超已退，朗闭门拒之。傉檀怒，将攻之。镇北将军俱延谏曰："安土重迁，人之常情。朗孤城无食，今年不降，后年自服，何必多杀士卒以攻之！若其不捷，彼必去从他国。弃州境士民以资邻敌，非计也，不如以善言谕之。"傉檀乃与朗连和，遂曜兵姑臧，壁于胡阬。

傉檀知吕超必来斫营，畜火以待之。超夜遣中垒将军王集帅精兵二千斫傉檀营，傉檀徐严不起。集入垒中，内外皆举火，光照如昼，纵兵击之，斩集及甲首三百馀级。吕隆惧，伪与傉檀通好，请于苑内结盟。傉檀遣俱延入盟，俱延疑其有伏，毁苑墙而入。

21　十一月，东晋刘裕追击变民孙恩的部队，来到沪渎、海盐，又一次把他们打败，俘虏斩杀的人数以万计，孙恩于是只好从浃口远远地逃向大海。

22　十二月辛亥（十一日），北魏国主拓跋珪派遣常山王拓跋遵、定陵公和跋，率领军卒五万人在高原进攻后秦车骑将军没弈干。

23　乙卯（十五日），北魏虎威将军宿沓干带兵讨伐后燕，向令支发起进攻。乙丑（二十五日），后燕中领军宇文拔赶来援救。壬午，宿沓干攻克令支，据守在那里。

24　后凉安定公吕超进攻后秦姜纪驻守的晏然没有攻克，于是，又转而去进攻焦朗所驻守的魏安。焦朗派他的侄儿焦嵩到南凉河西王秃发利鹿孤那里去做人质，请求他们派兵前来营救，秃发利鹿孤于是派遣车骑将军秃发傉檀向魏安进军。等他们赶到的时候，吕超已经带兵退走，焦朗却紧闭城门，拒绝迎接他们进城。秃发傉檀为此火冒三丈，打算进攻魏安城。镇北将军秃发俱延劝阻说："安于故土而不愿随便迁徙，这是人之常情。焦朗据守着一座孤城，根本就没有粮食，即使今年不投降，再过一年也会自己前来拜服，何必现在一定要过多地杀戮士卒来进攻他们呢？如果一旦攻打他又不能取胜，他一定会去归附别的国家。这样放弃本州地域之内的居民士人，送给与我们相邻的敌国，不是一个好办法。我看不如用好话来安抚他们。"秃发傉檀这才与焦朗和好结盟，于是，他又到后凉国的都城姑臧去大肆炫耀自己的兵力。然后，便在胡阬扎下大营。

秃发傉檀料知吕超当天晚上一定会来劫营，所以事先准备好了火把等待他们。晚上吕超果然派遣中垒将军王集率领精锐部队两千人前来袭击秃发傉檀大营，秃发傉檀命令部队暂时不要反击。等到王集的部队全部冲进他的壁垒之中，他这才命令大军在营盘内外一同点起火把，火光把黑夜照得像白天一样，同时又纵兵攻打王集的军队，斩杀了王集以及其他顶盔贯甲的士兵三百多人。吕隆为此大为害怕，假装要和秃发傉檀互相交好，并邀请他去宫中内花园缔结盟约。秃发傉檀派秃发俱延进城参加结盟仪式。秃发俱延怀疑后凉设有埋伏，因此捣毁了一处花园墙壁进入园中。

超伏兵击之，俱延失马步走，凌江将军郭祖力战拒之，俱延乃得免。傉檀怒，攻其昌松太守孟祎于显美。隆遣广武将军苟安国、宁远将军石可帅骑五百救之。安国等惮傉檀之强，遁还。

25　桓玄表其兄伟为江州刺史，镇夏口。司马刁畅为辅国将军、督八郡军事，镇襄阳。遣其将皇甫敷、冯该戍湓口。移沮、漳蛮二千户于江南，立武宁郡。更招集流民，立绥安郡。诏征广州刺史刁逵、豫章太守郭昶之，玄皆留不遣。

玄自谓有晋国三分之二，数使人上己符端，欲以惑众。又致笺于会稽王道子曰："贼造近郊，以风不得进，以雨不致火，食尽故去耳，非力屈也。昔国宝死后，王恭不乘此威入统朝政，足见其心非侮于明公也，而谓之不忠。今之贵要腹心，有时流清望者谁乎？岂可云无佳胜？直是不能信之耳！尔来一朝一夕，遂成今日之祸。在朝君子皆畏祸不言，玄忝任在远，是以披写事实。"元显见之，大惧。

张法顺谓元显曰："桓玄承藉世资，素有豪气，既并殷、杨，专有荆楚。第下之所控引止三吴耳。孙恩为乱，东土涂地，公私困竭，玄必乘此纵其奸凶，窃用忧之。"元显曰："为之奈何？"法顺曰："玄始得荆州，人情未附，方务绥抚，未暇他图。若乘此

吕超设下的伏兵向他偷袭，秃发俱延失去了战马，只好步行逃走，凌江将军郭祖竭力奋战，抵挡后凉伏兵的追杀，秃发俱延才得免一死。秃发傉檀怒火中烧，在显美对后凉昌松太守孟祎发动猛攻。吕隆派遣广武将军苟安国、宁远将军石可带领骑兵五百人前去救援。但是，苟安国等人却因为害怕秃发傉檀部队的强大势力，很快便逃了回去。

25　东晋荆州刺史桓玄向朝廷奏请任命他的哥哥桓伟做了江州刺史，镇守夏口。任命司马刁畅为辅国将军、督八郡军事，镇守襄阳。桓玄派他手下大将皇甫敷、冯该据守湓口，迁移沮水、漳水流域的两千户蛮族居民到长江以南去居住，设置了武宁郡。他又把一些四处流浪的饥民招集在一起，增设了绥安郡。朝廷下诏书征召广州刺史刁逵、豫章太守郭昶之进京，桓玄都把他们留住，不让他们去。

桓玄自以为已经拥有了东晋三分之二的疆土，所以多次让人向他呈上他可以做君主的天命符征和吉兆，打算用这些来迷惑百姓。又给会稽王司马道子写信说："孙恩那些盗贼上次逼近京城的近郊，因为风不顺而没有能够攻打进来，又因为天下大雨，而没有机会运用火攻，所以在粮食吃完之后自然便回去了，并不是力量不足。过去，王国宝死了之后，王恭没有乘这时的威势进一步统领朝廷政务，这就完全可以让人看出他的居心并没有对您有丝毫的不敬和侮辱，但是您却说他不忠。现在的朝中权要贵官，国家的心腹栋梁，深孚众望声名远播的人是谁？怎么能说没有更好的？只不过是您不能相信他罢了！您就是这样日复一日，才酿成像今天这样的祸患。在朝廷中的那些王公大臣们因为害怕大祸临头所以不敢说话。幸亏桓玄我远在外地任职，才有胆量揭露这样的事实。"司马元显看到了这封信，非常害怕。

张法顺对司马元显说："桓玄凭借他的家世名望和资产，又向来具有一股豪气，已经吞并了殷仲堪、杨佺期，自己独霸了荆楚一带广大地区。但是您所能控制的真正可以算作属于您的疆界，也不过就是三吴之地罢了。孙恩制造祸乱，使东部地区损失巨大，一片荒芜，朝廷、百姓积蓄枯竭，生活窘困，桓玄一定会乘此机会大肆施展他奸恶凶残的手段，实现他的阴险目的。我心中以为这是值得我们忧虑的一件事。"司马元显说："我们能怎么办呢？"张法顺说："桓玄刚刚把荆州强占到手，当地百姓的人心和情感也都并没有完全归附他，因此，他也正在努力平定局势，安定民心，没有工夫考虑别的事。如果乘着这个

际使刘牢之为前锋，而第下以大军继进，玄可取也。”元显以为然。会武昌太守庾楷以玄与朝廷构怨，恐事不成，祸及于己，密使人自结于元显，云：“玄大失人情，众不为用，若朝廷遣军，己当为内应。”元显大喜，遣张法顺至京口，谋于刘牢之。牢之以为难。法顺还，谓元显曰：“观牢之言色，必贰于我，不如召入杀之。不尔，败人大事。”元显不从。于是大治水军，征兵装舰，以谋讨玄。

元兴元年(壬寅,402)

1　春，正月庚午朔，下诏罪状桓玄，以尚书令元显为骠骑大将军、征讨大都督、都督十八州诸军事、加黄钺，又以镇北将军刘牢之为前锋都督，前将军谯王尚之为后部，因大赦，改元，内外戒严，加会稽王道子太傅。

元显欲尽诛诸桓。中护军桓脩，骠骑长史王诞之甥也，诞有宠于元显，因陈脩等与玄志趣不同，元显乃止。诞，导之曾孙也。

张法顺言于元显曰：“桓谦兄弟每为上流耳目，宜斩之以杜奸谋。且事之济不，系在前军，而牢之反覆，万一有变，则祸败立至，可令牢之杀谦兄弟以示无贰心，若不受命，

时候派遣刘牢之为前锋，而您随后亲自带领大部队进发征剿，那么，桓玄一定可以被我们消灭。”司马元显以为这话很对。正好这时武昌太守庾楷因为桓玄与朝廷的权要结下仇怨，恐怕事情不能成功，大祸牵连自己，所以偷偷地派人前来，主动向司马元显投靠，说：“桓玄非常不得人心，他的部下也不太听从他的命令，如果朝廷这时派军队去征讨，那么我一定做内应。”司马元显非常高兴，马上派遣张法顺到京口去，找刘牢之商量。刘牢之却觉得征讨桓玄很困难。张法顺回来后，对司马元显说：“我观察刘牢之的表情言谈，一定是对我们怀有二心，不如把他召到京城来杀掉。如果不这样，他就会败坏了我们的大事。”司马元显没有听他的话。东晋朝廷从此开始大规模地整治训练水上部队，征选兵卒、装备战舰，准备用来对桓玄发动进攻。

晋安帝元兴元年(壬寅，公元402年)

1 春季，正月庚午朔(初一)，东晋朝廷下诏书，历数荆州刺史桓玄的罪状，任命尚书令司马元显为骠骑大将军、征讨大都督、都督十八州诸军事，加黄钺。又任命镇北将军刘牢之为前锋都督，任命前将军谯王司马尚之统率后卫部队。又下令实行大赦，改年号，在都城内外戒严，加封会稽王司马道子为太傅。

司马元显打算借此机会把桓氏家族的人全部诛灭。中护军桓脩是骠骑长史王诞的外甥，王诞又很得司马元显的宠爱信任，所以，他向司马元显禀告了桓脩等人与桓玄的志趣完全不同，司马元显才放弃了那个想法。王诞是王导的曾孙。

张法顺对司马元显说：“骠骑司马桓谦兄弟常常当长江上游荆州方面的耳目，为桓玄提供情报，应该把他们斩了，杀一儆百，来杜绝今后类似奸计阴谋的发生。而且此次出军讨伐桓玄，能否达到预期目的，关键就在前锋部队如何，但是刘牢之为人反复无常，万一他那里发生什么变化，那么我们的失败和大祸就会马上到来。所以，您可以让刘牢之杀掉桓谦兄弟来说明他和我们没有二心。如果他不接受命令，

当逆为之所。”元显曰：“今非牢之，无以敌玄。且始事而诛大将，人情不安。”再三不可。又以桓氏世为荆土所附，桓冲特有遗惠，而谦，冲之子也，乃自骠骑司马除都督荆益宁梁四州诸军事、荆州刺史，欲以结西人之心。

2　丁丑，燕慕容拔攻魏令支戍，克之，宿沓干走，执魏辽西太守那颉。燕以拔为幽州刺史，镇令支，以中坚将军辽西阳豪为本郡太守。丁亥，以章武公渊为尚书令，博陵公虔为尚书左仆射，尚书王腾为右仆射。

3　戊子，魏材官将军和突攻黜弗、素古延等诸部，破之。初，魏主珪遣北部大人贺狄干献马千匹求婚于秦，秦王兴闻珪已立慕容后，止狄干而绝其婚。没弈干、黜弗、素古延，皆秦之属国也，而魏攻之，由是秦、魏有隙。庚寅，珪大阅士马，命并州诸郡积谷于平阳之乾壁以备秦。

柔然社仑方睦于秦，遣将救黜弗、素古延。辛卯，和突逆击，大破之，社仑帅其部落远遁漠北，夺高车之地而居之。斛律部帅倍侯利击社仑，大为所败，倍侯利奔魏。社仑于是西北击匈奴遗种日拔也鸡，大破之，遂吞并诸部，士马繁盛，雄于北方。其地西至焉耆，东接朝鲜，南临大漠，旁侧小国皆羁属焉。自号豆代可汗。始立约束，以千人为军，军有将；百人为幢，幢有帅。攻战先登者赐以虏获，畏懦者以石击其首而杀之。

那么我们好在祸患到来之前先打算好怎么办。”司马元显说：“现在如果不是刘牢之，没有人可以与桓玄对敌。况且刚开始做这件事，便诛杀自己的大将，容易使人心不得安宁。”一而再、再而三地拒绝张法顺的请求。他又因为桓氏家族世代都得到荆州一带居民的归附，桓冲尤其是为那里的百姓留下了很多好处，而桓谦又是桓冲的儿子，所以把桓谦由骠骑司马调任都督荆、益、宁、梁四州诸军事及荆州刺史，打算用这种方法收买西部地区百姓的人心。

2　丁丑（初八），后燕中垒将军慕容拔向北魏戍守令支的部队发动进攻，攻克了令支，北魏将领宿沓干逃走。慕容拔抓获了北魏辽西太守那颉。后燕国任命慕容拔为幽州刺史，镇守令支，任命中坚将军辽西人阳豪为他家乡辽西郡的太守。丁亥（十八日），后燕国又任命章武公慕容渊为尚书令，博陵公慕容虔为尚书左仆射，尚书王腾为右仆射。

3　戊子（十九日），北魏材官将军和突进攻黜弗、素古延等几个部落，把他们全都打败。当初，北魏国主拓跋珪派遣北部大人贺狄干向后秦进献一千匹马，为自己求亲。后秦王姚兴听说拓跋珪已经册立慕容氏为皇后，于是便把贺狄干扣留，拒绝了拓跋珪通婚的请求。而没弈干、黜弗、素古延几个部落，也都是后秦的附属国，北魏却经常去攻打他们，因此，后秦、北魏两个国便产生了矛盾。庚寅（二十一日），北魏国主拓跋珪大规模地检阅自己的军队人马，并且命令并州的几个郡在平阳的乾壁城聚积粮草，用来防备后秦国的进攻。

柔然可汗郁久闾社仑正在与后秦国和睦邦交，于是派遣将领带兵去救助黜弗、素古延部落。辛卯（二十二日），北魏和突迎战郁久闾社仑，将他打得大败。郁久闾社仑率领他的部落远远地逃到大漠以北，夺取了高车部落的一些地方定居下来。斛律部落的统帅斛律倍侯利袭击郁久闾社仑，却被郁久闾社仑打得大败，斛律倍侯利于是又投奔北魏。郁久闾社仑从此又攻击西北部的匈奴族遗留下来的后裔日拔也鸡，并且把他们打得大败，于是侵吞兼并了其他很多部落，兵马强壮，在北方地区称雄。他所统辖的疆土向西直至焉耆，向东与朝鲜接壤，南部与大荒漠相邻，左近的许多小国全部被其征服而附属于他。郁久闾社仑自称为豆代可汗。开始建立规章制度，把每千名兵卒整编为一个军，在军中设立将军；把每百名兵卒整编为一个幢，在幢中设立帅。在进攻作战时，抢先上前占领敌阵的人，便把一些缴获的战利品赏赐给他，临阵怯懦、畏缩不前的人便用石头砸他的脑袋，把他处死。

4　秃发傉檀克显美，执孟祎而责之，以其不早降。祎曰："祎受吕氏厚恩，分符守土。若明公大军甫至，望旗归附，恐获罪于执事矣。"傉檀释而礼之，徙二千馀户而归，以祎为左司马。祎辞曰："吕氏将亡，圣朝必取河右，人无愚智皆知之。但祎为人守城不能全，复忝显任，于心窃所未安。若蒙明公之惠，使得就戮姑臧，死且不朽。"傉檀义而归之。

5　东土遭孙恩之乱，因以饥馑，漕运不继。桓玄禁断江路，公私匮乏，以麸、橡给士卒。玄谓朝廷方多忧虞，必未暇讨己，可以蓄力观衅。及大军将发，从兄太傅长史石生密以书报之。玄大惊，欲完聚江陵。长史卞范之曰："明公英威振于远近，元显口尚乳臭，刘牢之大失物情，若兵临近畿，示以祸福，土崩之势可翘足而待，何有延敌入境，自取穷蹙者乎！"玄从之，留桓伟守江陵，抗表传檄，罪状元显，举兵东下。檄至，元显大惧。二月丙午，帝饯元显于西池。元显下船而不发。

4　南凉车骑将军秃发傉檀攻克显美，抓住后凉国昌松郡守孟祎，对他大加斥责，因为他迟迟不降。孟祎说："我孟祎接受吕氏的深厚恩惠，承蒙他分授给我虎符，让我镇守一方疆土。如果你们大军刚一到来，看见你们的旌旗便去依附投奔，恐怕要受到您的怪罪啊！"秃发傉檀把他释放，并且以礼相待，迁移了两千多户当地居民便撤兵回去了。他又任命孟祎为左司马。孟祎辞谢说："吕氏就要灭亡了，圣明的贵国朝廷一定会攻占黄河以西的地方，这是无论聪明还是愚蠢的人都可以一目了然的事。但是，我孟祎给人家戍守城池却不能完成使命，保全防地，如果又厚颜接受这么高的职务，我在内心里实在觉得不安。如果承蒙您的恩惠，让我到姑臧去接受敌国对我的诛杀，那么即使死，我也是不朽的了。"秃发傉檀被他的气节所感动，把他放回去了。

5　东晋东部地区受孙恩变民所导致的征伐战乱的影响，加上灾荒年景，百姓饥饿贫困，水路的粮食运输不能继续。荆州刺史桓玄又禁闭断决长江通道，致使官府和私人的物资积蓄全部空乏，部队也只能用一些粮食的麸皮和橡树的果实等给战士充饥。桓玄以为朝廷正处在多事之秋，值得忧虑的事很多，一定没有闲暇来讨伐自己，因此，可以趁此机会积蓄力量等待时机。等到朝廷征讨他的大部队就要出发的时候，他的堂兄太傅长史桓石生秘密地用书信告诉了他这个消息。桓玄大吃一惊，打算把部队全部集结到江陵来据守。长史卞范之说："明公的英名威震于远近，司马元显却是个嘴里还有乳臭的小孩子，刘牢之已经非常丧失民心，如果我们把大部队抢先开拔到都城建康的临近地区，向他指明安危祸福，那么，他们土崩瓦解的趋势我们踮起脚尖就可以等到了，怎么能有把敌人引入自己境内心腹重地，自己找穷困紧迫日子过的人呢?"桓玄听从了他的话，留下桓伟镇守江陵，向朝廷呈上奏表，并把檄文公告传遍各地，揭露司马元显的各项罪行，同时挥师向东部进发。檄文传到都城建康，司马元显看到之后非常害怕。二月丙午(初七)，安帝在西池为司马元显饯行。司马元显害怕桓玄，登上战船，却没有马上出发。

6　癸丑，魏常山王遵等至高平，没弈干弃其部众，帅数千骑与刘勃勃奔秦州。魏军追至瓦亭，不及而还，尽获其府库蓄积，马四万馀匹，杂畜九万馀口，徙其民于代都，馀种分迸。平阳太守贰尘复侵秦河东，长安大震，关中诸城昼闭，秦人简兵训卒以谋伐魏。

7　秦王兴立子泓为太子，大赦。泓孝友宽和，喜文学，善谈咏，而懦弱多病。兴欲以为嗣，而狐疑不决，久乃立之。

8　姑臧大饥，米斗直钱五千，人相食，饿死者十馀万口。城门昼闭，樵采路绝，民请出城为胡虏奴婢者，日有数百，吕隆恶其沮动众心，尽坑之，积尸盈路。

沮渠蒙逊引兵攻姑臧，隆遣使求救于河西王利鹿孤。利鹿孤遣广武公傉檀帅骑一万救之。未至，隆击破蒙逊军。蒙逊请与隆盟，留谷万馀斛遗之而还。傉檀至昌松，闻蒙逊已退，乃徙凉泽段冢民五百馀户而还。

中散骑常侍张融言于利鹿孤曰："焦朗兄弟据魏安，潜通姚氏，数为反覆，今不取，后必为朝廷忧。"利鹿孤遣傉檀讨之，朗面缚出降，傉檀送于西平，徙其民于乐都。

6　癸丑(十四日),北魏常山王拓跋遵等率领袭击没弈干的部队,抵达高平,没弈干放弃他的部众,率数千名骑兵跟刘勃勃一起逃奔秦州。北魏国的部队追赶到瓦亭,没有追上便回去了,把没弈干政权的仓库中所有的物资积蓄全部收缴,并掠获了马匹四万多匹,其他各种牲畜九万多头,又把没弈干所属辖的百姓迁到代都去居住,剩下的为数不多的种族的人也都分崩离析。北魏平阳太守贰尘再次侵犯后秦国河东郡,使后秦都城长安受到很大震动,函谷关以西关中地区的各个城池在白天也都紧闭城门,后秦人挑选武器,训练士卒,以此图谋征伐北魏。

7　后秦王姚兴立儿子姚泓为太子,实行大赦。姚泓为人孝顺友善,谦和宽厚,喜欢文学,擅长清谈歌咏,但是,性格懦弱,身体一直多病。姚兴打算让他做自己的继承人,但又迟疑不决,拖了很长时间,才最后决定立他为太子。

8　后凉都城姑臧发生严重的饥荒,一斗米价值五千钱,出现了人吃人的现象,被饿死的人达到了十多万。城门白天紧紧关闭,人们出城砍柴的道路也被断绝,百姓中请求出城做胡人奴隶、婢女的人,每天都有几百人,吕隆讨厌他们这样扰乱人心,所以把他们全部活埋,积攒起来的尸体堆满道路。

沮渠蒙逊带兵进攻后凉都城姑臧。吕隆遣派使节向南凉河西王秃发利鹿孤求救。秃发利鹿孤派广武公秃发傉檀率骑兵一万前去救援吕隆。还没有赶到,吕隆就已经把沮渠蒙逊的部队打垮。沮渠蒙逊请求与吕隆讲和结盟,并把粮谷一万多斛遗留下来送给吕隆,便回去了。秃发傉檀来到昌松,听说沮渠蒙逊已经退兵,于是,便把凉泽、段冢一带的五百多户居民迁移回去了。

南凉中散骑常侍张融对秃发利鹿孤进言道:“焦朗兄弟据守在魏安,暗地里勾结后秦姚氏,已经反复了几次了,现在不消灭他们,以后一定会成为朝廷的忧患。”秃发利鹿孤于是便派遣秃发傉檀前去征讨他们,焦朗将双手反绑着出城投降。秃发傉檀把他押送到西平,并把他统辖的百姓迁移到乐都。

9　桓玄发江陵，虑事不捷，常为西还之计。及过寻阳，不见官军，意甚喜，将士之气亦振。

庾楷谋泄，玄囚之。

丁巳，诏遣齐王柔之以驺虞幡宣告荆、江二州，使罢兵。玄前锋杀之。柔之，宗之子也。

丁卯，玄至姑孰，使其将冯该等攻历阳，襄城太守司马休之婴城固守。玄军断洞浦，焚豫州舟舰。豫州刺史谯王尚之帅步卒九千阵于浦上，遣武都太守杨秋屯横江，秋降于玄军。尚之众溃，逃于涂中，玄捕获之。司马休之出战而败，弃城走。

刘牢之素恶骠骑大将军元显，恐桓玄既灭，元显益骄恣，又恐己功名愈盛，不为元显所容。且自恃材武，拥强兵，欲假玄以除执政，复伺玄之隙而自取之，故不肯讨玄。元显日夜昏酣，以牢之为前锋，牢之骤诣门，不得见，及帝出饯元显，遇之公坐而已。

牢之军溧洲，参军刘裕请击玄，牢之不许。玄使牢之族舅何穆说牢之曰："自古戴震主之威，挟不赏之功而能自全者，谁邪？越之文种，秦之白起，汉之韩信，皆事明主，为之尽力，功成之日，犹不免诛夷，况为凶愚者之用乎！君如今日战胜则倾宗，战败则覆族，欲以此安归乎！不若

9　东晋荆州刺史桓玄，从江陵出发，担心这次大规模军事行动不能取胜，因此，常常怀着向西回军的打算。等到过了寻阳，还是看不见朝廷的部队，心中非常高兴，将士的斗志和士气也振作、旺盛起来。

武昌太守庾楷做朝廷讨伐桓玄的内应的阴谋泄露，桓玄把他囚禁起来。

丁巳(十八日)，东晋朝廷下诏，派齐王司马柔之持驺虞幡到荆州、江州两地及军中展示，告谕他们赶快停止军事行动。桓玄的前锋将领把司马柔之杀了。司马柔之是司马宗的儿子。

丁卯(二十八日)，桓玄抵达姑孰，派遣他的部将冯该等人进攻历阳，襄城太守司马休之围绕城池坚持据守。桓玄的部队切断了洞浦与外界的联系，焚烧了豫州的舰船。豫州刺史谯王司马尚之率领步兵九千多人，在洞浦之上摆开战阵，派遣武都太守杨秋驻扎在横江，但杨秋却投降了桓玄的部队。司马尚之的部队溃散，他自己也逃到涂中，桓玄把他抓获。司马休之出城迎战失败，放弃了城池逃走。

刘牢之平时一向厌恶骠骑大将军司马元显，他恐怕桓玄被消灭之后，司马元显会越发的骄横任性，同时又担心自己的功劳声威越来越高，不能被司马元显容留、忍受。而且，他自恃勇猛无敌，又拥有一支强大的部队，打算借桓玄的手来铲除朝中的当权者，而自己则等待桓玄的漏洞再把他消灭，所以他并不热心于去讨伐桓玄。司马元显白天黑夜酣饮昏醉，他任命刘牢之为前锋，刘牢之未经事先约定，而贸然前去晋见他，没有见到，直到安帝出来为司马元显饯行，刘牢之才在公众场合与他匆匆相遇而已。

刘牢之驻军溧州，参军刘裕请求进攻桓玄，刘牢之没有允许。桓玄派刘牢之的一位族舅何穆向刘牢之游说道："从古到今，带着震慑主上的威望，身负无法再加奖赏的功勋而又能保全自己的人，是谁呢？越国的文种，秦国的白起，汉朝的韩信，都能有幸为圣明的主上做事，并为之尽心竭力，但是，在他们功业完成的时候，仍旧还免不了遭到诛戮屠杀，更何况是被凶狠残暴、愚蠢昏庸的人所利用呢！您这一次如果打了胜仗，就会被杀了全家，如果打了败仗，那么，您的家族自然更会遭到夷灭，您难道还打算就这样平安地回去吗？依我看，不如

翻然改图，则可以长保富贵矣。古人射钩、斩祛，犹不害为辅佐，况玄与君无宿昔之怨乎！”时谯王尚之已败，人情愈恐。牢之颇纳穆言，与玄交通。东海中尉东海何无忌，牢之之甥也，与刘裕极谏，不听。其子骠骑从事中郎敬宣谏曰：“今国家衰危，天下之重在大人与玄。玄藉父、叔之资，据有全楚，割晋国三分之二，一朝纵之使陵朝廷，玄威望既成，恐难图也，董卓之变，将在今矣。”牢之怒曰：“吾岂不知！今日取玄如反覆手耳。但平玄之后，令我奈骠骑何！”三月乙巳朔，牢之遣敬宣诣玄请降。玄阴欲诛牢之，乃与敬宣宴饮，陈名书画共观之，以安悦其意。敬宣不之觉，玄佐吏莫不相视而笑。玄版敬宣为谘议参军。

元显将发，闻玄已至新亭，弃船，退屯国子学，辛未，陈于宣阳门外。军中相惊，言玄已至南桁，元显引兵欲还宫。玄遣人拔刀随后大呼曰：“放仗！”军人皆崩溃，元显乘马走入东府，唯张法顺一骑随之。元显问计于道子，道子但对之涕泣。玄遣太傅从事中郎毛泰收元显送新亭，缚于舫前而数之。元显曰：“为王诞、张法顺所误耳。”

反过来改变自己的主意，那样就可以永远保住您的荣华富贵了。管仲射中了齐桓公的带钩，寺人披追捕重耳时砍断了他的衣袖都还并不影响当国家的辅佐大臣，更何况桓玄与您并没有任何宿怨呢！”当时，谯王司马尚之已经惨遭失败，人们的情绪更加恐慌。刘牢之基本上接受了何穆的劝告，与桓玄沟通了相互间的联系。东海中尉、东海人何无忌，是刘牢之的外甥，与刘裕一起极力劝阻他，他根本不听。他的儿子骠骑从事中郎刘敬宣劝说他道：“现在国家衰弱，危在旦夕，整个朝廷的重心与关键，都在您和桓玄两个人身上。桓玄凭借着他父亲、叔父所遗留下来的权位与威望，盘踞并占有了整个楚地，割据了晋国的三分之二，如果放纵他、让他有朝一日凌驾于朝廷之上，桓玄的威势声望形成之后，再想图谋铲除他，恐怕就更加困难了。像东汉董卓之变那样的灾难性的战乱，即将在现今重现了。”刘牢之愤怒地说：“我怎能不知道这些！我今天消灭桓玄易如反掌。但是，扫平桓玄之后，你让我如何对付骠骑大将军司马元显？”三月乙巳朔（初一），刘牢之派遣刘敬宣去拜见桓玄，请求投降。桓玄暗地里打算把刘牢之杀掉，于是便与刘敬宣一起开宴饮酒，并把一些著名的书法绘画陈列出来，陪同他观看欣赏，希望使他的心情安定舒畅。刘敬宣对桓玄的用心根本就没有任何察觉，桓玄手下那些官吏们看见这种情形，没有不相视会意、点头暗笑的。桓玄暂时任命刘敬宣为谘议参军。

司马元显刚刚准备出发，听说桓玄的大部队已经到了新亭，便马上扔掉船只，反身上岸，退到城中的国子学里驻守，辛未（初三），又到宣阳门外去排列开战阵，扎下大营。军营之中惊恐不安，传说桓玄的部队已经抵达南桁。司马元显带着部队准备回宫，这时，桓玄派遣先头部队拔出刀来，紧跟在他们的后边大声呐喊着说：“放下武器！”司马元显的部队彻底崩溃。司马元显乘着一匹马跑进了东府，只有张法顺一个人骑马紧跟着他。司马元显向司马道子询问有没有什么办法，司马道子也只是面对着儿子哭泣不止。桓玄派遣太傅从事中郎毛泰把司马元显收押起来，送到新亭。桓玄把他绑在大船的前头，一条条列举他的罪状。司马元显说：“我不过是被王诞、张法顺所迷惑耽误罢了。”

壬申，复隆安年号。帝遣侍中劳玄于安乐渚。玄入京师，称诏解严，以玄总百揆，都督中外诸军事、丞相、录尚书事、扬州牧、领徐荆江三州刺史，加授黄钺。玄以桓伟为荆州刺史，桓谦为尚书左仆射，桓脩为徐、兖二州刺史，桓石生为江州刺史，卞范之为丹杨尹。

初，玄之举兵，侍中王谧奉诏诣玄，玄亲礼之。及玄辅政，以谧为中书令。谧，导之孙也。新安太守殷仲文，觊之弟也，玄姊为仲文妻。仲文闻玄克京师，弃郡投玄，玄以为谘议参军。刘迈往见玄，玄曰："汝不畏死，而敢来邪？"迈曰："射钩斩祛，并迈为三。"玄悦，以为参军。

癸酉，有司奏会稽王道子酣纵不孝，当弃市，诏徙安成郡。斩元显及东海王彦璋、谯王尚之、庾楷、张法顺、毛泰等于建康市。桓脩为王诞固请，长流岭南。

玄以刘牢之为会稽内史。牢之曰："始尔，便夺我兵，祸其至矣。"刘敬宣请归谕牢之使受命，玄遣之。敬宣劝牢之袭玄，牢之犹豫不决，移屯班渎，私告刘裕曰："今当北就高雅之于广陵，举兵以匡社稷，卿能从我去乎？"裕曰："将军以劲卒数万，望风降服，彼新得志，威震天下，朝野人情皆已去矣，广陵岂可得至邪！裕当反服还京口耳。"何无忌谓裕曰："我将何之？"裕曰："吾观镇北必不免，卿可随我还京口。桓玄若守臣节，当与卿事之；不然，当与卿图之。"

壬申(初四),东晋恢复隆安这个年号。安帝派侍中到安乐渚去慰劳桓玄。桓玄进入京师,宣称皇帝下诏书,命令解除戒严。朝廷于是便任命桓玄统领文武百官,都督中外诸军事、丞相、录尚书事、扬州牧,兼任徐、荆、江三州刺史,加授黄钺。桓玄任命桓伟为荆州刺史,桓谦为尚书左仆射,桓脩为徐、兖二州刺史,桓石生为江州刺史,卞范之为丹阳尹。

当初,桓玄起兵的时候,侍中王谧曾经到江陵来见桓玄,传达安帝的诏书,桓玄亲自接待他,礼遇非常优厚。等到桓玄入朝辅佐国家政要,便任命王谧为中书令。王谧是王导的孙子。新安太守殷仲文是殷觊的弟弟,桓玄的姐姐是殷仲文的妻子。殷仲文听说桓玄征服了京师,所以,也放弃了自己所辖的新安郡,前来投靠桓玄,桓玄任命他做谘议参军。当年曾经指责过桓玄的刘迈前去晋见桓玄,桓玄说:"你难道不害怕死,还敢来见我?"刘迈说:"射中带钩的管仲,斩断衣襟的勃鞮,再加上我刘迈,正好合为三个。"桓玄非常高兴,任命他做参军。

癸酉(初五),有关部门呈上奏章,指责会稽王司马道子放纵酗酒,忤逆不孝,应该斩首弃尸示众。东晋朝廷下诏,命令把他赶出京城,贬逐到安成郡居住。把司马元显及其儿子东海王司马彦璋、谯王司马尚之、庾楷、张法顺、毛泰等人押到建康城的街市上全部斩首。桓脩为王诞竭力求情,所以,把他长期流放到大庾岭以南的偏荒地区去了。

桓玄任命刘牢之为会稽内史。刘牢之说:"刚开始就来剥夺我的兵权,大祸就要来了。"刘敬宣向桓玄请求回到京口去劝告刘牢之,让他赶快上任,桓玄派他去了。刘敬宣回到京口后,却劝说刘牢之袭击桓玄,刘牢之犹豫,拿不定主意,只是把部队移到班渎去驻扎,并在私下里告诉刘裕说:"现在,我们应当北上去广陵和驻守在那里的高雅之会合,一同发动部队来匡扶社稷,你能跟着我去吗?"刘裕说:"将军以拥有几万精壮士卒的实力,对桓玄也还都听见风声就去投降臣服,所以,他刚刚得以实现志向,声威震动天下,从朝廷到民间,人们的心愿都已经归附到他那里去了,您要去广陵,怎么可能顺利到达呢?我刘裕可要脱去军服,穿上百姓的衣服,回到京口去了。"何无忌对刘裕说:"我怎么办才好?"刘裕说:"我看你舅舅镇北将军一定难逃一死,你可以跟随我回京口去。桓玄如果遵守做臣属的礼节,我和你应当去为他做事;如果不那样,我便当和你一起想办法对付他。"

于是牢之大集僚佐，议据江北以讨玄。参军刘袭曰：“事之不可者莫大于反。将军往年反王兖州，近日反司马郎君，今复反桓公，一人三反，何以自立！”语毕，趋出，佐吏多散走。牢之惧，使敬宣之京口迎家，失期不至。牢之以为事已泄，为玄所杀，乃帅部曲北走，至新洲，缢而死。敬宣至，不暇哭，即渡江奔广陵。将吏共殡敛牢之，以其丧归丹徒。玄令斫棺斩首，暴尸于市。

10　大赦，改元大亨。

11　桓玄让丞相、荆江徐三州，改授太尉、都督中外诸军事、扬州牧、领豫州刺史，总百揆。以琅邪王德文为太宰。

12　司马休之、刘敬宣、高雅之俱奔洛阳，各以子弟为质于秦以求救。秦王兴与之符信，使于关中募兵，得数千人，复还屯彭城间。

13　孙恩寇临海，临海太守辛景击破之，恩所虏三吴男女，死亡殆尽。恩恐为官军所获，乃赴海死，其党及妓妾从死者以百数，谓之“水仙”。馀众数千人复推恩妹夫卢循为主。循，谌之曾孙也，神采清秀，雅有材艺。少时，沙门惠远尝谓之曰：“君虽体涉风素，而志存不轨，如何？”太尉玄欲抚安东土，乃以循为永嘉太守。循虽受命，而寇暴不已。

在这个时候，刘牢之把各级将领僚属全部集中到一起，商议据守长江以北的地区来讨伐桓玄。参军刘袭说：“不可以去做的事情中，最大的不过是谋反。将军在以前反王恭，近些日子反司马元显，现在又要来反叛桓玄，一个人连续三次谋反，还能用什么使自己在天下立脚？”话刚说完，便快步走了出去，其他的将佐官吏也多一哄而散地走了。刘牢之非常害怕，派刘敬宣去京口迎接家属，过了约定的日期，也没有来。刘牢之以为谋反的事情已泄露，被桓玄杀掉了，所以率领现有的部下向北逃跑，到达新洲的时候，终于上吊自杀。刘敬宣赶到这里之后，没有时间痛哭，便渡过长江，投奔广陵去了。刘牢之手下的将帅官吏们一起把他装殓起来，并把他的棺木运送回丹徒。桓玄下令劈开棺木，把刘牢之尸首上的脑袋也砍了下来，并把他的尸体扔到街上示众。

10　东晋实行大赦，改年号为大亨。

11　桓玄辞去丞相及荆、江、徐三州刺史的职务，改任太尉、都督中外诸军事、扬州牧，兼任豫州刺史，统领文武百官。任命琅邪王司马德文为太宰。

12　司马休之、刘敬宣、高雅之都逃奔到洛阳，各把自己的儿子兄弟送到后秦做人质，以此向后秦请求救助。后秦王姚兴交给他们兵符印信，让他们到关中一带去招募兵丁，招到了几千人。然后，他们又回到彭城一带驻守去了。

13　变民首领孙恩又来进犯临海，临海太守辛景把他打得大败，孙恩所抢掠的三吴地区的百姓，在战乱中全部被杀死。孙恩恐怕自己被朝廷的部队抓获，于是跳海自杀，他的部下党羽以及姬妾艺妓等人中跟着他一起自杀的有几百人，人们把这些人称为“水仙”。其馀的部众几千人又推举孙恩的妹夫卢循为首领。卢循是卢谌的曾孙，神态风采清秀雅静，多才多艺。小的时候，佛门僧人惠远曾经对他说：“你虽然外在行动上比较有素雅的儒风，但是心里却隐藏着不遵守法度的志向，是不是？”太尉桓玄打算用安抚的手段使东部地区的局势稳定下来，于是，任命卢循为永嘉太守。卢循虽然接受了任命，但是却依然为非作歹，行劫施暴。

14　甲戌，燕大赦。

15　河西王秃发利鹿孤寝疾，遗令以国事授弟傉檀。初，秃发思复鞬爱重傉檀，谓诸子曰："傉檀器识，非汝曹所及也。"故诸兄不以传子而传于弟。利鹿孤在位，垂拱而已，军国大事皆委于傉檀。利鹿孤卒，傉檀袭位，更称凉王，改元弘昌，迁于乐都，谥利鹿孤曰康王。

16　夏，四月，太尉玄出屯姑孰，辞录尚书事，诏许之。而大政皆就谘焉，小事则决于尚书令桓谦及卞范之。

自隆安以来，中外之人厌于祸乱。及玄初至，黜奸佞，擢隽贤，京师欣然，冀得少安。既而玄奢豪纵逸，政令无常，朋党互起，陵侮朝廷，裁损乘舆供奉之具，帝几不免饥寒，由是众心失望。三吴大饥，户口减半，会稽减什三四，临海、永嘉殆尽，富室皆衣罗纨，怀金玉，闭门相守饿死。

17　乞伏炽磐自西平逃归苑川，南凉王傉檀归其妻子。乞伏乾归使炽磐入朝于秦，秦主兴以炽磐为兴晋太守。

18　五月，卢循自临海入东阳，太尉玄遣抚军中兵参军刘裕将兵击之，循败，走永嘉。

19　高句丽攻宿军，燕平州刺史慕容归弃城走。

14　甲戌（初六），后燕实行大赦。

15　南凉河西王秃发利鹿孤病重，卧床不起，遗嘱命令把国家的政事交给弟弟秃发傉檀管理。当初，他们的父亲秃发思复鞬喜爱推重秃发傉檀，对儿子们说："秃发傉檀的气度和见识，不是你们哥儿几个能赶得上的。"所以几个哥哥都不把王位传给儿子，而只是传给弟弟。秃发利鹿孤登位之后，实际上也只是垂衣拱手地不做什么实事，军队国家的大事都委托给秃发傉檀处理决定。秃发利鹿孤去世，秃发傉檀继承王位，改称凉王，改年号为弘昌，并把都城迁到乐都，追谥秃发利鹿孤为康王。

16　夏季，四月，太尉桓玄离开都城建康，去姑孰驻扎，辞去了录尚书事的官职，安帝下诏同意。但是凡是大政方针，都还要去他那里请示，其他小事就由尚书令桓谦和丹阳尹卞范之决定。

自隆安以来，东晋全国上下的百姓，对接连不断的天灾人祸、动乱战争，深感厌倦。等到桓玄刚刚来到京师，罢黜奸佞的小人，选拔贤明的才俊，建康的百姓非常高兴，都希望能得到一点安定的生活环境。但是不久桓玄便骄奢横暴，放纵享乐，政令变化无常，朋党纷纷出现，甚至对朝廷也大加欺凌侮辱，并把皇家御用的车马轿乘、供奉的食品用具等也都随意裁减，连安帝也几乎不免于挨冻受饿。从此，民众的心里非常失望。三吴地区发生大饥荒，住户人口都减少了一半左右，其中，会稽郡是十人之中，能减少三四人，临海、永嘉两地人口则几乎全部死亡。即使是富贵人家，也都穿着绫罗绸缎，怀里抱着金银玉石，关起门来一起饿死。

17　被留在南凉的乞伏炽磐，终于从西平逃回苑川，南凉王秃发傉檀把他的妻子儿女也都归还给他。他的父亲乞伏乾归又让乞伏炽磐去后秦都城长安觐见后秦国主姚兴。姚兴任命乞伏炽磐为兴晋太守。

18　五月，东晋永嘉太守卢循从临海进犯东阳，太尉桓玄派遣抚军中兵参军刘裕带兵去进攻他。卢循失败，逃往永嘉。

19　高句丽对宿军城发动进攻，后燕国平州刺史慕容归放弃城池逃走。

20　秦主兴大发诸军，遣义阳公平、尚书右仆射狄伯支等将步骑四万伐魏，兴自将大军继之，以尚书令姚晃辅太子泓守长安，没弈干权镇上邽，广陵公钦权镇洛阳。平攻魏乾壁六十馀日，拔之。秋，七月，魏主珪遣毗陵王顺及豫州刺史长孙肥将六万骑为前锋，自将大军继发以击之。

21　八月，太尉玄讽朝廷以玄平元显功封豫章公，平殷、杨功封桂阳公，并本封南郡如故。玄以豫章封其子昇，桂阳封其兄子俊。

22　魏主珪至永安，秦义阳公平遣骁将帅精骑二百觇魏军，长孙肥逆击，尽擒之。平退走，珪追之，乙巳，及于柴壁。平婴城固守，魏军围之。秦王兴将兵四万七千救之，将据天渡运粮以馈平。魏博士李先曰："兵法：高者为敌所栖，深者为敌所囚。今秦皆犯之，宜及兴未至，遣奇兵先据天渡，柴壁可不战而取也。"珪命增筑重围，内以防平之出，外以拒兴之入。广武将军安同曰："汾东有蒙坑，东西三百馀里，蹊径不通。兴来，必从汾西直临柴壁，如此，虏声势相接，重围虽固，不能制也。不如为浮梁，渡汾西，筑围以拒之，虏至，无所施其智力矣。"珪从之。

20　后秦国主姚兴大规模地发动各支军队，派遣义阳公姚平、尚书右仆射狄伯支等带领步、骑兵四万人征伐北魏，姚兴自己带领大部队紧跟他们而来。他派尚书令姚晃辅佐太子姚泓镇守都城长安，派没弈干暂时镇守上邽，派广陵公姚钦暂时镇守洛阳。姚平对北魏乾壁城发动攻击，经过六十多天的激战，终于攻克。秋季，七月，北魏国主拓跋珪派遣毗陵王拓跋顺以及豫州刺史长孙肥带领六万骑兵做先锋，亲自统帅大部队跟着出发，前来迎击后秦军。

21　八月，太尉桓玄婉转地暗示朝廷根据桓玄平定司马元显的功劳封他为豫章公，又根据他平定殷仲堪、杨佺期的功劳，而封他为桂阳公，并且保持他原来受封的南郡公的爵位。桓玄把豫章公封给了他的儿子桓昇，把桂阳公封给了他的侄儿桓俊。

22　北魏国主拓跋珪的大军抵达永安，后秦义阳公姚平派遣骁将率领精壮的骑兵两百人前去侦察北魏军的虚实动静，长孙肥迎击他们，并把这些兵卒全部抓获。姚平带领部队撤退，拓跋珪追击他们。乙巳（初九），在柴壁城追上。姚平环城顽强据守，北魏大军把他们团团围住。后秦国主姚兴带领军卒四万七千多人前去救援姚平，准备占据汾水以西的天渡，从这里运送粮食接济坚守柴壁的姚平部队。北魏博士李先说："兵法云：驻军在高的地方，就要被敌人围困；驻军在地势低洼的地方，就要被敌人囚禁。现在秦军同时犯了这两项错误，我们应该赶在姚兴没有抵达之前，派遣一支出其不意的突击部队抢先占据天渡，那样的话，柴壁城就可以不用开战便拿下来了。"拓跋珪下令增加修筑一重又一重的围墙，对内预防姚平的向外突围，对外用来抗拒姚兴的向内进攻。广武将军安同说："汾水的东面有一个地方叫蒙坑，东西绵延三百多里，没有道路可以与它相通。姚兴如果来，一定会从汾水的西岸，直接逼临柴壁，倘若这样，敌军的声势互相呼应连接，那么我们设下的重重围障再坚固，也不能把他们制服。所以，依我看，不如在汾水之上搭起浮桥，把大部队渡到汾水西岸，在那里筑起围墙，用来抗拒敌人的进攻，这样，敌军即使来到这里，也已经没有他们施展智慧和力量的地方了。"拓跋珪听从了他的主张。

兴至蒲阪，惮魏之强，久乃进兵。甲子，珪帅步骑三万逆击兴于蒙阬之南，斩首千馀级，兴退走四十馀里，平亦不敢出。珪乃分兵四据险要，使秦兵不得近柴壁。兴屯汾西，凭壑为垒，束柏材从汾上流纵之，欲以毁浮梁，魏人皆钩取以为薪蒸。

冬，十月，平粮竭矢尽，夜，悉众突西南围求出。兴列兵汾西，举烽鼓噪为应。兴欲平力战突免，平望兴攻围引接，但叫呼相和，莫敢逼围。平不得出，计穷，乃帅麾下赴水死，诸将多从平赴水。珪使善游者钩捕之，无得免者。执狄伯支及越骑校尉唐小方等四十馀人，馀众二万馀人皆敛手就禽。兴坐视其穷，力不能救，举军恸哭，声震山谷。数遣使求和于魏，珪不许，乘胜进攻蒲阪，秦晋公绪固守不战。会柔然谋伐魏，珪闻之，戊申，引兵还。

或告太史令晁崇及弟黄门侍郎懿潜召秦兵，珪至晋阳，赐崇、懿死。

23　秦徙河西豪右万馀户于长安。

24　太尉玄杀吴兴太守高素、将军竺谦之及谦之从兄朗之、刘袭并袭弟季武，皆刘牢之北府旧将也。袭兄冀州刺史轨邀司马休之、刘敬宣、高雅之等共据山阳，欲起兵攻玄，不克而走。将军袁虔之、刘寿、高长庆、郭恭等皆往从之，将奔魏。至陈留南，分为二辈：轨、休之、敬宣奔南燕，虔之、寿、长庆、恭奔秦。

姚兴抵达蒲阪，畏惧北魏兵力的强大，拖延很久才将部队向前推进。甲子（二十八日），拓跋珪率领步、骑兵三万人在蒙坑之南迎击姚兴军，杀死一千多人，姚兴被迫撤退四十多里，姚平也不敢冲出柴壁接战。拓跋珪于是分派部队到四处去据守险峻重要的关卡，使后秦军无法接近柴壁城。姚兴也把主力驻扎在汾水以西的地区，凭借着山谷建起营寨壁垒，又把一些柏树等木材捆缚在一起，从汾水上游投放河中，使其顺流而下，打算用这种方法来摧毁北魏军搭在汾水上的浮桥，但北魏军队却把这些木材全部用钩捞上岸来，当做取暖煮饭的劈柴了。

冬季，十月，柴壁驻守的姚平军粮草吃完，箭矢用尽。夜里，姚平率领所有的军队从西南向外突围。姚兴也在汾水西岸列开阵势，燃起烽火，擂动战鼓，高声呼喊着，呼应姚平军。姚兴想让姚平拼死力战突围出来，而姚平则盼望姚兴能向北魏的包围圈发动进攻，导引、接应他们出来，因此，彼此双方只是叫喊呼唤交相应和，却都不敢逼近北魏的重围。姚平没有突围出来，无计可施，于是，率领部下跳入汾水自杀，很多将领都跟着姚平跳水求死。拓跋珪派善于游泳的人把他们一一钩住捕获，没有得到幸免的。被捕的有狄伯支、越骑校尉唐小方等四十多人，其馀留下来的两万多部众也都束手被擒。姚兴在汾水西岸眼睁睁看着他们走投无路，却没有力量能够救援他们，因此，全军不禁失声恸哭，哭声震撼山谷。姚兴几次派遣使节去向北魏国请求讲和，拓跋珪坚决不许，乘胜对蒲阪发动进攻。后秦守将晋公姚绪只是坚守，并不出战。正好赶上柔然打算征伐北魏，拓跋珪听说之后，戊申（十三日），带领部队撤退。

有人告发太史令晁崇和他的弟弟黄门侍郎晁懿在暗地里招引后秦军队来进攻。拓跋珪到达晋阳，赐令晁崇、晁懿二人自杀。

23　后秦把河西的豪门大户等一万多户迁移到都城长安居住。

24　太尉桓玄杀掉了吴兴太守高素、将军竺谦之以及竺谦之的堂兄竺朗之、刘袭和刘袭的弟弟刘季武，这些人都是原来刘牢之所统辖的北府的旧部将。刘袭的哥哥冀州刺史刘轨邀请司马休之、刘敬宣、高雅之等人一起占据山阳，打算发动军队进攻桓玄，不能成功，因而退走。将军袁虔之、刘寿、高长庆、郭恭等人也都赶到这里跟他们一起逃亡，准备投奔北魏。到了陈留以南的时候，便分为两路：刘轨、司马休之、刘敬宣等人投奔南燕，袁虔之、刘寿、高长庆、郭恭等人投奔后秦。

魏主珪初闻休之等当来，大喜。后怪其不至，令兖州求访，获其从者，问其故，皆曰："魏朝威声远被，是以休之等咸欲归附。既而闻崔逞被杀，故奔二国。"珪深悔之，自是士人有过，颇见优容。

25　南凉王傉檀攻吕隆于姑臧。

26　燕王熙纳故中山尹苻谟二女，长曰娀娥，为贵人，幼曰训英，为贵嫔，贵嫔尤有宠。丁太后怨恚，与兄子尚书信谋废熙立章武公渊。事觉，熙逼丁太后令自杀，葬以后礼，谥曰献幽皇后。十一月戊辰，杀渊及信。

辛未，熙畋于北原，石城令高和与尚方兵于后作乱，杀司隶校尉张显，入掠宫殿，取库兵，胁营署，闭门乘城。熙驰还，城上人皆投仗开门，尽诛反者，唯和走免。甲戌，大赦。

27　魏以庾岳为司空。

28　十二月辛亥，魏主珪还云中。

柔然可汗社仑闻珪伐秦，自参合陂侵魏，至豺山，及善无北泽，魏常山王遵以万骑追之，不及而还。

29　太尉玄使御史杜林防卫会稽文孝王道子至安成，林承玄旨，鸩道子，杀之。

30　沮渠蒙逊所署西郡太守梁中庸叛，奔西凉。蒙逊闻之，笑曰："吾待中庸，恩如骨肉，而中庸不我信，但自负耳，孤岂在此一人邪！"乃尽归其孥。

北魏国主拓跋珪一开始的时候听说司马休之等人打算前来，非常高兴。后来他们没有来，觉得很奇怪，便命令兖州刺史长孙肥代为查访他们不来的原因，果然抓到了司马休之等的随从，询问缘故，都说："魏朝的声威，传播很远，所以司马休之等人都打算来归附。但是，不久又听说崔逞被杀的事，因此又改变了主意，逃奔到其他两个国家去了。"拓跋珪深深懊悔自己逼杀了崔逞。从此以后，读书人即使有什么过错，也很能得到宽容和优待。

25　南凉王秃发傉檀进攻据守姑臧的吕隆。

26　后燕王慕容熙收纳原中山尹苻谟的两个女儿为妃。其中，大女儿叫苻娀娥，做了贵人；小女儿叫苻训英，做了贵嫔。苻训英尤其受到宠爱。丁太后因此怨恨愤怒，跟自己的侄儿尚书丁信谋划废黜慕容熙，改立章武公慕容渊为帝。事情被发觉，慕容熙逼迫丁太后，让她自杀，仍用皇后的礼仪安葬，追谥她为献幽皇后。十一月，戊辰(初三)，斩了慕容渊和丁信。

辛未(初六)，慕容熙在龙城的北郊原野上打猎，石城令高和与一些守卫宫廷库房的士兵在京城内发动叛乱，杀了司隶校尉张显，冲入宫廷大殿抢掠，取出国库中的武器，胁迫军营官署，紧闭城门，占领城池。慕容熙等飞马回城，来到城下，城上的人都扔下手中的武器，打开城门，把参与叛乱的人全部杀死，只有高和逃走，免于一死。甲戌(初九)，实行大赦。

27　北魏任命庾岳为司空。

28　十二月辛亥(十七日)，北魏国主拓跋珪回到云中。

柔然可汗郁久闾社仑听说拓跋珪出兵去征伐后秦，所以便从参合陂出发向南进发，侵入北魏，兵到豺山，到达善无北面的草泽地带，才撤兵回北方，北魏常山王拓跋遵派遣一万多骑兵前去追击他们，没有追上，便回来了。

29　太尉桓玄派御史杜林到安城去监防护卫会稽文孝王司马道子。杜林接受桓玄的旨意，让司马道子喝下毒酒，把他杀了。

30　北凉沮渠蒙逊所统辖的西郡太守梁中庸叛变，投奔西凉。沮渠蒙逊听说这个消息后，笑着说："我对待梁中庸恩情深厚，如同骨肉一般，但是他却对我不讲信义，因此，他只是自己背叛自己罢了。我怎么能在意他这样的一个人呢?"于是，把梁中庸的妻子儿女全部送还给他。

西凉公暠问中庸曰："我何如索嗣？"中庸曰："未可量也。"暠曰："嗣才度若敌我者，我何能于千里之外以长绳绞其颈邪？"中庸曰："智有短长，命有成败。殿下之与索嗣，得失之理，臣实未之能详。若以身死为负，计行为胜，则公孙瓒岂贤于刘虞邪？"暠默然。

31　袁虔之等至长安，秦王兴问曰："桓玄才略何如其父？卒能成功乎？"虔之曰："玄乘晋室衰乱，盗据宰衡，猜忌安忍，刑赏不公，以臣观之，不如其父远矣。玄今已执大柄，其势必将篡逆，正可为他人驱除耳。"兴善之，以虔之为广州刺史。

32　是岁，秦王兴立昭仪张氏为皇后，封子懿、弼、洸、宣、谌、愔、璞、质、逵、裕、国兒皆为公，遣使拜秃发傉檀为车骑将军、广武公，沮渠蒙逊为镇西将军、沙州刺史、西海侯，李暠为安西将军、高昌侯。

秦镇远将军赵曜帅众二万西屯金城，建节将军王松怱帅骑助吕隆守姑臧。松怱至魏安，傉檀弟文真击而虏之。傉檀大怒，送松怱还长安，深自陈谢。

西凉公李暠问梁中庸说："我与索嗣相比，怎么样？"梁中庸说："不能比。"李暠说："索嗣的才能如果能够和我相敌的话，我怎么能在千里之外用长绳绞住他的脖颈？"梁中庸说："人的智慧，有的时候显得有馀，有的时候又显得不足；人的命运，有的时候可以让人成功，有的时候又可以让人失败。殿下与索嗣，得失成败的道理、原因，我实在还不能想明白。但是，如果认为身死的人就是失败者，能够对自己的行动有所考虑设计的就是胜利者，那么，公孙瓒难道还要比刘虞贤能吗？"李暠沉默不语。

31　袁虔之等人到达长安，后秦王姚兴问道："桓玄的才能谋略与他的父亲桓温相比，怎么样？最后能不能成就大的功业？"袁虔之说："桓玄乘晋室衰微动乱之机，窃取占据了可以操纵大局的宰相高位，为人多疑猜忌，刻薄残忍，刑罚赏赐又极不公平，根据我的观察，远不如他父亲。桓玄现在已经掌握了朝中的大权，看他的趋势是一定要篡夺政权，叛逆晋朝，这样，正可以为别的人上台切除障碍。"姚兴觉得这番话很有道理，任命袁虔之为广州刺史。

32　这一年，后秦王姚兴册立昭仪张氏为皇后，册封儿子姚懿、姚弼、姚洸、姚宣、姚谌、姚愔、姚璞、姚质、姚逵、姚裕、姚国兒等都为公爵。他又派遣使者任命秃发傉檀为车骑将军、广武公，沮渠蒙逊为镇西将军、沙州刺史、西海侯，李暠为安西将军、高昌侯。

后秦镇远将军赵曜率领部众两万人向西驻扎在金城，建节将军王松忽率领骑兵协助后凉国吕隆戍守姑臧。王松忽途经魏安的时候，秃发傉檀的弟弟秃发文真向他发动进攻，并把他抓获。秃发傉檀为此非常愤怒，赶快把王松忽送回长安，又上奏章对自己深加谴责，一再道歉、认罪。

卷第一百一十三　晋纪三十五

起癸卯(403)尽甲辰(404)凡二年

安皇帝戊

元兴二年(癸卯,403)

1　春,正月,卢循使司马徐道覆寇东阳。二月辛丑,建武将军刘裕击破之。道覆,循之姊夫也。

2　乙卯,以太尉玄为大将军。

3　丁巳,玄杀冀州刺史孙无终。

4　玄上表请帅诸军扫平关、洛,既而讽朝廷下诏不许,乃云:“奉诏故止。”玄初欲饬装,先命作轻舸,载服玩、书画。或问其故。玄曰:“兵凶战危,脱有意外,当使轻而易运。”众皆笑之。

5　夏,四月癸巳朔,日有食之。

6　南燕主备德故吏赵融自长安来,始得母兄凶问,备德号恸吐血,因而寝疾。

司隶校尉慕容达谋反,遣牙门皇璆攻端门,殿中帅侯赤眉开门应之。中黄门孙进扶备德逾城匿于进舍。段宏等闻宫中有变,勒兵屯四门。备德入宫,诛赤眉等。达出奔魏。

安皇帝戊

晋安帝元兴二年(癸卯,公元403年)

1　春季,正月,乱民首领卢循派遣司马徐道覆进犯东阳。二月辛丑(初八),建武将军刘裕把徐道覆打败。徐道覆是卢循的姐夫。

2　乙卯(二十二日),封太尉桓玄为大将军。

3　丁巳(二十四日),桓玄诛杀冀州刺史孙无终。

4　桓玄上表请求统帅几路大军北伐,扫平关中、洛阳地区,随后又马上委婉地暗示朝廷下诏书,不允许他北伐,于是说:"遵照诏书的旨意,因此,我不得不停止。"桓玄一开始的时候,还打算整理行装,做个准备出征的样子,先命令制造轻便的船只,装满服饰珍玩、名人字画等。有人问他为什么这样,桓玄说:"军事行动充满凶险,战事一起更是危机四伏,倘或有什么意外的事情发生,那么运用这些轻便的船只,更容易运送东西脱逃。"大家对此都忍不住笑了。

5　夏季,四月癸巳朔(初一),出现日食。

6　南燕王慕容备德的旧日部下赵融从长安来,慕容备德才得到母亲和哥哥已死的消息,不禁哀号痛哭,以致口吐鲜血。慕容备德因而得病,卧床不起。

司隶校尉慕容达阴谋反叛,派遣牙门皇璆进攻端门,殿中帅侯赤眉打开宫门接应他。中黄门孙进扶起卧病在床的慕容备德跳出宫城,藏在孙进的家中。将军段宏等人听说宫中出现事变,紧急召集部队,严密防守四面城门。慕容备德回到宫中,斩了侯赤眉等人。慕容达逃出城外,投奔北魏。

备德优迁徙之民，使之长复不役。民缘此迭相荫冒，或百室合户，或千丁共籍，以避课役。尚书韩谆请加隐核，备德从之，使谆巡行郡县，得荫户五万八千。

7　泰山贼王始聚众数万，自称太平皇帝，署置公卿。南燕桂林王镇讨禽之。临刑，或问其父及兄弟安在。始曰："太上皇蒙尘于外，征东、征西为乱兵所害。"其妻怒之曰："君正坐此口，奈何尚尔！"始曰："皇后不知，自古岂有不亡之国！朕则崩矣，终不改号！"

8　五月，燕王熙作龙腾苑，方十馀里，役徒二万人。筑景云山于苑内，基广五百步，峰高十七丈。

9　秋，七月戊子，魏主珪北巡，作离宫于豺山。

平原太守和跋奢豪喜名，珪恶而杀之，使其弟毗等就与诀。跋曰："灅北土瘠，可迁水南，勉为生计。"且使之背己，曰："汝何忍视吾之死也！"毗等谕其意，诈称使者，逃入秦。珪怒，灭其家。中垒将军邓渊从弟尚书晖与跋善，或谮诸珪曰："毗之出亡，晖实送之。"珪疑渊知其谋，赐渊死。

慕容备德优待从外地迁移而来的百姓，长期免除他们的劳役。很多人便因此反复不停地冒名顶替，有的是一百家合为一户，有的一千人共用一个户籍，用这种方法逃避田赋捐税和差役。尚书韩谆请求核实清查，慕容备德依从了他的建议，派遣韩谆到各个郡县去巡视调查，查出冒充的假户口五万八千家。

7 泰山一带的乱民首领王始聚集部众几万人，自称太平皇帝，设置公卿大臣。南燕桂林王慕容镇率领部队前去讨伐，并把他活捉。在处死他之前，有人问他的父亲以及兄弟等人都在哪里。王始说："太上皇蒙受风尘在外地流亡，征东将军、征西将军被乱军所杀害。"他的妻子对他大发雷霆地说："你正是因为这张嘴不好，才落得这个下场。怎么还是这样呢？"王始说："皇后你有所不知，从古到今哪里有不灭亡的国家！朕即使是驾崩了，正统的名号也是永远不能改变的！"

8 五月，后燕王慕容熙兴筑龙腾苑，方圆十几里，役使民夫两万人。在这个花园中，堆筑了一座景云山，地基的面积有五百步，山峰高达十七丈。

9 秋季，七月戊子（二十七日），北魏国主拓跋珪到北方巡视，在豺山兴建行宫。

平原太守和跋，奢侈豪纵，喜欢虚名，拓跋珪非常讨厌他，因而把他杀了，在临刑之前，让他的弟弟和毗等人到跟前和他做最后的告别。和跋说："灅水的北面，土地瘠薄，所以，你可以迁到灅水以南去居住，在那里还可以勉强维持生计。"并且，让他背对自己，说："你怎能忍心看着我死！"和毗等人明白了他的用意，于是便撒谎说自己是朝廷的使者，逃到后秦去避难。拓跋珪大怒，杀了和氏全家。中垒将军邓渊的堂弟尚书邓晖平时与和跋关系很好，因此，有人把这个情况密告给拓跋珪，说："和毗出逃时，其实有邓晖在秘密送行。"拓跋珪怀疑邓渊了解和毗等人的谋划，便下令让他自杀。

10　南凉王傉檀及沮渠蒙逊互出兵攻吕隆，隆患之。秦之谋臣言于秦王兴曰：“隆藉先世之资，专制河外，今虽饥窘，尚能自支，若将来丰赡，终不为吾有。凉州险绝，土田饶沃，不如因其危而取之。”兴乃遣使征吕超入侍。隆念姑臧终无以自存，乃因超请迎于秦。兴遣尚书左仆射齐难、镇西将军姚诘、左贤王乞伏乾归、镇远将军赵曜帅步骑四万迎隆于河西，南凉王傉檀摄昌松、魏安二戍以避之。八月，齐难等至姑臧，隆素车白马迎于道旁。隆劝难击沮渠蒙逊，蒙逊使臧莫孩拒之，败其前军。难乃与蒙逊结盟。蒙逊遣弟挐入贡于秦。难以司马王尚行凉州刺史，配兵三千镇姑臧，以将军阎松为仓松太守，郭将为番禾太守，分戍二城，徙隆宗族、僚属及民万户于长安。兴以隆为散骑常侍，超为安定太守，自馀文武随才擢叙。

初，郭黁常言“代吕者王”，故其起兵，先推王详，后推王乞基。及隆东迁，王尚卒代之。黁从乞伏乾归降秦，以为灭秦者晋也，遂来奔，秦人追得，杀之。

沮渠蒙逊伯父中田护军亲信、临松太守孔笃，皆骄恣为民患，蒙逊曰：“乱吾法者，二伯父也。”皆逼之使自杀。

10　南凉王秃发傉檀及北凉王沮渠蒙逊，分别出动军队进攻后凉国主吕隆，吕隆非常担心。后秦谋臣们对后秦王姚兴说道："吕隆凭借着前几代人留下来的基业，独占黄河以西的地区，现在虽然出现饥荒，形势窘迫，却还能够独立支撑，如果将来一旦获得丰收，国力富足强大起来，到头来是不会属于我们的。凉州地势险要奇绝，土地肥沃富饶，我看不如利用他们的危机夺取此地。"姚兴于是派遣使者前去征召吕超到后秦京师长安任职。吕隆考虑姑臧到最后也没有办法独立存在，于是，通过吕超请求后秦派兵前来迎接。姚兴派遣尚书左仆射齐难、镇西将军姚诘、左贤王乞伏乾归、镇远将军赵曜率领步兵、骑兵四万人到河西去迎接吕隆，南凉王秃发傉檀撤退昌松、魏安两地的部队，避开秦国的军队。八月，齐难等人来到姑臧，吕隆乘坐白马拉的白车，在道旁迎接。吕隆劝说齐难带兵去进攻沮渠蒙逊，沮渠蒙逊派臧莫孩带兵抵抗，并把后秦军队的前锋部队打败。齐难于是和沮渠蒙逊缔结联盟。沮渠蒙逊派他的弟弟沮渠挐，到长安去进贡。齐难让司马王尚代理凉州刺史，配给他三千部队镇守姑臧，让将军阎松为仓松太守，郭将为番禾太守，分别驻戍在这两个城池，又把吕隆的宗族亲属、属下官员以及当地居民一万户迁移到长安。姚兴任命吕隆为散骑常侍，任命吕超为安定太守，其馀文武大臣，也都按照他们各自的才能擢升任用。

当初，原后凉太常郭黁经常说"代替吕氏称王的人，姓王"，所以，他先拉起部队，首先推立王详，随后又拥护王乞基。到了吕隆等人向东迁往长安的时候，这次王尚最终代替了吕氏。郭黁跟随乞伏乾归一同投降后秦，又认为将来消灭后秦的是东晋，所以跑出来打算投奔东晋，被后秦追兵赶上抓住杀掉。

沮渠蒙逊的伯父中田护军沮渠亲信、临松太守沮渠孔笃，都骄横狂暴，任性胡为，成为百姓的祸患，沮渠蒙逊说："扰乱破坏我的法度的人，是这二位伯父。"因此，逼迫他们自杀。

秦遣使者梁构至张掖，蒙逊问曰：“秃发傉檀为公而身为侯，何也？”构曰：“傉檀凶狡，款诚未著，故朝廷以重爵虚名羁縻之。将军忠贯白日，当入赞帝室，岂可以不信相待也！圣朝爵必称功，如尹纬、姚晃，佐命之臣，齐难、徐洛，一时猛将，爵皆不过侯伯，将军何以先之乎！昔窦融殷勤固让，不欲居旧臣之右，不意将军忽有此问！”蒙逊曰：“朝廷何不即封张掖而更远封西海邪？”构曰：“张掖，将军已自有之，所以远授西海者，欲广大将军之国耳。”蒙逊悦，乃受命。

11 荆州刺史桓伟卒，大将军玄以桓脩代之。从事中郎曹靖之说玄曰：“谦、脩兄弟专据内外，权势太重。”玄乃以南郡相桓石康为荆州刺史。石康，豁之子也。

12 刘裕破卢循于永嘉，追至晋安，屡破之，循浮海南走。

何无忌潜诣裕，劝裕于山阴起兵讨桓玄。裕谋于土豪孔靖，靖曰：“山阴去都道远，举事难成。且玄未篡位，不如待其已篡，于京口图之。”裕从之。靖，愉之孙也。

13 九月，魏主珪如南平城，规度灅南，将建新都。

14 侍中殷仲文、散骑常侍卞范之劝大将军玄早受禅，阴撰九锡文及册命。以桓谦为侍中、开府、录尚书事，王谧为中书监、领司徒，桓胤为中书令，加桓脩抚军大将军。胤，冲之孙也。丙子，册命玄为相国，总百揆，封十郡，为楚王，加九锡，楚国置丞相以下官。

后秦国派遣使者梁构来到张掖，沮渠蒙逊问他道：“秃发傉檀被封为公爵，而我却只被封为侯爵，为什么？”梁构说：“秃发傉檀凶狠狡诈，他对朝廷的忠诚还不很明显，也未必是出自真心，所以，朝廷才用看似尊贵的爵位虚名而把他拴住。将军的忠诚可以与白日争辉，本应该让你到朝廷里去辅佐帝室执掌朝政，怎么可以用不信任的态度对待你！圣明的朝廷，加官封爵一定要和功劳相对等，像尹纬、姚晃，当初都是辅佐称命的大功臣，齐难、徐洛，也都是一时著名的勇猛大将，但是封他们爵位，也都不过是侯、伯，将军怎么可以超过他们呢？从前，窦融非常谨慎小心，坚决辞让被封的高官，不愿意让自己的官位处在旧臣老将们的前面，想不到将军会忽然提出这样的问题。”沮渠蒙逊说：“朝廷又为什么不就近封我为张掖侯，却反而远远地封我做西海侯？”梁构说：“张掖，将军您已经自己拥有了，之所以把遥远的西海封给您，不过是打算扩大您的封国的范围罢了。”沮渠蒙逊非常高兴，于是接受了这项任命。

11　东晋荆州刺史桓伟去世，大将军桓玄任命桓脩接替他的职位。从事中郎曹靖之提醒桓玄说：“桓谦、桓脩兄弟二人，在朝廷和地方上都手握大权，他们的权力威势过于重了。”桓玄于是便任命南郡相桓石康为荆州刺史。桓石康是桓豁的儿子。

12　东晋建武将军刘裕，在永嘉把卢循的乱民部队打得大败，并且一直追击到晋安，交战几次，每次都把卢循打败。卢循只好从海上向南逃走。

刘牢之的外甥何无忌秘密地去拜见刘裕，劝说刘裕在山阴发动军队讨伐桓玄。刘裕同当地的豪杰孔靖商议，孔靖说：“山阴距离都城建康道路很远，如果发动事变，恐怕很难成功。况且桓玄还没有篡夺帝位，我看不如等到他篡夺帝位之后，再在京口一带对他发动进攻。”刘裕听从了他的计策。孔靖是孔愉的孙子。

13　九月，北魏国主拓跋珪前往南平城，在漯水以南的地方考察规划，打算兴建新的都城。

14　东晋侍中殷仲文、散骑常侍卞范之奉劝大将军桓玄早日接受禅位，当皇帝，暗地里撰写好了加授九锡以及安帝让位的文告。朝廷任命桓谦为侍中、开府、录尚书事，王谧为中书监，兼任司徒，桓胤为中书令，加授桓脩为抚军大将军的称号。桓胤是桓冲的孙子。丙子（十六日），朝廷册命桓玄为相国，统领文武百官，封地十个郡，做楚王，加授九锡。他所辖的楚国，也设置丞相以下的各级官吏。

桓谦私问彭城内史刘裕曰："楚王勋德隆重，朝廷之情，咸谓宜有揖让，卿以为何如？"裕曰："楚王，宣武之子，勋德盖世，晋室微弱，民望久移，乘运禅代，有何不可？"谦喜曰："卿谓之可，即可耳。"

新野人庾仄，殷仲堪之党也，闻桓伟死，石康未至，乃起兵袭雍州刺史冯该于襄阳，走之。仄有众七千，设坛，祭七庙，云"欲讨桓玄"，江陵震动。石康至州，发兵攻襄阳，仄败，奔秦。

15　高雅之表南燕主备德，请伐桓玄曰："纵未能廓清吴、会，亦可收江北之地。"中书侍郎韩范亦上疏曰："今晋室衰乱，江、淮南北，户口无几，戎马单弱。重以桓玄悖逆，上下离心。以陛下神武，发步骑一万临之，彼必土崩瓦解，兵不留行矣。得而有之，秦、魏不足敌也。拓地定功，正在今日。失时不取，彼之豪杰诛灭桓玄，更修德政，岂惟建康不可得，江北亦无望矣。"备德曰："朕以旧邦覆没，欲先定中原，乃平荡荆、扬，故未南征耳。其令公卿议之。"因讲武城西，步卒三十七万人，骑五万三千匹，车万七千乘。公卿皆以为玄新得志，未可图，乃止。

桓谦私下里向彭城内史刘裕问道："楚王功勋卓著，德望很高，朝廷中大多数人的想法，都认为应该举行禅让大典，拥立楚王做皇帝，你认为怎么样？"刘裕说："楚王是南郡宣武公的儿子，功勋仁德都是超过当世所有人的。现在晋朝的帝室已经衰微，百姓的愿望早就改变，寄托在楚王的身上，乘着这个机运接受禅让，代替司马氏做皇帝，又有什么不可以的？"桓谦非常高兴，说："你说可以，那就一定可以了。"

新野人庾仄原是殷仲堪的党羽。听说桓伟死了之后，他趁桓石康还没到任的机会，便拉起军队到襄阳去袭击雍州刺史冯该，并把他赶走。庾仄拥有部众七千人，设立祭坛，祭祀司马宗族的七代祖庙，宣言说"准备讨伐桓玄"，江陵地区为之震动。桓石康来到荆州上任后，马上调集部队去进攻襄阳，庾仄很快失败，投奔后秦。

15　高雅之上奏表给南燕国主慕容备德，请求去讨伐桓玄，说："纵使不能扫平吴郡会稽地区，起码也可以占据长江以北的大片土地。"中书侍郎韩范也上疏奏说："现在晋室衰微混乱，长江、淮河南北两岸大部分地区，住户与人口已经所剩不多，军事力量也很单薄无力。再加上现在桓玄犯上作乱，不忠于朝廷，因此全国上下，离心离德。依靠陛下的神勇威武，发动步兵、骑兵一万人，南下征战，他们一定会土崩瓦解，兵卒全部跑光。那时候，我们取得并占有长江流域的大片土地，这样，秦、魏也就不会再是我们的对手了。开拓疆土，建立功业，今天正是时机。如果我们失去这个机会，而不去夺取，那么一旦他们中的豪杰诛杀了桓玄，来整顿推行德政，那么，我们岂止没办法再得到建康，即使是长江以北地区，我们也没有希望得到了。"慕容备德说："朕因为故国的土地沦丧，所以一直打算先平定中原，再来扫荡荆州、扬州等地区，因此才没有向南征伐。先让公卿大臣讨论一下这件事吧。"于是，在城西举行阅兵式，出动了步兵三十七万人，战马五万三千匹，战车一万七千辆。但是，公卿大臣们都认为桓玄刚刚实现志向，不可以贸然地打他的主意，所以，这件事才没有进行。

16　冬，十月，楚王玄上表请归藩，使帝作手诏固留之。又诈言钱塘临平湖开，江州甘露降，使百僚集贺，用为己受命之符。又以前世皆有隐士，耻于己时独无，求得西朝隐士安定皇甫谧六世孙希之，给其资用，使隐居山林。征为著作郎，使希之固辞不就，然后下诏旌礼，号曰高士。时人谓之“充隐”。又欲废钱用谷、帛及复肉刑，制作纷纭，志无一定，变更回复，卒无所施行。性复贪鄙，人士有法书、好画及佳园宅，必假蒱博而取之。尤爱珠玉，未尝离手。

17　乙卯，魏主珪立其子嗣为齐王，加位相国。绍为清河王，加征南大将军，熙为阳平王，曜为河南王。

18　丁巳，魏将军伊谓帅骑二万袭高车馀种袁纥、乌频。十一月庚午，大破之。

19　诏楚王玄行天子礼乐，妃为王后，世子为太子。丁丑，卞范之为禅诏，使临川王宝逼帝书之。宝，晞之曾孙也。庚辰，帝临轩，遣兼太保、领司徒王谧奉玺绶，禅位于楚。壬午，帝出居永安宫。癸未，迁太庙神主于琅邪国，穆章何皇后及琅邪王德文皆

16　冬季，十月，楚王桓玄呈上奏表，请求允许他回到他的封地去，然后又让安帝亲手写诏书，坚决挽留他。他又唆使手下的人造谣说，钱塘临平湖的湖水又突然盈满，江州也降下了甘露，就让文武百官聚集到一起来庆贺，以此作为自己接受皇帝禅让的吉祥预兆。他又因为前几代改朝换代的时候，都有隐士不出来做官，而觉得自己接受帝位的时候独独没有是一种耻辱，所以便通过访查，找到西晋的隐士安定人皇甫谧的第六代孙子皇甫希之，供给他生活的一切费用，让他隐居到深山老林里去。又以朝廷的名义，征召他出山做著作郎，并让皇甫希之坚决推辞，不去任职，然后再下达诏书，表彰、称赞他，称他为高士。当时的人们说皇甫希之是冒充隐士的"充隐"。桓玄又打算废除钱币，而用粮食谷物、绸缎布匹等作为交换、流通的工具，以及恢复使用肉刑等。就这样，各种法令规章乱七八糟地制定了许多，但是桓玄却始终没有一个固定的想法，因此只是翻来覆去地不断变化更换，最后也都没有得以实行。桓玄的性情还贪婪卑鄙，别的人如果有好的书法、绘画作品，以及好的花园宅第等，他也一定会假借蒲博等赌博手段把这些占为己有。他尤其喜爱珍珠美玉，珍珠美玉从不离手。

17　乙卯（二十五日），北魏国主拓跋珪封他的儿子拓跋嗣为齐王，并提升为相国。他的另外几个儿子，拓跋绍为清河王，加授征南大将军，拓跋熙为阳平王，拓跋曜为河南王。

18　丁巳（二十七日），北魏将军伊谓率领骑兵两万人袭击高车遗民聚集的袁纥、乌频两个部落。十一月庚午（十一日），把这两个部落全部攻破。

19　安帝下诏，让楚王桓玄使用天子的礼仪和音乐，并把他的王妃改称王后，把他的世子改称为太子。丁丑（十八日），散骑常侍卞范之拟写了禅让的诏书，让临川王司马宝逼迫安帝亲笔抄写。司马宝是司马晞的曾孙。庚辰（二十一日），安帝驾临宝殿，派遣兼太保、领司徒的王谧手捧皇帝的玉玺印绶呈献给桓玄，正式向他禅位。壬午（二十三日），安帝搬出皇城，改居永安宫。癸未（二十四日），把太庙神主迁到琅邪国，又让穆章何皇后和琅邪王司马德文都

徙居司徒府。百官诣姑孰劝进。十二月庚寅朔，玄筑坛于九井山北，壬辰，即皇帝位。册文多非薄晋室，或谏之，玄曰："揖让之文，正可陈之于下民耳，岂可欺上帝乎！"大赦，改元永始。以南康之平固县封帝为平固王，降何后为零陵县君，琅邪王德文为石阳县公，武陵王遵为彭泽县侯。追尊父温为宣武皇帝，庙号太祖，南康公主为宣皇后，封子昇为豫章王。以会稽内史王愉为尚书仆射，愉子相国左长史绥为中书令。绥，桓氏之甥也。戊戌，玄入建康宫，登御坐而床忽陷，群下失色。殷仲文曰："将由圣德深厚，地不能载。"玄大悦。梁王珍之国臣孔朴奉珍之奔寿阳。珍之，晞之曾孙也。

20　戊申，燕王熙尊燕主垂之贵嫔段氏为皇太后。段氏，熙之慈母也。己酉，立苻贵嫔为皇后，大赦。

21　辛亥，桓玄迁帝于寻阳。

22　燕以卫尉悦真为青州刺史，镇新城。光禄大夫卫驹为并州刺史，镇凡城。

23　癸丑，纳桓温神主于太庙。桓玄临听讼观阅囚徒，罪无轻重，多得原放。有干舆乞者，时或恤之。其好行小惠如此。

24　是岁，魏主珪始命有司制冠服，以品秩为差。然法度草创，多不稽古。

迁到司徒府暂时居住。文武百官则一起到姑孰去劝说桓玄尽快登基称帝。十二月庚寅朔(初一),桓玄在九井山的北侧修筑祭坛。壬辰(初三),正式登基。他在宣布即位的文告上,言辞中对晋朝统治有很多非议和贬低。有人劝止他这样做,桓玄却说:"皇帝禅位时的文告,正是应该把这些向天下百姓说明白,怎么可以欺骗上天呢?"桓玄下令实行大赦,改年号为永始。把南康的平固县封给安帝做封地,封他做平固王。把穆章何皇后降为零陵县君,把琅邪王司马德文降为石阳县公,把武陵王司马遵降为彭泽县侯。桓玄又追尊他的父亲桓温为宣武皇帝,庙号太祖,追尊他的母亲南康公主司马兴男为宣皇后,封他的儿子桓昇为豫章王。任命会稽内史王愉为尚书仆射,任命王愉的儿子相国左长史王绥为中书令。王绥是桓家的外甥。戊戌(初九),桓玄进入建康宫,当他登上皇帝的御用宝座时,御座突然塌陷,群臣们大惊失色。殷仲文说:"这可能是因为皇上的恩德太深重,大地也都难以承载。"桓玄非常高兴。东晋梁王司马珍之的属臣孔朴护送司马珍之逃奔寿阳。司马珍之是司马晞的曾孙。

20　戊申(十九日),后燕王慕容熙尊封慕容垂的贵妃段氏为皇太后。段氏是慕容熙的亲生母亲。己酉(二十日),又册立贵嫔苻训英为皇后,并下令实行大赦。

21　辛亥(二十二日),桓玄把安帝迁到寻阳。

22　后燕任命卫尉悦真为青州刺史,镇守新城。任命光禄大夫卫驹为并州刺史,镇守凡城。

23　癸丑(二十四日),桓玄把父亲桓温的牌位安置在太庙。桓玄亲自到华林园的听讼观去审查囚犯,不管罪行轻还是重,大多数都得到原谅释放。有在道路上拦住他的车驾求告行乞的人,也时不时地可以得到他的周济。他喜欢这样用小恩小惠来笼络人心。

24　这一年,北魏国主拓跋珪开始命令有关部门制作官员的服装,按照官员官阶品位的高低次序加以区别。但是,法律规章等都是草草创立,并且大多都不因循古代。

三年(甲辰,404)

1 春,正月,桓玄立其妻刘氏为皇后。刘氏,乔之曾孙也。玄以其祖彝以上名位不显,不复追尊立庙。散骑常侍徐广曰:"'敬其父则子悦',请依故事立七庙。"玄曰:"礼,太祖东向,左昭右穆。晋立七庙,宣帝不得正东向之位,何足法也!"秘书监卞承之谓广曰:"若宗庙之祭果不及祖,有以知楚德之不长矣。"广,邈之弟也。

玄自即位,心常不自安。二月己丑朔,夜,涛水入石头,流杀人甚多,讙哗震天。玄闻之惧,曰:"奴辈作矣!"

玄性苛细,好自矜伐。主者奏事,或一字不体,或片辞之谬,必加纠擿,以示聪明。尚书答诏误书"春蒐"为"春菟",自左丞王纳之以下,凡所关署,皆被降黜。或手注直官,或自用令史,诏令纷纭,有司奉答不暇。而纪纲不治,奏案停积,不能知也。又性好游畋,或一日数出。迁居东宫,更缮宫室,土木并兴,督迫严促,朝野骚然,思乱者众。

晋安帝元兴三年(甲辰,公元 404 年)

1　春季,正月,桓玄立他的妻子刘氏为皇后。刘氏是刘乔的曾孙女。桓玄因为他的祖父桓彝以上的前辈名声地位都不显赫,因此,不再追加给他们尊贵的庙号谥号。散骑常侍徐广说:"'尊敬他的父亲,那么做儿子的就自然会高兴',请陛下按照过去的常规,建立七代宗庙。"桓玄说:"按照礼仪,太祖的祭庙应该面向东方,左边面向南的三庙,称为昭,右面向北的三庙,称为穆。但是晋朝建立七庙,宣帝因为庙号高祖,因此却不能面向东方,有什么可效法的呢!"秘书监卞承之对徐广说:"如果宗庙里的祭祀连祖先都祭祀不到的话,从这儿就可以得知楚国的好运不会长久了。"徐广是徐邈的弟弟。

桓玄自登帝位以来,心里常常觉得不安。二月己丑朔(初一)深夜,长江波涛汹涌,江水卷进石头城中,被激流淹死卷走的人非常多,灾民的号叫哭喊声震天动地。桓玄听到之后非常害怕,说:"这些奴才们要造反了。"

桓玄的性情苛刻琐细,喜欢炫耀自己的能力和才干。他手下的主要官员在报告事情的奏章中,如果偶有一个字写得不好看,或者偶尔有一句话一个词不太恰当,他一定会对此加以纠正指出,用来表示他的聪明博学。尚书回答诏书的时候,把"春蒐"二字误写成"春菟",因为这一点小事,从尚书左丞王纳之以下,凡是经过手、签过字的人,全部被降级甚至免职。桓玄有时还亲自选定官员入宫值日,或亲自指派一些小官吏干一些具体的事情,因此下来的诏书令旨繁多杂乱,有关部门根本就来不及办理。但是朝中政令纪律无法治理,混乱异常,公文因没有时间处置而大量积压,他却根本不可能知道。桓玄生性又喜欢游玩打猎,有的时候竟一天出去几次。后来他又迁到东宫居住,更新修葺皇宫的殿室,大兴土木,又监督很严,时间规定得很紧,因此从朝廷官员到市井田野的黎民百姓,骚动不安。这时候,盼望变乱的人越来越多。

玄遣使加益州刺史毛璩散骑常侍、左将军。璩执留玄使，不受其命。璩，宝之孙也。玄以桓希为梁州刺史，分命诸将戍三巴以备之。璩传檄远近，列玄罪状，遣巴东太守柳约之、建平太守罗述、征虏司马甄季之击破希等，仍帅众进屯白帝。

刘裕从徐、兖二州刺史、安成王桓脩入朝。玄谓王谧曰："裕风骨不常，盖人杰也。"每游集，必引接殷勤，赠赐甚厚。玄后刘氏，有智鉴，谓玄曰："刘裕龙行虎步，视瞻不凡，恐终不为人下，不如早除之。"玄曰："我方平荡中原，非裕莫可用者。俟关、河平定，然后别议之耳。"

玄以桓弘为青州刺史，镇广陵。刁逵为豫州刺史，镇历阳。弘，脩之弟；逵，彝之子也。

刘裕与何无忌同舟还京口，密谋兴复晋室。刘迈弟毅家于京口，亦与无忌谋讨玄。无忌曰："桓氏强盛，其可图乎？"毅曰："天下自有强弱。苟为失道，虽强易弱，正患事主难得耳。"无忌曰："天下草泽之中非无英雄也。"毅曰："所见唯有刘下邳。"无忌笑而不答，还以告裕，遂与毅定谋。

初，太原王元德及弟仲德为苻氏起兵攻燕主垂，不克，来奔，朝廷以元德为弘农太守。仲德见桓玄称帝，谓人曰："自古革命诚非一族，然今之起者恐不足以成大事。"

桓玄派遣使节，加授益州刺史毛璩为散骑常侍、左将军。毛璩拘留了桓玄的使节，不接受他的任命。毛璩是毛宝的孙子。桓玄任命桓希为梁州刺史，分别命令几位大将戍守三巴，用来防备毛璩。毛璩到处传布檄文，列举桓玄的罪状，并且派遣巴东太守柳约之、建平太守罗述、征虏司马甄季之攻破桓希等人的防守，他自己也带领部众进发到白帝城集结驻守。

刘裕跟随徐、兖二州刺史、安成王桓脩进京朝见桓玄。桓玄对王谧说："刘裕这个人风度身材不像常人，是人中豪杰。"每次出游和集会，他对刘裕一定格外亲切地招待，赠送赏赐给刘裕的东西也非常厚重。桓玄的皇后刘氏，很有智慧和见识，她对桓玄说："刘裕走路的姿势犹如猛虎和蛟龙，连眼神都不同凡响，恐怕他到头来不会处在别人的手下，我看不如趁早把他除掉。"桓玄说："我正要扫荡平定中原地区，除了刘裕就没有可以胜任的人。等关、河一带平定之后，再另外商议这件事吧！"

桓玄任命桓弘为青州刺史，镇守广陵。任命刁逵为豫州刺史，镇守历阳。桓弘是桓脩的弟弟。刁逵是刁彝的儿子。

刘裕和何无忌同坐一只船回到京口，一起秘密谋划重新振兴、恢复晋朝皇室的事。谘议参军刘迈的弟弟刘毅，家在京口居住，也与何无忌计议讨伐桓玄。何无忌说："桓氏家族现在正在强盛时期，怎么可以打他们的主意呢！"刘毅说："天下的事，自然是有强和弱的分别的。如果行为不符合天道人情，那么，虽然是强大的一方，也容易变得弱小，值得忧虑的却只是很难得到一个英明称职的领导人罢了。"何无忌说："天下草莽河泽之中，也不是没有英雄。"刘毅说："我听见到的，只有刘裕。"何无忌只是微笑，并不回答，回去之后，把刘毅的态度告诉了刘裕，于是他们便与刘毅一起制订了计划。

当初，太原人王元德和他的弟弟王仲德响应前秦国苻氏政权的号召，拉起队伍进攻后燕王慕容垂，没有获胜，便来投奔东晋。东晋朝廷任命王元德为弘农太守。王仲德看到桓玄篡夺东晋政权，当上了皇帝，便对人说："自古以来，因为受命于天而改朝换代的人，当然并不只一个，但是，现在这个起来当皇帝的却恐怕不是一个可以成就大事业的人。"

平昌孟昶为青州主簿，桓弘使昶至建康，玄见而悦之，谓刘迈曰："素士中得一尚书郎，卿与其州里，宁相识否?"迈素与昶不善，对曰："臣在京口，不闻昶有异能，唯闻父子纷纷更相赠诗耳。"玄笑而止。昶闻而恨之。既还京口，裕谓昶曰："草间当有英雄起，卿颇闻乎?"昶曰："今日英雄有谁，正当是卿耳!"

于是裕、毅、无忌、元德、仲德、昶及裕弟道规、任城魏咏之、高平檀凭之、琅邪诸葛长民、河内太守陇西辛扈兴、振威将军东莞童厚之，相与合谋起兵。道规为桓弘中兵参军，裕使毅就道规及昶于江北，共杀弘，据广陵。长民为刁逵参军，使长民杀逵，据历阳。元德、扈兴、厚之在建康，使之聚众攻玄为内应，刻期齐发。

孟昶妻周氏富于财，昶谓之曰："刘迈毁我于桓公，使我一生沦陷，我决当作贼。卿幸早离绝，脱得富贵，相迎不晚也。"周氏曰："君父母在堂，欲建非常之谋，岂妇人所能谏!事之不成，当于奚官中奉养大家，义无归志也。"昶怅然，久之而起。周氏追昶坐，曰："观君举措，非谋及妇人者，不过欲得财物耳。"因指怀中儿示之曰："此而可卖，亦当不惜。"遂倾赀以给之。昶弟颛妻，周氏之从妹也，周氏绐之曰："昨夜梦殊不祥，门内绛色物宜悉取以为厌胜。"妹信而与之，遂尽缝以为军士袍。

平昌人孟昶担任青州主簿，桓弘派孟昶出使建康，桓玄接见他，并对他大为欣赏，对刘迈说："在平民百姓当中，我找到了一个尚书郎，你与他是同乡，难道不认识他？"刘迈平常与孟昶的关系很不融洽，便回答他说："我在京口时，没有听说过孟昶有什么特殊的才能，只是听说他们父子之间频繁不断地互相赠诗唱和罢了。"桓玄大笑，于是取消了提升孟昶的想法。孟昶听说这件事后，对刘迈怀恨在心。等他回到京口之后，刘裕对孟昶说："草野平民之中应该有英雄豪杰崛起了，你有没有听到什么消息？"孟昶说："今天的英雄还能有谁呢？正应该是您啊！"

于是，刘裕、刘毅、何无忌、王元德、王仲德、孟昶，以及刘裕的弟弟刘道规、任城人魏咏之、高平人檀凭之、琅邪人诸葛长民、河内太守陇西人辛扈兴、振威将军东莞人童厚之等人，互相联合起来，计划起兵讨伐桓玄。刘道规此时正担任青州刺史桓弘的中兵参军，刘裕派刘毅去长江以北与刘道规和孟昶会合，一起杀掉桓弘，占据广陵。诸葛长民此时任刁逵的参军，刘裕又让他杀掉刁逵，占据历阳。王元德、辛扈兴、童厚之此时在建康，刘裕便让他们聚集部众直接对桓玄发起进攻，作为内应。约定时间，一齐发动政变。

孟昶的妻子周氏，极为富有，孟昶对她说："刘迈把我在桓玄那里的前途和出路全毁了，使我这一生沉沦落寞，因此，我决心做一个叛贼。你应该尽早地和我断绝关系，以后，如果我侥幸获得富贵，再去迎接你回来也为时不晚。"周氏说："你的父亲和母亲，现在还都健在，但你也还打算采取不同寻常的行动，这怎么能是我作为一个妇人所能劝阻的呢？如果你的计划不能实现，我即使沦落为奴婢，也应该供奉侍养公婆，从大义出发，我是没有想回去的打算的。"孟昶怅然若失，呆坐很久，起身出去。周氏追孟昶让他回来坐下，说："我看你的举止动作，不是来同我这个妇道人家商议的，你不过是打算得到一些钱财罢了。"所以，指着怀抱中的儿子告诉孟昶说："如果这孩子可以卖掉的话，我也决不吝惜。"于是，她把自己的财产全部送给孟昶。孟昶弟弟孟顗的妻子，是周氏的堂妹。周氏对她撒谎说："我昨天夜里做了一个非常不吉利的梦，你应该把你家里红色的布匹全部拿出来给我，我好用它来诅咒禳镇魔道。"她的堂妹相信了她的话，果然把家中的红布全部拿出来交给她，于是她把这些布全部缝制成了战袍军衣。

何无忌夜于屏风里草檄文，其母，刘牢之姊也，登橙密窥之，泣曰："吾不及东海吕母明矣。汝能如此，吾复何恨！"问所与同谋者。曰："刘裕。"母尤喜，因为言玄必败、举事必成之理以劝之。

乙卯，裕托以游猎，与无忌收合徒众，得百馀人。丙辰，诘旦，京口城开，无忌著传诏服，称敕使，居前，徒众随之齐入，即斩桓脩以徇。脩司马刁弘帅文武佐吏来赴，裕登城，谓之曰："郭江州已奉乘舆返正于寻阳，我等并被密诏，诛除逆党，今日贼玄之首已当枭于大航矣。诸君非大晋之臣乎，今来欲何为！"弘等信之，收众而退。

裕问无忌曰："今急须一府主簿，何由得之？"无忌曰："无过刘道民。"道民者，东莞刘穆之也。裕曰："吾亦识之。"即驰信召焉。时穆之闻京口讙噪声，晨起，出陌头，属与信会。穆之直视不言者久之，既而返室，坏布裳为袴，往见裕。裕曰："始举大义，方造艰难，须一军吏甚急，卿谓谁堪其选？"穆之曰："贵府始建，军吏实须其才，仓猝之际，略当无见逾者。"裕笑曰："卿能自屈，吾事济矣。"即于坐署主簿。

何无忌晚上在屏风后面草拟檄文，他的母亲是刘牢之的姐姐，蹬着凳子偷偷地看他在干什么。她哭着说："我当然赶不上东海吕母那样明白事理，但是你既然能这样，那么我还有什么遗憾呢？"然后问他，跟他共同策划的人是谁，何无忌告诉她说："刘裕。"他的母亲更加高兴，于是又说了一些桓玄必定失败、发动事变一定能成功的道理，对他大加鼓励。

乙卯（二十七日），刘裕以出外打猎为借口，与何无忌到京口城外招集同谋的部众，一共有一百多人。丙辰（二十八日），清晨，京口城门一开，何无忌便穿着传达圣旨的使者服装，口称是皇帝的信使，当先进城，他手下的人也都跟着他一齐进入，立即杀死了桓脩，用来示众。桓脩的司马刁弘率领着文武官员及其助手等听说后，连忙赶到这里。刘裕登上城墙，对他们说："江州刺史郭昶之已经拥戴皇上，在寻阳重新恢复正统皇位了，我们这些人也都接到了皇上的秘密诏书，诛杀铲除叛逆党羽。今天，强盗桓玄的脑袋恐怕已经被挂在大航桥上示众了。你们几位难道不是大晋朝的臣子吗？现在你们到这里来打算干什么？"刁弘等人相信了他的话，又率领手下人回去了。

刘裕问何无忌说："现在急需一个主簿人选，你看怎么能得到呢？"何无忌说："没有比刘道民更合适的。"刘道民是东莞人刘穆之的别名。刘裕说："我也认识他。"便马上派信使骑快马召请他来这里任职。这时刘穆之听到京口方向人声鼎沸，因此一大早就起来，到路边打听张望，正好和前来的信使相遇。刘穆之看信后，两眼向前直视，一句话不说，这样呆立了很长时间之后，才返身回家，把一件布衣服撕破，打好裹腿，跟信使一道去见刘裕。刘裕说："我们刚刚举起大旗，发动这场符合道义的事变，一切从头开始，困难很多，急需一个在军队中负责文秘方面的人才。你说谁最适合做这种工作？"刘穆之说："您的军府刚开始建立，所用的文官必须具有真才实学才行，在这种紧张仓促的情况之下，恐怕没有比我还强的人了。"刘裕高兴地说："你能屈尊亲自担当这个职务，那么，我们的事一定能够成功。"就马上任命刘穆之做主簿。

孟昶劝桓弘其日出猎，天未明，开门出猎人。昶与刘毅、刘道规帅壮士数十人直入，弘方啖粥，即斩之，因收众济江。裕使毅诛刁弘。

先是，裕遣同谋周安穆入建康报刘迈，迈虽酬许，意甚惶惧。安穆虑事泄，乃驰归。玄以迈为竟陵太守，迈欲亟之郡，是夜，玄与迈书曰："北府人情云何？卿近见刘裕何所道？"迈谓玄已知其谋，晨起，白之。玄大惊，封迈为重安侯。既而嫌迈不执安穆，使得逃去，乃杀之，悉诛元德、扈兴、厚之等。

众推刘裕为盟主，总督徐州事，以孟昶为长史，守京口，檀凭之为司马。彭城人应募者，裕悉使郡主簿刘钟统之。丁巳，裕帅二州之众千七百人，军于竹里，移檄远近，声言益州刺史毛璩已定荆楚，江州刺史郭昶之奉迎主上返正于寻阳，镇北参军王元德等并帅部曲保据石头，扬武将军诸葛长民已据历阳。

玄移还上宫，召侍官皆入止省中。加扬州刺史新野王桓谦征讨都督，以殷仲文代桓脩为徐、兖二州刺史。谦等请亟遣兵击裕。玄曰："彼兵锐甚，计出万死，若有蹉跌，则彼气成而吾事去矣，不如屯大众于覆舟山以待之。彼空行二百里，无所得，锐气已挫，忽见大军，必惊愕。我按兵坚阵，勿与交锋，彼求战不得，自然散走，此策之上也。"谦等固请击之，乃遣顿丘太守吴甫之、右卫将军皇甫敷相继北上。

孟昶在广陵，这一天他劝说青州刺史桓弘出去打猎，在天还没亮的时候，便打开州府的大门，放猎人们出去。孟昶与刘毅、刘道规率领精壮的士兵几十个人乘机直接闯进州府，见桓弘正在喝粥，便立即把他杀了，于是招集部众渡过长江。刘裕又派刘毅去把刁弘杀了。

在此之前，刘裕派遣同党周安穆到建康去向刘迈报告，刘迈虽然敷衍答应一同反叛，但是心中却非常惶恐害怕。周安穆见此情景，担心事情泄露，于是飞马跑了回去。桓玄任命刘迈为竟陵太守，刘迈打算快点到任。当天晚上，桓玄写信给刘迈说："北府那边人们的情况怎么样？你最近看见刘裕，说了些什么？"刘迈以为桓玄已经发现了他们的计划，早晨起来，便把刘裕等人准备谋反的事向桓玄做了禀报。桓玄一听，大惊失色，马上册封刘迈为重安侯。后来又记恨刘迈没有抓住周安穆，让他逃了回去，于是把刘迈杀掉了。然后他又把王元德、辛扈兴、童厚之等人全部杀掉。

大家推举刘裕为征讨桓玄的盟主，总领督辖徐州的行政事务。刘裕又任孟昶为长史，镇守京口，任命檀凭之为司马。彭城人中所有应征的人，刘裕把他们全部交给郡主簿刘钟带领。丁巳（二十九日），刘裕率领这两个州的部众一千七百人，驻扎在竹里，并把出师的通告命令发布到远近地方，声称说益州刺史毛璩已经平定荆楚一带，江州刺史郭昶之已经在寻阳重新拥立皇上复位，镇北参军王元德等人一起统帅部下据守石头，扬武将军诸葛长民已经占据了历阳。

桓玄从东宫移驾回到皇宫，把侍从官员全部召进官衙中居住。任命扬州刺史新野王桓谦为征讨都督，任命殷仲文代替桓脩任徐、兖二州的刺史。桓谦等人请求马上派兵去进攻刘裕。桓玄说："他的军队现在士气过于锋锐，因为他们已经想到这样做会万死一生。在此情况下，我们迎战如果有什么差错受到挫折，那么，他们的气势就一定会成功，而我的大业就会付诸东流。所以，我们不如把大部队屯聚在覆舟山等待他们。他的部队白白跑了两百多里路，什么也没有得到，锐气自然已经受到挫伤，又忽然看见我们的大部队，一定会惊骇异常。那时，我们只是按兵不动，坚固自己的兵阵，并不与他们交锋，他们想要和我们打又无处下手，自然就会溃散逃走。这个办法才是上策。"桓谦等人一再坚持请求发兵迎击刘裕，桓玄这才派顿丘太守吴甫之、右卫将军皇甫敷带领部队相继向北进发。

玄忧惧特甚。或曰:“裕等乌合微弱,势必无成,陛下何虑之深?”玄曰:“刘裕足为一世之雄。刘毅家无担石之储,樗蒲一掷百万。何无忌酷似其舅。共举大事,何谓无成!”

2 南凉王傉檀畏秦之强,乃去年号,罢尚书丞郎官,遣参军关尚使于秦。秦王兴曰:“车骑献款称藩,而擅兴兵造大城,岂为臣之道乎?”尚曰:“王公设险以守其国,先王之制也。车骑僻在遐藩,密迩勍寇,盖为国家重门之防。不图陛下忽以为嫌。”兴善之。傉檀求领凉州,兴不许。

3 初,袁真杀朱宪,宪弟绰逃奔桓温。温克寿阳,绰辄发真棺,戮其尸。温怒,将杀之,桓冲请而免之。绰事冲如父,冲薨,绰呕血而卒。刘裕克京口,以绰子龄石为建武参军。三月戊午朔,裕军与吴甫之遇于江乘。将战,龄石言于裕曰:“龄石世受桓氏厚恩,不欲以兵刃相向,乞在军后。”裕义而许之。甫之,玄骁将也,其兵甚锐。裕手执长刀,大呼以冲之,众皆披靡,即斩甫之,进至罗落桥。皇甫敷帅数千人逆战,宁远将军檀凭之败死。裕进战弥厉,敷围之数重,裕倚大树挺战。敷曰:“汝欲作何死!”拔戟将刺之,裕瞋目叱之,敷辟易。裕党俄至,射敷中额而踣,裕援刀直进。敷曰:“君有天命,以子孙为托。”裕斩之,厚抚其孤。裕以檀凭之所领兵配参军檀祗。祗,凭之之从子也。

桓玄心里非常忧虑、恐惧。有人说："刘裕等人是乌合之众，力量微弱，看样子一定不会有什么建树，陛下为什么要这样深深地忧虑呢？"桓玄说："刘裕有足够的条件可以成为一世的英雄。刘毅家里穷得连一石粮食的积蓄也没有，但樗蒲赌博时一次就押下百万的赌注。何无忌又非常像他的舅舅刘牢之。这些人在一起创立大业，哪能说不会成功呢！"

2　南凉王秃发傉檀畏惧后秦的强大，因此，去掉了自己的年号，废除了原来设置的尚书丞郎等官职，派遣参军关尚出使后秦国。后秦王姚兴说："车骑将军既然前来献上供奉、自称藩属，那么，他又擅自动用军队兴造庞大的城池，这怎么能是做臣子的道理呢？"关尚说："作为一国的王公设置险要，用来守卫自己的封国，这是前代君王早就确定了的制度。我们车骑将军住在偏僻遥远的封地，与强大的贼寇紧紧相邻，主要是为国家加强边防考虑。想不到陛下会忽然对这生起疑心。"姚兴以为他回答得很好。秃发傉檀请求统辖凉州，姚兴没有答应。

3　当初，袁真杀掉朱宪，朱宪的弟弟朱绰逃出来投奔桓温。桓温攻克寿阳，朱绰就挖出袁真的棺材，砍杀他的尸体。桓温大怒，准备杀了他，桓冲出面求情才赦免了他。朱绰从此对待桓冲像自己的亲生父亲一样，后来桓冲去世，朱绰伤痛过度，吐血而死。刘裕攻克京口，任命朱绰的儿子朱龄石为建武参军。三月戊午朔（初一），刘裕的部队与吴甫之的部队在江乘遭遇。双方正要开战，朱龄石对刘裕说："龄石家几代人都承受桓氏的厚恩大德，不想用兵刃武器指向他们，因此，请求您允许我跟在大部队的后面。"刘裕认为他这样做符合道义，因此答应了他。吴甫之是桓玄手下的勇将，他带领的部队战斗力很强。刘裕手拿长把大刀，身先士卒，大声呼叫着冲向敌群，敌众都纷纷退避，于是便斩了吴甫之，追杀到罗落桥。皇甫敷率领几千人迎战刘裕，宁远将军檀凭之战败身死。刘裕却越战越勇，皇甫敷派兵里三层外三层地把刘裕团团围住，刘裕依然背靠一棵大树继续力战。皇甫敷说："你打算怎么死？"拔出长戟准备刺他，刘裕圆睁双目痛斥皇甫敷。皇甫敷无地自容，不敢前进。这时，刘裕的部下顷刻赶来，用箭射中皇甫敷的额头，坠下马来。刘裕提刀直上。皇甫敷说："你有上天的福命，我想把我的子孙托付给你。"刘裕斩了他，又厚抚他的遗孤。刘裕把檀凭之所统领的部队分配给参军檀祗。檀祗是檀凭之的侄儿。

玄闻二将死，大惧，召诸道术人推算及为厌胜。问群臣曰："朕其败乎？"吏部郎曹靖之对曰："民怨神怒，臣实惧焉。"玄曰："民或可怨，神何为怒？"对曰："晋氏宗庙，飘泊江滨，大楚之祭，上不及祖，此其所以怒也。"玄曰："卿何不谏？"对曰："辇上君子皆以为尧、舜之世，臣何敢言！"玄默然。使桓谦及游击将军何澹之屯东陵，侍中、后将军卞范之屯覆舟山西，众合二万。

己未，裕军食毕，悉弃其馀粮，进至覆舟山东，使羸弱登山，张旗帜为疑兵，数道并前，布满山谷。玄侦候者还，云"裕军四塞，不知多少"。玄益忧恐，遣武卫将军庾赜之帅精卒副援诸军。谦等士卒多北府人，素畏伏裕，莫有斗志。裕与刘毅等分为数队，进突谦陈。裕以身先之，将士皆殊死战，无不一当百，呼声动天地。时东北风急，因纵火焚之，烟炎熛天，鼓噪之音震动京邑，谦等诸军大溃。

玄时虽遣军拒裕，而走意已决，潜使领军将军殷仲文具舟于石头。闻谦等败，帅亲信数千人，声言赴战，遂将其子昇、兄子濬出南掖门。遇前相国参军胡藩，执马鞚谏曰："今羽林射手犹有八百，皆是义故，西人受累世之恩，不驱令一战，一旦舍此，欲安之乎！"玄不对，但举策指天。因鞭马而走，西趋石头，与仲文等浮江南走。经日不食，左右进粗饭，玄咽不能下，昇抱其胸而抚之，玄悲不自胜。

桓玄听说两员大将已死，大为恐惧，召请各种巫师术士推算祸福吉凶，同时希望能用法术制服刘裕的部队。他询问群臣说："朕难道真的要败吗?"吏部郎曹靖之回答他说："百姓怨声载道，上天大发雷霆，臣下我实在很害怕。"桓玄说："百姓或许可以不满，但上天的神灵为什么又震怒呢?"曹靖之对答道："晋朝司马氏的宗庙，历经坎坷，在江滨地区漂泊；而大楚的宗室祭庙，最高的也没有到祖父。这就是上天之所以发怒的原因。"桓玄说："你为什么不早早提醒我?"曹靖之回答说："朝廷高官们都以为现在是尧、舜重生那样的清明盛世，臣下哪里还敢说!"桓玄无言以对。他派遣桓谦和游击将军何澹之驻扎在东陵，又派侍中、后将军卞范之驻军在覆舟山以西，他们的部下合起来有两万人。

己未(初二)，刘裕的部队吃罢饭，把剩下的那些粮食全部扔掉，开进到覆舟山以东的地区，派一些病弱的士兵登到山上，挥舞旗帜作为疑兵，并且分几路一起向前，把旌旗布满山谷。桓玄派出的探子回去后说："刘裕的军队漫山遍野，到处都已驻满，不知道有多少人。"桓玄越发忧虑恐惧，派武卫将军庾赜之率领精壮士卒前去补充增援各路部队。桓谦等人所统辖的士卒很多都是北府部队的老部下，一向非常敬畏佩服刘裕，所以根本没有斗志。刘裕与刘毅等人分为几路兵马，向前冲击桓谦的战阵。刘裕身先士卒，手下的将士也都拼死奋战，无不以一当百，喊杀声惊天动地。这时，东北风骤起，刘裕因此点起火来焚烧敌兵，浓烟烈火直冲云霄，鼓声喊声震动了京邑，桓谦等各路军队全部崩溃。

桓玄这时虽然派出部队迎战刘裕，但是逃跑的主意已经拿定。他暗中派领军将军殷仲文在石头准备好船只。当他听说桓谦等军队已经惨败，便率领亲信部下几千人，声称去参加战斗，然后带着他的儿子桓昇、侄儿桓濬从南掖门逃出。途中遇到前相国参军胡藩，抓住他的马勒口劝阻说："现在羽林禁卫军的射箭手还有八百，都是讲信义的旧部，西部人受到桓家的几代大恩，不驱使他们去决一死战，却突然丢下他们，这怎么能让人安心呵!"桓玄并不对答，只是用马鞭指了指上天。桓玄打马便走，向西来到石头，与殷仲文等人登船沿着长江向南而走。桓玄心事沉重，整天没有吃东西，左右的侍从人员给他端来粗糙的饭食，桓玄难以下咽，桓昇拥抱着父亲的身子按摩他的胸口，桓玄悲从中来，不能自禁。

裕入建康，王仲德抱元德子方回出候裕，裕于马上抱方回与仲德对哭。追赠元德给事中，以仲德为中兵参军。裕止桓谦故营，遣刘钟据东府。庚申，裕屯石头城，立留台百官，焚桓温神主于宣阳门外，造晋新主，纳于太庙。遣诸将追玄，尚书王嘏帅百官奉迎乘舆，诛玄宗族在建康者。裕使臧熹入宫，收图书、器物，封闭府库。有金饰乐器，裕问熹："卿得无欲此乎？"熹正色曰："皇上幽逼，播越非所，将军首建大义，劬劳王家，虽复不肖，实无情于乐。"裕笑曰："聊以戏卿耳。"熹，焘之弟也。

壬戌，玄司徒王谧与众议推裕领扬州，裕固辞。乃以谧为侍中、领司徒、扬州刺史、录尚书事，谧推裕为使持节、都督扬徐兖豫青冀幽并八州诸军事、徐州刺史，刘毅为青州刺史，何无忌为琅邪内史，孟昶为丹杨尹，刘道规为义昌太守。

裕始至建康，诸大处分皆委于刘穆之，仓猝立定，无不允惬。裕遂托以腹心，动止谘焉。穆之亦竭节尽诚，无所遗隐。时晋政宽弛，纲纪不立，豪族陵纵，小民穷蹙，重以司马元显政令违舛，桓玄虽欲厘整，而科条繁密，众莫之从。穆之斟酌时宜，随方矫正。裕以身范物，先以威禁。内外百官皆肃然奉职，不盈旬日，风俗顿改。

刘裕带领部队进入建康，王仲德抱着王元德的幼子王方回，出来站在路边等候刘裕，刘裕在马上抱着王方回与王仲德相对而泣。刘裕追任王元德为给事中，任命王仲德为中兵参军。刘裕下榻在桓谦过去的大营中，派遣刘钟据守东府。庚申（初三），刘裕驻扎石头城，设立留守官衙的文武百官，在宣阳门外焚烧了桓温等人的神像牌位，又重新制造新的晋朝宗室牌位，送到太庙中供奉。他又派遣几位将军前去追击桓玄，派遣尚书王嘏率领百官前去奉迎放逐寻阳的皇帝车驾，诛杀了桓玄宗族中所有仍然留在建康的人。刘裕派臧熹进入皇宫，收检图书、器物，关闭查封府衙仓库。其中有金银装饰的乐器，刘裕问臧熹："你难道没有想得到这些东西吗？"臧熹严肃正色地说："皇上被逼幽处，流亡到他不应该去的地方，将军第一个站出来倡导大义，为王室鞠躬尽瘁，我虽然不能像您那样建功立业，却也实在没有心情去享乐。"刘裕笑着说："我只不过和你开个玩笑罢了。"臧熹是臧焘的弟弟。

壬戌（初五），桓玄的司徒王谧与众人商议，准备推举刘裕统辖扬州，刘裕坚决辞谢。于是任命王谧为侍中、兼任司徒、扬州刺史、录尚书事，王谧又推举刘裕为使持节，都督扬、徐、兖、豫、青、冀、幽、并八州诸军事和徐州刺史。任命刘毅为青州刺史，何无忌为琅邪内史，孟昶为丹杨尹，刘道规为义昌太守。

刘裕刚开始来到建康时，将那些重大事情的处理和安排，全部交给刘穆之，使那些仓猝间应办的公务马上安定就绪，没有不恰到好处的。刘裕于是把他当作自己的心腹，一举一动全都询问他的意见。刘穆之也是竭尽忠诚，极力筹措，没有任何遗漏和保留。当时晋朝的政令宽泛废弛，纲法纪律都没有建立起来，豪门大族凌傲放纵，但草野百姓却异常贫困穷苦，再加上司马元显又对政令多所违背破坏，桓玄虽然曾经打算进行整顿，但是却因各种规章的分类条目等过于繁琐细密，百姓无所适从。刘穆之仔细研究了当时的情况，按照轻重缓急进行清理矫正。刘裕也能以身作则，首先以威行严法进行管束。朝廷内外的文武百官都小心谨慎地奉行职守，不满十天，官风民俗顿时大为改观。

初，诸葛长民至豫州，失期，不得发。刁逵执长民，槛车送桓玄。至当利而玄败，送人共破槛出长民，还趣历阳。逵弃城走，为其下所执，斩于石头，子侄无少长皆死，唯赦其季弟给事中骋。逵故吏匿其弟子雍送洛阳，秦王兴以为太子中庶子。裕以魏咏之为豫州刺史，镇历阳，诸葛长民为宣城内史。

初，裕名微位薄，轻狡无行，盛流皆不与相知，惟王谧独奇贵之，谓裕曰："卿当为一代英雄。"裕尝与刁逵樗蒱，不时输直，逵缚之马枊。谧见之，责逵而释之，代之还直。由是裕深憾逵而德谧。

萧方等曰：夫蛟龙潜伏，鱼虾亵之。是以汉高赦雍齿，魏武免梁鹄，安可以布衣之嫌而成万乘之隙也！今王谧为公，刁逵亡族，酬恩报怨，何其狭哉！

4　尚书左仆射王愉及子荆州刺史绥谋袭裕，事泄，族诛。绥弟子慧龙为僧彬所匿，得免。

5　魏以中土萧条，诏县户不满百者罢之。

6　丁卯，刘裕还镇东府。

7　桓玄至寻阳，郭昶之给其器用、兵力。辛未，玄逼帝西上，刘毅帅何无忌、刘道规等诸军追之。玄留龙骧将军何澹之、前将军郭铨与郭昶之守湓口。玄于道自作《起居注》，叙讨刘裕事，自谓经略举无遗策，诸军违节度，以致奔败。专覃思著述，不暇与群下议时事。《起居注》既成，宣示远近。

当初，诸葛长民来到豫州，因为耽误了约定的日期，所以没能发动政变。后来豫州刺史刁逵抓住了诸葛长民，把他押在囚车里送给桓玄。走到当利的时候，桓玄军队已经失败，押送的人一起打破囚车，救出诸葛长民，重新回到历阳。刁逵放弃城池逃走，被他的部下抓获，押往石头城斩首，他的儿子侄儿等亲人，不分老幼全部被杀，只把他的小弟弟给事中刁骋赦免。刁逵的老部下把他的侄儿刁雍藏了起来送到洛阳，后秦王姚兴命他为太子中庶子。刘裕任命魏咏之为豫州刺史，镇守历阳，诸葛长民为宣城内史。

当初，刘裕名声很小，官位也很低，轻浮狡狯，品行不端，社会的上层人士都不和他交往，只有王谧一人却单单以为他奇伟，对他异常推重爱惜，对刘裕说："你一定会成为一代英雄。"刘裕曾经和刁逵在一起玩樗蒲赌博，经常输了钱还不起，一次刁逵把他捆绑在拴马桩上。王谧看见后，一边责备刁逵，一边把刘裕释放，并代他还了输的钱。从此，刘裕便深恨刁逵，同时又十分感激王谧的恩德。

萧方等说：蛟龙潜伏在海底的时候，鱼虾都要欺负戏弄它。所以汉高祖赦免雍齿，魏武帝赦免了梁鹄，怎么能因为当百姓时结下了怨恨，到了当上帝王之后还要算账呢？现在王谧做了公卿，刁逵却满门抄斩，这样的过于感恩报仇，是多么的心胸狭窄呀！

4　尚书左仆射王愉和他的儿子荆州刺史王绥图谋袭击刘裕，事情泄漏，全族被杀。王绥的侄儿王慧龙被僧彬藏了起来，得免一死。

5　北魏认为中原地区人口凋零，一片萧条，所以，下令取消居民住户不满百家的县份。

6　丁卯（初十），刘裕回到东府镇守。

7　桓玄逃到寻阳，郭昶之给他提供用品器具，补充兵力。辛未（十四日），桓玄逼迫挟持废帝司马德宗一同向西逃窜，刘毅统率何无忌、刘道规等几支军队随后紧追不舍。桓玄留下龙骧将军何澹之、前将军郭铨与郭昶之一起据守湓口。桓玄在路上自己坚持写《起居注》，叙述讨伐刘裕的事情，自称所使用的战略战术没有失策的地方，只是手下的军队违背自己的指挥调遣，所以才使自己奔走败逃。桓玄把心思完全用在写这些东西之上，根本没时间与手下的官员将军们议论时势、研究对策。《起居注》写完之后，公开展示给远远近近的许多人看。

8 丙戌，刘裕称受帝密诏，以武陵王遵承制总百官行事，加侍中、大将军，因大赦，惟桓玄一族不宥。

9 刘敬宣、高雅之结青州大姓及鲜卑豪帅谋杀南燕王备德，推司马休之为主。备德以刘轨为司空，甚宠信之。雅之欲邀轨同谋，敬宣曰："刘公衰老，有安齐之志，不可告也。"雅之卒告之，轨不从。谋颇泄，敬宣等南走，南燕人收轨，杀之，追及雅之，又杀之。敬宣、休之至淮、泗间，闻桓玄败，遂来归，刘裕以敬宣为晋陵太守。

10 南燕主备德闻桓玄败，命北地王钟等将兵欲取江南，会备德有疾而止。

11 夏，四月己丑，武陵王遵入居东宫，内外毕敬。迁除百官称制书，教称令书。以司马休之监荆益梁宁秦雍六州诸军事、领荆州刺史。

庚寅，桓玄挟帝至江陵，桓石康纳之。玄更署置百官，以卞范之为尚书仆射。自以奔败之后，恐威令不行，乃更增峻刑罚，众益离怨。殷仲文谏，玄怒曰："今以诸将失律，天文不利，故还都旧楚。而群小纷纷，妄兴异议，方当纠之以猛，未可施之以宽也。"荆、江诸郡闻玄播越，有上表奔问起居者，玄皆不受，更令所在贺迁新都。

8　丙戌（二十九日），刘裕号称接受安帝的密诏，命武陵王司马遵按照安帝旨意，总领百官治理国家事务，加授侍中、大将军等官职。所以，下令实行大赦，其中，只对桓玄一族不加宽宥。

9　刘敬宣、高雅之逃到南燕后，结交青州的豪门大族以及一些鲜卑族中有势力的酋长首领，谋划刺杀南燕王慕容备德，推举司马休之为盟主。慕容备德任命刘轨为司空，对他非常恩宠信任。高雅之打算邀集刘轨一同谋划举事，刘敬宣说："刘轨已经衰老，有安心老死齐地的打算，万万不可告诉他。"高雅之不以为然，仍然把这些跟刘轨说了，刘轨果然拒绝。他们的这些计划因此全部泄漏，刘敬宣等人向南逃跑，南燕人于是逮捕刘轨，把他杀掉，又追上了高雅之，也杀了。刘敬宣、司马休之逃到淮河、泗水之间，听说桓玄已败，于是投奔东晋。刘裕任命刘敬宣为晋陵太守。

10　南燕王慕容备德听说桓玄失败，命令北地王慕容钟等人带兵，打算攻取江南，不巧正遇上慕容备德患病，这才停止。

11　夏季，四月己丑（初二），东晋武陵王司马遵进入东宫居住，朝廷内外对他都非常恭敬。他把任免文武百官的命令叫作制书，把普通行政通告叫作令书。任命司马休之监荆、益、梁、宁、秦、雍六州诸军事，领荆州刺史。

庚寅（初三），桓玄挟持安帝来到江陵，桓石康收留了他们。桓玄重新设置文武百官，任命卞范之为尚书仆射。他自己想到奔逃失败之后，恐怕威望命令不能得到贯彻，于是更加重了严刑和惩罚，部众更加离心离德、怨声载道。殷仲文规劝他，桓玄大怒说："现在因为这些将领作战不讲章法，所以天象才对我们不利，我只好回到楚国旧都来。但是这些小崽子却还议论纷纷，随便提出奇谈怪论，我正应当用强硬的手段纠正他们的不恭，决不能用宽容的态度对待他们。"荆州、江州几个郡听说桓玄西撤的消息，有的郡宰上奏表或者赶来问安的，桓玄都一概不接受，命令这些人重来祝贺迁移新都。

初，王谧为玄佐命元臣，玄之受禅，谧手解帝玺绶。及玄败，众谓谧宜诛，刘裕特保全之。刘毅尝因朝会，问谧玺绶所在。谧内不自安，逃奔曲阿。裕笺白武陵王，迎还复位。

12　桓玄兄子歆引氐帅杨秋寇历阳，魏咏之帅诸葛长民、刘敬宣、刘钟共击破之，斩杨秋于练固。

玄使武卫将军庾稚祖、江夏太守桓道恭帅数千人就何澹之等共守湓口。何无忌、刘道规至桑落洲，庚戌，澹之等引舟师逆战。澹之常所乘舫羽仪旗帜甚盛。无忌曰："贼帅必不居此，欲诈我耳，宜亟攻之。"众曰："澹之不在其中，得之无益。"无忌曰："今众寡不敌，战无全胜，澹之既不居此舫，战士必弱，我以劲兵攻之，必得之，得之，则彼势沮而我气倍，因而薄之，破贼必矣。"道规曰："善！"遂往攻而得之，因传呼曰："已得何澹之矣！"澹之军中惊扰，无忌之众亦以为然，乘胜进攻澹之等，大破之。无忌等克湓口，进据寻阳，遣使奉送宗庙主祏还京师。加刘裕都督江州诸军事。

桑落之战，胡藩所乘舰为官军所烧，藩全铠入水，潜行三十许步，乃得登岸。时江陵路已绝，乃还豫章。刘裕素闻藩为人忠直，引参领军军事。

当初，王谧为桓玄开国的辅佐元勋，桓玄接受帝位的禅让时，王谧亲自动手解开安帝携带玉玺的绶带。到了桓玄失败，众人说王谧应当受诛，刘裕特别为此出面保全了他的性命。刘毅曾在一次朝廷议事的时候，问王谧现在皇帝的玉玺印绶在什么地方。王谧心中非常不安，所以逃奔到曲阿。刘裕上书给武陵王司马遵，要求把王谧接了回来，恢复了原来的官位。

12 桓玄的侄儿桓歆勾引氐人的统率杨秋进犯历阳，魏咏之率领诸葛长民、刘敬宣、刘钟等人一起还击，将他们打得大败，并在练固斩杀了杨秋。

桓玄派遣武卫将军庾稚祖、江夏太守桓道恭率领几千人到何澹之等人那里，与他们一起守卫湓口。何无忌、刘道规来到桑落洲，庚戌（二十三日），何澹之等人带领水师迎战。何澹之平时所乘坐的船只，装饰华美，旗帜很多。何无忌说："贼寇的统帅一定不会坐在这条船上，不过就是想欺骗我们罢了，我们应该尽快攻击他们。"众人说："何澹之不在这条船上，缴获了它也没什么好处。"何无忌说："现在敌众我寡，很难抵敌，我们此战没有全胜的把握。何澹之既然不坐这条船，那么此船上的战士力量就一定很弱，我们以强大的兵力进攻它，一定会缴获这条船；得到了它，那么敌人的气势就会受到挫伤，我们的士气就会倍增，因而可以削弱敌人的力量。这样的话，消灭这些贼寇就是一定的了。"刘道规说："太对了！"于是带兵前去猛攻那条船，并把它缴获，乘势大声呼喊道："已经活捉何澹之了。"何澹之军队大为惊惧，纷扰四起，何无忌的部队中也以为真的是这样，于是乘胜大举进攻何澹之等的部队，把他们打得大败。何无忌等人攻克了湓口，开进寻阳据守，派遣使节奉送晋室宗庙的祖先牌位以及装牌位的石匣回到京师。朝廷加授刘裕为都督江州诸军事。

桑落之战，胡藩所乘坐的战舰被刘裕的官军烧毁，胡藩穿着全副的铠甲落入水中，潜水游出三十步远左右的地方，才得以登上河岸。这时，通往江陵的道路已经断绝，他于是回到豫章。刘裕一向听说胡藩为人忠厚直率，把他征召来做了参领军军事。

13　桓玄收集荆州兵，曾未三旬，有众二万，楼船、器械甚盛。甲寅，玄复帅诸军挟帝东下，以苻宏领梁州刺史，为前锋。又使散骑常侍徐放先行，说刘裕等曰："若能旋军散甲，当与之更始，各授位任，令不失分。"

刘裕以诸葛长民都督淮北诸军事，镇山阳。以刘敬宣为江州刺史。

14　柔然可汗社仑从弟悦代大那谋杀社仑，不克，奔魏。

15　燕王熙于龙腾苑起逍遥宫，连房数百，凿曲光海，盛夏，士卒不得休息，暍死者太半。

16　西凉世子谭卒。

17　刘毅、何无忌、刘道规、下邳太守平昌孟怀玉帅众自寻阳西上，五月癸酉，与桓玄遇于峥嵘洲。毅等兵不满万人，而玄战士数万，众惮之，欲退还寻阳。道规曰："不可！彼众我寡，强弱异势，今若畏懦不进，必为所乘，虽至寻阳，岂能自固！玄虽窃名雄豪，内实恇怯。加之已经奔败，众无固心。决机两阵，将雄者克，不在众也。"因麾众先进，毅等从之。玄常漾舸于舫侧以备败走，由是众莫有斗心。毅等乘风纵火，尽锐争先，玄众大溃，烧辎重夜遁。郭铨诣毅降。

13　桓玄收募招集荆州兵马，还没过一个月，便得到两万部众，并且高大战舰、军械武器等也都配备整齐，军容异常盛大。甲寅（二十七日），桓玄再一次统帅几支大军挟持安帝向东进军，任命苻宏任梁州刺史，担任部队的前锋。又派遣散骑常侍徐放先走一步，去劝说刘裕等人说："如果你们能撤回大军，解散部队，一定会给你们一个自新的机会，分别加授给你们相应的官职，绝不会让你们失望。"

刘裕任命诸葛长民都督淮北诸军事，镇守山阳。任命刘敬宣为江州刺史。

14　柔然可汗郁久闾社仑的堂弟郁久闾悦代大那谋杀郁久闾社仑，没有成功，投奔到北魏。

15　后燕王慕容熙在龙腾苑中兴建逍遥宫，房屋连绵不断达几百间之多，又开凿曲光海，在盛夏的时候，士卒得不到休息，中暑而死的人超过一半。

16　西凉世子李谭去世。

17　刘毅、何无忌、刘道规、下邳太守平昌人孟怀玉统帅部队从寻阳向西进发。五月癸酉（十七日），他们在峥嵘洲与桓玄的部队相遇。刘毅等人的部队士卒不到一万人，而桓玄手下的兵士却有几万人之多，大家对此都非常害怕，打算退回寻阳。刘道规说："万万不可！敌众我寡，强弱的气势本来很明显，现在如果畏惧怯懦不想进攻，一定会被敌人抓住机会，即使回到寻阳，又怎么能使自己的防守坚固呢？桓玄虽然窃取英雄豪杰的名号，但内心实在是空虚怯懦的。再加上他现在已经历过失败奔逃，部众根本就没有死战的决心。决定胜负的双方，以将领勇猛无敌为克敌制胜的关键，不在人数的多少。"所以，他先挥师挺进，刘毅等人也率军紧跟。桓玄在旗舰旁经常准备一艘小快船，以备失败的时候逃走，因此，众人都没有打仗的心思。刘毅等人借着江风放起火来，把精锐部队全部投入战斗，个个争先恐后，桓玄的部队彻底崩溃，烧掉自己的辎重物资，连夜逃跑。前将军郭铨拜见刘毅，投降。

玄故将刘统、冯稚等聚党四百人袭破寻阳城。毅遣建威将军刘怀肃讨平之。怀肃，怀敬之弟也。

玄挟帝单舸西走，留永安何皇后及王皇后于巴陵。殷仲文时在玄舰，求出别船收集散卒，因叛玄，奉二后奔夏口，遂还建康。

己卯，玄与帝入江陵。冯该劝使更下战，玄不从。欲奔汉中就桓希，而人情乖沮，号令不行。庚辰，夜中，处分欲发，城内已乱，乃与亲近腹心百馀人乘马出城西走。至城门，左右于暗中斫玄，不中，其徒更相杀害，前后交横。玄仅得至船，左右分散，惟卞范之在侧。

辛巳，荆州别驾王康产奉帝入南郡府舍，太守王腾之帅文武为侍卫。

玄将之汉中。屯骑校尉毛脩之，璩之弟子也，诱玄入蜀，玄从之。宁州刺史毛璠，璩之弟也，卒于官。璩使其兄孙祐之及参军费恬帅数百人送璠丧归江陵，壬午，遇玄于枚回洲。祐之、恬迎击玄，矢下如雨，玄嬖人丁仙期、万盖等以身蔽玄，皆死。益州督护汉嘉冯迁抽刀，前欲击玄，玄拔头上玉导与之，曰："汝何人，敢杀天子！"迁曰："我杀天子之贼耳！"遂斩之，又斩桓石康、桓濬、庾赜之，执桓昇送江陵，斩于市。乘舆返正于江陵，以毛脩之为骁骑将军。甲申，大赦，诸以畏逼从逆者一无所问。戊寅，奉神主于太庙。刘毅等传送玄首，枭于大桁。

桓玄过去的部将刘统、冯稚等人聚集党羽四百人攻破寻阳城。刘毅派遣建威将军刘怀肃讨伐平定他们。刘怀肃是刘怀敬的弟弟。

桓玄挟持安帝仅乘坐一艘小船向西逃走，把永安何皇后和王皇后留在巴陵。殷仲文这时在桓玄的船上，请求到别的船上去招集逃散的军卒，于是，便乘机叛离桓玄，恭奉两位皇后投奔夏口，又回到建康。

己卯（二十三日），桓玄与安帝回到江陵。冯该劝说他再一次东征决一死战，桓玄没有听从。他打算逃往汉中投奔桓希，但是这时他已众叛亲离，人心沮丧，号令发下也没人执行。庚辰（二十四日），深夜，桓玄准备停当打算出发，城内已经大乱，于是只好和一百多个亲近的心腹，乘马出城，向西逃跑。刚到城门，他左右的亲信中突然有人在暗处砍杀桓玄，没有砍中。于是他的这些亲信又自相残杀，尸横遍地。桓玄狼狈不堪，仅保住活命逃到船上，手下的卫士们早已四散逃命，只有卞范之跟在身旁。

辛巳（二十五日），荆州别驾王康产把安帝奉迎到南郡府衙的官舍，太守王腾之率领文武官员做侍卫。

桓玄准备前往汉中。屯骑校尉毛脩之，是毛璩的侄儿，他引诱桓玄前往蜀地，桓玄听从了他的话。宁州刺史毛璠，是毛璩的弟弟，死在官任上。毛璩派他哥哥的孙子毛祐之和参军费恬带领几百人护送毛璠的灵柩回江陵。壬午（二十六日），他们与桓玄在枚回洲相遇。毛祐之、费恬迎头袭击桓玄，箭如雨下，桓玄所宠爱的弄臣丁仙期、万盖等用自己的身体掩护桓玄，都被射死。益州督护汉嘉人冯迁抽出佩刀，冲上前去准备刺杀桓玄，桓玄连忙拿下头上玉做的头饰递给冯迁，说："你是什么人？竟敢刺杀天子！"冯迁说："我这不过是杀天子的盗贼罢了！"于是把他杀了，又杀了桓石康、桓濬、庾赜之，活捉了桓昇押送到江陵，在街市上问斩。安帝在江陵重新复位，并任命毛脩之为骁骑将军。甲申（二十八日），下令实行大赦，那些由于害怕桓玄的威逼而参与或从属桓玄叛逆的人，一律不加追究。戊寅（二十二日），将司马氏祖先的牌位重新供于太庙。刘毅等人又把桓玄的首级送到建康，挂于大桁示众。

毅等既战胜，以为大事已定，不急追蹑，又遇风，船未能进，玄死几一旬，诸军犹未至。时桓谦匿于沮中，扬武将军桓振匿于华容浦，玄故将王稚徽戍巴陵，遣人报振云："桓歆已克京邑，冯稚复克寻阳，刘毅诸军并中路败退。"振大喜，聚党得二百人，袭江陵，桓谦亦聚众应之。闰月己丑，复陷江陵，杀王康产、王腾之。振见帝于行宫，跃马奋戈，直至阶下，问桓昇所在。闻其已死，瞋目谓帝曰："臣门户何负国家，而屠灭若是！"琅邪王德文下床谓曰："此岂我兄弟意邪！"振欲杀帝，谦苦禁之，乃下马，敛容致拜而出。壬辰，振为玄举哀，立丧庭，谥曰武悼皇帝。

癸巳，谦等帅群臣奉玺绶于帝曰："主上法尧禅舜，今楚祚不终，百姓之心复归于晋矣。"以琅邪王德文领徐州刺史，振为都督八郡诸军事、荆州刺史，谦复为侍中、卫将军，加江、豫二州刺史，帝侍御左右，皆振之腹心。

振少薄行，玄不以子侄齿之。至是，叹曰："公昔不早用我，遂致此败。若使公在，我为前锋，天下不足定也。今独作此，安归乎？"遂纵意酒色，肆行诛杀。谦劝振引兵下战，己守江陵，振素轻谦，不从其言。

刘毅等作战取得胜利之后，认为大事已经平定，因此，并不急于追击敌人馀部，又正好遇见西风忽起，船只不能逆水而进，所以，到桓玄已死将近十天的时候，他们的几支部队还是没有赶到。此时桓谦藏在沮中，扬武将军桓振藏在华容浦。桓玄的老部将王稚徽戍守巴陵，派人向桓振报信说："桓歆已经攻克京邑，冯稚又攻克了寻阳，刘毅等人所统辖的几路大军一起在中途溃败撤退。"桓振非常高兴，聚集自己的党羽，一共凑了二百人，袭击江陵，桓谦也聚集部众响应他。闰五月己丑（初三），再一次攻陷了江陵，杀了王康产、王腾之。桓振去行宫见安帝，催马挥戈，直到石阶之下，询问桓昇在哪里。当他听说桓昇已死，瞪圆了眼睛对安帝说："我们桓家一门有什么对不起国家的，而竟被你们这样屠杀！"琅邪王司马德文从床座上下来，告诉他说："这哪里是我们兄弟二人的意愿呢？"桓振打算杀掉安帝，桓谦苦苦地制止他。于是，桓振跳下马来，板着面孔勉强向安帝敬礼之后便退出去了。壬辰（初六），桓振为桓玄举办丧事，表示哀悼，设立灵堂，追谥为武悼皇帝。

癸巳（初七），桓谦等人统帅群臣把玉玺印绶奉还给安帝说："主上效法尧帝把帝位禅让给舜帝的风范，现在楚国的寿命福分不长，百姓的民心已经重新归附晋室了。"安帝于是任命琅邪王司马德文任徐州刺史，任命桓振为都督八郡诸军事、荆州刺史，任命桓谦恢复侍中、卫将军的旧职，又加授江、豫二州刺史的职务，安帝的侍臣卫兵、左右人等，都是桓振的心腹之人。

桓振小的时候就为人轻浮，品行不端，桓玄不把他当成侄儿，非常厌恶他。到了这时，桓振叹息说："你过去不早早地重用我，所以才导致了这次的惨败。假使你还在世的话，我来当前锋，天下的平定实在是不在话下的。现在，让我一个人在此做这样的官，我将来的归宿究竟在哪儿呢？"于是纵情恣意于酒色之中，放肆地任性杀人。桓谦规劝桓振带领大军向东征战，自己据守江陵。桓振一向轻视桓谦，因此并不听从他的话。

刘毅至巴陵，诛王稚徽。何无忌、刘道规进攻桓谦于马头，桓蔚于龙泉，皆破之。蔚，秘之子也。

无忌欲乘胜直趣江陵，道规曰："兵法屈申有时，不可苟进。诸桓世居西楚，群小皆为竭力。振勇冠三军，难与争锋。且可息兵养锐，徐以计策縻之，不忧不克。"无忌不从。振逆战于灵溪，冯该以兵会之，无忌等大败，死者千馀人。退还寻阳，与刘毅等上笺请罪。刘裕以毅节度诸军，免其青州刺史。桓振以桓蔚为雍州刺史，镇襄阳。

柳约之、罗述、甄季之闻桓玄死，自白帝进军至枝江，闻何无忌等败于灵溪，亦引兵退。俄而述、季之皆病，约之诣桓振伪降，欲谋袭振，事泄，振杀之。约之司马时延祖、涪陵太守文处茂收其馀众，保涪陵。

六月，毛璩遣将攻汉中，斩桓希，璩自领梁州。

18　秋，七月戊申，永安皇后何氏崩。

19　燕苻昭仪有疾，龙城人王荣自言能疗之。昭仪卒，燕王熙立荣于公车门，支解而焚之。

20　八月癸酉，葬穆章皇后于永平陵。

21　魏置六谒官，准古六卿。

22　九月，刁骋谋反，伏诛，刁氏遂亡。刁氏素富，奴客纵横，专固山泽，为京口之患。刘裕散其资蓄，令民称力而取之，弥日不尽。时州郡饥弊，民赖之以济。

刘毅的部队抵达巴陵，诛杀了王稚徽。何无忌、刘道规在马头向桓谦发动进攻，又在龙泉进攻桓蔚，都大破敌军。桓蔚是桓秘的儿子。

何无忌打算乘胜直接向江陵进发，刘道规说："兵法云，作战时进军收军都应该有个时机，万万不可随便冒进。桓氏家族世代居住在西楚，那些小民都愿意为他们卖力气。桓振又勇猛异常，在军队之中首屈一指，与他在战场上交战，很难得到好处。我们正可以暂时休息一下兵力，养精蓄锐，慢慢地再用计策制服他，不怕不能攻克他。"何无忌却不听从他的劝告。桓振在灵溪迎战何无忌的军队，冯该带兵与其会战，结果何无忌等人的部队大败，死的人达一千多个。他们退回寻阳，与刘毅等人一起向刘裕上书请罪。刘裕因刘毅是协调节度几支军队的主帅，免去了他青州刺史的职务。桓振任命桓蔚为雍州刺史，镇守襄阳。

柳约之、罗述、甄季之听说桓玄已死，便带领部众从白帝进发到枝江，又听说何无忌等在灵溪战败，所以也带着兵退回了。不久，罗述、甄季之都得了病，柳约之便去拜见桓振假装投降，打算寻机偷袭桓振，事情泄密，桓振把他杀了。柳约之的司马时延祖、涪陵太守文处茂接收了他的剩馀兵众，守卫涪陵。

六月，毛璩派将领带兵进攻汉中，斩杀了桓希，毛璩自己兼管梁州事务。

18　秋季，七月戊申（二十三日），永安皇后何氏去世。

19　后燕苻昭仪得病，龙城人王荣自称能治她的病。苻昭仪很快死了，后燕王慕容熙把王荣站着绑在皇宫公车门外，用支解的酷刑把他慢慢处死之后，又焚烧了他的尸体。

20　八月癸酉（十九日），东晋把追谥为穆章皇后的永安皇后何氏安葬在永平陵。

21　北魏国按照古代六卿的模式，设置六个谒官。

22　九月，东晋给事中刁骋阴谋反叛，被杀掉，刁氏家族于是灭绝。刁氏平素很富有，家奴和食客横行霸道，垄断控制了山货和水产，成为京口的一大祸患。刘裕把他家的资产积蓄全部散发给百姓，让他们尽自己的力量来拿，一整天也没有拿完。当时地方上正赶上闹饥荒，百姓们就依靠这些钱财得以渡过难关。

23　乞伏乾归及杨盛战于竹岭，为盛所败。

24　西凉公暠立子歆为世子。

25　魏主珪临昭阳殿改补百官，引朝臣文武，亲加铨择，随才授任。列爵四等：王封大郡，公封小郡，侯封大县，伯封小县。其品第一至第四，旧臣有功无爵者追封之，宗室疏远及异姓袭封者降爵有差。又置散官五等，其品第五至第九。文官造士才能秀异、武官堪为将帅者，其品亦比第五至第九。百官有阙，则取于其中以补之。其官名多不用汉、魏之旧，仿上古龙官、鸟官，谓诸曹之使为凫鸭，取其飞之迅疾也。谓候官伺察者为白鹭，取其延颈远望也。馀皆类此。

26　卢循寇南海，攻番禺。广州刺史濮阳吴隐之拒守百馀日，冬，十月壬戌，循夜袭城而陷之，烧府舍、民室俱尽，执吴隐之。循自称平南将军，摄广州事，聚烧骨为共冢，葬于洲上，得髑髅三万馀枚。又使徐道覆攻始兴，执始兴相阮腆之。

27　刘裕领青州刺史。

刘敬宣在寻阳，聚粮缮船，未尝无备，故何无忌等虽败退，赖以复振。桓玄兄子亮自称江州刺史，寇豫章，敬宣击破之。

刘毅、何无忌、刘道规复自寻阳西上，至夏口。桓振遣镇东将军冯该守东岸，扬武将军孟山图据鲁山城，辅国将军桓仙客守偃月垒，众合万人，水陆相援。毅攻鲁山城，道规攻偃月垒，无忌遏中流，自辰至午，二城俱溃，生禽山图、仙客，该走石城。

23　后秦归义侯乞伏乾归与氐王杨盛在竹岭展开战斗，被杨盛打败。

24　西凉公李暠册立儿子李歆为世子。

25　北魏国主拓跋珪来到昭阳殿调配、选拔文武百官，把朝廷文武大臣一一召到跟前来，亲自加以考核选择，按照他们的才能授给官职。列出爵位四等：王爵封地为一个大郡，公爵封地为一个小郡，侯爵封地为一个大县，伯爵封地为一个小县。他们的品位为一品到四品，旧有的部下有功但是无爵位的追封他们爵位，宗室里血缘关系较为疏远以及异姓中承袭爵封的人都分别按不同级别降低他们的爵位。又设置普通的官员五等，从五品到九品。文官士子才能的确秀拔异常、武官可以担当将帅的人，他们的品位也列入五品到九品之中。百官之中如有空缺，便在这些人中选取一个适当的递补上去。这些官名大多不用汉朝和曹魏时期的旧称呼，而是摹仿上古时代龙官、鸟官等，称各衙门的信使为凫鸭，取它的飞行迅速敏捷之意。称探听情报的官员为白鹭，取它的伸长脖子向远处看的意思。其馀的，都与此类似。

26　卢循进犯东晋南海，攻打番禺。广州刺史濮阳人吴隐之抵抗坚守了一百多天。冬季，十月壬戌(初九)，卢循连夜攻城，终于攻陷，他们焚烧了府衙的房舍和民众的居室，使城内变成一片焦土，又抓住了吴隐之。卢循自称为平南将军，接管广州郡的事务，把烧焦的尸骨收集起来，在小岛上建一座大坟，埋在一起，共收得骷髅三万多具。他又派遣徐道覆进攻始兴，抓住了始兴相阮腆之。

27　刘裕兼任青州刺史。

刘敬宣在寻阳，收集军粮，修缮船只，并不是没有防备，所以，何无忌等人败退回来，又依靠这些物资重新振作。桓玄的侄儿桓亮，自称江州刺史，进犯豫章，刘敬宣把他打得大败。

刘毅、何无忌、刘道规再次从寻阳出发，向西进军，抵达夏口。桓振派遣镇东将军冯该守住长江东岸，扬武将军孟山图据守鲁山城，辅国将军桓仙客镇守偃月垒，兵力合起来达到一万人，并且水军与陆军互相援助。刘毅进攻鲁山城，刘道规进攻偃月垒，何无忌控制江中，从早晨一直战斗到中午，两座城池全部崩溃，生擒了孟山图、桓仙客，冯该败退逃往石城。

28　辛巳，魏大赦，改元天赐。筑西宫。十一月，魏主珪如西宫，命宗室置宗师，八国置大师、小师，州郡亦各置师，以辨宗党，举才行，如魏、晋中正之职。

29　燕王熙与苻后游畋，北登白鹿山，东逾青岭，南临沧海而还，士卒为虎狼所杀及冻死者五千馀人。

30　十二月，刘毅等进克巴陵。毅号令严整，所过百姓安悦。刘裕复以毅为兖州刺史。

桓振以桓放之为益州刺史，屯西陵。文处茂击破之，放之走还江陵。

31　高句丽侵燕。

32　戊辰，魏主珪如豺山宫。

33　是岁，晋民避乱，襁负之淮北者道路相属。

28　辛巳(二十八日),北魏实行大赦,改年号为天赐。兴筑西宫。十一月,北魏国主拓跋珪驾临西宫,命令宗室设置宗师这种考选官,八个贵族部落,按大小分别设置大师、小师,州郡也都分别设置师,用来辨别宗族亲党的隶属,荐举有才能又有德性的贤明之士,就像魏、晋时期的中正之职一样。

29　后燕王慕容熙与苻皇后一起出外游猎,向北登上白鹿山,向东越过青岭,向南到了沧海之后才回去,士卒中被猛虎豺狼咬死或者冻死的达五千多。

30　十二月,刘毅等人带兵西进,攻克巴陵。刘毅号令严明整肃,所过之处,百姓平安无恙。刘裕重新任命刘毅为兖州刺史。

桓振任命桓放之为益州刺史,屯守西陵。文处茂把他打得大败,桓放之逃回江陵。

31　高句丽侵犯后燕。

32　戊辰(十六日),北魏国主拓跋珪来到豺山宫。

33　这一年,东晋的百姓,为了躲避战乱,扶老携幼,肩负行李逃往淮河以北去的人,路上接连不断。

卷第一百一十四　晋纪三十六

起乙巳(405)尽戊申(408)凡四年

安皇帝己

义熙元年(乙巳,405)

1　春,正月,南阳太守扶风鲁宗之起兵袭襄阳,桓蔚走江陵。己丑,刘毅等诸军至马头。桓振挟帝出屯江津,遣使求割江、荆二州,奉送天子。毅等不许。辛卯,宗之击破振将温楷于柞溪,进屯纪南。振留桓谦、冯该守江陵,引兵与宗之战,大破之。刘毅等击破冯该于豫章口,桓谦弃城走。毅等入江陵,执卞范之等,斩之。桓振还,望见火起,知城已陷,其众皆溃,振逃于涢川。

乙未,诏大处分悉委冠军将军刘毅。

戊戌,大赦,改元,惟桓氏不原。以桓冲忠于王室,特宥其孙胤。以鲁宗之为雍州刺史,毛璩为征西将军、都督益梁秦凉宁五州诸军事,璩弟瑾为梁、秦二州刺史,瑗为宁州刺史。刘怀肃追斩冯该于石城,桓谦、桓怡、桓蔚、桓谧、何澹之、温楷皆奔秦。怡,弘之弟也。

2　燕王熙伐高句丽。戊申,攻辽东。城且陷,熙命将士:“毋得先登,俟刬平其城,朕与皇后乘辇而入。”由是城中得严备,不克而还。

安皇帝己

晋安帝义熙元年(乙巳,公元405年)

1　春季,正月,东晋南阳太守扶风人鲁宗之发动军队袭击襄阳,桓蔚失败后逃往江陵。己丑(初七),刘毅等人的几支军队抵达马头。桓振挟持着安帝出兵屯据在江津,派遣使者请求割据江、荆两个州,以送回安帝作为交换条件。刘毅等人没有答应。辛卯(初九),鲁宗之在柞溪一带将桓振的部将温楷击败,进军屯扎在纪南。桓振留下桓谦、冯该镇守江陵,率领部队与鲁宗之展开决战,并打败了他。刘毅等人又在豫章口把冯该打败,桓谦弃城逃跑。刘毅等人的部队进入江陵,抓住卞范之等人,全部杀掉。桓振回师,望见城中大火四起,知道江陵已经被攻陷,他的军队全部溃散,桓振逃到涢川。

乙未(十三日),安帝下诏说,把国家的重大事件的处理权,全部交给冠军将军刘毅。

戊戌(十六日),下令实行大赦,改年号为义熙,只有桓氏家族的成员不加原宥。因为桓冲一心忠于王室司马家族,特别赦免了他的孙子桓胤。任命鲁宗之为雍州刺史,任命毛璩为征西将军及都督益、梁、秦、凉、宁五州诸军事,任命毛璩的弟弟毛瑾为梁、秦二州的刺史,毛瑗为宁州刺史。刘怀肃在石城追上冯该并把他杀了。桓谦、桓怡、桓蔚、桓谧、何澹之、温楷等人都逃奔后秦。桓怡是桓弘的弟弟。

2　后燕王慕容熙征伐高句丽。戊申(二十六日),进攻辽东。在将要攻下城墙的时候,慕容熙命令手下的将士说:"不得抢先登城,等到把城墙铲成平地的时候,我跟皇后坐在车上一同进城。"因此,城中得到喘息的机会,加强了防备,于是他们没法攻破,只好回去了。

秦王兴以鸠摩罗什为国师，奉之如神，亲帅群臣及沙门听罗什讲佛经，又命罗什翻译西域《经》、《论》三百馀卷，大营塔寺，沙门坐禅者常以千数。公卿以下皆奉佛，由是州郡化之，事佛者十室而九。

3　乞伏乾归击吐谷浑大孩，大破之，俘万馀口而还。大孩走死胡园。视罴世子树洛干帅其馀众数千家奔莫何川，自称车骑大将军、大单于、吐谷浑王。树洛干轻徭薄赋，信赏必罚，吐谷浑复兴，沙、漒诸戎皆附之。

4　西凉公暠自称大将军、大都督、领秦凉二州牧，大赦，改元建初，遣舍人黄始、梁兴间行奉表诣建康。

5　二月丁巳，留台备法驾迎帝于江陵，刘毅、刘道规留屯夏口，何无忌奉帝东还。

6　初，毛璩闻桓振陷江陵，帅众三万顺流东下，将讨之，使其弟西夷校尉瑾、蜀郡太守瑗出外水，参军巴西谯纵、侯晖出涪水。蜀人不乐远征，晖至五城水口，与巴西阳昧谋作乱。纵为人和谨，蜀人爱之，晖、昧共逼纵为主。纵不可，走投于水。引出，以兵逼纵登舆。纵又投地，叩头固辞，晖缚纵于舆。还，袭毛瑾于涪城，杀之，推纵为梁、秦二州刺史。璩至略城，闻变，奔还成都，遣参军王琼将兵讨之，为纵弟明子所败，死者什八九。益州营户李腾开城纳纵兵，杀璩及弟瑗，灭其家。纵称成都王，以从弟洪为益州刺史，以明子为巴州刺史，屯白帝。于是蜀大乱，汉中空虚，氐王杨盛遣其兄子平南将军抚据之。

后秦王姚兴任命鸠摩罗什为国师，像侍奉神灵那样尊重他，亲自率领大臣以及一些僧人听鸠摩罗什讲授佛经，又命令鸠摩罗什翻译从西域传来的佛家《经》《论》共三百多卷，并大量营造佛塔、寺院等建筑，在那里参禅修行的佛门弟子常常有千人之多。朝廷公、卿以下的官员也都信奉佛教，于是，地方上也都受这种风气的薰染，信佛的人在十家当中往往有九家。

3 后秦归义侯乞伏乾归进攻吐谷浑可汗大孩，并把他打得大败，俘获了一万多人后回师。大孩逃往胡园，死在那里。前任可汗视罴的世子树洛干率领剩下的部众几千家逃奔莫何川，自己号称车骑大将军、大单于、吐谷浑王。树洛干减轻徭役和赋税，有功必赏，有罪必罚，所以吐谷浑很快便复兴起来。沙州、滋川一带的那些戎族部落都归附了他们。

4 西凉公李暠自己号称大将军、大都督并兼秦、凉二州牧，下令实行大赦，改年号为建初，派遣舍人黄始、梁兴携带奏章，抄小路去建康诣见东晋朝廷。

5 二月丁巳(初五)，东晋留都准备皇帝专用的车驾仪仗，去江陵迎接安帝，刘毅、刘道规留在夏口驻扎，何无忌陪同护卫安帝东下还都。

6 当初，毛璩听说桓振攻陷了江陵，便统帅三万人的部队顺长江向东进发，准备讨伐他，派遣他的弟弟西夷校尉毛瑾、蜀郡太守毛瑗从外水出发，参军巴西人谯纵、侯晖从涪水出发。蜀地的人不喜欢到远方征战，侯晖到了五城水口，与巴西人阳昧谋划发动叛乱。谯纵为人谦和谨慎，蜀地的人都很拥戴他，侯晖、阳昧一起逼迫谯纵为盟主。谯纵严辞拒绝，纵身投江。被叛军救了上来，他们又用兵刃逼迫谯纵登上车轿。谯纵又扑倒在地，向大家磕头，坚决拒绝，侯晖把谯纵绑在车上，回军，在涪城袭击毛瑾，并把他杀了，拥推谯纵为凉、秦二州刺史。毛璩来到略城，听说军中发生叛乱，飞马回成都，派遣参军王琼带兵前去讨伐，被谯纵的弟弟谯明子打败，被杀死者十有八九。益州营户李腾打开城门迎入谯纵的军队，杀了毛璩和他的弟弟毛瑗，屠杀了他们全家。谯纵号称成都王，任命堂弟谯洪为益州刺史，任命谯明子为巴州刺史，驻守白帝。从此，蜀地局势大乱，汉中的实力也十分空虚。氐王杨盛派遣他的侄儿平南将军杨抚占据了那里。

7　癸亥，魏主珪还自豺山，罢尚书三十六曹。

8　三月，桓振自郧城袭江陵，荆州刺史司马休之战败，奔襄阳，振自称荆州刺史。建威将军刘怀肃自云杜引兵驰赴，与振战于沙桥。刘毅遣广武将军唐兴助之，临陈斩振，复取江陵。

甲午，帝至建康。乙未，百官诣阙请罪，诏令复职。

尚书殷仲文以朝廷音乐未备，言于刘裕，请治之。裕曰："今日不暇给，且性所不解。"仲文曰："好之自解。"裕曰："正以解则好之，故不习耳。"

庚子，以琅邪王德文为大司马，武陵王遵为太保，刘裕为侍中、车骑将军、都督中外诸军事，徐、青二州刺史如故，刘毅为左将军，何无忌为右将军、督豫州扬州五郡军事、豫州刺史，刘道规为辅国将军、督淮北诸军事、并州刺史，魏咏之为征虏将军、吴国内史。裕固让不受。加录尚书事，又不受，屡请归藩。诏百官敦劝，帝亲幸其第。裕惶惧，复诣阙陈请，乃听归藩。以魏咏之为荆州刺史，代司马休之。

初，刘毅尝为刘敬宣宁朔参军，时人或以雄杰许之。敬宣曰："夫非常之才自有调度，岂得便谓此君为人豪邪！此君之性，外宽而内忌，自伐而尚人，若一旦遭遇，亦当以陵上取祸耳。"毅闻而恨之。及敬宣为江州，辞以无功，不宜授任先于毅等，裕不许。毅使人言于裕曰："刘敬宣不豫建义。猛将劳臣，方须叙报，如敬宣之比，宜令在后。若

7　癸亥(十一日),北魏国主拓跋珪从豺山回京,撤销了尚书三十六曹等官署。

8　三月,桓振自郧城发兵袭击江陵,荆州刺史司马休之迎战,大败,逃奔襄阳,桓振自称为荆州刺史。建威将军刘怀肃从云杜带兵迅速赶到,在沙桥与桓振展开决战。刘毅派遣广武将军唐兴前来助战,就在战场上将桓振杀死,重新夺回江陵。

甲午(十三日),安帝抵达建康。乙未(十四日),文武百官前往宫门拜见请罪。安帝下诏命令他们恢复职务。

尚书殷仲文因为朝廷音乐设施不完备,告之刘裕,请求重建。刘裕说:"现在没有时间做这件事,而且我也不懂它的道理。"殷仲文说:"如果你喜欢它,那就自然懂了。"刘裕说:"正因为懂了就会喜爱,所以我才不去学习它。"

庚子(十九日),任命琅邪王司马德文为大司马,武陵王司马遵为太保,刘裕为侍中、车骑将军、都督中外诸军事,原任的徐、青二州刺史仍然兼任,刘毅为左将军,何无忌为右将军、督豫州扬州五郡军事、豫州刺史。刘道规为辅国将军、督淮北诸军事、并州刺史,魏咏之为征虏将军、吴国内史。刘裕坚决辞让,不接受这些官职。安帝加封他为录尚书事,他还是不接受,几次请求仍回到他的属地去。安帝命令文武百官一起敦促、规劝,安帝也亲自驾临到他的宅第。刘裕惶恐害怕,再次前往宫门去拜见,陈述理由,最后,安帝终于准许他回属地去了。安帝又任命魏咏之为荆州刺史,代替司马休之。

当初,刘毅曾经做过刘敬宣的宁朔参军,当时有的人认为他是一个英雄豪杰。刘敬宣说:"非常的人才自有胸怀和水平,何以见得他就是人中豪杰呢?此人的性格,外表宽厚,但心胸狭窄,自视很高,总想在别人之上,如果一旦掌握大权,也一定会因为犯上而招到祸患。"刘毅听说之后,心中对刘敬宣十分怀恨。到了朝廷任命刘敬宣为江州刺史的时候,他认为自己无功,诚恳辞让,不应该在刘毅等人之前接受任命,刘裕没有答应他的请求。刘毅这时派人去对刘裕说:"刘敬宣并没有参与勤王讨逆的义举。现在,平乱中的勇猛之将、劳顿之臣才要论功行赏,像刘敬宣那样的官员,应该让他们靠后一些。如果

使君不忘平生，正可为员外常侍耳。闻已授郡，实为过优。寻复为江州，尤用骇惋。”敬宣愈不自安，自表解职，乃召还为宣城内史。

9　夏，四月，刘裕旋镇京口，改授都督荆、司等十六州诸军事，加领兖州刺史。

10　卢循遣使贡献。时朝廷新定，未暇征讨。壬申，以循为广州刺史，徐道覆为始兴相。循遗刘裕益智粽，裕报以续命汤。

循以前琅邪内史王诞为平南长史。诞说循曰：“诞本非戎旅，在此无用。素为刘镇军所厚，若得北归，必蒙寄任，公私际会，仰答厚恩。”循甚然之。刘裕与循书，令遣吴隐之还，循不从。诞复说循曰：“将军今留吴公，公私非计。孙伯符岂不欲留华子鱼邪？但以一境不容二君耳。”于是循遣隐之与诞俱还。

11　初，南燕主备德仕秦为张掖太守，其兄纳与母公孙氏居于张掖。备德之从秦王坚寇淮南也，留金刀与其母别。备德与燕王垂举兵于山东，张掖太守苻昌收纳及备德诸子，皆诛之，公孙氏以老获免，纳妻段氏方娠，未决。狱掾呼延平，备德之故吏也，窃以公孙氏及段氏逃于羌中。段氏生子超，十岁而公孙氏病，临卒，以金刀授超曰：“汝得东归，当以此刀还汝叔也。”呼延平又以超母子奔凉。及吕隆降秦，超随凉州民徙长安。平卒，段氏为超娶其女为妇。

你不忘记过去的情谊，不妨给他一个员外常侍之类的官做，就可以了。现在听说已经授给他郡守的官职，实在已经是太过于优厚了。不久又再次把江州交给他管辖，尤其让人惊骇惋惜。”刘敬宣越发感到心中不安，自己上表请求解去职务，于是，朝廷把他召回做宣城内史。

9　夏季，四月，刘裕很快回到京口镇守。朝廷改任他为都督荆、司等十六州诸军事，兼任兖州刺史。

10　卢循派遣使节前来建康进贡。这时，东晋朝廷刚刚稳定下来，没有时间前去征讨。壬申（二十一日），朝廷任命卢循为广州刺史，徐道覆为始兴相。卢循赠送给刘裕益智粽，刘裕回赠给他续命汤。

卢循任命前琅邪内史王诞为平南长史。王诞游说卢循道：“王诞我本来不是军旅出身，留在这里也没什么用处。我一向被刘镇军厚爱，如果能够回到北方去的话，一定会得到他的委派重用，这样，不管是为公为私，遇到机会，我一定要报答您的厚恩。”卢循认为他说得很对。这时刘裕写给卢循一封信，让他派吴隐之回去，卢循没有听从。王诞又对卢循说：“将军这次扣留吴公，对公对私都不是好计策。孙策岂是不想扣留华歆？只是因为一个地方容不下两个君子罢了。”于是，卢循派吴隐之与王诞一起回去了。

11　当初，南燕国主慕容备德在前秦担任张掖太守，他的哥哥慕容纳与母亲公孙氏居住在张掖。后来，慕容备德跟随秦王苻坚进犯淮南，留下一把金刀向母亲告别。慕容备德与燕王慕容垂在崤山之东起兵反叛，张掖太守苻昌便抓获慕容纳以及慕容备德的几个儿子，都杀掉了。他的母亲公孙氏因为年老而得到赦免，慕容纳的妻子段氏正在怀孕，也没有被马上处死。监狱看守呼延平是原来慕容备德的老部下，暗地里把在押的公孙氏和段氏放跑，带她们逃到羌中去了。段氏生下儿子慕容超，孩子十岁的时候，公孙氏得了重病，临死的时候，把金刀交给慕容超说：“你将来如果有机会回到东方去的话，你应当把这把刀还给你的叔叔。”呼延平又带着慕容超母子二人投奔后凉国。到了吕隆投降后秦之后，慕容超又随着凉州的百姓一起被迁到长安。呼延平死后，段氏为慕容超娶了呼延平的女儿做媳妇。

超恐为秦人所录，乃阳狂行乞。秦人贱之，惟东平公绍见而异之，言于秦王兴曰："慕容超姿干瑰伟，殆非真狂，愿微加官爵以縻之。"兴召见，与语，超故为谬对，或问而不答。兴谓绍曰："谚云'妍皮不裹痴骨'，徒妄语耳。"乃罢遣之。

备德闻纳有遗腹子在秦，遣济阴人吴辩往视之，辩因乡人宗正谦卖卜在长安，以告超。超不敢告其母妻，潜与谦变姓名逃归南燕。行至梁父，镇南长史悦寿以告兖州刺史慕容法。法曰："昔汉有卜者诈称卫太子，今安知非此类也！"不礼之。超由是与法有隙。

备德闻超至，大喜，遣骑三百迎之。超至广固，以金刀献于备德。备德恸哭，悲不自胜。封超为北海王，拜侍中、骠骑大将军、司隶校尉、开府，妙选时贤，为之僚佐。备德无子，欲以超为嗣。超入则侍奉尽欢，出则倾身下士，由是内外誉望翕然归之。

12　五月，桂阳太守章武王秀及益州刺史司马轨之谋反，伏诛。秀妻，桓振之妹也，故自疑而反。

13　桓玄馀党桓亮、苻宏等拥众寇乱郡县者以十数，刘毅、刘道规、檀祇等分兵讨灭之，荆、湘、江、豫皆平。诏以毅为都督淮南等五郡军事、豫州刺史，何无忌为都督江东五郡军事、会稽内史。

慕容超担心自己被后秦扣押，于是表面上假装疯癫，到处乞食为生。后秦国的人都觉得他很贫贱，歧视他，只有东平公姚绍看见他后，认为他很特殊，对后秦王姚兴说道："慕容超身材魁梧，举措轩昂，恐怕不是真疯，希望您能稍稍给他一个小官来约束他。"姚兴召见慕容超，与他说话，慕容超故意往错处回答，或者不回答。姚兴对姚绍说："谚语说得好，'妍皮不裹痴骨'，他只不过是胡说八道罢了。"于是把他放了出去。

慕容备德听说慕容纳有一个遗腹子还在后秦，便派遣济阴人吴辩去那里查访。吴辩因为同乡人宗正谦在长安依靠占卜算卦为生，便通过他与慕容超取得了联系。慕容超不敢把这个消息告诉母亲和妻子，只有暗地里与宗正谦改名换姓逃回到南燕。他们走到梁父的时候，镇南长史悦寿把消息告诉给兖州刺史慕容法。慕容法说："过去在汉代的时候有个卜卦的人谎称自己是卫太子，现在怎么知道此人不是这类的骗子呢？"因此对慕容超不甚恭敬，慕容超从此与慕容法产生隔阂。

慕容备德听说慕容超已经到来，非常高兴，派遣三百名骑兵前来迎接。慕容超抵达广固，把那把金刀献给慕容备德。慕容备德失声恸哭，悲痛不能自已。册封慕容超为北海王，任命他为侍中、骠骑大将军、司隶校尉、开府，并精心遴选一时的贤俊、英杰，作为他的僚属辅佐他。慕容备德没有儿子，打算让慕容超做自己的后嗣，将来继承王位。慕容超入宫陪同侍奉叔父，可以使叔父尽情欢快，出宫办事也能礼贤下士、谦诚待人。从此，朝廷内外美誉声望全部归于慕容超。

12　五月，东晋桂阳太守、章武王司马秀和益州刺史司马轨之阴谋反叛，被杀。司马秀的妻子是桓振的妹妹，所以他自己疑心受到牵连，索性反叛。

13　桓玄的馀党桓亮、苻宏等人，裹胁着百姓，几十次侵扰为祸地方郡县，刘毅、刘道规、檀祇等人分别带兵将他们剿灭，荆、湘、江、豫等几个地方的局势全部得到平定。朝廷下诏，任命刘毅为都督淮南等五郡军事、豫州刺史，任命何无忌为都督江东五郡军事、会稽内史。

14　北青州刺史刘该反，引魏为援，清河、阳平二郡太守孙全聚众应之。六月，魏豫州刺史索度真、大将斛斯兰寇徐州，围彭城。刘裕遣其弟南彭城内史道怜、东海太守孟龙符将兵救之，斩该及全，魏兵败走。龙符，怀玉之弟也。

15　秦陇西公硕德伐仇池，屡破杨盛兵。将军敛俱攻汉中，拔成固，徙流民三千馀家于关中。秋，七月，杨盛请降于秦。秦以盛为都督益宁二州诸军事、征南大将军、益州牧。

16　刘裕遣使求和于秦，且求南乡等诸郡，秦王兴许之。君臣咸以为不可，兴曰："天下之善一也。刘裕拔起细微，能诛讨桓玄，兴复晋室，内厘庶政，外修封疆，吾何惜数郡，不以成其美乎！"遂割南乡、顺阳、新野、舞阴等十二郡归于晋。

八月，燕辽西太守邵颜有罪，亡命为盗。九月，中常侍郭仲讨斩之。

17　汝水竭，南燕主备德恶之，俄而寝疾。北海王超请祷之，备德曰："人主之命，短长在天，非汝水所能制也。"固请，不许。

戊午，备德引见群臣于东阳殿，议立超为太子。俄而地震，百官惊恐，备德亦不自安，还宫。是夜，疾笃，瞑不能言。段后大呼曰："今召中书作诏立超，可乎？"备德开目颔之。乃立超为皇太子，大赦。备德寻卒。为十馀棺，夜，分出四门，潜瘗山谷。

14　东晋北青州刺史刘该叛变，勾结北魏为外部援助，清河、阳平两个郡的太守孙全拉起队伍响应他。六月，北魏豫州刺史索度真、大将斛斯兰进犯徐州，围攻彭城。刘裕派遣他的弟弟南彭城内史刘道怜、东海太守孟龙符带兵前去救援，斩杀了刘该和孙全，北魏军失败而退走。孟龙符是孟怀玉的弟弟。

15　后秦陇西公姚硕德，征伐仇池，多次打败杨盛的部队。将军敛俱进攻汉中，攻克成固，把三千多家流民迁徙到关中。秋季，七月，杨盛向后秦请求投降。后秦任命杨盛为都督益、宁二州诸军事、征南大将军、益州牧。

16　刘裕派遣使节向后秦求和，并要求归还南乡等几个郡，后秦王姚兴答应了他。姚兴的大臣们都觉得这样不行，姚兴说："天底下的善行都是一样的。刘裕从社会底层最卑贱的地位上发展起来，能够诛杀桓玄，重新振兴晋室，对内整顿日常政务，对外核查勘定封地疆土，我怎么能为了珍惜几个小郡，便因此不成全他的好事呢？"于是割让南乡、顺阳、新野、舞阴等十二个郡，归还给东晋。

八月，后燕辽西太守邵颜犯罪，出外逃命当了盗贼。九月，中常侍郭仲出兵征讨并把他杀了。

17　汝水枯竭，南燕国主慕容备德为此十分焦虑，不久便得病，卧床不起。北海王慕容超请求为此祷告，慕容备德说："作为人主，他的寿命长短，全由上天决定，不是汝水所能制约得了的。"慕容超一再请求，慕容备德只是不允许。

戊午（十月初一），慕容备德在东阳殿召见群臣，商议册立慕容超为太子。不巧突然间发生地震，文武百官非常惊恐，慕容备德心里也非常不安，起驾回宫。这天夜里，他的病情加重，眼睛紧闭，不能说话。段后大声对他说："现在召中书官进宫写诏书，立慕容超为太子，可以吗？"慕容备德睁开眼睛点了点头。于是，册立慕容超为皇太子，下令大赦。慕容备德很快便去世了。他们制作了十几个相同的棺材，在夜间，分别抬着从四个城门出去，埋在不同的地方，暗地里却把真的棺木秘密葬在山谷之中。

己未，超即皇帝位，大赦，改元太上。尊段后为皇太后。以北地王钟都督中外诸军、录尚书事，慕容法为征南大将军、都督徐兖扬南兖四州诸军事，加慕容镇开府仪同三司，以尚书令封孚为太尉，鞠仲为司空，封嵩为尚书左仆射。癸亥，虚葬备德于东阳陵，谥曰献武皇帝，庙号世宗。

超引所亲公孙五楼为腹心。备德故大臣北地王钟、段宏等皆不自安，求补外职。超以钟为青州牧，宏为徐州刺史。公孙五楼为武卫将军，领屯骑校尉，内参政事。封孚谏曰："臣闻亲不处外，羁不处内。钟，国之宗臣，社稷所赖；宏，外戚懿望，百姓具瞻，正应参翼百揆，不宜远镇外方。今钟等出藩，五楼内辅，臣窃未安。"超不从。钟、宏心皆不平，相谓曰："黄犬之皮，恐终补狐裘也。"五楼闻而恨之。

18　魏咏之卒，江陵令罗脩谋举兵袭江陵，奉王慧龙为主。刘裕以并州刺史刘道规为都督荆宁等六州诸军事、荆州刺史。脩不果发，奉慧龙奔秦。

19　乞伏乾归伐仇池，为杨盛所败。

西凉公暠与长史张邈谋徙都酒泉以逼沮渠蒙逊。以张体顺为建康太守，镇乐涫，以宋繇为敦煌护军，与其子敦煌太守让镇敦煌，遂迁于酒泉。

暠手令戒诸子，以为："从政者当审慎赏罚，勿任爱憎，近忠正，远佞谀，勿使左右窃弄威福。毁誉之来，当研核真伪。听讼折狱，必和颜任理，慎勿逆诈亿必，轻加声色。务广咨询，勿自专用。

己未（十一日），慕容超登上皇帝位，下令大赦，改年号为太上。尊奉段后为皇太后。任命北地王慕容钟都督中外诸军事、录尚书事，慕容法为征南大将军并都督徐、兖、扬、南兖四州诸军事，加封慕容镇开府仪同三司，任命尚书令封孚为太尉，鞠仲为司空，封嵩为尚书左仆射。癸亥（十五日），把没有慕容备德尸体的空棺葬在东阳陵，并把他追谥为献武皇帝，庙号世宗。

慕容超把他过去的亲信公孙五楼当作心腹。慕容备德原来的大臣北地王慕容钟、段宏等都感到不安，请求去外地任职。慕容超任命慕容钟为青州牧，任命段宏为徐州刺史。又任命公孙五楼为武卫将军，领屯骑校尉，参与处理国家政事。封孚劝阻说："臣下我听说，亲人不能排斥到外地，客人却不能让进内室。慕容钟是国家的皇族重臣，政权的倚靠；段宏在外戚中极负盛名，百姓也都十分景仰。正应该让他们协助并带动文武百官，辅佐陛下，而不应该让他们到很远的外地去镇守。现在，慕容钟等出外守边，公孙五楼却在朝中辅佐，臣下我内心里觉得是不妥的。"慕容超拒不听从。慕容钟、段宏心中都感到愤愤不平，相对着说："黄狗的皮毛，恐怕终将要补狐皮衣服了。"公孙五楼听说这话之后，怀恨在心。

18　东晋魏咏之去世，江陵令罗脩阴谋发动兵变袭击江陵，拥奉王慧龙为盟主。刘裕任命并州刺史刘道规为都督荆、宁等六州诸军事及荆州刺史。罗脩来不及发动叛乱，只好随同王慧龙逃往后秦。

19　后秦归义侯乞伏乾归征伐仇池，被杨盛打败。

西凉公李暠与长史张邈商议，把首都迁往酒泉，用来对北凉国沮渠蒙逊施加威胁与压力。于是任命张体顺为建康太守，镇守乐涫，任命宋繇为敦煌护军，和他的儿子敦煌太守宋让一起镇守敦煌，于是把都城迁到酒泉。

李暠写下一道手谕，告诫他的几个儿子，认为："从事政务的人应当对奖赏或惩罚非常谨慎，万万不能任凭自己的爱憎，随意而为。接近忠直正派的人，疏远奸佞阿谀的小人，不让自己左右亲近的人暗地里操纵权力，作威作福。别人毁谤或者赞誉你的时候，应当仔细斟酌辨别是真是假。听取讼诉，判定案情，一定要和颜悦色地按规章情理仔细处置，千万不要事先推测对方心怀奸诈，主观臆断，轻易地发脾气。要尽量争取多听别人的意见，不要自己独断专行。

吾莅事五年，虽未能息民，然含垢匿瑕，朝为寇雠，夕委心膂，粗无负于新旧，事任公平，坦然无颣，初不容怀，有所损益。计近则如不足，经远乃为有馀，庶亦无愧前人也。”

20 十二月，燕王熙袭契丹。

二年（丙午，406）

1 春，正月甲申，魏主珪如豺山宫。诸州置三刺史，郡置三太守，县置三令长。刺史、令长各之州县。太守虽置而未临民、功臣为州者皆征还京师，以爵归第。

2 益州刺史司马荣期击谯明子于白帝，破之。

3 燕王熙至陉北，畏契丹之众，欲还，苻后不听。戊申，遂弃辎重，轻兵袭高句丽。

4 南燕主超猜虐日甚，政出权幸，盘于游畋，封孚、韩谆屡谏不听。超尝临轩问孚曰：“朕可方前世何主？”对曰：“桀、纣。”超惭怒，孚徐步而出，不为改容。鞠仲谓孚曰：“与天子言，何得如是！宜还谢。”孚曰：“行年七十，惟求死所耳！”竟不谢。超以其时望，优容之。

5 桓玄之乱，河间王昙之子国璠、叔璠奔南燕，二月甲戌，国璠等攻陷弋阳。

我主持政事五年来，虽然不能说使百姓得到了很好的休息安抚，但是，我尽量地宽容别人的错误，掩饰别人的缺点，所以才使早上还是对手、仇人的人，到晚上便可能成为知心朋友。大体上，没有什么对不起那些新知旧友的地方，因为我处事公平，胸怀坦荡，没有偏爱，一点儿也不许因私意有所变更。这样做，从眼前的利益来考虑，好像是要受到些损失，但是时间一久，才能看出好处来，也只有这样，在前人的面前，我才可说是无愧的。”

20　十二月，后燕王慕容熙进攻契丹。

晋安帝义熙二年（丙午，公元406年）

1　春季，正月甲申（初八），北魏国主拓跋珪来到豺山宫。并下令，每个州设置三个刺史，每个郡设置三个太守，每个县设置三个令长。其中，刺史、令长等各去所在州县上任。太守虽然设置了却并不上任、有功之臣管辖州所的，都被征召回京师，保持原有的爵位回家。

2　东晋益州刺史司马荣期，在白帝进攻西蜀政权的谯明子，将他打败。

3　后燕王慕容熙抵达陉北，因为害怕契丹部落人多，打算回去，但苻皇后却不听从。戊申（初二），慕容熙只好放弃笨重的军用物资，用轻装部队袭击高句丽。

4　南燕国主慕容超的猜忌、暴虐一天比一天厉害，政令完全由受他宠幸的掌权者颁发，自己则沉迷于游牧打猎，封孚、韩𧨳多次规劝，他也不听。慕容超曾有一次在金殿之上问封孚道：“朕可以和前代的哪位君主相比？”封孚回答说：“桀、纣。”慕容超既惭愧又气愤，封孚则缓缓地从容走出，神色不改。鞠仲对封孚说：“与天子说话，怎么能够这样呢？你应该回去谢罪。”封孚说：“我现在已经年过七十，只求死得其所罢了！”竟然不去请罪。慕容超因为他在当时声望很高，所以特别地宽容了他。

5　东晋桓玄叛乱时，河间王司马昙之的儿子司马国璠、司马叔璠逃奔南燕。二月甲戌（二十八日），司马国璠等人攻陷弋阳。

6　燕军行三千馀里，士马疲冻，死者属路，攻高句丽木底城，不克而还。夕阳公云伤于矢，且畏燕王熙之虐，遂以疾去官。

7　三月庚子，魏主珪还平城。夏，四月庚申，复如豺山宫。甲午，还平城。

8　柔然社仑侵魏边。

9　五月，燕主宝之子博陵公虔、上党公昭，皆以嫌疑赐死。

10　六月，秦陇西公硕德自上邽入朝，秦王兴为之大赦。及归，送之至雍，乃还。兴事晋公绪及硕德皆如家人礼，车马、服玩，先奉二叔而自服其次，国家大政，皆咨而后行。

11　秃发傉檀伐沮渠蒙逊，蒙逊婴城固守。傉檀至赤泉而还，献马三千匹、羊三万口于秦。秦王兴以为忠，以傉檀为都督河右诸军事、车骑大将军、凉州刺史，镇姑臧，征王尚还长安。凉州人申屠英等遣主簿胡威诣长安请留尚，兴弗许。威见兴，流涕言曰："臣州奉戴王化，于兹五年，土宇僻远，威灵不接，士民尝胆抆血，共守孤城。仰恃陛下圣德，俯杖良牧仁政，克自保全，以至今日。陛下奈何乃以臣等贸马三千匹、羊三万口。贱人贵畜，无乃不可！若军国须马，直烦尚书一符，臣州三千馀户，各输一马，朝下夕办，何难之有！昔汉武倾天下之资力，开拓河西，以断匈奴右臂。今陛下无故弃五郡之地忠良华族，以资暴虏，岂惟臣州士民坠于涂炭，恐方为圣朝旰食之忧。"兴悔之，使西平人车普驰止王尚，又遣使谕傉檀。会傉檀已帅步骑三万军于五涧，普先以状告之。傉檀遽逼遣王尚。尚出自清阳门，傉檀入自凉风门。

6　后燕军走了三千多里，兵士和马匹因疲惫寒冷，一路不断有死掉的。他们进攻高句丽木底城，没有攻克，只好回去。夕阳公慕容云被箭射伤，加上害怕后燕王慕容熙的暴虐，于是推病辞官回家。

7　三月庚子（二十五日），北魏国主拓跋珪回到平城。夏季，四月庚申（十五日），再一次来到豺山宫。甲午（十九日），又回到平城。

8　柔然可汗郁久闾社仑侵犯北魏边境。

9　五月，后燕国主慕容宝的儿子博陵公慕容虔、上党公慕容昭，都因为有谋反的嫌疑而被逼自杀。

10　六月，后秦陇西公姚硕德从上邽来到都城朝见，后秦国主姚兴为此下令实行大赦。等他回去的时候，姚兴又把他送到雍城才回来。姚兴对待晋公姚绪和姚硕德，都用家里亲人的礼节，车马、衣服、珍玩等也都先送给两位叔父，然后自己才留用差一点的。国家的大政方针，都事先请示他们之后再决定。

11　南凉景王秃发傉檀讨伐北凉沮渠蒙逊，沮渠蒙逊环城坚守。秃发傉檀抵达赤泉之后便回去了，把三千匹马、三万只羊献给后秦。后秦王姚兴认为他很忠诚，任命秃发傉檀为都督河右诸军事、车骑大将军、凉州刺史，镇守姑臧。征调王尚回长安。凉州人申屠英等派遣主簿胡威前往长安拜见后秦王，请求让王尚留任，姚兴没有答应。胡威见到姚兴，流着眼泪说："我们凉州遵照陛下的教化，至今已有五年，土地偏僻遥远，朝廷的威力命令，很难到达我们那里。官吏百姓卧薪尝胆，自抚伤口血渍，一起同心协力守卫孤城。仰仗陛下的恩德贤明，又幸亏有一个好的州牧施行仁政，才得以自我保全，维持到今天。陛下怎么能够用我们这些人换来三千匹马、三万只羊呢？轻贱人而珍视牲畜，这是无论如何也说不通的！如果说国家军队需要马匹，只要尚书下一道公文就是了，我们凉州三千多户百姓，每户捐献一匹马，早晨下令，傍晚便办完了，又有什么困难的呢！过去汉武帝用尽天下所有的财力，开辟河西的疆土，以此斩断了匈奴的右臂。现在陛下无缘无故地放弃了五郡土地上忠良的华族同胞，用来资助残暴的外邦，这哪里只是我们一州的官民坠陷于生灵涂炭的深渊，恐怕这也正是我们国家将来的忧患。"姚兴对此非常后悔，派遣西平人车普飞马前去阻止王尚，又派使节通知秃发傉檀。正赶上秃发傉檀已经率步、骑兵三万人驻扎在五涧，车普先把诏令的内容告诉给了他。秃发傉檀于是马上催促王尚回去。王尚从清阳门出城，秃发傉檀便从凉风门进了城。

别驾宗敞送尚还长安，傉檀谓敞曰："吾得凉州三千馀家，情之所寄，唯卿一人，奈何舍我去乎！"敞曰："今送旧君，所以忠于殿下也。"傉檀曰："吾新牧贵州，怀远安迩之略如何？"敞曰："凉土虽弊，形胜之地。殿下惠抚其民，收其贤俊以建功名，其何求不获！"因荐本州文武名士十馀人，傉檀嘉纳之。王尚至长安，兴以为尚书。

傉檀燕群臣于宣德堂，仰视叹曰："古人有言：'作者不居，居者不作。'信矣。"武威孟祎曰："昔张文王始为此堂，于今百年，十有二主矣，惟履信思顺者可以久处。"傉檀善之。

12　魏主珪规度平城，欲拟邺、洛、长安，修广宫室。以济阳太守莫题有巧思，召见，与之商功。题久侍稍怠，珪怒，赐死。题，含之孙也。于是发八部五百里内男丁筑灅南宫，阙门高十馀丈，穿沟池，广苑囿，规立外城，方二十里，分置市里，三十日罢。

13　秋，七月，魏太尉宜都丁公穆崇薨。

14　八月，秃发傉檀以兴城侯文支镇姑臧，自还乐都。虽受秦爵命，然其车服礼仪，皆如王者。

15　甲辰，魏主珪如豺山宫，遂之石漠。九月，度漠北。癸巳，南还长川。

别驾宗敞护送王尚回长安，秃发傉檀告诉宗敞说："我得到凉州三千多家居民，但是感情所瞩望寄托的，却只有你一个，你为什么舍我而去呢？"宗敞说："现在我护送我旧日的上司，也就是对您的忠诚呵。"秃发傉檀说："我刚刚执掌你们凉州的权力，你以为应该采取哪种怀柔远方、安抚近土的策略？"宗敞说："凉州的土地虽然贫瘠，但是却是地形非常重要的地方。殿下您好好地安抚黎民百姓，收纳这里的贤明俊杰之士，用他们建立功名，有什么目标不能达到呢？"随后，他又推荐本州的文武有名之士十多个人给秃发傉檀，秃发傉檀非常高兴地一一任用了他们。王尚回到长安，姚兴任命他为尚书。

秃发傉檀在宣德堂设宴，宴请大臣们，仰头看着这座建筑，叹息说："古人说得好：'盖房的人，自己不住；住房的人，自己不盖。'太对了。"武威人孟祎说："从前，张文王开始建筑这座大堂，到今天已将近一百年了，经历的主人也有十二个了，只有讲信义顺民心的人才可以在这里久住。"秃发傉檀觉得他说得很对。

12　北魏国主拓跋珪规划设计平城，打算按照邺城、洛阳、长安的样子，扩建宫殿。因为济阳太守莫题有很多精巧微妙的想法和点子，便把他征召来，与他商议宫殿式样以及施工进度等。莫题事奉魏主的时间一长，态度稍稍有些怠慢，拓跋珪大怒，命他自杀。莫题是莫含的孙子。于是，他征发四面八方五百里以内的男子，修筑灅南宫，宫门高十多丈。另外又挖掘水沟池塘，扩大花园的面积，再按计划建立外城，方圆二十里，分别设置市区街道，三十天之后完成。

13　秋季，七月，北魏太尉、宜都丁公穆崇去世。

14　八月，秃发傉檀命令兴城侯秃发文支镇守姑臧，自己回到乐都。他虽然接受后秦国的爵位任命，但他所使用的车辇、服装、礼仪等，都与帝王的一样。

15　甲辰（初一），北魏国主拓跋珪来到豺山宫，然后又前往石漠。九月，穿过大漠向北。癸巳（二十日），向南回长川。

刘裕闻谯纵反，遣龙骧将军毛脩之将兵与司马荣期、文处茂、时延祖共讨之。脩之至宕渠，荣期为其参军杨承祖所杀，承祖自称巴州刺史，脩之退还白帝。

16　秃发傉檀求好于西凉，西凉公暠许之。

沮渠蒙逊袭酒泉，至安珍。暠战败城守，蒙逊引还。

17　南燕公孙五楼欲擅朝权，谮北地王钟于南燕主超，请诛之。南燕主备德之卒也，慕容法不奔丧，超遣使让之。法惧，遂与钟及段宏谋反。超闻之，征钟。钟称疾不至，超收其党侍中慕容统等，杀之。征南司马卜珍告左仆射封嵩数与法往来，疑有奸，超收嵩下廷尉。太后惧，泣告超曰："嵩数遣黄门令牟常说吾云：'帝非太后所生，恐依永康故事。'我妇人识浅，恐帝见杀，即以语法，法为谋见误，知复何言。"超乃车裂嵩。西中郎将封融奔魏。

超遣慕容镇攻青州，慕容昱攻徐州，右仆射济阳王凝及韩范攻兖州。昱拔莒城，段宏奔魏。封融与群盗袭石塞城，杀镇西大将军馀郁，国中振恐。济阳王凝谋杀韩范，袭广固，范知之，勒兵攻凝，凝奔梁父。范并将其众，攻梁父，克之。法出奔魏，凝出奔秦。慕容镇克青州，钟杀其妻子，为地道以出，与高都公始皆奔秦。秦以钟为始平太守，凝为侍中。

东晋刘裕听说谯纵叛变，派遣龙骧将军毛脩之带兵，与司马荣期、文处茂、时延祖等人一起去讨伐他。毛脩之抵达宕渠，司马荣期被他的参军杨承祖杀害。杨承祖自称为巴州刺史。毛脩之只好退回到白帝。

16　秃发傉檀向西凉请求和好，西凉公李暠答应了。

北凉国沮渠蒙逊袭击酒泉，到达安珍。李暠在战斗失败后进城固守，沮渠蒙逊带兵回师。

17　南燕王公孙五楼打算独揽朝政大权，在南燕国主慕容超面前进谗言陷害北地王慕容钟，请求杀了他。南燕国主慕容备德去世时，慕容法没有前来奔丧，慕容超派信使前去责备他。慕容法因而非常害怕，于是便与慕容钟、段宏等人商议，准备反叛。慕容超听说这个消息之后，征召慕容钟进京。慕容钟却以身体有病为理由，拒绝前来。慕容超便把他的亲信党羽侍中慕容统等人抓起来杀掉。征南司马卜珍告发左仆射封嵩经常与慕容法来往，怀疑他们有什么奸谋。慕容超便把封嵩抓起来，关进监狱。皇太后段氏很害怕，哭着告诉慕容超说："封嵩几次派黄门令牟常前来动员我说：'皇上不是太后您自己的亲生儿子，恐怕像永康年间那样的旧事又要重演了。'我一个妇道人家，见识浅，害怕您杀了我，就把这话告诉了慕容法，慕容法为我出主意，所以被他引入歧途，现在您知道了，我还有什么话可说？"慕容超于是用车裂的酷刑处死封嵩。西中郎将封融投奔北魏。

慕容超派遣慕容镇带兵攻打青州，派慕容昱攻打徐州，派右仆射济阳王慕容凝和韩范一起攻打兖州。慕容昱攻克莒城，段宏投奔北魏。封融率领盗贼袭击石塞城，杀死了镇西大将军馀郁，全国上下大为震惊恐慌。济阳王慕容凝阴谋刺杀韩范，袭击广固，韩范知道了这件事，集中部队攻打慕容凝，慕容凝逃奔梁父。韩范收编了他的部队，自己领导着攻打梁父，攻陷了这座城。慕容法逃出投奔北魏，慕容凝逃出投奔后秦。慕容镇也攻克了青州，慕容钟杀了他的妻子儿女，挖了一条地道逃了出去，与高都公慕容始一起全都投奔了后秦。后秦任命慕容钟为始平太守，慕容凝为侍中。

南燕主超好变更旧制，朝野多不悦。又欲复肉刑，增置烹轘之法，众议不合而止。

冬，十月，封孚卒。

18 尚书论建义功，奏封刘裕豫章郡公，刘毅南平郡公，何无忌安成郡公，自馀封赏有差。

19 梁州刺史刘稚反，刘毅遣将讨禽之。

20 庚申，魏主珪还平城。

21 乙亥，以左将军孔安国为尚书左仆射。

22 十一月，秃发傉檀迁于姑臧。

23 乞伏乾归入朝于秦。

24 十二月，以何无忌为都督荆江豫三州八郡军事、江州刺史。

25 是岁，桓石绥与司马国璠、陈袭聚众胡桃山为寇，刘毅遣司马刘怀肃讨破之。石绥，石生之弟也。

三年(丁未,407)

1 春，正月辛丑朔，燕大赦，改元建始。

2 秦王兴以乞伏乾归寖强难制，留为主客尚书，以其世子炽磐行西夷校尉，监其部众。

3 二月己酉，刘裕诣建康，固辞新所除官，欲诣廷尉。诏从其所守，裕乃还丹徒。

4 魏主珪立其子脩为河间王，处文为长乐王，连为广平王，黎为京兆王。

南燕国主慕容超喜欢改变旧有的一些制度，朝廷内外对此都很反感。他又打算恢复残酷的肉刑，并增加设置烹刑和轘刑，因为官员们都说不应该，才作罢。

冬季，十月，封孚去世。

18　东晋尚书评定勤王举义的功劳，奏请封刘裕为豫章郡公，刘毅为南平郡公，何无忌为安成郡公，其馀的人加封赏赐高低、多少不等。

19　东晋梁州刺史刘稚叛变，刘毅派遣将领前去讨伐，并把他抓获。

20　庚申（十八日），北魏国主拓跋珪回到平城。

21　乙亥（初三），东晋任命左将军孔安国为尚书左仆射。

22　十一月，南凉国秃发傉檀把都城迁到姑臧。

23　后秦归义侯乞伏乾归到长安去朝见后秦王姚兴。

24　十二月，东晋任命何无忌为都督荆、江、豫三州八郡军事、江州刺史。

25　这一年，东晋桓石绥与司马国璠、陈袭等人在胡桃山招兵买马，当了强盗。刘毅派遣司马刘怀肃带兵把他们剿灭。桓石绥是桓石生的弟弟。

晋安帝义熙三年（丁未，公元 407 年）

1　春季，正月辛丑朔（初一），后燕实行大赦，改年号为建始。

2　后秦王姚兴认为乞伏乾归的势力逐渐强大，难以控制，便把他留在都城长安，任命他做主客尚书，任命他的世子乞伏炽磐代理西夷校尉的职务，统帅管理他的部众。

3　二月己酉（初九），刘裕前往都城建康，坚决辞让刚刚加封他的那些官职，否则打算自己投监问罪。安帝下诏同意他所坚持的意见，刘裕才回到丹徒。

4　北魏国主拓跋珪册立他的儿子拓跋脩为河间王，拓跋处文为长乐王，拓跋连为广平王，拓跋黎为京兆王。

5 殷仲文素有才望，自谓宜当朝政，悒悒不得志。出为东阳太守，尤不乐。何无忌素慕其名。东阳，无忌所统，仲文许便道修谒，无忌喜，钦迟之。而仲文失志恍惚，遂不过府。无忌以为薄己，大怒。会南燕入寇，无忌言于刘裕曰：“桓胤、殷仲文乃腹心之疾，北虏不足忧也。”闰月，刘裕府将骆冰谋作乱，事觉，裕斩之。因言冰与仲文、桓石松、曹靖之、卞承之、刘延祖潜相连结，谋立桓胤为主，皆族诛之。

6 燕王熙为其后苻氏起承华殿，负土于北门，土与谷同价。宿军典军杜静载棺诣阙极谏，熙斩之。

苻氏尝季夏思冻鱼，仲冬须生地黄，熙下有司切责不得而斩之。

夏，四月癸丑，苻氏卒，熙哭之懑绝，久而复苏。丧之如父母，服斩衰，食粥。命百官于宫内设位而哭，使人按检哭者，无泪则罪之，群臣皆含辛以为泪。高阳王妃张氏，熙之嫂也，美而有巧思，熙欲以为殉，乃毁其襚靴中得弊毡，遂赐死。右仆射韦璆等皆恐为殉，沐浴俟命。公卿以下至兵民，户率营陵，费殚府藏。陵周围数里，熙谓监作者曰：“善为之，朕将继往。”

5　东晋尚书殷仲文一向很有才智声望，自己认为应当管理朝政，所以一直闷闷不乐，觉得没有实现自己的志向。后来出京做了东阳太守，更加不高兴。何无忌平常就仰慕他的名气。东阳在何无忌的管辖之内，殷仲文答应他得便顺路去拜访，何无忌非常高兴，谨慎恭敬地对待这件事。但是，殷仲文因为官场失意，常常神情恍惚，所以才没能到府相见。何无忌以为他这是瞧不起自己，大为恼怒。正好南燕此时进兵侵犯，何无忌便对刘裕说："桓胤、殷仲文是我们的心腹大患，而北方的强盗却不必担心。"闰二月，刘裕官府的将军骆冰阴谋制造叛乱，事情被发觉，刘裕把他杀了。于是，他们又声称骆冰和殷仲文、桓石松、曹靖之、卞承之、刘延祖等人在暗中互相勾结，打算拥立桓胤为盟主，所以把这些人连同他们的家族，全部杀掉。

6　后燕王慕容熙为他的皇后苻氏兴建承华殿，从北门外把土运来，使土的价格上涨到与粮食的价格一样。宿军典军杜静带着棺木来到皇宫门外拜见后燕王，极力劝阻，慕容熙把他杀了。

苻皇后曾经在盛夏的时候，想吃冻鱼，而在隆冬季节又忽然要生地黄，慕容熙于是命令有关的主管衙门想办法弄到，弄不到的，就把当事人杀掉。

夏季，四月癸丑，苻皇后去世，慕容熙悲哀痛哭甚至气闷昏晕，很长时间才苏醒过来。他好像死了父母那样，披麻戴孝，只喝稀粥。命令文武百官在宫内设置皇后牌位，一起痛哭，并派人一个个地检查哭的人，没有眼泪的就要治罪，群臣没有办法，全都含着辛辣的东西，刺激自己落泪。高阳王慕容隆的王妃张氏，是慕容熙的嫂子，美貌而聪明机敏，慕容熙打算用她来为苻皇后殉葬，于是，拆开她特地缝制的丧鞋，发现里面有不好的毛毡，命令她自杀。右仆射韦璆等人都害怕指定自己去殉葬，每天都洗澡换衣，恭恭敬敬地等候皇命。公卿以下的官员直到士卒百姓，每一户都去参加营建皇后陵墓的劳动，使国库的积蓄花销殆尽。陵墓的四周长达几里，慕容熙告诉监工的头目说："好好干吧，我随后就到。"

丁酉，燕太后段氏去尊号，出居外宫。

7 氐王杨盛以平北将军苻宣为梁州督护，将兵入汉中，秦梁州别驾吕莹等起兵应之。刺史王敏攻之。莹等求援于盛，盛遣军临浕口，敏退屯武兴。盛复通于晋，晋以盛为都督陇右诸军事、征西大将军、开府仪同三司，盛因以宣行梁州刺史。

五月丙戌，燕尚书郎苻进谋反，诛。进，定之子也。

8 魏主珪北巡至濡源。

9 魏常山王遵以罪赐死。

10 初，魏主珪灭刘卫辰，其子勃勃奔秦，秦高平公没弈干以女妻之。勃勃魁岸，美容仪，性辩慧，秦王兴见而奇之，与论军国大事，宠遇逾于勋旧。兴弟邕谏曰："勃勃不可近也。"兴曰："勃勃有济世之才，吾方与之平天下，奈何逆忌之！"乃以为安远将军，使助没弈干镇高平，以三城、朔方杂夷及卫辰部众三万配之，使伺魏间隙。邕固争以为不可。兴曰："卿何以知其为人？"邕曰："勃勃奉上慢，御众残，贪猾不仁，轻为去就。宠之逾分，恐终为边患。"兴乃止。久之，竟以勃勃为安北将军、五原公，配以三交五部鲜卑及杂虏二万馀落，镇朔方。

魏主珪归所虏秦将唐小方于秦。秦王兴请归贺狄干，仍送良马千匹以赎狄伯支，珪许之。

丁酉(二十八日),后燕太后段氏被除去尊号,逐出外宫居住。

7　氐王杨盛任命平北将军苻宣为梁州督护,带兵向汉中进犯。后秦梁州别驾吕莹等发动军队响应他们。梁州刺史王敏出兵讨伐。吕莹等人向杨盛求援,杨盛派出军队来到泥口,王敏只好退到武兴驻扎。杨盛又与东晋联络,东晋任命杨盛为都督陇右诸军事、征西大将军、开府仪同三司,杨盛于是任命苻宣代理梁州刺史职务。

五月丙戌,后燕国尚书郎苻进阴谋反叛,被杀。苻进是苻定的儿子。

8　北魏国主拓跋珪向北巡视,抵达濡源。

9　北魏常山王拓跋遵因为犯罪,被勒令自杀。

10　当初,北魏国主拓跋珪消灭匈奴部落首领刘卫辰,他的儿子刘勃勃投奔后秦,后秦高平公没弈干把女儿嫁给他做妻子。刘勃勃身材魁梧伟岸,容貌漂亮,仪表堂堂,生性善辩,聪慧机智。后秦王姚兴见到他之后觉得他是一个奇才,便与他谈论军队、国家的大事,对他的宠爱超过了功臣旧属。姚兴的弟弟姚邕劝说他道:"刘勃勃这个人不可过于亲近。"姚兴说:"刘勃勃有拯救乱世的才干,我正要和他一起平定天下,你们怎么这样疑心猜忌他呢?"于是,任命刘勃勃为安远将军,让他协助没弈干镇守高平,并把三城、朔方等地的各夷族部落和刘卫辰的老部下三万人交付给他统辖,让他严密监视北魏的行动,等待机会。姚邕坚持争辩,认为万万不可这样。姚兴说:"你怎么知道他的为人?"姚邕说:"刘勃勃对待上级,态度傲慢无礼;对待下属部众,手段残忍,贪婪狡猾,不讲仁义,即使是对待去留、亲疏等大问题,也都轻率决定,说变就变。这样的人,过分地宠爱他,将来一定会成为边疆的祸患。"姚兴这才放弃了原来的想法。但时间一长,又任命刘勃勃为安北将军、五原公,把三交地区的五个鲜卑部落以及其他杂族两万多部落交给他,让他镇守朔方。

北魏国主拓跋珪把所俘虏的后秦将领唐小方,归还给后秦。后秦王姚兴要求归还贺狄干,并决定送给北魏一千匹好马,用来赎回狄伯支,拓跋珪同意了。

勃勃闻秦复与魏通而怒，乃谋叛秦。柔然可汗社仑献马八千匹于秦，至大城，勃勃掠取之，悉集其众三万馀人伪畋于高平川，因袭杀没弈干而并其众。

勃勃自谓夏后氏之苗裔，六月，自称大夏天王、大单于，大赦，改元龙升，置百官。以其兄右地代为丞相，封代公；力俟提为大将军，封魏公；叱干阿利为御史大夫，封梁公；弟阿利罗引为司隶校尉，若门为尚书令，叱以鞬为左仆射，乙斗为右仆射。

贺狄干久在长安，常幽闭，因习读经史，举止如儒者。及还，魏主珪见其言语衣服皆类秦人，以为慕而效之，怒，并其弟归杀之。

11　秦王兴以太子泓录尚书事。

12　秋，七月戊戌朔，日有食之。

13　汝南王遵之坐事死。遵之，亮之五世孙也。

14　癸亥，燕王熙葬其后苻氏于徽平陵，丧车高大，毁北门而出，熙被发徒跣，步从二十馀里。甲子，大赦。

初，中卫将军冯跋及弟侍御郎素弗皆得罪于熙，熙欲杀之，跋亡命山泽。熙赋役繁数，民不堪命。跋、素弗与其从弟万泥谋曰：“吾辈还首无路，不若因民之怨，共举大事，可以建公侯之业。事之不捷，死未晚也。”遂相与乘车，使妇人御，潜入龙城，匿于北部司马孙护之家。及熙出送葬，跋等与左卫将军张兴及苻进馀党作乱。

刘勃勃听说后秦又与北魏和好，非常愤怒，于是计划叛变后秦。柔然可汗郁久闾社仑向后秦献上八千匹好马，走到大城的时候，刘勃勃把马匹全部抢走，将自己的三万多部众全部集结在一起，假装去高平川打猎，借机袭击杀死了没弈干，收编了他的军队。

刘勃勃自称是夏后氏的后代，六月，自己封自己为大夏天王、大单于，下令大赦，改年号为龙升，设置文武百官。任命他的哥哥刘右地代为丞相，加封代公；刘力俟提为大将军，加封魏公；刘叱干阿利为御史大夫，加封梁公；任命他的弟弟刘阿利罗引为司隶校尉，刘若门为尚书令，刘叱以鞬为左仆射，刘乙斗为右仆射。

贺狄干长期被扣押在长安，因为经常被幽禁，所以有时间熟读了儒家经典与历史书籍，到后来，一举一动都变成与读书人一样了。到他回到北魏之后，国主拓跋珪见他言谈语调、衣着服饰全与后秦人一样，以为他是倾慕后秦而有意摹仿，非常生气，把他和他的弟弟贺狄归一起杀掉了。

11　后秦王姚兴命太子姚泓录尚书事。

12　秋季，七月戊戌朔（初一），出现日食。

13　东晋汝南王司马遵之，被指控犯法，处死。司马遵之是司马亮的五世孙。

14　癸亥（二十六日），后燕王慕容熙把他的皇后苻氏埋葬在徽平陵，因为送丧的车驾太高大，所以拆毁了北城门才出去。慕容熙披散头发，光着双脚，跟着灵柩步行了二十多里。甲子（二十七日），实行大赦。

当初，中卫将军冯跋和他的弟弟侍御郎冯素弗都在慕容熙那里获罪，慕容熙打算杀了他们，冯跋等人便逃到深山僻水之间。后来，慕容熙征收繁重的赋税，徭役也经常摊派，百姓无法忍受。冯跋、冯素弗便与堂弟冯万泥商议说："我们已经没有办法再回去认罪了，还不如趁着百姓怨声载道的时刻，一起发动政变，或许也可以建立一番公侯那样的大功业。事情即使不成，那时死也不晚。"于是，他们互相跟着乘上一辆马车，让一个妇女驾驭着，暗中混进了龙城，藏在北部司马孙护的家里。等到慕容熙出城送葬，冯跋等人便和左卫将军张兴，以及苻进的馀党发动了叛乱。

跋素与慕容云善，乃推云为主。云以疾辞，跋曰："河间淫虐，人神共怒，此天亡之时也。公，高氏名家，何能为人养子，而弃难得之运乎？"扶之而出。跋弟乳陈等帅众攻弘光门，鼓噪而进，禁卫皆散走。遂入宫授甲，闭门拒守。中黄门赵洛生走告于熙，熙曰："鼠盗何能为！朕当还诛之。"乃置后柩于南苑，收发贯甲，驰还赴难。夜，至龙城，攻北门，不克，宿于门外。乙丑，云即天王位，大赦，改元正始。

熙退入龙腾苑，尚方兵褚头逾城从熙，称营兵同心效顺，唯俟军至。熙闻之，惊走而出，左右莫敢迫。熙从沟下潜遁，良久，左右怪其不还，相与寻之，唯得衣冠，不知所适。中领军慕容拔谓中常侍郭仲曰："大事垂捷，而帝无故自惊，深可怪也。然城内企迟，至必成功，不可稽留。吾当先往趣城，卿留待帝，得帝，速来；若帝未还，吾得如意安抚城中，徐迎未晚。"乃分将壮士二千馀人登北城。将士谓熙至，皆投仗请降。既而熙久不至，拔兵无后继，众心疑惧，复下城赴苑，遂皆溃去。拔为城中人所杀。丙寅，熙微服匿于林中，为人所执，送于云，云数而杀之，并其诸子。云复姓高氏。

冯跋平常一直与慕容云关系友善，于是，推举慕容云为盟主。慕容云以自己有病为借口，辞谢不去，冯跋说："慕容熙淫乱暴虐，百姓和上天都已怒不可遏，这正是老天让他灭亡的时候。您出生在名门高氏家族。怎么能做别人的养子而放弃这一难得的机运呢?"强把他扶出家门。冯跋的弟弟冯乳陈等人率领兵众攻打弘光门，呐喊着冲了进去，禁卫军的士兵全部溃散逃走。于是，他们进得宫来，分发宫中的武器盔甲，关闭宫门坚守。中黄门赵洛生逃出城去向慕容熙报告，慕容熙说："这几个老鼠一样的强盗，能干什么大事！我现在就回去诛杀他们。"于是把苻皇后的灵柩放在南花园，系好头发，穿上甲胄，飞马回来解救都城危难。当夜，赶回龙城，向北门发动进攻，没有攻克，露宿在城门之外。乙丑(二十八日)，慕容云即天王位，实行大赦，改年号为正始。

慕容熙退到龙腾苑驻守。尚方兵褚头翻越城墙投奔慕容熙，说护卫营的士兵仍然一心效忠，只等大军到来。慕容熙听说这番话后，却惊恐不安，跑了出去，左右的人也都不敢追随。慕容熙从河道边上偷偷跑走，很久之后，左右将领们觉得他还不回来很奇怪，互相跟着出去寻找，只找到了慕容熙的衣服帽子，人却不知跑到哪里去了。中领军慕容拔对中常侍郭仲说："大事马上就要成功了，但是皇上却无缘无故地自己惊恐，实在是太奇怪了。"但是城中将士正在盼望我们回去。如果回去，就一定会成功，因此，我们不能在这里多耽搁。我应当先去攻城，你留在这里等着皇上，如果皇上找到了，那就快来；如果皇上还是没回来，那么等我按计划把都城平定安抚了之后，再慢慢寻找迎接皇上回来也不晚。"于是，与其他将领分别率领两千多名壮士向北城发动强攻。城里的官兵以为是慕容熙回来了，都纷纷放下武器请求投降。然而，慕容熙很长时间也没露面，慕容拔的军队又没有后续的影子，所以攻城的士兵们心中既怀疑又恐惧，最后，重新放弃攻城，回到龙腾苑，然后又全部溃散逃走。慕容拔被城中的乱军杀死。丙寅(二十九日)，慕容熙穿着平民百姓的衣服，藏在树林中，被人抓住，押送给了慕容云，慕容云一件一件地公布他的罪状后，把他杀了。又杀死了他的几个儿子。慕容云又恢复姓高。

幽州刺史上庸公懿以令支降魏，魏以懿为平州牧、昌黎王。懿，评之孙也。

15　魏主珪自濡源西如参合陂，乃还平城。

16　秃发傉檀复贰于秦，遣使邀乞伏炽磐，炽磐斩其使送长安。

17　南燕主超母妻犹在秦，超遣御史中丞封恺使于秦以请之。秦王兴曰："昔苻氏之败，太乐诸伎悉入于燕。燕今称藩，送伎或送吴口千人，所请乃可得也。"超与群臣议之，左仆射段晖曰："陛下嗣守社稷，不宜以私亲之故遂降尊号。且太乐先代遗音，不可与也，不如掠吴口与之。"尚书张华曰："侵掠邻国，兵连祸结，此既能往，彼亦能来，非国家之福也。陛下慈亲在人掌握，岂可靳惜虚名，不为之降屈乎！中书令韩范尝与秦王俱为苻氏太子舍人，若使之往，必得如志。"超从之，乃使韩范聘于秦，称藩奉表。

慕容凝言于兴曰："燕王得其母妻，不可复臣，宜先使送伎。"兴乃谓范曰："朕归燕王家属必矣。然今天时尚热，当俟秋凉。"八月，秦使员外散骑常侍韦宗聘于燕。超与群臣议见宗之礼，张华曰："陛下前既奉表，今宜北面受诏。"封逞曰："大燕七圣重光，奈何一旦为竖子屈节！"超曰："吾为太后屈，愿诸君勿复言！"遂北面受诏。

后燕幽州刺史上庸公慕容懿，献出自己的辖地令支，投降北魏。北魏任命慕容懿为平州牧、昌黎王。慕容懿是慕容评的孙子。

15　北魏国主拓跋珪从濡源向西抵达参合陂之后，才回到平城。

16　南凉国景王秃发傉檀再次背叛后秦，派遣使节邀约代理西夷校尉乞伏炽磐，一同起事。乞伏炽磐杀死了他的使者送到长安。

17　南燕国主慕容超的母亲和妻子还在后秦居住。慕容超派遣御史中丞封恺出使后秦，请求接回来。后秦王姚兴说："过去苻氏败亡的时候，皇家御用音乐和那些歌舞伎人，都为燕国所得。后燕现在如果愿意做我的一个藩属国，把那些歌舞伎人或者一千口吴地的居民送给我，那么你们所要求的才可以得到。"慕容超与大臣们商议这件事，左仆射段晖说："陛下继承守护江山社稷，不应该因为个人亲情的缘故，就随便降低国家的尊贵名号。况且，皇家御用的音乐是前代君王遗留下来的作品，万万不可拱手送给别人。我看不如派军队到东晋抢掠吴地的居民送给他们。"尚书张华说："侵略掠夺相邻的国家，兵祸就会连绵不断，我们既然可以去抢他们，他们也就可以来抢我们，这不是国家的福分呀！陛下的慈母姻亲正在别人的掌握之中，怎么可以看重虚无的名号，不肯降低声名、委曲求全呢？中书令韩范曾经与秦王一起做过苻氏的太子舍人，如果让他去出使，一定会满足我们的愿望。"慕容超听从了他的意见，于是派韩范出使后秦国，呈递奏章，愿做藩属。

慕容凝对姚兴说道："慕容超一旦得到母亲和妻子，便不可能再向您称臣，甘当藩属，所以应该先让他送歌舞伎人来。"姚兴于是对韩范说："我把燕王的家属送回去那是一定的。但是，现在天气还很热，应当等到秋凉之后再送。"八月，后秦派员外散骑常侍韦宗出使南燕。慕容超与大臣们商议召见韦宗的礼仪，张华说："陛下在这之前既然已经送去了奏表，承认藩属，那么，现在就应该面向北方接受诏书。"封逞说："我大燕几代圣主光芒辉耀，怎么能一下子为一个小崽子丧失气节！"慕容超说："我这是为太后屈服，希望你们不要再多说了！"于是，面向北方接受后秦的诏书。

18　毛脩之与汉嘉太守冯迁合兵击杨承祖，斩之。脩之欲进讨谯纵，益州刺史鲍陋不可。脩之上表言："人之所以重生，实有生理可保。臣之情地，生涂已竭。所以借命朝露者，庶凭天威诛夷雠逆。今屡有可乘之机，而陋每违期不赴。臣虽效死寇庭，而救援理绝，将何以济！"刘裕乃表襄城太守刘敬宣帅众五千伐蜀，以刘道规为征蜀都督。

19　魏主珪如豺山宫。候官告："司空庾岳，服饰鲜丽，行止风采，拟则人君。"珪收岳，杀之。

20　北燕王云以冯跋为都督中外诸军事、开府仪同三司、录尚书事，冯万泥为尚书令，冯素弗为昌黎尹，冯弘为征东大将，孙护为尚书左仆射，张兴为辅国大将军。弘，跋之弟也。

21　九月，谯纵称藩于秦。

22　秃发傉檀将五万馀人伐沮渠蒙逊，蒙逊与战于均石，大破之。蒙逊进攻西郡太守杨统于日勒，降之。

23　冬十月，秦河州刺史彭奚念叛，降于秃发傉檀，秦以乞伏炽盘行河州刺史。

24　南燕主超使左仆射张华、给事中宗正元献太乐伎一百二十人于秦，秦王兴乃还超母妻，厚其资礼而遣之，超亲帅六宫迎于马耳关。

18　东晋龙骧将军毛脩之与汉嘉太守冯迁联合兵力进攻杨承祖，杀了他。毛脩之打算继续进军讨伐谯纵，益州刺史鲍陋不同意。毛脩之向朝廷呈上奏表，说："人之所以看重自己的生命，其实是有看重生命的道理，认为值得保护。臣下现在所处的情势地位，生存的道理已经断绝。我还像早晨的露水那样苟活在世的原因，也不过就是希望凭借着上天的威力屠灭仇敌和叛匪罢了。现在几次出现可以乘便进攻的机会，但每次都是鲍陋违背约定不来配合。我虽然愿意直捣匪巢，以死报国，但是救援的部队没能跟上来，这怎么可以成功呢！"刘裕于是上疏推荐襄城太守刘敬宣统帅五千兵丁讨伐蜀地，任命刘道规为征蜀都督。

19　北魏国主拓跋珪来到豺山宫。候官报告说："司空庾岳，衣服装饰新鲜华美，行为举止、风度神采，都模仿君王。"拓跋珪把庾岳抓起来杀掉了。

20　北燕王高云任命冯跋为都督中外诸军事、开府仪同三司、录尚书事，任命冯万泥为尚书令，冯素弗为昌黎尹，冯弘为征东大将军，孙护为尚书左仆射，张兴为辅国大将军。冯弘是冯跋的弟弟。

21　九月，谯纵向后秦请求归降，成为藩属国。

22　南凉景王秃发傉檀带领五万多人讨伐北凉王沮渠蒙逊，沮渠蒙逊与他在均石展开激战，将他打得大败。沮渠蒙逊又在日勒进攻西郡太守杨统，迫使杨统投降。

23　冬季，十月，后秦河州刺史彭奚念叛变，向秃发傉檀投降。后秦任命乞伏炽磐代理河州刺史。

24　南燕国主慕容超派遣左仆射张华、给事中宗正元作为使节，向后秦进献皇家歌舞伎人一百二十个。后秦王姚兴于是归还慕容超的母亲、妻子，给她们很优厚的礼品钱财，并为她们送行。慕容超亲自率领文武百官和后宫嫔妃前往马耳关迎候。

25　夏王勃勃破鲜卑薛干等三部，降其众以万数，进攻秦三城已北诸戍，斩秦将杨丕、姚石生等。诸将皆曰：“陛下欲经营关中，宜先固根本，使人心有所凭系。高平山川险固，土田饶沃，可以定都。”勃勃曰：“卿知其一，未知其二。吾大业草创，士众未多。姚兴亦一时之雄，诸将用命，关中未可图也。我今专固一城，彼必并力于我，众非其敌，亡可立待。不如以骁骑风驰，出其不意，救前则击后，救后则击前，使彼疲于奔命，我则游食自若。不及十年，岭北、河东尽为我有。待兴既死，嗣子暗弱，徐取长安，在吾计中矣。”于是侵掠岭北，岭北诸城门不昼启。兴乃叹曰：“吾不用黄儿之言，以至于此！”

勃勃求婚于秃发傉檀，傉檀不许。十一月，勃勃帅骑二万击傉檀，至于支阳，杀伤万馀人，驱掠二万七千馀口、牛马羊数十万而还。傉檀帅众追之，焦朗曰：“勃勃天姿雄健，御军严整，未可轻也。不如从温围北渡，趣万斛堆，阻水结营，扼其咽喉，百战百胜之术也。”傉檀将贺连怒曰：“勃勃败亡之馀，乌合之众，奈何避之，示之以弱，宜急追之！”傉檀从之。勃勃于阳武下峡凿凌埋车以塞路，勒兵逆击傉檀，大破之，追奔八十馀里，杀伤万计，名臣勇将死者什六七。傉檀与数骑奔南山，几为追骑所得。勃勃积尸而封之，号曰髑髅台。勃勃又败秦将张佛生于青石原，俘斩五千馀人。

25　夏王刘勃勃攻破了鲜卑族首领薛干等三个部落，收降那里的部众一万多人。他又进攻后秦三城以北的几个边境要塞，斩杀了后秦将领杨丕、姚石生等。他的部将们都说："陛下如果打算夺取关中，那么应该首先巩固自己的根基，使我们的人心有一个寄托凭借的地方。高平山高河深，地势险要，容易驻守，土地又很富饶肥沃，可以在这里定都。"刘勃勃说："你们只知其一，不知其二。我的宏伟大业才不过刚刚开始，士卒部众还不够多。姚兴也是一个时代的英雄，他的那些将领又都肯于为他卖命，关中是极不容易到手的。我现在如果只是固守一个城池，他一定会全力向我发动进攻，我们人少，绝不是他的敌手，灭亡那是立刻就会到来的。不如像现在这样战马驰骋，来去如风，趁他们不注意的时候，他们营救前面，我们便袭击后面，他们营救后面，我们便袭击前面，使他们疲于奔命，自顾不暇，我们却游击四处，猎取现成的食物，从容自若。这样不到十年，岭北、河东地区便都是我们的了。等到姚兴死后，他继位的儿子昏庸懦弱，我们便可以慢慢地攻陷长安。这些都是在我的计划中的。"从此，他们侵扰抢掠岭北地区的居民。岭北各个城池，白天也不敢打开城门。姚兴于是叹息说："吾不听信黄儿姚邕的话，才到了这个地步！"

刘勃勃向秃发傉檀请求联姻，秃发傉檀没有答应。十一月，刘勃勃率两万骑兵袭击秃发傉檀，走到支阳，屠杀一万多人，驱赶掠夺平民百姓两万七千多口、牛马羊几十万头方才回师。秃发傉檀率领大军追击他们，焦朗说："刘勃勃仪表堂堂，身材雄伟劲健，治理军队严肃整齐，不可轻视。我看不如从温围向北渡过黄河，直逼万斛堆，堵住河水，扎下大营，扼住刘勃勃的咽喉，这才是百战百胜的好方法。"秃发傉檀的将领贺连大怒说："刘勃勃不过是一个战败逃亡的残渣馀孽，率领的也都是乌合之众，为什么要躲避他，向他表示我们的软弱，应该快些去追击他！"秃发傉檀听信了他的话。刘勃勃在阳武下峡谷中凿开黄河中的冰块，用冰与车辆堵死峡谷的出口，带兵回击秃发傉檀，将他们打得大败，又追击了八十多里才收兵。这一战杀死的将士有一万多人，有名的大臣和勇猛的武将战死的也十有六七。秃发傉檀仅与几个骑兵逃奔南山，差一点又被追击的骑兵抓获。刘勃勃把战场的尸体堆积起来，一起掩埋，并称之为髑髅台。刘勃勃又在青石原击败后秦将领张佛生，俘虏斩杀的加在一起有五千多人。

傉檀惧外寇之逼，徙三百里内民皆入姑臧，国人骇怨，屠各成七兒因之作乱，一夕聚众至数千人。殿中都尉张猛大言于众曰："主上阳武之败，盖恃众故也，责躬悔过，何损于明，而诸君遽从此小人为不义之事！殿中兵今至，祸在目前矣！"众闻之，皆散。七兒奔晏然，追斩之。军谘祭酒梁裒、辅国司马边宪等谋反，傉檀皆杀之。

26　魏主珪还平城。

27　十二月戊子，武冈文恭侯王谧薨。

28　是岁，西凉公暠以前表未报，复遣沙门法泉间行奉表诣建康。

四年(戊申,408)

1　春，正月甲辰，以琅邪王德文领司徒。

刘毅等不欲刘裕入辅政，议以中领军谢混为扬州刺史。或欲令裕于丹徒领扬州，以内事付孟昶。遣尚书右丞皮沈以二议谘裕，沈先见裕记室录事参军刘穆之，具道朝议。穆之伪起如厕，密疏白裕曰："皮沈之言不可从。"裕既见沈，且令出外，呼穆之问之。穆之曰："晋朝失政日久，天命已移。公兴复皇祚，勋高位重，今日形势，岂得居谦，遂为守藩之将耶！刘、孟诸公，与公俱起布衣，共立大义以取富贵，

秃发傉檀对外来贼寇的威逼进犯非常恐惧，把三百里以内的居民全部迁进姑臧。国内的百姓非常惊骇，怨声载道，屠各部落的首领成七兒因此趁机叛乱，一个晚上便聚众达几千人。殿中都尉张猛大声对他们说："主上在阳武那次的惨败，就是依仗人多的缘故，他深深地自责，后悔所做的错事，这对他的英明又有什么损害呢。但是你们却突然跟从这个小人做这样不义的事！宫殿禁卫军的兵马现在就要到了，你们的灾祸就在眼前了。"大家听说后，全部溃散。成七兒逃奔晏然，南凉派兵把他追上斩首。军谘祭酒梁裒、辅国司马边宪等人阴谋反叛，秃发傉檀把他们全部杀掉。

26　北魏国主拓跋珪返回平城。

27　十二月戊子(二十三日)，东晋扬州刺史、武冈文恭侯王谧去世。

28　这一年，西凉公李暠因为上次呈送给东晋的奏表没有得到答复，再次派遣和尚法泉带奏章，抄小路前往建康，拜谒东晋朝廷。

晋安帝义熙四年(戊申，公元408年)

1　春季，正月甲辰(初九)，东晋任命琅邪王司马德文代理司徒职务。

刘毅等人不希望刘裕进入朝中辅佐政事，因而商议任命中领军谢混为扬州刺史。也有人打算让刘裕在丹徒兼管扬州，而把朝中的政务交给孟昶管理。朝廷特意派尚书右丞皮沈带着这两个方案，前去征求刘裕意见。皮沈首先拜见刘裕的记室录事参军刘穆之，把朝廷讨论的情形全部告诉了他。刘穆之假装起身上厕所，秘密地写了一个纸条告诉刘裕说："皮沈说的话，千万不要同意。"刘裕召见皮沈后，暂时先让他出去，又把刘穆之叫进去询问。刘穆之说："晋朝对朝政失去控制，时间已经很久了，现在上天的主命已经转移。您兴复皇家的事业，功高德勋，地位重要，在今天的形势之下，怎么还能一味谦让，而去永远做一个老守藩地的普通地方将领呢？刘毅、孟昶几个人，与您都是从百姓开始起家的，当年一起倡导大义，争取富贵。

事有先后，故一时相推，非为委体心服，宿定臣主之分也。力敌势均，终相吞噬。扬州根本所系，不可假人。前者以授王谧，事出权道。今若复以他授，便应受制于人。一失权柄，无由可得，将来之危，难可熟念。今朝议如此，宜相酬答，必云在我，措辞又难，唯应云：'神州治本，宰辅崇要，此事既大，非可悬论，便暂入朝，共尽同异。'公至京邑，彼必不敢越公更授馀人明矣。"裕从之。朝廷乃征裕为侍中、车骑将军、开府仪同三司、扬州刺史、录尚书事，徐、兖二州刺史如故。裕表解兖州，以诸葛长民为青州刺史，镇丹徒，刘道怜为并州刺史，戍石头。

2　庚申，武陵忠敬王遵薨。

3　魏主珪如豺山宫，遂至宁川。

4　南燕主超尊其母段氏为皇太后，妻呼延氏为皇后。超祀南郊，有兽如鼠而赤，大如马，来至坛侧。须臾，大风昼晦，羽仪帷幄皆毁裂。超惧，以问太史令成公绥，对曰："陛下信用奸佞，诛戮贤良，赋敛繁多，事役殷重之所致也。"超乃大赦，黜公孙五楼等，俄而复用之。

但举事的时候，有先有后，所以当时便都推举您做了盟主，他们并不是诚心诚意地对您心服口服、不惜献身，也不是命中注定和您有君臣的名分。所以，当他们的力量和您相当，地位也差不太多的时候，终究是要互相吞并、排挤的。正因如此，扬州是可以起到决定性作用的根本所在，决不可以把它拱手让给别人。上一次把它交给王谧，不过是处理事情的权宜之计。这次如果再把它交给别人，可就要受到别人的制约。权柄一旦丧失，再想得到，便没有理由和机会了，那样一来，将来的危险，实在无法想象。现在朝廷这样商议，您最好乘机表明一下态度，做出回答。但是如果说只有自己合适，又未免难于启齿，所以，只应该这样说：'中央地区是治理国家的根本所在，宰辅地位也非常重要。选定这样的官员一事既然如此重大，便决不可以在外地随便发几声空议论敷衍，最近我抽时间前往京都，再与你们一起充分地交换意见。'您到了都城，他们一定不敢越过您再把这官职交给别的人，这是不言自明的。"刘裕听从了他的话。朝廷于是征召刘裕任侍中、车骑将军、开府仪同三司、扬州刺史、录尚书事，他原来的徐、兖二州刺史的职务仍然兼任。刘裕上表请求解除自己兖州的职务，任命诸葛长民为青州刺史，镇守丹徒，任命刘道怜为并州刺史，戍卫石头。

2　庚申（二十五日），东晋武陵忠敬王司马遵去世。

3　北魏国主拓跋珪来到豺山宫，又赶到宁川。

4　南燕国主慕容超尊奉他的母亲段氏为皇太后，封他的妻子呼延氏为皇后。慕容超到南郊祭祀上天，有一种野兽，样子像老鼠一样，红毛，像马一般大，来到祭坛的旁边。一会儿，狂风骤起，天色昏暗，王室仪仗上的羽饰帘帐全部被吹毁。慕容超非常恐惧，问太史令成公绥这是怎么回事，成公绥回答说："这是陛下宠信重用奸佞的小人，诛杀屠戮俊贤良才，赋税繁重，过分劳役百姓所导致。"慕容超于是下令大赦，罢免了公孙五楼等人，但不久又再次任用了他。

5　北燕王云立妻李氏为皇后，子彭城为太子。

三月庚申，葬燕王熙及苻后于徽平陵，谥熙曰昭文皇帝。

高句丽遣使聘北燕，且叙宗族，北燕王云遣侍御史李拔报之。

6　夏，四月，尚书左仆射孔安国卒。甲午，以吏部尚书孟昶代之。

7　北燕大赦。

8　五月，北燕以尚书令冯万泥为幽、冀二州牧，镇肥如。中军将军冯乳陈为并州牧，镇白狼。抚军大将军冯素弗为司隶校尉，司隶校尉务银提为尚书令。

9　谯纵遣使称藩于秦，又与卢循潜通。纵上表请桓谦于秦，欲与之共击刘裕。秦王兴以问谦，谦曰："臣之累世，著恩荆、楚，若得因巴、蜀之资，顺流东下，士民必翕然响应。"兴曰："小水不容巨鱼，若纵之才力自足办事，亦不假君以为鳞翼。宜自求多福。"遂遣之。谦至成都，虚怀引士。纵疑之，置于龙格，使人守之。谦泣谓诸弟曰："姚主之言神矣！"

10　秦主兴以秃发傉檀外内多难，欲因而取之，使尚书郎韦宗往觇之。傉檀与宗论当世大略，纵横无穷。宗退，叹曰："奇才英器，不必华夏，明智敏识，不必读书，吾乃今知九州之外，《五经》之表，复自有人也。"归，言于兴曰："凉州虽弊，傉檀权谲过人，未可图也。"兴曰："刘勃勃以乌合之众犹能破之，况我举天下之兵以加之乎！"宗曰："不然。

5　北燕王高云册立他的妻子李氏为皇后，立他的儿子高彭城为太子。

三月庚申（二十六日），把后燕王慕容熙和苻皇后安葬在徽平陵。追谥慕容熙为昭文皇帝。

高句丽派遣使者前往北燕访问，并就两国宗族血统的关系，进行了明确分辨。北燕王高云也派遣侍御史李拔进行了回访。

6　夏季，四月，东晋国尚书左仆射孔安国去世。甲午，任命吏部尚书孟昶代替他的职务。

7　北燕实行大赦。

8　五月，北燕任命尚书令冯万泥为幽、冀二州牧，镇守肥如。任命中军将军冯乳陈为并州牧，镇守白狼。任命抚军大将军冯素弗为司隶校尉。任命司隶校尉务银提为尚书令。

9　西蜀谯纵派使节前往后秦，请求作为后秦的藩属国，同时又与东晋广州刺史卢循暗中勾结。谯纵向后秦呈上奏章，请求允许桓谦前来，打算和他一起进攻刘裕。后秦王姚兴就这件事问桓谦，桓谦说："臣下桓家几代人，都对荆、楚一带的百姓有恩，如果有机会凭借巴、蜀之地的力量，顺长江水流向东挺进，当地的官民一定会纷纷起来响应。"姚兴说："小河沟里容不下大鱼，如果谯纵的才能力量足以一个人就能办得好事，也就不会借助你做他的鳞甲和羽翼了。你应该多多向上天祈祷福佑。"于是，派他去了。桓谦到了成都，虚心谦恭，招纳各地投靠的人士。谯纵对他渐渐生起猜忌之心，把他软禁在龙格，并派人看守他。桓谦流着泪对几个弟弟说："姚主的话真是神算呵！"

10　后秦王姚兴认为南凉国秃发傉檀现处在朝廷内外多难之秋，所以打算趁机消灭他，派尚书郎韦宗前去观察局势。秃发傉檀与韦宗谈论当世的大事，纵横驰骋，酣畅淋漓。韦宗告辞之后，叹道："奇异之才，英雄之器，不一定只华夏中原有；明晰的智慧，敏锐的见识，也不一定只有读书才能获得。我今天才知道九州地域之外，除了儒学《五经》，也还大有人在。"韦宗回去，对姚兴说："凉州虽然凋敝破败，但秃发傉檀的权谋诡诈却超过常人，不可对他打什么主意。"姚兴说："刘勃勃依靠一群乌合之众，还能把他打败，何况我要发动天下所有的兵马来对付他呢？"韦宗说："不对。

形移势变，返覆万端，陵人者易败，戒惧者难攻。傉檀之所以败于勃勃者，轻之也。今我以大军临之，彼必惧而求全。臣窃观群臣才略，无傉檀之比者，虽以天威临之，亦未敢保其必胜也。”兴不听，使其子中军将军广平公弼、后军将军敛成、镇远将军乞伏乾归帅步骑三万袭傉檀，左仆射齐难帅骑二万讨勃勃。吏部尚书尹昭谏曰：“傉檀恃其险远，故敢违慢。不若诏沮渠蒙逊及李暠讨之，使自相困毙，不必烦中国之兵也。”亦不听。

兴遗傉檀书曰：“今遣齐难讨勃勃，恐其西逸，故令弼等于河西邀之。”傉檀以为然，遂不设备。弼济自金城，姜纪言于弼曰：“今王师声言讨勃勃，傉檀犹豫，守备未严，愿给轻骑五千，掩其城门，则山泽之民皆为吾有，孤城无援，可坐克也。”弼不从，进至漠口，昌松太守苏霸闭城拒之。弼遣人谕之使降，霸曰：“汝弃信誓而伐与国，吾有死而已，何降之有！”弼进攻，斩之，长驱至姑臧。傉檀婴城固守，出奇兵击弼，破之，弼退据西苑。城中人王钟等谋为内应，事泄，傉檀欲诛首谋者而赦其馀。前军将军伊力延侯曰：“今强寇在外，而奸人窃发于内，危孰甚焉，不悉坑之，何以惩后！”傉檀从之，杀五千馀人。命郡县悉散牛羊于野，敛成纵兵钞掠。傉檀遣镇北大将军俱延、镇军将军敬归等击之，秦兵大败，斩首七千馀级。姚弼固垒不出，傉檀攻之，未克。

情况转变，形势不同，变化虽多种多样，但仗势欺人的人，容易失败，戒备谨慎的人，却很难攻取。秃发傉檀之所以败给刘勃勃，就是轻敌。现在我们用大部队去进攻他，他一定会非常恐惧，想办法保全自己。臣下我私下里观察我们这些官员的才能谋略，没有一个能和秃发傉檀相比的，虽然您自己可以亲自带兵前去征伐，但也不敢保证到那时一定会胜利。”姚兴不听，派遣他的儿子中军将军广平公姚弼、后军将军敛成、镇远将军乞伏乾归率步、骑兵三万人进攻秃发傉檀，又派左仆射齐难率骑兵两万讨伐刘勃勃。吏部尚书尹昭劝阻说：“秃发傉檀依仗他所处地域的险峻遥远，所以才敢违抗怠慢朝廷。我看不如下诏给沮渠蒙逊和李暠，让他们去讨伐秃发傉檀，使他们自己互相之间消耗力量，自行毁灭，不必劳烦中原这里的兵力。”姚兴仍然不听。

姚兴写信给秃发傉檀说：“现在，我派遣齐难讨伐刘勃勃，我担心他向西逃跑，所以命令姚弼等人带兵在河西一带截击他们。”秃发傉檀以为真是这样，所以便不再增设防备。姚弼从金城一带渡过黄河，姜纪对姚弼说道：“这次我们大军表面上说要讨伐刘勃勃，所以秃发傉檀才犹豫不决，守卫戒备也不很严，请您拨给我轻装骑兵五千人，径直突袭他们都城的城门，那么，住在城外草野山川里的居民便都归我们所有，剩下他那一座孤城，没有救援到来，我们就可以坐在那里等着他们城破了。”姚弼却不接受他的意见，大军开到漠口，昌松太守苏霸紧闭城门抗拒他们。姚弼派人前去劝说，让他们投降。苏霸说：“你们背信弃义讨伐友好的国家，我只有一死罢了，哪里有投降的道理。”姚弼果然攻克这座城，把苏霸杀了。然后又指挥大军长驱直入，进逼姑臧。秃发傉檀环城坚固据守，并出动奇兵回击姚弼，将他打败，姚弼退到西苑据守。城中王钟等人阴谋做后秦军的内应，事情泄漏后，秃发傉檀准备杀死主谋而赦免其他的人。前军将军伊力延侯说：“现在强大的敌人就在城外，而奸人又私下里准备在城内发动叛乱，是多么的危险呵！如果不全部把他们活埋的话，用什么来惩戒后来的人！”秃发傉檀听从了他的话，坑杀了五千多人。他又命令郡县把牛羊等全部驱散到野外去，后秦军将领敛成纵容他的部下大肆抢掠。这时秃发傉檀派遣镇北大将军秃发俱延、镇军将军秃发敬归等联合进攻，后秦军队大败，被斩首的有七千多人。姚弼坚守堡垒，不出来交战，秃发傉檀进攻他们，没有攻克。

秋，七月，兴遣卫大将军常山公显帅骑二万为诸军后继，至高平，闻弼败，倍道赴之。显遣善射者孟钦等五人挑战于凉风门，弦未及发，傉檀材官将军宋益等迎击，斩之。显乃委罪敛成，遣使谢傉檀，慰抚河外，引兵还。傉檀遣使者徐宿诣秦谢罪。

夏王勃勃闻秦兵且至，退保河曲。齐难以勃勃既远，纵兵野掠。勃勃潜师袭之，俘斩七千馀人。难引兵退走，勃勃追至木城，禽之，虏其将士万三千人。于是岭北夷、夏附于勃勃者以万数，勃勃皆置守宰以抚之。

11　司马叔璠自蕃城寇邹山，鲁郡太守徐邕弃城走，车骑长史刘钟击却之。

12　北燕王云封慕容归为辽东公，使主燕祀。

13　刘敬宣既入峡，遣巴东太守温祚以二千人出外水，自帅益州刺史鲍陋、辅国将军文处茂、龙骧将军时延祖由垫江转战而前。谯纵求救于秦，秦王兴遣平西将军姚赏、南梁州刺史王敏将兵二万赴之。敬宣军至黄虎，去成都五百里。纵辅国将军谯道福悉众拒崄，相持六十馀日，敬宣不得进。食尽，军中疾疫，死者太半，乃引军还。敬宣坐免官，削封三分之一，荆州刺史刘道规以督统降号建威将军。九月，刘裕以敬宣失利，请逊位，诏降为中军将军，开府如故。刘毅欲以重法绳敬宣，裕保护之。何无忌谓毅曰："奈何以私憾伤至公！"毅乃止。

秋季，七月，姚兴派遣卫大将军常山公姚显统帅骑兵两万作为各路军队的后继队伍，来到高平，听说姚弼战败，便加快行军速度，兼程赶到那里。姚显派遣善于射箭的孟钦等五人，在凉风门向敌兵挑战，弓弦上的箭还没来得及发射出去，秃发傉檀的材官将军宋益等便赶到迎战，把他们杀了。姚显于是把罪过推托给敛成，派人向秃发傉檀认错，安抚慰问黄河以外地区的百姓，带领大军回去了。秃发傉檀也派遣使节徐宿到后秦首都拜谒谢罪。

夏王刘勃勃听说后秦兵马很快就要来到，退到河曲据守。齐难以为刘勃勃已经跑远，放纵自己的士兵到处抢掠。刘勃勃暗中回师袭击他们，俘虏、斩杀的一共有七千多人。齐难带兵退走，刘勃勃追到木城，把他活捉，又俘虏了他手下的将士有一万三千人之多。从此，岭北夷族和汉人归附刘勃勃的有一万多人，刘勃勃都分别安排了守、宰一类的地方官，用来安抚他们。

11　东晋叛将司马叔璠从蕃城进犯邹山，鲁郡太守徐邕放弃城池逃走，车骑长史刘钟迎击，并把他打退。

12　北燕王高云封慕容归为辽东公，让他主管燕帝室宗庙的祭祀工作。

13　东晋刘敬宣进入三峡后，派遣巴东太守温祚率领两千人从外水进军，自己则统率益州刺史鲍陋、辅国将军文处茂、龙骧将军时延祖从垫江一边作战一边前进。谯纵向后秦求救，后秦王姚兴派遣平西将军姚赏、南凉州刺史王敏带兵两万人前去解救。刘敬宣的大军开到黄虎，距成都还有五百里。谯纵的辅国将军谯道福把兵力全部调动起来据险要地势抵抗。双方在这里对抗僵持了六十多天，刘敬宣无法向前推进。粮食吃完，军中又流行疾病瘟疫，病死的人超过一半，于是只好带兵退了回去。刘敬宣因指挥不利被免去官职，削去他的封地的三分之一，荆州刺史刘道规也因此从督统的名号贬降为建威将军。九月，刘裕因为刘敬宣的战场失利，请求退位。朝廷下诏把他降为中军将军，开府的待遇不变。刘毅打算重刑惩处刘敬宣，刘裕多方保护，方才得免。何无忌对刘毅说：“怎么能用私人间的恩怨伤害天下的大公道呢！”刘毅这才停止。

14 乞伏炽磐以秦政浸衰，且畏秦之攻袭，冬，十月，招结诸部二万馀人筑城于嵻崀山而据之。

15 十一月，秃发傉檀复称凉王，大赦，改元嘉平，置百官。立夫人折掘氏为王后，世子武台为太子，录尚书事。左长史赵晁、右长史郭倖为尚书左、右仆射，昌松侯俱延为太尉。

16 南燕汝水竭。河冻皆合，而渑水不冰。南燕主超恶之，问于李宣，对曰："渑水无冰，良由逼带京城，近日月也。"超大悦，赐朝服一具。

17 十二月，乞伏炽磐攻彭奚念于枹罕，为奚念所败而还。

18 是岁，魏主珪杀高邑公莫题。初，拓跋窟咄之伐珪也，题以珪年少，潜以箭遗窟咄曰："三岁犊岂能胜重载邪！"珪心衔之。至是，或告题居处倨傲、拟则人主者，珪使人以箭示题而谓之曰："三岁犊果如何？"题父子对泣。诘朝，收斩之。

14　后秦河州刺史乞伏炽磐，认为后秦的政权越来越衰退，而且又害怕后秦前来进攻，冬季，十月，征召集结各部落的两万多人在嵻峎山修筑城池进行据守。

15　十一月，南凉秃发傉檀重新自称凉王，实行大赦，改年号为嘉平，设置文武百官。册立夫人折掘氏为王后，封世子秃发武台为太子、录尚书事。任命左长史赵晁、右长史郭倖为尚书左、右仆射。任命昌松侯秃发俱延为太尉。

16　南燕汝水枯竭。所有的河水全部结冻、冰封，而只有渑水没有结冰。南燕国主慕容超心里对此非常忌讳，向李宣询问这是怎么回事，李宣回答说："渑水没有冻冰，主要是因为它流经都城，跟日月靠得很近的缘故。"慕容超听后非常高兴，赐给李宣一套官服。

17　十二月，后秦河州刺史乞伏炽磐在枹罕进攻叛将彭奚念，被彭奚念打败，撤回。

18　这一年，北魏国主拓跋珪诛杀高邑公莫题。当初，拓跋窟咄征伐拓跋珪的时候，莫题以为拓跋珪年纪小，不可依靠，便在暗地里与拓跋窟咄联络，赠箭盟誓说："三岁大的小牛犊，怎么能拉得动重载的车呢！"拓跋珪一直怀恨在心。到了这时，有人告发莫题平时接人待物高傲无理，好像有意摹仿君主的样子。拓跋珪便派人拿着那支箭给莫题看，并告诉他说："三岁的牛犊结果怎么样？"莫题父子二人相对而哭。第二天早晨，便被抓起来杀了。

卷第一百一十五　晋纪三十七

起己酉(409)尽庚戌(410)凡二年

安皇帝庚

义熙五年(己酉,409)

1　春,正月庚寅朔,南燕主超朝会群臣,叹太乐不备,议掠晋人以补伎。领军将军韩谆曰:“先帝以旧京倾覆,戢翼三齐。陛下不养士息民,以伺魏衅,恢复先业,而更侵掠南邻以广雠敌,可乎!”超曰:“我计已定,不与卿言。”

2　辛卯,大赦。

3　庚戌,以刘毅为卫将军、开府仪同三司。毅爱才好士,当世名流莫不辐凑,独扬州主簿吴郡张邵不往。或问之,邵曰:“主公命世人杰,何烦多问!”

4　秦王兴遣其弟平北将军冲、征虏将军狄伯支等帅骑四万,击夏王勃勃。冲至岭北,谋还袭长安,伯支不从而止,因鸩杀伯支以灭口。

5　秦王兴遣使册拜谯纵为大都督、相国、蜀王,加九锡,承制封拜,悉如王者之仪。

安皇帝庚

晋安帝义熙五年(己酉,公元409年)

1 春季,正月庚寅朔(初一),南燕国主慕容超临朝大会群臣,感叹帝室的御用音乐不完备,商议掳掠一些晋人作为补充的歌舞伎人。领军将军韩谆说:“先帝因为故有的国都失守,所以才退守到三齐。陛下不计划让天下的士民得到休养生息,用以等待魏国内部出现分歧矛盾,然后利用机会恢复过去的国家大业,相反却要再去侵扰掠夺南面的邻国,扩大我们仇敌的范围,这怎么可以!”慕容超说:“我的计划已定,不跟你多说。”

2 辛卯(初二),东晋实行大赦。

3 庚戌(二十一日),东晋任命刘毅为卫将军、开府仪同三司。刘毅爱好人才,喜欢读书人,所以,当时的知名人士几乎没有不聚集到他身边去的,惟独只有扬州主簿吴郡人张邵不去。有人问他为什么,张邵说:“我的主公刘裕是应运而生的人中豪杰,哪里还用多问!”

4 后秦王姚兴派遣他的弟弟平北将军姚冲、征虏将军狄伯支等统帅四万骑兵,进攻夏王刘勃勃。姚冲大军抵达岭北地区,打算回击长安篡权,因狄伯支不同意才中止。姚冲因此用药酒毒死狄伯支灭口。

5 后秦王姚兴派遣使者前去册封谯纵为大都督、相国、蜀王,加授九锡,并可奉制书直接任命官员、封赏爵位,所用礼仪全部与君王一样。

6　二月，南燕将慕容兴宗、斛谷提、公孙归等帅骑寇宿豫，拔之，大掠而去，简男女二千五百付太乐教之。归，五楼之兄也。是时，五楼为侍中、尚书、领左卫将军，专总朝政，宗亲并居显要，王公内外无不惮之。南燕主超论宿豫之功，封斛谷提等并为郡、县公。桂林王镇谏曰："此数人者，勤民顿兵，为国结怨，何功而封？"超怒，不答。尚书都令史王俨谄事五楼，比岁屡迁，官至左丞。国人为之语曰："欲得侯，事五楼。"超又遣公孙归等寇济南，俘男女千馀人而去。自彭城以南，民皆堡聚以自固。诏并州刺史刘道怜镇淮阴以备之。

7　乞伏炽磐入见秦太原公懿于上邽，彭奚念乘虚伐之。炽磐闻之，怒，不告懿而归，击奚念，破之，遂围枹罕。乞伏乾归从秦王兴如平凉。炽磐克枹罕，遣人告乾归，乾归逃还苑川。

冯翊人刘厥聚众数千，据万年作乱，秦太子泓遣镇军将军彭白狼帅东宫禁兵讨之，斩厥，赦其馀党。诸将请露布，表言广其首级。泓不许，曰："主上委吾后事，不能式遏寇逆，当责躬请罪，尚敢矜诞自为功乎！"

秦王兴自平凉如朝那，闻姚冲之谋，赐冲死。

8　三月，刘裕抗表伐南燕，朝议皆以为不可，惟左仆射孟昶、车骑司马谢裕、参军臧熹以为必克，劝裕行。裕以昶监中军留府事。谢裕，安之兄孙也。

6　二月，南燕将领慕容兴宗、斛谷提、公孙归等人率领骑兵进犯并攻克东晋的宿豫，大肆抢掠一番之后，便回去了，挑选俘虏的男女青年两千五百人，交付给管理王室音乐的机构，教习训练。公孙归是公孙五楼的哥哥。这时，公孙五楼任侍中、尚书、领左卫将军，在朝中专权，总揽国家的一切政务，他的宗族亲属也都在朝廷官居显要位置，王公大臣、朝廷内外，对他没有不忌惮害怕的。南燕国主慕容超评定宿豫之战的功劳，封斛谷提等人为郡公或县公。桂林王慕容镇劝阻说："这几个人，劳师动众，为国家结下仇怨，有什么功劳可封？"慕容超大怒，不予回答。尚书都令史王俨谄媚巴结公孙五楼，几年来屡次升迁，官职到了左丞。所以当时百姓根据这些编了句歌谣："欲得侯，事五楼。"慕容超又派公孙归等侵犯济南，俘获了男女一千多人回去。因此，从彭城往南，东晋居民全都修筑城堡聚集起来，进行自卫。朝廷下诏，命并州刺史刘道怜镇守淮阴，用来戒备南燕骚扰。

7　后秦河州刺史乞伏炽磐到上邽拜见后秦太原公姚懿，叛将彭奚念趁他后方空虚，出兵讨伐。乞伏炽磐听说之后，大怒，来不及与姚懿告别，急忙回去迎击彭奚念，把他打得大败，于是包围了枹罕。乞伏乾归跟从后秦王姚兴来到平凉。乞伏炽磐攻克枹罕，派人向乞伏乾归报告，乞伏乾归便逃回苑川。

冯翊人刘厥聚集乱民几千人，占据万年作乱。后秦太子姚泓派遣镇军将军彭白狼率东宫禁卫兵讨伐他，斩杀了刘厥，赦免了他的党羽。各位将领请求公开宣布这次胜利，上疏的时候多写些杀伤敌人的数量。姚泓没有允许，说："皇上把以后的事全部托付给我，我不能预先消灭强盗叛逆，本当自责请罪，怎么还敢狂傲地以欺骗的手段自己夸饰功劳呢？"

后秦王姚兴从平凉抵达朝那，听说了姚冲曾想回击长安的阴谋，命令姚冲自杀。

8　三月，东晋刘裕上表请求讨伐南燕，朝廷中商议，大臣们都以为不可轻举妄动。只有左仆射孟昶、车骑司马谢裕、参军臧熹认为一定能胜利，劝说刘裕出征。刘裕任命孟昶为监中军留府事。谢裕是谢安哥哥的孙子。

初，苻氏之败也，王猛之孙镇恶来奔，以为临澧令。镇恶骑乘非长，关弓甚弱，而有谋略，善果断，喜论军国大事。或荐镇恶于刘裕，裕与语，说之，因留宿。明旦，谓参佐曰："吾闻将门有将，镇恶信然。"即以为中军参军。

9　恒山崩。

10　夏，四月，乞伏乾归如枹罕，留世子炽磐镇之，收其众得二万，徙都度坚山。

11　雷震魏天安殿东序。魏主珪恶之，命左校以冲车攻东、西序，皆毁之。初，珪服寒食散，久之，药发，性多躁扰，忿怒无常，至是寖剧。又灾异数见，占者多言当有急变生肘腋。珪忧懑不安，或数日不食，或达旦不寐，追计平生成败得失，独语不止。疑群臣左右皆不可信，每百官奏事至前，追记其旧恶，辄杀之。其馀或颜色变动，或鼻息不调，或步趋失节，或言辞差缪，皆以为怀恶在心，发形于外，往往手击杀之，死者皆陈天安殿前。朝廷人不自保，百官苟免，莫相督摄，盗贼公行，里巷之间，人为希少。珪亦知之，曰："朕故纵之使然，待过灾年，更当清治之耳。"是时，群臣畏罪，多不敢求亲近。唯著作郎崔浩恭勤不懈，或终日不归。浩，吏部尚书宏之子也。宏未尝忤旨，亦不谄谀，故宏父子独不被谴。

当初，前秦苻氏政权衰败的时候，王猛的孙子王镇恶投奔到东晋，朝廷任命他为临澧令。王镇恶对骑术不很擅长，拉弓射箭的能力也很弱，但是却有深谋远略，善于对事情做出果决的判断，很喜欢谈论军队国家的大事。有人把王镇恶推荐给刘裕，刘裕和他交谈一番，很喜欢他，所以留宿在家里。第二天早晨，对参军佐僚们说："我听说名将之门当出大将，王镇恶的确是这样。"便任命他为中军参军。

9　恒山出现山崩。

10　夏季，四月，后秦镇远将军乞伏乾归从苑川来到枹罕，留下世子乞伏炽磐镇守那里，收集自己的部众共两万，把首都迁到度坚山。

11　雷电击中北魏天安殿的东墙。北魏国主拓跋珪非常忌讳这件事，命令左校用攻城时的一种冲车撞击东西墙，把墙全部撞倒。当初，拓跋珪服食寒食散，时间一长，药性发作，他的性情便变得急躁烦闷，喜怒无常。到了这时，病情更加严重。加上最近又灾祸怪事屡次出现，占卜算卦的人大多都说要在自己身旁发生急剧性的变乱，使拓跋珪更加忧虑愤恨，心中不安。他有时几天不吃饭，有时整夜不睡觉，追忆感怀自己一生来的成功与失败、所得与所失，不停地自言自语。他怀疑大臣们和左右的侍从护卫都是不可相信的，每当文武百官上前启奏国事，他都往往想起启奏者过去的错误和罪过，并将其杀掉。其馀的人，如有面色稍变，或呼吸不匀，或步履不稳，或话语出现错差的，他都会以为是心中有鬼、居心不良所以才表现出来，往往亲手把他们刺死，死的人都被摆放在天安殿前。朝廷中人人觉得朝不保夕，文武百官苟且偷安，根本不考虑互相之间监督勤政的事，所以国内强盗贼寇公然作案犯法，都城的大街小巷中间，行人稀少。拓跋珪也知道这种情况，说："我这不过是故意放纵他们罢了，等到过去了这个灾年，我再重新清理整治这些吧。"这时，大臣们都害怕惹祸怪罪，多数人不敢去与拓跋珪接近。只有著作郎崔浩恭谨勤奋，坚持不懈，有的时候整天不回家。崔浩是吏部尚书崔宏的儿子。崔宏不曾冒犯过国主，也不谄媚阿谀，所以只有崔宏父子二人没有受到谴责。

12　夏王勃勃率骑二万攻秦，掠取平凉杂胡七千馀户，进屯依力川。

13　己巳，刘裕发建康，帅舟师自淮入泗。五月，至下邳，留船舰、辎重，步进至琅邪，所过皆筑城，留兵守之。或谓裕曰："燕人若塞大岘之险，或坚壁清野，大军深入，不唯无功，将不能自归，奈何？"裕曰："吾虑之熟矣，鲜卑贪婪，不知远计，进利虏获，退惜禾苗，谓我孤军远入，不能持久。不过进据临朐，退守广固，必不能守险清野，敢为诸君保之。"

南燕主超闻有晋师，引群臣会议。征虏将军公孙五楼曰："吴兵轻果，利在速战，不可争锋。宜据大岘，使不得入，旷日延时，沮其锐气，然后徐简精骑二千，循海而南，绝其粮道，别敕段晖帅兖州之众，缘山东下，腹背击之，此上策也。各命守宰依险自固，校其资储之外，馀悉焚荡，芟除禾苗，使敌无所资，彼侨军无食，求战不得，旬月之间，可以坐制，此中策也。纵贼入岘，出城逆战，此下策也。"超曰："今岁星居齐，以天道推之，不战自克。客主势殊，以人事言之，彼远来疲弊，势不能久。吾据五州之地，拥富庶之民，铁骑万群，麦禾布野，奈何芟苗徙民，先自蹙弱乎！不如纵使入岘，以精骑蹂之，何忧不克。"

12　夏王刘勃勃率领骑兵两万人进攻后秦，抢掠了平凉地区杂居的胡族七千多户，开进到依力川屯聚。

13　己巳（十一日），刘裕从建康出发，率水军从淮水进入泗水。五月，东晋部队到达下邳，把船舰、笨重的军用物资留下，步行开进到琅邪，所路过的地方，都修筑起城池，留下军队把守。有人对刘裕说："燕国人如果把大岘山的险要堵塞住，或者坚固城墙，使散居百姓聚居进去，只把空荡荡的田野留给我们，那么，我们的大部队深入到敌国重地，便不单不能建立什么功业，而且还可能无法安全返回，怎么办？"刘裕说："我已经把这些考虑成熟了，鲜卑人生性贪婪，没有长远的打算，前进的时候只盼望多多地抢夺掳掠，后退的时候又吝惜田中禾苗。他们以为我们孤军深入一定不能长久坚持。因此不外乎进军驻守临朐，或者退兵戍卫广固，一定不会据险要之地抵抗、清肃四野防备我们。我敢向你们保证。"

南燕国主慕容超听说有东晋军队来讨伐，便召集大臣们在一起商议对策。征虏将军公孙五楼说："吴地的兵众轻装果决，方便的是速战速决，不能与他们迎面作战。应该据守大岘，让他们无法进入，拖延时间，把他们的锐气泄掉，然后再从容地挑选精壮骑兵两千人，沿着海滨南下，断绝他们运粮草的通道，另外再命令段晖率兖州的军队沿着山地向东进军，在后背处进攻他们。这是最好的办法。分别命令各地的守宰官员依靠险要自己固守，考虑估计自己所用的粮食物资等以外，剩下的全部烧毁，再把田野中的庄稼全部割光，让来犯的敌人没有东西可补充给养，他们远征的部队既没粮草，求战又找不到对手，一个月之间，我们就可以坐在那里控制他们了。这是一般的办法。把贼兵放入岘山，然后我们再出城迎战他们，这是最不好的办法了。"慕容超说："今年，上天的吉星正在我们三齐的头上，按照天道推测，我们用不着作战，就会胜利。现在客军和主人的势力相差悬殊，按照人间事理来看，他们远道而来，疲惫不堪，一定不能耽搁太久。我据守五个州的地域，拥有富庶的百姓，强大的骑兵几万，茁壮的庄稼遍布四野，怎么能割倒庄稼迁移百姓，首先自己向人示弱呢？我看，不如放他们进入大岘山，再派精壮骑兵前去践踏他们，何必担心打不败他们呢。"

辅国将军广宁王贺赖卢苦谏不从，退谓五楼曰："必若此，亡无日矣！"太尉桂林王镇曰："陛下必以骑兵利平地者，宜出岘逆战，战而不胜，犹可退守。不宜纵敌入岘，自弃险固也。"超不从。镇出，谓韩谆曰："主上既不能逆战却敌，又不肯徙民清野，延敌入腹，坐待攻围，酷似刘璋矣。今年国灭，吾必死之。卿中华之士，复为文身矣。"超闻之，大怒，收镇下狱。乃摄莒、梁父二戍，修城隍，简士马，以待之。

刘裕过大岘，燕兵不出。裕举手指天，喜形于色。左右曰："公未见敌而先喜，何也？"裕曰："兵已过险，士有必死之志。馀粮栖亩，人无匮乏之忧。虏已入吾掌中矣。"六月己巳，裕至东莞。超先遣公孙五楼、贺赖卢及左将军段晖等将步骑五万屯临朐。闻晋兵入岘，自将步骑四万往就之，使五楼帅骑进据巨蔑水。前锋孟龙符与战，破之，五楼退走。裕以车四千乘为左右翼，方轨徐进，与燕兵战于临朐南，日向昃，胜负犹未决。参军胡藩言于裕曰："燕悉兵出战，临朐城中留守必寡，愿以奇兵从间道取其城，此韩信所以破赵也。"裕遣藩及谘议参军檀韶、建威将军河内向弥潜师出燕兵之后，攻临朐，声言轻兵自海道至矣。

辅国将军广宁王慕容贺赖卢苦苦劝阻，慕容超只是不听。退朝后，慕容贺赖卢对公孙五楼说："如果一定这样的话，亡国也就没几天了！"太尉、桂林王慕容镇说："陛下如果一定认为骑兵在平地作战方便的话，就应该冲出岘山去迎战敌人，即使不能取胜，也还可以退守。不应该放纵敌兵进入岘山，自己放弃险要的地势。"慕容超拒不听从。慕容镇退出后，对韩讠卓说："主上既不想主动迎战，把敌人击退，又不同意迁移居民，清肃原野。把敌人引进自己的腹地，坐在那里等待敌人的进攻围困，这一点太像汉末的刘璋了。今年之内我们国家就要灭亡，我只有一死。但是你作为中原人士，却要文身了。"慕容超听说这话后，暴跳如雷，把慕容镇抓起来送进了监狱。于是，他下令撤回莒城、梁父两地的守军，加固修筑都城的防御工程，遴选将士和战马，等待东晋兵来。

刘裕顺利通过大岘，南燕的军队一直没有出现。刘裕举手指天，禁不住面露喜色。左右的侍从们说："您没看见敌人却先高兴起来，这是为什么？"刘裕说："大军已过险关，军队没有退路可走，因此一定会有拼死作战的决心。馀粮尚在田亩之中储存，我们又没有了缺乏粮草的忧虑。盗匪已经完全落入了我的手中。"六月己巳（十二日），刘裕大军抵达东莞。慕容超先派遣公孙五楼、慕容贺赖卢以及左将军段晖等人统领步、骑兵共五万人屯据在临朐。听说东晋兵马已经通过岘山，便亲自带领步、骑兵共四万人前去迎战，并派公孙五楼率领骑兵开进巨蔑水据守。东晋部队的前锋孟龙符与他展开激战，将他打败，公孙五楼败退而走。刘裕用四千乘军车作为左右的屏障，排成方阵缓缓向前推进，在临朐以南与南燕军队进行会战，太阳渐渐西移，双方的胜负还没有最后明朗。东晋参军胡藩对刘裕说："南燕倾巢出动，与我们作战，临朐城中的守军一定很少。我愿意带领一支出敌不意的部队从小路去夺取，这是韩信击败赵国的办法。"刘裕于是派遣胡藩以及谘议参军檀韶、建成将军河内人向弥暗自带兵绕到南燕军队后面，进攻临朐，号称是轻装部队从海路直接赶来增援的。

向弥擐甲先登，遂克之。超大惊，单骑就段晖于城南。裕因纵兵奋击，燕众大败，斩段晖等大将十馀人，超遁还广固，获其玉玺、辇及豹尾。裕乘胜逐北至广固。丙子，克其大城。超收众入保小城。裕筑长围守之，围高三丈，穿堑三重。抚纳降附，采拔贤俊，华、夷大悦。于是因齐地粮储，悉停江、淮漕运。

超遣尚书郎张纲乞师于秦，赦桂林王镇，以为录尚书、都督中外诸军事，引见，谢之，且问计焉。镇曰："百姓之心，系于一人。今陛下亲董六师，奔败而还，群臣离心，士民丧气。闻秦人自有内患，恐不暇分兵救人。散卒还者尚有数万，宜悉出金帛以饵之，更决一战。若天命助我，必能破敌；如其不然，死亦为美，比于闭门待尽，不犹愈乎！"司徒乐浪王惠曰："不然。晋兵乘胜，气势百倍，我以败军之卒当之，不亦难乎！秦虽与勃勃相持，不足为患。且与我分据中原，势如唇齿，安得不来相救！但不遣大臣则不能得重兵。尚书令韩范为燕、秦所重，宜遣乞师。"超从之。

秋，七月，加刘裕北青、冀二州刺史。

南燕尚书略阳垣尊及弟京兆太守苗逾城来降，裕以为行参军。尊、苗皆超所委任以为腹心者也。

向弥身披铠甲，首先登上城墙，于是攻破该城。慕容超听说后，大吃一惊，单人匹马从城中逃出，赶到城南投奔段晖。刘裕趁势指挥大军奋力战斗，南燕军队大败，斩杀了段晖等大将十多人，慕容超逃回广固，晋兵缴获了他的玉玺、车辇以及挂在车后的豹尾。刘裕乘胜追击向北进发，直到广固。丙子（十九日），又攻克了广固外围的外城。慕容超聚集众人进入内城据守。刘裕兴筑长墙围困他们，墙高三丈，挖了三道地沟。好言抚慰接纳投降归附的人士，选择提拔贤才俊杰，不管是汉人还是夷人，都很高兴。从此，因为夺取了齐地这里储存的粮草，便把从长江、淮河水路运输军粮的工作，全部停止。

慕容超派遣尚书郎张纲向后秦请求救兵，又赦免了桂林王慕容镇，任命他为录尚书、都督中外诸军事，把他请来相见，并谢了罪，又问他有没有什么好办法。慕容镇说："百姓的心事、希望，全部维系在您一个人身上。现在陛下亲自指挥大部队前去迎战，结果是战败跑回，不但大臣们的心思难以统一，百姓也都丧失了胆气。我听说秦国自己也正有内患没有清除，恐怕也没有功夫分出兵力解救别人。现在我们逃散的士兵回来的还有几万，应该把国库中的金银布匹等全部拿出来引诱他们，让他们再去决一死战。如果天命帮助我们，那么这一次一定能击败敌人；如果不这样，那么死了也是一件美事。这和关起门来坐在这里等死，不也还强出许多吗？"司徒、乐浪王慕容惠说："不对。晋军乘胜而来，气势旺盛，比原来还要超出百倍，我们用刚刚惨败的士卒抵挡他们，不也是太难了吗？秦国虽然与刘勃勃互相僵持，争斗不休，但是也不足以把这当成祸患。况且他们与我们分别占据中原地区，彼此依傍，形势就像唇齿一样，怎么能够不来救助我们呢？但是，不派出官职重要的大臣去，就请不来更多的援兵。尚书令韩范一直被我们和秦国所重视，应该派他去请求援军。"慕容超听从了他的意见。

秋季，七月，东晋加授刘裕为北青、冀二州的刺史。

南燕尚书略阳人垣尊和他的弟弟京兆太守垣苗，跳出城墙向东晋部队投降，刘裕任命他们为行参军。垣尊、垣苗都是慕容超喜欢、重用并引为心腹的人。

或谓裕曰："张纲有巧思，若得纲使为攻具，广固必可拔也。"会纲自长安还，太山太守申宣执之，送于裕。裕升纲于楼车，使周城呼曰："刘勃勃大破秦军，无兵相救。"城中莫不失色。江南每发兵及遣使者至广固，裕辄潜遣兵夜迎之，明日，张旗鸣鼓而至，北方之民执兵负粮归裕者，日以千数，围城益急。张华、封恺皆为裕所获。超请割大岘以南地为藩臣，裕不许。

秦王兴遣使谓裕曰："慕容氏相与邻好，今晋攻之急，秦已遣铁骑十万屯洛阳。晋军不还，当长驱而进。"裕呼秦使者谓曰："语汝姚兴：我克燕之后，息兵三年，当取关、洛。今能自送，便可速来！"刘穆之闻有秦使，驰入见裕，而秦使者已去。裕以所言告穆之。穆之尤之曰："常日事无大小，必赐预谋，此宜善详，云何遽尔答之！此语不足以威敌，适足以怒之。若广固未下，羌寇奄至，不审何以待之？"裕笑曰："此是兵机，非卿所解，故不相语耳。夫兵贵神速，彼若审能赴救，必畏我知，宁容先遣信命，逆设此言！是自张大之辞也。晋师不出，为日久矣。羌见伐齐，殆将内惧，自保不暇，何能救人邪！"

有人对刘裕说："张纲心灵手巧，如果把他抓来，让他制作攻城用具，广固一定可以攻克。"正好张纲从长安回来，太山太守申宣把他抓住，送给刘裕。刘裕让张纲登上很高的楼车，命令他在城的四周对城内高喊："刘勃勃把秦军打得大败，所以没有谁能派兵来救你们了。"城中将士听到这话没有不大惊失色的。东晋从江南每次发兵前来增援，或者派遣使者来广固慰问，刘裕都常常暗自派兵卒在前一天夜里迎候，第二天再打着大旗、敲着锣鼓到来。拿着武器、背着粮食归降刘裕的北方百姓，每天都有一千多。晋军对广固的围攻，更加猛烈。南燕大臣张华、封恺都先后被刘裕俘虏。慕容超请求割让大岘山以南的地区讲和，并愿做东晋的藩臣，刘裕没有答应。

后秦王姚兴派遣使者对刘裕说："慕容氏与我们相邻，关系友好。现在你们晋国这样急迫地进攻他们，我们秦国已派遣十万精锐强壮的骑兵屯聚在洛阳。你们的部队如果不撤，那么，我们就要长驱进军了。"刘裕把后秦的使者叫到跟前来说："告诉你们姚兴：我攻克燕国之后，停止军事行动三年，然后就要去夺取你们的关中、洛阳。今天你们要是能自己送来，那就快点来吧！"刘穆之听说有后秦使者来，便骑着快马跑来拜见刘裕，但后秦使者已经走了。刘裕把自己说的话告诉给了刘穆之。刘穆之埋怨他说："平常的时候事情无论大小，都一定找我商量。这件事太重大，应该好好考虑一下再决定，为什么就这样贸然地答复他呢？你说的这话不但不足以把敌人威慑住，相反却足以激怒他。如果广固没有攻下，而那些羌族强盗又突然到来，不知道你怎么对付他们？"刘裕笑着说："这是用兵之道，不是你所能明白的，所以才不告诉你。大凡用兵，贵在神奇迅速，他们如果真的能赶来救援的话，一定是害怕我们知道，哪里还能事先派人前来通知我，说下这番话呢？这是他们的大话。晋军不出国征战，时间已经很久了。羌人看见我们大举讨伐三齐之地，心中已经开始畏惧。他们保全自己还来不及，怎么还能援救别人呢？"

14　乞伏乾归复即秦王位，大赦，改元更始，公卿以下皆复本位。

15　慕容氏在魏者百馀家，谋逃去，魏主珪尽杀之。

16　初，魏太尉穆崇与卫王仪伏甲谋弑魏主珪，不果。珪惜崇、仪之功，秘而不问。及珪有疾，杀大臣。仪自疑而出亡，追获之。八月，赐仪死。

17　封融诣刘裕降。

18　九月，加刘裕太尉。裕固辞。

19　秦王兴自将击夏王勃勃，至贰城，遣安远将军姚详等分督租运。勃勃乘虚奄至，兴惧，欲轻骑就详等。右仆射韦华曰："若銮舆一动，众心骇惧，必不战自溃，详营亦未必可至也。"兴与勃勃战，秦兵大败，将军姚榆生为勃勃所禽，左将军姚文崇等力战，勃勃乃退，兴还长安。勃勃复攻秦敕奇堡、黄石固、我罗城，皆拔之，徙七千馀家于大城，以其丞相右地代领幽州牧以镇之。

初，兴遣卫将军姚强帅步骑一万随韩范往就姚绍于洛阳，并兵以救南燕，及为勃勃所败，追强兵还长安。韩范叹曰："天灭燕矣！"南燕尚书张俊自长安还，降于刘裕，因说裕曰："燕人所恃者，谓韩范必能致秦师也，今得范以示之，燕必降矣。"裕乃表范为散骑常侍，且以书招之。长水校尉王蒲劝范奔秦，范曰："刘裕起布衣，灭桓玄，复晋室，今兴师伐燕，所向崩溃，此殆天授，非人力也。燕亡，则秦为之次矣，吾不可以再辱。"遂降于裕。裕将范循城，城中人情离沮。或劝燕主超诛范家。超以范弟谆尽忠无贰，并范家赦之。

14　后秦镇远将军乞伏乾归重新登上秦王之位，下令大赦，改年号为更始，公卿以下的官员，全部恢复以前的职位。

15　慕容氏家族，在北魏有一百多户，他们计划逃走，被北魏国主拓跋珪全部杀掉了。

16　当初，北魏太尉穆崇与卫王拓跋仪，布下全副武装的兵士，阴谋刺杀北魏国主拓跋珪，没有成功。拓跋珪惋惜穆崇、拓跋仪过去的赫赫战功，把此事压下，没有追查。到了拓跋珪有病之后，杀了许多大臣。拓跋仪担心自己难逃一死，逃亡外地，被追上抓获。八月，命令拓跋仪自杀。

17　南燕故臣、后来投奔北魏的封融，前去拜见刘裕，投降。

18　九月，东晋加封刘裕为太尉。刘裕坚决推辞。

19　后秦主姚兴准备亲自带兵征讨夏王刘勃勃，到达贰城，派遣安远将军姚详等人分别督运粮草。刘勃勃乘虚突然前来袭击，姚兴非常害怕，打算轻装骑马去到姚详那里躲避。右仆射韦华说："如果陛下的大驾一动，部众的心中就会惊骇恐惧，一定不等打仗便自行崩溃，那样的话，恐怕陛下也不一定能跑到姚详的军营中去。"姚兴与刘勃勃对战，后秦军大败，将军姚榆生也被刘勃勃抓获。左将军姚文崇等人拼死力战，刘勃勃才退兵，姚兴回到长安。刘勃勃又进攻后秦的敕奇堡、黄石固、我罗城，全部攻克，把七千多户居民迁移到大城，任命他的丞相右地代兼幽州牧，镇守在那里。

当初，姚兴派遣右将军姚强，统率步兵骑兵共一万人，随韩范到洛阳与姚绍会合，然后两处合兵一起去救援南燕，等到被刘勃勃打败之后，又派人追上姚强，让他带领部队回长安。韩范叹息说："上天让我燕灭亡了！"南燕尚书张俊从长安回来，投降了刘裕，又对刘裕说："燕人所仗恃的，是以为韩范一定能请来秦的军队。现在抓住韩范让他们看看，那么燕国一定会投降。"于是，刘裕一面上疏给朝廷，请求封韩范为散骑常侍，一面写信给韩范，招降他。后秦长水校尉王蒲劝说韩范投奔后秦国，韩范说："刘裕从一个平民百姓起家，剿灭桓玄，兴复晋朝宗室，这次起兵讨伐燕国，所到之处，无不土崩瓦解，这一定是上天的旨意，不是人力所能做到的。燕国亡，那么秦国紧跟着就是第二个，我不能再受一次亡国之辱。"于是，投降了刘裕。刘裕带着韩范绕城一周，城中人见了，情绪顿时一落千丈，人心离散。有人劝说南燕国主慕容超诛杀韩范全家，慕容超则因为韩范弟弟韩谆为国尽忠，从无二心，所以赦免了韩范的家属。

冬，十月，段宏自魏奔于裕。

张纲为裕造攻具，尽诸奇巧。超怒，县其母于城上，支解之。

20　西秦王乾归立夫人边氏为皇后，世子炽磐为太子，仍命炽磐都督中外诸军、录尚书事。以屋引破光为河州刺史，镇枹罕。以南安焦遗为太子太师，与参军国大谋。乾归曰："焦生非特名儒，乃王佐之才也。"谓炽磐曰："汝事之当如事吾。"炽磐拜遗于床下。遗子华至孝，乾归欲以女妻之。辞曰："凡娶妻者，欲与之共事二亲也。今以王姬之贵，下嫁蓬茅之士，诚非其匹，臣惧其阙于中馈，非所愿也。"乾归曰："卿之所行，古人之事，孤女不足以强卿。"乃以为尚书民部郎。

21　北燕王云自以无功德而居大位，内怀危惧，常畜养壮士以为腹心、爪牙。宠臣离班、桃仁专典禁卫，赏赐以巨万计，衣食起居皆与之同，而班、仁志愿无厌，犹有怨憾。戊辰，云临东堂，班、仁怀剑执纸而入，称有所启。班抽剑击云，云以几扞之，仁从旁击云，弑之。

冯跋升洪光门以观变，帐下督张泰、李桑言于跋曰："此竖势何所至，请为公斩之！"乃奋剑而下，桑斩班于西门，泰杀仁于庭中。众推跋为主，跋以让其弟范阳公素弗，素弗不可。跋乃即天王位于昌黎，大赦，诏曰："陈氏代姜，不改齐国，宜即国号曰燕。"改元太平，谥云曰惠懿皇帝。跋尊母张氏为太后，立妻孙氏为王后，子永为太子，以范阳公素弗

冬季，十月，投奔北魏的南燕旧臣段宏，从北魏投奔刘裕。

张纲为刘裕设计制造的攻城用具，每件都是奇妙精巧无比。慕容超大怒，把他的母亲悬挂在城墙之上，并把她活活支解。

20　西秦王乞伏乾归册立他的夫人边氏为皇后，立他的世子乞伏炽磐为太子，仍然命乞伏炽磐都督中外诸军、录尚书事。任命屋引破光为河州刺史，镇守枹罕。任命南安人焦遗为太子太师，参与军事和国家的机密大事。乞伏乾归说："焦先生不但是一位著名的儒士，而且还是一位辅佐君王的人才。"对乞伏炽磐说："你对待他应该像对待我一样。"乞伏炽磐就在焦遗所坐的床座之前，拜倒在地。焦遗的儿子焦华，非常孝顺，乞伏乾归打算把女儿嫁给他。焦华推辞说："凡是娶妻的人，大都打算和她一起服侍二位老人。现在，她以王姬那样的高贵身份，下嫁给我这样一个居住在茅草屋中的贫寒之士，实在不是合适的匹配，我害怕她将来不能很好地操持家务，尽妇人的孝道，这不是我的愿望。"乞伏乾归说："你所坚持的，是只有古人才有的高洁纯朴之风，我这个女儿，是不配勉强你来娶她的。"于是任命他为尚书民部郎。

21　北燕王高云自以为没有功德，但却登上如此重要的高位，所以心中总有危险恐惧的感觉，他常常选拔、供养一些精壮的武士作为自己的心腹、爪牙。他的宠爱之臣离班、桃仁专门掌管宫廷的警卫工作，他对这二人的赏赐也都不计其数，甚至他们的衣食住行也都跟自己一样。而离班、桃仁二人又贪得无厌，即使这样，他们也还满腹怨言。戊辰（十三日），高云来到东堂，离班、桃仁怀里藏着利剑，手里拿着纸走了进来，声称有事禀报。离班突然抽出剑来直刺高云，高云用茶几抵挡，桃仁又从旁边刺高云，把他杀死。

冯跋登上宫城的洪光门观察事态的变化，帐下督张泰、李桑对冯跋说："这两个小人想闹到什么程度，请您看着，我们替您把他们杀了。"于是挺剑跳下洪光门，李桑在西门杀了离班，张泰在院中杀了桃仁。大家推举冯跋做国主，冯跋则让位给自己的弟弟范阳公冯素弗，冯素弗不同意。于是冯跋便在昌黎登上天王宝座，下令大赦，并发布诏书说："春秋战国时陈氏家族取代姜家，掌握了国家政权，但是却不改变齐国的名称。所以，我们也应该继续把国家称作燕。"改年号太平，追谥高云为惠懿皇帝。冯跋尊自己的母亲张氏为太后，立自己的妻子孙氏为王后，立儿子冯永为太子。任命范阳公冯素弗

为车骑大将军、录尚书事，孙护为尚书令，张兴为左仆射，汲郡公弘为右仆射，广川公万泥为幽、平二州牧，上谷公乳陈为并、青二州牧。素弗少豪侠放荡，尝请婚于尚书左丞韩业，业拒之。及为宰辅，待业尤厚。好申拔旧门，谦恭俭约，以身帅下，百僚惮之，论者美其有宰相之度。

22　魏主珪将立齐王嗣为太子。魏故事，凡立嗣子辄先杀其母，乃赐嗣母刘贵人死。珪召嗣谕之曰："汉武帝杀钩弋夫人，以防母后豫政，外家为乱也。汝当继统，吾故远迹古人，为国家长久之计耳。"嗣性孝，哀泣不自胜。珪怒之。嗣还舍，日夜号泣，珪知而复召之。左右曰："上怒甚，入将不测，不如且避之，俟上怒解而入。"嗣乃逃匿于外，惟帐下代人车路头、京兆王洛兒二人随之。

初，珪如贺兰部，见献明贺太后之妹美，言于贺太后，请纳之。贺太后曰："不可。是过美，必有不善。且已有夫，不可夺也。"珪密令人杀其夫而纳之，生清河王绍。绍凶很无赖，好轻游里巷，劫剥行人以为乐。珪怒之，尝倒悬井中，垂死，乃出之。齐王嗣屡诲责之，绍由是与嗣不协。

戊辰，珪谴责贺夫人，囚，将杀之，会日暮，未决。夫人密使告绍曰："汝何以救我？"左右以珪残忍，人人危惧。绍年十六，夜，与帐下及宦者宫人数人通谋，逾垣入宫，至天安殿。左右呼曰："贼至！"珪惊起，求弓刀不获，遂弑之。

为车骑大将军、录尚书事，孙护为尚书令，张兴为左仆射，汲郡公冯弘为右仆射，广川公冯万泥为幽、平二州牧，上谷公冯乳陈为并、青二州牧。冯素弗年少时便豪爽侠义、行为放荡，曾经向尚书左丞韩业求婚，被韩业拒绝。等到他做了宰相辅佐朝政，对待韩业反而更加优厚。他喜欢提拔旧的豪门士族，谦虚恭谨，勤俭节约，以身作则，给下级做出了榜样，因此文武百官都敬畏他，议论朝政的人也都赞美他有宰相的风采气度。

22　北魏国主拓跋珪准备册立齐王拓跋嗣为太子。按照北魏旧例，大凡立继承人的时候，常常要把他的母亲事先杀死。于是，拓跋珪便令拓跋嗣的母亲刘贵人自杀。拓跋珪召见拓跋嗣告诉他说："汉武帝杀死钩弋夫人，用来防止母后将来干预朝政及外戚家族作乱。你将要继承国家大业，所以我效法遥远的古人的作为，这是为了国家的长久之计呵！"拓跋嗣生性孝顺，悲哀涕泣，不能自已。拓跋珪为此大为恼火。拓跋嗣回到住处，整天整夜地哭号悲泣，拓跋珪听说之后又召他进宫去。左右的侍从告诉拓跋嗣说："皇上非常气愤，你如果进宫的话，结果恐怕不好预测，不如暂时回避一下，等皇上的怒气平定之后再进宫。"拓跋嗣于是逃到外面藏了起来，只有自己手下的代人车路头、京兆人王洛兒两人跟随。

当初，拓跋珪前往贺兰部落，见到自己母亲献明贺太后的妹妹非常美丽，便对贺太后说了，请求收纳她为妾。贺太后说："不行。太美的东西，一定有不好的地方。况且她已有了丈夫，不可强夺。"拓跋珪秘密派人把她的丈夫杀掉，把她迎娶进宫，生下了清河王拓跋绍。拓跋绍凶狠无赖，喜欢在大街小巷里游逛，往往抢劫行人，以剥光别人的衣服逗笑取乐。拓跋珪非常气愤，曾经把他倒悬在井中惩罚他，奄奄一息的时候才把他拉上来。齐王拓跋嗣多次教训责备他，拓跋绍从此与拓跋嗣的关系很不好。

戊辰（十三日），拓跋珪责骂贺夫人，并把她囚禁起来，要杀掉她，正好赶上天黑了，才没有处决。贺夫人秘密地派人去告诉拓跋绍说："你怎么救我？"左右侍从都因为拓跋珪凶狠残暴，个个恐惧异常。拓跋绍当时十六岁，当夜，与帐下武士以及宦官宫女等几个人联络谋划，跳墙进入宫中，来到天安殿。左右侍卫高喊："有贼！"拓跋珪惊醒坐起，没有找到弓箭和刀，于是，被拓跋绍杀死。

己巳，宫门至日中不开。绍称诏，集百官于端门前，北面立。绍从门扉间谓百官曰："我有叔父，亦有兄，公卿欲从谁?"众愕然失色，莫有对者。良久，南平公长孙嵩曰："从王。"众乃知宫车晏驾，而不测其故，莫敢出声，唯阴平公烈大哭而去。烈，仪之弟也。于是朝野恟恟，人怀异志。肥如侯贺护举烽于安阳城北，贺兰部人皆赴之，其馀诸部亦各屯聚。绍闻人情不安，大出布帛赐王公以下，崔宏独不受。

齐王嗣闻变，乃自外还，昼伏匿山中，夜宿王洛兒家。洛兒邻人李道潜奉给嗣，民间颇知之，喜而相告，绍闻之，收道，斩之。绍募人求访嗣，欲杀之。猎郎叔孙俊与宗室疏属拓跋磨浑自云知嗣所在，绍使帐下二人与之偕往。俊、磨浑得出，即执帐下诣嗣，斩之。俊，建之子也。王洛兒为嗣往来平城，通问大臣，夜，告安远将军安同等。众闻之，翕然响应，争出奉迎。嗣至城西，卫士执绍送之。嗣杀绍及其母贺氏，并诛绍帐下及宦官宫人为内应者十馀人。其先犯乘舆者，群臣脔食之。

壬申，嗣即皇帝位，大赦，改元永兴。追尊刘贵人曰宣穆皇后。公卿先罢归第不预朝政者，悉召用之。诏长孙嵩与北新侯安同、山阳侯奚斤、白马侯崔宏、元城侯拓跋屈等八人坐止车门右，共听朝政，时人谓之八公。屈，磨浑之父也。嗣以尚书燕凤逮事什翼犍，使与都坐大官封懿等入侍讲论，出议政事。以王洛兒、车路头为散骑常侍，叔孙俊为卫将军。拓跋磨浑为尚书，皆赐爵郡、县公。嗣问

己巳(十四日),宫门到中午也没有打开。拓跋绍谎称奉诏书,把文武百官集合在端门之前,面向北方而立。拓跋绍从门缝中对百官说:“我有叔父,也有哥哥,你们打算听从谁的?”众人大惊失色,一时间全愣住了,没有一个回答的。很长时间后,南平公长孙嵩等说:“拥护大王。”众人才知道君主已死,但是又不明白死的原因,所以没人敢出声,只有阴平公拓跋烈放声大哭,转身离去。拓跋烈,是拓跋仪的弟弟。于是,从朝廷到民间,议论纷纷,每个人都各有打算。肥如侯贺护到安阳城北,点起警报的烽火,贺兰部落的人都纷纷赶来,其他那些部落也都各自把部队集结在一起。拓跋绍听说人心不定,便拿出大量的绸缎布匹,分别赏赐给王公以下的官员,希望以此收买人心,只有崔宏不接受。

齐王拓跋嗣听说都城发生事变,于是从外地赶回,白天藏在山里,晚上住宿在王洛兒家。王洛兒的邻居李道暗中给拓跋嗣供应食物。民间有很多人知道了这件事,高兴得奔走相告。拓跋绍听说之后,逮捕了李道,并把他杀了。拓跋绍收买人到处打听拓跋嗣的下落,打算杀了他。猎郎叔孙俊与皇家宗族比较疏远的一个亲属拓跋磨浑说知道拓跋嗣藏身的地方,拓跋绍便派手下的两个亲信和他们一起前往。叔孙俊与拓跋磨浑出城以后,便抓住那两个家伙前去拜见拓跋嗣,并把二人杀了。叔孙俊是叔孙建的儿子。王洛兒为拓跋嗣多次往来平城,与重要的大臣取得联系,夜里又去禀告安远将军安同等人。文武官员听说了拓跋嗣的消息后,纷纷起来响应他,争先恐后地出城迎接。拓跋嗣来到城西,皇宫卫士抓住了拓跋绍,押送给他。拓跋嗣杀掉拓跋绍和她的母亲贺夫人,并诛杀拓跋绍手下武士以及做内应的宦官宫女,共十几人。其中最先刺杀拓跋珪的人,大臣们把他剁成肉酱吃了。

壬申(十七日),拓跋嗣即帝位,下令实行大赦,改年号为永兴。追尊刘贵人为宣穆皇后。原来被罢官回家、不参与朝廷政务的公卿们,全部召集回来任用。下诏命长孙嵩与北新侯安同、山阳侯奚斤、白马侯崔宏、元城侯拓跋屈等八人坐在皇城止车门的右首,一起仲裁国家的朝政,当时的人称他们为八公。拓跋屈是拓跋磨浑的父亲。拓跋嗣因为尚书燕凤一直侍奉自己的曾祖拓跋什翼犍,劳苦功高,便让他与都坐大官封懿等人一起,入宫给自己讲解经书,出宫参与议论政事。任命王洛兒、车路头为散骑常侍,任命叔孙俊为卫将军,任命拓跋磨浑为尚书,并把他们全部封为郡级或者县级公爵。拓跋嗣询问

旧臣为先帝所亲信者为谁。王洛兒言李先。嗣召问先:“卿以何才何功为先帝所知?”对曰:“臣不才无功,但以忠直为先帝所知耳。”诏以先为安东将军,常宿于内,以备顾问。

朱提王悦,虔之子也,有罪,自疑惧。闰十一月丁亥,悦怀匕首入侍,将作乱。叔孙俊觉其举止有异,引手掣之,索怀中,得匕首,遂杀之。

23　十二月乙巳,太白犯虚、危。南燕灵台令张光劝南燕主超出降,超手杀之。

24　柔然侵魏。

六年(庚戌,410)

1　春,正月甲寅朔,南燕主超登天门,朝群臣于城上。乙卯,超与宠姬魏夫人登城,见晋兵之盛,握手对泣。韩谆谏曰:“陛下遭堙厄之运,正当努力自强以壮士民之志,而更为儿女子泣邪!”超拭目谢之。尚书令董诜劝超降,超怒,囚之。

2　魏长孙嵩将兵伐柔然。

3　魏主嗣以郡县豪右多为民患,悉以优诏征之。民恋土不乐内徙,长吏逼遣之,于是无赖少年逃亡相聚,所在寇盗群起。嗣引八公议之曰:“朕欲为民除蠹,而守宰不能绥抚,使之纷乱。今犯者既众,不可尽诛,吾欲大赦以安之,何如?”元城侯屈曰:“民逃亡为盗,不罪而赦之,是为上者反求于下也,不如诛其首恶,赦

老臣，先帝最信任和赏识的是谁。王洛兒说是李先。拓跋嗣便把李先召来问道："你因为什么才能什么功劳被先帝知遇？"李先回答说："臣下既无才能又无功劳，只是因为忠诚正直才为先帝厚爱罢了。"拓跋嗣便下诏任命李先为安东将军，常让他住在宫内，以备随时向他征询意见。

朱提王拓跋悦是拓跋虔的儿子，他犯下罪行，自己常常疑虑不安，万分恐惧。闰十一月丁亥（初三），拓跋悦怀里藏有匕首，进宫值班，准备制造祸乱。叔孙俊觉得他的举动有些反常，抓住他的手把他拉过来，搜索他的怀中，找到匕首，于是把他杀了。

23　十二月乙巳（二十二日），金星侵犯虚宿和危宿。南燕灵台令张光劝南燕主慕容超出城投降，慕容超亲手把他杀了。

24　柔然侵略北魏。

晋安帝义熙六年（庚戌，公元 410 年）

1　春季，正月甲寅朔（初一），南燕国主慕容超登上天门，在城墙上朝会群臣。乙卯（初二），慕容超与宠爱的侍姬魏夫人登上城墙，看见东晋军队的强盛景况，握住对方的手相对哭泣。韩𧨳规劝说："陛下遭受险恶的命运，正应该不懈努力，强行振作，用来鼓舞将士百姓的斗志，怎么能做这小女子似的痛哭流涕的事呢？"慕容超擦了擦眼泪，表示歉意。尚书令董诜规劝慕容超投降，慕容超大怒，把他囚禁起来。

2　北魏长孙嵩领兵前去讨伐柔然。

3　北魏国主拓跋嗣因为郡县之中的土豪劣绅大多数都是百姓的祸患，所以，便用措辞缓和的诏书征召他们全部来京。这些豪民留恋故土，不愿迁往都城，而郡县的官吏又逼迫他们前来，于是，有一些无赖的年轻人便逃出家乡聚在一起，因此，到处强盗、贼寇蜂起。拓跋嗣召见八公议论这件事说："我本打算为民除害，但那些地方官吏却不能平安抚慰他们，反倒迫使这些人纷纷起来叛乱。现在，犯法的人既然已经很多，又不能把他们全杀掉，因此，我想下令大赦，以此使他们安心，怎么样？"元城侯拓跋屈说："百姓逃亡出去做了强盗，不治他们罪反而赦免，这是在上的人反过来求在下的人了，不如杀了他们为首作恶的，赦免

其馀党。”崔宏曰:“圣王之御民,务在安之而已,不与之较胜负也。夫赦虽非正,可以行权。屈欲先诛后赦,要为两不能去,曷若一赦而遂定乎!赦而不从,诛未晚也。”嗣从之。二月癸未朔,遣将军于栗磾将骑一万讨不从命者,所向皆平。

4　南燕贺赖卢、公孙五楼为地道出击晋兵,不能却。城久闭,城中男女病脚弱者太半,出降者相继。超辇而登城,尚书悦寿说超曰:“今天助寇为虐,战士凋瘁,独守穷城,绝望外援,天时人事亦可知矣。苟历数有终,尧、舜避位,陛下岂可不思变通之计乎!”超叹曰:“废兴,命也。吾宁奋剑而死,不能衔璧而生!”

丁亥,刘裕悉众攻城。或曰:“今日往亡,不利行师。”裕曰:“我往彼亡,何为不利!”四面急攻之。悦寿开门纳晋师,超与左右数十骑逾城突围出走,追获之。裕数以不降之罪。超神色自若,一无所言,惟以母托刘敬宣而已。

裕忿广固久不下,欲尽坑之,以妻女赏将士。韩范谏曰:“晋室南迁,中原鼎沸,士民无援,强则附之,既为君臣,必须为之尽力。彼皆衣冠旧族,先帝遗民。今王师吊伐而尽坑之,使安所归乎!窃恐西北之人无复来苏之望矣。”裕改容谢之,然犹斩王公以下三千人,没入家口万馀,夷其城隍,送超诣建康,斩之。

那些党羽。”崔宏说:“圣上统御人民,目的是让他们安定,不是要和他们比赛胜负。因此大赦虽然不是最好的办法,却可以通达权变。拓跋屈打算先杀后赦,关键在于两个步骤缺一不可,哪里比得上大赦一次就把他们平定了呢?大赦之后,如果有人不从,再杀也不晚!”拓拔嗣接受他的意见。二月癸未朔(初一),派遣将军于栗磾带领骑兵一万人讨伐不听从命令的人,所到之处,全部平定。

4 南燕拓跋贺赖卢、公孙五楼挖了一条地道出来袭击东晋部队,却不能把他们击退。广固城门关闭太久,城中男女百姓患软脚病的人超过一半,因此出城投降的人一个接着一个。慕容超乘辇车登上城墙,尚书悦寿劝说慕容超道:“现在,上天帮助强盗制造罪恶,我们的将士疲惫凋零,单独困守这一座穷破的城池,外援已经毫无希望,天时和人心的倾向也是可以想见的。如果大数已尽,命该如此,那么,即使是尧、舜也都不能不退位,陛下怎么可以不想一下变通的办法呢?”慕容超叹息说:“天下的兴起和覆亡,都是天命。我宁可高举利剑战斗而死,也决不能口里衔着璧玉投降求生。”

丁亥(初五),刘裕动员全部兵力,奋力攻城。有人说:“今天是往亡日,不利于调动军队。”刘裕说:“我去他死,怎么是不利!”在城的四面发动猛攻。悦寿打开城门,把东晋部队放了进来。慕容超与左右侍卫几十个骑兵越过城墙突围出去,被东晋军队追上抓获。刘裕一一用拒不投降的罪行斥责他,慕容超神色平静,一言不发,只是把母亲托付给刘敬宣照顾而已。

刘裕忿恨广固久攻不下,打算把所有军民全部活埋,然后把他们的妻子女儿,赏给自己的将士。韩范劝阻说:“晋朝帝室迁移到南方去之后,中原地区混乱不堪,士人百姓无依无靠,对待强有力的政权,自然便依附过去了。既然做了人家的臣民,就一定要为人家尽力拼命。他们都是古老的世族,先帝遗留下来的子民。今天,王家的军队前来讨伐异族拯救他们,却要把他们全部活埋,那么您打算让百姓往哪里去呢?我私下里担心西北的百姓从此不会再有盼望我们去拯救他们的愿望了。”刘裕马上肃然起敬,向他道歉,但是还是杀了王公以下的三千多人,籍没的家庭人口也有一万多,拆毁了广固城墙。把慕容超押回建康,斩首。

臣光曰：晋自济江以来，威灵不竞，戎狄横骛，虎噬中原。刘裕始以王师翦平东夏，不于此际旌礼贤俊，慰抚疲民，宣恺悌之风，涤残秽之政，使群士向风，遗黎企踵，而更恣行屠戮以快忿心；迹其施设，曾苻、姚之不如，宜其不能荡壹四海，成美大之业，岂非虽有智勇而无仁义使之然哉！

5 初，徐道覆闻刘裕北伐，劝卢循乘虚袭建康，循不从。道覆自至番禺说循曰："本住岭外，岂以理极于此，传之子孙邪？正以刘裕难与为敌故也。今裕顿兵坚城之下，未有还期，我以此思归死士掩击何、刘之徒，如反掌耳。不乘此机而苟求一日之安，朝廷常以君为腹心之疾。若裕平齐之后，息甲岁馀，以玺书征君，裕自将屯豫章，遣诸将帅锐师过岭，虽复以将军之神武，恐必不能当也。今日之机，万不可失。若先克建康，倾其根蒂，裕虽南还，无能为也。君若不同，便当帅始兴之众直指寻阳。"循甚不乐此举，而无以夺其计，乃从之。

初，道覆使人伐船材于南康山，至始兴，贱卖之，居人争市之，船材大积而人不疑，至是，悉取以装舰，旬日而办。循自始兴寇长沙，道覆寇南康、庐陵、豫章，诸守相皆委任奔走。

臣司马光说：晋自从南渡长江以来，国势神威，不得伸展振作，致使戎狄异族，横行无忌，形如猛虎，吞噬中原。刘裕开始指挥王家军队，平定华夏东部地区。但是，他却不在这个时候礼贤下士，旌表俊才，安慰平抚疲惫的百姓，提倡谦抑祥和的世风，清除破败污秽的劣政，使有识之士望风响应，各地遗民踮脚盼望，反而却要变本加厉地肆意而为，大开杀戒，以此快慰自己一时的愤怒。查阅他的所作所为，竟连苻氏姚氏都赶不上，这也正是他不能平定四海，成就一番美好大业的真正原因。难道不是虽有智谋勇略但却没有仁义之心才使他这样的吗？

5　当初，东晋始兴相徐道覆听说刘裕带兵向北征伐南燕，便劝说卢循乘东晋空虚袭击建康，卢循没有听从。徐道覆亲自来到番禺，向卢循游说道："我们住在这五岭以南的地区，难道你还以为是因为合理才这样，并且可以把它传给子孙吗？我们正是因为刘裕力量强大，很难跟他为敌才这样的。现在刘裕的大军集结在南燕坚固的城池之下，什么时候回来还说不定，我们用手下这些希望回到故乡去的敢于拼命的士兵，突然进攻何无忌、刘毅这些小辈，不过就像把手掌翻过来罢了。不趁这个时机起事，而只是追求一天的平安，朝廷却一直把您当作心腹大患。如果刘裕平定三齐地区之后，让军队休息一二年，再先用诏书征召您进京，随后刘裕亲自在豫章屯兵，派遣几个将领率领部队翻过五岭，即使将军再有神机勇武，恐怕也一定不能抵挡了。今天这个机会，是万万不可错过的。如果我们抢先攻克了建康，把他们的根基全部摧毁，刘裕即使回来，也没有什么办法了。您如果不同意，我就要率领始兴的兵众直接进攻寻阳。"卢循非常不愿意起事，但又没有说服徐道覆的办法，因此，只好同意了他的意见。

当初，徐道覆派人到南康山中去砍伐制造船只的木材，到始兴廉价出售，居民们都争相购买，因而造船木材虽然堆积许多但是却引不起别人的怀疑。到了这个时候，他把这些木材全部聚集到一起，制造船只，十天左右就办成了。卢循从始兴出发进犯长沙，徐道覆进犯南康、庐陵、豫章，这些地方的官员都放弃了职守逃跑。

道覆顺流而下，舟械甚盛。时克燕之问未至，朝廷急征刘裕。裕方议留镇下邳，经营司、雍，会得诏书，乃以韩范为都督八郡军事、燕郡太守，封融为勃海太守，檀韶为琅邪太守。戊申，引兵还。韶，祗之兄也。久之，刘穆之称范、融谋反，皆杀之。

6　安成忠肃公何无忌自寻阳引兵拒卢循。长史邓潜之谏曰："国家安危，在此一举。闻循兵舰大盛，势居上流，宜决南塘，守二城以待之，彼必不敢舍我远下。蓄力养锐，俟其疲老，然后击之，此万全之策也。今决成败于一战，万一失利，悔将无及。"参军殷阐曰："循所将之众皆三吴旧贼，百战馀勇，始兴溪子，拳捷善斗，未易轻也。将军宜留屯豫章，征兵属城，兵至合战，未为晚也。若以此众轻进，殆必有悔。"无忌不听。三月壬申，与徐道覆遇于豫章，贼令强弩数百登西岸小山邀射之。会西风暴急，飘无忌所乘小舰向东岸。贼乘风以大舰逼之，众遂奔溃。无忌厉声曰："取我苏武节来！"节至，执以督战。贼众云集，无忌辞色无挠，握节而死。于是中外震骇，朝议欲奉乘舆北走，就刘裕。既而知贼未至，乃止。

7　西秦王乾归攻秦金城郡，拔之。

徐道覆顺赣江直下，船只器械异常强盛。这时，攻克南燕的消息还没有传回朝廷，所以朝廷紧急征召刘裕。刘裕正在讨论是否留下来镇守下邳，整顿处理司、雍二州的事务，恰好接到皇帝的诏书，于是任命韩范为都督八郡军事、燕郡太守，任命封融为勃海太守，任命檀韶为琅邪太守。戊申（二十六日），刘裕带兵南归。檀韶是檀祗的哥哥。后来，刘穆之以韩范、封融阴谋反叛为借口，把他们全杀了。

6　东晋安成忠肃公何无忌从寻阳带兵出发迎击卢循。长史邓潜之劝阻说："国家的安危存亡，就在于这次行动了。听说卢循军队的船只设备精良，气势盛大，又位于赣江的上游，所以我们应该挖开南塘的堤坝，使赣江水位下降，然后坚守豫章、寻阳两座城，等待他们送上门来。他们一定不敢放下我们不管，径自向更远的地方进发。我们正好积蓄力量，养精蓄锐，等待他们疲倦不堪之后，再发动进攻，这是万全之策。现在，以一战决胜负，万一我们失利，后悔也就来不及了。"参军殷阐说："卢循所带的部队都是三吴一带过去的强盗，身经百战，颇有勇力，而在始兴招募的溪族兵丁，也都力大敏捷，善于争斗，不应该轻视。将军应该留在豫章屯守，征招兵丁集中到这里，等各路大军到齐之后，再一起出战，也不算太晚。如果仅仅依靠现有的这些军队轻易前进的话，恐怕将来您一定要后悔。"何无忌并不听从。三月壬申（二十日），与徐道覆的军队在豫章遭遇。徐道覆命令几百名强弩手爬上西岸的小山拦腰射击东晋部队。正好赶上西风骤起，把何无忌所乘坐的小船吹向东岸。贼兵又乘风用大舰进逼，东晋军卒于是纷纷奔逃溃散。何无忌厉声高叫道："拿我的苏武节来！"苏武节送来，他拿着此节亲自督战。敌兵越来越多，像黑云一样包抄过来，何无忌的言辞神色仍然毫不气馁，最后手持苏武节而死。何无忌战死的消息，使东晋朝廷内外震骇惊恐，朝会的时候，有人提议打算保护着安帝向北撤退，去投奔刘裕。后来知道敌兵还没有到来，这才停止。

7　西秦王乞伏乾归进攻并攻克了后秦金城郡。

8　夏王勃勃遣尚书胡金纂攻平凉，秦王兴救平凉，击金纂，杀之。勃勃又遣兄子左将军罗提攻拔定阳，坑将士四千馀人。秦将曹炽、曹云、王肆佛等各将数千户内徙，兴处之湟山及陈仓。勃勃寇陇右，破白崖堡，遂趣清水，略阳太守姚寿都弃城走，勃勃徙其民万六千户于大城。兴自安定追之，至寿渠川，不及而还。

9　初，南凉王傉檀遣左将军枯木等伐沮渠蒙逊，掠临松千馀户而还。蒙逊伐南凉，至显美，徙数千户而去。南凉太尉俱延复伐蒙逊，大败而归。是月，傉檀自将五万骑伐蒙逊。战于穷泉，傉檀大败，单马奔还。蒙逊乘胜进围姑臧，姑臧人惩王钟之诛，皆惊溃，夷、夏万馀户降于蒙逊。傉檀惧，遣司隶校尉敬归及子佗为质于蒙逊以请和，蒙逊许之。归至胡阬，逃还，佗为追兵所执，蒙逊徙其众八千馀户而去。右卫将军折掘奇镇据石驴山以叛。傉檀畏蒙逊之逼，且惧岭南为奇镇所据，乃迁于乐都，留大司农成公绪守姑臧。傉檀才出城，魏安人侯谌等闭门作乱，收合三千馀家，据南城，推焦朗为大都督、龙骧大将军，谌自称凉州刺史，降于蒙逊。

10　刘裕至下邳，以船载辎重，自帅精锐步归。至山阳，闻何无忌败死，虑京邑失守，卷甲兼行，与数十人至淮上，问行人以朝廷消息。行人曰："贼尚未至，刘公若还，便无所忧。"裕大喜。将济江，风急，众咸难之。裕曰："若天命助国，风当自息，若其不然，覆溺何害！"即命登舟，舟移而风止。过江，至京口，众乃大安。夏，四月癸未，裕至建康。以江州覆没，表送章绶，诏不许。

8　夏王刘勃勃派遣尚书胡金纂进攻平凉。后秦王姚兴带兵去援救平凉，进攻胡金纂并把他杀了。刘勃勃又派遣侄儿、左将军刘罗提进攻定阳，攻克之后，把掳获的四千多名将士全部活埋。后秦将领曹炽、曹云、王肆佛等各带领几千户边民迁往内地，姚兴把他们安置在湟山和陈仓。刘勃勃进犯陇右，击破白崖堡，于是直奔清水。略阳太守姚寿都放弃城池逃跑，刘勃勃把那里的一万六千户居民迁往大城。姚兴从安定出发，追击他们，到寿渠川仍未追上，只好回去。

9　当初，南凉王秃发傉檀派遣左将军枯木等带兵讨伐沮渠蒙逊，掳掠了临松的一千多户居民班师。沮渠蒙逊讨伐南凉，到达显美，也迁走几千户居民回去。南凉太尉秃发俱延再一次讨伐沮渠蒙逊，却被打得大败而归。当月，秃发傉檀亲自带领五万骑兵征讨沮渠蒙逊，双方在穷泉会战，秃发傉檀大败，单人匹马跑了回去。沮渠蒙逊乘胜进军，包围了姑臧。姑臧人害怕再像王钟案那样被牵连，都惊恐溃散，夷族和汉人一万多户向沮渠蒙逊投降。秃发傉檀大为惊恐，派遣司隶校尉敬归和他的儿子敬佗到沮渠蒙逊那里去做人质，以此请求和解，沮渠蒙逊答应了他。敬归走到胡阬的时候，趁机逃了回来，敬佗却又被追兵抓了回去。沮渠蒙逊把当地的八千多户百姓全部迁走。这时南凉右卫将军折掘奇镇又占据石驴山叛变。秃发傉檀既害怕沮渠蒙逊的威胁逼迫，又担心折掘奇镇控制了整个岭南地区，于是迁都到乐都，留下大司农成公绪镇守姑臧。秃发傉檀刚刚出城，魏安人侯谌等人便关闭城门反叛，集合起了三千多家部众，占据南城，推举焦朗为大都督、龙骧大将军，侯谌自称为凉州刺史，向沮渠蒙逊投降。

10　刘裕到达下邳，用船只装载军事物资，自己则统率精锐部队步行赶回。到山阳，听说何无忌兵败战死，担心都城陷落，下令军士脱去铠甲，急行军，自己先与几十个人赶到长江北岸，向过路人打听朝廷的消息。过路人说："敌人还没有到这里，刘公如果回来了，便没有什么值得忧虑的了。"刘裕非常高兴。他想要渡江，但是风太大，众人都说太难。刘裕说："如果天公有意帮助我们国家的话，风就应该自动止息。如果不是这样的话，翻船淹死又有什么害处呢？"便命令上船，船刚刚启动，风就停了。渡过长江之后，抵达京口，大家于是彻底安下心来。夏季，四月癸未（初二），刘裕来到建康。因为江州已经沦陷，他上表交回印信，安帝下诏拒绝。

青州刺史诸葛长民、兖州刺史刘藩、并州刺史刘道怜各将兵入卫建康。藩，豫州刺史毅之从弟也。毅闻卢循入寇，将拒之而疾作。既瘳，将行。刘裕遗毅书曰："吾往习击妖贼，晓其变态。贼新获奸利，其锋不可轻。今修船垂毕，当与弟同举。克平之日，上流之任，皆以相委。"又遣刘藩往，谕止之。毅怒，谓藩曰："往以一时之功相推耳，汝便谓我真不及刘裕邪！"投书于地，帅舟师二万发姑孰。

循之初入寇也，使徐道覆向寻阳，循自将攻湘中诸郡。荆州刺史刘道规遣军逆战，败于长沙。循进至巴陵，将向江陵。徐道覆闻毅将至，驰使报循曰："毅兵甚盛，成败之事，系之于此，宜并力摧之。若此克捷，江陵不足忧也。"循即日发巴陵，与道覆合兵而下。五月戊午，毅与循战于桑落洲，毅兵大败，弃船，以数百人步走，馀众皆为循所虏，所弃辎重山积。

初，循至寻阳，闻裕已还，犹不信。既破毅，乃得审问，与其党相视失色。循欲退还寻阳，攻取江陵，据二州以抗朝廷。道覆谓宜乘胜径进，固争之。循犹豫累日，乃从之。

己未，大赦。裕募人为兵，赏之同京口赴义之科。发民治石头城。议者谓宜分兵守诸津要，裕曰："贼众我寡，若分兵屯守，则测人虚实。且一处失利，则沮三军之心。今聚众石头，随宜应赴，既令彼无以测多少，又于众力不分。若徒旅转集，徐更论之耳。"

青州刺史诸葛长民、兖州刺史刘藩、并州刺史刘道怜，分别带领部队来到建康防卫。刘藩是豫州刺史刘毅的堂弟。刘毅听说卢循带兵进犯，正要发兵抵抗他们的时候，自己却得了病。病好之后，准备出发。刘裕给他写信说："我过去几次和这伙强盗交战，知道他们狡诈多变。这次，他们刚刚侥幸获得胜利，他们的气焰及实力不可轻视。现在，我们对战船的修缮马上就要完毕，自当与老弟一同起兵。扫平敌人之后，长江上游的管辖重任，便全部交给你了。"又派刘藩前去，让他暂时停止行动。刘毅勃然大怒，对刘藩说："过去我们不过因他有一点功劳，推他做临时的盟主罢了，你就以为我真的赶不上刘裕吗？"把刘裕的信扔在地下，率领着两万水军从姑孰出发。

卢循刚开始向北方进犯时，派徐道覆进攻寻阳，自己准备攻打湘中地区各郡。荆州刺史刘道规派遣部队迎战他们，在长沙战败。卢循开进到巴陵，打算直奔江陵。徐道覆听说刘毅就要攻来，派信使飞马报告卢循说："刘毅的军队很强大，我们的成功失败，关键就在这次战斗，所以，应该同心协力把他打败。如果这次能够取得胜利，那么，江陵就不值得担忧了。"卢循当天便从巴陵出发，与徐道覆的兵力会合，然后顺流而下。五月戊午（初七），刘毅与卢循在桑落洲摆开战场，结果刘毅的军队被打得大败。他扔掉船只，只带着几百名下属步行逃走，剩下的士兵全部被卢循俘虏，丢弃的军事物资堆成了小山。

当初，卢循抵达寻阳的时候，听说刘裕已经回来，还有些不相信。击败刘毅的军队后，才从俘虏的口中得到证实，他和他的党羽们互相对看着面色大变。卢循打算退回到寻阳，攻克江陵，占据这两个州来和朝廷对抗。徐道覆则说应该乘胜直接进攻，并坚持自己的观点。卢循犹豫了好几天，才依从了他的建议。

己未（初八），东晋实行大赦。刘裕招募百姓，充实兵力，酬赏的数量同当年从京口发兵讨伐桓玄时所酬赏的数量相同。又发动百姓营建石头城。有人议论说，应该分出兵力去把守各个交通要道，刘裕说："敌人兵多，我们兵少，如果分开兵力据守各地，就容易把我们的虚实暴露给敌人。况且一旦一个地方失利，就会使全体军队的士气受到打击。现在我们把部队全部聚集在石头，按照情况的需要，应变行事，这样，既可以让敌人无法知道我们的实力多少，又可以使军队的力量不致分散。如果各地的军队都能够及时地辗转集结，那就以后再说吧。"

朝廷闻刘毅败，人情恟惧。时北师始还，将士多创病，建康战士不盈数千。循既克二镇，战士十馀万，舟车百里不绝，楼船高十二丈，败还者争言其强盛。孟昶、诸葛长民欲奉乘舆过江，裕不听。初，何无忌、刘毅之南讨也，昶策其必败，已而果然。至是，又谓裕必不能抗循，众颇信之，惟龙骧将军东海虞丘进廷折昶等，以为不然。中兵参军王仲德言于裕曰："明公命世作辅，新建大功，威震六合，妖贼乘虚入寇，既闻凯还，自当奔溃。若先自遁逃，则势同匹夫，匹夫号令，何以威物！此谋若立，请从此辞。"裕甚悦。昶固请不已，裕曰："今重镇外倾，强寇内逼，人情危骇，莫有固志。若一旦迁动，便自土崩瓦解，江北亦岂可得至！设令得至，不过延日月耳。今兵士虽少，自足一战。若其克济，则臣主同休。苟厄运必至，我当横尸庙门，遂其由来以身许国之志，不能窜伏草间苟求存活也。我计决矣，卿勿复言！"昶恚其言不行，且以为必败，因请死。裕怒曰："卿且申一战，死复何晚！"昶知裕终不用其言，乃抗表自陈曰："臣裕北讨，众并不同，唯臣赞裕行计，致使强贼乘间，社稷危逼，臣之罪也。谨引咎以谢天下。"封表毕，仰药而死。

东晋朝廷听说刘毅被打得大败，人心慌乱不安。这时北伐的军队刚刚回来，将士不是受伤便是有病，而留在建康的战士又不超过几千人。卢循攻克江州、豫州之后，战士达到十几万人，战船战车浩浩荡荡，绵延一百里仍然看不到头，大的楼船高达十二丈。官军战败跑回来的人都争着传说敌兵的强盛。孟昶、诸葛长民打算护卫安帝渡长江向北撤退，刘裕不同意。当初，何无忌、刘毅迎击从南方袭来的敌军时，孟昶估计他们一定失败，过后果然失败。到了这个时候，他又以为刘裕一定抵挡不住卢循的进攻，大家对他的话都很相信，只有龙骧将军、东海人虞丘进在朝廷中驳斥孟昶等人，认为不是那么回事。中兵参军王仲德对刘裕说："明公您受上天之命，当国家的辅佐，又刚刚建立了大功，声威震动天下。这些妖贼乘我们国内空虚，公然进犯，听到您带兵胜利归来，自会奔逃溃散。我们如果首先自己逃跑，那么其实就和一个没用的蠢才一样了，蠢才下令，又用什么建立威信呢？这个渡江避难的建议如果被采纳，就请您允许我就此告辞。"刘裕非常高兴。孟昶一直坚持自己的请求，刘裕说："现在，我们的重要兵力在外地失败，强大的敌人又步步进逼，人心恐惧不安，没有一个坚定的信心。如果我们一旦向北移动，便自然会土崩瓦解，长江以北的地区又哪里能赶得到！即便是到了那里，也不过是拖延一些时日罢了。现在，我们的兵士虽然很少，却也足够最后一次决战，如果真的克敌制胜，那我们君臣一同庆幸。如果厄运一定要来，我也应当死在晋室宗庙之前，实现我长期以来以身报国的志向，但决不能逃窜到荒草林野之间只想保全个人的性命。我的决心已经下定，你不要再多说了！"孟昶因为自己的建议不被采纳而恼羞成怒，又因为认定自己这一方必定失败，所以请求先杀了自己。刘裕大怒说："你打完这一仗，再死也不晚！"孟昶知道刘裕一定不会采纳他的意见了，于是呈上奏表，表明自己的想法："刘裕北伐的时候，文武百官都不同意，只有我赞同刘裕出兵的计划，致使强大的敌人乘虚而入，使国家的安全受到威胁，这是我的罪过。我只好承认自己的罪责，用以告慰天下人。"把奏表封上之后，他便喝下毒药自杀了。

乙丑，卢循至淮口，中外戒严。琅邪王德文都督宫城诸军事，屯中堂皇，刘裕屯石头，诸将各有屯守。裕子义隆始四岁，裕使谘议参军刘粹辅之，镇京口。粹，毅之族弟也。

裕见民临水望贼，怪之，以问参军张劭，劭曰："若节钺未反，民奔散之不暇，亦何能观望！今当无复恐耳。"裕谓将佐曰："贼若于新亭直进，其锋不可当，宜且回避，胜负之事未可量也。若回泊西岸，此成禽耳。"

徐道覆请于新亭至白石焚舟而上，数道攻裕。循欲以万全为计，谓道覆曰："大军未至，孟昶便望风自裁。以大势言之，自当计日溃乱。今决胜负于一朝，干没求利，既非必克之道，且杀伤士卒，不如按兵待之。"道覆以循多疑少决，乃叹曰："我终为卢公所误，事必无成。使我得为英雄驱驰，天下不足定也。"

裕登石头城望循军，初见引向新亭，顾左右失色。既而回泊蔡洲，乃悦。于是众军转集。裕恐循侵轶，用虞丘进计，伐树栅石头淮口，修治越城，筑查浦、药园、廷尉三垒，皆以兵守之。

刘毅经涉蛮、晋，仅能自免，从者饥疲，死亡什七八。丙寅，至建康，待罪。裕慰勉之，使知中外留事。毅乞自贬，诏降为后将军。

乙丑(十四日),卢循大军抵达淮口,东晋朝廷都城内外戒严。琅邪王司马德文都督宫城诸军事,住在中堂大殿处理军务,刘裕则在石头驻扎,其他各位将领各有自己的防地。刘裕的儿子刘义隆只有四岁,刘裕派谘议参军刘粹辅佐他,镇守京口。刘粹是刘毅的同门族弟。

刘裕见到许多百姓站在江边看着敌军,觉得很奇怪,问参军张劭这是怎么回事,张劭说:“如果您没有回来,百姓奔逃溃散还嫌来不及,又怎么能站在那里观望呢?现在当然是不再害怕了。”刘裕对各位将领说:“贼兵如果从新亭直接挺进,那么他们的锋芒就不可阻挡,应该暂且回避一下,是胜是负也就不可推测了。他们如果回到西岸去停泊,这就可以擒获了。”

徐道覆请求从新亭进军白石,然后烧掉战船登陆,分几路进攻刘裕。卢循打算以尽可能保险为目的,对徐道覆说:“我们的大军还没有到,只听见一些风声,孟昶便被吓得自杀。根据大趋势来说,敌人自会在几天内崩溃散乱。现在,决定胜负也就是一个早上的事,一味凭侥幸在战场投机取利,既不是一定能战胜敌人的办法,又会损伤我的士卒,我看不如按兵不动,等他们送上门来。”徐道覆因为卢循疑心太重又缺决断,于是叹息道:“我终将被卢公耽误,事情一定不会成功。如果我能有幸为一位英雄卖命奔波的话,天下早就平定了。”

刘裕登上石头城,遥望卢循的部队,最初看见他们向新亭方向移动,刘裕看看两旁随从,脸色稍变。后来他看见敌军船只回到蔡州停泊下来,这才高兴起来。于是,他调动各路军队转移集中。刘裕恐怕卢循发动突然袭击,所以采用了虞丘进的建议,砍伐树木在石头城和淮口等地全部立起栅栏。同时,他命人尽快整修越城,兴筑查浦、药园、廷尉三座堡垒,都派兵在那里把守。

刘毅战败以后,穿过蛮族和东晋统治地区,历经艰险,仅仅保住一条活命,跟随他的人连饿带累,十个人中死了七八个。丙寅(十五日),终于赶回建康,等候定罪。刘裕对他善加鼓励安慰,并让他担任知中外留事。刘毅自己请求贬谪,安帝下诏把他降为后将军。

11　魏长孙嵩至漠北而还，柔然追围之于牛川。壬申，魏主嗣北击柔然。柔然可汗社仑闻之，遁走，道死。其子度拔尚幼，部众立社仑弟斛律，号蔼豆盖可汗。嗣引兵还参合陂。

12　卢循伏兵南岸，使老弱乘舟向白石，声言悉众自白石步上。刘裕留参军沈林子、徐赤特戍南岸，断查浦，戒令坚守勿动。裕及刘毅、诸葛长民北出拒之。林子曰："妖贼此言，未必有实，宜深为之防。"裕曰："石头城险，且淮栅甚固，留卿在后，足以守之。"林子，穆夫之子也。

庚辰，卢循焚查浦，进至张侯桥。徐赤特将击之，林子曰："贼声往白石而屡来挑战，其情可知。吾众寡不敌，不如守险以待大军。"赤特不从，遂出战。伏兵发，赤特大败，单舸奔淮北。林子及将军刘钟据栅力战，朱龄石救之，贼乃退。循引精兵大上，至丹阳郡。裕帅诸军驰还石头，斩徐赤特，解甲久之，乃出陈于南塘。

13　六月，以刘裕为太尉、中书监、加黄钺。裕受黄钺，馀固辞。以车骑中军司马庾悦为江州刺史。悦，准之子也。

14　司马国璠及弟叔璠、叔道奔秦。秦王兴曰："刘裕方诛桓玄，辅晋室，卿何为来？"对曰："裕削弱王室，臣宗族有自修立者，裕辄除之。方为国患，甚于桓玄耳。"兴以国璠为扬州刺史，叔道为交州刺史。

11　北魏长孙嵩征讨柔然，到了大漠以北才回来，柔然军在牛川追上长孙嵩部队并把他们包围。壬申（二十一日），北魏国主拓跋嗣向北进军攻击柔然。柔然可汗郁久闾社仑听说这个消息后，急忙逃走，结果死在路上。他的儿子郁久闾度拔年纪还小，大臣们便拥立郁久闾社仑的弟弟郁久闾斛律，叫作蔼豆盖可汗。拓跋嗣带兵回参合陂。

12　卢循把伏兵布置在秦淮河南岸，命令一些老弱将士坐船向白石进发，并声称全部大军准备从白石登岸作战。刘裕留下参军沈林子、徐赤特戍守南岸，切断通往查浦的交通，命令他们坚守阵地，不要轻举妄动。刘裕和刘毅、诸葛长民等向北出兵迎击敌军。沈林子说："贼兵这样说，却不一定真这样做，应该多加防备。"刘裕说："石头城地势险峻，而且淮口的栅栏很坚固，把你留在后方，足可以守住了。"沈林子是沈穆夫的儿子。

庚辰（二十九日），卢循火烧查浦，进兵到张侯桥。徐赤特准备迎战，沈林子说："贼兵声言去了白石，却几次来到这里挑战，他们的险恶用心，我们可以猜到。我们的军队人少无法抵敌，不如坚守险要，等待大军回来。"徐赤特却不听从，于是出兵交战。敌人的伏兵突然出现，徐赤特被打得大败，乘着一条船逃往秦淮河北岸。沈林子及将军刘钟据守栅栏奋力作战，朱龄石又率援军赶来相救，敌军才撤了下去。卢循带着一支精锐部队急进，到达丹阳郡。刘裕率着几路部队立即赶回石头，斩了徐赤特，休息了很长一段时间，才带兵到南塘列开战阵。

13　六月，东晋任命刘裕为太尉、中书监，加授黄钺。刘裕接受了黄钺，其他的职位却坚决推辞。朝廷又任命车骑中军司马庾悦为江州刺史。庾悦是庾准的儿子。

14　东晋叛将司马国璠和他的弟弟司马叔璠、司马叔道投奔后秦。后秦国王姚兴说："刘裕刚刚剿灭了桓玄，辅佐晋朝宗室，你们为什么还要到这里来？"他们回答说："刘裕削弱王室的力量，我们宗族之中如果有自己发奋成才的人，常常都被刘裕除掉。他这样正是为国家制造祸患，甚至比桓玄还厉害。"姚兴任命司马国璠为扬州刺史，任命司马叔道为交州刺史。

15　卢循寇掠诸县无所得，谓徐道覆曰："师老矣，不如还寻阳，并力取荆州，据天下三分之二，徐更与建康争衡耳。"秋，七月庚申，循自蔡洲南还寻阳，留其党范崇民将五千人据南陵。甲子，裕使辅国将军王仲德、广川太守刘钟、河间内史兰陵蒯恩、中军谘议参军孟怀玉等帅众追循。

16　乙丑，魏主嗣还平城。

17　西秦王乾归讨越质屈机等十馀部，降其众二万五千，徙于苑川。八月，乾归复都苑川。

18　沮渠蒙逊伐西凉，败西凉世子歆于马庙，禽其将朱元虎而还。凉公暠以银二千斤、金二千两赎元虎。蒙逊归之，遂与暠结盟而还。

19　刘裕还东府，大治水军，遣建威将军会稽孙处、振武将军沈田子帅众三千自海道袭番禺。田子，林子之兄也。众皆以为"海道艰远，必至为难，且分撤见力，非目前之急"。裕不从，敕处曰："大军十二月之交必破妖虏，卿至时，先倾其巢窟，使彼走无所归也。"

20　谯纵遣侍中谯良等入见于秦，请兵以伐晋。纵以桓谦为荆州刺史，谯道福为梁州刺史，帅众二万寇荆州。秦王兴遣前将军苟林帅骑兵会之。

江陵自卢循东下，不得建康之问，群盗互起。荆州刺史刘道规遣司马王镇之帅天门太守檀道济、广武将军彭城到彦之入援建康。道济，祗之弟也。

15　卢循进犯掠夺了几个县，什么也没抢到，对徐道覆说："军队出来时间太长，已经疲惫不堪，我看不如回到寻阳，合力攻取荆州，这样，我们占据了三分之二的天下，就可以慢慢地再与建康的东晋政权争强斗胜了。"秋季，七月庚申（初十），卢循从蔡州向南撤退回寻阳，留下他的部将范崇民带领五千人据守南陵。甲子（十四日），刘裕派遣辅国将军王仲德、广川太守刘钟、河间内史兰陵人蒯恩、中军谘议参军孟怀玉等人带兵追击卢循。

16　乙丑（十五日），北魏国主拓跋嗣回到平城。

17　西秦王乞伏乾归讨伐越质屈机等十几个部落，收降当地的士民两万五千人，并把他们迁到苑川居住。八月，乞伏乾归恢复苑川为自己的都城。

18　北凉王沮渠蒙逊讨伐西凉，在马庙把西凉公李暠的世子李歆打败，生擒西凉将领朱元虎后回师。西凉公李暠用两千斤白银、两千两黄金赎救朱元虎。沮渠蒙逊归还了他，于是与李暠结下了联盟之后便回去了。

19　东晋刘裕回到东府，大规模建设水军。他派遣建威将军会稽人孙处、振武将军沈田子统率部众三千人从海上绕道，前去袭击番禺。沈田子是沈林子的哥哥。大家都以为"海上行军艰难遥远，一定要抵达那里是一件很难完成的任务，而且分出现有兵力去进攻广州，也不是目前当务之急"。刘裕却不听从，命令孙处说："朝廷的大部队在十二月初一定会打败贼兵，你到那个时候，首先把他们的老窝捣毁，让他们逃跑也无家可归。"

20　西蜀谯纵派遣侍中谯良等人去到后秦谒见，请求出兵讨伐东晋。谯纵任命桓谦为荆州刺史，任命谯道福为梁州刺史，率领两万人的军队进犯荆州。后秦王姚兴派遣前将军苟林统帅骑兵和他们会合。

江陵自从卢循东下之后，便再也没有得到京都建康的消息，因此一群群的强盗蜂拥而起。荆州刺史刘道规派遣司马王镇之率领天门太守檀道济、广武将军彭城人到彦之进兵去救援京都建康。檀道济是檀祗的弟弟。

镇之至寻阳，为苟林所破。卢循闻之，以林为南蛮校尉，分兵配之，使乘胜伐江陵，声言徐道覆已克建康。桓谦于道召募义旧，民投之者二万人。谦屯枝江，林屯江津，二寇交逼，江陵士民多怀异心。道规乃会将士告之曰："桓谦今在近道，闻诸长者颇有去就之计，吾东来文武足以济事。若欲去者，本不相禁。"因夜开城门，达晓不闭。众咸惮服，莫有去者。

雍州刺史鲁宗之帅众数千自襄阳赴江陵。或谓宗之情未可测，道规单马迎之，宗之感悦。道规使宗之居守，委以腹心，自帅诸军攻谦。诸将佐皆曰："今远出讨谦，其胜难必。苟林近在江津，伺人动静，若来攻城，宗之未必能固。脱有蹉跌，大事去矣。"道规曰："苟林愚懦，无他奇计，以吾去未远，必不敢向城。吾今取谦，往至便克。沉疑之间，已自还返。谦败则林破胆，岂暇得来！且宗之独守，何为不支数日！"乃驰往攻谦，水陆齐进。谦等大陈舟师，兼以步骑，战于枝江。檀道济先进陷陈，谦等大败。谦单舸奔苟林，道规追斩之。还，至涌口，讨林，林走，道规遣谘议参军临淮刘遵帅众追之。初，谦至枝江，江陵士民皆与谦书，言城内虚实，欲为内应。至是检得之，道规悉焚不视，众于是大安。

王镇之到达寻阳，被后秦将军苟林打败。卢循听到了这个消息，任命苟林为南蛮校尉，分出一些兵交给他统辖，让他乘胜讨伐江陵，并声称徐道覆已经攻克了建康。桓谦在路上招集了一些讲究恩义的旧部下，投奔他的达到两万人。桓谦屯扎在枝江，苟林屯扎在江津，这两伙军队交相逼迫，使江陵城中的许多士人百姓在心中都做好了另外的打算。刘道规于是把将士们集合在一起，对他们说："桓谦现在就在附近，听说先生们很多都有去投靠他的打算，我们这些从东方过来任职的文武官员足以应付各种事变。如果有打算去的人，我绝不禁止。"于是，当夜打开城门，一直到早晨也没有关闭。众人都非常害怕佩服，没有人离去。

雍州刺史鲁宗之率领部众几千人从襄阳赶赴江陵。有人说，鲁宗之的意图还不可预料，但刘道规却单人匹马前去相迎，鲁宗之既感动又高兴。刘道规请鲁宗之留在这里坚守，把他当作心腹之人，自己则统率几支军队进攻桓谦。那些将领们都说："这次您到很远的地方去讨伐桓谦，能否胜利还很难说定。苟林就在很近的江津，等待着我们的动静，如果他来攻打这座城，鲁宗之也不一定能守住。一旦有什么闪失挫折，那么，我们的情况可就糟了。"刘道规说："苟林愚蠢懦弱，没什么惊人的计谋，他以为我离开得不远，一定不敢攻城。我这次进攻桓谦，一到那里就可以胜利。就在敌人犹豫不决的时候，我已经回来了。桓谦失败，那么苟林便会被吓破胆了，哪里还有闲心到这里来！况且鲁宗之独自率兵在这里坚守，怎么还不支持几天！"于是他火速进军攻击桓谦，水军、陆军同时发动。桓谦出动了几乎所有的水师船队，用步兵骑兵相配合，在枝江双方会战。檀道济抢先冲锋陷阵，桓谦的军队大败。桓谦坐着一条船逃走去投奔苟林，刘道规追上把他杀了。他们又回军，到达涌口，进攻苟林，苟林逃跑，刘道规派遣谘议参军临淮人刘遵率众人前去追击。当初，桓谦抵达枝江时，江陵的各阶层百姓，都给桓谦写信，告诉他城内的情况，打算在桓谦攻城时做内应。到这时，在桓谦大营搜检到了那些信，刘道规却命令人把信全部烧了，一封也不看，江陵的百姓从此人心非常安定。

21　江州刺史庾悦以鄱阳太守虞丘进为前驱，屡破卢循兵，进据豫章，绝循粮道。九月，刘遵斩苟林于巴陵。

桓石绥因循入寇，起兵洛口，自号荆州刺史，徵阳令王天恩自号梁州刺史，袭据西城。梁州刺史傅韶遣其子魏兴太守弘之讨石绥等，皆斩之，桓氏遂灭。韶，畅之孙也。

22　西秦王乾归攻秦略阳、南安、陇西诸郡，皆克之，徙民二万五千户于苑川及枹罕。

23　甲寅，葬魏主珪于盛乐金陵，谥曰宣武，庙号烈祖。

24　刘毅固求追讨卢循，长史王诞密言于刘裕曰："毅既丧败，不宜复使立功。"裕从之。冬，十月，裕帅兖州刺史刘藩、宁朔将军檀韶、冠军将军刘敬宣等南击卢循，以刘毅监太尉留府，后事皆委焉。癸巳，裕发建康。

25　徐道覆率众三万趣江陵，奄至破冢。时鲁宗之已还襄阳，追召不及，人情大震。或传循已平京邑，遣道覆来为刺史，江、汉士民感刘道规焚书之恩，无复贰志。道规使刘遵别为游军，自拒道覆于豫章口，前驱失利。遵自外横击，大破之，斩首万馀级，赴水死者殆尽，道覆单舸走还湓口。初，道规使遵为游军，众咸以为强敌在前，唯患众少，不应分割见力，置无用之地。及破道覆，卒得游军之力，众心乃服。

21　江州刺史庾悦任用鄱阳太守虞丘进为前锋，几次打败卢循的部队，开进到豫章据守，切断了卢循的运粮通道。九月，刘遵在巴陵斩杀了苟林。

桓石绥因为卢循的进犯，自己也在洛口拉起一支队伍，自称为荆州刺史，徵阳令王天恩自称为梁州刺史，他们攻占了西城。梁州刺史傅韶派他的儿子魏兴太守傅弘之征讨桓石绥等，把他们全部杀了。桓氏家族从此灭绝。傅韶是傅畅的孙子。

22　西秦王乞伏乾归进攻后秦略阳、南安、陇西等几个郡，都攻克了，把那里的百姓两万五千家迁移到苑川和枹罕居住。

23　甲寅(初五)，北魏把魏主拓跋珪安葬在盛乐的金陵，谥号宣武，庙号烈祖。

24　东晋刘毅坚决要求追击征讨卢循，长史王诞偷偷地对刘裕说："刘毅既然已经战败，丧失了队伍和权力，就不应该再让他立功了。"刘裕接受了这个建议。冬季，十月，刘裕率领兖州刺史刘藩、宁朔将军檀韶、冠军将军刘敬宣等向南进军攻打卢循，任命刘毅监太尉留府，把后方的杂事全交给了他。癸巳(十四日)，刘裕从建康出发。

25　徐道覆率领三万部众，直指江陵，突然抵达破冢。这时鲁宗之已经回到襄阳，刘道规派人去追赶他，召他回来，已经来不及。因此江陵人心异常震惊恐慌。有人传说卢循已经扫平了京邑，这是派徐道覆来做刺史，但是江、汉地区的各阶层百姓却感激刘道规焚烧书信、不计前嫌的恩德，都不再有二心了。刘道规派刘遵分兵到外地去作为游击部队，自己则在豫章口抵抗徐道覆的进攻，结果，他的前锋部队失利。刘遵这时从外围拦腰横击徐道覆军队，把他们打得大败，杀死一万多人，其馀的跳水淹死很多，敌军几乎死光。徐道覆仅坐一条船逃回湓口。当初，刘道规派刘遵去做游击军，众人都认为现在强大的敌人在前，本来担心兵力太少，就不应该再把现在本来就不多的兵力分割，安排在没有用处的地方。等到打败徐道覆之后，全是依靠这支游击军的力量，大家的心中才感到佩服。

26　鲜卑仆浑、羌句岂、输报、邓若等帅户二万降于西秦。

27　王仲德等闻刘裕大军且至，进攻范崇民于南陵。崇民战舰夹屯西岸。十一月，刘钟自行觇贼，天雾，贼钩得其舸。钟因帅左右攻舰户，贼遽闭户拒之，钟乃徐还，与仲德共攻崇民，崇民走。

28　癸丑，益州刺史鲍陋卒。谯道福陷巴东，杀守将温祚、时延祖。

29　卢循兵守广州者不以海道为虞。庚戌，孙处乘海奄至，会大雾，四面攻之，即日拔其城。处抚其旧民，戮循亲党，勒兵谨守，分遣沈田子等击岭表诸郡。

30　刘裕军雷池。卢循扬声不攻雷池，当乘流径下。裕知其欲战，十二月己卯，进军大雷。庚辰，卢循、徐道覆帅众数万塞江而下，前后莫见舳舻之际。裕悉出轻舰，帅众军齐力击之。又分步骑屯于西岸，先备火具。裕以劲弩射循军，因风水之势以蹙之。循舰悉泊西岸，岸上军投火焚之，烟炎涨天。循兵大败，走还寻阳。将趣豫章，乃悉力栅断左里。丙申，裕军至左里，不得进。裕麾兵将战，所执麾竿折，幡沉于水，众并怪惧。裕笑曰："往年覆舟之战，幡竿亦折，今者复然，贼必破矣。"即攻栅而进，循兵虽殊死战，弗能禁。循单舸走，所杀及投水死者凡万馀人。

26　鲜卑族仆浑部落、羌族句岂部落、输报部落、邓若部落等，率领两万户居民向西秦投降。

27　东晋辅国将军王仲德等听说刘裕的大部队就要到来，便在南陵进攻范崇民的军队。范崇民的军舰呈夹击长江的形势，屯泊在两岸。十一月，刘钟亲自去侦察敌情，天降大雾，敌人把他的船用铁钩钩住。刘钟于是领着左右随从进攻敌舰的舱门，敌兵只好飞快地把舱门关上挡住他们，刘钟于是从容而回。他与王钟德一起进攻范崇民，范崇民逃跑。

28　癸丑（初五），东晋益州刺史鲍陋去世。谯道福攻陷了巴东，杀死那里的守将温祚、时延祖。

29　卢循留下镇守广州的军队，不认为海道上会有什么危险。庚戌（初二），孙处等人带兵在海上突然乘船来到，正好赶上大雾弥漫，便从四面围攻广州，当天就攻克了这座城池。孙处安抚那里旧有的居民，杀死了卢循的亲朋党羽，并在这里时刻备战，严密防守。他又分别派遣沈田子等人带兵进攻五岭以南各郡。

30　刘裕在雷池驻军。卢循扬言不去进攻雷池，而要顺江水直接东下。刘裕知道他打算进行一场决战，十二月己卯（初一），他带兵进军到大雷。庚辰（初二），卢循、徐道覆统率几万部众涌满长江，向下游进发，前后都看不见船队的头尾。刘裕出动自己所有的轻型战船，统率几路大军一齐奋力进攻敌人。他又分出一部分步兵骑兵驻扎在长江西岸，事先准备好火攻的用具。刘裕下令用强劲的弩箭射击卢循的军队，配合着大风和水流的情势逼迫敌军。卢循的军队战船只好全部停泊在西岸。这时，岸上埋伏的东晋军队纷纷把火投向敌船，焚烧敌人，顿时浓烟四起，火焰冲天。卢循的部队大败，只好逃回寻阳。他们准备赶到豫章，于是全力在左里路上构筑栅栏等工事。丙申（十八日），刘裕的大部队抵达左里，不能前进。刘裕挥旗指挥军队准备战斗，他所拿的旗杆突然折断，指挥旗落入水中，大家为此感到奇怪和恐惧。刘裕笑着说："当年，在覆舟山那场战役中，我的指挥旗杆也折断了，现在又是那样，敌人一定失败了。"便突破栅栏路障等向前进军。卢循的军队虽然拼命决战，但是也无法阻挡。卢循坐着一只船逃走，他的部下被杀和被淹死的有一万多人。

纳其降附，宥其逼略，遣刘藩、孟怀玉轻军追之。循收散卒，尚有数千人，径还番禺。道覆走保始兴。裕版建威将军褚裕之行广州刺史。裕之，裒之曾孙也。裕还建康。刘毅恶刘穆之，每从容与裕言穆之权太重，裕益亲任之。

31　燕广川公万泥、上谷公乳陈，自以宗室，有大功，谓当入为公辅。燕王跋以二藩任重，久而弗征，二人皆怨。是岁，乳陈密遣人告万泥曰："乳陈有至谋，愿与叔父图之。"万泥遂奔白狼，与乳陈俱叛，跋遣汲郡公弘与张兴将步骑二万讨之。弘先遣使谕以祸福。万泥欲降，乳陈不可。兴谓弘曰："贼明日出战，今夜必来惊我营，宜为之备。"弘乃密令人课草十束，畜火伏兵以待之。是夜，乳陈果遣壮士千馀人来斫营，众火俱起，伏兵邀击，俘斩无遗。万泥、乳陈惧而出降，弘皆斩之。跋以范阳公素弗为大司马，改封辽西公；弘为骠骑大将军，改封中山公。

官军收降了敌军的一些士兵，并宽释了那些被逼参军的人。刘裕又派遣刘藩、孟怀玉带领轻装部队追击逃跑的敌人。卢循收拢逃散的士卒，还有几千人，直接回番禺。徐道覆逃回始兴固守。刘裕指派建威将军褚裕之代理广州刺史。褚裕之是褚裒的曾孙。刘裕回建康。刘毅讨厌刘穆之，经常对刘裕说刘穆之的权力太大，刘裕却对刘穆之越加信任亲热。

31　北燕广川公冯万泥、上谷公冯乳陈，自以为是燕国宗室的人，又立有大功，所以应该入朝担任要职，辅佐朝政。可是燕王冯跋却认为他们镇守的地方非常重要，过了很长时间也不把他们征调回来，两个人都满腹怨气。这一年，冯乳陈秘密派人告诉冯万泥说："我有一个很好的计划，愿意和叔父一起商量着办。"冯万泥于是跑到白狼，与冯乳陈一起叛变，冯跋派遣汲郡公冯弘与张兴带领两万步骑兵，前去征讨他们。冯弘先派人告诉他们祸福利害。冯万泥打算投降，冯乳陈却不同意。张兴对冯弘说："他们决定明天出来决战，今天夜里就一定会来进攻我们大营，应该准备对付他们。"冯弘于是秘密命令每个人都准备好十把草，收好火种，埋伏好了之后，等待敌兵的到来。当天夜里，冯乳陈果然派遣精壮的士兵一千多人前来劫营，官军的火把一起点燃，伏兵冲出，前后截击，把叛军杀的杀，俘虏的俘虏，全部歼灭。冯万泥、冯乳陈恐惧异常，出城投降，冯弘把他们全部杀了。冯跋任命范阳公冯素弗为大司马，改封辽西公；任命冯弘为骠骑大将军，改封中山公。

卷第一百一十六　晋纪三十八

起辛亥(411)尽甲寅(414)凡四年

安皇帝辛

义熙七年(辛亥,411)

1　春,正月己未,刘裕还建康。

2　秦广平公弼有宠于秦王兴,为雍州刺史,镇安定。姜纪谄附于弼,劝弼结兴左右以求入朝。兴征弼为尚书令、侍中、大将军。弼遂倾身结纳朝士,收采名势,以倾东宫。国人恶之。会兴以西北多叛乱,欲命重将镇抚之。陇东太守郭播请使弼出镇,兴不从,以太常索稜为太尉、领陇西内史,使招抚西秦。西秦王乾归遣使送所掠守宰,谢罪请降。兴遣鸿胪拜乾归都督陇西岭北杂胡诸军事、征西大将军、河州牧、单于、河南王,太子炽磐为镇西将军、左贤王、平昌公。

兴命群臣搜举贤才。右仆射梁喜曰:"臣累受诏而未得其人,可谓世之乏才。"兴曰:"自古帝王之兴,未尝取相于昔人,待将于将来,随时任才,皆能致治。卿自识拔不明,岂得远诬四海乎?"群臣咸悦。

安皇帝辛

晋安帝义熙七年(辛亥,公元411年)

1 春季,正月己未(十二日),刘裕回到建康。

2 后秦广平公姚弼受到后秦王姚兴的宠爱,担任雍州刺史,镇守安定。姜纪投靠姚弼,极尽谄媚,他劝说姚弼结交姚兴身边的人,争取回到朝廷任职。姚兴征召姚弼为尚书令、侍中、大将军。姚弼于是谦恭地与朝中官员交往结纳,树立名望,培植势力,以此排挤太子姚泓。国内官民非常讨厌他。正赶上姚兴因为西北地区的叛乱层出不穷,打算派一名重要的将领到那里镇抚。陇东太守郭播便请求派姚弼去镇守,姚兴并不听从,任命太常索稜为太尉,兼陇西内史,让他去招抚西秦。西秦王乞伏乾归派使节送还被他俘虏的守、宰等地方官,承认罪过,请求投降。姚兴便派鸿胪拜乞伏乾归都督陇西岭北杂胡诸军事、征西大将军、河州牧、单于、河南王,封太子乞伏炽磐为镇西将军、左贤王、平昌公。

姚兴命令大臣们寻找荐举贤能的人才。右仆射梁喜说:“臣几次接受诏命却没有得到一个那样的人,可以说世上的确缺乏人才。”姚兴说:“自古以来,帝王之业兴起的时候,从不曾在古人的行列中借取宰相,也不曾等待在将来出生的人中培养大将,他们都是随时随地在当世选任俊才,却也都能使国家得到较好的治理。你自己缺乏识才拔才的眼光,怎么可以诬蔑说广大的四海没有俊才呢?”大臣们都很高兴。

3 秦姚详屯杏城，为夏王勃勃所逼，南奔大苏。勃勃遣平东将军鹿弈干追斩之，尽俘其众。勃勃南攻安定，破尚书杨佛嵩于青石北原，降其众四万五千。进攻东乡，下之，徙三千馀户于贰城。秦镇北参军王买德奔夏，夏王勃勃问以灭秦之策，买德曰："秦德虽衰，藩镇犹固，愿且蓄力以待之。"勃勃以买德为军师中郎将。秦王兴遣卫大将军常山公显迎姚详，弗及，遂屯杏城。

4 刘藩帅孟怀玉等诸将追卢循至岭表，二月壬午，怀玉克始兴，斩徐道覆。

5 河南王乾归徙鲜卑仆浑部三千馀户于度坚城，以子敕勃为秦兴太守以镇之。

6 焦朗犹据姑臧，沮渠蒙逊攻拔其城，执朗而宥之。以其弟挐为秦州刺史，镇姑臧。遂伐南凉，围乐都，三旬不克。南凉王傉檀以子安周为质，乃还。

7 吐谷浑树洛干伐南凉，败南凉太子虎台。

8 南凉王傉檀欲复伐沮渠蒙逊，邯川护军孟恺谏曰："蒙逊新并姑臧，凶势方盛，不可攻也。"傉檀不从，五道俱进，至番禾、苕藋，掠五千馀户而还。将军屈右曰："今既获利，宜倍道旋师，早度险厄。蒙逊善用兵，若轻军猝至，大敌外逼，徙户内叛，此危道也！"卫尉伊力延曰："彼步我骑，势不相及。今倍道而归则示弱，且捐弃资财，非计也。"俄而昏雾风雨，蒙逊兵大至，傉檀败走。蒙逊进围乐都，傉檀婴城固守，以子染干为质以请和，蒙逊乃还。

3　后秦安远将军姚详屯扎在杏城，被夏王刘勃勃逼迫，向南投奔大苏。刘勃勃派遣平东将军鹿弈干追上他并把他杀了，俘虏了他的全部部众。刘勃勃向南进攻安定，在青石北面的原野击败尚书杨佛嵩，收降他的部众四万五千人。随后，他又进攻东乡，攻克那里，把当地的三千多户居民迁到贰城。后秦镇北参军王买德投降夏国，夏王刘勃勃向他询问消灭后秦的办法，王买德说："后秦的德势虽然已经衰败，但是地方势力却还很坚固，所以我希望您暂时积蓄力量等待机会。"刘勃勃任命王买德为军师中郎将。后秦皇帝姚兴派遣卫大将军、常山公姚显前去迎救姚详，没有来得及，于是便屯扎在杏城。

4　东晋兖州刺史刘藩统率孟怀玉等几位将领追击卢循到达五岭以南。二月壬午(初五)，孟怀玉攻克始兴，杀死了徐道覆。

5　后秦刚刚加封的河南王乞伏乾归，把鲜卑族仆浑部落的三千多户居民迁往度坚城，任命儿子乞伏敕勃为秦兴太守，镇守那里。

6　南凉将军焦朗还占据着姑臧。沮渠蒙逊攻克了这座城市，活捉焦朗，又把他宽释了。任命自己的弟弟沮渠挐为秦州刺史，镇守姑臧。于是，他们继续征伐南凉围困乐都城，过了一个月也不能攻克。南凉王秃发傉檀用自己的儿子秃发安周作为人质交给了北凉国，沮渠蒙逊才撤兵。

7　吐谷浑可汗慕容树洛干讨伐南凉国，打败了南凉太子秃发虎台。

8　南凉王秃发傉檀打算再一次征伐沮渠蒙逊，邯川护军孟恺劝阻说："沮渠蒙逊刚刚吞并了姑臧，凶猛的势头正在极盛的时候，不可以去进攻他。"秃发傉檀不听，兵分五路，同时进军，抵达番禾、苕藋，抢掠了五千多户居民回军。将军屈右说："这次既然已经得到了好处，就应该火速班师，早点摆脱危险的环境。沮渠蒙逊善于指挥军队，如果他派一支轻装的部队突然来到，强大的敌人在外围步步威逼，我们裹胁的这些迁移百姓在里面叛乱，这可是危险的事呵！"卫尉伊力延说："他们步行我们骑马，按道理他们是赶不上我们的。现在如果我们加速回去，就是向敌人显示我们懦弱，而且要扔掉许多军用物资，不是好办法。"不久，天气昏暗，大雾弥漫，风雨交加，沮渠蒙逊的军队大批出现，秃发傉檀败退而走。沮渠蒙逊进军围困乐都，秃发傉檀绕着城池，坚持防守，最后又用儿子秃发染干作为人质，向对方请求和解，沮渠蒙逊才收兵回去。

9　三月，刘裕始受太尉、中书监，以刘穆之为太尉司马，陈郡殷景仁为行参军。裕问穆之曰："孟昶参佐谁堪入我府者？"穆之举前建威中兵参军谢晦。晦，安兄据之曾孙也，裕即命为参军。裕尝讯囚，其旦，刑狱参军有疾，以晦代之。于车中一览讯牒，催促便下。相府多事，狱系殷积，晦随问酬辨，曾无违谬。裕由是奇之，即日署刑狱贼曹。晦美风姿，善言笑，博赡多通，裕深加赏爱。

10　卢循行收兵至番禺，遂围之，孙处拒守二十馀日。沈田子言于刘藩曰："番禺城虽险固，本贼之巢穴。今循围之，或有内变。且孙季高众力寡弱，不能持久，若使贼还据广州，凶势复振矣。"夏，四月，田子引兵救番禺，击循，破之，所杀万馀人。循走，田子与处共追之，又破循于苍梧、郁林、宁浦。会处病，不能进，循奔交州。

初，九真太守李逊作乱，交州刺史交趾杜瑗讨斩之。瑗卒，朝廷以其子慧度为交州刺史。诏书未至，循袭破合浦，径向交州。慧度帅州府文武拒循于石碕，破之。循馀众犹三千人，李逊馀党李脱等结集俚獠五千馀人以应循。庚子，循晨至龙编南津。慧度悉散家财以赏军士，与循合战，掷雉尾炬焚其舰，以步兵夹岸射之，循众舰俱然，兵众大溃。循知不免，先鸩妻子，召妓妾问曰："谁能从我死者？"多云："雀鼠贪生，就死实难。"或云："官尚当死，某岂愿生！"乃悉杀诸辞死者，因自投于水。慧度取其尸斩之，并其父子及李脱等，函七首送建康。

9　三月，东晋刘裕终于接受太尉、中书监的职务，他任命刘穆之为太尉司马，任命陈郡人殷景仁为行参军。刘裕问刘穆之说："孟昶手下的人谁可以到我这里做事？"刘穆之荐举前建威中兵参军谢晦。谢晦是谢安哥哥谢据的曾孙，刘裕便命他为参军。刘裕曾经亲自去审问囚犯，那天早晨，恰好刑狱参军有病，便让谢晦去顶替。谢晦在前任衙门中的车中，只把各种诉状口供看了一遍，立刻就能裁定判决。宰相府的杂事繁多，讼案更是堆积了很多，谢晦随同主管官员安排办理，从没有发生过错误。刘裕因此以为他是一个奇才，当天便调他任刑狱贼曹。谢晦风度优美，善于言谈逗趣，见多识广，刘裕对他非常欣赏喜爱。

10　卢循在撤退的过程中收集残兵败将，来到番禺，于是把番禺包围，孙处在那里抵抗坚守了二十多天。沈田子对刘藩说："番禺城池虽然险要坚固，却本来就是敌兵的老窝。现在被卢循围困着，或许城里会出现变乱。况且孙处的军队少，力量弱，不可能坚持太久，如果让这些贼兵回来占据了广州，那么他们的凶恶势力就要重振了。"夏季，四月，沈田子带兵去援救番禺，进攻卢循，并把他打败，杀死一万多人。卢循逃跑，沈田子与孙处一起去追击他，又在苍梧、郁林、宁浦等地几次打败卢循。正巧此时孙处病倒，大军不能继续前进，卢循乘机投奔交州。

当初，九真太守李逊起兵叛乱，交州刺史交趾人杜瑗前去讨伐，并把他斩杀。杜瑗去世，朝廷任命他的儿子杜慧度为交州刺史。诏书还没有到达，卢循已经攻占了合浦，一直奔向交州。杜慧度率领州府的文武官员在石碕迎击卢循，把他打败。卢循残兵还有三千人，李逊的馀党李脱等人也结集俚獠族人五千多响应卢循。庚子（二十四日），卢循早晨到达龙编南面的渡口。杜慧度把自己的财产全部散发给军士们做奖赏，与卢循展开决战。杜慧度军队投掷雉尾炬，用来焚烧对方的战舰，又用步兵在两岸射箭进攻敌人，卢循军队的船全部着火，部众彻底溃散。卢循知道自己难免一死，于是先用毒酒毒死妻子儿女，然后把歌妓、小妾等召集在一起问道："你们谁能跟我一起死？"这些人都说："即使是一只麻雀、一个老鼠也都贪生，跟你一起死，实在太难。"但也有的说："您都要死了，我怎愿再活下去！"卢循于是把那些不愿死的全部杀掉，随后自己也投水自杀。杜慧度把他的尸体捞上来，割下人头，再加上他父亲、儿子以及李脱等共七颗人头，装在木盒中，送往都城建康。

11 初，刘毅在京口，贫困，与知识射于东堂。庾悦为司徒右长史，后至，夺其射堂。众人皆避之，毅独不去。悦厨馔甚盛，不以及毅。毅从悦求子鹅炙，悦怒不与，毅由是衔之。至是，毅求兼督江州，诏许之。因奏称："江州内地，以治民为职，不当置军府凋耗民力，宜罢军府移镇豫章。而寻阳接蛮，可即州府千兵以助郡戍。"于是解悦都督、将军官，以刺史镇豫章。毅以亲将赵恢领千兵守寻阳。悦府文武三千悉入毅府，符摄严峻。悦忿惧，至豫章，疽发背卒。

12 河南王乾归徙羌句岂等部众五千馀户于叠兰城。以兄子阿柴为兴国太守以镇之。五月，复以子木弈干为武威太守，镇嵻峎城。

13 丁卯，魏主嗣谒金陵，山阳侯奚斤居守。昌黎王慕容伯兒谋反。己巳，奚斤并其党收斩之。

14 秋，七月，燕王跋以太子永领大单于，置四辅。

柔然可汗斛律遣使献马三千匹于跋，求娶跋女乐浪公主。跋命群臣议之。辽西公素弗曰："前世皆以宗女妻六夷，宜许以妃嫔之女，乐浪公主不宜下降非类。"跋曰："朕方崇信殊俗，奈何欺之！"乃以乐浪公主妻之。

11　当初，刘毅在京口居住时，家庭很贫困，一次与熟人在东堂比赛射箭。庾悦当时是司徒右长史，后来到这里，夺取了这个射箭的大堂。别的人全都回避走了，只有刘毅不走。庾悦在这里大摆宴席，酒菜非常丰盛，却不给刘毅吃。刘毅跟他要一块烤小鹅肉吃，庾悦大怒，没有给，刘毅从此对他怀恨在心。到了现在，刘毅请求兼管江州，安帝下诏允许。于是，他便呈上奏章说："江州属于国家的腹地，江州刺史应该以治理民间事务为主要职守，不应该再配置一个军府消耗百姓的力量，应该解除军府，移到豫章镇守。寻阳接近夷族地区，所以也可在州政府的部队中分出一千名兵丁加强该郡的防卫。"于是解除了江州刺史庾悦的都督、将军等官职，剥夺了他的军权，仅以刺史的身份镇守豫章。刘毅派亲信的将领赵恢带领一千名士兵去戍守寻阳。庾悦府中的三千名文武官员等全部并入刘毅的府中办公，刘毅对庾悦不断下达严苛的命令又催逼甚紧。庾悦既愤怒又惧怕，到豫章后不久，后背上生疽痈去世。

12　后秦河南王乞伏乾归把羌族句岂等部落的五千多户居民迁到叠兰城居住。任命自己的侄儿乞伏阿柴为兴国太守，镇守那里。五月，他又任命儿子乞伏木弈干为武威太守，镇守嵻崀城。

13　丁卯（二十二日），北魏国主拓跋嗣拜谒金陵，命令山阳侯奚斤留在都城镇守。昌黎王慕容伯兒谋反。己巳（二十四日），奚斤把他连同他的党羽抓起来后，一同斩首。

14　秋季，七月，北燕国主冯跋任命太子冯永兼任大单于，设置四位辅佐大臣。

柔然可汗郁久闾斛律派遣使节向冯跋献上三千匹好马，请求迎娶冯跋的女儿乐浪公主。冯跋命令大臣们讨论这件事。辽西公冯素弗说："前代的君主都把皇家女儿嫁给那些少数民族为妻，应该把妃嫔所生的女儿许配给他们，至于乐浪公主，就不应该下嫁给和我们不一样的人了。"冯跋说："我正要在蛮荒地区树立威信，怎么能够欺骗他呢！"于是把乐浪公主嫁给郁久闾斛律为妻。

跋勤于政事，劝课农桑，省徭役，薄赋敛。每遣守宰，必亲引见，问为政之要，以观其能。燕人悦之。

15　河南王乾归遣平昌公炽磐及中军将军审虔伐南凉。审虔，乾归之子也。八月，炽磐兵济河，南凉王傉檀遣太子虎台逆战于岭南。南凉兵败，虏牛马十馀万而还。

16　沮渠蒙逊帅轻骑袭西凉，西凉公暠曰："兵有不战而败敌者，挫其锐也。蒙逊新与吾盟，而遽来袭我，我闭门不与战，待其锐气竭而击之，蔑不克矣。"顷之，蒙逊粮尽而归，暠遣世子歆帅骑七千邀击之，蒙逊大败，获其将沮渠百年。

17　河南王乾归攻秦略阳太守姚龙于柏阳堡，克之。冬，十一月，进攻南平太守王憬于水洛城，又克之，徙民三千馀户于谭郊。遣乞伏审虔帅众二万城谭郊。十二月，西羌彭利发袭据枹罕，自称大将军、河州牧，乾归讨之，不克。

18　是岁，并州刺史刘道怜为北徐州刺史，移镇彭城。

八年(壬子,412)

1　春，正月，河南正乾归复讨彭利发，至奴葵谷。利发弃众南走，乾归遣振威将军乞伏公府追至清水，斩之，收羌户一万三千，以乞伏审虔为河州刺史镇枹罕而还。

2　二月丙子，以吴兴太守孔靖为尚书右仆射。

3　河南王乾归徙都谭郊，命平昌公炽磐镇苑川。乾归击吐谷浑阿若干于赤水，降之。

冯跋对国家政务勤勤恳恳，鼓励人民务农种桑，减少徭役，降低赋税。每次任命、下派守宰一类的地方官时，总要亲自召见他们，问他们施政的基本打算，以观察其能力。北燕百姓对此十分欢悦。

15　后秦河南王乞伏乾归派遣平昌公乞伏炽磐以及中军将军乞伏审虔讨伐南凉国。乞伏审虔是乞伏乾归的儿子。八月，乞伏炽磐的大军渡过金城河，南凉王秃发傉檀派遣太子秃发虎台在岭南地区迎战。结果，南凉国军队被打得大败，乞伏炽磐抢掠了十几万匹牛马便回去了。

16　沮渠蒙逊统率轻装骑兵袭击西凉国，西凉公李暠说："用兵的人有不用战斗而把敌人打败的，那就是挫伤他的锐气。沮渠蒙逊刚刚与我们结盟，却又突然前来袭击我们，我们关紧城门不和他们接战，等到他们锐气枯竭之后再来进攻他们，没有不获胜的。"不久，沮渠蒙逊的军队粮食吃完，撤军，李暠派世子李歆率领骑兵七千人拦腰进攻他们，沮渠蒙逊部队惨败，西凉俘获了他们的大将沮渠百年。

17　河南王乞伏乾归进攻后秦略阳太守姚龙所驻守的柏阳堡，攻陷了这座城。冬季，十一月，又到水洛城进攻南平太守王憬，又攻陷了这座城，把那里的三千多户百姓迁往谭郊。派儿子乞伏审虔统率两万士卒筑谭郊城。十二月，西羌部落首领彭利发攻占了枹罕，自称为大将军、河州牧，乞伏乾归前去讨伐，没有攻克。

18　这一年，东晋并州刺史刘道怜改任北徐州刺史，迁移到彭城镇守。

晋安帝义熙八年(壬子，公元412年)

1　春季，正月，河南王乞伏乾归再一次出兵讨伐彭利发，抵达奴葵谷。彭利发扔下部众向南逃走，乞伏乾归派遣振威将军乞伏公府追到清水，把他杀了。这一战，俘虏了羌族居民一万三千户，任命乞伏审虔为河州刺史，镇守枹罕，大军回师。

2　二月丙子(初五)，东晋任命吴兴太守孔靖为尚书右仆射。

3　河南王乞伏乾归把都城迁到谭郊，命令平昌公乞伏炽磐镇守苑川。乞伏乾归在赤水袭击吐谷浑汗国的阿若干，收降了他。

4　夏，四月，刘道规以疾求归，许之。道规在荆州累年，秋毫无犯。及归，府库帷幕，俨然若旧。随身甲士二人迁席于舟中，道规刑之于市。

以后将军豫州刺史刘毅为卫将军、都督荆宁秦雍四州诸军事、荆州刺史。毅谓左卫将军刘敬宣曰："吾忝西任，欲屈卿为长史南蛮，岂有见辅意乎？"敬宣惧，以告太尉裕，裕笑曰："但令老兄平安，必无过虑。"

毅性刚愎，自谓建义之功与裕相埒，深自矜伐，虽权事推裕而心不服。及居方岳，常怏怏不得志。裕每柔而顺之，毅骄纵滋甚，尝云："恨不遇刘、项，与之争中原！"及败于桑落，知物情已去，弥复愤激。裕素不学，而毅颇涉文雅，故朝士有清望者多归之，与尚书仆射谢混，丹杨尹郗僧施，深相凭结。僧施，超之从子也。毅既据上流，阴有图裕之志，求兼督交、广二州，裕许之。毅又奏以郗僧施为南蛮校尉后军司马，毛脩之为南郡太守，裕亦许之，以刘穆之代僧施为丹杨尹。毅表求至京口辞墓，裕往会之于倪塘。宁远将军胡藩言于裕曰："公谓刘卫军终能为公下乎？"裕默然，久之，曰："卿谓何如？"藩曰："连百万之众，攻必取，战必克，毅以此服公。至于涉猎传记，一谈一咏，自许以为雄豪。以是缙绅白面之士辐凑归之。恐终不为公下，不如因会取之。"裕曰："吾与毅俱有克复之功，其过未彰，不可自相图也。"

4　夏季，四月，东晋荆州刺史刘道规因为身体有病请求解职回京，朝廷准许。刘道规在荆州任职几年，丝毫也没有侵占百姓的利益。到他回京的时候，政府仓库、住宅用具都和他刚来时一模一样。他的随从中有两个卫兵把一条草席带上船，刘道规也把他们拉到市井中斩首。

东晋朝廷任命后将军、豫州刺史刘毅为卫将军，都督荆、宁、秦、雍四州诸军事，荆州刺史。刘毅对左卫将军刘敬宣说："我荣幸地担当西方重任，打算委屈你为南蛮长史，你有没有帮我忙的意思？"刘敬宣很害怕，把这件事告诉了太尉刘裕，刘裕笑着说："我保证让你平安无事，一定没有值得忧虑的事。"

刘毅性格刚愎自用，自以为当年勤王举义的功劳与刘裕相等，心里深深为此骄矜自负，因此，虽然暂时拥戴听从刘裕，但是心里却并不服气。等到独当一面，当上一个地区的首脑之后，仍然经常郁闷不乐，觉得志向不得实现。刘裕每每对他容让顺从，这更加纵容滋长了他的狂傲，曾说："真遗憾没有遇到刘邦、项羽，跟他们争夺中原！"到了在桑落惨败之后，他知道自己的情势已去，更增加了他的烦恼和愤激。刘裕一向不读书，刘毅却相当地涉猎过一些文墨，有雅好，所以朝中有很多名望清高的有学识的人都与他往来密切。他与尚书仆射谢混、丹杨尹郗僧施关系最好，感情最深，互相结纳。郗僧施是郗超的侄儿。刘毅把持了长江上游一带的大权之后，暗地里有图谋刘裕的志向，便请求兼管交、广二州的军事，刘裕也答应了他。刘毅又奏请任命郗僧施为南蛮校尉后军司马，任命毛脩之为南郡太守，刘裕又答应了他，改派刘穆之代替郗僧施为丹杨尹。刘毅上表请求到京口去向祖先的坟墓辞行，刘裕前往倪塘与他相会。宁远将军胡藩对刘裕进言道："您说刘毅能永远地做您的部下吗？"刘裕沉默不语，很久，说："你认为应当怎么办？"胡藩说："统率百万大军，攻击一定得手，交战一定胜利，刘毅只对这佩服您。至于博览群书，谈吐吟咏，他却自认为是英雄豪杰。正因如此，高雅的士绅、白面的书生等才像车轮的辐条那样集中归附到他那里。我担心他终将不会甘心在您之下，不如趁这次会面的机会干脆除掉他。"刘裕说："我与刘毅都有使国家复兴的功劳，他的罪过还没有表露出来，不可自相残杀。"

5　乞伏炽磐攻南凉三河太守吴阴于白土，克之，以乞伏出累代之。

六月，乞伏公府弑河南王乾归，并杀其诸子十馀人，走保大夏。平昌公炽磐遣其弟广武将军智达、扬武将军木弈干帅骑三千讨之。以其弟昙达为镇京将军，镇谭郊，骁骑将军娄机镇苑川。炽磐帅文武及民二万馀户迁于枹罕。

秦人多劝秦王兴乘乱取炽磐，兴曰："伐人丧，非礼也。"夏王勃勃欲攻炽磐，军师中郎将王买德谏曰："炽磐，吾之与国，今遭丧乱，吾不能恤，又恃众力而伐之，匹夫犹且耻为，况万乘乎！"勃勃乃止。

6　闰月，庚子，南郡烈武公刘道规卒。

7　秋，七月己巳朔，魏主嗣东巡，置四厢大将、十二小将。以山阳侯斤、元城侯屈行左、右丞相。庚寅，嗣至濡源，巡西北诸部落。

8　乞伏智达等击破乞伏公府于大夏。公府奔叠兰城，就其弟阿柴。智达等攻拔之，斩阿柴父子五人。公府奔嵻崀南山，追获之，并其四子，轘之于谭郊。

八月，乞伏炽磐自称大将军、河南王，大赦，改元永康。葬乾归于枹罕，谥曰武元，庙号高祖。

9　皇后王氏崩。

10　庚戌，魏主嗣还平城。

11　九月，河南王炽磐以尚书令武始翟勍为相国，侍中、太子詹事赵景为御史大夫，罢尚书令、仆、尚书六卿、侍中等官。

5　乞伏炽磐在白土进攻南凉三河太守吴阴，击败了他，让乞伏出累代替吴阴镇守白土。

六月，西秦振威将军乞伏公府刺杀了河南王乞伏乾归，同时杀死了乞伏乾归的十几个儿子，逃到大夏据守。平昌公乞伏炽磐派他的弟弟广武将军乞伏智达、扬武将军乞伏木弈干统率三千骑兵前去讨伐。任命他的另一个弟弟乞伏昙达为镇东将军，镇守谭郊，任命骁骑将军乞伏娄机镇守苑川。乞伏炽磐统帅文武官员及两万多户百姓迁移到枹罕。

后秦国有很多人都劝后秦王姚兴乘西秦国内危亡动乱之机，消灭乞伏炽磐，姚兴说："趁别人丧乱之时，讨伐他，不合礼仪。"夏王刘勃勃打算进攻乞伏炽磐，军师中郎将王买德劝阻说："乞伏炽磐是我们的邻邦，现在遭受天丧人乱，我们不能去体恤帮助，反而依仗人多力大去讨伐他，这样的事，连普通的老百姓都觉得可耻而不去做，何况您是拥有万乘之尊的天王了！"刘勃勃这才停止。

6　闰六月庚子（初一），东晋南郡烈武公刘道规去世。

7　秋季，七月己巳朔（初一），北魏国主拓跋嗣向东巡视，设置了四厢大将、十二小将等官。任命山阳侯奚斤、元城侯拓跋屈担任左、右丞相。庚寅（二十二日），拓跋嗣抵达濡源，巡视西北的那些部落。

8　乞伏智达等人在大夏击败乞伏公府。乞伏公府逃奔叠兰城，投靠他的弟弟乞伏阿柴。乞伏智达等攻陷了那里，斩杀了乞伏阿柴他们父子五人。乞伏公府又逃到嵻崀以南的山区，被追上抓获，连同他的四个儿子一起，在谭郊城内车裂处死。

八月，乞伏炽磐自称为大将军、河南王，下令大赦，改年号为永康。把乞伏乾归安葬在枹罕，追谥他为武元王，庙号高祖。

9　东晋皇后王氏去世。

10　庚戌（十二日），北魏国主拓跋嗣回到平城。

11　九月，西秦河南王乞伏炽磐任命尚书令武始人翟勍为相国，任命侍中、太子詹事赵景为御史大夫，撤销了尚书令、仆、尚书六卿、侍中等官职。

12　癸酉，葬僖皇后于休平陵。

13　刘毅至江陵，多变易守宰，辄割豫州文武、江州兵力万馀人以自随。会毅疾笃，郗僧施等恐毅死，其党危，乃劝毅请从弟兖州刺史藩以自副，太尉裕伪许之。藩自广陵入朝，己卯，裕以诏书罪状毅，云与藩及谢混共谋不轨，收藩及混赐死。

初，混与刘毅款昵，混从兄澹常以为忧，渐与之疏。谓弟璞及从子瞻曰："益寿此性，终当破家。"澹，安之孙也。

庚辰，诏大赦，以前会稽内史司马休之为都督荆雍梁秦宁益六州诸军事、荆州刺史。北徐州刺史刘道怜为兖青二州刺史，镇京口。使豫州刺史诸葛长民监太尉留府事。裕疑长民难独任，乃加刘穆之建武将军，置佐吏，配给资力以防之。

壬午，裕帅诸军发建康，参军王镇恶请给百舸为前驱。丙申，至姑孰，以镇恶为振武将军，与龙骧将军蒯恩将百舸前发，裕戒之曰："若贼可击，击之。不可者，烧其船舰，留屯水际以待我。"于是镇恶昼夜兼行，扬声言刘兖州上。

冬，十月己未，镇恶至豫章口，去江陵城二十里，舍船步上。蒯恩军居前，镇恶次之。舸留一二人，对舸岸上立六七旗，旗下置鼓，语所留人："计我将至城，便鼓严，令若后有大军状。"又分遣人烧江津船舰。镇恶径前袭城，语前军士："有问者，但云刘兖州至。"津戍及民间皆晏然不疑。未至城五六里，逢毅要将朱显之欲出江津，问："刘兖州何在？"军士曰："在后。"

12　癸酉(初六),东晋把僖皇后王氏安葬在休平陵。

13　刘毅抵达江陵,对下属的守宰等地方官进行很大的变动、撤换,他曾抽调豫州原来的老文武僚属、江州的原部众一万多人跟随自己到荆州。正好赶上刘毅病重,郗僧施等人恐怕刘毅死掉,他们这一党处境危险,于是劝说刘毅请求朝廷派自己的堂弟兖州刺史刘藩做自己的副手,太尉刘裕假装答应了他。刘藩从广陵前往建康来朝见皇帝。己卯(十二日),刘裕用皇帝的名义下诏书,公布刘毅的罪状,指出他与刘藩以及谢混等人一起阴谋叛乱,抓住了刘藩和谢混,命令他们自杀。

当初,谢混与刘毅感情过于密切亲昵,谢混的堂兄谢澹常常为此担忧,逐渐与他疏远。他对弟弟谢璞和侄儿谢瞻说:"谢混这种性情,将来一定会家破人亡。"谢澹是谢安的孙子。

庚辰(十三日),东晋安帝下诏命令大赦。任命前会稽内史司马休之为都督荆、雍、梁、秦、宁、益六州诸军事,荆州刺史。任命北徐州刺史刘道怜为兖、青二州刺史,镇守京口。命豫州刺史诸葛长民监太尉留府事。刘裕担心诸葛长民很难单独胜任,于是加封刘穆之为建武将军,设置辅佐官员,配备军事力量,防备意外。

壬午(十五日),刘裕统率几支部队从建康出发,参军王镇恶请求交给他一百条船担任先锋。丙申(二十九日),抵达姑苏,任命王镇恶为振武将军,与龙骧将军蒯恩带领一百条船提前出发,刘裕告诫他们说:"如果敌人可以战胜,便进攻他们。如果不能取胜,便把他们的船舰烧毁,停留在水边等待我来。"于是王镇恶白天黑夜地加速前进,声言说是刘藩到来。

冬季,十月己未(二十二日),王镇恶抵达豫章口,离江陵城只有二十里,因此,他们下船,步行进军。蒯恩带兵走在前面,王镇恶紧跟着他。每条船上只留一两个人,停船的岸上立起六七面旗帜,旗下放置战鼓,告诉留下的人:"估计我们就要到江陵城时,你们便不停地擂起战鼓,做出后面好像还有大部队的样子。"又分别派人去火烧江津那里的船舰。王镇恶径直去突袭江陵城,告诉前面的军士:"如果有人问,就说刘藩到了。"渡口卫兵和当地百姓都安下心来,毫不怀疑。离城还有五六里远时,正好碰上刘毅手下的重要将领朱显之准备去江津,问道:"刘藩在哪里?"军士们说:"在后面。"

显之至军后不见藩，而见军人担彭排战具，望江津船舰已被烧，鼓严之声甚盛，知非藩上，便跃马驰去告毅，行令闭诸城门。镇恶亦驰进，门未及下关，军人因得入城。卫军长史谢纯入参承毅，出闻兵至，左右欲引车归。纯叱之曰："我，人吏也，逃将安之！"驰还入府。纯，安兄据之孙也。镇恶与城内兵斗，且攻其金城，自食时至中晡，城内人败散。镇恶穴其金城而入，遣人以诏及赦文并裕手书示毅，毅皆烧不视，与司马毛脩之等督士卒力战。城内人犹未信裕自来，军士从毅自东来者，与台军多中表亲戚，且斗且语，知裕自来，人情离骇。逮夜，听事前兵皆散，斩毅勇将赵蔡，毅左右兵犹闭东西阁拒战。镇恶虑暗中自相伤犯，乃引军出围金城，开其南面。毅虑南有伏兵，夜半，帅左右三百许人开北门突出。毛脩之谓谢纯曰："君但随仆去。"纯不从，为人所杀。

毅夜投牛牧佛寺。初，桓蔚之败也，走投牛牧寺僧昌，昌保藏之，毅杀昌。至是，寺僧拒之曰："昔亡师容桓蔚，为刘卫军所杀，今实不敢容异人。"毅叹曰："为法自弊，一至于此！"遂缢而死。明日，居人以告，乃斩首于市，并子侄皆伏诛。毅兄模奔襄阳，鲁宗之斩送之。

朱显之到了部队的后面也没有看到刘藩，却看见军士扛着盾牌、旁排等作战工具，又看见江津的船舰已经火起被烧，江边擂鼓的声音又很大，恍然大悟不是刘藩到来，便跳上马背，飞马回城向刘毅报告，下令赶快关闭各个城门。王镇恶也跟着跑进城去，城门还没来得及关闭，军队所以得以进入江陵城。卫军长史谢纯进府去拜见刘毅，出来的时候，听说军队杀到，左右侍从打算拉着他的车回去。谢纯呵斥他们说："我是人家的下属，逃能逃到哪里去！"于是驰回刘毅府中。谢纯是谢安的哥哥、谢据的孙子。王镇恶与城内的士兵展开激战，一面又进攻江陵的牙城，从中午直到傍晚，城内的守军终于败退溃散。王镇恶从牙城挖一个洞，冲了进去，派人把皇帝的诏书和赦免他的文件以及刘裕写给他的亲笔信交给刘毅，刘毅看也不看，便全部烧掉了。他与司马毛脩之等人督促士卒拼力死战。城内的人还不相信刘裕亲自到来，可是军队中那些跟着刘毅从东方来的士兵，与朝廷来的兵有一些是表亲的关系，他们一边交战一边对话，知道的确是刘裕亲自来了，人心为此震骇离乱。到了夜晚，刘毅办公的府前卫兵全部逃散，并杀掉了刘毅手下的勇将赵蔡，刘毅身边的侍卫还关紧东西大门顽强抗拒。王镇恶担心黑暗之中，自己的士兵彼此误伤，于是又把部众带出围困牙城，并把南面打开一个出口。刘毅害怕南面有埋伏的官兵，半夜的时候，率领三百个左右的侍卫，打开北门突围出去。毛脩之对谢纯说："你只管跟我去。"谢纯不同意，被别人杀掉了。

刘毅连夜投奔牛牧佛寺。当初，桓蔚失败的时候，便跑到这里投奔牛牧寺的僧人昌。昌把桓蔚藏了起来保护他，刘毅则杀了昌。到这时，寺里的僧人们拒绝了他，说："过去我们亡故的师傅昌容留桓蔚被你杀死，现在实在再不敢容留他人了。"刘毅哀叹说："自己制定法律规章断绝自己的活路，竟然到了这种程度！"于是，他自己上吊而死。第二天，当地居民报告，王镇恶便将他的尸体拖到市中，砍下脑袋，他的儿子、侄子等也都一起被杀。刘毅的哥哥刘模逃奔到襄阳，雍州刺史鲁宗之斩了他，并把人头送到建康。

初，毅季父镇之闲居京口，不应辟召，常谓毅及藩曰："汝辈才器，足以得志，但恐不久耳。我不就尔求财位，亦不同尔受罪累。"每见毅、藩导从到门，辄诟之。毅甚敬畏，未至宅数百步，悉屏仪卫，与白衣数人俱进。及毅死，太尉裕奏征镇之为散骑常侍、光禄大夫，固辞不至。

14　仇池公杨盛叛秦，侵扰祁山。秦王兴遣建威将军赵琨为前锋，立节将军姚伯寿继之，前将军姚恢出鹫峡，秦州刺史姚嵩出羊头峡，右卫将军胡翼度出汧城，以讨盛。兴自雍赴之，与诸将会于陇口。

天水太守王松忽言于嵩曰："先帝神略无方，徐洛生以英武佐命，再入仇池，无功而还；非杨氏智勇能全也，直地势险固耳。今以赵琨之众，使君之威，准之先朝，实未见成功。使君具悉形便，何不表闻！"嵩不从。盛帅众与琨相持，伯寿畏懦不进，琨众寡不敌，为盛所败。兴斩伯寿而还。

兴以杨佛嵩为雍州刺史，帅岭北见兵以击夏。行数日，兴谓群臣曰："佛嵩每见敌，勇不自制，吾常节其兵不过五千人。今所将既多，遇敌必败，行已远，追之无及，将若之何？"佛嵩与夏王勃勃战，果败，为勃勃所执，绝亢而死。

15　秦立昭仪齐氏为后。

当初，刘毅的叔父刘镇之在京口闲居，不应朝廷的征召，常常对刘毅和刘藩说："凭你们的才能天赋，足可以实现自己的志向，干一番大事业，但是恐怕不会得势太长时间。我不依靠你们谋求钱财和地位，也不和你们一起受到罪行的连累。"他每次看见刘毅、刘藩领着部下路过家门，都出去辱骂他们。刘毅对他非常尊敬害怕，回家时，在没到家宅的几百步远的地方，便把仪仗卫兵等全部屏退，只和几个穿着平民衣服的人一起进屋。等到刘毅死后，太尉刘裕奏请征召刘镇之为散骑常侍、光禄大夫，刘镇之仍然坚决推辞，不来上任。

14　被后秦封为仇池公的氐王杨盛，背叛后秦，侵犯骚扰祁山。后秦国王姚兴派遣建威将军赵琨率领先头部队，派立节将军姚伯寿率领后援部队，派前将军姚恢穿过鹫峡，派秦州刺史姚嵩穿过羊头峡，派右卫将军胡翼度取道汧城，同时讨伐杨盛。姚兴从雍城带兵前去，与那些将领在陇口会合。

天水太守王松忽向姚嵩进言道："先帝奇谋神智，变化莫测，徐洛生又以自己的英才勇武辅佐王命，就是那样的条件，第二次进攻仇池的时候，也免不了没有任何收获，空手而回。这不是因为杨氏的智谋勇力能够保全自己，只不过是那里的地势艰险牢固罢了。现在依靠赵琨等人的大军，依靠您的威信名望，和先帝的朝代相比，实在也不见得能够成功。您全盘了解这样的形势，为什么不报告皇上呢！"姚嵩没有听从。杨盛统率部众与赵琨对抗，双方僵持不下，姚伯寿畏惧怯懦，不进兵增援，赵琨力量单薄，难以抵敌，被杨盛打败。姚兴斩了姚伯寿之后，回军。

姚兴任命杨佛嵩为雍州刺史，统率岭北现有的军队进击夏国。军队走了几天，姚兴对大臣们说："杨佛嵩每当看见敌人，便奋勇向前，无法自己克制，我常常限制他的军队不让它超过五千人。这次他所统领的兵力已经太多了，遇到敌人便一定要失败，但是他们已经走远，追也追不上了，怎么办好呢？"杨佛嵩与夏王刘勃勃交战，果然失败，被刘勃勃抓获，扼住喉咙掐死。

15　后秦册立昭仪齐氏为王后。

16 沮渠蒙逊迁于姑臧。

17 十一月己卯，太尉裕至江陵，杀郗僧施。初，毛修之虽为刘毅僚佐，素自结于裕，故裕特宥之。赐王镇恶爵汉寿子。裕问毅府谘议参军申永曰："今日何施而可？"永曰："除其宿衅，倍其惠泽，贯叙门次，显擢才能，如此而已。"裕纳之，下书宽租省调，节役原刑，礼辟名士，荆人悦之。

18 诸葛长民骄纵贪侈，所为多不法，为百姓患，常惧太尉裕按之。及刘毅被诛，长民谓所亲曰："'昔年醢彭越，今年杀韩信。'祸其至矣！"乃屏人问刘穆之曰："悠悠之言，皆云太尉与我不平，何以至此？"穆之曰："公溯流远征，以老母稚子委节下。若一豪不尽，岂容如此邪？"长民意乃小安。

长民弟辅国大将军黎民说长民曰："刘氏之亡，亦诸葛氏之惧也，宜因裕未还而图之。"长民犹豫未发，既而叹曰："贫贱常思富贵，富贵必履危机。今日欲为丹徒布衣，岂可得邪！"因遗冀州刺史刘敬宣书曰："盘龙狠戾专恣，自取夷灭。异端将尽，世路方夷，富贵之事，相与共之。"敬宣报曰："下官自义熙以来，忝三州、七郡，常惧福过灾生，思避盈居损。富贵之旨，非所敢当。"且使以书呈裕，裕曰："阿寿故为不负我也。"

16　北凉沮渠蒙逊把都城迁到姑臧。

17　十一月己卯(十三日)，东晋太尉刘裕抵达江陵，杀死郗僧施。当初，毛脩之虽然是刘毅的幕僚属下，但却一向暗自与刘裕结交，所以刘裕特别宽宥了他。朝廷赐给王镇恶以汉寿子爵。刘裕问刘毅府的谘议参军申永说："现在应当怎么做才合适？"申永说："消除那些以往的隔阂，加倍向百姓官员施加恩惠，重新严格按照门第来加封官职，公开地擢升有才能的人，不过这样罢了。"刘裕采纳了他的建议，下令减少赋税役差，放宽刑罚，以礼相聘有名望的人士，荆州的百姓非常拥护他。

18　东晋豫州刺史诸葛长民骄横放纵，贪婪奢侈，干的事大多都不合法度，成了百姓的一大祸患，他也常常担心太尉刘裕按查处罚他。到了刘毅被杀，诸葛长民便对他所亲近的人说："'前年杀彭越，今年杀韩信。'我的大祸就要来了！"于是，他把别人屏退，问刘穆之说："大家纷纷传言，都说太尉对我非常不满，这是什么原因？"刘穆之说："刘公逆流而上，远征刘毅，把老母和幼子全都交给您照顾。如果有一点点的不信任，哪里能这样呢？"诸葛长民的心里才稍稍安定一些。

诸葛长民的弟弟、辅国大将军诸葛黎民劝说诸葛长民道："刘毅的死，也就是诸葛氏感到恐惧的事，应该趁着刘裕还没有回来抢先动手。"诸葛长民犹豫不决，没有行动，过后叹息说："贫贱的时候常常想着富贵，富贵之后又一定会有危险。现在要想当一个丹徒的老百姓，怎么能行呢！"于是，给冀州刺史刘敬宣写信道："刘毅狠毒暴戾，专横任性，自己找的灭亡。现在，有叛乱之心的人已经要被剿灭，天下就要太平，如果有富贵的事情的话，希望我们一同享受。"刘敬宣回信说："下官我从义熙初年以来，荣幸地当过三个州的州长、七个郡的郡长，常常害怕福分就要过去，灾祸就要降在头上，因此只想回避太满的好处，宁可吃亏受损。您所说的富贵的意思，我实在不敢承当。"而且又把信送给刘裕，刘裕说："刘敬宣理所应当不辜负我。"

刘穆之忧长民为变，屏人问太尉行参军东海何承天曰：“公今行济否？”承天曰：“荆州不忧不时判，别有一虑耳。公昔年自左里还入石头，甚脱尔。今还，宜加重慎。”穆之曰：“非君，不闻此言。”

裕在江陵，辅国将军王诞白裕求先下，裕曰：“诸葛长民似有自疑心，卿讵宜便去！”诞曰：“长民知我蒙公垂盼，今轻身单下，必当以为无虞，乃可以少安其意耳。”裕笑曰：“卿勇过贲、育矣。”乃听先还。

19　沮渠蒙逊即河西王位，大赦，改元玄始，置官僚如凉王光为三河王故事。

20　太尉裕谋伐蜀，择元帅而难其人。以西阳太守朱龄石既有武干，又练吏职，欲用之。众皆以为龄石资名尚轻，难当重任，裕不从。十二月，以龄石为益州刺史，帅宁朔将军臧熹、河间太守蒯恩、下邳太守刘钟等伐蜀，分大军之半二万人以配之。熹，裕之妻弟，位居龄石之右，亦隶焉。

裕与龄石密谋进取，曰：“刘敬宣往年出黄虎，无功而退。贼谓我今应从外水往，而料我当出其不意犹从内水来也。如此，必以重兵守涪城以备内道。若向黄虎，正堕其计。今以大众自外水取成都，疑兵出内水，此制敌之奇也。”而虑此声先驰，贼审虚实，别有函书封付龄石，署函边曰：“至白帝乃开。”诸军虽进，未知处分所由。

刘穆之担心诸葛长民制造叛乱，屏退别人问太尉行参军、东海人何承天说："刘公这次能不能成功？"何承天说："荆州不担心不马上被平定，不过有另外一个值得忧虑的事。刘公过去在左里大胜之后回到石头，非常轻松愉快。但这次回来，应该加倍谨慎。"刘穆之说："不是你，听不到这样的忠告。"

刘裕在江陵，辅国将军王诞向刘裕表示，请求先行东还，刘裕说："诸葛长民好像自己非常担心，你怎么敢轻易地就走！"王诞说："诸葛长民知道我一向承蒙您的垂爱照顾，我现在轻装简从，单身而回，他就一定会觉得没有危险，这样也可以稍稍安定一下他的心意。"刘裕笑着说："你的勇气超过孟贲、夏育了。"于是就听凭他先回去。

19　沮渠蒙逊登上河西王的位子，下令大赦，改年号为玄始，设置的官员，就像凉王吕光为三河王时设置的官员一样。

20　东晋太尉刘裕计划讨伐蜀国，选择元帅的时候，觉得很难找到合适的人选。他认为西阳太守朱龄石既有武勇，又熟悉胜任官吏的职责，打算任用他。大家却都认为朱龄石的资历名望还轻，难以承当重任，刘裕不听从。十二月，任命朱龄石为益州刺史，统率宁朔将军臧熹、河间太守蒯恩、下邳太守刘钟等人前去讨伐蜀国，并把自己大军的一半共两万人给他指挥。臧熹是刘裕的内弟，职位也比朱龄石高，但也接受朱龄石的领导。

刘裕与朱龄石密谋进攻取胜的办法，说："刘敬宣以前进军到黄虎，没建立什么功业便退回来了。所以，敌兵以为我们这次应当从外水出发，测料我们出其不意仍然还从内水进兵。这样，他们一定会用重兵把守涪城，封锁内水。如果我们进军黄虎，正中他们的计策。现在，我们以大部队经过外水直取成都，另派一支迷惑敌人的军队佯攻内水，这是克敌制胜的奇计。"他担心这种计划事先传扬出去，敌人摸清了自己的虚实动静，便另外写了一封信装在盒子里，交给朱龄石，在盒子边上写："到白帝城再打开。"这几路大军虽然开始行动，但却不知道究竟是如何安排、计划的。

毛脩之固请行。裕恐修之至蜀，必多所诛杀，土人与毛氏有嫌，亦当以死自固，不许。

21 分荆州十郡置湘州。

22 加太尉裕太傅、扬州牧。

23 丁巳，魏主嗣北巡，至长城而还。

九年(癸丑,413)

1 春，二月庚戌，魏主嗣如高柳川。甲寅，还宫。

2 太尉裕自江陵东还，骆驿遣辎重兼行而下，前刻至日，每淹留不进。诸葛长民与公卿频日奉候于新亭，辄差其期。乙丑晦，裕轻舟径进，潜入东府。三月丙寅朔旦，长民闻之，惊趋至门。裕伏壮士丁旿于幔中，引长民却入间语，凡平生所不尽者皆及之。长民甚悦。丁旿自幔后出，于座拉杀之，舆尸付廷尉。收其弟黎民，黎民素骁勇，格斗而死。并杀其季弟大司马参军幼民、从弟宁朔将军秀之。

3 庚午，秦王兴遣使至魏修好。

4 太尉裕上表曰："大司马温以'民无定本，伤治为深'，《庚戌》土断以一其业，于时财阜国丰，实由于此。自兹迄今，渐用颓弛，请申前制。"于是依界土断，唯徐、兖、青三州居晋陵者，不在断例。诸流寓郡县多所并省。

毛脩之坚决要求随大军出发。刘裕恐怕毛脩之到蜀地后大肆屠杀，而当地人因为与毛脩之有宿怨，也可能拼死坚守抵抗，所以，没有答应他的请求。

21　东晋把荆州的十个郡分出来，设立湘州。

22　东晋朝廷加授太尉刘裕为太傅、扬州牧。

23　丁巳（二十一日），北魏国主拓跋嗣巡视北方，到达长城后返回。

晋安帝义熙九年（癸丑，公元413年）

1　春季，二月庚戌（十五日），北魏国主拓跋嗣前往高柳川。甲寅（十九日），回宫。

2　东晋太尉刘裕从江陵东下返回建康，陆续把军用物资尽快地运送回去，但按照预定的日期来看，常常滞留，不能按期进发。诸葛长民与公卿们每天都到新亭去等候，每每错过日期。乙丑（三十日）夜，刘裕乘快速小艇迅速前进，暗中回到了东府。三月丙寅朔（初一）凌晨，诸葛长民才得到消息，大吃一惊，急往晋见。刘裕命武士丁旿埋伏在幔中，然后迎接诸葛长民入内，把别人屏退，单独谈话，把凡是一生以来谈不透的话全部谈到了。诸葛长民非常高兴。却不料丁旿从帷幔后跳出来，在座位上绞死他，刘裕命令用车子把他的尸体拉到廷尉去判罪。又去抓他的弟弟诸葛黎民，诸葛黎民一向非常骁勇，拒捕格斗，被杀死。又杀了他的小弟弟大司马参军诸葛幼民、堂弟宁朔将军诸葛秀之。

3　庚午（初五），后秦王姚兴派遣使节前往北魏建立友好关系。

4　东晋国太尉刘裕呈上奏表说："从前，大司马桓温因为'民众没有固定的根基，对国家的治理危害极大'，所以，颁布'庚戌'诏书，规定按照现在的住所，确定流亡居民的籍贯，让他们安居乐业，当时财富的逐渐积累、国家的充实强盛，实在是由于这个缘故。从那个时候到现在，对这种规定的使用逐渐放松，因此，请求重新强调以前的这项政策。"于是按照现在居民的住所重新确定籍贯，只有徐、兖、青这三个州居住在晋陵的人，不在这个限制之内。那些寄居在别郡之上的郡县，有很多不是被合并，就是被撤销。

戊寅，加裕豫州刺史。裕固让太傅、州牧。

5　林邑范胡达寇九真，杜慧度击斩之。

6　河南王炽磐遣镇东将军昙达、平东将军王松寿将兵东击休官权小郎、吕破胡于白石川，大破之，虏其男女万馀口，进据白石城。显亲休官权小成、吕奴迦等二万馀户据白阬不服，昙达攻斩之，陇右休官悉降。秦太尉索稜以陇西降炽磐，炽磐以稜为太傅。

7　夏王勃勃大赦，改元凤翔。以叱干阿利领将作大匠，发岭北夷、夏十万人筑都城于朔方水北、黑水之南。勃勃曰："朕方统一天下，君临万邦，宜名新城曰统万。"阿利性巧而残忍，蒸土筑城，锥入一寸，即杀作者而并筑之。勃勃以为忠，委任之。凡造兵器成，呈之，工人必有死者：射甲不入则斩弓人，入则斩甲匠。又铸铜为一大鼓，飞廉、翁仲、铜驼、龙虎之属，饰以黄金，列于宫殿之前。凡杀工匠数千，由是器物皆精利。

勃勃自谓其祖从母姓为刘，非礼也。古人氏族无常，乃改姓赫连氏，言帝王系天为子，其徽赫与天连也。其非正统者，皆以铁伐为氏，言其刚锐如铁，皆堪伐人也。

8　夏，四月乙卯，魏主嗣西巡，命郑兵将军奚斤、鸿飞将军尉古真、都将闾大肥等击越勤部于跋那山。大肥，柔然人也。

戊寅(十三日),东晋加任刘裕为豫州刺史。刘裕坚决辞让太傅、州牧等职。

5　林邑国范胡达进犯东晋九真郡,杜慧度回击并把他杀了。

6　河南王乞伏炽磐派遣镇东将军乞伏昙达、平东将军王松寿带领部队进攻东部休官部落首领权小郎、吕破胡所据守的白石川,并把他们打得大败,俘虏当地的百姓一万多口,进占白石城。但另一显亲休官部落首领权小成、吕奴迦等共两万多户人占据白阬,不服。乞伏昙达攻克了那里,把他们杀了,陇右的休官部落全部投降。后秦太尉索稜献出他所据守的陇西向乞伏炽磐投降,乞伏炽磐任命索稜为太傅。

7　夏王刘勃勃下令实行大赦,改年号为凤翔。任命叱干阿利兼任将作大匠,征发岭北夷人、汉人共十万多人在朔方水以北、黑水以南的地方建筑都城。刘勃勃说:“我正要统一天下,以君王的地位统辖所有地区,因此,新城的名字应该叫‘统万’。”叱干阿利性情乖巧伶俐,但却凶暴残忍,他用蒸过的土修筑城墙,验收时铁锥如果能插入一寸深,他就要把泥工杀掉并把他的尸首筑进城中。刘勃勃认为他非常忠诚,便把筑城的事全部交给了他。凡是把兵器造成,呈送给他过目的时候,做工的人当中就一定会有人被杀死:弓箭射不透铠甲,那么就杀掉作弓的人;如果射透了,就要杀死作铠甲的工匠。他又用铜铸成一面大鼓,把“飞廉”“翁仲”“铜驼”“龙”“虎”等塑像,面上装饰黄金,排列在宫殿之前。前后大约杀掉了几千名工匠,因此,新城和宫殿的武器什物等都打磨得非常锋利和精良。

刘勃勃自己说他的祖先沿用母姓刘,不合礼法。鉴于古人用姓氏也没有常规,于是自己改姓“赫连”,意思是说帝王是天的儿子,他的伟大光耀与天相连。那些不是直系亲属的旁支后裔,都用“铁伐”为姓,意思是说他们刚强锐利如铁,都可以镇伐别人。

8　夏季,四月乙卯(二十一日),北魏国主拓跋嗣向西巡视,下令郑兵将军奚斤、鸿飞将军尉古真、都将闾大肥等进军跋那山,袭击越勤部落。闾大肥是柔然人。

9　河南王炽磐遣安北将军乌地延、冠军将军翟绍击吐谷浑别统句旁于泾勒川，大破之。

10　河西王蒙逊立子政德为世子，加镇卫大将军、录尚书事。

11　南凉王傉檀伐河西王蒙逊，蒙逊败之于若厚坞，又败之于若凉。因进围乐都，二旬不克。南凉湟河太守文支以郡降于蒙逊，蒙逊以文支为广武太守。蒙逊复伐南凉，傉檀以太尉俱延为质，乃还。

蒙逊西如苕藋，遣冠军将军伏恩将骑一万袭卑和、乌啼二部，大破之，俘二千馀落而还。

蒙逊寝于新台，阉人王怀祖击蒙逊伤足，其妻孟氏禽斩之。

蒙逊母车氏卒。

12　五月乙亥，魏主嗣如云中旧宫。丙子，大赦，西河胡张外等聚众为盗。乙卯，嗣遣会稽公长乐刘絜等屯西河招讨之。六月，嗣如五原。

13　朱龄石等至白帝发函书，曰："众军悉从外水取成都，臧熹从中水取广汉，老弱乘高舰十馀，从内水向黄虎。"于是诸军倍道兼行。谯纵果命谯道福将重兵镇涪城，以备内水。

龄石至平模，去成都二百里。纵遣秦州刺史侯晖、尚书仆射谯诜帅众万馀屯平模，夹岸筑城以拒之。龄石谓刘钟曰："今天时盛热，而贼严兵固险，攻之未必可拔，只增疲困。且欲养锐息兵以伺其隙，何如？"钟曰："不然。前扬声言大众向内水，谯道福不敢舍涪城。今重军猝至，出其不意，侯晖之徒已破胆矣。贼阻兵守险者，是其惧不敢战也。

9　河南王乞伏炽磐派遣安北将军乌地延、冠军将军翟绍进攻吐谷浑所属的远方部落首领句旁所据守的泾勒川，并把他打得大败。

10　北凉河西王沮渠蒙逊册立儿子沮渠政德为世子，加封为镇卫大将军、录尚书事。

11　南凉王秃发傉檀讨伐河西王沮渠蒙逊，沮渠蒙逊在若厚坞把他们打败，又在若凉再一次击败他。于是，沮渠蒙逊进军围困秃发傉檀的都城乐都，过了二十天也没有攻破。南凉湟河太守秃发文支献出湟河郡，向沮渠蒙逊投降。沮渠蒙逊任命秃发文支为广武太守。沮渠蒙逊再一次讨伐南凉，秃发傉檀把太尉秃发俱延交给他作为人质，他才撤军。

沮渠蒙逊向西巡视，前往苕藋，派遣冠军将军伏恩带领一万骑兵进攻卑和、乌啼两个部落，并把他们击败，俘虏了两千多帐落的百姓回来。

沮渠蒙逊在新台皇宫就寝，宦官王怀祖突然向他袭击，但却只伤到了他的脚，沮渠蒙逊的妻子孟氏把王怀祖活捉然后杀了。

沮渠蒙逊的母亲车氏去世。

12　五月乙亥（十一日），北魏国主拓跋嗣前往云中的旧日宫殿。丙子（十二日），实行大赦，西河的胡人张外等人招集部众，成了强盗。乙卯，拓跋嗣派遣会稽公、长乐人刘絜等带兵集结在西河，招降或者讨伐他们。六日，拓跋嗣前往五原。

13　东晋朱龄石等人带兵抵达白帝，打开盒中刘裕写的书信，上面说："大部队全部从外水进攻成都，臧熹从中水进攻广汉，老弱残兵乘坐高大的战舰十几条，从内水向黄虎进发。"于是，几路大军火速向目标进发。谯纵果然命令谯道福带领主力部队镇守涪城，用来防备从内水进攻的敌人。

朱龄石抵达平模，距离成都还有二百里。谯纵派遣秦州刺史侯晖、尚书仆射谯诜率领一万多部众屯扎在平模，在江水两岸筑起城墙，抗拒敌兵。朱龄石对刘钟说："现在正赶上天气太热，但是敌兵又防守严密、地势险固，进攻他们也不一定能够攻克，只是白白地增加士兵的疲劳困顿。我想暂时停止进攻，养精蓄锐，等待机会，怎么样？"刘钟说："不行。开始的时候我们扬言大部队从内河进攻，谯道福所以才不敢放弃涪城。现在大军到了这里，出乎敌人的意料之外，侯晖这帮家伙已经吓破了胆。贼兵之所以挡住去路、坚守险要，是因为他们害怕，不敢迎战。

因其凶惧，尽锐攻之，其势必克。克平模之后，自可鼓行而进，成都必不能守矣。若缓兵相守，彼将知人虚实。涪军忽来，并力拒我，人情既安，良将又集，此求战不获，军食无资，二万馀人悉为蜀子虏矣。”龄石从之。

诸将以水北城地险兵多，欲先攻其南城，龄石曰：“今屠南城，不足以破北，若尽锐以拔北城，则南城不麾自散矣。”秋，七月，龄石帅诸军急攻北城，克之，斩侯晖、谯诜。引兵回趣南城，南城自溃。龄石舍船步进。谯纵大将谯抚之屯牛脾，谯小苟塞打鼻。臧熹击抚之，斩之，小苟闻之，亦溃。于是纵诸营屯望风相次奔溃。

戊辰，纵弃成都出走，尚书令马耽封府库以待晋师。壬申，龄石入成都，诛纵同祖之亲，馀皆按堵，使复其业。纵出成都，先辞墓，其女曰：“走必不免，只取辱焉。等死，死于先人之墓可也。”纵不从。谯道福闻平模不守，自涪引兵入赴，纵往投之。道福见纵，怒曰：“大丈夫有如此功业而弃之，将安归乎！人谁不死，何怯之甚也！”因投纵以剑，中其马鞍。纵乃去，自缢死，巴西人王志斩其首以送龄石。道福谓其众曰：“蜀之存亡，实系于我，不在谯王。今我在，犹足一战。”众皆许诺。道福尽散金帛以赐众，众受之而走。道福逃于獠中，巴民杜瑾执送之，斩于军门。

正应趁他们非常害怕，调动全部的精锐部队进攻他们，我们一定会胜利。攻克平模之后，自然可以擂动战鼓，勇往直前，成都也便一定不能坚守了。如果把进攻放缓，相持不下，他们就会了解到我们的虚实。涪城的守军再忽然到来，把兵力合在一起，抵抗我们，他们的人心也已经安定，良将也集结过来，这样，我们希望对战又没有办法把敌人引出来，军中粮食又无法供应，那么，我们的两万多人就要全部成为蜀人的俘虏了。"朱龄石听从了他的劝告。

各位将领认为江北的城垣地势险要，守兵众多，所以打算先进攻江南的城池工事，朱龄石说："现在，我们即使屠灭了南城，也没有办法攻克北城，如果集中精锐攻克北城，那么南城便不用挥旗进攻也会自动溃散的。"秋季，七月，朱龄石统率几支部队向北城发动猛烈进攻，终于攻克，斩杀了侯晖、谯诜。带兵回师进攻南城，南城自动溃败。朱龄石把船遗留在江中，上岸步行向成都进发。谯纵的大将谯抚之在牛脾屯聚兵力，谯小苟驻防打鼻。臧熹进攻谯抚之，把他杀了。谯小苟听说这个消息，也全军崩溃。于是谯纵手下的那些军营卫所，一听见东晋部队到来的消息，便都一个接一个地崩溃瓦解。

戊辰（初五），谯纵放弃成都出逃，尚书令马耽把府库封存起来等待东晋军队。壬申（初九），朱龄石进入成都，诛杀了谯纵同族的亲属，其馀的人都安居如常，让他们恢复正常的生产经营。谯纵逃出成都，先去辞别祖先陵墓，他女儿说："逃跑也一定不能逃脱，只是取得更多的侮辱。同样是死，可以死在祖先的墓旁。"谯纵不听。谯道福听说平模失守，从涪城带兵赶来救援，谯纵前去投奔他。谯道福看见谯纵，大怒说："大丈夫有这样伟大的功名事业却把它丢弃了，你要到哪里去！一个人谁能不死，怎么怕成这个样子！"于是把佩剑狠狠地向谯纵掷去，只砍中了他的马鞍。谯纵只好离去，自己上吊而死，巴西人王志把他的脑袋砍下来送给朱龄石。谯道福对他的部众们说："蜀国的生存和灭亡，其实是维系在我的身上，不在谯王的身上。现在我还活着，因此，还足以进行一次决战。"部下都说是。谯道福把金银财宝全部分发给手下的人，众人接过东西却都逃走了。谯道福无奈，逃到獠人部落之中，巴地居民杜瑾把他抓住，送交东晋军，就在军营门前斩首。

龄石徙马耽于越嶲，耽谓其徒曰："朱侯不送我京师，欲灭口也，吾必不免。"乃盥洗而卧，引绳而死。须臾，龄石使至，戮其尸。诏以龄石进监梁、秦州六郡诸军事，赐爵丰城县侯。

14 魏奚斤等破越勤于跋那山西，徙二万馀家于大宁。

15 河西胡曹龙等拥部众二万人来入蒲子，张外降之，推龙为大单于。

16 丙戌，魏主嗣如定襄大洛城。

17 河南王炽磐击吐谷浑支旁于长柳川，虏旁及其民五千馀户而还。

18 八月癸卯，魏主嗣还平城。

19 曹龙请降于魏，执送张外，斩之。

20 丁丑，魏主嗣如豺山宫。癸未，还。

21 九月，再命太尉裕为太傅、扬州牧。固辞。

22 河南王炽磐击吐谷浑别统掘逵于渴浑川，大破之，虏男女二万三千。冬，十月，掘逵帅其馀众降于炽磐。

23 吐京胡与离石胡出以眷叛魏，魏主嗣命元城侯屈督会稽公刘絜、永安侯魏勤以讨之。丁巳，出以眷引夏兵邀击絜，禽之以献于夏。勤战死。嗣以屈亡二将，欲诛之。既而赦之，使摄并州刺史。屈到州，纵酒废事，嗣积其前后罪恶，槛车征还，斩之。

24 十一月，魏主嗣遣使请昏于秦，秦王兴许之。

朱龄石把马耽放逐到越嶲，马耽对他的部下说："朱龄石不把我送往京师，是打算杀我灭口，我必定难逃一死。"于是，沐浴之后，躺在床上，自缢而死。不一会儿，朱龄石的使差便到了，戳尸羞辱了马耽。东晋下诏朱龄石升任监梁、秦州六郡诸军事，赐爵位为丰城县侯。

14　北魏奚斤等人在跋那山以西的地区打败越勤部落，把当地居民两万多家迁移到大宁。

15　河西的胡人曹龙等人带领部众两万多人前来进犯蒲子，西河胡人张外向他投降，推举曹龙为大单于。

16　丙戌(二十三日)，北魏国主拓跋嗣前往定襄郡大洛城。

17　河南王乞伏炽磐在长柳川进攻吐谷浑的支旁部落，把支旁和他的部众五千多户俘虏，然后回师。

18　八月癸卯(十一日)，北魏国主拓跋嗣回到平城。

19　曹龙向北魏请求投降，把张外抓住，送往北魏。北魏杀掉张外。

20　丁丑，北魏国主拓跋嗣前往豺山宫。癸未，回平城。

21　九月，东晋再次任命太尉刘裕为太傅、扬州牧。刘裕坚决推辞。

22　河南王乞伏炽磐进军渴浑川袭击吐谷浑的属下、遥远的掘逵部落，并把那里攻破，俘虏了当地男女百姓两万三千人。冬季，十月，掘逵率领他剩下的部众向乞伏炽磐投降。

23　吐京胡人与离石胡人的首领出以眷背叛北魏，北魏国主拓跋嗣命令元城侯拓跋屈督率会稽公刘絜、永安侯魏勤带兵前去讨伐。丁巳(二十六日)，出以眷带领夏国军队拦腰阻击刘絜，并把刘絜活捉献给夏国。魏勤战死。拓跋嗣因为拓跋屈损失了两员大将，打算杀了他。不久又把他赦免了，让他暂时代理并州刺史。拓跋屈来到并州治所，天天酗酒，荒废政事，拓跋嗣把他前前后后的罪恶积累到一起，用囚车将他押解回京，斩首。

24　十一月，北魏国主拓跋嗣派遣使节到后秦去求亲，后秦王姚兴答应了。

25　是岁，以敦煌索邈为梁州刺史，苻宣乃还仇池。初，邈寓居汉川，与别驾姜显有隙，凡十五年而邈镇汉川。显乃肉袒迎候，邈无愠色，待之弥厚。退而谓人曰："我昔寓此，失志多年，若雠姜显，惧者不少。但服之自佳，何必逞志！"于是阖境闻之皆悦。

十年(甲寅,414)

1　春，正月辛酉，魏大赦，改元神瑞。

辛巳，魏主嗣如繁畤。二月戊戌，还平城。

2　夏王勃勃侵魏河东蒲子。

3　庚戌，魏主嗣如豺山宫。

4　魏并州刺史娄伏连袭杀夏所置吐京护军及其守兵。

5　司马休之在江陵，颇得江、汉民心。子谯王文思在建康，性凶暴，好通轻侠。太尉裕恶之。三月，有司奏文思擅捶杀国吏，诏诛其党而宥文思。休之上疏谢罪，请解所任，不许。裕执文思送休之，令自训厉，意欲休之杀之。休之但表废文思，并与裕书陈谢。裕由是不悦，以江州刺史孟怀玉兼督豫州六郡以备之。

6　夏，五月辛酉，魏主嗣还平城。

7　秦后将军敛成讨叛羌，为羌所败，惧罪，出奔夏。

25　这一年，东晋任命敦煌人索邈为梁州刺史，于是苻宣仍回仇池。当初，索邈居住在汉川，与梁州别驾姜显有矛盾，过了十五年，索邈反过来镇守汉川。姜显于是脱去衣服，光着上身出来等候迎接他。索邈见了姜显，丝毫没有不高兴的样子，而且对他还更加优厚。索邈退入内宅之后，对别人说："我过去在这里居住，有许多年都不如意，如果记恨姜显，那么害怕的人一定还有很多。只要他能服从就很好了，为什么一定要报仇解恨，逞自己一时的快意呢！"全州境内的百姓官员听说了他这话之后都非常高兴。

晋安帝义熙十年(甲寅，公元414年)

1　春季，正月辛酉(初一)，北魏实行大赦，改年号为神瑞。

辛巳(二十一日)，北魏国主拓跋嗣前往繁畤。二月戊戌(初九)，返回平城。

2　夏王赫连勃勃入侵北魏河东的蒲子。

3　庚戌(二十一日)，北魏国主拓跋嗣前往豺山宫。

4　北魏并州刺史娄伏连进攻并杀死了夏国所设置的吐京护军和那里的守卫士卒。

5　东晋司马休之在江陵任职，很得江汉一带的民心。他的儿子谯王司马文思留在建康，性情凶狠残暴，喜欢结交江湖侠士。太尉刘裕非常讨厌他。三月，有关部门报告司马文思擅自打死封国的官吏，皇帝下诏杀了他的手下差役却独独原谅了司马文思。司马休之呈上疏奏请求处罚，承认罪过，并要求解除他现在的职务，朝廷不许。刘裕把司马文思抓住，送给司马休之，让他自己训诫惩罚，意思是让司马休之自己把儿子杀了。司马休之只上表请求废黜司马文思的爵位，并写信给刘裕致歉。刘裕因此非常不高兴，任命江州刺史孟怀玉兼任督豫州六郡，用来戒备司马休之。

6　夏季，五月辛酉(初三)，北魏国主拓跋嗣回到平城。

7　后秦后将军敛成讨伐叛乱的羌族部落，被羌人打败，为此他非常害怕，出去投奔夏国。

8 秦王兴有疾。妖贼李弘与氐仇常反于贰城，兴舆疾往讨之，斩常，执弘而还。

9 秦左将军姚文宗有宠于太子泓，广平公弼恶之，诬文宗有怨言。秦王兴怒，赐文宗死，于是群臣畏弼侧目。弼言于兴，无不从者。以所亲天水尹冲为给事黄门侍郎，唐盛为治书侍御史，兴左右掌机要者，皆其党也。右仆射梁喜、侍中任谦、京兆尹尹昭承间言于兴曰："父子之际，人所难言。然君臣之义，不薄于父子，故臣等不得默然。广平公弼，潜有夺嫡之志，陛下宠之太过，假其威权。倾险无赖之徒辐凑附之。道路皆言陛下将有废立之计，信有之乎？"兴曰："岂有此邪！"喜等曰："苟无之，则陛下爱弼，适所以祸之。愿去其左右，损其威权，如此，非特安弼，乃所以安宗庙、社稷。"兴不应。大司农窦温、司徒左长史王弼皆密疏劝兴立弼为太子，兴虽不从，亦不责也。

兴疾笃，弼潜聚众数千人，谋作乱。姚裕遣使以弼逆状告诸兄在藩镇者，于是姚懿治兵于蒲阪，镇东将军、豫州牧洸治兵于洛阳，平西将军谌治兵于雍，皆欲赴长安讨弼。会兴疾瘳，见群臣，征虏将军刘羌泣以告兴。梁喜、尹昭请诛弼，且曰："苟陛下不忍杀弼，亦当夺其权任。"兴不得已，免弼尚书令，使以将军、公还第。懿等各罢兵。

8　后秦国王姚兴有病。氐民首领李弘与氐人部落首领仇常在贰城反叛，姚兴带病坐在车轿上前去讨伐他们，斩杀了仇常，活捉李弘回京。

9　后秦左将军姚文宗受到太子姚泓的宠爱，广平公姚弼很讨厌他，诬告姚文宗说过不满的话。后秦王姚兴大怒，命令姚文宗自杀，于是文武大臣们畏惧姚弼，不敢正眼看他。姚弼对姚兴说的，姚兴无不听从。任命姚弼的亲信天水人尹冲为给事黄门侍郎，唐盛为治书侍御史，姚兴身边掌管机要事务的人，都是姚弼的党羽。右仆射梁喜、侍中任谦、京兆尹尹昭寻找机会对姚兴说："父子之间的事情，别人很难插言。但是君臣之间的大义，却不比父子之间的关系疏远，因此，我们不能默然不语。广平公姚弼，暗地里有夺嫡的想法，陛下您对他的宠爱太过分了，又交给他大权，培养他的威势。这样，那些阴险无赖的家伙们便纷纷像车辐那样集结依附到他那里。路上的人都说陛下有废长立幼的打算，真有这事吗？"姚兴说："哪里有这事！"梁喜等人说："如果没有这事，那么陛下爱护姚弼，却正是给他惹祸呢。希望把他身边的官员全部除去，减小他的权力和威势，这样的话，不但是保护姚弼，而且也是在保护祖宗祭庙和国家政权的安全呵！"姚兴默不作声。大司农窦温、司徒左长史王弼都秘密上奏疏劝说姚兴改立姚弼为太子，姚兴虽然不同意，但是也不责怪他们。

姚兴病重，姚弼暗地里聚集部众几千人阴谋制造叛乱。姚裕派遣使者把姚弼将要叛逆的情形告诉给那些在外地镇守藩地的哥哥，于是姚懿在蒲阪动员部队，镇东将军、豫州牧姚洸在洛阳动员部队，平西将军姚谌在雍城动员部队，都打算到长安去讨伐姚弼。正好这时姚兴病情好转，召见文武百官，征虏将军刘羌便哭着把这种情况向姚兴做了禀告。梁喜、尹昭请求诛杀姚弼，又说："如果陛下不忍心杀姚弼，也应该把他的权力职位全部剥夺。"姚兴万不得已，免去了姚弼的尚书令职务，让他以将军、公爵的身份回家赋闲。姚懿等人也都各自停止军事行动。

懿、洸、谌与姚宣皆入朝，使裕入白兴，求见，兴曰："汝等正欲论弼事耳，吾已知之。"裕曰："弼苟有可论，陛下所宜垂听。若懿等言非是，便当置之刑辟，奈何逆拒之!"于是引见懿等于谘议堂。宣流涕极言，兴曰："吾自处之，非汝曹所忧。"抚军东曹属姜虬上疏曰："广平公弼，衅成逆著，道路皆知之。昔文王之化，刑于寡妻。今圣朝之乱，起自爱子，虽欲含忍掩蔽，而逆党扇惑不已，弼之乱心何由可革！宜斥散凶徒，以绝祸端。"兴以虬表示梁喜曰："天下人皆以吾儿为口实，将何以处之?"喜曰："信如虬言，陛下宜早裁决。"兴默然。

10 唾契汗、乙弗等部皆叛南凉，南凉王傉檀欲讨之。邯川护军孟恺谏曰："今连年饥馑，南逼炽磐，北逼蒙逊，百姓不安。远征虽克，必有后患。不如与炽磐结盟通籴，慰抚杂部，足食缮兵，俟时而动。"傉檀不从，谓太子虎台曰："蒙逊近去，不能猝来。旦夕所虑，唯在炽磐。然炽磐兵少易御，汝谨守乐都，吾不过一月必还矣。"乃帅骑七千袭乙弗，大破之，获马牛羊四十馀万。

河南王炽磐闻之，欲袭乐都，群臣咸以为不可。太府主簿焦袭曰："傉檀不顾近患而贪远利，我今伐之，绝其西路，使不得还救，则虎台独守穷城，可坐禽也。此天亡之时，必不可失。"炽磐从之，帅步骑二万袭乐都。虎台凭城拒守，炽磐四面攻之。

姚兴的几个儿子姚懿、姚洸、姚谌与姚宣等都回到都城，让姚裕进宫告诉姚兴，求见父王。姚兴说："你们几个不过就是打算谈论姚弼的事罢了，我已经知道了。"姚裕说："姚弼的事如有谈论价值，陛下也应该听一听。如果姚懿等人说的不是属实的，便应该用刑法处罚他们，为什么要凭空猜测因而拒绝和他们谈话呢?"于是，姚兴在谘议堂召见姚懿等人。姚宣流着眼泪，仗义执言，姚兴说："我自己决定这事，不用你们担心。"抚军东曹属姜虬呈上疏奏说："广平公姚弼，灾祸已经形成，叛逆的迹象已经明显，路上的人谁都知道。过去周文王的教化之所以能够推广，是因为他首先勇于用刑律要求自己的妻子。而今国家的变乱，是缘起于陛下的爱子，虽然打算包涵容忍掩饰庇护，但是那些叛党们却在不停地煽动蛊惑，姚弼的叛乱之心怎么能够消除呢！应该驱散姚弼身边的那些恶棍凶徒，以此断绝灾祸的来源。"姚兴把姜虬的奏书给梁喜看，说："天下的人都拿我的儿子当动乱的借口，我怎么办是好呢?"梁喜说："真的就像姜虬说的，陛下应该尽早裁决。"姚兴默然不语。

10　唾契汗、乙弗等部落全都背叛了南凉，南凉王秃发傉檀打算去讨伐他们。邯川护军孟恺劝阻说："现在，我们连续几年遭受饥荒，南部有乞伏炽磐威胁，北部又有沮渠蒙逊逼迫，百姓的生活得不到安定。这次即使通过遥远的征伐取得了胜利，那也一定会留下后患。不如和乞伏炽磐结成联盟，沟通粮食的贸易，安慰平抚那些各族的部落，积足粮食，训练军队，等候时机再采取行动。"秃发傉檀不听从，对太子秃发虎台说："沮渠蒙逊刚刚回去不久，不会突然再来。早晚值得忧虑的，只有乞伏炽磐。但是乞伏炽磐的兵众却很少，容易抵抗，你只要小心守卫乐都，我不超过一个月一定就能回来了。"于是统率七千名骑兵去袭击乙弗，并将它打得大败，缴获了马、牛、羊等四十多万。

河南王乞伏炽磐听说这个消息，打算进攻乐都，文武大臣都认为不可。太府主簿焦袭说："秃发傉檀不顾眼前的忧患，却去贪图远方的好处，我们今天讨伐他，断绝乐都以西的路，使他没有办法回来援救，那么，秃发虎台单独守卫一座穷困的城市，我们坐着便可以擒获他了。这是上天覆亡他的时机，一定不能错过。"乞伏炽磐听从了他的建议，统率步兵、骑兵两万人袭击乐都。秃发虎台依靠城防拒敌防守，乞伏炽磐从城的四面发动进攻。

南凉抚军从事中郎尉肃言于虎台曰："外城广大难守，殿下不若聚国人守内城，肃等帅晋人拒战于外，虽有不捷，犹足自存。"虎台曰："炽磐小贼，旦夕当走，卿何过虑之深！"虎台疑晋人有异心，悉召豪望有谋勇者闭之于内。孟恺泣曰："炽磐乘虚内侮，国家危于累卵。恺等进欲报恩，退顾妻子，人思效死，而殿下乃疑之如是邪！"虎台曰："吾岂不知君之忠笃，惧馀人脱生虑表，以君等安之耳。"

一夕，城溃，炽磐入乐都，遣平远将军捷虔帅骑五千追傉檀，以镇南将军谦屯为都督河右诸军事、凉州刺史，镇乐都；秃发赴单为西平太守，镇西平；以赵恢为广武太守，镇广武；曜武将军王基为晋兴太守，镇浩亹，徙虎台及其文武百姓万馀户于枹罕。赴单，乌孤之子也。

11　河间人褚匡言于燕王跋曰："陛下龙飞辽、碣，旧邦族党，倾首朝阳，以日为岁，请往迎之。"跋曰："道路数千里，复隔异国，如何可致？"匡曰："章武临海，舟楫可通，出于辽西临渝，不为难也。"跋许之，以匡为游击将军、中书侍郎，厚资遣之。匡与跋从兄买、从弟睹自长乐帅五千馀户归于和龙，契丹、库莫奚皆降于燕。跋署其大人为归善王。跋弟丕避乱在高句丽，跋召之，以为左仆射，封常山公。

12　柔然可汗斛律将嫁女于燕，斛律兄子步鹿真谓斛律曰："幼女远嫁忧思，请以大臣树黎等女为媵。"斛律不许。步鹿真出，谓树黎等曰："斛律欲以汝女为媵，远适他国。"树黎恐，与步鹿真谋使勇士夜伏于斛律穹庐之后，伺其出而执之，与女皆送于燕，立步鹿真为可汗而相之。

南凉抚军从事中郎尉肃向秃发虎台进言道："外城太大难以坚守，殿下不如把本国人聚集起来守卫内城，我去统率汉人在外城坚持迎战敌人，虽然可能不能取胜，但还可以保存自己。"秃发虎台说："乞伏炽磐这个小毛贼，早晚就要逃走，你何必这么过分忧虑呀！"秃发虎台怀疑汉人有其他想法，便把汉人中有豪名英望、有勇有谋的人全部召进内城软禁。孟恺哭着说："乞伏炽磐乘国内空虚悍然进犯，国家的局势比堆在一起的鸡蛋还危险。我孟恺等人进则打算报答王家的恩遇，退则还要照顾妻子儿女，人人都想着为国家拼死力战，但殿下却怀疑我们到如此地步！"秃发虎台说："我怎能不知道你的忠诚笃厚，害怕的只是别的人出现意外，让你们去安定人心。"

一天晚上，城防崩溃，乞伏炽磐进入乐都，派遣平远将军乞伏捷虔率领五千骑兵迎击秃发傉檀，任命镇南将军乞伏谦屯为都督河右诸军事、凉州刺史，镇守乐都；任命秃发赴单为西平太守，镇守西平；任命赵恢为广武太守，镇守广武；任命曜武将军王基为晋兴太守，镇守浩亹。把秃发虎台和他的文武官员、百姓一万多户迁移到枹罕居住。秃发赴单是秃发乌孤的儿子。

11　北燕河间人褚匡向燕王冯跋进言道："陛下在辽、碣这里登上帝位，长乐的那些故旧亲友，却在家乡仰头向东，盼望陛下去营救，度日如年，请允许我前去迎接他们。"冯跋说："道路遥远达几千里，中间又隔着别的国家，怎么去呢？"褚匡说："章武郡靠着海边，乘船可以通过，从辽西的临渝穿过，不会太难。"冯跋批准了他的计划，任命褚匡为游击将军、中书侍郎，交给他一笔丰厚的费用，派他前去。褚匡与冯跋的堂兄冯买、堂弟冯睹从长乐带领五千多户居民回到和龙，契丹部落和库莫奚部落都向北燕投降。冯跋封他们的首领为归善王。冯跋的弟弟冯丕在高句丽躲避战乱，冯跋召他回来，任命他为左仆射，封为常山公。

12　柔然可汗郁久闾斛律想把女儿嫁给北燕王冯跋，郁久闾斛律的侄儿郁久闾步鹿真对郁久闾斛律说："幼女远嫁别的国家，难免忧愁思念，最好是让大臣树黎等人的女儿作为陪嫁的婢妾。"郁久闾斛律没有允许。郁久闾步鹿真出来后，对树黎等人说："郁久闾斛律打算让你的女儿做陪嫁的小妾，远嫁到别的国家去。"树黎非常害怕，与郁久闾步鹿真商量，派勇武的壮士夜里藏在郁久闾斛律的帐篷之后，等郁久闾斛律出来便抓住他，把他和他的女儿一起送到北燕。于是，树黎拥立郁久闾步鹿真为可汗，自己当了宰相。

初，社仑之徙高车也，高车人叱洛侯为之乡导以并诸部，社仑德之，以为大人。步鹿真与社仑之子社拔共至叱洛侯家，淫其少妻，妻告步鹿真曰："叱洛侯欲奉大檀为主。"大檀者，社仑季父仆浑之子也，领别部镇西境，素得众心。步鹿真归而发兵围叱洛侯，叱洛侯自杀。遂引兵袭大檀，大檀逆击，破之，执步鹿真及社拔，杀之，自立为可汗，号牟汗纥升盖可汗。

斛律至和龙，燕王跋赐斛律爵上谷侯，馆之辽东，待以客礼，纳其女为昭仪。斛律上书请还其国，跋曰："今弃国万里，又无内应，若以重兵相送，则馈运难继，兵少则不足成功，如何可还？"斛律固请，曰："不烦重兵，愿给三百骑，送至敕勒，国人必欣然来迎。"跋乃遣单于前辅万陵帅骑三百送之。陵惮远役，至黑山，杀斛律而还。大檀亦遣使献马三千匹、羊万口于燕。

13　六月，泰山太守刘研等帅流民七千馀家、河西胡酋刘遮等帅部落万馀家，皆降于魏。

14　戊申，魏主嗣如豺山宫。丁亥，还平城。

15　乐都之溃也，南凉安西将军樊尼自西平奔告南凉王傉檀，傉檀谓其众曰："今妻子皆为炽磐所虏，退无所归，卿等能与吾藉乙弗之资，取契汗以赎妻子乎？"乃引兵西。众多逃还，傉檀遣镇北将军段苟追之，苟亦不还。于是将士皆散，唯樊尼与中军将军纥勃、后军将军洛肱、散骑侍郎阴利鹿不去。

当初，郁久闾社仑把高车部落迁走，高车人叱洛侯做他的向导，使他得以兼并了几个部落，郁久闾社仑很感激他，任命他为高车部落的大人。现在，郁久闾步鹿真和郁久闾社仑的儿子郁久闾社拔一起到叱洛侯家，奸淫叱洛侯年轻的妻子，这位妻子告诉郁久闾步鹿真说："叱洛侯打算拥立郁久闾大檀为可汗。"郁久闾大檀是郁久闾社仑的叔父郁久闾仆浑的儿子，他统领着其他部落镇守在西部边境，一向很得百姓的拥戴。郁久闾步鹿真回去后便发动军队包围了叱洛侯部落，叱洛侯自杀。于是，他又带兵去袭击郁久闾大檀，郁久闾大檀迎头痛击，并把郁久闾步鹿真的部队打得大败，抓住郁久闾步鹿真和郁久闾社拔，把他们杀掉，他自立为可汗，称作牟汗纥升盖可汗。

郁久闾斛律抵达和龙，北燕国主冯跋封他为上谷侯，并让他在辽东定居，用宾客的礼节招待他，收纳他的女儿为昭仪。郁久闾斛律呈上奏疏请求允许他回到自己国家去，冯跋说："现在，你离本国万里之遥，国中又没有内应，如果用大部队去送你，那么军粮物资等又实在难以供应，兵力太少又不足以夺取胜利，你怎么可能回去呢?"郁久闾斛律坚持请求，说："不用劳烦大部队，你只要给我三百名骑兵，把我送到敕勒，那么我们国家的百姓就一定会高高兴兴地来迎接我。"冯跋于是派遣单于前辅万陵统率三百名骑兵护送他。万陵害怕远行的劳苦和疲惫，到达黑山，便把郁久闾斛律杀掉回去了。郁久闾大檀也派遣使节向北燕献上好马三千匹，羊一万头。

13　六月，东晋泰山太守刘研等人率领流亡难民七千多家，河西的匈奴部落酋长刘遮等统率部落的一万多家，都向北魏国投降。

14　戊申(二十日)，北魏国主拓跋嗣前往豺山宫。丁亥，回到平城。

15　南凉都城乐都陷落之后，南凉安西将军秃发樊尼从西平逃出，前去报告南凉王秃发傉檀。秃发傉檀对他的部下们说："现在，我们的妻子儿女全部被乞伏炽磐抢走，想撤退也已没有立足之地了，你们能与我一起凭借乙弗的财力物力，攻克契汗，用这来赎回自己的妻子儿女吗?"于是，他又带兵向西进发。他的部众有很多逃回去了，秃发傉檀派遣镇北将军段苟去追回他们，段苟也没有回来。就这样，他手下的将领士兵全部逃散，只有秃发樊尼与中军将军秃发纥勃、后军将军秃发洛肱、散骑侍郎阴利鹿没有逃跑。

傉檀曰："蒙逊、炽磐昔皆委质于吾，今而归去，不亦鄙乎！四海之广，无所容身，何其痛也！与其聚而同死，不若分而或全。樊尼，吾长兄之子，宗部所寄。吾众在北者户垂一万，蒙逊方招怀士民，存亡继绝，汝其从之。纥勃、洛肱亦与尼俱行。吾年老矣，所适不容，宁见妻子而死！"遂归于炽磐，唯阴利鹿随之。傉檀谓利鹿曰："吾亲属皆散，卿何独留？"利鹿曰："臣老母在家，非不思归。然委质为臣，忠孝之道，难以两全。臣不才，不能为陛下泣血求救于邻国，敢离左右乎！"傉檀叹曰："知人固未易。大臣亲戚皆弃我去，今日忠义终始不亏者，唯卿一人而已！"

傉檀诸城皆降于炽磐，独尉贤政屯浩亹，固守不下。炽磐遣人谓之曰："乐都已溃，卿妻子皆在吾所，独守一城，将何为也？"贤政曰："受凉王厚恩，为国藩屏。虽知乐都已陷，妻子为禽，先归获赏，后顺受诛。然不知主上存亡，未敢归命。妻子小事，岂足动心！若贪一时之利，忘委付之重者，大王亦安用之！"炽磐乃遣虎台以手书谕之，贤政曰："汝为储副，不能尽节，面缚于人，弃父忘君，堕万世之业，贤政义士，岂效汝乎！"闻傉檀至左南，乃降。

秃发傉檀说："沮渠蒙逊、乞伏炽磐过去都曾经把人质交给我们，向我们称臣，今天我如果去投靠他们，不有些可耻吗！四海之内，大地之广，没有我容身的地方，这是多么令人痛心的事呵！我们与其聚在一起一同死掉，不如就此分手，或者还可以保全生命。秃发樊尼是我大哥的儿子，是我们宗族部落的希望所在。我们的部众在北方还有将近一万户，现在沮渠蒙逊正在招抚士大夫和老百姓，扶助将要灭亡的部落，维持他们的生存，你应该投奔他。秃发纥勃、秃发洛肱也应与秃发樊尼一道去。我年纪老了，也不会有人接纳，宁愿见妻子儿女以后便死。"于是，归降了西秦王乞伏炽磐，只有阴利鹿跟随前往。秃发傉檀对阴利鹿说："我的亲人和部属全都各自散去，你为什么独自一个人留下来？"阴利鹿说："我家里有老母在堂，不是不想回家。既然委身为臣，忠孝就难以两全。我没有什么才能，不能为陛下两眼哭出血来向邻国求救，但怎么能够离开您的左右呢！"秃发傉檀叹息说："真正了解一个人实在不易。如今大臣亲戚都弃我而去，直到现在，忠诚仗义自始至终完美无缺的只有你一个人！"

南凉王秃发傉檀所属的各城守将都投降了乞伏炽磐，唯独驻守在浩亹的尉贤政，坚守城池，不肯出降。乞伏炽磐派人质问他说："乐都已经陷落，你的妻子儿女都被我们俘虏，你固守一座孤城，究竟是为了什么？"尉贤政说："我蒙受凉王的厚恩，作为国家的藩镇屏障。虽然知道乐都已经陷落，妻子儿女已经被擒，先投降可以得到奖赏，后归顺难免被杀。但是，我现在并不知道主上是存是亡，所以还不敢前去归附受命。妻子儿女与国家来比，实在是小事，怎能使我动摇信念呢！如果贪图一时的小利，而却忘了朝廷托付给我的重任，你们大王又怎么能擢用我呢！"乞伏炽磐于是命令秃发虎台亲手写信让他投降，尉贤政说："你身为国家的王储副手，不能尽守操节，却被人两手反绑，抛弃老父忘记国君，使国家的万世伟业受到摧折，我尉贤政是仗义之士，怎么能效法你呢！"等到他听说秃发傉檀已经到左南城，这才投降。

炽磐闻傉檀至，遣使郊迎，待以上宾之礼。秋，七月，炽磐以傉檀为骠骑大将军，赐爵左南公，南凉文武，依才铨叙。岁馀，炽磐使人鸩傉檀。左右请解之，傉檀曰："吾病岂宜疗邪！"遂死，谥曰景王。虎台亦为炽磐所杀。傉檀子保周、贺，俱延子覆龙，利鹿孤孙副周，乌孤孙承钵，皆奔河西王蒙逊，久之，又奔魏。魏以保周为张掖王，覆龙为酒泉公，贺西平公，副周永平公，承钵昌松公。魏主嗣爱贺之才，谓曰："卿之先与朕同源，赐姓源氏。"

16 八月戊子，魏主嗣遣马邑侯陋孙使于秦，辛丑，遣谒者于什门使于燕，悦力延使于柔然。于什门至和龙，不肯入见，曰："大魏皇帝有诏，须冯王出受，然后敢入。"燕王跋使人牵逼令入。什门见跋不拜，跋使人按其项，什门曰："冯王拜受诏，吾自以宾主致敬，何苦见逼邪！"跋怒，留什门不遣，什门数众辱之。左右请杀之，跋曰："彼各为其主耳。"乃幽执什门，欲降之，什门终不降。久之，衣冠弊坏略尽，虮虱流溢。跋遗之衣冠，什门皆不受。

17 魏主嗣以博士王谅为平南参军，使以平南将军、相州刺史尉太真书与太尉裕相闻。太真，古真之弟也。

18 九月丁巳朔，日有食之。

19 冬，十月，河南王炽磐复称秦王，置百官。

乞伏炽磐听说秃发傉檀来到，便派遣使者到郊外迎接，用对待上宾的礼节对待他。秋季，七月，乞伏炽磐任命秃发傉檀为骠骑大将军，赐封为左南公爵，其他南凉的文武官员也都按照他们各自的才能，依次录用。一年多以后，乞伏炽磐派人用药酒去毒杀秃发傉檀。他的左右侍从请求为他解毒，秃发傉檀说："我的病怎么好去治呢！"于是死去，谥号为景王。秃发虎台也被乞伏炽磐杀死。秃发傉檀的其他几个儿子秃发保周、秃发贺，秃发俱延的儿子秃发覆龙，秃发利鹿孤的孙子秃发副周，秃发乌孤的孙子秃发承钵，都逃去投奔河西王沮渠蒙逊，很久之后，又投奔北魏。北魏封秃发保周为张掖王，封秃发覆龙为酒泉公，封秃发贺为西平公，封秃发副周为永平公，封秃发承钵为昌松公。北魏国主拓跋嗣喜爱秃发贺的才能，对他说："你的祖先与我是同一个起源，就赐你姓源吧！"

16　八月戊子(初一)，北魏国主拓跋嗣派遣马邑人侯陋孙去后秦出使，辛丑(十四日)，又派遣谒者于什门去北燕出使，派遣悦力延去柔然出使。于什门抵达和龙，不肯进去拜见，说："大魏国皇帝有诏，必须冯王出来受诏之后，我才敢进去。"北燕王冯跋派人牵着他迫使他进来。于什门看见冯跋又不跪拜施礼，冯跋让人按他的脖子，强行使礼，于什门说："冯王先来拜受诏书，我自己便会以宾主的礼仪向你致敬，何苦这般逼迫我呢！"冯跋大怒，把于什门扣留下来，不让他回去，于什门几次当众侮辱冯跋。冯跋的侍从们请求杀了他，冯跋说："他这不过是为效忠自己的主人罢了。"于是，把于什门软禁起来，打算招降他，于什门最终也没有投降。过了很久，他的衣服帽子完全破旧，虮子、虱子到处都是。冯跋送给他新的衣帽，于什门全不接受。

17　北魏国主拓跋嗣任命博士王谅为平南参军，让他以平南将军、相州刺史尉太真的名义写信给东晋太尉刘裕，致以问候。尉太真是尉古真的弟弟。

18　九月丁巳朔(初一)，出现日食。

19　冬季，十月，河南王乞伏炽磐再一次号称"秦王"，设置文武百官。

20　燕主跋与夏连和，夏王勃勃遣御史中丞乌洛孤如燕莅盟。

21　十一月壬午，魏主嗣遣使者巡行诸州，校阅守宰资财，非家所赍，悉簿为赃。

22　西秦王炽磐立妃秃发氏为后。

23　十二月丙戌朔，柔然可汗大檀侵魏。丙申，魏主嗣北击之。大檀走，遣奚斤等追之，遇大雪，士卒冻死及堕指者什二三。

24　河内人司马顺宰自称晋王，魏人讨之，不克。

25　燕辽西公素弗卒，燕王跋比葬七临之。

26　是岁，司马国璠兄弟聚众数百潜渡淮，夜入广陵城。青州刺史檀祇领广陵相，国璠兵直上听事，祇惊出，将御之，被射伤而入，谓左右曰："贼乘暗得入，欲掩我不备。但击五鼓，彼惧晓，必走矣。"左右如其言，国璠兵果走。

27　魏博士祭酒崔浩为魏主嗣讲《易》及《洪范》，嗣因问浩天文、术数。浩占决多验，由是有宠，凡军国密谋皆预之。

28　夏王勃勃立夫人梁氏为王后，子璝为太子。封子延为阳平公，昌为太原公，伦为酒泉公，定为平原公，满为河南公，安为中山公。

20　北燕国主冯跋与夏国联合，夏王赫连勃勃派遣御史中丞乌洛孤前往北燕签订盟约。

21　十一月壬午（二十七日），北魏国主拓跋嗣派遣使者到各州巡察，检查核对守宰等地方官的资产钱财，凡不是从家里自己带出来的东西，全部当作赃物记录下来。

22　西秦王乞伏炽磐册立妃子秃发氏为皇后。

23　十二月丙戌朔（初一），柔然可汗郁久闾大檀进犯北魏。丙申（十一日），北魏国主拓跋嗣向北进军，迎击他。郁久闾大檀逃走，拓跋嗣派遣奚斤等人追击，路遇大雪，士卒冻死及冻掉手指的，十人当中约有二三人。

24　北魏国河内人司马顺宰自称为晋王，北魏军队讨伐他，没有攻克。

25　北燕辽西公冯素弗去世，燕王冯跋在他安葬之前，前去吊唁了七次。

26　这一年，叛离东晋的司马国璠兄弟聚集几百个部众偷偷渡过淮河，趁夜混入广陵城。青州刺史檀祗兼任广陵相，司马国璠带兵直接冲向衙门的大厅，檀祗惊觉之后走出来，正要抵抗，被乱箭射伤退回去，对左右的侍从说："贼人趁天黑冲了进来，打算在我没防备的情况下袭击我们。只要敲击五鼓，他们害怕天亮，一定会逃跑。"侍从们听从他的吩咐去做了，司马国璠的兵果然逃走。

27　北魏博士祭酒崔浩给国主拓跋嗣讲解《易经》和《洪范》，拓跋嗣于是向崔浩询问天文、占卜等知识。崔浩占卜的结果大多数都应验了，从此，他得到了国主的宠信，凡是国家的和军事上的秘密计划，他都参与意见。

28　夏王赫连勃勃册立夫人梁氏为王后，册立儿子赫连璝为太子。册封儿子赫连延为阳平公，赫连昌为太原公，赫连伦为酒泉公，赫连定为平原公，赫连满为河南公，赫连安为中山公。

卷第一百一十七　晋纪三十九

起乙卯(415)尽丙辰(416)凡二年

安皇帝壬

义熙十一年(乙卯,415)

1　春,正月丙辰,魏主嗣还平城。

2　太尉裕收司马休之次子文宝、兄子文祖,并赐死。发兵击之。诏加裕黄钺,领荆州刺史。庚午,大赦。

3　丁丑,以吏部尚书谢裕为尚书左仆射。

4　辛巳,太尉裕发建康。以中军将军刘道怜监留府事,刘穆之兼右仆射。事无大小,皆决于穆之。又以高阳内史刘钟领石头戍事,屯冶亭。休之府司马张裕、南平太守檀范之闻之,皆逃归建康。裕,邵之兄也。雍州刺史鲁宗之自疑不为太尉裕所容,与其子竟陵太守轨起兵应休之。二月,休之上表罪状裕,勒兵拒之。

裕密书招休之府录事参军南阳韩延之,延之复书曰:"承亲帅戎马,远履西畿,阖境士庶,莫不惶骇。辱疏,知以谯王前事,良增叹息。司马平西体国忠贞,款怀待物。以公有匡复之勋,家国蒙赖,推德委诚,每事询仰。谯王

安皇帝壬

晋安帝义熙十一年(乙卯,公元415年)

1　春季,正月丙辰(初二),北魏国主拓跋嗣回到平城。

2　东晋太尉刘裕逮捕了司马休之的次子司马文宝、侄子司马文祖,并命令他们自杀。刘裕发动军队,西上进攻司马休之。安帝下诏把黄钺加授给刘裕,并命令他兼任荆州刺史。庚午(十六日),实行大赦。

3　丁丑(二十三日),东晋朝廷任命吏部尚书谢裕为尚书左仆射。

4　辛巳(二十七日),东晋太尉刘裕统辖的军队,从京城建康出发。刘裕任命中军将军刘道怜监留府事,任命刘穆之兼右仆射。朝廷的事情,无论大小,都由刘穆之决定。他又任命高阳内史刘钟领石头戍事,屯扎在冶亭。司马休之府内的司马张裕、南平太守檀范之听说这事之后,都逃回建康。张裕是张卲的哥哥。雍州刺史鲁宗之怀疑自己终究不会被刘裕宽容,便与他的儿子竟陵太守鲁轨拉起队伍响应司马休之。二月,司马休之呈上奏书给安帝,列举刘裕的罪状,同时也动员军队准备抵抗刘裕。

刘裕写密信给司马休之府录事参军、南阳人韩延之,招降他,韩延之回信说:"承蒙你亲自统率军马,踏上遥远的西方疆域,荆州全境的士民庶人,没有不惊慌震骇的。你屈尊给我写信,我才知道这次起兵完全是因为谯王司马文思过去的那件事,更使我增加许多感叹。司马休之忠心爱国,待人处事又宽怀诚恳。因为你立过匡复朝廷的巨大功勋,朝廷与宗室还需依赖你辅佐,因此推重您的德行,对你一片赤诚,几乎做每件事都听你的指教,看你的脸色。谯王司马文思

往以微事见劾，犹自表逊位。况以大过，而当嘿然邪！前已表奏废之，所不尽者命耳。推寄相与，正当如此。而遽兴兵甲，所谓‘欲加之罪，其无辞乎’！刘裕足下，海内之人，谁不见足下此心？而复欲欺诳国士！来示云‘处怀期物，自有由来’，今伐人之君，啖人以利，真可谓‘处怀期物，自有由来’者乎！刘藩死于阊阖之门，诸葛毙于左右之手。甘言诧方伯，袭之以轻兵。遂使席上靡款怀之士，阃外无自信诸侯，以是为得算，良可耻也！贵府将佐及朝廷贤德，寄命过日。吾诚鄙劣，尝闻道于君子，以平西之至德，宁可无授命之臣乎！必未能自投虎口，比迹郗僧施之徒明矣。假令天长丧乱，九流浑浊，当与臧洪游于地下，不复多言。”裕视书叹息，以示将佐曰：“事人当如此矣！”延之以裕父名翘，字显宗，乃更其字曰显宗，名其子曰翘，以示不臣刘氏。

5　琅邪太守刘朗帅二千馀家降魏。

6　庚子，河西胡刘云等帅数万户降魏。

过去因为一件小事受到弹劾责难，司马休之还曾自己上表请求辞职。何况谯王如果再犯大错，司马休之哪能闭口无言！前一段时间司马休之已经上表奏请撤销了谯王的王位，唯一没有做绝的不过是留下了司马文思的一条小命罢了。推己及人，把这事交给别人，谁都会这么做的。但是你却因此突然兴师问罪，这真是‘欲加之罪，何患无辞’！刘裕，四海之内的人，谁看不出你的这番用心？但是你却还要说谎欺骗国内的士人百姓！你的来信说‘怀有谦敬之心，希图满足别人的希望，历来如此’，今天，你出兵征伐别人的君主，写信用私利引诱别人，这难道真是所谓的‘怀有谦敬之心，希图满足别人的希望，历来如此’吗！刘藩死在皇宫的阊阖门之前，诸葛长民死在你的侍卫之手。用甜言蜜语夸耀地方要员，先稳住他们，然后再用轻装部队对他们发动突然袭击。于是，使朝廷的坐席之上没有诚信忠贞的人，使京城之外没有了对自己的性命放心的封疆大吏，把这看成是实现了自己的目的，实在是可耻！你手下的那些将领佐僚以及朝廷里的贤明有德之人，都在把性命交给你过日子。我诚然是鄙陋粗劣，但是也曾经向好人学过做人的道理，像司马休之这样的德性最好的大贤人，怎么可以没有性命相托的臣下呢！我一定不能去自投虎口，这种迹象，郗僧施这些人的遭遇已经表现得很明确了。假如上天注定丧乱的局面还要延长，各派的纷争还要继续污浊不堪，那么我自然要与臧洪那样的人一起到九泉之下去游荡了，不再多言。”刘裕看到他的信，不禁叹息，他把信拿给手下的将领和官员们看，说：“做别人的属下应当这样呵！”韩延之因为刘裕的父亲名叫刘翘，字显宗，于是，把自己的字改成显宗，并给他的儿子取名叫韩翘，用这表示绝不做刘氏的臣下。

5　东晋琅邪太守刘朗率领两千多家百姓投降了北魏。

6　庚子（十六日），河西一带的匈奴部落首领刘云等人统率几万户投降北魏。

7　太尉裕使参军檀道济、朱超石将步骑出襄阳。超石，龄石之弟也。江夏太守刘虔之将兵屯三连，立桥聚粮以待，道济等积日不至。鲁轨袭击虔之，杀之。裕使其婿振威将军东海徐逵之统参军蒯恩、王允之、沈渊子为前锋，出江夏口。逵之等与鲁轨战于破冢，兵败，逵之、允之、渊子皆死，独蒯恩勒兵不动。轨乘胜力攻之，不能克，乃退。渊子，林子之兄也。

裕军于马头，闻逵之死，怒甚。三月壬午，帅诸将济江。鲁轨、司马文思将休之兵四万，临峭岸置陈，军士无能登者。裕自被甲欲登，诸将谏，不从，怒愈甚。太尉主簿谢晦前抱持裕，裕抽剑指晦曰："我斩卿！"晦曰："天下可无晦，不可无公！"建武将军胡藩领游兵在江津，裕呼藩使登，藩有疑色。裕命左右录来，欲斩之。藩顾曰："正欲击贼，不得奉教！"乃以刀头穿岸，劣容足指，腾之而上。随之者稍多。既登岸，直前力战。休之兵不能当，稍引却。裕兵因而乘之，休之兵大溃，遂克江陵。休之、宗之俱北走，轨留石城。裕命阆中侯下邳赵伦之、太尉参军沈林子攻之，遣武陵内史王镇恶以舟师追休之等。

有群盗数百夜袭冶亭，京师震骇。刘钟讨平之。

7　东晋太尉刘裕派遣参军檀道济、朱超石带领步兵、骑兵进攻襄阳。朱超石是朱龄石的弟弟。江夏太守刘虔之带领部队屯驻在三连，修筑桥梁，积聚粮草，等待他们的到来，但是檀道济的军队却过了许多天也没有到来。鲁轨袭击刘虔之，并把他杀了。刘裕派他的女婿、振威将军、东海人徐逵之统领参军蒯恩、王允之、沈渊子等为前锋，出击江夏口。徐逵之等人在破冢与鲁轨交战，大军失败，徐逵之、王允之、沈渊子等都被杀，只有蒯恩的部队压住了阵脚，没有败退下去。鲁轨乘胜对他发动了猛攻，却不能攻克他的防守，于是退了下去。沈渊子是沈林子的哥哥。

刘裕在马头集结军队，听说徐逵之战死，愤怒异常。三月壬午(二十九日)，率领各位将领渡过长江。鲁轨、司马文思统率着司马休之的军队四万人，依傍着陡峭的江岸排下战阵，刘裕的军队士卒没有人能攀登上去。刘裕披挂起铠甲打算亲自攀登，各位将领纷纷劝阻，他却坚决不听，越发怒不可遏。太尉主簿谢晦上前抱住刘裕，刘裕拔出佩剑指着谢晦说："我杀了你！"谢晦说："天下可以没有我谢晦，但是却不可以没有您！"建武将军胡藩率领游击部队此时正在江津，刘裕派人去叫胡藩，让他登岸，胡藩有些疑虑。刘裕命令身边的侍从去把他抓来，打算杀了他。胡藩看着来人说："我正打算去进攻贼兵，没时间前去受教！"于是，用刀尖在江岸上掘出小洞，仅能容下脚趾，他便踩着飞身跃上江岸。后边跟着他向上爬的人渐渐多了。登上江岸之后，便直奔上前，拼力死战。司马休之的军队无法抵挡，渐渐向后撤退。刘裕军队因此趁机猛攻，司马休之的部队完全溃败，刘裕于是攻克江陵。司马休之、鲁宗之一齐向北逃走，鲁轨留守在石城。刘裕命令阆中侯下邳人赵伦之、太尉参军沈林子进攻鲁轨，派遣武陵内史王镇恶带领水军船队追击司马休之等人。

有一群盗匪共几百人在夜色掩护下袭击冶亭，京师震惊恐慌。刘钟带兵讨伐，把他们剿灭。

8　秦广平公弼谮姚宣于秦王兴，宣司马权丕至长安，兴责以不能辅导，将诛之。丕惧，诬宣罪恶以求自免。兴怒，遣使就杏城收宣下狱，命弼将三万人镇秦州。尹昭曰："广平公与皇太子不平，今握强兵于外，陛下一旦不讳，社稷必危。'小不忍，乱大谋'，陛下之谓也。"兴不从。

9　夏王勃勃攻秦杏城，拔之，执守将姚逵，坑士卒二万人。秦王兴如北地，遣广平公弼及辅国将军敛曼嵬向新平，兴还长安。

10　河西王蒙逊攻西秦广武郡，拔之。西秦王炽磐遣将军乞伏魋尼寅邀蒙逊于浩亹，蒙逊击斩之。又遣将军折斐等帅骑一万据勒姐岭，蒙逊击禽之。

11　河西饥胡相聚于上党，推胡人白亚栗斯为单于，改元建平。以司马顺宰为谋主，寇魏河内。夏，四月，魏主嗣命公孙表等五将讨之。

12　青、冀二州刺史刘敬宣参军司马道赐，宗室之疏属也。闻太尉裕攻司马休之，道赐与同府辟闾道秀、左右小将王猛子谋杀敬宣，据广固以应休之。乙卯，敬宣召道秀，屏人语，左右悉出户。猛子逡巡在后，取敬宣备身刀杀敬宣。文武佐吏即时讨道赐等，皆斩之。

13　己卯，魏主嗣北巡。

14　西秦王炽磐子元基自长安逃归，炽磐以为尚书左仆射。

15　五月丁亥，魏主嗣如大宁。

8　后秦国广平公姚弼向后秦王姚兴进谗言诬陷姚宣，正好姚宣的司马权丕到长安办事，姚兴责备他不能很好地辅助引导姚宣，准备杀了他。权丕大为恐惧，也诬陷姚宣罪恶深重以此求得对自己的宽恕。姚兴大怒，派遣使者到杏城把姚宣抓起来打入牢狱，命令姚弼带领三万人去镇守秦州。尹昭说："广平公与皇太子关系不和，现在让他手握重兵在外镇守，将来如果陛下一旦去世，那么国家一定就会面临危险。'小不忍则乱大谋'，正是对陛下的最好形容。"姚兴不听。

9　夏王赫连勃勃进攻后秦杏城，攻克，抓获了那里的守将姚逵，把敌军的两万士卒全部活埋。后秦王姚兴前往北地，派遣广平公姚弼以及辅国将军敛曼嵬率军向新平进发，姚兴回长安。

10　河西王沮渠蒙逊进攻西秦的广武郡，攻克。西秦王乞伏炽磐派遣将军乞伏魋尼寅在浩亹拦截沮渠蒙逊，沮渠蒙逊进攻他并把他杀了。乞伏炽磐又派遣将军折斐等率领一万骑兵据守勒姐岭，沮渠蒙逊进击并把他擒获。

11　河西一带受饥饿困扰的匈奴族人在上党聚集在一起，推举匈奴人白亚栗斯为单于，改年号为建平。他们任用司马顺宰为主要谋士，进犯北魏的河内。夏季，四月，北魏国主拓跋嗣命令公孙表等五位大将前去讨伐他们。

12　东晋青、冀二州刺史刘敬宣的参军司马道赐是晋朝宗室的远亲。听说太尉刘裕进攻司马休之，司马道赐便与同府辟闾道秀、身边的小将王猛子阴谋刺杀刘敬宣，然后占据广固，响应司马休之。乙卯（初三），刘敬宣召见辟闾道秀，把别人全部屏退，秘密交谈，他身边的侍卫也全部被隔在窗外。王猛子慢慢绕到刘敬宣身后，突然抢过刘敬宣防身用的佩刀，把刘敬宣杀了。他手下的文武将佐、官吏马上声讨质问司马道赐等人，并全部斩杀。

13　己卯（二十七日），北魏国主拓跋嗣向北巡视。

14　西秦王乞伏炽磐的儿子乞伏元基从长安逃了回来，乞伏炽磐任命他为尚书左仆射。

15　五月丁亥（初五），北魏国主拓跋嗣前往大宁。

16 赵伦之、沈林子破鲁轨于石城，司马休之、鲁宗之救之不及，遂与轨奔襄阳，宗之参军李应之闭门不纳。甲午，休之、宗之、轨及谯王文思、新蔡王道赐、梁州刺史马敬、南阳太守鲁范俱奔秦。宗之素得士民心，争为之卫送出境。王镇恶等追之，尽境而还。

初，休之等求救于秦、魏，秦征虏将军姚成王及司马国璠引兵至南阳，魏长孙嵩至河东，闻休之等败，皆引还。休之至长安，秦王兴以为扬州刺史，使侵扰襄阳。侍御史唐盛言于兴曰："据符谶之文，司马氏当复得河、洛。今使休之擅兵于外，犹纵鱼于渊也。不如以高爵厚礼，留之京师。"兴曰："昔文王卒免羑里，高祖不毙鸿门，苟天命所在，谁能违之！脱如符谶之言，留之适足为害。"遂遣之。

17 诏加太尉裕太傅、扬州牧，剑履上殿，入朝不趋，赞拜不名。以兖、青二州刺史刘道怜为都督荆湘益秦宁梁雍七州诸军事、骠骑将军、荆州刺史。道怜贪鄙，无才能，裕以中军长史晋陵太守谢方明为骠骑长史、南郡相，道怜府中众事皆谘决于方明。方明，冲之子也。

18 益州刺史朱龄石遣使诣河西王蒙逊，谕以朝廷威德。蒙逊遣舍人黄迅诣龄石，且上表言："伏闻车骑将军裕欲清中原，愿为右翼，驱除戎虏。"

19 夏王勃勃遣御史中丞乌洛孤与蒙逊结盟，蒙逊遣其弟湟河太守汉平莅盟于夏。

16　东晋赵伦之、沈林子在石城打败鲁轨，司马休之、鲁宗之准备营救，却没有来得及，于是，与鲁轨一起逃奔襄阳，鲁宗之的参军李应之紧闭城门不让他们进去。甲午（十二日），司马休之、鲁宗之、鲁轨以及谯王司马文思、新蔡王司马道赐、梁州刺史马敬、南阳太守鲁范等人全部逃奔后秦。鲁宗之平时很受百姓拥护，人们纷纷掩护、保卫他，把他送出国境。王镇恶等人前来追捕他们，到了国境边没有追上，便回去了。

当初，司马休之等向后秦、北魏国请求救助，后秦征虏将军姚成王及司马国璠带兵抵达南阳，北魏长孙嵩抵达河东，听说司马休之等已经失败，便都带兵回去了。司马休之到了长安，后秦王姚兴任命他为扬州刺史，让他去侵袭骚扰襄阳。侍御史唐盛对姚兴说："根据预言帝王受命吉凶的符命谶纬说，司马休之应当重新夺取河、洛一带。现在让他带兵在外，就像把鱼又放回湖海一样。我看不如封他高官，给他优厚的待遇，把他留在京师。"姚兴说："过去，周文王最终在羑里得到赦免，汉高祖在鸿门没有被杀，这都是天命在左右，谁能违抗得了！如果真像符谶所说的那样，把他留下来却正好是促使灾害加重。"于是，派遣司马休之去了。

17　东晋下诏加封太尉刘裕为太傅、扬州牧，特许他可以带剑穿鞋上殿，进宫朝见皇帝不必小步走，奏事时不必司仪称名通报。任命兖、青二州刺史刘道怜为都督荆、湘、益、秦、宁、梁、雍七州诸军事、骠骑将军、荆州刺史。刘道怜为人贪婪鄙俗，没有才能，刘裕任命中军长史、晋陵太守谢方明为骠骑长史、南郡相，刘道怜府中的所有事务都向谢方明请教后再决定。谢方明是谢冲的儿子。

18　东晋益州刺史朱龄石派遣使节前去拜见北凉河西王沮渠蒙逊，宣扬东晋朝廷的威势和德政。沮渠蒙逊派遣舍人黄迅前来拜见朱龄石，并且呈上奏表，说："听说车骑将军刘裕打算清剿中原地区，我甘愿做他的右翼部队，帮助他驱逐戎族强盗。"

19　夏王赫连勃勃派遣御史中丞乌洛孤与沮渠蒙逊缔结盟约，沮渠蒙逊派他的弟弟湟河太守沮渠汉平前往夏国，在盟约上签字。

20　西秦王炽磐率众三万袭湟河，沮渠汉平拒之，遣司马隗仁夜出击炽磐，破之。炽磐将引去，汉平长史焦昶、将军段景潜召炽磐，炽磐复攻之。昶、景因说汉平出降。仁勒壮士百馀据南门楼，三日不下，力屈，为炽磐所禽。炽磐欲斩之，散骑常侍武威段晖谏曰："仁临难不畏死，忠臣也，宜宥之以厉事君。"乃囚之。炽磐以左卫将军匹达为湟河太守，击乙弗窟乾，降其三千馀户而归。以尚书右仆射出连虔为都督岭北诸军事、凉州刺史，以凉州刺史谦屯为镇军大将军、河州牧。隗仁在西秦五年，段晖又为之请，炽磐免之，使还姑臧。

21　戊午，魏主嗣行如濡源，遂至上谷、涿鹿、广宁。秋，七月癸未，还平城。

22　西秦王炽磐以秦州刺史昙达为尚书令，光禄勋王松寿为秦州刺史。

23　辛亥晦，日有食之。

24　八月甲子，太尉裕还建康，固辞太傅、州牧，其馀受命。以豫章公世子义符为兖州刺史。

25　丁未，谢裕卒。以刘穆之为左仆射。

26　九月己亥，大赦。

27　魏比岁霜旱，云、代之民多饥死。太史令王亮、苏坦言于魏主嗣曰："按谶书，魏当都邺，可得丰乐。"嗣以问群臣，博士祭酒崔浩、特进京兆周澹曰："迁都于邺，可以救今年之饥，非久长之计也。山东之人，以国家居广汉之地，谓其民畜无涯，号曰'牛毛之众'。今留兵守旧都，分家南徙，不能满诸州之地，参居郡县，情见事露，恐四方皆有轻侮之心。且百姓不便水土，疾疫死伤者

20　西秦王乞伏炽磐统率三万大军袭击湟河，沮渠汉平抵抗，派遣司马隗仁连夜出击乞伏炽磐，把他打败。乞伏炽磐刚打算带兵回去，沮渠汉平的长史焦昶、将军段景暗地里招引乞伏炽磐来攻，乞伏炽磐再次挥师进攻。焦昶、段景于是劝说沮渠汉平出城投降。隗仁带领一百多名壮士占据南门楼，坚决不投降，围攻了三天也没有攻下，最后精疲力尽，被乞伏炽磐抓获。乞伏炽磐打算杀了他，散骑常侍武威人段晖劝说道："隗仁面临危难不怕死，是一个忠臣，应该宽宥他，以此鼓励那些忠于君王的人们。"于是，把他囚禁起来。乞伏炽磐任命左卫将军乞伏匹达为湟河太守，进攻乙弗窟乾，收降了那里的三千多户百姓回来。又任命尚书右仆射出连虔为都督岭北诸军事、凉州刺史，任命凉州刺史乞伏谦屯为镇军大将军、河州牧。隗仁在西秦被囚五年之后，段晖又为他求情，乞伏炽磐赦免了他，让他回姑臧。

21　戊午，北魏国主拓跋嗣前往濡源，于是又到上谷、涿鹿、广宁等地。秋季，七月癸未（初二），回到平城。

22　西秦王乞伏炽磐任命秦州刺史乞伏昙达为尚书令，任命光禄勋王松寿为秦州刺史。

23　辛亥晦（三十日），出现日食。

24　八月甲子（十三日），东晋太尉刘裕回到建康，坚决辞去太傅、扬州牧，接受其馀任命。任命世子豫章公刘义符为兖州刺史。

25　丁未，东晋尚书左仆射谢裕去世。任命刘穆之为尚书左仆射。

26　九月己亥（十九日），东晋实行大赦。

27　北魏一连几年发生霜旱，收成不好，云中、代郡一带的老百姓有很多都饿死了。太史令王亮、苏坦向北魏国主拓跋嗣进言道："按着谶书的说法，我们魏国应把都城建在邺城，那样的话，才可以得到富足欢乐。"拓跋嗣向各位大臣征求对这事的意见，博士祭酒崔浩、特进京兆周澹说："迁都城到邺地，可以解救今年的饥荒，但却不是长久的办法。崤山以东的人民，认为国家本来居住在辽阔的大漠之上，以为国民和牲畜一定无数，因此，称作是'牛毛般的人群'。现在，一旦迁都，便要留下军队戍守旧都，只能分出一部分人向南迁移，这些人不可能住满几个州的土地，只好与汉人掺杂居住在各郡各县，这样，我们人少的情势就会暴露，恐怕四方的邻国也都会因此产生轻视我们的想法。况且我们的百姓不习惯那里的水土，得病、受伤、死亡的人

必多。又，旧都守兵既少，屈丐、柔然将有窥窬之心，举国而来，云中、平城必危，朝廷隔恒、代千里之险，难以赴救，此则声实俱损也。今居北方，假令山东有变，我轻骑南下，布濩林薄之间，孰能知其多少！百姓望尘慑服，此国家所以威制诸夏也。来春草生，湩酪将出，兼以菜果，得及秋熟，则事济矣。”嗣曰："今仓廪空竭，既无以待来秋，若来秋又饥，将若之何？"对曰："宜简饥贫之户，使就食山东。若来秋复饥，当更图之，但方今不可迁都耳。"嗣悦曰："唯二人与朕意同。"乃简国人尤贫者诣山东三州就食，遣左部尚书代人周几帅众镇鲁口以安集之。嗣躬耕藉田，且命有司劝课农桑。明年，大熟，民遂富安。

28　夏赫连建将兵击秦，执平凉太守姚军都，遂入新平。广平公弼与战于龙尾堡，禽之。

29　秦王兴药动。广平公弼称疾不朝，聚兵于第。兴闻之，怒，收弼党唐盛、孙玄等，杀之。太子泓请曰："臣不肖，不能缉谐兄弟，使至于此，皆臣之罪也。若臣死而国家安，愿赐臣死。若陛下不忍杀臣，乞退就藩。"兴恻然悯之，召姚赞、梁喜、尹昭、敛曼嵬与之谋，囚弼，将杀之，穷治党与。泓流涕固请，乃并其党赦之。泓待弼如初，无忿恨之色。

一定很多。再者，旧都的守兵减少之后，屈丐、柔然等国就会有窃取我们的想法，假如他们动员全国的军队前来进攻，云中、平城一定会发生危机，南迁后的朝廷由于有恒山、代郡的千里险要重重阻隔，很难前去营救，这样的话，就会在名声和实际利益上都受到损害。现在我们居住在北方，假如崤山之东的地区有什么变乱，我们派遣轻装骑兵向南进攻，把部队分布在林野中间，谁能知道我们人数的多少！老百姓看见我们的影子就会畏慑敬服，这就是我们国之所以用威力制服汉人的真正原因。明年春天到来之后，杂草生长起来，家畜吃饱之后，牛奶、乳酪等也便可以供应上了，再加上蔬菜水果，便可以维持到秋天粮食成熟的季节，我们面临的这些暂时困难便可以克服了。”拓跋嗣说：“现在国库彻底空了，已经没有办法再等到来年的秋天。如果明年秋天又出现饥荒，我们将怎么对付呢？”崔浩等回答说：“应该把最贫穷饥馁的人家挑选出来，让他们去太行山以东的地区去谋生找饭吃。如果明年再饥荒，到时候再想办法，只是现在不可迁都。”拓跋嗣高兴地说：“只有你们二人与我的想法一致。”于是挑选百姓中最贫寒的人家前往太行山以东的三个州去谋生，并派左部尚书代郡人周几统率军队镇守鲁口，安抚召集他们。拓跋嗣本人也亲自下农田耕种，又命令有关部门劝勉指导人们从事农业和种桑养蚕的劳动。第二年，庄稼丰收，人民于是富足安定。

28　夏国赫连建带领部队进攻后秦，抓获平凉太守姚军都，于是又进犯新平，后秦广平公姚弼与他们在龙尾堡交战，活捉赫连建。

29　后秦国王姚兴药毒发作。广平公姚弼声称有病，不去朝见，却把手下的部队聚集在自己的府第之中。姚兴听说这事后，大怒，抓住姚弼的党羽唐盛、孙玄等人，杀掉。太子姚泓请求说：“臣子不能像父亲那样，团结兄弟，做他们的楷模，所以才导致这样的结果，这都是我的罪过。如果我死之后国家可以得到安定，我希望您命我自杀。如果陛下不忍心杀掉我，那么我请求退居藩属的位置。”姚兴心中悲悯姚泓，召见姚赞、梁喜、尹昭、敛曼嵬等与他们商议，逮捕了姚弼，准备杀掉他，并彻底追查处理了他的亲信党羽。姚泓流着眼泪，一再请求，姚兴这才赦免了姚弼和他的那些同党。姚泓对待姚弼跟以前一样，没有丝毫愤恨的样子。

30　魏太史奏："荧惑在匏瓜中，忽亡不知所在，于法当入危亡之国，先为童谣妖言，然后行其祸罚。"魏主嗣召名儒十馀人使与太史议荧惑所诣。崔浩对曰："按《春秋左氏传》'神降于莘'，以其至之日推知其物。庚午之夕，辛未之朝，天有阴云。荧惑之亡，当在二日。庚之与午，皆主于秦。辛为西夷。今姚兴据长安，荧惑必入秦矣。"众皆怒曰："天上失星，人间安知所诣！"浩笑而不应。后八十馀日，荧惑出东井，留守句已，久之乃去。秦大旱，昆明池竭，童谣讹言，国人不安，间一岁而秦亡。众乃服浩之精妙。

31　冬，十月壬子，秦王兴使散骑常侍姚敞等送其女西平公主于魏，魏主嗣以后礼纳之。铸金人不成，乃以为夫人，而宠遇甚厚。

32　辛酉，魏主嗣如沮洳城。癸亥，还平城。十一月丁亥，复如豺山宫；庚子，还。

33　西秦王炽磐遣襄武侯昙达等将骑一万击南羌弥姐、康薄于赤水，降之。以王孟保为略阳太守，镇赤水。

34　燕尚书令孙护之弟伯仁为昌黎尹，与其弟叱支乙拔皆有才勇，从燕王跋起兵有功，求开府不得，有怨言，跋皆杀之。进护开府仪同三司、录尚书事，以慰其心，护怏怏不悦，跋鸩杀之。辽东太守务银提自以有功，出为边郡，怨望，谋外叛，跋亦杀之。

30　北魏太史启奏说:“火星在匏瓜星座中出现,忽然又不知跑到哪里去了,按道理说,它应该到形势危险严峻、马上就要灭亡的国家去,先出现童谣妖言,然后再发生祸乱,实行对该国的惩罚。”北魏国主拓跋嗣召见十几个有名的儒士,让他们与太史一起讨论参悟火星所示的含义,推测星落的方位。崔浩对答说:“按照《春秋左氏传》的说法‘神灵在莘地降落’,根据它降落的日期推测,可以得知这个神灵是谁。庚午(十九日)的晚上,辛未(二十日)的早晨,天上有阴云密布。火星失踪的时间,应该是在这两天。庚和午,在地上指的都是秦国。辛指的是西方的夷族。现在姚兴据守在长安,火星一定是降临到秦国去了。”众人都不客气地说:“天上没有了一颗星,人类怎么能够知道它掉到哪里去了!”崔浩微笑着并不回答。八十多天以后,火星突然又从井宿附近出现了,在那里若明若暗,很长时间才消失。后秦出现大旱,昆明池中的水也已枯竭,儿童歌谣和各种谣传四起,国中的百姓人心不安,只隔一年,后秦国便灭亡了。大家这才佩服崔浩的神奇精妙。

31　冬季,十月壬子(初二),后秦王姚兴派遣散骑常侍姚敞等人护送他的女儿西平公主出嫁到北魏。北魏国主拓跋嗣以皇后的礼节迎娶了她。但是铸金人没有成功,按照北魏的传统,她便不能做皇后,拓跋嗣于是封她为夫人,但对她的宠爱和照顾却最优厚。

32　辛酉(十一日),北魏国主拓跋嗣前往沮洳城。癸亥(十三日),回到平城。十一月丁亥(初八),他又前往豺山宫。庚子(二十一日),返回。

33　西秦王乞伏炽磐派遣襄武侯乞伏昙达等带领一万骑兵,在赤水袭击南羌的弥姐部落和康薄部落,收降了他们。乞伏炽磐任命王孟保为略阳太守,镇守赤水。

34　北燕尚书令孙护的弟弟孙伯仁为昌黎尹,与他的另一个弟弟孙叱支乙跋都有才略勇武,他们跟随燕王冯跋起兵篡权,立过汗马功劳,但是,他们请求开府仪同三司的待遇却没有得到朝廷的同意,因此口出怨言,冯跋把他们全部杀掉。却提升孙护为开府仪同三司、录尚书事,用来安慰他,孙护一直闷闷不乐,冯跋于是就用毒酒把他杀了。辽东太守务银提也自认为有功,却被派出镇守边远小郡,心中愤愤不平,阴谋在外地发动叛乱,冯跋也把他杀了。

35 林邑寇交州，州将击败之。

十二年（丙辰，416）

1 春，正月甲申，魏主嗣如豺山宫。戊子，还平城。

2 加太尉裕兖州刺史、都督南秦州，凡都督二十二州。以世子义符为豫州刺史。

3 秦王兴使鲁宗之将兵寇襄阳，未至而卒。其子轨引兵入寇，雍州刺史赵伦之击败之。

4 西秦王炽磐攻秦洮阳公彭利和于漒川，沮渠蒙逊攻石泉以救之。炽磐至沓中，引还。二月，炽磐遣襄武侯昙达救石泉，蒙逊亦引去。蒙逊遂与炽磐结和亲。

5 秦王兴如华阴，使太子泓监国，入居西宫。兴疾笃，还长安。黄门侍郎尹冲谋因泓出迎而杀之。兴至，泓将出迎，宫臣谏曰："主上疾笃，奸臣在侧，殿下今出，进不得见主上，退有不测之祸。"泓曰："臣子闻君父疾笃而端居不出，何以自安！"对曰："全身以安社稷，孝之大者也。"泓乃止。尚书姚沙弥谓尹冲曰："太子不出迎，宜奉乘舆幸广平公第。宿卫将士闻乘舆所在，自当来集，太子谁与守乎！且吾属以广平公之故，已陷名逆节，将何所自容！今奉乘舆以举事，乃杖大顺，不惟救广平之祸，吾属前罪亦尽雪矣。"冲以兴死生未可知，欲随兴入宫作乱，不用沙弥之言。

35　林邑进犯东晋的交州，州的守将把来敌打败。

晋安帝义熙十二年（丙辰，公元416年）

1　春季，正月甲申（初六），北魏国主拓跋嗣前往豺山宫。戊子（初十），回到平城。

2　东晋加封太尉刘裕为兖州刺史，都督南秦州，至此，他共都督二十二州。任命他的世子刘义符为豫州刺史。

3　后秦王姚兴派遣鲁宗之带兵进犯襄阳，还没有到，鲁宗之便突然去世。他的儿子鲁轨继续带兵进犯，雍州刺史赵伦之把他打败。

4　西秦王乞伏炽磐在湿川进攻后秦洮阳公彭利和，沮渠蒙逊进攻西秦所属的石泉以此解救彭利和。乞伏炽磐的大军抵达沓中，听说消息后，带兵回国。二月，乞伏炽磐派遣襄武侯乞伏昙达营救石泉，沮渠蒙逊也带兵回去了。沮渠蒙逊于是和乞伏炽磐通婚讲和。

5　后秦王姚兴前往华阴，让太子姚泓主持朝廷政务，进入西宫居住。姚兴病重，回长安。黄门侍郎尹冲谋划，要趁姚泓出去迎接的机会杀掉他。姚兴驾到，姚泓准备出去迎接，宫中官员劝阻道："主上病危，奸臣就在身旁，殿下现在如果出去，向前也看不见主上，后退则一定有难以预料的灾祸。"姚泓说："作为臣下和儿子听说君王和父亲病重，却稳稳当当地坐在那里不出去迎候，怎能安心呢！"下属们回答说："保全自己目的是为了使国家稳定，这是最大的孝心了。"姚泓这才没有出去。尚书姚沙弥对尹冲说："太子不出来迎接，我们应该把皇帝的车轿抬到广平公的府第去。禁卫军的将士听说皇上在这里，自然应当集中过来，谁去保护太子呢！况且我们因为广平公的缘故，名字已经落入叛逆的行列，将来到哪里安身！现在趁机挟持皇帝发动事变，是名正言顺的，不但是把广平公从祸患中解救出来，而且我们这些人以前的罪名也可以全部昭雪了。"尹冲因为姚兴的死活还不知道，打算跟随姚兴进宫，然后再寻找机会叛乱，便不采纳姚沙弥的建议。

兴入宫，命太子泓录尚书事，东平公绍及右卫将军胡翼度典兵禁中，防制内外。遣殿中上将军敛曼嵬收弼第中甲仗，内之武库。

兴疾转笃，其妹南安长公主问疾，不应。幼子耕兒出，告其兄南阳公愔曰："上已崩矣，宜速决计。"愔即与尹冲帅甲士攻端门，敛曼嵬、胡翼度等勒兵闭门拒战。愔等遣壮士登门，缘屋而入，及于马道。泓侍疾在谘议堂，太子右卫率姚和都率东宫兵入屯马道南。愔等不得进，遂烧端门，兴力疾临前殿，赐弼死。禁兵见兴，喜跃，争进赴贼，贼众惊扰。和都以东宫兵自后击之，愔等大败。愔逃于骊山，其党建康公吕隆奔雍，尹冲及弟泓来奔。兴引东平公绍及姚瓒、梁喜、尹昭、敛曼嵬入内寝，受遗诏辅政。明日，兴卒。泓秘不发丧，捕南阳公愔及吕隆、大将军尹元等，皆诛之，乃发丧，即皇帝位，大赦，改元永和。泓命齐公恢杀安定太守吕超。恢犹豫久之，乃杀之。泓疑恢有贰心，恢由是惧，阴聚兵谋作乱。泓葬兴于偶陵，谥曰文桓皇帝，庙号高祖。

初，兴徙李闰羌三千户于安定。兴卒，羌酋党容叛，泓遣抚军将军姚瓒讨降之，徙其酋豪于长安，馀遣还李闰。北地太守毛雍据赵氏坞以叛，东平公绍讨禽之。时姚宣镇李闰，参军韦宗闻毛雍叛，说宣曰："主上新立，威德未著，国家之难，未可量也，殿下不可不为深虑。邢望险要，宜徙据之，此霸王之资也。"宣从之，帅户三万八千，弃李闰，南保邢望。诸羌据李闰以叛，东平公绍进讨，破之。宣诣绍归罪，绍杀之。

姚兴进入内宫，命令太子姚泓录尚书事，命令东平公姚绍及右卫将军胡翼度带兵驻防王宫，对内外情势，严加防御。派遣殿中上将军敛曼嵬搜查收缴姚弼府第中的武器装备，存入国家的武器仓库。

姚兴的病越来越重，他的妹妹南安长公主前来探病，问候他，他没有回答。他的小儿子姚耕兒出宫，告诉他的哥哥南阳公姚愔说："皇上已经驾崩了，应该快点决定对策。"姚愔便与尹冲率领全副武装的战士进攻端门，敛曼嵬、胡翼度等人指挥军队紧闭宫门拒守力战。姚愔等人派遣精壮的士兵登上门楼，延着屋檐前进，到了马道的地方。姚泓在谘议堂侍奉父亲的病，太子右卫率姚和都率领太子宫的军队进驻马道以南。姚愔等没有办法前进，于是，便放火烧了端门，姚兴勉强支撑起来，来到前殿，命令姚弼自杀。禁卫部队看到姚兴，欢呼跳跃，争先恐后地发动冲锋攻击敌兵，敌兵惊慌失措。姚和都又带领太子宫卫队从后面夹击敌人，姚愔等人大败。姚愔逃奔骊山，他的同党建康公吕隆逃奔雍城，尹冲和他的弟弟尹泓逃奔东晋。姚兴把东平公姚绍以及姚赞、梁喜、尹昭、敛曼嵬召进内宫他的床边，交给他们遗诏，让他们辅佐朝政。第二天，姚兴去世。姚泓封锁姚兴的死讯，不发布消息，下令逮捕南阳公姚愔和吕隆、大将军尹元等人，全部杀掉，然后才公布父亲去世的消息，登上大位，下令大赦，改年号为永和。姚泓命令齐公姚恢杀掉安定太守吕超。姚恢犹豫很久，才把吕超杀了。姚泓怀疑姚恢对他有贰心，姚恢因此非常害怕，暗地里聚集军队阴谋叛乱。姚泓把姚兴安葬在偶陵，追谥为文桓皇帝，庙号高祖。

当初，姚兴把李闰的羌族三千户迁移到安定居住。姚兴去世之后，羌族首领党容背叛，姚泓派遣抚军将军姚赞前去讨伐并收降了他们，把他们的首领和豪族迁到长安，其他的都遣回李闰。北地太守毛雍据守赵氏坞叛变，东平公姚绍前往征讨并把他抓获。这时姚宣镇守李闰，参军韦宗听说毛雍反叛，劝说姚宣道："主上刚刚登基，威望和德行还没有表现得很明显，国家的灾难是无法预测的，殿下不能不为此多想一想。邢望那里地势险要，应该迁到那里去据守，那是做一个霸王的基本条件。"姚宣听从了他的话，统率三万八千户居民，放弃李闰，向南去保守邢望。几个羌族部落占据李闰反叛，东平公姚绍进兵讨伐，把他们打败。姚宣前去拜见姚绍请罪，姚绍把他杀了。

6　二月，加太尉裕中外大都督。裕戒严将伐秦，诏加裕领司、豫二州刺史，以其世子义符为徐、兖二州刺史。琅邪王德文请启行戎路，修敬山陵。诏许之。

7　夏，四月壬子，魏大赦，改元泰常。

8　西秦襄武侯昙达等击秦秦州刺史姚艾于上邽，破之，徙其民五千馀户于枹罕。

9　五月癸巳，加太尉裕领北雍州刺史。

10　六月丁巳，魏主嗣北巡。

11　并州胡数万落叛秦，入于平阳，推匈奴曹弘为大单于，攻立义将军姚成都于匈奴堡。征东将军姚懿自蒲坂讨之，执弘，送长安，徙其豪右万五千落于雍州。

12　氐王杨盛攻秦祁山，拔之，进逼秦州。秦后将军姚平救之。盛引兵退，平与上邽守将姚嵩追之。夏王勃勃帅骑四万袭上邽，未至，嵩与盛战于竹岭，败死。勃勃攻上邽，二旬，克之，杀秦州刺史姚军都及将士五千馀人，因毁其城。进攻阴密，又杀秦将姚良子及将士万馀人。以其子昌为雍州刺史，镇阴密。征北将军姚恢弃安定，奔还长安，安定人胡俨等帅户五万据城降于夏。勃勃使镇东将军羊苟兒将鲜卑五千镇安定，进攻秦镇西将军姚谌于雍城，谌委镇奔长安。勃勃据雍，进掠郿城。秦东平公绍及征虏将军尹昭等将步骑五万击之，勃勃退趋安定，胡俨闭门拒之，杀羊苟兒及所将鲜卑，复以安定降秦。绍进击勃勃于马鞍阪，破之，追至朝那，不及而还。勃勃归杏城。杨盛复遣兄子倦击秦，至陈仓，秦敛曼嵬击却之。夏王勃勃复遣兄子提南侵泄阳，秦车骑将军姚裕等击却之。

6　二月，东晋朝廷加授太尉刘裕为中外大都督。刘裕动员军队严加戒备，准备讨伐后秦，安帝下诏加授刘裕兼任司、豫两州刺史，任命他的世子刘义符为徐、兖两州刺史。琅邪王司马德文请求率领部队在前开路，到洛阳去整修祖先的陵墓。安帝下诏允许。

7　夏季，四月壬子（初五），北魏实行大赦，改年号为泰常。

8　西秦国襄武侯乞伏昙达等在上邽袭击后秦国秦州刺史姚艾，并把他打败，把当地的五千多户居民迁移到枹罕。

9　五月癸巳（十七日），东晋加授太尉刘裕兼任北雍州刺史。

10　六月丁巳（十一日），北魏国主拓跋嗣向北巡视。

11　并州几万帐落的胡人背叛后秦，来到平阳，推举匈奴人曹弘为大单于，向匈奴堡开进，攻伐立义将军姚成都。征东将军姚懿从蒲坂发兵讨伐他们，抓住了曹弘，押送到长安，并把他们中间的一万五千多帐落的豪门大族迁往雍州。

12　氐王杨盛进攻后秦的祁山，攻克了那里，并进而向秦州逼近。后秦后将军姚平赶来援救。杨盛带兵撤退，姚平与上邽守将姚嵩追击他。夏王赫连勃勃统率四万骑兵袭击上邽，还未赶到，姚嵩便在竹岭与杨盛的激战中兵败身死。赫连勃勃进攻上邽，二十天之后，攻克，杀死秦州刺史姚军都及将士五千多人，并摧毁了城墙。他进而进攻阴密，又杀死了后秦国守将姚良子以及一万多将领士卒。他任命自己的儿子赫连昌为雍州刺史，镇守阴密。后秦征北将军姚恢放弃安定，逃奔回长安，安定人胡俨等统率五万户居民占据城池向夏国投降。赫连勃勃让镇东将军羊苟兒带领五千鲜卑人镇守安定，去雍城进攻后秦镇西将军姚谌，姚谌放弃了防地逃奔长安。赫连勃勃据守雍城，进军劫掠郿城。后秦东平公姚绍及征虏将军尹昭等率领步兵、骑兵五万人迎击他们，赫连勃勃退至安定，胡俨紧闭城门抵抗他，并杀了羊苟兒和他所带领的鲜卑人，再次献出安定，归降后秦。姚绍进军到马鞍阪向赫连勃勃发动攻击，并把他打败，一直追到朝那，没有追上便回来了。赫连勃勃回杏城。杨盛再次派遣侄儿杨倦进攻后秦，抵达陈仓，后秦的敛曼嵬把他击退。夏王赫连勃勃又派侄儿赫连提向南侵犯泄阳，后秦车骑将军姚裕等把他打跑。

13　凉司马索承明上书劝凉公暠伐河西王蒙逊，暠引见，谓之曰："蒙逊为百姓患，孤岂忘之！顾势力未能除耳。卿有必禽之策，当为孤陈之。直唱大言，使孤东讨，此与言'石虎小竖，宜肆诸市朝'者何异！"承明惭惧而退。

14　秋，七月，魏主嗣大猎于牛川，临殷繁水而还。戊戌，至平城。

15　八月丙午，大赦。

16　宁州献琥珀枕于太尉裕。裕以琥珀治金创，得之大喜，命碎捣分赐北征将士。

裕以世子义符为中军将军，监太尉留府事。刘穆之为左仆射，领监军、中军二府军司，入居东府，总摄内外；以太尉左司马东海徐羡之为穆之之副；左将军朱龄石守卫殿省，徐州刺史刘怀慎守卫京师，扬州别驾从事史张裕任留州事。怀慎，怀敬之弟也。

刘穆之内总朝政，外供军旅，决断如流，事无拥滞。宾客辐凑，求诉百端，内外谘禀，盈阶满室。目览辞讼，手答笺书，耳行听受，口并酬应，不相参涉，悉皆赡举。又喜宾客，言谈赏笑，弥日无倦。裁有闲暇，手自写书，寻览校定。性奢豪，食必方丈，旦辄为十人馔，未尝独餐。尝白裕曰："穆之家本贫贱，赡生多阙。自叨忝以来，虽每存约损，而朝夕所须，微为过丰，自此外一毫不以负公。"中军谘议参军张卲言于裕曰："人生危脆，必当远虑。穆之若邂逅不幸，谁可代之？尊业如此，苟有不讳，处分云何？"裕曰："此自委穆之及卿耳。"

13　西凉司马索承明呈上奏疏，劝说西凉公李暠讨伐北凉河西王沮渠蒙逊，李暠召他进宫见面，对他说："沮渠蒙逊成为百姓的祸患，我怎么能够忘了他！只不过我的气势力量还不能把他除掉罢了。你如果有一定可以擒获他的计策，就应该把它告诉我。只是一味地唱高调、说大话，让我向东讨伐，这和说'石虎这小崽子，应该抓起来绑到市井上去斩首'的人有什么差别！"索承明羞惭惶恐而退。

14　秋季，七月，北魏国主拓跋嗣在牛川大规模打猎，到了殷繁水才回来。戊戌（二十三日），抵达平城。

15　八月丙午（初一），东晋实行大赦。

16　东晋宁州把一个琥珀做的枕头进献给太尉刘裕。刘裕因为琥珀可以治疗外伤，所以得到这个枕头非常高兴，命令把它捣碎，分别赐给即将要去北方征战的兵士。

刘裕任命自己的世子刘义符为中军将军，监太尉留府事。任命刘穆之为左仆射，兼任监军、中军二府军司，并让他进入东府居住，总管朝廷内外的一切事务。任命太尉左司马东海人徐羡之为刘穆之的副手，命左将军朱龄石守卫宫廷及国家办事机构，命徐州刺史刘怀慎守卫京师，命扬州别驾从事史张裕任留州事。刘怀慎是刘怀敬的弟弟。

刘穆之在内总管朝廷政务，在外供应军旅的给养，遇事当机立断，因此一切事情，没有堆积迟滞的。宾客从四方集中到这里，各种请求诉讼千头万绪，内内外外，谘询禀报，堆满台阶屋子。他竟然能够眼睛看辞作讼书，手写答复信件，耳朵同时听属下的汇报，嘴里也应酬自如，同时进行的这四种工作互相之间又不混淆错乱，全都处置得当。他又喜欢宾客来往，说笑谈天，从早到晚，毫无倦意。偶尔有闲暇时间，他便练习书法，亲自抄书，参阅古籍，校订错误。他的性格奢放豪迈，吃饭一定要宽大的饭桌，一大早便准备十个人左右的饭食，从未单独进餐。他曾经告诉刘裕说："我刘穆之的家庭出身本来贫穷微贱，维持生计都很艰难。自从得到您的信任、跟从您以来，虽然心中常常想着节俭，但从早到晚所需要的花销，仍然稍微显得过于丰厚了一点，除此而外，没有一点是对不起您的了。"中军谘议参军张邵对刘裕说："人的生命脆弱，必须有一个长远的打算。刘穆之如果遇到什么不幸，谁可以代替他呢？而你所开创的功业已经到了这种程度，如果一旦发生不幸，你说该如何处理后事？"刘裕说："这自然要完全交给刘穆之和你了。"

丁巳，裕发建康，遣龙骧将军王镇恶、冠军将军檀道济将步军自淮、淝向许、洛，新野太守朱超石、宁朔将军胡藩趋阳城，振武将军沈田子、建威将军傅弘之趋武关，建武将军沈林子、彭城内史刘遵考将水军出石门，自汴入河，以冀州刺史王仲德督前锋诸军，开钜野入河。遵考，裕之族弟也。刘穆之谓王镇恶曰："公今委卿以伐秦之任，卿其勉之！"镇恶曰："吾不克关中，誓不复济江！"

裕既行，青州刺史檀祗自广陵辄率众至涂中掩讨亡命。刘穆之恐祗为变，议欲遣军。时檀韶为江州刺史，张邵曰："今韶据中流，道济为军首，若有相疑之迹，则大府立危，不如逆遣慰劳以观其意，必无患也。"穆之乃止。

17　初，魏主嗣使公孙表讨白亚栗斯，曰："必先与秦洛阳戍将相闻，使备河南岸，然后击之。"表未至，胡人废白亚栗斯，更立刘虎为率善王。表以胡人内自携贰，势必败散，遂不告秦将而击之，大为虎所败，士卒死伤甚众。

嗣谋于群臣曰："胡叛逾年，讨之不克，其众繁多，为患日深。今盛秋不可复发兵，妨民农务，将若之何？"白马侯崔宏曰："胡众虽多，无健将御之，终不能成大患。表等诸军，不为不足，但法令不整，处分失宜，以致败耳。得大将素有威望者将数百骑往摄表军，无不克矣。相州刺史叔孙建前在并州，为胡、魏所畏服，诸将莫及，可遣也。"嗣从之，以建为中领军，督表等讨虎。九月戊午，大破之，斩首万馀级，虎及司马顺宰皆死，俘其众十万馀口。

丁巳(十二日),刘裕从建康出发,他派遣龙骧将军王镇恶、冠军将军檀道济带领步兵从淮河、淝水向许昌、洛阳进发;派遣新野太守朱超石、宁朔将军胡藩进军阳城;派遣振武将军沈田子、建威将军傅弘之进军武关;派遣建武将军沈林子、彭城内史刘遵考带领水师从石门出发,自汴水入黄河;任命冀州刺史王仲德督领前锋的几支部队,开通钜野被淤塞的旧运河,进入黄河。刘遵考是刘裕的本家弟弟。刘穆之对王镇恶说:"刘公这次交给你讨伐秦国的重任,你可要努力啊!"王镇恶说:"我如果不攻克收复关中地区,以后誓不再过长江!"

刘裕起兵出发之后,青州刺史檀祗便从广陵擅自率领军队到涂中掩杀讨伐逃亡的百姓。刘穆之担心檀祗趁机制造变乱,商议准备派军队防备。当时,檀韶任江州刺史,张邵说:"现在檀韶占据长江中游,檀道济为讨伐秦国军队的重要将领,如果露出一些怀疑他的迹象,那么,留在京都的太尉府乃至朝廷便会马上陷入危险,不如派人迎上去慰劳他,顺便观察一下他的意图,一定没什么可担忧的。"刘穆之这才停止行动。

17　当初,北魏国主拓跋嗣派遣公孙表前去讨伐白亚栗斯,说:"一定事先通知秦国的洛阳守将,让他们在黄河南岸严密设防,然后进攻他。"公孙表还没有到达,胡人便废黜了白亚栗斯,重新拥立刘虎为率善王。公孙表以为胡人内部钩心斗角、毫不团结,结果一定会失败溃散,于是并不通告后秦的守将便发动了进攻,被刘虎打得大败,士卒中死伤的人很多。

拓跋嗣与各位大臣商议说:"胡人背叛我们已超过了一年,征讨他们也没有获胜,他们的人数又很多,制造的祸患也一天比一天深。现在又正值盛秋,不可以再次发动军队前去讨伐,以免妨碍百姓收获庄稼。怎么办好呢?"白马侯崔宏说:"胡人虽然数量很多,却没有特别称职的大将统辖他们,终究不能成为太大的祸患。公孙表等的几支军队,不能说力量不够,但是他们的军纪法令却不能严格统一,对战机的把握和对事情的处理都有失妥当,因此才导致了失败。我看只要选好一员平时便很有威望的大将带领几百名骑兵前去统御公孙表的军队,便没有不打胜仗的。相州刺史叔孙建以前在并州任职,胡人、汉人对他都很害怕敬服,其他将领都赶不上他,可以派他去。"拓跋嗣依从了他的建议,任命叔孙建为中领军,监督公孙表等人去讨伐刘虎。九月戊午,把敌军打得大败,杀死了一万多人,刘虎和司马顺宰全部战死,俘虏了那里的百姓十万多口。

18　太尉裕至彭城，加领徐州刺史。以太原王玄谟为从事史。

初，王廞之败也，沙门昙永匿其幼子华，使提衣襆自随。津逻疑之。昙永呵华曰："奴子何不速行！"棰之数十，由是得免。遇赦，还吴。以其父存亡不测，布衣蔬食，绝交游不仕，十馀年。裕闻华贤，欲用之，乃发廞丧，使华制服。服阕，辟为徐州主簿。

王镇恶、檀道济入秦境，所向皆捷。秦将王苟生以漆丘降镇恶，徐州刺史姚掌以项城降道济，诸屯守皆望风款附。惟新蔡太守董遵不下，道济攻拔其城，执遵，杀之。进克许昌，获秦颍川太守姚垣及大将杨业。沈林子自汴入河，襄邑人董神虎聚众千馀人来降，太尉裕版为参军。林子与神虎共攻仓垣，克之，秦兖州刺史韦华降。神虎擅还襄邑，林子杀之。

秦东平公绍言于秦主泓曰："晋兵已过许昌。安定孤远，难以救卫，宜迁其镇户，内实京畿，可得精兵十万，虽晋、夏交侵，犹不亡国。不然，晋攻豫州，夏攻安定，将若之何？事机已至，宜在速决。"左仆射梁喜曰："齐公恢有威名，为岭北所惮，镇人已与勃勃深仇，理应守死无贰。勃勃终不能越安定远寇京畿。若无安定，虏马必至于郿。今关中兵足以拒晋，无为豫自损削也。"泓从之。

18　东晋太尉刘裕抵达彭城，朝廷加封他兼任徐州刺史。任命太原人王玄谟为从事史。

当初，王廞失败的时候，僧人昙永把他的小儿子王华藏了起来，让他扮作童仆，提着自己的衣裳行李跟在后面。码头巡逻检查的人对这孩子产生怀疑。昙永呵斥王华说："你这小奴才，为什么不快走！"用棍子打了他几十下，因此才免于被识破。后来，遇到大赦，他才到吴郡。他因为父亲下落不明，不知是死是活，所以只穿布衣，只吃蔬菜，拒绝与别人交往游历，不出来做官，这样过了十几年。刘裕听说王华贤明，打算征用他，于是便为王廞发丧，让王华穿了三年的丧服。三年之后，征召他为徐州主簿。

王镇恶、檀道济进入了后秦的境界，所过之处，全部告捷。后秦将领王苟生献出漆丘向王镇恶投降，后秦徐州刺史姚掌献出项城投降了檀道济，其他的那些保卫地方的守军也都听见东晋军消息便前来归顺。只有新蔡太守董遵不肯屈服，檀道济攻克了他所坚守的城池，抓住了董遵，把他杀了。他们进军攻克了许昌，抓获了后秦颍川太守姚垣以及大将军杨业。沈林子从汴水进入黄河，襄邑人董神虎聚集了一千多部众赶来投降，太尉刘裕任命他为参军。沈林子与董神虎一起进攻仓垣，并把那里攻破，后秦兖州刺史韦华投降。董神虎擅自回到家乡襄邑，沈林子把他杀了。

后秦东平公姚绍向后秦王姚泓进言道："晋军已经过了许昌。安定遥远孤立，很难救援守卫，应该把迁到那里充实防务和农耕的镇户全部迁回，充实京畿的力量，这样，可以得到十万精锐部队，虽然晋朝和夏国轮流入侵，也还不至于使国家沦亡。如果不这样的话，晋国进攻豫州，夏国进攻安定，我们怎么办呢？事情的关键时刻已经到来，应该尽快决定。"左仆射梁喜说："齐公姚恢一向有威勇的名声，岭北一带的军民对他都很害怕，镇守在那里的人也已与赫连勃勃结下深仇，所以理所应当拚死拒守，没有别的想法。赫连勃勃到最后也不会越过安定远征京师。如果没有安定这座屏障，强盗的战马一定会进发到郿县。现在，关中的兵马足可以抵抗东晋，不应该自己先损害削弱自己。"姚泓听从了他的话。

吏部郎懿横密言于泓曰："恢于广平之难，有忠勋于陛下。自陛下龙飞绍统，未有殊赏以答其意。今外则置之死地，内则不豫朝权，安定人自以孤危逼寇，思南迁者十室而九，若恢拥精兵数万，鼓行而向京师，得不为社稷之累乎！宜征还朝廷以慰其心。"泓曰："恢若怀不逞之心，征之适所以速祸耳。"又不从。

王仲德水军入河，将逼滑台。魏兖州刺史尉建畏懦，帅众弃城，北渡河。仲德入滑台，宣言曰："晋本欲以布帛七万匹假道于魏，不谓魏之守将弃城遽去。"魏主嗣闻之，遣叔孙建、公孙表自河内向枋头，因引兵济河，斩尉建于城下，投尸于河，呼仲德军人，问以侵寇之状。仲德使司马竺和之对曰："刘太尉使王征虏自河入洛，清扫山陵，非敢为寇于魏也。魏之守将自弃滑台去，王征虏借空城以息兵，行当西引，于晋、魏之好无废也。何必扬旗鸣鼓以曜威乎！"嗣使建以问太尉裕。裕逊辞谢之曰："洛阳，晋之旧都，而羌据之。晋欲修复山陵久矣。诸桓宗族，司马休之、国璠兄弟，鲁宗之父子，皆晋之蠹也，而羌收之以为晋患。今晋将伐之，欲假道于魏，非敢为不利也。"魏河内镇将于栗磾有勇名，筑垒于河上以备侵轶。裕以书与之，题曰"黑矟公麾下"。栗磾好操黑矟以自标，故裕以此目之。魏因拜栗磾为黑矟将军。

吏部郎懿横秘密地向姚泓进言道："姚恢在广平之难的时候，对陛下忠诚不贰，立下大功。自从陛下继承大统当上皇帝之后，也没有给他特别的封赏报答他的忠心。现在，对他来说，在外是把他遗弃在必死之地，在内又不让他参与朝廷的决策，安定的百姓自认为一座孤城岌岌可危，强敌又渐渐逼近，因此希望迁回南方的人十有九个。如果姚恢操纵几万精锐部队，擂起战鼓向京师进发，岂不是国家的大麻烦吗！应该把他征召回朝廷以安慰他的情绪。"姚泓说："姚恢如果心怀不轨，阴谋叛逆，把他征召回朝，不过正好加速灾祸的到来罢了。"又不接受他的意见。

东晋王仲德率领的水师进入黄河，即将迫近滑台。北魏兖州刺史尉建怯懦畏惧，统率部众放弃守城，向北渡过黄河。王仲德进入了滑台，并宣告说："我们晋朝本来打算用七万匹布帛做代价向魏国借道，却想不到魏国的守将却突然放弃城池逃跑。"北魏国主拓跋嗣听说后，派遣叔孙建、公孙表从河内向枋头进军，又带兵渡过黄河，在滑台城下杀掉尉建，把他的尸体投入黄河，并向王仲德的部下诘问为什么入侵进犯。王仲德派司马竺和之上前回答说："刘太尉派遣征虏将军王仲德从黄河进军洛阳，去清扫晋室的祖先陵墓，并不敢向魏国发动进攻。魏的守将自己放弃滑台逃走，王将军才借助这座空城安歇部队，我们马上就要向西进发，并不妨碍晋、魏的和睦关系。你们有什么必要高扬战旗、紧擂战鼓显示威力呢！"拓跋嗣又派叔孙建质问东晋太尉刘裕。刘裕谦逊地道歉说："洛阳是我们晋朝的旧都，但是，却被羌人占据了。我们晋朝打算修复晋室祖先陵墓已经有很长时间了。而桓氏的同属亲属，司马休之、司马国璠兄弟，鲁宗之父子等人，都是晋朝的蠹虫和叛逆，但是羌贼们却收留他们，给我们留下后患。现在我们晋朝准备讨伐他，打算向你们魏国借一条道，不敢对你们有什么不利的举动。"北魏镇守河内的大将于栗磾有勇武的名声，在黄河岸上构筑堡垒，防备东晋的侵扰。刘裕写一封信给他，上面的称呼是"黑矟公麾下"。于栗磾喜欢使用黑矟做武器，因此这成了他的标志，所以，刘裕才这样称呼他。北魏于是也封于栗磾为黑矟将军。

19　冬，十月壬戌，魏主嗣如豺山宫。

20　初，燕将库傉官斌降魏，既而复叛归燕。魏主嗣遣骁骑将军延普渡濡水击斌，斩之。遂攻燕幽州刺史库傉官昌、征北将军库傉官提，皆斩之。

21　秦阳城、荥阳二城皆降，晋兵进至成皋。秦征南将军陈留公洸镇洛阳，遣使求救于长安。秦主泓遣越骑校尉阎生帅骑三千救之，武卫将军姚益男将步卒一万助守洛阳，又遣并州牧姚懿南屯陕津，为之声援。宁朔将军赵玄言于洸曰："今晋寇益深，人情骇动。众寡不敌，若出战不捷，则大事去矣。宜摄诸戍之兵，固守金墉，以待西师之救。金墉不下，晋必不敢越我而西，是我不战而坐收其弊也。"司马姚禹阴与檀道济通，主簿阎恢、杨虔，皆禹之党也，共嫉玄，言于洸曰："殿下以英武之略，受任方面。今婴城示弱，得无为朝廷所责乎？"洸以为然，乃遣赵玄将兵千馀南守柏谷坞，广武将军石无讳东戍巩城。玄泣谓洸曰："玄受三帝重恩，所守正有死耳。但明公不用忠臣之言，为奸人所误，后必悔之。"既而成皋、虎牢皆来降，檀道济等长驱而进，无讳至石关，奔还。龙骧司马荥阳毛德祖与玄战于柏谷，玄兵败，被十馀创，据地大呼。玄司马蹇鉴冒刃抱玄而泣，玄曰："吾创已重，君宜速去！"鉴曰："将军不济，鉴去安之！"与之皆死。姚禹

19　冬季，十月壬戌（十八日），北魏国主拓跋嗣前往豺山宫。

20　当初，北燕将领库傉官斌投降了北魏，不久又叛变北魏重新归附北燕。北魏国主拓跋嗣派遣骁骑将军延普渡过濡水去进攻库傉官斌，把他杀了。于是，他们又乘胜进攻北燕幽州刺史库傉官昌、征北将军库傉官提，把他们全部杀掉。

21　后秦阳城、荥阳两座城全部投降，东晋部队进发到成皋。后秦征南将军陈留公姚洸镇守洛阳，派遣信使向长安请求救援。后秦王姚泓派遣越骑校尉阎生率领三千骑兵赶来救助，派遣武卫将军姚益男带领一万步兵去协助镇守洛阳，又派并州牧姚懿向南去屯扎在陕津，作为他们的声援。宁朔将军赵玄对姚洸进言道："现在晋的强盗越来越深入我们国土，人心震骇动摇。他们人多我们人少无法抵挡他们，如果出去迎战反而不能取胜，那么我们的宏伟事业便会一去不复返了。所以，我们应该让几处镇守的大军不动，坚守金墉，以等待西部的军队前来救援。金墉不被攻克，晋军一定不敢越过我们向西进发，这样，我们便可以不去迎战，坐在这里等待他们出现漏洞。"司马姚禹暗地里与东晋的檀道济勾结、通谋，主簿阎恢、杨虔都是姚禹的党羽，他们都非常嫉妒、厌恶赵玄，所以便对姚洸进言道："殿下因为有英明勇武的谋略和能力，接受独当一面的国家重任。现在只是绕城坚守向敌人显示自己的懦弱，怎么能不受到朝廷的责备呢？"姚洸也认为是这样，于是派遣赵玄带领部众一千多人向南驻守柏谷坞，派广武将军石无讳向东戍卫巩城。赵玄流着泪对姚洸说："我赵玄接受三代皇帝的重恩，所一直坚守的志向正是以死相报而已。但是明公不采纳忠臣的良言，被奸臣耽误，以后一定后悔。"不久，成皋、虎牢都投降东晋，檀道济等人带领大部队长驱直入，石无讳抵达石关，逃了回来。东晋龙骧司马荥阳人毛德祖在柏谷与赵玄展开战斗，赵玄的军队失败，他身受十几处伤，跌倒在地，大声呼喊。赵玄的司马蹇鉴冒着被杀的危险抱住赵玄哭泣，赵玄说："我的伤太重了，你应该快点逃走！"蹇鉴说："将军不脱离危险，我蹇鉴到哪里去！"最后与他一起死了。姚禹

逾城奔道济。甲子，道济进逼洛阳，丙寅，洸出降。道济获秦人四千馀人，议者欲尽坑之以为京观。道济曰："伐罪吊民，正在今日！"皆释而遣之。于是夷、夏感悦，归之者甚众。阎生、姚益男未至，闻洛阳已没，不敢进。

己丑，诏遣兼司空高密王恢之修谒五陵，置守卫。太尉裕以冠军将军毛脩之为河南、河内二郡太守，行司州事，戍洛阳。

22　西秦王炽磐使秦州刺史王松寿镇马头，以逼秦之上邽。

23　十一月甲戌，魏主嗣还平城。

24　太尉裕遣左长史王弘还建康，讽朝廷求九锡。时刘穆之掌留任，而旨从北来，穆之由是愧惧发病。弘，珣之子也。十二月壬申，诏以裕为相国、总百揆、扬州牧，封十郡为宋公，备九锡之礼，位在诸侯王上，领征西将军、司豫北徐雍四州刺史如故。裕辞不受。

25　西秦王炽磐遣使诣太尉裕，求击秦以自效。裕拜炽磐平西将军、河南公。

26　秦姚懿司马孙畅说懿使袭长安，诛东平公绍，废秦主泓而代之。懿以为然，乃散谷以赐河北夷、夏，欲树私恩。左常侍张敞、侍郎左雅谏曰："殿下以母弟居方面，安危休戚，与国同之。今吴寇内侵，四州倾没，西虏扰边，秦、凉覆败，朝廷之危，有如累卵。谷者，国之本也，而殿下无故散之，虚损国储，将若之何？"懿怒，笞杀之。

跳出城来投奔檀道济。甲子(二十日),檀道济进军逼近洛阳,丙寅(二十二日),姚洸出城投降。檀道济俘获后秦国人四千多,有提建议的人打算把他们全部活埋,筑起一座土丘。檀道济说:“讨伐罪人,安抚平民,今天正是时候!”于是,把他们全部释放,遣送回家。从此,不管是夷族还是汉族都非常感激高兴,前来归附的人非常多。阎生、姚益男还没有赶到,听说洛阳已经沦陷,没敢继续前进。

己丑,东晋安帝下诏派遣兼司空、高密王司马恢之修复拜谒五位皇帝的陵墓,并设置守卫部队。太尉刘裕任命冠军将军毛脩之为河南、河内二郡太守,代理司州的政事,戍守洛阳。

22　西秦王乞伏炽磐派遣秦州刺史王松寿镇守马头,用来对后秦的上邽造成压力。

23　十一月甲戌(初一),北魏国主拓跋嗣回到平城。

24　太尉刘裕派遣左长史王弘返回建康,委婉地向安帝请求加授自己九锡。这时刘穆之执掌留任的大权,但是这旨意却是刘裕自己在北方提出又通过别人传来,刘穆之从此既惭愧又害怕,得了疾病。王弘是王珣的儿子。十二月壬申(二十九日),安帝下诏任命刘裕为相国、总百揆、扬州牧,加封为食邑十郡的宋公,备办九锡的礼仪,尊位在各诸侯王之上,并仍像原来那样兼任征西将军,司、豫、北徐、雍四州刺史。刘裕推辞,不接受任命。

25　西秦王乞伏炽磐派遣使节前来拜见东晋太尉刘裕,请求进攻后秦,主动为刘裕效力。刘裕封乞伏炽磐为平西将军、河南公。

26　后秦姚懿的司马孙畅劝说姚懿让他去回击长安,杀死东平公姚绍,废掉国主姚泓,自己代替他登基。姚懿认为很对,于是把粮食发放给河北的夷族与汉族,打算以此树立一些个人的恩德,收买民心。左常侍张敞、侍郎左雅劝阻他说:“殿下以皇帝的同母弟弟的身份坐镇一方,自己的安危悲喜,与皇帝和国家是一样的。现在吴地的强盗前来侵犯,四州已经丧失,西部的强盗也不断地骚扰边境,秦州、凉州已经倾覆失败,朝廷的危险程度,像垒在一起的鸡蛋那样。粮食是国家政权稳定的基础,殿下无缘无故地把它散发掉,倒空损耗国家的储备,将来怎么办?”姚懿勃然大怒,鞭打他们,直到打死。

泓闻之，召东平公绍密与之谋。绍曰："懿性识鄙浅，从物推移，造此谋者，必孙畅也。但驰使征畅，遣抚军将军谠据陕城，臣向潼关为诸军节度。若畅奉诏而至，臣当遣懿帅河东见兵共御晋师；若不受诏命，便当声其罪而讨之。"泓曰："叔父之言，社稷之计也。"乃遣姚谠及冠军将军司马国璠、建义将军蛐玄屯陕津，武卫将军姚驴屯潼关。

懿遂举兵称帝，传檄州郡，欲运匈奴堡谷以给镇人。宁东将军姚成都拒之，懿卑辞诱之，送佩刀为誓，成都不从。懿遣骁骑将军王国帅甲士数百攻成都，成都击禽之，遣使让懿曰："明公以至亲当重任，国危不能救，而更图非望。三祖之灵，其肯佑明公乎！成都将纠合义兵，往见明公于河上耳。"于是传檄诸城，谕以逆顺，征兵调食以讨懿。懿亦发诸城兵，莫有应者，惟临晋数千户应懿。成都引兵济河，击临晋叛者，破之。镇人安定郭纯等起兵围懿。东平公绍入蒲阪，执懿，诛孙畅等。

27　是岁，魏卫将军安城孝元王叔孙俊卒。魏主嗣甚惜之，谓其妻桓氏曰："生同其荣，能没同其戚乎？"桓氏乃缢而祔焉。

28　丁零翟猛雀驱掠吏民，入白涧山为乱。魏内都大官河内张蒲与冀州刺史长孙道生讨之。道生，嵩之从子也。道生欲进兵击猛雀，蒲曰："吏民非乐为乱，为猛雀所迫胁耳。

姚泓听说了这个消息，召东平公姚绍进宫与他秘密商议。姚绍说：“姚懿性格卑鄙，见识浅薄，从这种情况推测，想出这种主意的，一定是孙畅。只要派信使飞马去把孙畅征召来，再派抚军将军姚赞据守陕城，我再去潼关调遣指挥各支军队。如果孙畅接受诏书来京，我便派遣姚懿统率河东的现有部队去抵抗晋军；如果他不接受征召，便可以公布他的罪状，公开讨伐他。”姚泓说：“叔叔这些话，真是拯救国家的好办法。”于是派遣姚赞和冠军将军司马国璠、建义将军蛇玄驻扎在陕津，派遣武卫将军姚驴屯扎在潼关。

姚懿于是发动大军，自称皇帝，向各州郡传递公告檄文，打算把匈奴堡的粮食运来蒲阪供应自己的部众。宁东将军姚成都拒绝，姚懿用谦卑的话引诱他，并把自己的佩刀送给他做盟誓的见证，姚成都仍然不听从。姚懿派遣骁骑将军王国带领几百名全副武装的士卒去袭击姚成都，姚成都把他们击败抓获，派遣使者责备姚懿说：“您以皇帝至亲的身份担当重任，国家危亡的时候不能上前解救，却反倒图谋非分的想望。三位祖先的在天神灵，怎么能够保佑您呢！我姚成都准备聚集讲究道义的士兵，前往黄河之上与您相见。”于是向各个城池传送檄文，明确告诉他们什么是顺天，什么是叛逆，征集部队调动军粮用来讨伐姚懿。姚懿也发动几个城的守军，但是却没有响应他的，只有临晋的几千户人家响应。姚成都带兵渡过黄河，对临晋的叛军发动进攻，把他们打败。姚懿手下的蒲阪士兵、安定人郭纯等人拉起队伍包围姚懿。东平公姚绍进入蒲阪，抓获姚懿，杀死孙畅等人。

27　这一年，北魏卫将军、安城孝元王叔孙俊去世。北魏国主拓跋嗣非常惋惜他，对他的妻子桓氏说：“生的时候可以和他一起享受荣华富贵，死后能和他一起承受苦难吗？”桓氏于是自己上吊而死，二人合葬。

28　北魏境内的丁零部落酋长翟猛雀掠挟驱赶当地的官民，进入白涧山叛乱。北魏内都大官、河内人张蒲与冀州刺史长孙道生讨伐他们。长孙道生是长孙嵩的侄儿。长孙道生打算直接进兵袭击翟猛雀，张蒲说：“官民们不愿意制造叛乱，不过是被翟猛雀逼迫威胁罢了。

今不分别，并击之，虽欲返善，其道无由，必同心协力，据险以拒官军，未易猝平也。不如先遣使谕之，以不与猛雀同谋者皆不坐，则必喜而离散矣。”道生从之，降者数千家，使复旧业。猛雀与其党百馀人出走，蒲等追斩猛雀首。左部尚书周几穷讨馀党，悉诛之。

现在如果不加以分别，对他们一并进攻，他们虽然打算弃恶从善，但是也已经无路可走，因此，他们一定会同心协力，据守险要抵抗官军的进攻，那样，就不容易马上把他们剿平了。不如先派遣使者前去告诉他们，说不和翟猛雀一同谋反的人一律不予株连定罪，那么，他们一定非常高兴地叛离翟猛雀，主动散去。”长孙道生听从了他的话，投降过来的果然有几千家，让他们恢复过去的职业。翟猛雀和他的一百多名死党出逃，张蒲等人追上，把他杀掉。左部尚书周几对他的馀党穷追不舍，严加讨伐，终于把他们全部杀掉。

卷第一百一十八　晋纪四十

起丁巳(417)尽己未(419)凡三年

安皇帝癸

义熙十三年(丁巳,417)

1　春,正月甲戌朔,日有食之。

2　秦主泓朝会百官于前殿,以内外危迫,君臣相泣。征北将军齐公恢帅安定镇户三万八千,焚庐舍,自北雍州趋长安,自称大都督、建义大将军,移檄州郡,欲除君侧之恶。扬威将军姜纪帅众归之,建节将军彭完都弃阴密奔还长安。恢至新支,姜纪说恢曰:"国家重将、大兵皆在东方,京师空虚,公亟引轻兵袭之,必克。"恢不从,南攻郿城。镇西将军姚谌为恢所败,长安大震。泓驰使征东平公绍,遣姚裕及辅国将军胡翼度屯沣西。扶风太守姚儁等皆降于恢。东平公绍引诸军西还,与恢相持于灵台,姚赞留宁朔将军尹雅为弘农太守,守潼关,亦引兵还。恢众见诸军四集,皆有惧心。其将齐黄等诣大军降。恢进兵逼绍,赞自后击之,恢兵大败,杀恢及其三弟。泓哭之恸,葬以公礼。

3　太尉裕引水军发彭城,留其子彭城公义隆镇彭城。诏以义隆为监徐兖青冀四州诸军事、徐州刺史。

安皇帝癸

晋安帝义熙十三年(丁巳,公元417年)

1　春季,正月甲戌朔(初一),出现日食。

2　后秦王姚泓在王宫前殿接受文武百官的朝贺,因国家内忧外患交迫,君臣们相对痛哭。征北将军、齐公姚恢率领安定当地居民三万八千户人家,纵火焚烧了房屋,从北雍州直奔长安而来,姚恢自称大都督、建义大将军,向所过州县传布檄文,声称要铲除君主身边的恶人。扬威将军姜纪率领部众归附了姚恢,建节将军彭完都放弃了阴密城逃回长安。姚恢大队人马抵达新支,姜纪对姚恢说:"朝廷重要将领和军队主力都在东方,京师空虚,您如果迅速率领轻装的军士袭击长安,定能攻克。"姚恢没有同意,却向南进攻郿城。镇西将军姚谌被姚恢击败,长安受到很大震动。姚泓派人飞马前去征召东平公姚绍,并派姚裕和辅国将军胡翼度屯驻沣西。扶风太守姚儁等人都投降了姚恢。东平公姚绍率各路人马紧急向西回军,与姚恢的军队在灵台相持。姚赞留下宁朔将军尹雅为弘农太守,镇守潼关,然后也率军回到长安。姚恢的部众看到各路兵马四面集中过来,都心惊胆战。大将齐黄等人前往官军大营投降。姚恢挥师进逼姚绍军,姚赞从后面进攻姚恢,姚恢的部众大败,四处逃散,朝廷官军斩杀了姚恢和他的三个弟弟。姚泓闻知姚恢的死讯失声恸哭,用公爵的礼仪把他们安葬。

3　东晋太尉刘裕从彭城率水军出发西上,留下他的儿子、彭城公刘义隆镇守彭城。晋安帝司马德宗下诏,任命刘义隆为监徐、兖、青、冀四州诸军事、徐州刺史。

4　凉公暠寝疾，遗命长史宋繇曰："吾死之后，世子犹卿子也，善训导之。"二月，暠卒。官属奉世子歆为大都督、大将军、凉公、领凉州牧。大赦，改元嘉兴。尊歆母天水尹氏为太后。以宋繇录三府事。谥暠曰武昭王，庙号太祖。

5　西秦安东将军木弈干击吐谷浑树洛干，破其弟阿柴于尧杆川，俘五千馀口而还。树洛干走保白兰山，惭愤发疾，将卒，谓阿柴曰："吾子拾虔幼弱，今以大事付汝。"树洛干卒，阿柴立，自称骠骑将军、沙州刺史。谥树洛干曰武王。阿柴稍用兵侵并其傍小种，地方数千里，遂为强国。

6　河西王蒙逊遣其将袭乌啼部，大破之。又击卑和部，降之。

7　王镇恶进军渑池，遣毛德祖袭尹雅于蠡吾城，禽之。雅杀守者而逃。镇恶引兵径前，抵潼关。

檀道济、沈林子自陕北渡河，拔襄邑堡，秦河北太守薛帛奔河东。又攻秦并州刺史尹昭于蒲阪，不克。别将攻匈奴堡，为姚成都所败。

辛酉，荥阳守将傅洪以虎牢降魏。

秦主泓以东平公绍为太宰、大将军、都督中外诸军事，假黄钺，改封鲁公，使督武卫将军姚鸾等步骑五万守潼关，又遣别将姚驴救蒲阪。

沈林子谓檀道济曰："蒲阪城坚兵多，不可猝拔，攻之伤众，守之引日。王镇恶在潼关，势孤力弱，不如与镇恶合势并力以争潼关。若得之，尹昭不攻自溃矣。"道济从之。

4　西凉公李暠患病卧床，临终前，他嘱咐长史宋繇说："我死以后，世子李歆就像你的儿子，你要好好训导他。"二月，李暠去世。朝廷文武百官拥立世子李歆为大都督、大将军、凉公，兼任凉州牧。下令大赦，改年号为嘉兴。尊奉李歆的母亲、天水人尹氏为太后。李歆任命宋繇为录三府事。追加李暠谥号称武昭王，庙号称太祖。

5　西秦安东将军乞伏木弈干进攻吐谷浑汗国可汗慕容树洛干，在尧杆川大败他的弟弟慕容阿柴，俘虏五千多人班师。慕容树洛干逃走，退保白兰山，他又羞又愤，大病不起，临死前，他对慕容阿柴说："我的儿子慕容拾虔年小体弱，我如今把身后大事托付给你。"慕容树洛干去世，慕容阿柴继位，自称为骠骑将军、沙州刺史。追赠慕容树洛干为武王。慕容阿柴逐渐兴兵向外扩张，吞并吐谷浑周围的弱小部落，扩展疆域数千里，于是成为一个强大国家。

6　北凉河西王沮渠蒙逊派遣他的部将袭击乌啼部落，大败乌啼军。随即又袭击卑和部落，收降他们。

7　东晋龙骧将军王镇恶进军渑池，又派毛德祖袭击后秦弘农太守尹雅据守的蠡吾城，生擒尹雅。尹雅杀死了看守他的兵卒逃走。王镇恶一直向前进攻，抵达潼关。

檀道济、沈林子等从陕城北面渡过黄河，攻陷襄邑堡，后秦河北太守薛帛逃奔河东。东晋军继续前进，又攻击后秦并州刺史尹昭据守的蒲阪，没有攻克。东晋另一路将领进攻匈奴堡，被守将姚成都击败。

辛酉（十九日），东晋荥阳守将傅洪献出虎牢城，投降北魏。

后秦王姚泓任命东平公姚绍为太宰、大将军、都督中外诸军事，颁赐帝王专用的黄钺，改封鲁公。命他督率武卫将军姚鸾等，率步、骑兵共五万人镇守潼关，又遣另一大将姚驴援救蒲阪。

东晋建武将军沈林子对檀道济说："蒲阪城池坚固，守军又多，不可能一举攻克。强攻则白白使我军伤亡，不强攻又会拖延时间。现在，王镇恶在潼关，势单力弱，我们不如与王镇恶会师，合兵攻打潼关。如能攻克潼关，尹昭在蒲阪就可以不攻自破了。"檀道济同意。

三月，道济、林子至潼关。秦鲁公绍引兵出战，道济、林子奋击，大破之，斩获以千数。绍退屯定城，据险拒守，谓诸将曰："道济等兵力不多，悬军深入，不过坚壁以待继援。吾分军绝其粮道，可坐禽也。"乃遣姚鸾屯大路以绝道济粮道。

鸾遣尹雅将兵与晋战于关南，为晋兵所获，将杀之。雅曰："雅前日已当死，幸得脱至今，死固甘心。然夷、夏虽殊，君臣之义一也。晋以大义行师，独不使秦有守节之臣乎！"乃免之。

丙子夜，沈林子将锐卒袭鸾营，斩鸾，杀其士卒数千人，绍又遣东平公谠屯河上以断水道。沈林子击之，谠败走，还定城。薛帛据河曲来降。

太尉裕将水军自淮、泗入清河，将溯河西上，先遣使假道于魏。秦主泓亦遣使请救于魏。魏主嗣使群臣议之，皆曰："潼关天险，刘裕以水军攻之甚难。若登岸北侵，其势便易。裕声言伐秦，其志难测。且秦，婚姻之国，不可不救也。宜发兵断河上流，勿使得西。"博士祭酒崔浩曰："裕图秦久矣。今姚兴死，子泓懦劣，国多内难。裕乘其危而伐之，其志必取。若遏其上流，裕心忿戾，必上岸北侵，是我代秦受敌也。今柔然寇边，民食又乏，若复与裕为敌，发兵南赴则北寇愈深，

三月，檀道济、沈林子抵达潼关。后秦鲁公姚绍率兵出城迎战，檀道济、沈林子奋勇进攻，大破后秦军，斩杀和俘虏敌人数以千计。姚绍率领后秦军撤退，屯驻定城，凭依险要的地势固守城池。姚绍对他手下的将领们说："檀道济他们的兵力不多，而且孤军深入，所以他只能加强防务，绕城固守等待后继援军。我现在分兵几路切断他的粮饷供给之路，就可以稳坐这里生擒他。"于是，姚绍派姚鸾把守大路要道，断绝檀道济的送粮道路。

姚鸾派尹雅率兵与东晋军在潼关之南会战，尹雅再度被东晋士卒俘虏，就要斩首。尹雅说："我前不久被俘就应当被杀，幸亏逃脱才得以活到今天，死也当然甘心情愿。然而汉人与夷族虽然民族不同，君臣之间的大义却是一样的。晋既然可以出于大义兴兵遣将，为什么只是不让秦国有守节的大臣呢！"东晋军才赦免了他的死罪。

丙子(初四)夜，沈林子率领精锐部队突然偷袭姚鸾的大营，斩杀姚鸾以及他手下的士卒几千人。姚绍又派东平公姚赞驻军黄河岸边企图断绝东晋军的水道。沈林子又率军进攻姚赞，姚赞军大败，姚赞本人则逃回定城。后秦河北太守薛帛献出河曲，投降了东晋军。

东晋太尉刘裕率领水军从淮河、泗水进入清河，准备再逆流西上开进黄河，他先派使节向北魏借路。后秦国王姚泓也派人出使北魏请求救援。北魏国主拓跋嗣命令文武百官共同商讨这件事，群臣们都说："潼关是天险，刘裕用水军攻克恐怕难以达到。但是，如果从黄河北岸登陆向北方侵入，那就容易得多。刘裕声称讨伐秦，他的真实目的难以猜测。而且秦是与我们有婚姻关系的国家，不可以不出兵相助。我们应派兵切断黄河上游，阻止晋军西上。"博士祭酒崔浩说："刘裕吞并秦国的野心由来已久。如今，姚兴去世，他的儿子姚泓愚劣懦弱，国内灾难一再发生。刘裕乘他国内危机而兴兵讨伐，他的决心是一定要夺取。我们如果切断黄河上游阻截晋军，刘裕一怒之下，必然登陆向我们进攻，这样一来，我们等于代替秦国挨打。如今柔然汗国进攻我们边境，百姓又缺少粮食，如果再与刘裕为敌，发兵南下进攻晋，那么北边敌军柔然就会更加深入，

救北则南州复危，非良计也。不若假之水道，听裕西上，然后屯兵以塞其东。使裕克捷，必德我之假道；不捷，吾不失救秦之名。此策之得者也。且南北异俗，借使国家弃恒山以南，裕必不能以吴、越之兵与吾争守河北之地，安能为吾患乎！夫为国计者，惟社稷是利，岂顾一女子乎！”议者犹曰：“裕西入关，则恐吾断其后，腹背受敌；北上，则姚氏必不出关助我，其势必声西而实北也。”嗣乃以司徒长孙嵩督山东诸军事，又遣振威将军娥清、冀州刺史阿薄干将步骑十万屯河北岸。

庚辰，裕引军入河，以左将军向弥为北青州刺史，留戍碻磝。

初，裕命王镇恶等：“若克洛阳，须大军到俱进。”镇恶等乘利径趋潼关，为秦兵所拒，不得前。久之，乏食，众心疑惧，或欲弃辎重还赴大军。沈林子按剑怒曰：“相公志清六合，今许、洛已定，关右将平，事之济否，系于前锋。奈何沮乘胜之气，弃垂成之功乎！且大军尚远，贼众方盛，虽欲求还，岂可得乎！下官授命不顾，今日之事，当自为将军办之，未知二三君子将何面以见相公之旗鼓邪！”镇恶等遣使驰告裕，求遣粮援。裕呼使者，开舫北户，指河上魏军以示之曰：“我语令勿进，今轻佻深入。岸上如此，何由得遣军！”镇恶乃亲至弘农，说谕百姓，百姓竞送义租，军食复振。

那么，大军救援北方，南方的州县又将告急，这不是好计策。不如供给刘裕水道，听任刘裕西上，然后我们出兵驻防东部，阻塞他的退路。如果刘裕得胜告捷，一定会感激我们借路的恩德；如果失败，我们也会有援救秦国的美名。这是很多办法中比较好的一个。况且，南方与北方风俗不同，即使朝廷放弃恒山以南的领土，刘裕也决不会用来自吴、越的军队与我们争夺据守黄河以北的土地，怎么会成为我们的威胁呢！为国家制定方略的人，应该只为国家的利益考虑，怎么可以顾念一个嫁过来的女子呢！”大臣们还说：“刘裕向西进入潼关，便害怕我们切断他的退路，腹背同时遭到攻击；而刘裕如果北上进攻我们，那么秦国姚氏一定不会从潼关出兵救援，所以看刘裕的样子虽然是声称向西，但实际一定是北上。”拓跋嗣于是命令司徒长孙嵩为督山东诸军事，又派振威将军娥清、冀州刺史阿薄干率领步、骑兵十万人屯军黄河北岸。

庚辰（初八），刘裕率领水军开进黄河，任命左将军向弥为北青州刺史，留下戍守碻磝。

当初，刘裕命令王镇恶等人：“如果攻克洛阳，一定要等主力大军到达后共同前进。”王镇恶等人却乘胜直接进攻潼关，被后秦兵牵制，不能前进。时间一长，军中粮饷接济不上，士卒中发生恐慌和疑虑，有人打算放弃笨重的军用品回去投奔大军。沈林子手按佩剑怒斥道：“刘裕大志是统一天下，而今许昌、洛阳均已平定，关右也将要收复，大事成功与否，就在前锋部队的行动。为什么要挫伤胜利后的士气，放弃就要得到的功业！况且现在主力大军距我们还远，敌人的力量正强盛，即使我们打算撤退，又怎么能够走脱！我接受了命令就不做回头的打算，今天的事，我自己率军完成任务，不知你们这些君子将来有什么面目去见宋公刘裕的旗鼓！”王镇恶等人派人飞马报告刘裕，要求支援粮草和兵力。刘裕把王镇恶的使节叫到面前，打开战船的北窗，指着黄河岸边的北魏大军给他看，说：“我告诉他们不能单独前进，如今却轻率地深入敌境。岸上的形势如此严重，我怎么派得出军队！”王镇恶于是亲自回到弘农，向百姓说明情况，晓以大义，百姓争相捐献粮草，军队的粮饷得到补充，士气重新大振。

魏人以数千骑缘河随裕军西行。军人于南岸牵百丈，风水迅急，有漂渡北岸者，辄为魏人所杀略。裕遣军击之，裁登岸则走，退则复来。夏，四月，裕遣白直队主丁旿帅仗士七百人、车百乘，渡北岸，去水百馀步，为却月阵，两端抱河，车置七仗士，事毕，使竖一白毦。魏人不解其意，皆未动。裕先命宁朔将军朱超石戒严，白毦既举，超石帅二千人驰往赴之，赍大弩百张，一车益二十人，设彭排于辕上。魏人见营阵既立，乃进围之。长孙嵩帅三万骑助之，四面肉薄攻营，弩不能制。时超石别赍大锤及矟千馀张，乃断矟长三四尺，以锤锤之，一矟辄洞贯三四人。魏兵不能当，一时奔溃，死者相积。临陈斩阿薄干，魏人退还畔城。超石帅宁朔将军胡藩、宁远将军刘荣祖追击，又破之，杀获千计。魏主嗣闻之，乃恨不用崔浩之言。

秦鲁公绍遣长史姚洽、宁朔将军安鸾、护军姚墨蠡、河东太守唐小方帅众二千屯河北之九原，阻河为固，欲以绝檀道济粮援。沈林子邀击，破之，斩洽、墨蠡、小方，杀获殆尽。林子因启太尉裕曰：“绍气盖关中，今兵屈于外，国危于内，恐其凶命先尽，不得以膏齐斧耳。”绍闻洽等败死，愤恚，发病呕血，以兵属东平公赞而卒。赞既代绍，众力犹盛，引兵袭林子，林子复击破之。

北魏军队的几千名骑兵一直沿着黄河随着刘裕的大军向西行进。东晋士卒在黄河南岸用长一百丈的索绳牵引战船,风大浪急,有的牵绳突然折断,战船漂流到北岸,船上的晋军全都遭到北魏军队诛杀劫掠。刘裕派军还击北魏军队,东晋军一上岸,北魏军就逃走,等东晋军回到船上,北魏军又返回岸边。夏季,四月,刘裕派白直队主丁旿统率武士七百人、战车一百辆,登上黄河北岸,在距河岸一百多步的地方,构筑新月形战阵,以河岸作为月弦,两端抱住河道,每个战车上布置七个武士,新月阵布置完毕,在阵中竖一个白色羽旗。北魏军队不知道这是什么意思,都不敢轻举妄动。刘裕先派宁朔将军朱超石严加戒备,准备出战,等新月阵中的白旗一举起来,朱超石率领两千人飞奔而至,进入新月阵,携带大弓一百张,每个战车上增加到二十人,并在车辕上安置了防箭木板。北魏军看到战阵已经完成,开始进攻包围。长孙嵩又率三万骑兵作为后继援军,从四面八方向新月阵展开肉搏冲锋,东晋军的强弓不能阻止敌人的势头。当时,朱超石另外还携带了大铁锤和铁矟一千多支,这时朱超石命人把铁矟折成三四尺长,用大锤锤打铁矟,一矟下去,能贯穿三四人。北魏士卒招架不住,一时间全都四处溃散,争相逃命,阵亡将士的尸体堆积成山。东晋军在战阵中斩杀了北魏冀州刺史阿薄干,北魏军败退,逃回畔城。朱超石率领宁朔将军胡藩、宁远将军刘荣祖乘胜追击,又一次大破北魏军,斩杀和俘虏敌人数以千计。北魏国主拓跋嗣听到报告,才后悔没有采用崔浩的建议。

后秦鲁公姚绍派长史姚洽、宁朔将军安鸾、护军姚墨蠡、河东太守唐小方率领两千人驻军黄河北岸的九原,依据黄河天险,打算切断檀道济军队的粮草供应。东晋建武将军沈林子阻击后秦军,大败敌人,斩杀了姚洽、姚墨蠡和唐小方,这支后秦部队被杀、被俘几乎全军覆灭。于是,沈林子奏报太尉刘裕说:“姚绍的威名遍扬关中,但如今,在外,他的大军遭到多次失败;在内,他的国家又危机四伏,恐怕他的寿命提前结束,等不到让我们用利斧来斩杀他了。”姚绍听说姚洽等人战败身死,又伤心又愤怒,得了重病,吐血不止,把兵权交给东平公姚赞,便死去了。姚赞代替姚绍之后,后秦的兵势仍很强盛,姚赞领兵袭击沈林子,沈林子又一次打败后秦军。

太尉裕至洛阳，行视城堑，嘉毛脩之完葺之功，赐衣服玩好，直二千万。

8　丁巳，魏主嗣如高柳。壬戌，还平城。

9　河西王蒙逊大赦。遣张掖太守沮渠广宗诈降以诱凉公歆，歆发兵应之。蒙逊将兵三万伏于蓼泉，歆觉之，引兵还。蒙逊追之，歆与战于解支涧，大破之，斩首七千馀级。蒙逊城建康，置戍而还。

10　五月乙未，齐郡太守王懿降于魏，上书言："刘裕在洛，宜发兵绝其归路，可不战而克。"魏主嗣善之。

崔浩侍讲在前，嗣问之曰："刘裕伐姚泓，果能克乎？"对曰："克之。"嗣曰："何故？"对曰："昔姚兴好事虚名而少实用，子泓懦而多病，兄弟乖争。裕乘其危，兵精将勇，何故不克！"嗣曰："裕才何如慕容垂？"对曰："胜之。垂藉父兄之资，修复旧业，国人归之，若夜虫之就火，少加倚仗，易以立功。刘裕奋起寒微，不阶尺土，讨灭桓玄，兴复晋室。北禽慕容超，南枭卢循，所向无前，非其才之过人，安能如是乎！"嗣曰："裕既入关，不能进退，我以精骑直擣彭城、寿春，裕将若之何？"对曰："今西有屈丐，北有柔然，窥伺国隙。陛下既不可亲御六师，虽有精兵，未睹良将。长孙嵩长于治国，短于用兵，非刘裕敌也。兴兵远攻，未见其利。不如且安静以待之。

东晋太尉刘裕抵达洛阳，巡视东晋军队的城堡工事，嘉奖毛脩之整理修护的功劳，赐给毛脩之许多衣服珍宝，价值高达两千万。

8　丁巳（十六日），北魏国主拓跋嗣前往高柳。壬戌（二十一日），返回京都平城。

9　北凉河西王沮渠蒙逊大赦天下。他派张掖太守沮渠广宗向西凉诈降，引诱西凉公李歆派兵出来迎接，李歆果然发兵接应。而沮渠蒙逊率领三万士兵埋伏在蓼泉，李歆发觉，率兵撤退。沮渠蒙逊率众追击，李歆与沮渠蒙逊在解支涧会战，李歆大破北凉军，斩杀七千馀人。沮渠蒙逊修建建康城，设置戍所，然后回国。

10　五月乙未（二十四日），东晋齐郡太守王懿投降了北魏，他上书北魏朝廷说："刘裕现在洛阳，应该迅速发兵切断他的归路，可以不战而胜。"北魏国主拓跋嗣表示赞许。

当时，崔浩在前面为拓跋嗣讲解经典，拓跋嗣问崔浩说："刘裕讨伐姚泓，果真能攻克吗？"崔浩回答说："定能攻克。"拓跋嗣问："为什么？"崔浩说："当年姚兴喜欢追求虚名而不做实事，他的儿子姚泓生性懦弱，身体多病，兄弟之间争权夺势，不能团结一心。如今刘裕乘人之危，他的将士勇猛善战，训练有素，有什么理由不能取胜！"拓跋嗣又问："刘裕的才华与慕容垂相比如何？"崔浩说："刘裕胜过慕容垂。慕容垂凭借父兄的资本，复兴故有的基业，当年旧部都投靠他，就像夜间的昆虫飞向火光一样，对此稍加凭借，就能轻而易举地建功立业。而刘裕则出身微贱贫寒，没有一尺土地可以凭借，却消灭了桓玄，兴复了晋朝宗室的统治。在北方生擒慕容超，在南方镇压卢循，所过之处，没有敌手，他如果不是才智过人，怎么会这样呢！"拓跋嗣说："刘裕既然已经进入函谷关，一时不能前进也不能后退，而我们以精锐骑兵直捣他的老巢彭城、寿春，刘裕将会怎么样？"崔浩回答说："如今我们西面有夏国赫连勃勃，北有柔然汗国，他们都在时刻窥伺我们的行动，准备乘机来攻。陛下既然不能亲自指挥军队，我军虽然有精兵，却没发现有良将。长孙嵩的长处是善于治理国家，短处是不善于用兵，根本不是刘裕的对手。我军大举兴兵远征，看不到实际利益。不如暂且按兵不动，静观事态的发展。

裕克秦而归，必篡其主。关中华、戎杂错，风俗劲悍。裕欲以荆、扬之化施之函、秦，此无异解衣包火，张罗捕虎。虽留兵守之，人情未洽，趋尚不同，适足为寇敌之资耳。愿陛下按兵息民以观其变，秦地终为国家之有，可坐而守也。”嗣笑曰：“卿料之审矣。”浩曰：“臣尝私论近世将相之臣：若王猛之治国，苻坚之管仲也；慕容恪之辅幼主，慕容暐之霍光也；刘裕之平祸乱，司马德宗之曹操也。”嗣曰：“屈丐何如？”浩曰：“屈丐国破家覆，孤孑一身，寄食姚氏，受其封殖。不思酬恩报义，而乘时徼利，盗有一方，结怨四邻。撅竖小人，虽能纵暴一时，终当为人所吞食耳。”嗣大悦，语至夜半，赐浩御缥醪十觚，水精盐一两，曰：“朕味卿言，如此盐、酒，故欲与卿共飨其美。”然犹命长孙嵩、叔孙建各简精兵伺裕西过，自成皋济河，南侵彭、沛。若不时过，则引兵随之。

11　魏主嗣西巡至云中，遂济河，畋于大漠。

12　魏置天地四方六部大人，以诸公为之。

13　秋，七月，太尉裕至陕。沈田子、傅弘之入武关，秦戍将皆委城走。田子等进屯青泥，秦主泓使给事黄门侍郎姚和都屯峣柳以拒之。

14　西秦相国翟勍卒。八月，以尚书令昙达为左丞相，左仆射元基为右丞相，御史大夫麴景为尚书令，侍中翟绍为左仆射。

刘裕攻克秦国后回国，一定会篡取皇帝宝座。关中地区汉族、戎族杂居一处，风俗强悍。刘裕打算用教化荆州、扬州百姓的方法统治函谷关和秦国这一带的百姓，这就好像脱下衣服包火，张开罗网捕捉老虎一样，难以奏效。刘裕虽然会留下军队驻守，可一时人心难以信服，志趣习俗又不一样，恰好为别人入侵提供了好条件。希望陛下停止出兵征讨，让百姓休养生息，观察局势的变化，秦国的地盘终究会为我国所有，我们可以坐在这里就能到手。"拓跋嗣笑着说："你分析得很周详。"崔浩说："我曾经私下评论过近世的将领和宰相：比如王猛治理国家，是苻坚的管仲；慕容恪辅佐幼主，是慕容暐的霍光；刘裕平定桓玄祸乱，是司马德宗的曹操啊。"拓跋嗣又问："赫连勃勃怎么样？"崔浩说："赫连勃勃当年国破家亡，孤身一人，寄食在姚家门下，接受姚氏的官禄。不但不想报答姚氏的恩情，反而乘人之危，占据一方地盘，与四邻结下了仇怨。像他这样的卑鄙恶劣的小人，虽然能强大暴虐一时，终究要被别人吞并。"拓跋嗣非常高兴，君臣二人一直谈论到深夜，拓跋嗣把御用青白色醅酒三十升、水精盐一两赏赐崔浩，说："我听了你一席话，就像品味这盐和酒的滋味一样，所以我想和你一起共享这种美好的感受。"然而，拓跋嗣还是命令长孙嵩、叔孙建各自挑选精兵备战，如果刘裕再向西部深入，他们则从成皋渡黄河南下，进攻彭城、沛郡。如果刘裕推进很慢，则仍继续在岸上紧紧跟随。

11　北魏国主拓跋嗣向西巡视，抵达云中，然后渡过黄河，在大漠上狩猎。

12　北魏朝廷设置天、地、东、西、南、北六部大人，一律选用公位及从公位的大臣担任。

13　秋季，七月，东晋太尉刘裕抵达陕城。沈田子、傅弘之等率兵进入武关，后秦的守将纷纷弃城逃走。沈田子等进兵驻守青泥，后秦王姚泓命给事黄门侍郎姚和都在峣柳驻兵屯守，阻截东晋军。

14　西秦相国翟勍去世。八月，西秦朝廷任命尚书令乞伏昙达为左丞相，左仆射乞伏元基为右丞相，御史大夫麹景为尚书令，侍中翟绍为左仆射。

15　太尉裕至阌乡。沈田子等将攻峣柳，秦主泓欲自将以御裕军，恐田子等袭其后，欲先击灭田子等，然后倾国东出。乃帅步骑数万，奄至青泥。田子本为疑兵，所领裁千馀人，闻泓至，欲击之。傅弘之以众寡不敌止之，田子曰："兵贵用奇，不必在众。且今众寡相悬，势不两立，若彼结围既固，则我无所逃矣。不如乘其始至，营陈未立，先薄之，可以有功。"遂帅所领先进，弘之继之。秦兵合围数重。田子抚慰士卒曰："诸君冒险远来，正求今日之战，死生一决，封侯之业于此在矣！"士卒皆踊跃鼓噪，执短兵奋击，秦兵大败，斩馘万馀级，得其乘舆服御物，秦主泓奔还灞上。

初，裕以田子等众少，遣沈林子将兵自秦岭往助之，至则秦兵已败，乃相与追之，关中郡县多潜送款于田子。

辛丑，太尉裕至潼关，以朱超石为河东太守，使与振武将军徐猗之会薛帛于河北，共攻蒲阪。秦平原公璞与姚和都共击之，猗之败死，超石奔还潼关。东平公赞遣司马国璠引魏兵以蹑裕后。

王镇恶请帅水军自河入渭以趋长安，裕许之。秦恢武将军姚难自香城引兵而西，镇恶追之。秦主泓自灞上引兵还屯石桥以为之援，镇北将军姚彊与难合兵屯泾上以拒镇恶。镇恶使毛德祖进击，破之，彊死，难奔长安。

15　东晋太尉刘裕抵达阌乡。沈田子等将领准备进攻峣柳，后秦王姚泓打算亲自统兵出征，抵御刘裕的大军，又害怕沈田子等人突袭他的后方，就想先消灭沈田子等人，然后出动全国的兵力向东攻打刘裕。于是，姚泓率领步、骑兵数万人，突然抵达青泥。沈田子这支部队，本来就是为迷惑敌人布置的疑兵，一共才一千多人，沈田子听说姚泓亲征，打算迎战。建威将军傅弘之认为敌众我寡无法抵敌劝止他，沈田子说："用兵贵在出奇制胜，不一定在人数多。况且如今敌我寡众悬殊，看形势不能并存，如果等到敌人集结完毕阵势稳固，我们就会无处可逃。不如乘他们刚刚到达，营地和战阵都没有建立，我们主动挑战，可以成功。"于是，沈田子率领他的部众首先出动，傅弘之作为后继援军紧跟。后秦兵把这支东晋军重重包围。沈田子安抚激励士卒们说："各位不畏艰险，远道而来，就是为了像今天这样的会战，生死对决，封侯升官的大业就在这里了！"士卒们大声疾呼，跃跃欲试，手执短兵器奋勇杀敌。后秦军大败，被斩杀共一万多人，缴获姚泓的御车御衣以及王家专用的器物，姚泓逃回灞上。

当初，刘裕认为沈田子兵员太少，就派沈林子率兵从秦岭赶赴救助，等他们到达青泥，后秦军已经失败，于是沈林子与沈田子合兵追击敌人，关中郡县很多向沈田子暗中投降。

辛丑(初二)，东晋太尉刘裕抵达潼关，他任命朱超石为河东太守，命他与振武将军徐猗之在河北与薛帛会师，共同进攻蒲阪。后秦平原公姚璞与姚和都迎击东晋军，徐猗之战败身亡，朱超石逃回潼关。后秦东平公姚赞派司马国播率领北魏军队尾随刘裕大军之后。

东晋龙骧将军王镇恶请求率水军从黄河开进渭水，然后直趋长安，刘裕应允。后秦恢武将军姚难从香城率军向西退却，王镇恶挥师追击。后秦王姚泓从灞上率军返回，屯驻石桥，准备援救姚难，后秦镇北将军姚彊与姚难会师，屯兵泾水岸边，抵抗王镇恶的追击。王镇恶命毛德祖进攻，大破后秦军，姚彊战死，姚难逃回长安。

东平公谠退屯郑城，太尉裕进军逼之。泓使姚丕守渭桥，胡翼度屯石积，东平公谠屯灞东，泓屯逍遥园。

镇恶溯渭而上，乘蒙冲小舰，行船者皆在舰内。秦人见舰进而无行船者，皆惊以为神。壬戌旦，镇恶至渭桥，令军士食毕，皆持仗登岸，后登者斩。众既登，渭水迅急，舰皆随流，倏忽不知所在。时泓所将尚数万人。镇恶谕士卒曰："吾属并家在江南，此为长安北门，去家万里，舟楫、衣粮皆已随流。今进战而胜，则功名俱显；不胜，则骸骨不返。无他岐矣。卿等勉之！"乃身先士卒，众腾踊争进，大破姚丕于渭桥。泓引兵救之，为丕败卒所蹂践，不战而溃。姚谌等皆死，泓单马还宫。镇恶入自平朔门，泓与姚裕等数百骑逃奔石桥。东平公谠闻泓败，引兵赴之，众皆溃去。胡翼度降于太尉裕。

泓将出降，其子佛念，年十一，言于泓曰："晋人将逞其欲，虽降必不免，不如引决。"泓怃然不应。佛念登宫墙自投而死。癸亥，泓将妻子、群臣诣镇恶垒门请降，镇恶以属吏。城中夷、晋六万馀户，镇恶以国恩抚慰，号令严肃，百姓安堵。

九月，太尉裕至长安，镇恶迎于灞上。裕劳之曰："成吾霸业者卿也！"镇恶再拜谢曰："明公之威，诸将之力，镇恶何功之有！"裕笑曰："卿欲学冯异邪？"镇恶性贪，秦府库盈积，镇恶盗取，不可胜纪。裕以其功大，不问。或谮诸裕曰："镇恶藏姚泓伪辇，将有异志。"裕使人觇之，镇恶剔取其金银，弃辇于垣侧，裕意乃安。

后秦东平公姚讚退守郑城，东晋太尉刘裕进逼城下。姚泓命姚丕守住渭桥，胡翼度屯驻石积，东平公姚讚驻守灞东。姚泓自己则驻守逍遥园。

王镇恶率水军在渭水中逆流而上，乘坐蒙冲小舰，划桨的士卒都在船内。后秦人看到战舰行进却没有划船的人，都惊奇地以为神仙下凡。壬戌（二十三日）凌晨，王镇恶军抵达渭桥，命令战士们吃饱喝足以后，全部手持兵器登岸，最后登陆的人斩首。士卒们登陆完毕，渭水流急，东晋的战舰随波东下，倏忽之间，不见踪影。当时姚泓统率的军队还有几万人。王镇恶向士卒们宣告说："我们的亲人和家园都在江南，这里是长安北门，离故乡有万里之遥，现在，战船、衣服、粮食都随波漂走。今天我们进攻，战胜可以建功立名；失败，我们的尸骨都回不了家。没有第三条路可走。你们大家共勉吧！"于是，王镇恶身先士卒，冲在最前面，士卒们士气高涨，踊跃奋击，在渭桥大败后秦姚丕的军队。姚泓率兵救援，却被姚丕的败兵冲击践踏，不战自溃。姚谌等人全都战死，姚泓单人匹马逃回皇宫。王镇恶从长安的平朔门进城，姚泓和姚裕等率几百名骑兵逃奔石桥。东平公姚讚听说姚泓战败，急忙率军赴难救援，可是，后秦军心大乱，士卒们四处逃散。胡翼度向东晋太尉刘裕投降。

姚泓打算出城投降，他的儿子姚佛念，年仅十一岁，对姚泓说："晋人势必要在我们身上称心快欲，即使投降也难免一死，不如自杀。"姚泓心里痛楚，没有回答。姚佛念自己登上宫墙跳下摔死。癸亥（二十四日），姚泓携妻子儿女、文武百官，前往王镇恶的大营投降，王镇恶把他们交给下属官吏关押。长安城中的汉族人和夷族人共有六万多户，王镇恶宣扬东晋的恩德加以安抚，号令严明，百姓安居乐业。

九月，太尉刘裕抵达长安，王镇恶在灞上迎接。刘裕慰劳他说："是你帮助我完成了霸主的大业！"王镇恶一再叩头拜谢说："全仰赖您的英明指挥和威望，各位将领的努力，我有什么功劳！"刘裕笑着说："你难道要学习冯异吗？"其实，王镇恶一向贪财好物，后秦府库仓储十分丰富，王镇恶私自盗取的财物，不计其数，刘裕因为他的功劳很大，所以不予过问。有人向刘裕诬陷王镇恶说："王镇恶私藏姚泓的御用辇车，可能会叛变。"刘裕派人侦察，原来，王镇恶剔取了辇车上的金银珠饰，然后把辇车抛弃到城墙外面，刘裕这才安心。

裕收秦彝器、浑仪、土圭、记里鼓、指南车送诣建康。其馀金玉、缯帛、珍宝，皆以颁赐将士。秦平原公璞、并州刺史尹昭以蒲阪降，东平公谡帅宗族百馀人诣裕降，裕皆杀之。送姚泓至建康，斩于市。

裕以薛辩为平阳太守，使镇捍北道。

裕议迁都洛阳。谘议参军王仲德曰："非常之事，固非常人所及，必致骇动。今暴师日久，士卒思归，迁都之计，未可议也。"裕乃止。

羌众十馀万口西奔陇上，沈林子追击至槐里，俘虏万计。

河西王蒙逊闻太尉裕灭秦，怒甚。门下校郎刘祥入言事，蒙逊曰："汝闻刘裕入关，敢研研然也！"遂斩之。

初，夏王勃勃闻太尉裕伐秦，谓群臣曰："姚泓非裕敌也。且其兄弟内叛，安能拒人！裕取关中必矣。然裕不能久留，必将南归。留子弟及诸将守之，吾取之如拾芥耳。"乃秣马砺兵，训养士卒，进据安定，秦岭北郡县镇戍皆降之。裕遣使遗勃勃书，约为兄弟。勃勃使中书侍郎皇甫徽为报书而阴诵之，对裕使者，口授舍人使书之。裕读其文，叹曰："吾不如也！"

16 广州刺史谢欣卒。东海人徐道期聚众攻陷州城，进攻始兴，始兴相彭城刘谦之讨诛之。诏以谦之为广州刺史。

刘裕下令没收后秦的宗室祭祀用具彝器、浑天仪、测日仪器土圭、计程用的记里鼓、指南车等送往建康。其馀金银玉石、绫罗绸缎、稀世珍宝都赏赐给将士。后秦平原公姚璞、并州刺史尹昭献出了蒲阪城投降。东平公姚讚率领皇室一百多人前往刘裕的大营投降,刘裕把他们全部杀死。然后把姚泓送到建康,绑到市井刑场斩首。

刘裕任命薛辩为平阳太守,令他镇守和保卫东晋北部边防。

刘裕提议迁都洛阳。谘议参军王仲德说:"不寻常的事,固然不是寻常人所能接受,一旦迁都,必然引起举国惊骇骚动。如今军队在外作战已久,人心思归,迁都的计划,不能提出讨论。"刘裕才作罢。

羌族部落的部众十馀万口向西逃奔陇上,沈林子追击羌人直到槐里,俘虏数以万计。

北凉河西王沮渠蒙逊听说东晋太尉刘裕灭掉了后秦,十分愤怒。门下校郎刘祥进宫向蒙逊奏事,沮渠蒙逊暴跳说:"你听说刘裕进关,竟敢嬉皮笑脸!"于是斩杀了刘祥。

当初,夏王赫连勃勃听说刘裕讨伐后秦,对文武百官说:"姚泓不是刘裕的对手。而且他的兄弟们纷纷背叛,怎么还能抗拒别人!刘裕定能夺取关中。可是,刘裕自己也不会长久留在关中,最后还得回到江南。留下士民子弟和一些战将守卫在那里,那时,我再去夺取关中,就像拾一根草叶一样容易。"于是,他秣马砺兵,让士卒充分休息,加以训练,然后,赫连勃勃进兵占据了安定,后秦秦岭以北各郡县、军事重镇、戍所纷纷投降了夏国。刘裕派人出使夏国,致信给赫连勃勃,相约结为兄弟之国。赫连勃勃命中书侍郎皇甫徽代写一封回信,暗地里背诵下来,然后当着刘裕使臣的面,口授舍人命他照写。刘裕看到后,叹息说:"我比不上他!"

16 东晋广州刺史谢欣去世。东海人徐道期招集百姓部众,攻克州城番禺,进攻始兴,始兴相、彭城人刘谦之讨伐徐道期,徐道期被杀。东晋朝廷下诏任命刘谦之为广州刺史。

17　癸酉，司马休之、司马文思、司马国璠、司马道赐、鲁轨、韩延之、刁雍、王慧龙及桓温之孙道度、道子、族人桓谧、桓璲、陈郡袁式等皆诣魏长孙嵩降。秦匈奴镇将姚成都及弟和都举镇降魏。魏主嗣诏民间得姚氏子弟送平城者赏之。冬，十月己酉，嗣召长孙嵩等还。司马休之寻卒于魏。魏赐国璠爵淮南公、道赐爵池阳子、鲁轨爵襄阳公。刁雍表求南鄙自效，嗣以雍为建义将军。雍聚众于河、济之间，扰动徐、兖。太尉裕遣兵讨之，不克。雍进屯固山，众至二万。

18　诏进宋公爵为王，增封十郡。辞不受。

19　西秦王炽磐遣左丞相昙达等击秦故将姚艾，艾遣使称藩，炽磐以艾为征东大将军、秦州牧。征王松寿为尚书左仆射。

20　十一月，魏叔孙建等讨西山丁零翟蜀洛支等，平之。

21　辛未，刘穆之卒，太尉裕闻之，惊恸哀惋者累日。始，裕欲留长安经略西北，而诸将佐皆久役思归，多不欲留。会穆之卒，裕以根本无托，遂决意东还。

穆之之卒也，朝廷恇惧，欲发诏，以太尉左司马徐羡之代之。中军谘议参军张邵曰："今诚急病，任终在徐。然世子无专命，宜须谘之。"裕欲以王弘代穆之。从事中郎谢晦曰："休元轻易，不若羡之。"乃以羡之为吏部尚书、建威将军、丹杨尹，代管留任。于是朝廷大事常决于穆之者，并悉北谘。

17　癸酉(初四),先后从东晋流亡后秦的司马休之、司马文思、司马国璠、司马道赐、鲁轨、韩延之、刁雍、王慧龙以及桓温的孙子桓道度、桓道子、族人桓谧、桓璲、陈郡人袁式等全都投降了北魏司徒长孙嵩。后秦匈奴堡守将姚成都与他的弟弟姚和都举献城池,投降了北魏。北魏国主拓跋嗣下诏,声称民间百姓凡是救出姚氏子弟送到平城的人,重重有赏。冬季,十月己酉(十一日),拓跋嗣征召长孙嵩等班师回朝。不久,司马休之死在北魏。北魏朝廷赐封司马国璠为淮南公、司马道赐为池阳子、鲁轨为襄阳公。刁雍上书请求到南部边疆报效北魏,拓跋嗣任命刁雍为建义将军。刁雍在黄河、济水之间集结部队,骚扰东晋所属的徐州、兖州。太尉刘裕出兵讨伐,不能攻克。刁雍进驻固山,手下兵员达两万人。

18　东晋安帝司马德宗下诏封宋公刘裕为宋王,采邑增加十个郡。刘裕辞让,没有接受。

19　西秦王乞伏炽磐派遣左丞相乞伏昙达等进攻后秦旧将姚艾,姚艾遣使到西秦,愿为藩属,乞伏炽磐任命姚艾为征东大将军、秦州牧。召回王松寿,任命他为尚书左仆射。

20　十一月,北魏征南大将军叔孙建等征讨西山丁零部落酋长翟蜀洛支,平定了该部。

21　辛未(初三),东晋左仆射、军司刘穆之去世,太尉刘裕听说后,一连几天震惊悲痛,不胜哀惋。当初,刘裕打算留在长安继续征服西北,但是,东晋的各位将领都因长期征战,思念故土,大多数都不愿再留。正巧,刘穆之去世,刘裕鉴于朝廷没有可以托付的人,才决定东返。

刘穆之去世之后,东晋朝廷不胜惶恐,刘裕打算由司马德宗颁下诏书,任命太尉左司马徐羡之代替刘穆之的职位。中军谘议参军张邵说:“现在情势危急,最终还要委任徐羡之。然而,世子刘义符还没有决定一方的权力,应该考虑。”刘裕又想让王弘代替刘穆之。从事中郎谢晦说:“王弘轻率,容易冲动,不如徐羡之。”于是刘裕才决定任命徐羡之为吏部尚书、建威将军、丹杨尹,代管留任的事务。从此,过去朝廷中由刘穆之决定的大事,现在都送到北方由刘裕亲自决定。

裕以次子桂阳公义真为都督雍梁秦三州诸军事、安西将军、领雍东秦二州刺史。义真时年十二。以太尉谘议参军京兆王脩为长史，王镇恶为司马、领冯翊太守，沈田子、毛德祖皆为中兵参军，仍以田子领始平太守，德祖领秦州刺史、天水太守，傅弘之为雍州治中从事史。

先是，陇上流户寓关中者，望因兵威得复本土。及置东秦州，知裕无复西略之意，皆叹息失望。

关中人素重王猛，裕之克长安，王镇恶功为多，由是南人皆忌之。沈田子自以峣柳之捷，与镇恶争功不平。裕将还，田子及傅弘之屡言于裕曰："镇恶家在关中，不可保信。"裕曰："今留卿文武将士精兵万人，彼若欲为不善，正足自灭耳。勿复多言。"裕私谓田子曰："锺会不得遂其乱者，以有卫瓘故也。语曰：'猛兽不如群狐。'卿等十馀人，何惧王镇恶！"

臣光曰：古人有言："疑则勿任，任则勿疑。"裕既委镇恶以关中，而复与田子有后言，是斗之使为乱也。惜乎，百年之寇，千里之土，得之艰难，失之造次，使丰、鄗之都复输寇手。荀子曰："兼并易能也，坚凝之难。"信哉！

22 三秦父老闻裕将还，诣门流涕诉曰："残民不沾王化，于今百年，始睹衣冠，人人相贺。长安十陵是公家坟墓，咸阳宫殿是公家室宅，舍此欲何之乎！"裕为之愍然，慰谕之曰："受命朝廷，不得擅留。诚多诸君怀本之志，今以次息与文武贤才共镇此境，勉与之居。"十二月庚子，裕发长安，自洛入河，开汴渠而归。

刘裕任命他的次子、桂阳公刘义真为都督雍、梁、秦三州诸军事、安西将军，兼任雍、东秦二州刺史。刘义真当时只有十二岁。又任命太尉谘议参军、京兆人王脩为长史；王镇恶为司马，兼任冯翊太守；沈田子、毛德祖都为中兵参军，仍命沈田子兼任始平太守，毛德祖兼任秦州刺史、天水太守，傅弘之为雍州治中从事史。

在此之前，陇上流亡到关中寄居的流民冀望东晋军队乘胜西上，光复故土。等到刘裕设置东秦州，知道刘裕没有继续西上的意图，都叹息失望。

关中人一向看重王猛的威名，刘裕攻克长安，王镇恶的功劳最大，所以南方的将领都忌恨王镇恶。沈田子自以为峣柳大捷，功绩不凡，与王镇恶争功，心里十分不平。刘裕将回建康，沈田子和傅弘之多次对刘裕说："王镇恶的老家在关中，不能完全信任他。"刘裕说："现在，我留你们这些文武官员、将领和精锐士卒一万人，王镇恶如果图谋不轨，只能是自取灭亡。你们别再多说了。"刘裕私下对沈田子说："锺会之所以没有作乱，是因为卫瓘的缘故。俗话说：'猛兽不如群狐。'你们十多人，难道还惧怕王镇恶不成！"

> 臣司马光说：古人有言道："疑人不用，用人不疑。"刘裕既然委任王镇恶镇守关中，而又与沈田子说了后面那些话，是挑拨他们相斗为乱。太可惜了，百年之久的敌人，千里之广的疆土，取得不易，却因一时不慎而丢掉，使丰邑、鄗京这些古都又重新落入敌手。荀况说过："兼并容易，凝结为一体就难了。"这话太对了！

22　三秦地区的父老听说刘裕就要返回江南，都痛哭流涕地来到大营门前诉说："我们这些残馀的汉人没有接受朝廷的教化，至今已有一百年之久，直到今天才看到汉民族衣冠装束，人人都互相庆贺。长安十陵是你们刘家的坟墓，咸阳宫殿是你们刘家的住宅，你放弃它们想要去哪里！"刘裕也很伤感，安慰他们说："我接受朝廷的命令，不敢擅自停留。感谢诸位怀念故土的诚意，现在留下我的次子与文武贤才共同镇守这里，希望你们和好共处。"十二月庚子（初三），刘裕从长安出发，自洛水进入黄河，开掘汴渠东返。

23　氐豪徐骇奴、齐元子等拥部落三万在雍，遣使请降于魏。魏主嗣遣将军王洛生、河内太守杨声等西行以应之。

24　闰月壬申，魏主嗣如大宁长川。

25　秦、雍人千馀家推襄邑令上谷寇谠为主以降于魏，魏主嗣拜谠魏郡太守。久之，秦、雍人流入魏之河南、荥阳、河内者，户以万数，嗣乃置南雍州，以谠为刺史，封河南公，治洛阳。立雍州郡县以抚之。谠善于招怀，流民归之者，三倍其初。

26　夏王勃勃闻太尉裕东还，大喜，问于王买德曰："朕欲取关中，卿试言其方略。"买德曰："关中形胜之地，而裕以幼子守之，狼狈而归，正欲急成篡事耳，不暇复以中原为意。此天以关中赐我，不可失也。青泥、上洛，南北之险要，宜先遣游军断之。东塞潼关，绝其水陆之路。然后传檄三辅，施以威德，则义真在网罟之中，不足取也。"勃勃乃以其子抚军大将军璝都督前锋诸军事，帅骑二万向长安，前将军昌屯潼关，以买德为抚军右长史，屯青泥，勃勃将大军为后继。

27　是岁，魏都坐大官章安侯封懿卒。

十四年(戊午，418)

1　春，正月丁酉朔，魏主嗣至平城，命护高车中郎将薛繁帅高车、丁零北略，至弱水而还。

2　辛巳，大赦。

23　氐族酋长徐骇奴、齐元子等率领部落部众三万人在雍城，派遣使臣投降了北魏。北魏国主拓跋嗣派遣将军王洛生、河内太守杨声等向西行进，接应氐族部落。

24　闰十二月壬申（初五），北魏国主拓跋嗣前往大宁、长川。

25　秦州、雍州土著居民一千多家推举襄邑令、上谷人寇讚为盟主，投降了北魏，北魏国主拓跋嗣任命寇讚为魏郡太守。很久以后，秦州、雍州的百姓流亡到北魏的河南、荥阳、河内的有几万户，拓跋嗣于是设置南雍州，任命寇讚为南雍州刺史，封河南公，州治设在洛阳。设立雍州郡县安抚流民。寇讚善于招抚怀柔，前来归附的流民，比当初多了三倍。

26　夏王赫连勃勃听说东晋太尉刘裕返回江南，大喜，向王买德询问说："我打算夺取关中，你说说你的方法策略。"王买德说："关中的地理位置十分重要，而刘裕却叫他的幼子镇守，自己则狼狈而回，正打算快点办完篡夺帝位的事，没时间再把中原这块地盘放在心上。这是上天把关中赏赐给我们，不能错过这个机会。青泥、上洛，是南北的险要重镇，应该先派出游击部队，切断他们的补给和退路。在东部阻住潼关，切断他们与本国的水陆通道。然后向三辅地区发布檄文，恩威并施，这样，刘义真就等于掉进了网篓之中，不用费劲就可以生擒。"于是，赫连勃勃任命他的儿子、抚军大将军赫连璝为都督前锋诸军事，率领骑兵两万人直奔长安。命前将军赫连昌屯驻潼关；任命王买德为抚军右长史，屯驻青泥；赫连勃勃本人则亲自统率大军尾随在后。

27　这一年，北魏都坐大官、章安侯封懿去世。

晋安帝义熙十四年（戊午，公元418年）

1　春季，正月丁酉朔（初一），北魏国主拓跋嗣抵达平城，命护高车中郎将薛繁率领高车、丁零部落向北进攻，推进到弱水，班师。

2　辛巳，东晋下令实行大赦。

3 夏赫连璝至渭阳，关中民降之者属路。龙骧将军沈田子将兵拒之，畏其众盛，退屯刘回堡，遣使还报王镇恶。镇恶谓王脩曰："公以十岁儿付吾属，当共思竭力。而拥兵不进，虏何由得平！"使者还，以告田子。田子与镇恶素有相图之志，由是益忿惧。未几，镇恶与田子俱出北地以拒夏兵，军中讹言："镇恶欲尽杀南人，以数十人送义真南还，因据关中反。"辛亥，田子请镇恶至傅弘之营计事。田子求屏人语，使其宗人沈敬仁斩之幕下，矫称受太尉令诛之。弘之奔告刘义真，义真与王脩被甲登横门以察其变。俄而田子帅数十人来，言镇恶反，脩执田子，数以专戮，斩之。以冠军将军毛脩之代镇恶为安西司马。傅弘之大破赫连璝于池阳，又破之于寡妇渡，斩获甚众，夏兵乃退。

壬戌，太尉裕至彭城，解严。琅邪王德文先归建康。

裕闻王镇恶死，表言"沈田子忽发狂易，奄害忠勋"，追赠镇恶左将军、青州刺史。

以彭城内史刘遵考为并州刺史、领河东太守，镇蒲阪。征荆州刺史刘道怜为徐、兖二州刺史。

裕欲以世子义符镇荆州，以徐州刺史刘义隆为司州刺史，镇洛阳。中军谘议张邵谏曰："储贰之重，四海所系，不宜处外。"乃更以义隆为都督荆益宁雍梁秦六州诸军事、西中郎将、荆州刺史，以南郡太守到彦之为南蛮校尉，张邵为司马、领南郡相，冠军功曹王昙首为长史，北徐州从事王华为西中郎主簿，沈林子为西中郎参军。义隆尚幼，府事皆决于邵。昙首，弘之弟也。裕谓义隆曰："王昙首沉毅有器度，宰相才也，汝每事谘之。"

3　夏国抚军大将军赫连璝率军开到渭阳，关中前来投降的百姓在道上前后相连。东晋龙骧将军沈田子率军迎战，畏怕夏军人多势众，退守刘回堡，然后派人立即回去向王镇恶报告。王镇恶对王脩说："刘裕公把十岁小儿托付给我们，我们应该同心协力。沈田子拥兵众多却迟迟不进攻，敌人怎么会击退！"使者回去把这些话报告给沈田子。沈田子与王镇恶平时就有互不相容心思，现在更是又愤又惧。不久，王镇恶和沈田子同时出军北地抵抗夏兵的进攻，东晋军中传言："王镇恶打算全部杀掉南方人，然后派几十人把刘义真送回江南，自己占据关中背叛朝廷。"辛亥（十五日），沈田子请王镇恶来到傅弘之的大营商讨战事。沈田子请求屏退左右侍从密谈，然后命他的族人沈敬仁在虎帐下将王镇恶斩杀，声称是奉太尉刘裕的旨意行事。傅弘之急忙跑去报告刘义真，刘义真和王脩全副武装登上横门，观察局势的变化。不久，沈田子率领几十人赶来，声称王镇恶谋反，王脩逮捕沈田子，历数他擅自杀戮的罪行，将他斩首。然后命令冠军将军毛脩之代替王镇恶为安西司马。傅弘之在池阳大破赫连璝，在寡妇渡再一次大败夏军，斩杀和俘虏夏军士卒很多，夏军撤退。

壬戌（二十六日），东晋太尉刘裕抵达彭城，解除戒严。琅邪王司马德文提前返回建康。

刘裕听到王镇恶的死讯，上疏东晋安帝司马德宗说："沈田子忽然发狂，杀害忠良功臣。"东晋朝廷追赠王镇恶为左将军、青州刺史。

东晋朝廷任命彭城内史刘遵考为并州刺史、兼任河东太守，镇守蒲阪。征召荆州刺史刘道怜为徐州、兖州二州刺史。

刘裕打算派世子刘义符镇守荆州，以徐州刺史刘义隆为司州刺史，镇守洛阳。中军谘议张邵劝阻说："世子是储君，维系四海人心，不能派到外地驻守。"于是，刘裕改派刘义隆为都督荆州、益州、宁州、雍州、梁州、秦州六州诸军事，兼任西中郎将、荆州刺史。又任命南郡太守到彦之为南蛮校尉；张邵为司马，兼任南郡相；冠军功曹王昙首为长史；北徐州从事王华为西中郎主簿；沈林子为西中郎参军。刘义隆年纪尚小，府中大小事务都由张邵决定。王昙首是王弘的弟弟。刘裕对刘义隆说："王昙首沉着坚毅，有器度，是宰相之才，你每件事都要征求他的意见。"

以南郡公刘义庆为豫州刺史。义庆，道怜之子也。

裕解司州，领徐、冀二州刺史。

4　秦王炽磐以乞伏木弈干为沙州刺史，镇乐都。

5　二月，乙弗、乌地延帅户二万降秦。

6　三月，遣使聘魏。

7　夏，四月己巳，魏徙冀、定、幽三州徒河于代都。

8　初，和龙有赤气四塞蔽日，自寅至申，燕太史令张穆言于燕王跋曰："此兵气也。今魏方强盛，而执其使者，好命不通，臣窃惧焉。"跋曰："吾方思之。"五月，魏主嗣东巡，至濡源及甘松，遣征东将军长孙道生、安东将军李先、给事黄门侍郎奚观帅精骑二万袭燕，又命骁骑将军延普、幽州刺史尉诺自幽州引兵趋辽西，为之声势，嗣屯突门岭以待之。道生等拔乙连城，进攻和龙，与燕单于右辅古泥战，破之，杀其将皇甫轨。燕王跋婴城自守，魏人攻之，不克，掠其民万馀家而还。

9　六月，太尉裕始受相国、宋公、九锡之命，赦国中殊死以下，崇继母兰陵萧氏为太妃，以太尉军谘祭酒孔靖为宋国尚书令，左长史王弘为仆射，领选，从事中郎傅亮、蔡廓皆为侍中，谢晦为右卫将军，右长史郑鲜之为奉常，行参军殷景仁为秘书郎，其馀百官，悉依天朝之制。靖辞不受。亮，咸之孙；廓，谟之曾孙；鲜之，浑之玄孙；景仁，融之曾孙也。景仁学不为文，敏有思致，口不谈义，深达理体。至于国典、朝仪、旧章、记注，莫不撰录，识者知其有当世之志。

东晋朝廷任命南郡公刘义庆为豫州刺史。刘义庆是刘道怜的儿子。

东晋朝廷解除刘裕司州刺史职务，任命他兼徐、冀二州刺史。

4　西秦王乞伏炽磐任命乞伏木弈干为沙州刺史，镇守乐都。

5　二月，乙弗部落、乌地延部落酋长率领两万户部众归降西秦。

6　三月，东晋朝廷派遣使臣访问北魏。

7　夏季，四月己巳（初四），北魏迁徙散居在冀州、定州、幽州三州的徒河人到代都。

8　当初，北燕都城和龙四周弥满了赤气，遮住了太阳，从寅时直到申时才消失，北燕太史令张穆对国王冯跋说："这是战争之气。如今魏国的势力正十分强盛，我们扣留他们的使臣，致使国家蒙受危难，我深感恐惧。"冯跋说："我正在考虑这件事。"五月，北魏国主拓跋嗣向东巡视，先后抵达濡源和甘松，他征调征东将军长孙道生、安东将军李先、给事黄门侍郎奚观等人率领精锐骑兵两万人袭击北燕；又命骁骑将军延普、幽州刺史尉诺从幽州率兵直扑辽西，为长孙道生声援；拓跋嗣亲自屯驻突门岭督战。长孙道生等人攻克乙连城，进攻和龙，与北燕单于右辅在古泥会战，大破北燕军，斩杀他们的将领皇甫轨。北燕王冯跋绕城固守，北魏加紧围攻，不能攻克，劫掠北燕百姓一万馀家班师回国。

9　六月，东晋太尉刘裕接受了相国、宋公、九锡之命，赦免了宋公封邑内死罪以下的囚徒，尊崇刘裕的继母、兰陵人萧氏为太妃；任命太尉军谘祭酒孔靖为宋国尚书令，左长史王弘为仆射，兼管官员的选举和任免；任命从事中郎傅亮、蔡廓都担任侍中，谢晦为右卫将军，右长史郑鲜之为奉常，行参军殷景仁为秘书郎，其他文武官员，也都按照朝廷的编制设置。孔靖谢绝，没有接受。傅亮，是傅咸的孙子；蔡廓，是蔡谟的曾孙；郑鲜之，是郑浑的玄孙；殷景仁，是殷融的曾孙。殷景仁学识超人，但不写文章，才思敏捷，从不空谈礼义，却深通情理，识大体。至于朝廷的法律制度、礼义规章、行政司法的注释和记录，都抄录下来，有识之士都知道他有治理国家的雄心大志。

10　魏天部大人白马文贞公崔宏疾笃，魏主遣侍臣问病，一夜数返。及卒，诏群臣及附国渠帅皆会葬。

11　秋，七月戊午，魏主嗣至平城。

12　九月甲寅，魏人命诸州调民租，户五十石，积于定、相、冀三州。

13　河西王蒙逊复引兵伐凉，凉公歆将拒之，左长史张体顺固谏，乃止。蒙逊芟其秋稼而还。

歆遣使来告袭位。冬，十月，以歆为都督七郡诸军事、镇西大将军、酒泉公。

14　姚艾叛秦，降河西王蒙逊，蒙逊引兵迎之。艾叔父儁言于众曰："秦王宽仁有雅度，自可安居事之，何为从河西王西迁！"众咸以为然，乃相与逐艾，推儁为主，复归于秦。秦王炽磐征儁为侍中、中书监，赐爵陇西公，以左丞相昙达为都督洮罕以东诸军事、征东大将军、秦州牧，镇南安。

15　刘义真年少，赐与左右无节，王脩每裁抑之。左右皆怨，谮脩于义真曰："王镇恶欲反，故沈田子杀之。脩杀田子，是亦欲反也。"义真信之，使左右刘乞等杀脩。

脩既死，人情离骇，莫相统壹。义真悉召外军入长安，闭门拒守。关中郡县悉降于夏。赫连璝夜袭长安，不克。夏王勃勃进据咸阳，长安樵采路绝。

宋公裕闻之，使辅国将军蒯恩如长安，召义真东归。以相国右司马朱龄石为都督关中诸军事、右将军、雍州刺史，代镇长安。裕谓龄石曰："卿至，可敕义真轻装速发，既出关，然可徐行。若关右必不可守，可与义真俱归。"又命中书侍郎朱超石慰劳河、洛。

10 北魏天部大人、白马文贞公崔宏病重，拓跋嗣派他的侍从询问病情，一夜之间，往返数次。不久，崔宏去世，拓跋嗣下诏，命群臣和归附的将领、部落酋长都来参加葬礼。

11 秋季，七月戊午（二十四日），北魏国主拓跋嗣抵达平城。

12 九月甲寅（二十一日），北魏朝廷命令各州县征收租赋，每户交纳五十石，屯积在定州、相州、冀州三州。

13 北凉河西王沮渠蒙逊再次率兵讨伐西凉，西凉公李歆准备出兵迎战，左长史张体顺坚决劝阻，李歆才停止行动。沮渠蒙逊收割了长成的庄稼，班师回国。

李歆派人出使东晋报告他继位。冬季，十月，东晋朝廷任命李歆为都督七郡诸军事、镇西大将军、酒泉公。

14 西秦秦州牧姚艾叛变，投降了北凉河西王沮渠蒙逊，沮渠蒙逊出兵迎接。姚艾的叔父姚儁对他的部众说："秦王乞伏炽磐宽厚仁爱有雅量，我们可以安心留下来侍奉他，为什么要跟随沮渠蒙逊西迁！"部众都认为有理，就联合起来驱逐了姚艾，推举姚儁为首领，又归附了西秦。西秦王乞伏炽磐委任姚儁为侍中、中书监，赐封陇西公；又任命左丞相乞伏昙达为都督洮、罕以东诸军事、征东大将军、秦州牧，镇守南安。

15 东晋雍州、东秦州二州刺史刘义真年纪还小，随意赏赐左右侍从没有节制，长史王脩常常限制他。于是，刘义真左右都怨恨王脩，在刘义真面前陷害王脩，说："王镇恶打算叛变，所以沈田子杀了他。王脩杀死沈田子，这样也是打算造反呀。"刘义真信以为真，派亲信刘乞等杀死了王脩。

王脩一死，人心惧怕离散，各自为政，无法统一。刘义真把驻防在外地的军队全部调入长安，关闭城门自守。关中的各个郡县全都投降了夏国。赫连璝在深夜突袭长安，不能攻克。夏王赫连勃勃进兵占据了咸阳，长安的对外联系被切断。

东晋宋公刘裕听说这种情况后，派辅国将军蒯恩前往长安，征召刘义真回到江南。任命相国右司马朱龄石为都督关中诸军事、右将军、雍州刺史，代替刘义真镇守长安。刘裕对朱龄石说："你到了那里，可以命令刘义真轻装疾速前进，等出了函谷关，才可以放慢脚步。如果关右确实难以驻守，你可以与刘义真一道回来。"随后，刘裕又命中书侍郎朱超石慰劳黄河、洛水一带的军民，安定人心。

十一月，龄石至长安。义真将士贪纵，大掠而东，多载宝货、子女，方轨徐行。雍州别驾韦华奔夏。赫连璝帅众三万追义真。建威将军傅弘之曰："公处分亟进。今多将辎重，一日行不过十里，虏追骑且至，何以待之！宜弃车轻行，乃可以免。"义真不从。俄而夏兵大至，傅弘之、蒯恩断后，力战连日。至青泥，晋兵大败，弘之、恩皆为王买德所禽。司马毛脩之与义真相失，亦为夏兵所禽。义真行在前，会日暮，夏兵不穷追，故得免。左右尽散，独逃草中。中兵参军段宏单骑追寻，缘道呼之，义真识其声，出就之，曰："君非段中兵邪？身在此，行矣！必不两全，可刎身头以南，使家公望绝。"宏泣曰："死生共之，下官不忍。"乃束义真于背，单马而归。义真谓宏曰："今日之事，诚无算略。然丈夫不经此，何以知艰难！"

夏王勃勃欲降傅弘之，弘之不屈，勃勃裸之，弘之叫骂而死。勃勃积人头为京观，号曰髑髅台。长安百姓逐朱龄石，龄石焚其宫殿，奔潼关。勃勃入长安，大飨将士，举觞谓王买德曰："卿往日之言，一期而验，可谓算无遗策。此觞所集，非卿而谁！"以买德为都官尚书，封河阳侯。

十一月，朱龄石抵达长安。刘义真手下的将士贪婪放纵，在长安周围大肆掠夺以后才准备返回江南，刘义真的车辆上，都装满了金银财宝、美女，然后两车并进，缓慢向东撤退。东晋雍州别驾韦华逃奔夏国。夏国大将赫连璝率领三万人追击刘义真。东晋建威将军傅弘之对刘义真说："宋公让你疾速前进。现在你带这么多辎重，一日走不出十里，敌人的骑兵马上就要追到，你该怎么办！应该放弃车辆，轻装前进，才有可能幸免。"刘义真没有听从。不久，夏国的大军追到，傅弘之、蒯恩在后面掩护，奋力拼战，连续几天不能休息。在青泥，东晋军大败，傅弘之、蒯恩都被王买德生擒。司马毛脩之与刘义真走散，也被夏军擒获。刘义真在最前面奔逃，正巧夜色降临，夏兵没有继续追赶，所以才幸免于难。刘义真的左右亲兵都被夏兵冲散，他一个人藏在草丛中。东晋中兵参军段宏单枪匹马追踪找寻，一道呼叫刘义真，刘义真听出是他的声音，才跑出来，说："你是不是段中兵？我在这儿呢，咱们走吧！你保护我上路一定不能两全，如果情势危急，可以割下我的头，带回南方，叫我的父亲不再想念我。"段宏哭着说："我们要生死与共，下官不忍心那样做。"于是，段宏把刘义真绑在自己的背上，两人乘一匹马逃回。刘义真对段宏说："今天发生的事情，实在由于少谋失算。然而大丈夫不经这次大难，怎么知道事情的艰难。"

夏王赫连勃勃打算让傅弘之归降，傅弘之宁死不屈，赫连勃勃脱光了他的衣服，傅弘之叫骂不停而死。赫连勃勃把死人的头骨堆积成山，建为京观，号称髑髅台。长安城的百姓驱逐朱龄石，朱龄石纵火焚烧了长安的宫殿，逃回潼关。赫连勃勃进入长安，大举犒赏将士，在庆功宴上，赫连勃勃举杯对王买德说："你往日的预言，仅一年就应验了，可以说是预谋没有丝毫的失算。这一杯酒，不敬你敬谁！"然后，他任命王买德为都官尚书，封爵为河阳侯。

龙骧将军王敬先戍曹公垒，龄石往从之。朱超石至蒲阪，闻龄石所在，亦往从之。赫连昌攻敬先垒，断其水道。众渴，不能战。城且陷，龄石谓超石曰："弟兄俱死异域，使老亲何以为心！尔求间道亡归，我死此，无恨矣。"超石持兄泣曰："人谁不死，宁忍今日辞兄去乎！"遂与敬先及右军参军刘钦之皆被执送长安，勃勃杀之。钦之弟秀之悲泣不欢燕者十年。钦之，穆之之从兄子也。

宋公裕闻青泥败，未知义真存亡，刻日北伐。侍中谢晦谏以"士卒疲弊，请俟他年"。不从。郑鲜之上表，以为："虏闻殿下亲征，必并力守潼关。径往攻之，恐未易可克。若舆驾顿洛，则不足上劳圣躬。且虏虽得志，不敢乘胜过陕者，犹摄服大威，为将来之虑故也。若造洛而反，虏必更有揣量之心，或益生边患。况大军远出，后患甚多。昔岁西征，刘钟狼狈；去年北讨，广州倾覆。既往之效，后来之鉴也。今诸州大水，民食寡乏，三吴群盗攻没诸县，皆由困于征役故也。江南士庶，引领颙颙以望殿下之返旆，闻更北出，不测浅深之谋，往还之期，臣恐返顾之忧更在腹心也。若虑西虏更为河、洛之患者，宜结好北虏。北虏亲则河南安，河南安则济、泗静矣。"会得段宏启，知义真得免，裕乃止，但登城北望，慨然流涕而已。降义真为建威将军、司州刺史。以段宏为宋台黄门郎、领太子右卫率。裕以天水太守毛德祖为河东太守，代刘遵考守蒲阪。

东晋龙骧将军王敬先驻守在曹公垒，朱龄石前往投奔。朱超石抵达蒲阪，得知朱龄石在曹公堡，也投奔到那里。夏国前将军赫连昌进攻王敬先的堡垒，切断堡中的水源。东晋士卒干渴乏力，不能战斗。城池将被攻克时，朱龄石对朱超石说："我们兄弟俩都死在异域他乡，父母亲会何等伤心！你快从小路逃走，我死在这里，也就没有遗恨了。"朱超石握着哥哥的手说："人谁能不死，我怎么忍心在这个时候与你辞别而去！"于是，兄弟二人与王敬先以及右军参军刘钦之都被俘虏，押送到长安，赫连勃勃杀害了他们。刘钦之的弟弟刘秀之不胜悲哀，十年间不曾欢歌宴饮。刘钦之是刘穆之的堂侄。

东晋宋公刘裕听说晋军在青泥大败的消息，不知刘义真的生死，约定日期，准备北伐。侍中谢晦劝阻刘裕，认为"如今士卒疲劳不堪，难以作战，请等来年再说"。刘裕没有采纳。郑鲜之上疏，认为："敌人如果听说殿下亲自出征，一定会齐心合力固守潼关。如果直接进攻潼关，恐怕也不易攻克。如果殿下在洛阳停留，那样就更没有必要亲征了。现在敌人虽然志得意满、士气正旺，但还不敢乘胜打过陕城，这是因为他们还畏服您的威名，为将来留一条退路。我们如果推进到洛阳后就班师回朝，敌人看破我们的实力，一定产生较量的野心，可能会加深边疆危机。何况大军远征，后患很多。当年西征，有刘钟盗袭冶亭；去年北伐，广州一度陷落。以往的经验，是将来的借鉴。如今境内各州县发生水灾，饥馑频频发生，三吴地区盗匪遍地，攻克各县，都是因为苦于出征服役的缘故。江南的士大夫和老百姓，都伸长脖子盼望您的归来，忽然听说您又要北伐，都不了解其中的真实情况和大军班师的日期，我恐怕要在心腹之地发生异变成为后顾之忧。殿下如果担心西边的夏虏不断侵扰河洛地区，最好是与北方的魏国结盟。我们与魏国关系友好，黄河之南自然安定，黄河之南安定，济水、泗水流域也会平静了。"正巧，刘裕刚接到段宏的报告，得知刘义真已经幸免，刘裕才放弃西征的计划，只不过登上城楼向北眺望，都禁不住感慨流涕。于是，下令把刘义真贬降为建威将军、司州刺史。任命段宏为宋台黄门郎，兼领太子右卫率。刘裕还任命天水太守毛德祖为河东太守，代替刘遵考镇守蒲阪。

16　夏王勃勃筑坛于灞上，即皇帝位，改元昌武。

17　西秦王炽磐东巡。十二月，徙上邽民五千馀户于枹罕。

18　彗星出天津，入太微，经北斗，络紫微，八十馀日而灭。魏主嗣复召诸儒、术士问之曰："今四海分裂，灾咎之应，果在何国？朕甚畏之。卿辈尽言，勿有所隐。"众推崔浩使对，浩曰："夫灾异之兴，皆象人事，人苟无衅，又何畏焉？昔王莽将篡汉，彗星出入，正与今同。国家主尊臣卑，民无异望。晋室陵夷，危亡不远。彗之为异，其刘裕将篡之应乎！"众无以易其言。

19　宋公裕以《谶》云"昌明之后尚有二帝"，乃使中书侍郎王韶之与帝左右密谋鸩帝而立琅邪王德文。德文常在帝左右，饮食寝处，未尝暂离。韶之伺之经时，不得间。会德文有疾，出居于外。戊寅，韶之以散衣缢帝于东堂。韶之，廙之曾孙也。裕因称遗诏，奉德文即皇帝位，大赦。

20　是岁，河西王蒙逊奉表称藩，拜凉州刺史。

21　尚书右仆射袁湛卒。

恭皇帝

元熙元年(己未,419)

1　春，正月壬辰朔，改元。

2　立琅邪王妃褚氏为皇后。后，裒之曾孙也。

16　夏王赫连勃勃在灞上建筑高台，正式登上皇帝宝座，改年号为昌武。

17　西秦王乞伏炽磐向东巡视。十二月，将上邽的百姓五千馀户迁徙到枹罕。

18　彗星从天津星穿出，进入太微星，经过北斗星，联结紫微星，八十多天以后，彗星消失。北魏国主拓跋嗣再次征召名儒、术士问道："如今天下四分五裂，各自为主，这次天上变异所暗示的灾祸，到底应在哪一国？我心中十分恐惧。你们可以畅所欲言，不要有所隐瞒。"众人都推举崔浩回答这个问题，崔浩说："天灾异变的发生，通常照应地上人间的事变，如果人间的统治没有发生问题，又有什么值得畏惧的？当年王莽将要篡夺西汉皇位时，彗星出入的方向，正与今天相同。一个国家，如果主尊臣卑，老百姓就没有不安分的想法。现在晋朝皇室日趋没落，危在旦夕。彗星的出现，莫非预示刘裕将要篡夺皇位！"其他人都没有不同意见。

19　东晋宋公刘裕，认为谶书上有句话"昌明之后，还有两个皇帝"，于是，派中书侍郎王韶之与晋安帝左右亲信密谋毒杀皇帝司马德宗，另立琅邪王司马德文。司马德文常在司马德宗身边，饮食睡眠都不曾暂时离开。王韶之窥伺多时，没有机会下手。正巧，司马德文患病，出宫休养。戊寅（十七日），王韶之用衣裳拧成绳索，在东堂勒死司马德宗。王韶之是王廙的曾孙。刘裕于是声称奉司马德宗的遗诏，拥立司马德文即皇帝位，大赦天下。

20　本年，北凉河西王沮渠蒙逊向东晋呈上奏章，自称藩属。东晋朝廷任命他为凉州刺史。

21　东晋尚书右仆射袁湛去世。

恭皇帝

晋恭帝元熙元年（己未，公元419年）

1　春季，正月壬辰朔（初一），东晋改年号元熙。

2　东晋朝廷立琅邪王妃褚氏为皇后。褚皇后是褚裒的曾孙女。

3 魏主嗣畋于犊渚。

4 甲午，征宋公裕入朝，进爵为王。裕辞。

5 癸卯，魏主嗣还平城。

6 庚申，葬安皇帝于休平陵。

7 刺刘道怜司空出镇京口。

8 夏将叱奴侯提帅步骑二万攻毛德祖于蒲阪，德祖不能御，全军归彭城。二月，宋公裕以德祖为荥阳太守，戍虎牢。

9 夏主勃勃征隐士京兆韦祖思。祖思既至，恭惧过甚，勃勃怒曰："我以国士征汝，汝乃以非类遇我！汝昔不拜姚兴，今何独拜我？我在，汝犹不以我为帝王；我死，汝曹弄笔，当置我于何地邪！"遂杀之。

群臣请都长安。勃勃曰："朕岂不知长安历世帝王之都，沃饶险固！然晋人僻远，终不能为吾患。魏与我风俗略同，土壤邻接，自统万距魏境裁百馀里，朕在长安，统万必危；若在统万，魏必不敢济河而西。诸卿适未见此耳。"皆曰："非所及也。"乃于长安置南台，以赫连璝领大将军、雍州牧、录南台尚书事。勃勃还统万，大赦，改元真兴。

勃勃性骄虐，视民如草芥。常居城上，置弓剑于侧，有所嫌忿，手自杀之。群臣迕视者凿其目，笑者决其唇，谏者先截其舌而后斩之。

3　北魏国主拓跋嗣前往犊渚狩猎。

4　甲午(初三),东晋恭帝司马德文召宋公刘裕回朝,入宫觐见,司马德文封他为宋王。刘裕谢绝。

5　癸卯(十二日),北魏国主拓跋嗣返回平城。

6　庚申(二十九日),东晋朝廷在休平陵安葬晋安帝司马德宗。

7　东晋恭帝司马德文诏命刘道怜为司空,镇守京口。

8　夏国将领叱奴侯提率领步、骑兵两万人进攻毛德祖据守的蒲阪,毛德祖没有能力抵抗,全军退回彭城。二月,宋公刘裕任命毛德祖为荥阳太守,驻守虎牢。

9　夏王赫连勃勃征召隐士、京兆人韦祖思。韦祖思来到长安,过于谦卑恐惧,赫连勃勃大怒道:“我把你当成国家的高士征召来京,你却把我当作平庸之人来对待!你当年不向姚兴叩头,今天为什么偏偏来拜见我?我活着的时候,你就不把我当作帝王;我死后,你们这些人舞文弄墨,还不知把我作践到何种地步!”于是,杀掉了韦祖思。

夏国朝廷中的文武百官都请求把都城迁到长安。赫连勃勃说:“我怎会不知道长安是历代帝王之都,土地肥沃,地势险固!然而,晋人鞭长莫及,终究不会与我们为敌。魏国的风俗人情与我们大略相同,疆域相连,从统万到魏国边境只有一百馀里。我在长安,统万一定危险;我留在统万,魏军绝不敢渡过黄河西上。你们各位恐怕没有考虑到这一点。”文武百官都说:“我们是望尘莫及的。”于是,在长安设置南台,任命赫连璝为领大将军、雍州牧、录南台尚书事。赫连勃勃回到统万,下令大赦天下,改年号为真兴。

赫连勃勃生性骄躁暴虐,视百姓如草芥。常常登上城楼,旁边放置弓箭,每每心中不快,就亲自杀人泄愤。群臣中如有斜眼看他的,就会被挖去眼睛;如有胆敢随便发笑的,用刀豁开他的嘴唇;有进言劝阻的,先割掉舌头再斩下头颅。

10　初，司马楚之奉其父荣期之丧归建康，会宋公称诛翦宗室之有才望者，楚之叔父宣期、兄贞之皆死，楚之亡匿竟陵蛮中。及从祖休之自江陵奔秦，楚之亡之汝、颍间，聚众以谋复雠。楚之少有英气，能折节下士，有众万馀，屯据长社。裕使刺客沐谦往刺之，楚之待谦甚厚。谦欲发，未得间，乃夜称疾，知楚之必往问疾，因欲刺之。楚之果自赍汤药往视疾，情意勤笃，谦不忍发，乃出匕首于席下，以状告之曰："将军深为刘裕所忌，愿勿轻率以自保全。"遂委身事之，为之防卫。

王镇恶之死也，沈田子杀其兄弟七人，唯弟康得免，逃就宋公裕于彭城，裕以为相国行参军。康求还洛阳视母。会长安不守，康纠合关中徙民，得百许人，驱帅侨户七百馀家，共保金墉城。时宗室多逃亡在河南，有司马文荣者，帅乞活千馀户屯金墉城南。又有司马道恭，自东垣帅三千人屯城西，司马顺明帅五千人屯陵云台，司马楚之屯柏谷坞。魏河内镇将于栗磾游骑在芒山上，攻逼交至，康坚守六旬。裕以康为河东太守，遣兵救之，平等皆散走。康劝课农桑，百姓甚亲赖之。

司马顺明、司马道恭及平阳太守薛辩皆降于魏，魏以辩为河东太守以拒夏人。

11　夏，四月，秦征西将军孔子帅骑五千讨吐谷浑觅地于弱水南，大破之，觅地帅其众六千降于秦，拜弱水护军。

10　当初，东晋益州刺史司马荣期被叛将暗杀，他的儿子司马楚之送灵柩回建康安葬。而宋公刘裕正在着手斩除晋室皇族司马氏中有才士、有名望的人，司马楚之的叔父司马宣期、哥哥司马贞之都被处死，于是司马楚之流亡至竟陵蛮人中躲藏。后来，他的堂祖父司马休之从江陵投奔后秦，司马楚之又逃亡到汝水、颍水流域，集结部众准备复仇。司马楚之年轻有为，有英雄气概，能够放下架子，礼遇下士，他拥有一万多人的军队，屯驻在长社。刘裕派刺客沐谦去暗杀他，司马楚之对沐谦礼貌周到，格外重视。沐谦打算下手，总没有机会，于是他在一个夜晚声称有病，知道司马楚之一定会赶来探望，想要借机刺杀他。司马楚之果然端着汤药亲自赶来，问候病情，情意真挚诚恳，沐谦不忍动手，于是从席下拿出匕首，把实情一一报告给司马楚之，说："刘裕对于将军深为忌恨，希望你不要轻率跟人亲近，借以保全自己。"于是投效司马楚之，担任司马楚之的贴身卫士。

王镇恶被杀以后，沈田子又杀死了王氏兄弟七人，只有王镇恶的弟弟王康逃走，才得以幸免，王康来到彭城投奔宋公刘裕，刘裕任命他为相国行参军。王康请求回洛阳探望老母。正巧长安失守，王康纠集关中流亡的逃民，共百多人，又裹胁客居洛阳的外郡人七百多户，共同保卫金墉城。当时晋朝宗室的人大多数都在河南流亡，其中有个叫司马文荣的人，率领山西流民一千多户屯驻在金墉城南。还有司马道恭，从东垣东下，率领三千多人屯驻在金镛城西，司马顺明率领五千人屯驻在陵云台，司马楚之则驻防在柏谷坞。北魏河内守将于栗磾的游击骑兵在芒山上逗留，等待时机，各方面敌人交相逼近金墉城下，王康坚守孤城达六十天。刘裕任命王康为河东太守，派兵赶赴救援，敌人才被驱散逃走。王康劝百姓耕种土地，植桑养蚕，当地百姓都非常信赖他。

司马顺明、司马道恭以及平阳太守薛辩都投降了北魏，北魏朝廷任命薛辩为河东太守抵拒夏国军队的进攻。

11　夏季，四月，西秦征西将军乞伏孔子率领骑兵五千人在弱水之南进攻吐谷浑汗国酋长觅地，大破吐谷浑军队，觅地率领他的部众六千人归降了西秦，被西秦委任为弱水护军。

12　庚辰，魏主嗣有事于东庙，助祭者数百国。辛巳，南巡至雁门。五月庚寅朔，魏主嗣观渔于灅水。己亥，还平城。

13　凉公歆用刑过严，又好治宫室，从事中郎张显上疏，以为："凉土三分，势不支久。兼并之本，在于务农；怀远之略，莫如宽简。今入岁已来，阴阳失序，风雨乖和。是宜减膳彻悬，侧身修道，而更繁刑峻法，缮筑不止，殆非所以致兴隆也。昔文王以百里而兴，二世以四海而灭，前车之轨，得失昭然。太祖以神圣之姿，为西夏所推，左取酒泉，右开西域。殿下不能奉承遗志，混壹凉土，侔踪张后，将何以下见先王乎！沮渠蒙逊，胡夷之杰，内修政事，外礼英贤，攻战之际，身均士卒。百姓怀之，乐为之用。臣谓殿下非但不能平殄蒙逊，亦惧蒙逊方为社稷之忧。"歆览之，不悦。

主簿氾称上疏谏曰："天之子爱人主，殷勤至矣。故政之不修，下灾异以戒告之，改者虽危必昌，不改者虽安必亡。元年，三月癸卯，敦煌谦德堂陷；八月，效谷地裂；二年，元日，昏雾四塞；四月，日赤无光，二旬乃复；十一月，狐上南门；今兹春、夏，地频五震；六月，陨星于建康。臣虽学不稽古，行年五十有九，请为殿下略言耳目之所闻见，不复能远论书传之事也。乃者咸安之初，西平地裂，狐入谦光殿前；俄而秦师奄至，都城不守。梁熙既为凉州，不抚百姓，专为聚敛，建元十九年，姑臧南门崩，陨石于闲豫堂；明年

12　庚辰（二十一日），北魏国主拓跋嗣在白登山东皇家祖庙祭祀祖先，前来陪祭的有几百个部落酋长。辛巳（二十二日），拓跋嗣向南巡视抵达雁门。五月庚寅朔（初一），拓跋嗣在灅水观看渔猎。己亥（初十），返回平城。

13　西凉公李歆用刑过于严厉，又喜欢大造宫殿，从事中郎张显上疏劝告说："凉州疆土被一分为三，这种局面势必不会长久维持。军事兼并的根本，在于发展农耕；怀柔远方部族的方法，莫过于统治宽大，刑罚简单。今年新年伊始，阴阳失序，风雨失调。正应该减少膳食撤除乐队，养身修道，而如今，刑罚繁重，法规严峻，又大兴土木，不停地修造宫室，这样不能使国家兴隆。当年，周文王只依据一百多里的土地兴起帝王大业；秦二世虽然拥有四海之广却被消灭，前车之鉴，成功失败，非常明显。太祖以神圣的英姿，受到西夏百姓的拥戴，东取酒泉，西开西域之道。殿下不能继承太祖遗志，统一凉州疆土，与张轨的后人相媲美，将来有什么面目去见先王呢！沮渠蒙逊，是胡族中的一代英杰，他对内政治修明，对外礼遇贤才，每遇战事，都能身先士卒。老百姓对他深为敬服，愿意接受他的统治。我认为，殿下不仅不能削平沮渠蒙逊，还恐怕沮渠蒙逊图谋我们的疆土。"李歆看过奏章，非常不高兴。

西凉主簿氾称也上疏劝告说："上天喜爱人主，百般殷勤周到。所以政治不清明，上天就要降下灾异警告人主，凡是能够改正的人主，国家眼下虽危，最终还会昌盛起来；不能改正的人主，现在统治安定，最后难免灭亡。嘉兴元年，三月癸卯，敦煌谦德堂塌陷；八月，效谷发生地裂。二年，正月初一，天降大雾，四处弥漫；四月，太阳赤红，黯淡无光，二十天以后才恢复原状；十一月，狐狸跳上南门城楼；今年春、夏两季，地震频发，连续发生五次；六月，又有陨星坠落在建康。我的学问虽然不能考证古书，年龄却已有五十九岁，请允许我为殿下大略陈述一下耳闻目睹的灾变，不再引证史书记载的事情。记得在咸安初年，西平发生地裂，狐狸窜进谦光殿的前面。不久，秦国大军突然兵临城下，都城失守。梁熙既为凉州刺史，不安抚百姓，只知搜刮贪污，建元十九年，姑臧南门突然崩塌，陨石落到闲豫堂。第二年，

为吕光所杀。段业称制此方，三年之中，地震五十馀所。既而先王龙兴于瓜州，蒙逊篡弑于张掖。此皆目前之成事，殿下所明知也。效穀，先王鸿渐之地；谦德，即尊之室。基陷地裂，大凶之征也。日者，太阳之精，中国之象；赤而无光，中国将衰。谚曰：'野兽入家，主人将去。'狐上南门，亦变异之大者也。今蛮夷益盛，中国益微。愿殿下亟罢宫室之役，止游畋之娱，延礼英俊，爱养百姓，以应天变、防未然。"歆不从。

14　秋，七月，宋公裕始受进爵之命。八月，移镇寿阳，以度支尚书刘怀慎为督淮北诸军事、徐州刺史，镇彭城。

15　辛未，魏主嗣东巡。甲申，还平城。

16　九月，宋王裕自解扬州牧。

17　秦左卫将军匹达等将兵讨彭利和于漒川，大破之，利和单骑奔仇池。获其妻子，徙羌豪三千户于枹罕，漒川羌三万馀户皆安堵如故。冬，十月，以尚书右仆射王松寿为益州刺史，镇漒川。

18　宋王裕以河南萧条，乙酉，徙司州刺史义真为扬州刺史，镇石头。萧太妃谓裕曰："道怜汝布衣兄弟，宜用为扬州。"裕曰："寄奴于道怜，岂有所惜！扬州根本所寄，事务至多，非道怜所了。"太妃曰："道怜年出五十，岂不如汝十岁儿邪？"裕曰："义真虽为刺史，事无大小，悉由寄奴。道怜年长，不亲其事，于听望不足。"太妃乃无言。道怜性愚鄙而贪纵，故裕不肯用。

梁熙被吕光诛杀。段业在此地称王的时候，三年之中，发生了五十多次地震。不久，先王在瓜州兴起，沮渠蒙逊也在张掖杀主篡位。这些都是眼前现成的事例，殿下知道得十分清楚。效穀，是先王发祥之地；谦德堂，是继承王位的宝殿。根本之地发生崩塌陷裂，是非常凶险的征兆。太阳，是阳气的精华，中国的象征；太阳红而无光，预示中国将要衰微。俗谚说：'野兽入家，主人将去。'狐狸窜上南门，也是大的变异。如今夷族更加强盛，中原汉族统治更加衰落。希望殿下赶快停止兴建宫室，停止出游狩猎娱乐，延请并礼遇英才俊杰，爱护并用心休养百姓，以应答上天的警告，防患于未然。"李歆没有听从。

14　秋季，七月，东晋宋公刘裕接受了晋封为宋王的诏命。八月，从彭城移驻寿阳，任命度支尚书刘怀慎为督淮北诸军事、徐州刺史，镇守彭城。

15　辛未（十三日），北魏国主拓跋嗣向东巡视。甲申（二十六日），返回平城。

16　九月，东晋宋王刘裕主动辞去扬州牧一职。

17　西秦左卫将军乞伏匹达率军讨伐彭利和据守的漒川，大破彭利和军，彭利和单枪匹马逃奔仇池。乞伏匹达俘虏了他的妻子儿女，把羌族豪民三千多户迁到枹罕。漒川羌族三万多户百姓，仍然像过去一样安居乐业。冬季，十月，西秦任命尚书左仆射王松寿为益州刺史，镇守漒川。

18　东晋宋王刘裕鉴于河南人稀荒凉，乙酉（二十八日），召回司州刺史刘义真改任扬州刺史，镇守石头。萧太妃对刘裕说："刘道怜是你从小患难与共的兄弟，应该让他担任扬州刺史。"刘裕说："我对于道怜，还有什么舍不得的！可是扬州是京师重地、国家的根本，事务繁多，恐怕不是道怜所能胜任的。"萧太妃说："刘道怜已经年过五十，难道还不如你那十几岁的小儿吗？"刘裕说："刘义真虽然名为刺史，但事无大小，都由我亲自决定。道怜年长，不亲自处理事务，有损于声望名位。"萧太妃才无言以对。刘道怜生性愚蠢卑鄙，贪婪放纵，所以刘裕不肯任用他。

19　十一月丁亥朔，日有食之。

20　十二月癸亥，魏主嗣西巡至云中，从君子津西渡河，大猎于薛林山。

21　辛卯，宋王裕加殊礼，进王太妃为太后，世子为太子。

19　十一月丁亥朔(初一),出现日食。

20　十二月癸亥(初七),北魏国主拓跋嗣向西巡视,抵达云中,然后从君子津向西渡过黄河,在薛林山大举狩猎。

21　辛卯,东晋宋王刘裕被朝廷加授特殊礼仪,进封萧太妃为太后,称世子刘义符为太子。